中文社会科学引文索引(CSSCI)来源集刊

Renmin University Law Review

# 人大法律评论

2019年卷第1辑 · 总第29辑

《人大法律评论》编辑委员会组编

法律出版社
LAW PRESS·CHINA

# 人大法律评论　　目　录　　2019年卷第1辑

## 【论文】



## 【评论】



## 【博士论文精华】

# 卷首语

本辑《人大法律评论》所载文章，学术大家与青年新秀齐聚，学术之风典雅厚重，文章之格隽永清新。站在历届编辑部的积累之上，文思相承、旨趣相续，《人大法律评论》在学术追求和思想传承上又向前迈了一个台阶。

与大部分法学学术期刊选题偏好于具体现实问题的风格不同，本评论一直以阳春白雪的法学原理追求为主旨，力求每篇文章都有理论抱负，入木三分，穿透问题，关照现实。这辑所载的文章充分体现了我们的这种追求。

本辑的主题聚焦于"社会理论法学的前世今生"，有幸邀请到清华大学法学院高鸿钧教授主持。高老师门下学子齐聚：马剑银、余盛峰、鲁楠、泮伟江、陆宇峰等五位中国法学青年中坚力量鼎力支持，对社会理论法学的原理进行了多维度的阐发，为推动中国社会理论法学的发展起到承前启后的作用，这或许将是汉语法学界社会理论法学研究今后不可绕开的文献。

本辑的法哲学栏目，将凯尔森纯粹法学理论的3篇文章聚集，叶一舟、吴国邦与董静姝3位青年学者就凯尔森法哲学的内在结构、规范逻辑基础以及纯粹法学的理性反思等主题进行了原理性的探究，他们的学术勇气、理论品格和原理抱负实属难得。本期的公法栏目围绕"国家机构"这一主题，邀请了北京航空航天大学的王锴教授、中南财经政法大学的王广辉教授以及西南政法大学的谭清值博士，从原理解释的视角，就国家组织法的一般理论、国家机构建设的法治原则以及全国人大兜底条款这3个主题，作出了细致的分析。

在论文和评论栏目，本辑的文章同样可圈可点。中山大学的高秦伟教授、清华大学的高其才教授、本院的孟涛副教授以及中南大学法学院王红霞副教授的4篇论文组成论文栏目的内容。高秦伟教授的文章反思了个人信息的概念，并从原理上进行了重塑性的阐述。高其才教授以其丰富的一手实践资料,就司法如何推进乡村治理体系的发展健全这一主题,作出了全面的总结,并就相关制度的发展完善提供了智识建议。孟涛副教授和王红霞副教授聚焦于量化法治的主题,分别就地方法治模式和法治实施的反向评价这两个主题展开。其中,孟涛的文章提出了地方法治理论的两种模式,王红霞的文章提出了法治实施反向评估的概念,都是颇具原理性和学术创新性的作品。

青年学者郭栋、刘宗珍、陈楚风的3篇作品是本辑的评论文章。郭栋对法律社会科学这一新近几年兴起的热门学派的研究范式、问题与出路进行了自己的反思,资料翔实而观点颇有洞见。刘宗珍则以人文主义的风格,并运用"语境"与"想象"这样两个关键词为线索,对清末民权思想的发生提出了自己的反思性评论。陈楚风的文章,聚焦于宪法文本中的"专政"一词,以扎实的梳理和作者的洞察进行了规范分析。

本辑还建立了一个特色栏目,即博士论文精选,武汉大学法学院毕业的敖海静博士、北京大学法学院毕业的朱学磊博士以及华东政法大学毕业的姜永伟博士的3篇博士论文精华入选本栏目。此外,谭清值博士的论文原本也是这个栏目的文章,为了公法栏目的组稿需要进行了临时调整。博士论文精华栏目是本刊一次有益的尝试,希望这个栏目能够不断坚持下去,助力青年学子。当然,青年学者的学术压力大,在目前的学术评价体系下,更多的还是他们助力本评论。

谨代表本届编辑部衷心感谢上述作者对《人大法律评论》的支持!能与他们的佳作相遇这辑《人大法律评论》,既是作为编辑的我们之荣幸,更是我们未来学术生涯中的一段佳缘,甚至是一份骄傲。作为责任编辑或技术校对,为他人的学术作品作嫁衣,既是一份旨趣追求,更是一份基于责任、付出的荣耀和激励。

总体而言,本辑文章的选题偏重原理,偏重法理和公法。这其中既有以往风格的惯性延续,但更多的是一种偶然的巧合,希望读者们不要形成对本评论未来文章学科偏好的成见,我们对任何学科的好文章,都不会拒绝。

另外,参与本辑技术校对的人员包括丁广宇、丁金钰、于悦、王阳、龙钺、许佳莹、任荣树、杨必磊、李畅、金骑锋、罗寰昕、钟文宇、高梦晶、蒋涵智,感谢他们的辛勤付出。

陇　西

2019年3月15日

# 本辑聚焦：社会理论法学的前世今生

**主持人高鸿钧教授按语：**

社会理论法学(Law in Social Theory)是从社会理论视域对法律进行的研究。这种研究传统诞生于19世纪的西方，伴随卡尔·马克思、马克斯·韦伯与涂尔干等古典社会理论家对现代性问题的思考而出现。经过近200年的发展，社会理论法学已经蔚为大观，涌现了一大批经典学者和经典作品。社会理论法学在中国有着深厚的学术基础。自近代以来，中国在学习西方现代经验和探索本国现代化建设道路的过程中，吸收并借鉴了以马克思为代表的西方社会理论。此后，其他社会理论家，如韦伯、涂尔干、哈贝马斯与卢曼的作品相继被引入中国，丰富了我国对现代性问题的认识。与其他法学研究范式相比，社会理论法学具有四个显著特征：第一，它从法律之外观察法律的现象和特性，主要采取的是外部视角；第二，它坚持从实际历史过程出发，把握法律的发展规律和社会功能；第三，社会理论把法律视为社会现象和要素之一，将这种现象置于社会大环境之中进行观察和分析；第四，从方法论上讲，它并不否认外部视角与内部视角、整体视域与具体视域之间的互补与互动。正是由于社会理论法学具备这些特征，英国著名法学家罗杰·科特雷尔认为，“它对某些法律学者的吸引力在于，这种进路的法律视野比那些法律专家单独驾驭的视野更广阔”。这样的研究范式，对于越来越呈现“琐碎机器”面貌的法学研究来说，不无补偏救弊之效。及至21世纪，人类社会正在面临诸多新变化与新挑战。这些变化与挑战包括但不限于科技革命所引发的社会变革与价值转换；世界体系变动所带来的民族国家格局的深刻调整；后冷战时代文明冲突所引起的全球危机；后发国家现代化过程中所遭遇的转型困境与道路抉择；人类在新的自然环境与社会环境下，追求真正自由与解放所遭遇的新挑战。以上这些问题都需要不同学科携手合作，共同研讨，突破知识壁垒，重新激发人类的想象力和创造力，以破解人类共同难题。通过社会理论法学，中国法学研究者将获得一条便捷通道，加入讨论并解决这些人类共同难题的队伍，做出自己的贡献。

# 社会理论法学:机缘、进路与关键议题

马剑银*

"社会理论法学"开始逐渐出现,成为一股绵柔的力量,创造着新的学术话语。

这得益于一批有共同旨趣的青年法学家的努力。尽管他们来自不同的学科,接受不同的学术训练,但最后都对一种宏观视野的、系统的、理论化的法律外部观察、分析与评论产生了浓厚的兴趣,在前辈学人的先锋开路下,尽管存在各自的学术路径依赖,存在方法论和理论脉络的偏好,但都对"社会理论法学"这一术语产生了认同,这是一项开放性的事业,同时也是具有前景的事业。

## 一、社会理论法学的呈现

何谓"社会理论法学"?有关这一命题,学界已有好几篇专门的阐释性文章,[1]笔者也参与编辑过一本专题论文集。[2] 但笔者认为,给它下定义仍然为时过早,因为"社会理论法学"并不等同于坊间有关法与社会研究的各式各样的学术性组合,诸如法(律)社会学、社会法(理)学、法与社会研究、社会—法律研究、法律与社会科学、历史社会法学、法律社会史,不一而足。"社会理论"(Social Theory)这个概念的出现,在社会学界和哲学界就曾引发过多次争论,想

---

* 北京师范大学法学院副教授,法学博士。

[1] 例如,参见高鸿钧:《法学研究的大视野:社会理论之法》,载高鸿钧、马剑银主编:《社会理论之法:解读与评析》,清华大学出版社 2006 年版,导言第 1 ~ 17 页;陆宇峰:《社会理论法学:定位、功能与前景》,载《清华法学》2017 年第 2 期;鲁楠:《社会理论之法:学源、学理与学问》,载《北京航空航天大学学报》(社会科学版)2019 年第 1 期。

[2] 此即高鸿钧、马剑银主编:《社会理论之法:解读与评析》,清华大学出版社 2006 年版。

必在法学研究领域,这个概念同样会引起争议,甚至非议,毕竟如德国著名法社会理论家托依布纳所言,“法律不可能完全地接受某一种社会理论,但法律又必然要受到各种社会理论的影响”。[3]

“社会理论法学”的话语,最初出现于 2004 年的清华大学课堂。高鸿钧教授在清华大学法学院为研究生开设了一门课程“社会理论之法——从马克思到哈贝马斯”。当然,这只是一种机缘,既无法宣称社会理论法学的学术源头,也无意于创建一个新门派,然而这种机缘确实埋下了种子,在若干年之后开花结果,呈现在学术界面前。在此之前,有关“法社会理论”(Social Theory of Law)和“社会理论中的法”(Law in Social Theory)的讨论已经相当热闹,如美国法学家杰里米·霍尔(Jerome Hall)于 1963 年出版的《比较法与社会理论》[4]以及十几年后另一位美国法学家理查德·阿贝尔(Richard L. Abel)在《美国比较法杂志》发表的同名论文。[5] 阿贝尔也使用这个术语评论艾伦·沃森的《社会与法律变迁》(*Society and Legal Change*,1977),将法的滞后性及制度惯性的研究视为一种法社会理论;[6] 著名的法社会学家,耶鲁大学法学院教授楚贝克(David M. Trubek)在 1972 年那篇《迈向法的社会理论:法律与发展研究散论》明确提出解决这个时代法律危机的出路需要“迈向法的社会理论”;[7] 1994 年,美国政治学家兼法学家金兰雪佩(Kim Lane Scheppele)发表《法律理论与社会理论》一文,用以引起社会学界和法学界对于双方研究中重叠部分的重视;[8]

---

[3] [德]贡塔·托依布纳:《社会理论脉络中的法学与法律实践》,纪海龙译,载《交大法学》2015 年第 3 期。

[4] See J. Hall, *Comparative Law and Social Theory*, Baton Rouge: Louisiana State University Press, 1963.

[5] See R L. Abel, “Comparative Law and Social Theory”, *The American Journal of Comparative Law*, 1978, pp. 219 – 226.

[6] See R. L. Abel, “Law as Lag: Inertia as a Social Theory of Law”, *Michigan Law Review*, 1982, pp. 785 – 809.

[7] See D. M. Trubek, “Toward a Social Theory of Law: An Essay on the Study of Law and Development”, *The Yale Law Journal*, 1972, pp. 1 – 50.

[8] See K. L. Scheppele, “Legal Theory and Social Theory”, 20 *Annual Review of Sociology*, 1994, pp. 383 – 406.

2004 年英国著名法社会学家科特雷尔的《社会理论中的法律与和法律研究中的社会理论》更是神奇地预示(指引)着中国语境中这群新锐学者的研究进路。[9]

当然,就社会理论法学在中国语境中的发轫而言,其学术源头则更广泛,甚至可以追溯到马克思社会理论中有关法律现象的研究和 20 世纪 80 年代有关法律社会学的初步研究,[10] 这与 20 世纪 70 年代末开始的社会重建运动有关。此后,除"社会主义"话语之外,"社会"一词重新获得了正面的意义。[11] 20 世纪 90 年代,社会重建运动更蓬勃发展,社会话语同样迅速崛起,于是,各种有关法与社会关系的研究进路都引鉴到中国,形成蔚为可观的"学术繁荣",其中的交叉重叠,至今未能被清晰地梳理,说起法社会学、社科法学、法的经验研究等,都有那么点感觉,但又很难说清楚,也出现了一些法社会学学者和作品,良莠不齐。高鸿钧教授是 20 世纪 90 年代开始以史人论,带着广阔的法律史视野进行法社会学研究的。早期,他参与了中国一项著名的有关公民权利的法社会学研究,[12] 并在他当时所在的社科院法学所成立了法社会学研究中心,并担任主任。转会到清华大学法学院之后,他便集中采用了社会理论的视角研究法治命题。[13] 作为副产品,他开设了"社会理论之法"这一课程,带领学生开始关注法律的社会理论、研究社会理论中的法律,这就是前文所说的机缘。

社会理论法学,是在这种社会遽变而什么都很难说清楚的时代出现的一种

---

[9] See R. Cotterrell, "Law in Social Theory and Social Theory in the Study of Law", in A. Sarat ed., *The Blackwell Companion to Law and Society*, Blackwell Publishing Ltd., 2004, pp. 15-29. 本书中译本参见[美]奥斯汀·萨拉特主编:《布莱克维尔法律与社会指南》,高鸿钧等译,北京大学出版社 2011 年版。

[10] 参见陆宇峰:《社会理论法学:定位、功能与前景》,载《清华法学》2017 年第 2 期。

[11] 项飚谈及普通人的国家理论时,曾说普通老百姓对国家话语的认同和对社会话语的鄙视,而这种情形在 20 世纪 80 年代之后才有所改变。参见项飚:《普通人的"国家"理论》,载《开放时代》2010 年第 10 期。

[12] 该项目的最终成果参见夏勇主编:《走向权利的时代——中国公民权利发展研究》,中国政法大学出版社 2000 年版。高鸿钧教授担任副主编,并撰写了《中国公民权利意识的演进》一章。

[13] 该项目的成果就带有社会理论视角。参见高鸿钧等:《法治:理念与制度》,中国政法大学出版社 2002 年版;高鸿钧:《现代法治的出路》,清华大学出版社 2003 年版。

尝试,关于这种尝试本文用“呈现”这个概念来指称,而没有使用一个更时髦的概念“涌现”,[14]这是因为,这种研究进路仍然在路上,尚在成长中,参与的人员也不是特别多,而且也并不想在学术江湖中争名夺利,只希望这样一种研究进路不会“以其昏昏使人昭昭”,至于是否真会“涌现”,就不是我们所要关心的了。

## 二、社会理论法学的研究进路

在学术史上,“社会理论”被认为是对社会世界运行“系统”“抽象”且“一般性”的反思;也常常被认为属于现代性范畴,以现代社会的基本面向及其来龙去脉、前生后世为主要研究目标。[15] 社会理论这个术语的出现,有别于社会学和哲学:对于前者,社会理论的旨趣与奥古斯特 · 孔德那雄心勃勃却略为异想天开的理想——“以社会学取代哲学成为科学王国之王后”并不相同,其更强调宏观性和理论性;对于后者,与哲学之间的微妙差别,马克思那句“哲学家们只是用不同的方式解释世界,而问题在于改变世界”,[16]非常能体现社会理论的目标价值,社会理论并不满足于观察与阐释这个由人构成的社会世界,而在于如何建构和改造社会世界——在某种意义上来说,在社会领域中,阐释本身就是一种建构。“社会理论法学”(包括其前身“社会理论之法”)这一术语的使用,大体也是沿用这种传统,研究者以一种人间社会的整体视角,去观察、阐释与分析法律所处的位置及其与社会之间的互动,追问法律对于人间社会的意义、价值和正当性,探究法律演变的前生后世与时空样态。社会理论法学有其经典进路、衍生进路和超越进路 3 种样态,环环相扣、层层递进、缺一不可,才能浑然天成。

---

[14] 参见[美]约翰 · 霍兰:《涌现:从混沌到有序》,陈禹等译,上海世纪出版集团/上海科学技术出版社 2006 年版。

[15] 有关社会理论的概念讨论,可参见 P. Baert & F. C. Da Silva, *Social Theory in the Twentieth Century and Beyond*, Polity Press, 2010; B. S. Turner ed., *The New Blackwell Companion to Social Theory*, Blackwell Publishing Ltd., 2009。

[16] [德]马克思:《关于费尔巴哈的提纲》,载《马克思恩格斯全集》(第 3 卷),人民出版社 1960 年版,第 6 页。

所谓社会理论法学的经典进路,是指沿着社会理论自身的学术脉络,在社会理论经典作家的论述中寻找对法律现象的论述,从而归纳总结社会理论经典作家的法律观念,形成社会理论视域中法律研究的经典范式和类型。

例如,马克思所谓法律属于政治上层建筑,是资本主义发展的维持机制而非动力机制,是作为统治阶级的资产阶级的意志,最终由资产阶级的物质生活条件所决定。[17]

再如,韦伯4种理想类型的法律体系的建构或阐释,用理性(化)的枢纽概念去统合法治(形式理性法)、科层制的国家组织机制、资本主义市场与企业以及各类系统而有条理的生活方式等,现代社会就是理性(化)社会,而以形式理性法为基础的法治状态构成了这个现代社会的重要部分,同样也是构成"理性铁笼"的一部分。[18]

同样,涂尔干用社会团结(聚合)这一核心概念来观察传统社会与现代社会的转型差异,机械团结和有机团结的社会建构方式影响着法律的形态,机械团结的社会源于人与人之间共同的社会意识,因此,压制型法律(主要是刑法)成为核心的秩序形成方式,而在有机团结的社会机制下,因为社会分工,形成各类恢复型法律(尤其是合同法、财产法、商法等)。[19]

除了社会理论三大经典作家之外,社会理论的学术史上还有诸如帕森斯、哈贝马斯、卢曼、福柯、吉登斯以及更为法学界所熟悉的昂格尔、桑托斯、科特雷尔、推宁等学者的著作,都构成了清华大学"社会理论之法"课堂的基本文献。认知、理解和论评这些社会理论思想家有关法律现象的宏观系统的论述,是这种进路的基本面向,但这实际只是一种思想史的进路。或者说,这种进路只构成社会理论法学的理论基础,但这就是理论基础,离开了这种理论基础,就不可

---

〔17〕 See R. Cotterrell, "Law in Social Theory and Social Theory in the Study of Law", in A. Sarat ed., *The Blackwell Companion to Law and Society*, Blackwell Publishing Ltd., 2004, pp. 15 - 29. 参见高鸿钧:《法学研究的大视野:社会理论之法》,载高鸿钧、马剑银主编:《社会理论之法:解读与评析》,清华大学出版社2006年版,导言第1~17页。

〔18〕 参见马剑银:《现代法治、科层官僚制与"理性铁笼"——从韦伯的社会理论之法出发》,载《清华法学》2008年第2期。

〔19〕 参见朱晓喆:《分工、法律与社会理论》,载高鸿钧、马剑银主编:《社会理论之法:解读与评析》,清华大学出版社2006年版,第132~158页。

能出现后面的两种进路。作为社会理论法学的“拥趸”,总会选择若干社会理论思想家作为自己研究的基础和切入视角。[20]

所谓社会理论法学的衍生进路,是指社会理论法学思想脉络的研究者对这些理论进行拓展性观察、阐释与应用,比较不同的社会理论对相同或相似问题的研究路径与结论,从而对所研究问题有更深入的理解,从而认知与确定这些理论的适用范围、理论边界和局限性。社会理论法学的学术史基础文献的作者们就是在从事此类研究,他们不仅是某一位或者某几位社会理论思想家的研究专家,而且对不同进路的社会理论思想进行比较、分析,建构学术史。

例如,前文提及的科特雷尔的《社会理论中的法律和法律研究中的社会理论》、托依布纳的《社会理论脉络中的法学与法律实践》以及施因古尔德(Stuart A. Scheingold)的《“不吠之犬”:社会—法律研究关于法律、民主和选举的叙事》[21]等文献中都体现出这样的思路。

或者还有些学者使用不同的社会理论来分析某些主题,甚至跳出原有理论的讨论语境,例如,托依布纳的《宪法的碎片:全球社会宪治》、[22]高鸿钧的《现代法治的出路》、[23]泮伟江的《当代中国法治的分析与建构》、[24]李忠夏的《宪法变迁与宪法教义学:迈向功能分化社会的宪法观》、[25]陆宇峰的《系统论宪法学新思维的七个命题》著作[26]以及笔者有关中国语境中法律移植的一些初步

〔20〕 有关现象请参见前述陆宇峰和鲁楠有关社会理论法学(社会理论之法)的综合性文章。

〔21〕 See S. A. Scheingold, “‘The Dog That Didn't Bark’: A Sociolegal Tale of Law, Democracy, and Elections”, in A. Sarat ed., *The Blackwell Companion to Law and Society*, Blackwell Publishing Ltd., 2004, pp. 523 – 541.

〔22〕 See G. Teubner, *Constitutional Fragments: Societal Constitutionalism and Globalization*, Oxford University Press, 2012.

〔23〕 参见高鸿钧:《现代法治的出路》,清华大学出版社2003年版。

〔24〕 参见泮伟江:《当代中国法治的分析与建构》,中国法制出版社2012年版。

〔25〕 参见李忠夏:《宪法变迁与宪法教义学:迈向功能分化社会的宪法观》,法律出版社2018年版。

〔26〕 参见陆宇峰:《系统论宪法学新思维的七个命题》,载《中国法学》2019年第1期。

研究[27]等。当然,这些研究的有效性依然有待于实践验证以及研究共同体的持续性批判。

有一些主题还可以持续性成为研究对象,包括不同社会理论中相同或者相似概念、观念的比较研究。例如,卢曼与哈贝马斯笔下的"系统"比较,韦伯与哈贝马斯笔下的"理性"比较,针对不同社会理论思想家"法律演化"命题的比较,以及针对马克思的"异化"、韦伯的"理性铁笼"、卢卡奇的"物化"、哈贝马斯的"生活世界殖民化"等概念的比较研究等。

在这种进路中,最重要的是一种研究共同体逐渐形成,也就是具有一群旨趣相近的学者共同努力,虽然学术偏好各有特色,但都具有相同的问题意识与研究目标,可以相互交流、沟通和学术争鸣。与第一种进路相比,这种进路已经超越了思想史的范畴,但依然无法脱离经典社会理论思想家的经典命题。

所谓社会理论法学的超越进路,则是这些主要由青年学者构成的研究共同体的努力方向与目标期待,在前两种研究进路的基础上,对人类历史中出现的不同文明形态、秩序类型和法律模式进行重新反思,对经典社会理论思想家的经典命题进行整合与拓展以及对非典型"社会理论"思想进行社会理论化整合与重构。

例如,马克思、韦伯、梅因等伟大的社会理论思想家曾对不同类型的文明形态进行研究,这些研究需要在新的时代语境与历史脉络中进行反思,尤其对于非西方世界的文明形态予以关注,打破西方中心主义和基于某种特定世界观的普适主义,在人类发展与文明比较的视域中重新认知西方、伊斯兰、古印度和中华诸文明的存在形态及其秩序类型和法律模式。目前在这方面并无特别出色的研究作品,但是这种意识已经在这个研究共同体中萌芽。

又如,传统的社会理论与现代性命题密切相关,主要以马克思、韦伯与涂尔干三大经典社会理论思想家为起点,也有回溯至霍布斯、洛克和孟德斯鸠等启蒙思想家的现代社会构想,最多追溯到16世纪探讨现代社会及其世界观的那些学者,例如,莫尔(其撰写《乌托邦》可以作为现代性社会形态的畅想)以及蒙

---

〔27〕 参见马剑银:《法律移植的困境——现代性、全球化与中国语境》,载《政法论坛》2008年第2期;马剑银:《中国语境的法律认同——移植法正当性重构的一项社会-文化考察》,载《清华法学》2006年第10辑。

田、博丹和马基雅维利的现代性相关研究。[28] 这种“现代性”的社会理论思想史基本上是西方的社会理论,哪怕是对现代性的各类反思与批判,同样无法真正脱离西方的命题。[29] 实际上,非西方的思想史中具有丰富的社会理论资源,例如,传统中国的儒、道、墨、法诸家的社会理想,印度早期典籍(各类吠陀等)中的社会思想、秩序观念和法律模式等。因此,需要对“轴心时代”(Axial Period)[30]的观念史重新进行比较研究,重新审视轴心文明命题,而不仅是简单的西方与非西方比较、中西关系等,而需要对中文的“法”、英文的“Law”、古希腊文的Nomos”、拉丁语的“Jus”、伊斯兰教中的“Shali'a”(沙里亚)和古印度文的“Dharma”(达摩)进行文明意义上的比较研究。[31]

社会理论法学超越进路的另一种方向,是对人类历史上法律模式、秩序类型和文明形态的重新反思,尤其是站在人类史的时空语境中进行的,对法律起源、发展演变与未来趋向进行研究,重新反思时间、空间的观念,比较不同的时间观、世界观。[32] 时间研究和空间研究是社会理论的重要维度。因此,在社会理论法学中,将时空作为法律研究的重要维度,重新思考人类在时空中的定位,同样是一种新的方向。目前,这一共同体中已经有学者开始进行初步的研究,

---

[28] See G. Delanty,“The Foundations of Social Theory”, in B. S. Turner ed., *The New Blackwell Companion to Social Theory*, Blackwell Publishing Ltd., 2009, pp. 19 - 37.

[29] 参见[美]杰瑞夫·C. 亚历山大:《现代、反、后和新:知识分子如何编码、叙事和解释“当代的新世界”》,张旅平译,载[美]杰瑞夫·C. 亚历山大:《世纪末社会理论——相对主义、化约与理性问题》,上海人民出版社 2003 年版,第 1 ~ 83 页。

[30] “轴心时代”的话语出自德国哲学家雅斯贝斯(Karl Jaspers),他在《历史的起源与目标》等著作中提到,在公元前 500 年左右或者公元前 800 年到 200 年,中国、西方和印度地区的人类“全都开始意识到整体的存在、自身与自身的限度”,出现了精神化,文明涌现,精神产品的高度至今难以超越,这个命题一直为学界所关注,See K. Jaspers, *The Origin and Goal of History*, trans. M. Bullock, Yale University Press, 1953, pp. 6 - 21。

[31] 例如,高鸿钧教授对传统印度法的研究,已经具有这种意识,参见高鸿钧:《法律与宗教:宗教法在传统印度法中的核心地位》,载《清华法学》2019 年第 1 期。

[32] 这种视角并不为社会理论法学所独有,历史社会学也有类似视角,参见赵鼎新:《时间、时间性与智慧:历史社会学的真谛》,载《社会学评论》2019 年第 1 期。

例如,余成峰的《法律的“死亡”:人工智能时代的法律功能危机》[33]和鲁楠的《科技革命、法哲学与后人类境况》[34]等文章。

因此,社会理论法学的进路可能性非常多,是一项开放性的事业,也是一项富有前景的事业,而这需要更多的人参与,需要更大的想象空间,运用更前沿和基础的观念反思社会理论,反思法律,反思人类生存的现实与意义。

## 三、社会理论法学视域中的社会与法

在思想史上,法的形象一向复杂多面,哈特曾感叹思想史上法的形象过于“怪异”而且“似是而非”,[35]这让我们想起了奥古斯丁对时间是什么的困惑。但在社会理论视野中,法的面向似乎更复杂,或者说,社会理论视角下的法或许具有共性,例如,外部视角、宏观视角、系统视角,但并非只有一种社会理论,而是各种社会理论并存,因此,也会存在各种法的面向(但各种法社会学其实也这么宣称?)。任何一种常规法学,总是希望自身的法(律)定义具有学科的规范意义,具有普遍适用性,各种常规法学中法的面向,一般来说都是明确而清晰的,尽管相互之间彼此排斥、斗争、论战。因此,法学流派之间的争论持续不断,尤其是分析实证主义法学和自然法学的屡次争论以及各种进行外部观察的法社会学[36]对法律内部观察的重新诠释与反思,这构成了法律思想史演进的一般面向。

自然法学与分析实证主义法学的千年论争衍生自西方思想史中的特殊二元论语境,古希腊思想中自然(physis)与社会(nomos)的二分观念,经过希伯来文明中基督教神人二分观念(或上帝之城与世俗之城的区分观念)的改造,成为

[33] 参见余成峰:《法律的“死亡”:人工智能时代的法律功能危机》,载《华东政法大学学报》2018年第2期。

[34] 参见鲁楠:《科技革命、法哲学与后人类境况》,载《中国法律评论》2018年第2期。

[35] H. L. A. Hart, *The Concept of Law*, 2nd edn., Oxford University Press, 1994, p. 2.

[36] 这里因方便起见,将各类从外部视角来观察与阐释法律的法学观念与流派,泛称为“法社会学”(前文曾列举过很多相关概念),这是一种不严谨的称呼,也容易产生各种误解,但在有别于自然法学和分析实证主义法学的意义上,这些法学观念和流派又有共同的学术竞争“靶子”,特此注明。

西方法律思想史演进的思想底座。这种二分法的绝对性导致自然法学与分析实证主义法学在论争过程中因缺乏对对手的学术宽容和妥协而出现非此即彼的对立感,虽然 20 世纪后,两个流派常有相互接近的叙事。例如,哈特的“最低限度之自然法”至少使用了“自然法”的话语;〔37〕富勒法律的“内在道德”也就是“程序自然法”与分析实证主义法学有暗合之处(如与拉兹的法治原则相比较),〔38〕不过这并不妨碍自然法学与分析实证主义法学的天然对立,从而构成了法学(源自西方的现代法学)的基本命题。

在法学观念的演化过程中,常常会出现各种岔路,这些流派尝试跳出、脱离、回避自然法学与分析实证主义法学论战的基本命题,因此,形成了各种类型的法社会学。这些法社会学采取的基本叙事是重新阐释“何谓法律”,借助各种学科的理论资源(主要是社会科学),使用“活法”“行动中的法”“非正式制度”“地方性知识”以及为了实现经济学目标而存在的法律制度等概念和观念。这些流派明确反对法学家的法律概念或者对法律的自治体系进行批判,根据科特雷尔的说法,这些采用社会科学进路形成的各种法社会学,常常带有一种模糊的多元主义,〔39〕但这种多元主义的绝对化是否会消解法律的规范意义呢？这也是那些坚守法学(尤其是法教义学)立场的思想家提出的质疑,质疑外部观察的法学视角是否能够真正成为一种“法学”。〔40〕

作为外部视角对法律现象的观察与阐释,社会理论法学与其他法社会学共享着一些理论资源,但由于社会理论独特的存在,社会理论法学同时保持着法学与社会理论的面向。也就是说,虽然社会理论法学采取的是外部旁观者的观

---

〔37〕 See H. L. A. Hart, *The Concept of Law*, 2nd edn., Oxford University Press, 1994, pp. 193 – 200.

〔38〕 参见[美]富勒:《法律的道德性》,郑戈译,商务印书馆 2005 年版,第 40 ~ 111 页;[英]约瑟夫 · 拉兹:《法治及其价值》,载《法律的权威:法律与道德论文集》,朱峰译,法律出版社 2005 年版,第 183 ~ 200 页。

〔39〕 See R. Cotterrell, “Law in Social Theory and Social Theory in the Study of Law”, in A. Sarat ed., *The Blackwell Companion to Law and Society*, Blackwell Publishing Ltd., 2004, pp. 15 – 29.

〔40〕 甚至社会理论法学内部对此问题都有争议,例如,陆宇峰认为,“社会理论法学并非严格意义上的法学”。

察视角,但并非完全外在于法学。例如,韦伯和卢曼的理论,其所论证的"形式理性法"的法治模式和作为社会系统的法律,都证成了法律实证主义的基本命题,夯实了法律自治理论,成为法律内在观察的一部分。[41] 当然,大部分社会理论法学的法律观察,是对传统法学理论的批判与扬弃,例如,上文所述马克思认为,资本主义法律是资产阶级作为统治阶级时的意志体现,最终由当时的物质生活条件所决定;孟德斯鸠认为,"法律源于事物本性的必然关系",而"法的精神存在于法与各种食物可能发生的关系之中","立法者发现一般精神",本身就是寻找社会、民族的自然本性,法的正当性来自法的精神。[42] 因此,很难说社会理论法学一定是外在法学,也不能认为其是对常规法学的替代(就如某些持法经济学和法律的认知科学研究立场所宣称的那样)。[43]

此外,社会理论法学也并非与法律多元主义密不可分,具有普遍主义立场的社会理论法学恰恰是与各类法社会学进行区别的重要特征,不说哈贝马斯这样将现代性作为"未竟的事业"追求的社会理论思想家,将法律视为现代社会沟通的基本媒介,或者卢曼用独特的社会系统话语来重新阐释作为社会系统的法律,都带有非常强烈的普适主义立场。即使是尝试对多元的文明形态进行比较的社会理论思想家,也不是任由多元主义立场迈向相对主义的结论,人类社会作为一个共同体,寻找共同的生存意义和现实,本就是社会理论的一个重要旨趣。只是,这种对共同的生存意义和现实的理解与寻求,不能有过于强烈的规范性,而无视人类由于空间的因素所产生的生活方式差异。

---

〔41〕 参见马剑银:《现代法治、科层官僚制与"理性铁笼"——从韦伯的社会理论之法出发》,载《清华法学》2008 年第 2 期;鲁楠、陆宇峰:《卢曼社会系统论视野中的法律自治》,载《清华法学》2008 年第 2 期;泮伟江:《作为法律系统核心的司法——卢曼的法律系统论及其启示》,载《清华法治论衡》2009 年第 12 辑。

〔42〕 参见马剑银:《孟德斯鸠语境中的"法"及其"精神"——重读〈论法的精神〉》,载《清华法学》2016 年第 6 期。

〔43〕 参见桑本谦:《法理学主题的经济学重述》,载《法商研究》2011 年第 2 期;成凡:《权利来自哪里——法律和认知的视角》,载《法律和社会科学》2017 年第 16 卷第 2 辑,第 204 ~242 页;慧剑修罗:《读〈光明日报〉"社科法学"与"法教义学"之争的三篇文章小感》,载该作者个人微博:http://blog. sina. com. cn/s/blog_53775c080102uzy4. html,2019 年 3 月 12 日最后访问。

据前文所述,社会理论法学具有环环相扣、层层递进的三种研究进路,建立在对世界、宇宙与时空的基本立场和观念上,这里具有不同层次的认知、观察与阐释。其中,一阶观察是不同文明类型的源代码,例如,古希腊文明的自然(physis)与社会(nomos)的二分观念,希伯来文明有关神人的绝对二分观念,传统中华文明的天人合一观念,佛教世界观的“三千世界”“一花一世界、一叶一菩提”,印度文明中的轮回观念等,形成了最初的神话世界观和宗教世界观,这种世界观就是社会理论中的一阶观察部分。在这些世界观的叙事中,有不同文明类型对时空、社会、正义、法、秩序观念最早的认知。

值得一提的是,古希腊的自然与社会的二分观念和中国传统的天人合一观念,代表着两种典型的文明源代码。前者认为世界是客观的、确定的,例如,古希腊先哲对于世界本原的认知,要么是“水”,要么是“火”,要么是“气”,要么是多元素,要么是元素之间的平衡。而人类参与世界的演变之后,一切变得不确定了,不同的人群具有各自的生活方式,彼此之间出现差异。因此,出现了最初的二元论思维——自然与社会,后者包含人类无意识形成的习俗惯例和有意识制定的制度法律。客观与主观、理念世界与现实世界、唯物与唯心、自然法与实在法、逻各斯与努斯、一与多,所有的二元对立统一的关系,都由此而生,二元之间的关系是不可逾越的性质。古希腊的自然与社会二元论与希伯来神人二分的观念结合后,就形成西方独特的思维方式,影响着现代世界。[44]

中国传统的天人合一观念,并不强调自然与社会的二分,而是强调世界存在逻辑的一致或共享,是一种一元论思维。“人法地、地法天、天法道、道法自然”意味着天地万物存在的逻辑是同一的,因此,要向终极的“道”看齐,而道就是“自然”。这种逻辑既不强调主客观的二分,也不去强调理念世界与现实世界的不可逾越性,既然可“法”,也就是可以“转化”,甚至人与神之间也是可以相互转化的,所谓“皇帝轮流坐,今年到我家”,所谓“成仙”,均是如此观念的体现。

当然,不同文明之间也有暗合的理念,似乎是对人类共同记忆的各自表述,柏拉图的哲学王统治和传统中国对三代之治的推崇,就共享着一种循环时间观,而这种时间观与后世的线性时间观形成了鲜明的对比,代表着不同文明源

〔44〕 See D. R. Kelley, *The Human Measure: Social Thought in the Western Legal Tradition*, Harvard University Press, 1990.

代码的共享观念。[45] 时间命题已经成为社会理论重要的研究领域,社会理论中的时间具有"无可避免的命定性、不可或缺的必要性和谜一般的神秘性",甚至有人断言"所有时间都是社会时间",[46] 而且对不同时间观的观察与阐释也影响着社会理论法学的研究。例如,哈贝马斯在20世纪90年代讨论现实政治事件使用的概念"作为未来的过去",[47] 以及中国语境中的法律移植需要处理"异质时间的同时性"[48] 等。

自经典的社会理论思想家开始对文明形态源代码式的一阶观察的理论观念与社会实践进行了二阶观察,甚至三阶观察。例如,马克思、韦伯、梅因、孟德斯鸠等思想家对文明演进、社会发展与法律变迁的观察,虽然在细节的结论上出现了不少错误,带有很强的西方中心主义和"东方主义"色彩,但这种大手笔的宏观叙事模式开创了社会理论的基本传统。再如,哈贝马斯与卢曼对社会发展中的系统化进行了不同视角的观察,属于二阶观察,其中有些思想家同时进行了三阶观察,包括哈贝马斯对韦伯理性命题的观察,卢曼与哈贝马斯相互观察对方的社会系统论,福柯与哈贝马斯相互观察对方的"话语、商谈"(discourse)概念等。在中国的社会理论法学,甚至对这些观察又进行了各种各样的四阶观察。

社会理论自身就包含着不同层次的观察视角,是一种复合式的世界观观察机制。因此,在社会理论视域中,法律更是多面向的,不同社会语境的,但又是可以相互沟通与理解的。例如,针对"法""Law""Jus""Shari'a""Dharma""Nomos",在文明形态与秩序类型的框架下,进行比较性理解与阐释。例如,作为具有统一性(普遍性)追求的法治与作为生活世界多样化存在的法文化之间

---

[45] 关于循环时间观、线性时间观,可以参见 S. M. Feldman, *American Legal Thought from Premodernism to Postmodernism: An Intellectual Voyage*, Oxford University Press, 2000; K. Löwith, *Meaning in History*, The University of Chicago Press, 1949; [英]约翰·哈萨德主编:《时间社会学》,朱红文、李捷译,北京师范大学出版社2009年版;等等。

[46] See B. Adam, *Time and Social Theory*, Polity Press, 1990, pp. 9–58.

[47] [德]尤尔根·哈贝马斯、米夏埃尔·哈勒:《作为未来的过去——与著名哲学家哈贝马斯对话》,章国锋译,浙江人民出版社2001年版。

[48] 马剑银:《法律移植的困境——现代性、全球化与中国语境》,载《政法论坛》2008年第2期。

的张力;例如,法在时间中的旅行和在空间中的漂移是否真的能够发生,还是不同的时空对其他时空规则的一种映射或应对。

孟德斯鸠视域中的法是最广泛意义上的,“一切存在物都各有其法。上帝有其法,物质世界有其法,超人智灵有其法,兽类有其法,人类有其法”,[49] 甚至超越了社会世界,与自然世界的规律(Law)共享同一个术语。而传统中国的“法”在某种语境中,仅仅指“刑法”而已,所谓“法者,刑也”(许慎《说文解字》),“法者,罚之体;罚者,法之用。其实一而已矣”[50]“夫民之所以畏法者何也?非畏法也,畏刑也。法不用则为法,法用之则为刑;民不犯则为法,民犯之则为刑,是以畏之也”。[51] 在孟德斯鸠的“法观念”与“法者刑也”之间,作为社会现象的法面向依旧是复杂的,例如,在“天理、国法、人情”与“自然法—不成文法—习惯法—实在法”的体系中,“法”就具有不同的社会意义。

由于人的存在,这个世界变得与众不同,因为人所具有的想象力能够虚构出现实世界并不存在的事物。[52] 在人的参与下,出现了对人所参与世界的观念建构,相对于自然世界,这个观念建构的世界就是社会,一个不存在的存在。人们在社会中一边建构一边交往,在交往中建构,在建构中阐释,在阐释中继续修正,形成一种有别于自然世界真实性的社会真实,即作为人类主观共识的真实性,社会演进作为人类历史就充满着人类的“想象”与“虚构”,社会的客观性、真实性都带有人类主观活动的痕迹,社会在人类通过语言进行交往沟通的过程中被创造出来,这个世界就是“生活世界”,即人类借用日常语言进行交往沟通达致相互理解的那个“场域”与“空间”。人类无法脱离“生活世界”,生活世界是人们以语言为媒介进行沟通交往的环境,[53] 而且这个环境本身就是人们自己创造出来的,法律在哈贝马斯的视域中,成为一种与语言类似的沟通媒介,贯穿于系统与系统之间、系统与生活世界之间。

---

[49] [法]孟德斯鸠:《论法的精神》(上卷),许明龙译,商务印书馆 2009 年版,第 7 页。

[50] (明)丘濬:《大学衍义补》卷一百。

[51] (宋)杨万里:《诚斋集》卷九十《刑法下》。

[52] 参见[以色列]尤瓦尔·赫拉利:《人类简史——从动物到上帝》,中信出版社 2014 年版。

[53] See J. Habermas, *The Theory of Communicative Action* ( *Vol. II* ) : *Lifeworld and System*:*A Critique of Functionalist Reason*, trans. T. McCarthy, Beacon Press, 1987.

甚至在卢曼和社会系统论的视域中,连人类存在的生活世界都不那么重要,现代社会的系统化面向甚至将人都视为“环境”,而包括法律在内的社会却变成了自创生的系统,社会作为人类主观共识的产物,却有了不依赖人的自主性,形成了一种新的“客观性实在”。[54] 这在某种意义上出现了“异化”,这在人类历史发展的进程中并不罕见,晚近有关这个议题的讨论就是人工智能和信息时代的法律现象。在人工智能时代,法律是否会消亡,人类是否会演变为“后人类”,这些问题也成为社会理论法学的关键议题,需要重新认识人类社会的历史和法律演变的过程。

因此,有关社会理论法学的关键议题,以人的生存现实与生活方式为本位,以法与社会的基本内涵为基础,讨论不同时间观念、空间观念,不同时空脉络下的法律面向和法律演变过程,展现多层次的观察视角。依然是那句话,社会理论法学就是一个开放的事业,一个富有广阔前景的事业。

## 四、余　　论

在中国语境中,法理学(理论法学)正经历一场浴火重生式的转型,包括法理学与部门法学关系的重新定位。21 世纪以来,出现了诸如社科法学与法教义学之争、规范宪法学与政治宪法学之争、宪法学与民法学的“母法”地位之争等涉及法理学基本命题的学术论争。但法理学自身在某种意义上却在这些论争中莫名其妙地缺席。主流的“法理学”话语依然自信满满,似乎处于某种平行世界中,但法理学的危机也已经为人所警醒。[55]

在某种意义上来讲,社会理论法学的呈现,恰恰也是为了回应这个危机。中国法理学的基本理论面向都源自西方,缺乏对中国现实的关照。而对于中国文明源代码的法理学塑造,似乎又面临现代性难题。中国法理学与许多其他中

〔54〕 参见[德]尼可拉斯·鲁曼:《社会中的法》,李君韬译,台北,五南图书出版股份有限公司 2009 年版(此处译作“鲁曼”,同“卢曼”);[德]贡塔·托依布纳:《法律:一个自创生系统》,张骐译,北京大学出版社 2004 年版。

〔55〕 参见徐爱国:《论中国法理学的“死亡”》,载《中国法律评论》2016 年第 2 期;季卫东等:《中国需要什么样的法理学》,载《中国法律评论》2016 年第 3 期,其中笔者参与演讲的主题是“如何催生从未出生的‘中国法理学’”。

国问题一样,面临中西古今的困境,走不出普适主义与特殊主义的二元悖论。社会理论法学内部对此命题尚未给出成熟而统一的答案,但提出了一条思路可供尝试,也就是回归诸种文明的源代码,重新在文明比较的宏观视野中观察人类共同体以及处于不同生活环境的人群对社会话语的建构与阐释,在人类发展史的视角反思人、社会、法律之间的关系,在经典的社会理论思想家的经典命题基础上建构中国人自己的社会理论法学。

笔者将这种"社会理论法学"的研究趋向称为"Nomos-prudence",〔56〕不过,这仍然只是在路上,任重而道远。

〔56〕 关于"Nomos-prudence"的命名及其争论,在笔者其他的文章中详述。

# 社会理论法学的品格

余盛峰*

## 一

如无必要，勿增实体。社会理论不只是必要，而且可能是拯救法理学的必由之路。我们所处的时代和社会理论家韦伯、马克思、涂尔干遭遇的，都是人类历史轨道大转换的时代，这个转换的节奏自从近代启蒙以来，就开始不断进入自我加速的通道，不只是权威的式微、上帝的死亡、形而上学的衰落，而是我们每个人都被抛入一个不再有任何固定附着点，一切都处于高度不确定，充斥着各种变动和偶然、复杂与风险的现代社会。我们每个人的命运都被深深卷裹在国家的命运、法律的命运之中。显然，我们特别需要与此历史背景相匹配的理论视野和概念工具。

事实上，我们在作为生命和存在最本能的敏感中，都能感知到无论是实证主义、历史主义、功利主义、自然主义的方法，都已很难去完整把握和理解这个新的时代。但学术方法的惯性、学科设定的束缚、研究时间的沉没，都会经常让我们没有勇气和决心去打破既往的束缚。可以说，社会理论法学，其实并不是一种所谓新的法学方法论，而是意识到方法论本身的贫困和虚妄。社会理论法学需要将一切教条式的概念和框架抛到一边，让自己还原为一个敏感的时代思考者，击破那些包围着自己、让自己与世界隔离，乃至逐渐丧失感知与把握自身存在、理解和反思世界的能力。社会理论法学也绝不是要去圈占一块新的学术领地，在业已拥挤不堪的学院门派中争得自己的地位；相反，它质疑、反思乃至丢弃方法论的偏执与屏障，它去打破条条框架，构建更强有力的概念和理论工具，从而更真切地直面、感知、触摸和理解这个我们深嵌其中的时代。

---

* 北京航空航天大学法学院、人文与社会科学高等研究院副教授。

社会理论传统的经典思想家,并没有为我们提供关于命运和未来的确定答案,他们更多的是给予我们探索未知世界的勇气、灵感和启示,以及学术作为一种天职的内在召唤。在众神退散、灵知瓦解的世界,不再有任何一种神圣的、固定不变的方法论诫命,它拒绝将自己固守在任何确定不移的位置,看不惯假模假式给自己营造出的舒服程式的氛围。实际上,在各自所处的时代,他们无一例外都成了学术派系的反叛者,他们不满于将学术和思想生命无端浪掷于荒谬的营生,他们无论是流亡异国、枯坐大英图书馆、在精神崩溃边缘投入卷帙浩繁的宗教文献,他们的精神气质类似印度教中遁入黑暗森林的隐居僧侣,或是将自我放逐在荒漠石柱的基督教修士。事实上,尽管社会理论传统给我们提供了火力强大的概念武器库,但它首先却需要其门徒经受住信念和勇气的考验,必须敢于将自己抛入一个无所凭恃而需直面其深渊的境地。

## 二

但是,理论勇气和冲动无法自动保证理论研究的有效展开。当谈到社会理论,我们首先会想到韦伯、马克思、涂尔干、梅因、哈贝马斯或卢曼,离开这些经典作家,似乎就无法想象"社会理论"。更常见的下意识做法,就是通过标签"现代性"或"资本主义"这些概念来证成自己问题域的正当性。但事实上,无论韦伯还是马克思,无论哈贝马斯或卢曼,引用他们的理论论述或是概念术语本身,实际无法直接给我们的研究带来正当性。托庇在思想巨人的光环下,也可能给学术问题的自我生成带来阴影,甚至成为思想懒惰的绝佳理由。

换言之,在今天,如果只在一般的思想史脉络梳理他们的学术要点,而没有真正去读懂他们的所思所想、真正理解他们切入问题的方式、真正学会他们运思问题的方法,而只在所谓资本主义和现代性理论这样的框架打转,也就很难把这些旧的思想资源,创造性地转化为对新的历史社会问题进行思考和作出解释的有效理论资源。而且,如果只是一般性的思想史研究和介绍,西方成果已经汗牛充栋,中国学者充其量只能进行补充性和点缀性的学术工作。

而作为社会理论法学,如果也只是在上述视野下将触角收束于法学的论题范围,也无法避免同样的追问。一般性的(社会理论)法律思想史研究或者宏观的现代性法律研究,是否可以自动从中转化出法学知识增量,答案可能未必。它可能不过只是在作为实证法学家的奥斯丁、哈特以及作为功利法学派的边沁、密尔之外,增列了一个包括韦伯、涂尔干或马克思在内的不同学术谱系而已。如此这般,随着时间推移,作为社会理论法学的研究成果,可能只会逐渐落实为韦伯法律思想、马克思法政思想或哈贝马斯论法律这样的研究。学者根据学术兴趣的不同,依照不同的个人心性,选择一个领域持续钻入。这当然也会带来丰硕的学术成果,但它很可能是碎片的、分散的,很难作为一个流派的“社会理论法学”,它与一般性的法律思想史研究,也很难形成本质的不同。关键是,其内部的研究可能会依据思想人物的不同,趋于议题的分散,而无法形成真正实质性的对话、交接、呼应和联系,不是接力式和互惠式的研究互动,从而也很难形成真正的新意和理论冲击力。

而且,伴随思想史研究路径的狭窄化,学术的审美疲劳会不断消磨每个人对研究议题的激情。今天研究韦伯,明天研究涂尔干,后天研究帕森斯,只能通过间歇的变换研究对象来避免学术激情的退化。这几乎是所有法律思想史研究共同面临的问题。

那么,问题可能出在哪里?问题可能就出在无法形成真正的“问题”,从而无法在对真正具有焦虑性的问题及其创造性答案的追索中,在其内在冲动的学术追问中生成“社会理论法学”的独特品格。换言之,对不同社会理论家思想内容的诠释本身,很可能无法自动带来真正的“问题意识”。思想史的路径,充其量还只是社会理论法学的入门功夫和学术训练方式,而无法成为社会理论法学的主要研究方式。同样的道理,有关法律与资本主义、法律和现代性的提问方式,也都过于宏大、抽象,缺乏基本的问题视野和切入视角。也就是说,有关法律现代性的研究,也几乎等于宣称,要对整个现代法律进程作一个宏观理论的总体探讨,这也几乎等于说,要用一种理论化的方式探讨整个现代法律。事实上,这很可能会经由论题的虚假宏大,来掩盖问题意识的实质薄弱。

## 三

“社会理论法学”的独特品格至少包含以下6个维度:理论性、问题性、规范性、民族性、世界性、未来性。

1.“社会理论法学”的“理论性”。我们当下遭遇的学术困境,并不是理论太多而实践太少,而是缺乏真正深刻有力的理论,来把握和理解复杂的实践。同时,由于理论上的无力,进一步促使我们更容易走向回避理论而拥抱实践的经验主义。事实上,经验的调查和数据的积累,如果没有理论解释和意义价值的赋予,就永远只是冷冰冰的缺乏实际指向的现象罗列。因此,社会理论法学特别强调"理论"在今天这个复杂社会的极端重要性。只有不断打磨理论的锐力,才有可能去刺破由复杂性为研究设置的各种迷障和遮蔽。而作为社会理论法学的基础训练,也唯有不断回到理论原典之中进行,在思想巨人和理论先贤那里,理论内功和思辨能力的训练是第一位的。

2. "社会理论法学"的"问题性"。经由理论性的基础训练,问题意识可能在思想先贤的刺激下初步萌动。社会理论大家对古代和现代社会演化的通达视野,在历史理解与文明比较的宏观视野下,会不断搏动和激发出新的问题意识。换言之,理论性的工作是为问题性的激发进行铺垫。"社会理论"作为理论方法,要为研究者获得更为纵深的理论视距和学术眼光,从而能够突破进入更为一般性和特殊性的法律问题。当进阶到这一阶段,其研究就不再是抽象的、宏观的思想史切入,而是开始选取具体的问题域和部门域进入。"社会理论"作为观察法律的视角、方法和技能,也必须在具体的问题思考中经受锻炼和训练。无论是研究中国法律史、美国宪法、欧盟法、社会理论法学、互联网治理、知识产权、人工智能法律、民法演化、刑法实践、金融法律治理的理论威力,都必须亲自踏入这些实践之中去接受检验。社会理论法学不是夸夸其谈的"屠龙之术"。

3. "社会理论法学"的"规范性"。举凡法学流派,无论实证主义、历史主义或功利主义,都不只是一种方法论或理论观察方式,它们都具有特定的规范主张和道德导向。比如,实证主义的"法律自治性"、历史主义的"民族精神"、功利主义的"最大化幸福原则"。而作为"社会理论法学",其规范主张和价值导向为何?需要我们认真思考。法学之为法学的品格,首先,在于其规范层面的定位,而不是对于经验和实践的承认与接纳。其次,也正是对于规范价值和道德正义的追问,使社会理论法学具有了鲜明的政治意识和性格。

4. "社会理论法学"的"民族性"。民族性强调的不是沙文主义或泥古主义的传统哀悼和仪礼摆设。民族性首先联系和沟通的,是以上所彰扬的法律规范性,它所捍卫的乃是一个民族国民的生存、福祉和价值。作为个体,我们的自由、平等、团结,首先仍需在一个民族政体的历史文明中得以生发、延续和扩展。无论日耳曼、法兰西、盎格鲁—撒克逊的法律文明,其命运都紧紧系于其作为民族性的生命力和创造力。在社会演化的残酷博弈中,民族性和家庭一样,给每个裸露在高度不确定性环境之中的个体,提供了最基础的生存保护和价值依归。它同时也带有深刻的宗教精神的含义,社会理论法学因此也触及了宗教层面的深入思考。

5."社会理论法学"的"世界性"。其意在于,倡导一种超越本土主义、民族主义、国别主义的狭隘法律世界观,超越一切具有观念狭隘性的学术设限和理论禁区,能够从横跨古今中外的人类视野和地球视野,从人类的总体生存角度去思考历史和世界的未来命运。唯有克服历史视界的偏狭,才能真正提升社会理论的格局,从而获得对不同法律现象、法律事件、法律过程和法律演化的通透理解。在世界和历史视野的宏大壮观上,经典社会理论家给我们做出了伟大的范例。"世界主义"在这里,并不只是作为方法论,同时也是一种规范主张与价值导向。此即不局限于一时一地、一国一区、一物一事,而是从此时此地出发,超越进阶到更为宏大、广博、理想性的人类和世界法律图景,以"世界主义"作为引领法律演化的规范导向。

6."社会理论法学"的"未来性"。中国法学研究的价值倾向,除了上述的方法论和价值观以外,还有时间视野局促的特点。无论思想史、制度史或法律政策分析,法律的时间观往往过多纠缠在"过去"与"当下"。而无论是马克思、韦伯、涂尔干或卢曼,其理论冲击力都在于他们胸怀一种更深远的"未来主义"的时间视野,这使理论冲破了对于历史传统和当下实践的偏执。社会理论法学的视野,就要打破过去、当下与未来的传统认知链条,通过未来性的时间意识,激发出法学研究的更大想象力。

"社会理论法学"这6个维度,或许只有在与真正问题的遭遇和较量中,在学术理论工作的艰难开拓中,才能不断磨炼其品格,砥砺其气质,最终形成自身的理论定位和使命。今天这个时代,与经典社会理论家的历史处境不无相似,都处在一个新旧交替、变革性力量持续酝酿和陆续爆破的阶段。"社会理论法学"的学术机遇,也就在于此历史际会,进入还未被探险和征服的处女地,成为真正的开拓者。

# 社会理论法学中的“东方”问题

鲁　楠*

在社会理论法学(Law in Social Theory)研究传统中,“东方”问题是既古老又年轻的课题。之所以称为古老,是因为在西方19世纪古典社会理论诞生之初,东方社会便被纳入了研究视野;而之所以称为年轻,是由于社会理论及其法学研究关注的中心始终是现代性问题。一直到第二次世界大战以后,随着中国、印度等古老的东方大国走向独立,甚至出现高速经济增长,“东方”问题才真正告别殖民主义叙事,重新焕发生命力,被带入理论考察的中心。

本文拟选取3个问题,以展示社会理论法学在东方研究领域的历史、现状和前景。这3个问题分别为:(1)古典社会理论家眼中的东方;(2)东方社会的法治现代化;(3)全球化时代的东方法问题。应当说明的是,笔者在文中所说的“东方”,并非指意识形态意义上资本主义与社会主义的区分,而是着眼于文化传统上的区分,如中国文明、印度文明和伊斯兰文明。

## 一、古典社会理论家眼中的东方

当我们追溯社会理论法学的源头,不可避免要上溯至19世纪以马克思、韦伯与涂尔干为代表的社会理论家,甚至有的学者会追溯到18世纪法国著名的启蒙思想家孟德斯鸠。但出于知识密度和系统化程度的考虑,笔者仅着眼于古典社会理论的3大家。这3位社会理论家不仅对发端于西方文明的现代社会有着深刻的洞察,而且对整个人类文明的精神特质和历史演变保持着浓厚的兴趣。因此,在他们的作品中,对与西方文明相对应的“东方”文明,都有着丰富的论述。这些论述总体而言,具有以下3个特点。

---

* 清华大学法学院副教授。

第一，古典社会理论家将“东方”作为西方文明的对照物来加以研究。与时下流行的很多所谓“东方主义”（Orientalism）叙事不同，古典社会理论家在一开始便试图将“东方”与“西方”纳入一个在当时看来较为公正的比较框架中研究。马克思在1857～1858年完成的《资本主义生产以前各形态》一文中，提出了著名的“亚细亚生产方式”的概念，并以此作为东方古代社会研究的理论基础；而到1879～1882年，在马克思的人生后期，他对人类文明历史发展的差异性和多样性给予了重视，阅读了同时代的重要人类学作品，并记录了内容丰富的笔记。在这五大人类学笔记中，除纳·拉伯克的《文明的起源和人的原始状态》以及众所周知的摩尔根的《古代社会》外，马·科瓦列夫斯基的《公社土地占有制》、梅因的《古代制度史讲义》以及约翰·菲尔爵士的《印度和锡兰的雅利安人村社》都含有对东方社会，特别是古印度社会生产生活状况的描绘。通过这些人类学笔记，马克思试图掌握人类社会历史发展的丰富性，并在此基础上检验自己提出的社会演化学说的准确性。然而，马克思生前并没有完成这一任务。到了1884年，恩格斯依据马克思关于摩尔根著作的笔记，撰写了《家庭、私有制和国家的起源》，将人类古代社会历史发展的脉络作了梳理，但东方社会的历史独特性仍然潜伏其中，在后来引起了多次争论。值得注意的是，在马克思的五大人类学笔记中，英国著名法学家梅因的作品赫然在列，而且遭到了马克思的无情嘲讽和严厉抨击。双方争论的焦点在于，梅因认为，原始社会的基本单元是“家庭”，而马克思则赞成摩尔根的主张，认为在家庭产生之前存在氏族公社的阶段。当然，笔者需要指出，马克思与梅因的理论视角和素材选择不同，这使他们的结论呈现差异。马克思通过社会来考察法律，认为法律是社会形态的有机组成部分，他特别注重当时人类学最前沿的研究成果；而梅因则通过法律来透视社会，认为法律如同社会的镜像，将当时曾经活跃的社会生活加以凝固和储存，因此对古代法典他给予了充分重视。在1861年出版的名著《古代法》中，梅因便将古希腊—罗马社会与古印度社会进行了对比，指出前者深受宗教世界观的影响，使法律自身的演化遭到压制；而罗马法借助世俗化，特别是政治的力量，经历了由拟制、衡平到立法的演化，促使社会发展呈现出“从身份到契约”的运动。在对东、西方社会发展差异性的认识中，马克思倾向于认为，法律是社会变化的因变量；而在梅因的论述中，法律具有自变量的色彩。但是，双方都不约而同地承认，对于东方古代社会法律状况的分析，必须将经济、政治和宗教等因素纳入考虑的范围。1862～1869年，梅因在完成《古代法》一书之后,来到印度,对印度法律制度进行了深入细致的考察,并在此基础上,于1871年撰写了《东西方乡村社会》,于1975年出版了《早期制度史讲义》。梅因深受同时代历史语言学研究的影响,认为古印度文化与古希腊—罗马文化之间具有某种历史和人种方面的亲缘关系,他们都可追溯至雅利安人。因此,对于古代西方和古代印度法制的比较研究,便具有了特别意义。当然,笔者并不认为,这种"特别意义"是对维多利亚时代英国"自由帝国主义"政治叙事的折射,而是部分解释了梅因对"东方"保持浓厚兴趣的知识论方面的原因。在同时期继起的另一位古典社会理论家马克斯·韦伯,虽然对卡尔·马克思的历史比较研究给予了充分重视,并吸收了同时代"东方学"的研究成果,但他并不认为,东西方社会历史发展的差异性完全建立在经济因素的基础上,当然,这种差异也并非主要是法律传统的后果。在韦伯看来,文明发展的走向是诸多因素交互作用的结果,很难说何种因素具有决定意义,但韦伯特别强调思想意识因素所发挥的作用,将之称为"心态"(ethos)或"生活样式"(life style)。例如,在《儒教与道教》一书中,韦伯着力强调儒家伦理所孕育的文人墨客的典雅生活样式对中国古代文明的塑造作用,这种生活样式与家产官僚制的政治统治相互匹配,形成稳定的循环关系。这种研究可谓开启了后世比较法文化研究的先声。当然必须指出的是,马克思、梅因和韦伯一样,都是将"东方文明"作为西方文明的对照物来加以研究,其核心的目标仍在于对西方文明的过去和未来进行解释。

第二,古典社会理论家对"东方"问题的关心始终具有全人类的视角。虽然19世纪的古典社会理论家都出自西方,这导致他们不约而同地从西方文明出发,去观察"东方"。但是,这种观察并非基于西方文明的傲慢与偏见,其论证的初衷也绝非为了说明西方文明的优越性,反证"东方"文明的落后和劣等。在著名的《共产党宣言》中,马克思与恩格斯将传统到现代社会的变化描述为"生产的不断变革,一切社会状况不停地动荡,永远的不安定和变动,这就是资产阶级时代不同于过去一切时代的地方。一切固定的僵化的关系以及与之相适应的素被遵从的观念和见解都被消除了,一切新形成的关系等不到固定下来就陈旧了。一切等级的和固定的东西都烟消云散了,一切神圣的东西都被亵渎了"。这显然是着眼于全人类的视角,而非某种单一文化的特殊视角。他们说:"过去那种地方的和民族的自给自足和闭关自守状态,被各民族的各方面的互相往来和各方面的相互依赖所代替了……各民族的精神产品成了公共的财产。民族的片面性和局限性日益成为不可能,于是许多种民族的和地方的文学形成了一种世界的文学。”这种全人类视角,促使马克思和恩格斯从人类解放的目标出发去认识历史发展的过程。在1853年马克思给《纽约每日论坛报》撰写的系列文章中,他一方面猛烈批判不列颠在印度的殖民统治,指出英国使“印度失掉了他的旧世界而没有获得一个新世界”,同时指出,印度古老的社会安排和宗教信仰在阻挡印度现代化过程中发挥的消极作用,他说:“从人的感情上说,亲眼看到这无数辛勤经营的宗法制的祥和和无害的社会组织一个个土崩瓦解,被投入苦海,亲眼看到它们的每个成员既丧失自己的古老形式的文明又丧失祖传的谋生手段,是会感到难过的;但是我们不应该忘记,这些田园风味的农村公社不管看起来怎样祥和无害,却始终是东方专制制度的牢固基础,它们使人的头脑局限在极小的范围内,称为迷信的驯服工具,称为传统规则的奴隶,表现不出任何伟大的作为和历史首创精神。”可见,马克思的批判视角具有双重性,一方面是殖民主义批判,另一方面是传统社会批判,这两种批判的共同基础是对人类解放前景的关心。应该说,类似的关心也体现在韦伯的理论叙述中,不过这种叙述表现为另一种双重批判:一方面,他深入考察了西方文明走向现代的“理性化”过程,但同时意识到理性化所带来的自由丧失与意义丧失的前景;另一方面,他对广大非西方文明进行历史考察的过程中,韦伯指出,多数非西方文明的统治模式往复于传统型支配与卡理斯玛型支配之间,究其背后人际关系的实质,无法脱离人格化的“恭顺关系”。与马克思那种战斗的乐观态度不同,韦伯对未来更保持一种审慎的悲观态度。对于现代性的前景,韦伯表示悲观,同时对于非西方古老文明的现代性道路,韦伯看到的社会阻力和文化障碍更多一些。但无论如何,在两位思想家的理论深处,都能够看到古典社会理论对于人类整体命运的共同关注,这种关注凌驾于思想家所身处其中的文化特殊性之上。

第三,古典社会理论家对“东方”的认识和描述具有时代的局限性。首先,古典社会理论家的世界视野建立在资本主义全球化的基础上,虽然他们所掌握的信息比18世纪启蒙运动时代的思想家要丰富得多,但是与今天相比,仍存在较大的差距,这导致他们的很多论述在今天看来存在误解和偏差。例如,马克思关于“亚细亚生产方式”的表述显得较为笼统,它囊括了许多彼此风格迥异的古老文明。类似的问题也出在韦伯的“东方文明”观上,例如,他将古代中国和古代印度作为东方文明的两个代表进行合并的叙述,不免失之草率。因为古代中国与古代印度的差异性丝毫不亚于二者与西方文明之间的差异性。其次,古典社会理论的很多信息资源来自19世纪欧洲“东方学”的发展。这种“东方学”

的研究一方面丰富了欧洲对东方古老文明的认识;另一方面却不可避免存在粗疏、扭曲,甚至含有殖民主义的余毒。例如,韦伯的《印度教与佛教》虽充分利用了当时的东方学成果,但在今天看来,在一些关键的问题上写得模糊不清,如关于古印度种姓制度的起源问题便缺乏明确解答。最后,古典社会理论家对东方古老文明中思想和观念的现代转化潜力关注不足。由于知识和所处时代的限制,马克思、韦伯和涂尔干更注重人类文明现代化的总体趋势,这导致他们更多地看到东方各文明在时间压力下快速变革的一面,但在这种快速变革过程中,如何细致地将传统文化与现代生活衔接起来并非他们关心的重点。而这些问题,却是作为东方诸文明的思想家所最重视的问题之一。

基于以上 3 点,笔者认为,19 世纪西方的古典社会理论对东方问题的关注至今仍具有理论意义和实践价值,他们的论述能够帮助我们站在人类社会的总体视角,以大历史观对古老东方的历史命运加以把握,从而清醒认识它们走向现代社会过程中的困难。但与此同时,我们又应充分理解他们对东方认识存在的某些局限性,追求一种更完备、细致和公正的跨文明比较社会理论。

## 二、东方社会的法治现代化

在社会理论之法中,东方社会的法治现代化是争论焦点。在这里,笔者将以印度和中国为例,结合以下 3 个问题展开初步讨论。这 3 个问题分别为:(1)法治现代化的道路选择是否存在东方道路或者东方模式?(2)东方法传统对于法治现代化来说,其价值应如何评价?(3)东方法传统是否需要以及如何现代化?

首先,关于东方道路或东方模式的争论,涉及我们对于现代法治普遍性与特殊性的认识。围绕这个问题大体形成了 3 种主要立场。第一种立场认为,现代法治具有普遍性,其基本理念和制度内核不会由于文化特殊性有所变更,我们不妨称为法治现代主义者。第二种立场则主张,治道与共同体所共享的文化传统紧密关联,而这种文化传统具有地方性和特殊性。这种治道未必是法治,或者即便是法治,也会表现出不同样态,形成不同模式,可称为法治相对主义者。第三种立场要显得相对复杂一些,主张一种兼容了普遍性与特殊性的法治模式,即认为在制度或者功能层面体现法治的普遍性,但在生活或者意义层面体现法治的特殊性,我们不妨称为法治的混合主义者。在法治现代主义者看来,法治是“古—今问题”,是现代化问题。只要一个国家或社会希望走上现代之路,借鉴法治便是应有之义。而在法治相对主义者看来,法治则是“东—西问题”,是文化模式问题。他们认为,针对“古—今问题”与“东—西问题”所引发的冲突,法治的混合主义者认为,二者应当分开来看。在国家和社会的基本制度设计上,应遵循共有的法治,而在社会生活和意义之维,则应激活本土的传统文化。更重要的是,法治能够与被激活及被提炼升级的传统文化相互匹配、相得益彰。3 种主导立场都从不同的社会理论中寻找立论的知识基础,在实践上,它们之间的争论在中国、印度和伊斯兰社会都得到了不同程度的体现。在中国,这种争论表现为“五四运动”以来的激进现代化主张与自洋务运动以来的“中体西用”观之间的争论;最近 10 年,这种争论转化为法治现代化理念与本土资源派之争,甚至转换到意识形态层面,变为自由派与“新左派”之争。在印度,自 1947 年独立之后,类似的争论也出现在建国第一代政治家之间,包括偏向于继承印度教文化传统的甘地,偏向于对印度进行现代化改革的尼赫鲁以及将佛教思想与西方自由主义人权观相结合,使之融入印度宪法的安培德卡尔。近 10 年来,这种争论在印度转化为是否应当融合主流印度教文化促成印度国家整合的宪制问题。同样,在伊斯兰世界,自 20 世纪 70 年代伊斯兰复兴运动之后,甚至采取激进世俗化改革方案的土耳其,也在面临主体文化的伊斯兰力量与世俗民主政府之间的紧张关系。实际上,这种政治与文化之间的紧张,伴随 20 世纪 90 年代以后冷战的结束以及“文明冲突”的升级,变得越来越具有敏感性。

面对传统“东方”社会的这些新动向,我们应当思考的是,古老的东方社会在接下来的发展过程中,可能或者应当采取哪种方案。对该问题对回答无疑需要借鉴社会理论的丰富思想资源。例如,德国著名社会理论家哈贝马斯主张,在国家建构过程中,应当谨慎地将政治认同与文化认同相区别,使民主法治国家建立在政治认同基础上,文化认同可以作为支持政治认同的备用资源;而且,无论政治认同还是文化认同,皆属伦理向度,涉及人的尊严的基本权利则属道德向度,道德向度高于伦理向度。此即任何一个国家,都不应以政治理由或文化、生活方式的理由去剥夺或者克减人的基本权利,这种基本权利镶嵌在民主法治国家之中,具有普遍性。美国著名法文化学者劳伦斯·弗里德曼也认为,虽然每个国家和社会都有自身的文化传统,但第二次世界大战以后,一种真正的现代法治文化已然形成,这种法治文化的核心内容便是人权文化。在人权文化传播至全世界的过程中,每种特殊的文化传统都会形成对人权文化的特殊理解,但它们是现代性的组成部分。“现代性将会(在一定程度上)成为一种由多种紧密相连的方言所组成的单一语言。”这种单一语言建立在承认并尊重作为文化成员的个体具有选择自由的基础上。

其次,东方法传统对于法治现代化来说,如何评价其价值?无论对前一个问题采取何种立场,只要我们承认,现代性不以人的意志为转移,那么接踵而至的问题便是,东方社会应当如何对待自身的法传统。对于法治现代化来说,东方法传统究竟发挥着正面作用,还是具有消极影响?韦伯在对东方社会的分析中曾经指出,中国和印度等古代社会都曾经出现过促进理性化世界观发展的文化因素。例如,公元前 6 世纪古印度沙门思想时期涌现的耆那教和佛教,在反对古婆罗门教过程中形成的崭新观念,颇含有理性因子。而在他对中国古代儒家文化的分析中,也对其世俗人文主义的文化特质颇多赞赏。但是,韦伯认为,古代印度和中国文化迈向现代化的重要障碍在于,它们都难以形成一种以目的理性为核心内容的世界观;在支配模式上,古印度和古中国往往徘徊于传统型支配和卡里斯玛型支配之间,却无法实现突破,达到法理型支配;在法治问题上,这些古老文明最多能够接近实质合理性的法,却难以达到形式合理性法的状态。以此看来,传统文化及其支配和法律尽管在它们所属的那个历史时空具有意义和价值,但就现代社会而言,基本属于负资产。而与韦伯不同,深受韦伯思想影响的美国著名法学家伯尔曼认为,在理解西方现代法治的过程中,传统具有某种积极意义。伯尔曼将西方法治传统的文化源头追溯至 11 世纪西欧爆发的“教皇革命”,认为包括此次革命在内的西方世界发生的 6 次革命,都暗含着对自身法治传统的批判继承。那么,按照伯尔曼的主张,文化传统可能对法治的发展具有涵养和推进作用。当然,伯尔曼所主要关心的是西方法治传统,但随之而来的问题是,东方社会自身的文化传统能否涵养和推进法治现代化?我们不妨举两个例子来说明这个问题的复杂性。例如,与现代法治不同,传统中国虽然积累了内涵丰富的法文化,但总体上其治理模式是突出人治和德治,这种治理模式往往导致“有治人,无治法”的后果,即使曾主张“不别亲疏,不殊贵贱,一断于法”的法家,也常常倾向于压制性法,与现代法治意义上的人权保障和自由选择相去霄壤。类似情况也在印度出现,印度传统法文化深受宗教世界观的影响,这种世界观在祛除巫术世界观,促使古代印度伦理成熟和政治发达的方面,曾发挥重要作用,但与此同时,又通过神圣方式将早期社会大分工定型化,形成了种姓制度。及至印度进入现代社会,宗教世界观和种姓制度在促成印度现代转型过程中始终产生不同程度的消极影响，甚至与现代社会所需的理性生活方式和自由平等的价值观构成正面冲突。在这种情况下，我们在何种意义上能够主张，古老东方社会的文化传统对于建立现代法治来说构成正资产呢？针对此一问题，存在3种解答。第一种解答是，应当彻底抛弃过去的法传统，建立与现代法治相匹配的新型法文化；第二种解答是，应当放弃现代法治，从过去的法传统中寻找贴合的治理模式；第三种解答是，通过重新阐释法传统，赋予法传统以合乎现代法治要求的新意义。笔者认为，第一种解答的问题在于，对文化传统的性质及其演化方式缺少必要的认知，实际上，文化传统和语言一样，具有相当的自主性，很难通过直截了当破旧立新的方式实现飞跃；第二种解答的弊端则在于，它完全无视现代性的事实，将文化传统视为不变的事物，以至于抱残守缺。而就东方社会而言，几乎唯一可行的方案在于第三种解答，即诉诸对法传统的阐释性更新，借此可以在尊重传统文化演化规律的前提下，在阐释过程中对法传统具有生命力和不具有生命力的部分作出区分。这便要求社会理论之法必须进一步地扩展其理论疆界，发展出一整套相应的动态法文化理论。

最后，东方法传统是否需要以及如何现代化？在前文的论述中，笔者已经表明，在东方社会的法治现代化过程中，走向现代化不可避免。接下来的问题是如何走向现代化？在迄今为止的社会理论资源中，能够为这种操作提供指引和说明的理论并不算丰富。韦伯的“理解社会学”虽然对文化差异性的根源提供了解释框架，却几乎无法为东方社会法传统的现代化提供有益帮助。而20世纪著名的社会理论家，如哈贝马斯和卢曼等，更关注的是大型现代社会的结构及其治理问题，对东方社会的文化关注有限。在社会理论谱系中，对此一问题有所关注的，是美国人类学家格尔茨诉诸深描的文化解释理论和德国社会学家许茨关注意义建构过程的社会世界理论，但我们如何将这种将“文化”和“意义”改造成合宜的社会理论法学，是摆在面前的困难工作。在这种转换过程中，一方面，似乎法国比较法学家皮埃尔·罗格朗所提出的，将法律视为特定文化意义系统有机组成部分的观点颇具借鉴意义；另一方面，我们又必须适当对勒格朗的主张进行调整。因为在勒格朗看来，这种法律似乎具有更多的内向性、静态性和整体性，以至于任何外部意义资源的引入都变得几乎不可能，这样，比较法学就变成了对各个法文化体系的深层差异加以标示的理论，甚至将此理论推至极端，得出任何文化体系之间的沟通是不可能的结论。在这里，我们不妨将法律视为一种持续不断变化生成中的意义,它通过两种不同的,但相互作用的阐释机制改变。一种阐释性机制是阐释者借助历史与当下之间的视域融合来充实文化传统的内容,在古代文化与当下情境的对撞过程中产生对文化传统的新理解,这是一种时间性操作;另一种阐释机制则是通过横向比较,在域外法治经验与本土法律传统之间建立起相互参照的反思机制,促成本土法律传统的转换升级,这是一种空间性操作。时间性操作要求我们将具备阐释特质的法律史引入社会理论法学之中,空间性的操作则要求我们将比较法的知识内容引入社会理论法学。通过更新的法律史学,我们可以抱着文化阐释的理论自觉,去选取、激活,甚至放大东方法传统的一些要素,给予它们具有时代感的新意。例如,印度宪法之父安培德卡尔便曾通过诉诸佛教思想中的众生平等观来对抗在当时印度社会根深蒂固的种姓制度,这种平等观完全可以与西方启蒙运动以来所形成的自由平等思想相互融合,甚至有助于将自由平等思想向更开阔的境界扩展。还有通过比较法学,特别是法观念和法思想的比较来促成文化阐释性升级的例子,比如,在对西方近现代人权思想与传统儒家民本思想的比较研究过程中,可以发现我国民本思想中所含有的人文主义内容,同时意识到它与现代社会法治建设所需思想观念之间的差距。同时,这种比较也能够帮助我们发现本土固有文化之中能够为现代社会补偏救弊的内容,例如,传统儒家"仁"的思想中含有主体之间相互沟通,彼此合作的内涵,这恰好与哈贝马斯所力主的交往理性相互辉映,可以弥补西方个人主义文化和目的理性世界观所带来的诸多负面效应。因此,融入了文化阐释的社会理论将在未来东方社会的法律理论发展过程中发挥重要作用。

## 三、全球化时代的东方法问题

自20世纪90年代以来,随着东欧巨变和经济全球化,传统意识形态意义上的东、西方正在为文化意义上的东、西方问题所取代。1993年美国学者亨廷顿提出了"文明冲突"的观点,认为后冷战时代文明冲突将取代意识形态冲突,变成棘手的国际关系难题。应该说,经济全球化的发展,一方面,否认了亨廷顿的论断,使我们越来越看到不同文明相互合作的面相;另一方面,也验证了他的分析,因为文明冲突在地缘政治和宗教等诸多领域爆发出来,其中,基督教文明与伊斯兰教文明之间的冲突尤其引人注目。2008年以后,随着世界经济危机爆发,世界体系正在经历深刻的震荡调整。与此同时,印度与中国经历了经济高速增长,先后变成了对世界体系能够产生显著影响的新兴国家。世界体系的调整和诸文明态势的此消彼长,再次使亨廷顿的预言成为备受关注的对象。从社会理论法学的角度来看,目前为止至少有7种法现象值得我们给予重视:(1)宗教突破民族国家容器,实现其信仰和律法的全球化所带来的冲击;(2)跨国人口流动所引发的西方国家法文化的危机,及其引起的反弹;(3)快速进展的科技革命在影响,甚至重塑各个文明过程中带来的深远制度影响;(4)欧盟等区域联盟在政治法律整合过程中,“后民族结构”设想遭遇严重挑战,对民族国家的向往情绪有所回潮;(5)西方国家民粹主义崛起对其民主法治的挑战;(6)东方文明诸国伴随国力增长,谋求复兴传统文化过程中,对西方道路产生的怀疑主义;(7)重整世界体系,构想全球化未来图景过程中,民族国家格局进一步动摇以及诸多替代性新构想之间的竞争。

本文限于篇幅,无法对以上7种现象一一加以解说,但这7种现象彼此密切关联,都反映出现代世界体系正面临深刻变革。但与美国社会理论家沃勒斯坦的观点有所不同,笔者认为,这种深刻变革不一定意味着西方主导的世界体系的终结,或者意味着其他文明,如中国或者印度主导的新型世界体系的诞生。与此相反,世界体系的前景具有高度不确定性,给每一个文明带来的挑战都颇为巨大。在这种情况下,世界体系的发展趋势在很大程度上取决于不同的文明能否激发自身的想象力和创造力,在对现实情况抱有清醒意识的前提下,提出未来人类社会的理想图景。在这种勾画和想象过程中,笔者认为有四种世界秩序想象特别值得重视。

第一种想象,是世界大同或人类命运共同体,它具有高度理想性,但必须对人类社会合作中所暗含之现实冲突有清醒意识。第二种想象,是高度现实主义的,这种想象往往从西方批判理论中汲取资源。它认为自19世纪以来,是某种单一文化—政治体依靠实力和意识形态施加于全球之上的支配结构,因此,未来前景要么是推翻这一支配结构,要么是以新的支配结构取而代之,即产生新型帝国。第三种想象,是保守性的,即主张民族国家即使并非最理想的世界体系结构,但至少不是最坏设计,因此,应尽可能在民族国家格局的基础上修修补补,在外交关系上维持地缘政治的均势格局。这种想象同样遭遇来自全球化的挑战,及至今日,已经有越来越多的问题无法诉诸民族国家以及国家之间的相互合作加以解决。第四种想象,可谓介于理想性与现实性,激进性与保守性之间,即世界社会(world society)的想象,即通过激发社会自身在全球层面的扩展能力,孕育出适应全球化趋势的新型世界秩序。

德国社会理论家哈贝马斯和卢曼分别从不同角度,为这种世界社会提供了设计的蓝图。哈贝马斯认为,未来世界秩序比较合理的结构安排应当是“没有世界政府的世界内政”,这种世界内政建立在世界公共领域逐步发展的基础上,最终形成一系列的政治法律建制,而与这种建制相适应的,是一种不断成熟的世界公民意识。而卢曼则认为,全球化伴随人类社会复杂性增长所带来的功能分化,这导致世界图景将含有双重意蕴。一方面,是社会世界,即每一个功能子系统都具有世界性;另一方面,是世界社会,即世界是由诸多平行的功能子系统,而非一种金字塔式的层级结构所组成。在世界社会理论看来,人类大同或命运共同体的主张忽视了治理全球的高度复杂性,过于强调一致性,以至于在现实上不可能;民族国家带来的结果是横向扩展的经济等功能子系统无法与分隔的政治子系统相协调,以至于政治系统对诸多全球性的问题,如生态危机、核扩散、全球恐怖主义、跨国腐败等问题无能为力;帝国模式的问题在于,用层级社会的设想来处理功能分化社会的需求,用政治子系统的符码套用到其他功能子系统上。实际上,帝国这种模式即使在主权国家内部也已经几乎无法成立。因此,在哈贝马斯和卢曼看来,一种社会中心论的世界体系想象更可取。

在这种情况下,诉诸社会理论对全球化现象的分析和解释,促成每一个古老文明的民众的理性反思和审慎决断,对于我们把握时代发展的趋势,清醒地认识到本国所处的地位以及可能发挥的作用,构想人类社会未来发展的图景,都不无帮助。笔者认为,作为拥有悠久历史的东方大国,中国的政治家和法律学人特别需要拥有一种“不畏浮云遮望眼”的气魄,避免掉入文明冲突的陷阱。早在 20 世纪初,德国著名哲学家雅斯贝尔斯曾经提出,在公元前 8 世纪至公元 2 世纪,人类文明曾经由三个源头实现轴心突破,分别是古代印度、古代中国与古代西方,而随着人类社会迈入 21 世纪,在科技革命大潮的推动下,或许人类正在迎来第二次轴心突破。在雅斯贝斯看来,“独木不成林”,唯有三大轴心文明在互相对话、彼此激荡的过程中都实现文明的突破,才能使整个人类社会迈向新的境界。笔者认为,作为从事社会理论法学研究的东方学者,我们理应拥有这样的眼光、胸襟和抱负。

经过 100 多年的发展,社会理论法学积累了丰富的思想资源,而且正在由典型的西方学说变成容纳更多文明体系的学术传统。我们期待着,社会理论法学能够经过各国社会理论家和法学家们的共同努力，成为真正意义上具有全球性的法学潮流。而毫无疑问，来自古老东方社会，特别是来自中国的学者将做出自己的贡献。

# 西方社会学理论一次最激进的冒险远征

泮伟江*

## 一、导　　论

在卢曼所有的作品中，出版于1984年的《社会系统》被看作最具有特殊意义的一本著作。在《社会的社会》出版之前，该书被看作卢曼唯一的一本代表作。卢曼自己在1985年的一个访谈中也承认，相对于本书而言，此前的一系列写作（至少几十本著作）都是“零系列”写作。因此，我们也可以说，《社会系统》是卢曼自20世纪60年代从事社会学研究与写作，将近20年探索后，在社会学元理论层面最大胆，也是最系统的一次总突破，因此，也是西方社会学理论史上最激进和彻底的一次理论冒险远征。

## 二、社会学的危机与《社会诸系统》的抱负

在《社会系统》理论的序言中，卢曼认为，社会学研究正处于巨大危机之中：经验研究虽然成果丰硕，却不能在方法上标示出社会学研究的独特性，从而将社会学研究与其他注重经验研究的学科区分开来。另外，理论研究又没有能力对正在激进演化的社会现实进行理论的观察与创新，而只能在经典社会学理论家的怀抱中作各种各样的文本阐释与概念的组合。这导致社会学理论越来越难以与传记性研究区分开来，同时社会学研究也深陷在各种经典人物与经典作家所构造的各种概念之间的种种错综复杂的关系的泥潭之中而无法自拔。

就此而言，《社会系统》理论构成了某种走出此种“概念泥沼”的尝试。对于那些社会学史上的伟大作家，卢曼并非缺乏敬意，这些社会学史的伟大先知

---

* 北京航空航天大学法学院副教授。

作家们,在现代社会刚刚发生时,就敏锐地洞察到现代性的发生,并在从各个角度和面向上对这个即将或者正在到来的社会进行了艰苦卓绝的探索,提炼出了一系列经典的概念与理论试图予以描述和解释。但随着现代社会不断的激进变革和充分发育,当后工业社会来临时,反观这些经典社会理论家当年提出的概念与理论,却发现他们的很多工作都不过是强调了现代社会的某个侧面,而并没有发展出一种关于现代社会整体的概念、方法与理论。例如,马克思主要是强调了现代社会中经济与资本的面向,韦伯则侧重于文化与宗教因素对社会行动产生的影响。这些经典作家的经典理论对于观察现代社会来说,都是深富洞察力的。但他们的概念与理论,都仅仅强调了现代社会的某个侧面。

因此,就卢曼而言,经典社会学家对当代社会学研究来说,既构成了"影响的焦虑",同时也构成了某种知识论的障碍。就卢曼而言,在各种人物传记式的阐释与概念组合之后,古典社会学家当年所提出的各种经典概念的潜能已经被耗尽。重新针对现代社会的现实,提出一系列新的概念工具与方法论主张,势在必行。卢曼认为,新的社会学理论必须符合两个基本特征:一是新的社会学是交叉学科研究;二是新的社会学理论必须是普遍的——这意味着,内在于社会之中的社会学理论本身,也必须经受此种理论的检验。这就是社会学理论的反身性。

《社会诸系统》一书的定位,就是通过交叉学科研究方法的一般系统理论,重新为社会学研究锻造一批新的和有用的概念体系。这样一些概念有:意义、时间、事件、要素、关系、复杂性、偶联性、行动、沟通、系统、环境、世界、经验、结构、过程、自我指涉、封闭、自我组织、自创生、个体性、观察、自我观察、描述、自我描述、统一体、反思、差异、信息、渗透、互动、社会、矛盾、冲突。

## 三、作为超级理论的一般系统理论

如上所述,作为交叉学科研究的一般系统理论,是卢曼突破传统社会学研究,构造一般社会学理论的关键步骤。因此,我们也可以把卢曼的理论看作一般系统理论在社会学材料中的应用与检验。作为一种"超级理论",一般系统理论经历了3次重要的范式转变。尤其需要注意的是,虽然借助了库恩的范式概念,但卢曼这里的范式转化并非是库恩意义上的,而是通过超级理论的主导性区分的转换,实现一般系统理论的自我扬弃。

就词源学上而言,系统最初指的是一种整体与部分构成的关系。在古希腊的城邦理论(古希腊宇宙论的缩影)中,作为城邦的整体是由作为部分的个人所组成的。个人作为部分要加入整体,首先必须理解整体。于是,当部分没有正确地领会整体,并且按照整体来行动时,就可能会被认为是对整体的败坏。由此,能够正确理解和贯彻整体的规定性的那部分就变成了部分中的支配者,而无法做到这一点的那部分就变成为整体中被支配的那部分。支配者既是部分,同时又是代表着整体的那部分。这种系统观很完美地体现在了柏拉图的《理想国》中。在近代早期,人们逐渐用"普遍性"来理解整体,部分则被看作个体性。通过个体呈现普遍性,成为人们理解整体与部分之间关系的新尝试。于是,部分如何克服个体的局限性,通过不断运动实现内在包含的普遍性,就成了整体与部分的新关系。黑格尔《精神现象学》中个体不断扬弃自身的局限,走向普遍的精神漫游,恰恰就是此种系统观的体现。

随着近代自然科学的发展,整体/部分的范式随后又被系统与环境的范式所取代。这个过程大致发生于20世纪30年代左右,首先来自热力学关于熵与反熵关系研究的刺激,随后受益于生命科学的崛起及其对物理学的批判与超越。随后发展起来的神经生物学、细胞学和计算机理论,以及信息论和控制论等不同学科的交叉与融合,都对此做出了重要贡献。例如,系统/环境区分范式之奠基人贝塔朗菲是一位动物学家,这并非偶然。整体/部分范式的系统观着重的是部分与整体之间的关系,而系统/环境范式的系统观则着重于系统内部各要素之间所构成的特殊关系。由此,某些要素之间形成了某种复杂而稳定的相互关系,从而在这些要素之间和这些要素之外的所有要素之间,就形成了明显的差异与界限。用贝塔朗菲的话说,前者就是一种"经组织了的复杂性",而后者则相对而言,就显得是"未被组织了的复杂性"。我们首先在生命体与它的环境之间的关系中,可以明显地看到此种差异与界限的存在,随后进一步地,我们也可以发现在人类社会中,也存在类似的情况。同时,这种思想在现代精密复杂仪器的发明和设计中,也得到了广泛的应用。

贝塔朗菲进一步又区分了开放系统与封闭系统的概念。所谓的封闭系统,就是系统与环境完全隔绝,从而任何环境的变化都无法引起系统的改变。而开放系统则类似于"黑匣子",系统有可能对环境的变化作出反应,但这种反应并不是条件反射式的一一对应关系,也就是说,系统可能对来自环境的同一刺激,作出不同的反应。而系统究竟是如何对环境的变化作出反应的,对系统的外部环境来说,基本是不可知的。

贝塔朗菲关于开放系统的想法,又进一步地启发人们将数学上的控制论等方法引入系统理论的思考之中,从而大大丰富了一种交叉学科的系统理论研究。此时的一般系统理论研究,已经逐渐导向了“自组织”的概念与思考。但是,这个范式阶段的系统论研究,仍然局限于一种“输入—输出”和结构维持的系统观念,仍然希望通过输入来“操控”作为“黑匣子”的系统,从而“控制”系统朝向“符合自己心意”的方向改变。当然,正如卢曼曾经指出的,这个阶段的系统论范式整体上更关注的是平衡与稳定以及对各种内外部产生的“激扰”的干涉与排除。这尤其体现在帕森斯的社会学理论中。在帕森斯看来,社会学系统的结构,对社会系统中的各要素,产生了某种根本的规定性,从而使社会关系呈现出某种基本的特征与稳定性。因此,帕森斯的社会学研究着重关注的是对社会基本结构的辨析与观察,从而发现结构稳定性维持的奥秘之所在。对帕森斯来说,这个奥秘就是结构所承载的功能。因此,对帕森斯来说,社会及其内在的基本结构是既存的,而社会结构所承载的功能则说明了结构的稳定性。帕森斯对社会学的思考起因于对霍布斯式的自然状态洞察,在他看来,自然状态概念的启示是,纯粹自利型的高度个人主义导向的行动者很难形成一种稳定的社会秩序。反过来说,稳定的社会秩序必然是通过各种结构和功能发挥作用,并且,通过规范的形式将其内化到个人之中的结果。

一般系统理论的第三个理论范式,就是以自创生为特征的一般系统理论。自创生的概念最早是智利生物学家马图拉纳与瓦瑞纳在生物学研究中提炼出来的理论概念,用来描述细胞与它的环境的关系。细胞不仅自己产生自身等级结构,甚至连组成自身的诸要素,都是自我生产出来的。如此,系统与环境关系的关键,就变成了系统如何通过自身内部的运作,维持系统与环境的界限以及系统如何可能在运作性封闭的情况下,保持对环境变化的敏感性与开放性。就此而言,“输入—输出”与“结构维持”的系统观都被突破了。卢曼将此种新的系统论范式运用到社会学研究中,借此突破了帕森斯的结构功能主义,将其转变成了功能结构主义,同时也突破了系统论保守守旧的形象。

帕森斯将一般系统理论第二阶段的范式运用到社会学研究中,建构了他著名的结构功能主义理论和 AGIL 模型[适应(Adaptation)、目标获取(Goal attainment)、系统整合(Integration)、维持(Latency)]。这虽然带来了许多批评,例如,许多人都指责他的理论不关注变化与革命,具有保守守旧的特征。但他将一般系统理论转化与运用到社会学研究中,这个转化与运用的过程和逻辑并没有遭遇根本的障碍。但将第三阶段的以自创生为核心特征的系统理论范式应用到社会学研究中,却遭遇了一个非常核心的困难。这就是人们长期形成的一个习以为常的观念与印象,即社会是由人构成的。因此,马图拉纳认为生物自创生的理论,绝无可能被应用到对人类社会的研究中。他甚至对有人作如此想而感到震惊。就马图拉纳而言,自创生只适合于生物体,而社会并非生物体。

得益于神经心理学的启发,同时借助于胡塞尔的意识现象学,尤其是胡塞尔后期《经验与判断》中关于"经验的视域结构"的理论,卢曼对人文科学的"意义"概念进行了激进的重构,将其看作"实在与潜在"的某种形式的辩证统一。如果说,生物体的细胞是封闭但不隔绝的"自创生"单元,那么人类心理系统中的"意识"也是如此。得益于胡塞尔,卢曼认识到,现象学是心理学与社会学的共同基础。因此,从意识现象学抽象出来的意义概念,同时也适用于社会领域,则社会系统的基本单位,也有可能是自创生的。卢曼认为人与人之间的沟通,而不是沟通中的个体,才是社会的基本单位。就此而言,人不但被剥夺了社会主体的地位,同时还变成了社会的环境。而行动这个概念,也在社会学理论中失去了社会学中核心概念的地位和重要性,而变成了归因理论的子概念。但卢曼并不认为,相比旧欧洲的人文主义传统,在他的理论中人因此变得不重要了。因为在系统/环境的这一对区分中,系统恰恰是通过环境才得以定义的。没有环境就没有系统,就此而言,环境是系统内在的构成性要素。

## 四、社会的复杂性与偶联性

在社会生活世界中,意义被分成了 3 个维度:事物维度、时间维度、社会维度。事物的维度,指的是对某物的标示。当标示 A 时,就意味着 A 与 A 之外的所有事物"非 A"进行了区分。时间的维度则意味着,以当下为划分的界限,对此前与往后进行了区分。意义的社会维度则意味着,自我与他我之间形成的复杂动态的关系。

犹如个体的心理系统一样,社会系统是一个运作上封闭、认知上开放的意义系统。社会世界本身包含无数的要素及其之间的关联可能性。当诸多要素之间的连接可能性同时呈现出来时,整个世界表现为某种混沌而嘈杂的状态。这种混乱而嘈杂的状态很难形成某种稳定的秩序与结构。为了能够形成秩序,就必须在这种向所有可能性开放的混乱状态中,形成某种比较稳定的关系与结构。

在意义系统中,每一个“当下”都只能选择和实现诸多可能性中的某一个,但没有被选择和实现的可能并没有消失,而是被储存了起来。那些能够在无限多的要素以及相互连接的可能性中,形成特定数量的要素及其相互稳定连接关系的稳定秩序的那部分,就构成了系统,而系统之外的所有要素与连接可能性,就成了系统的外部环境。

社会世界不但是复杂的,也是偶联的。所谓的偶联性,就是既非必然,又非完全不可能的中间状态,某种根本的“非决定性”(indeterminateness)。由于意义系统总是动态的和不断进行的,而世界又是复杂的,所以就存在被迫在各种可能性中进行选择的强迫性。而由于偶联性的存在,则选择就有可能会遭遇“失望”的风险。社会生活世界中自我与他我互为主体性,互不透明,因此,导致了双重的偶联性。但双重偶联性的结构自身就蕴含着走出双重偶联性困境和系统生成的可能性。只要双重偶联性结构中自我与他我走出互动的第一步,则每一步选择都具有化约复杂性,重构交互结构的作用和效果。卢曼将双重偶联性的此种特性,概括为“自我催化的事实”(autocatalytic factor)。因此,就社会系统的生成而言,过程与历史比开端更重要。

由此,形成了双重偶联结构中两个层次的自我参照。如果说,第一层次的自我参照,即双重偶联结构中的交互主体通过将“他者”看作“另一个我”,从而通过参照自己来观察他者,乃是双重偶联性问题的根源,则第二个层次的自我参照性,即系统的自我参照性,通过在双重偶联结构中对交互主体的期待与选择设置条件,从而强化了某些选择的可能性,限制和排除了另外一些选择的可能性,使一个沟通链接另一个沟通成为可能。通过沟通的此种自我参照式的生成过程,社会系统与作为其环境的个体区分开来,并通过沟通的递归性的运作,塑造了自己的边界。由此,尽管自我与他我互不透明,但当两个黑匣子互相靠近时,却创造了社会系统的透明度。社会系统的白与作为其环境的自我与他我的“互黑”相对比,恰好就是社会系统对复杂性化约。

## 五、区分理论与系统运作的时间性

意义概念的重要性,使卢曼能够在一种更高的抽象程度上,将生物学层面的“自创生”概念进一步抽象化,从而使生物学意义的自创生,变成了更抽象和一般化的一般系统理论层面的“自创生”概念的一个特例。但如果没有接下来围绕区分与观察形成了一系列精彩概念,则社会自创生的概念总是难免会被看作一种精彩的“类比”与“联想”。由于区分、观察(包括二阶观察)与悖论等几个概念与理论,是卢曼在一般系统理论层面对“自创生”形态之说明和解释,因此,这是卢曼理论中最重要,但却同时又是最抽象和困难的概念。卢曼的《社会诸系统》中关于在云端飞行中瞥见村庄、道路与河流等景观的比喻,可以说是最适合于这部分的理论工作了。有时候,我们为了理解这些概念,而不得不借助于生物自创生等更具体和直观的更浅层次的概念,但这样做本身不能替代更高远的航线路线的确定。

系统与环境的差异,本身就是一个区分。但问题是,系统与环境是如何维系这样一种差异的。在旧欧洲的思想体系中,系统借以将自身与它的环境区分出来的是系统内涵的本质。借助于斯宾塞·布朗的运作微积分的理论,卢曼给出的答案是,在系统内部,通过时间的维度不断重复地执行着系统/环境的区分,从而不断地形成和维持系统与环境的界限。虽然在《社会诸系统》中体现得并不明显,但斯宾塞·布朗的区分理论,在卢曼的社会系统理论的地位,其实要远高于马图拉纳的自创生的概念。而对于斯宾塞·布朗来说,整个世界都是因区分而产生的。在斯宾塞·布朗的《形式律》一书的扉页,斯宾塞布朗还专门用中文印了老子《道德经》的一句话“无名天地之始”。这意味着,正是因为有了区分,才有了我们所生活的这个丰富多彩的世界。正如圣经创世神话所揭示的,世界之初,一片混沌。一道光将光明与黑暗区分开来,从此就有了世界。这个世界的任何一个事物,无不是区分的结果。无论是意义的事物面向、时间面向还是社会面向,都以可区分为前提。

根据斯宾塞·布朗,任何的区分,都是二值的,都坚定地排除第三值。例如,一个科学的沟通是就真与假问题作区分,而不提供任何其他的可能性,如既真且美,或者既有一点真,也带几分假。借此,二值代码化的区分就将大量的可能性排除在外,从而化约了世界的复杂性。篇幅所限,此处不再专门花费笔墨介绍斯宾塞布朗区分理论的细节。总之,经由区分理论,卢曼得以观察到社会领域中各种各样通过运作性区分构成的系统,例如,经由合法/非法之区分的运作性微积分构成法律系统,经由有权/无权的运作性微积分构成的经济系统,经由真/假区分的微积分运作构成的科学系统等。

当然,斯宾塞·布朗区分理论对卢曼的社会系统理论更重要的贡献和深远的影响,恐怕是在于他将社会系统理论予以时间化。本来微积分是一种关于空间测量的科学。斯宾塞布朗的区分理论的革命性,则是将这种用于测量和计算空间的微积分,转化成了时间维度的"数列",从而使从一种全新的时间面向观察社会结构成为可能。区分理论与胡塞尔的意识现象学理论相结合,奠定了卢曼社会系统理论最坚实的科学基础。在胡塞尔的意识现象学中,意识是瞬间产生,随即又瞬间消失的。在卢曼的社会系统理论中,沟通是意识现象学的对应物,同样也是瞬间产生,又瞬间消失的。它占据了一个时间,即当下,但当它发生的同时,也是它消失的时刻。由于人类的意识是经由无数次的某个意识瞬间连接另外一个意识瞬间的过程,社会系统也是无数次的沟通瞬间连接下一个沟通瞬间的过程。由于时间与空间一样,都是无限的,因此,这种面向未来的"时间微积分运作",在理论上也具有无限延续的可能性——只要此种运作能够无限地持续下去。当然,如果这种运作中断了,则社会系统也就崩解和死亡了。就此而言,社会系统非常符合豪斯特的"时间机器"的概念。

任何区分又都是一种观察,观察的核心含义,就是作出区分。因此,每一次区分的运作,都是一次观察的运作。所以社会系统本质上又是一种观察系统。例如,每一次法律系统的运作,都是对某个社会事实进行一次合法/非法的区分,因此,都是一次有关合法与非法的观察。根据斯宾塞·布朗的理论,观察就是"作出区分,再对区分的某一侧予以标示"。这本身就是一个需要花费时间的过程。当我们从一个观察过渡到下一个观察,并对分界线的另一侧进行标示时,就需要从分界线的一侧跨越到另一侧,这同样需要一个时间的过程。就意义系统的运作而言,为了保证各个运作之间的稳定连接,观察的对称结构往往不得不转化为一种非对称的结构。例如,法律系统的观察,往往将合法性标示为首要价值,政治系统的观察,往往将执政标示为首要价值。但这并不意味着跨越界分线是不可能的,例如,根据法律系统的观察,行为也有可能从合法转变成不合法。

任何观察与区分,都有自己的盲点。从时间的向度上说,由于任何观察和区分的动作都存在于时间之中,因此,任何观察与区分的运作,都不能同时观察到正在作出观察与区分这件事情本身。能够对这件事情做出观察与区分的,只能是下一个观察与区分。此外,任何的区分,都不能将区分运用到自身上。例如,合法/非法这对区分,就无法对合法/非法区分本身的合法性进行判断。这就产生了观察和区分的悖论。当观察与区分的运作遭遇悖论时,观察和区分就难以继续进行下去,因此,就可能造成系统的崩解。为了维系系统的运作,系统就必须将悖论隐藏起来。化解悖论的方式,从运作的层面看,就是把运作与观察分离开来,从而使系统的任何一次运作都是盲目的,而对该项运作的观察则必须由下一次运作作出,从而下次运作对上一次运作的观察,就变成了二阶的观察。从二值代码的层面看,一个二值代码式区分的悖论,只能被另外一个二值代码式区分所观察到。例如,关于法律的合法性的问题,就只能在政治或者道德的层面进行观察。这本质上是一个系统对另外一个系统的观察。就社会功能系统内部而言,则只能通过编码的方式来容纳悖论,从而实现系统的创新与调整的可能性。

## 六、结　　语

如今距《社会诸系统》出版已经有 30 多年的时间,卢曼著作中唯一可与《社会诸系统》相提并论的另外一部巨著《社会的社会》出版也已经过去了 20 年。这意味着,卢曼离开这个世界也已经几乎 20 年整了。卢曼逝世 20 年后,卢曼思想的热度并没有随着卢曼的离世而减弱。卢曼理论的影响力不断突破德语文化圈的界限,在欧洲、拉美和东亚的影响力不断扩张。甚至英美学界,尤其是英国学术圈,最近 10 年多的卢曼研究的力量,也在不断的成长之中。

我们以这样一种历史的眼光来回顾卢曼的《社会诸系统》,一方面,可以发现,这确实不辜负卢曼"零系列"写作后第一本成熟著作的评价。本书以一种难以想象的密度和体系完整性,为卢曼此后 20 多年的社会系统理论研究,提供了一份完整而清晰的工作蓝图和理论工具。本文限于篇幅,只能择其精要作一些简明扼要的概括与介绍,难免会错过书中许多极为精彩的理论构思与分析。就整个西方社会理论界而言,这不啻于扔下一枚核子弹,炸开了当时僵化保守的社会理论界的"脑洞"。另一方面,按照卢曼自己的说法,以《社会诸系统》为代表,"零系列写作"之后的写作,其核心特征,就是写作不再像"零系列"写作那样,不再处于不断的修改和尝试的实验性写作之中,但《社会诸系统》也并非没有任何调整的余地。例如,在《社会诸系统》中,"自创生"的概念仍然占据着核心的地位,但随着卢曼写作与思考的继续深化,此后斯宾塞布朗的形式区分理论以及由此到来的关于悖论与二阶观察等概念工具,在卢曼理论中的比重越来越重,甚至最后超过了“自创生”概念的重要性。这一点也许是大多数国内卢曼研究者所没有注意和体会到的。

总之,卢曼1984年的经典巨著《社会诸系统》,无论是对于我们理解卢曼的社会系统理论,还是对我们观察理解西方社会理论传统与变革而言,都具有非常重要的参考价值。笔者与杨登杰教授合译的《社会的社会》,经过长途跋涉,同心合力,即将出版面世,而《社会诸系统》的翻译与出版,目前看来却仍然杳无音讯,不禁令人感叹和遗憾。

# 系统论法学与社会理论法学：三点回应*

陆宇峰**

《清华法学》2017 年第 2 期刊发了拙文《社会理论法学：定位、功能与前景》，经《中国社会科学文摘》《高等学校文科学术文摘》转载，以及“法学学术前沿”“北大法律信息网”“法哲学与政治哲学论坛”等知名“微信公众号”转发，在理论法学界产生了一定的影响。不过，有“微信公众号”将拙文称为“中国社会理论法学宣言”，这显然言过其实了。所谓“宣言”，必须是宣告一项研究计划之开启的纲领性作品；“宣言”的适格作者，必然是这场即将展开的研究行动的领军人物。从这两方面看，拙文都并不符合“宣言”的标准。

拙文其实已经以一个长脚注说明，真正堪称“宣言”者，无疑当属高鸿钧教授《法学研究的大视野——社会理论之法》。该文作为“导言”收录在 2006 年出版的《社会理论之法：解读与评析》一书中，倡导走出“法律闺房”、采用外部视角、从社会整体视域研究法律现象，较拙文整整早了 11 年。而自 2009 年於兴中教授发表宏文《社会理论与法学研究》，指出实证主义法学、自然法学、社会法学三大流派“轮流坐庄”的时代已经过去之后，拙文生造的“社会理论法学”概念也已经呼之欲出了。2016 年 6 月清华大学法律全球化研究中心以“社会理论之法：回顾与展望”为题召开研讨会，拙文不过是研讨会发言稿的扩展版本，吸收了众方家的观点。2016 年 12 月值托依布纳《宪法的碎片：全球社会宪治》中译本出版之际，清华大学法学院又举办了“社会理论法学论坛”第二期座谈会，来自清华大学、北京大学、中国社会科学院、北京师范大学、中共中央党校、北京航空航天大学、中央编译局和华东政法大学的多位学者纵论社会理论法学，也给拙文的最终成稿提供了重要思路。

---

* 本文系 2018 年研究阐释党的十九大精神国家社科基金专项立项课题“新时代共建共治共享的社会治理法治化机制研究”（项目批准号：18VSJ033）。

** 华东政法大学科学研究院副研究员。

倒是对拙文的3点批评意见,值得特别重视。这3点意见,均涉及社会系统论(法学)与社会理论(法学)的关系,属于内部批评的范畴。具体而言:第一,拙文主要从社会系统论出发讨论社会理论法学,而卢曼开创的社会系统论法学,只是社会理论法学的一个分支,不能代表社会理论法学整体;第二,由于拙文的底色是社会系统论,而卢曼的社会系统论把“社会”作为研究中心,把“人”仅视为社会的“环境”,这就可能引起社会理论法学贬低“人”的价值,甚至无视“人权”理想的误解;第三,从卢曼开始,社会系统论和系统论法学就强调现代法律必须适应现代社会的“功能分化”,却对如何实现“社会整合”关注不足,这几乎背离了从涂尔干到帕森斯,再到哈贝马斯的整个社会理论法学传统。

## 一、“系统”是现代社会理论普遍采用的观察工具

对第一项批评的初步回应是,拙文局限于社会系统论的理论资源,必须归咎于作者本人狭窄的阅读范围。不过更重要的是,尽管卢曼的系统论法学不能代表社会理论法学整体,但鉴于社会理论家普遍以广义的“系统”作为观察工具,似乎可以从系统视角出发重新理解整个社会理论。受现代自然科学,特别是生物学的影响,从孔德和斯宾塞开始,社会理论就将“社会”作为系统对待,只不过在其产生发展的不同阶段,采用了不同的系统“范式”。

以涂尔干为代表,“封闭”系统论是早期社会理论的主导范式。生物学家把生命视为不可被还原为物理化学过程的现象,涂尔干则把社会视为一个类似生命体的独立“整体”。作为整体的社会,不能被还原为组成它的各个“部分”,此即其“系统性”所在。部分之间的相互作用,发生在封闭的社会系统之内,归根结底取决于整体层次上的社会结构。因此,与萨维尼的观点不同,契约并不只是两个个体之间的意思合致,而是预设了社会连带的背景;职业分工的持续扩大并未造成社会撕裂,原因也在于有机团结的社会连带机制;而在机械团结已经奔溃,有机团结又尚未巩固的过渡时期,也就是作为整体的社会系统无法稳定运作的时期,就必然出现大量的“失范”现象、“越轨”行动乃至“自杀”行为。

在帕森斯的推动下,社会理论自20世纪中叶开始转向“开放”系统范式。但这次范式转移,还必须归功于动物生理学家冯·博塔伦费和控制论之父维纳。他们发展了跨科际的一般系统论,将开放系统论扩展到生物学之外,使之成为生物学、物理学、心理学和社会学的共同理论工具。封闭系统论既无法解

释有机体系统与自然界的物质能量交换现象,也无法说明机械系统、心理系统、社会系统与其外部环境的输入输出关系。开放系统论则通过以“系统/环境”之分替代“整体/部分”之分,从而解决了这个问题。在帕森斯看来,社会、文化、人格、有机体四种系统互为环境;其中文化系统居于核心,通过输入“价值共识”维持社会系统的结构稳定,确保后者输出适应、目标达成、整合、潜在模式维持四项功能。

20世纪80年代,卢曼引领社会理论进一步转向“自创生”范式,这又是受生物学家的启发。智利的马图拉纳和法瑞拉认为,细胞依靠递回、封闭的自我指涉运作建立内部复杂性,自主调节与环境的物质、能量交换。这就进一步超越了开放范式——它无法解释为何在不同的系统里,来自环境的同样的输入,不会导致同样的输出。自创生社会系统论清楚地意识到,环境之于系统、输入之于输出,不是“决定/被决定”的线性因果关系。与有机体系统、心理系统一样,各种社会系统自我指涉、自我观察、自我组织、自我再生产,自主决定如何与外部环境发生关联。因此,无论是法律系统,还是整个社会系统,都既有封闭的一面,又有开放的一面。它们运作封闭、认知开放;既能够独立自主地运作,又能够借助在运作过程中产生的内部结构,选择性地回应外部环境的“激扰”——学习或者不学习。

如果从广义上讲,确实存在认识系统的多种范式,那么不妨认为,社会理论(法学)在很大程度上就是社会系统论(法学)。马克思的理论显然兼有两种范式:一方面,认为社会成员的意识和行动取决于作为整体的社会阶级;另一方面,又阐述了经济基础与上层建筑、统治阶级与法律之间的决定/被决定关系;哈贝马斯的理论介于开放范式与自创生范式之间,他既看到各种社会系统正在变得“自成一体”,又拒斥“系统对生活世界的殖民化”,主张以公共领域的理性共识导控政治系统和法律系统,进而抑制经济系统和公共行政系统的负外部性;福柯的理论较难归类,但他的“知识考古学”反对“人类中心主义”,他的“话语权力”和“毛细管权力”概念指向各种社会机制的规训效果,这可以视为封闭范式的某种变体,也因此往往与“后结构主义”联系在一起。在最重要的社会理论家中,只有韦伯似乎是一个例外。他的“理解社会学”以个体行动而非从社会结构为出发点,通常并不被归属于任何一种系统范式。但社会系统论的研究对象并不只有全社会系统,而是还包括组织系统和互动系统。韦伯的理论,不仅大量涉及组织特别是科层制组织,而且至少在他关于支配正当性的论述中,已经包含了对互动与全社会之间相互关系的深刻理解。韦伯的法律研究更富系统论色彩,他所描述的"形式理性法",显然将导向一个自创生的法律系统;他所忧虑的"近代法律的反形式化趋向",则是法律系统丧失独立性的征兆,而且其根源之一,正在于法律系统(形式理性法)与经济系统(资本主义经济)的运作不协调。

## 二、人是社会系统的环境但必然是最重要的环境

对第二项批评的初步回应为:社会理论(法学)固然以"社会"为研究起点,但这并不意味着忽略了"人";即便社会系统论(法学)把人视为社会的环境,但人仍然且必然是最重要的环境。这首先是一个知识分工问题,现代学术分科把"社会"交给社会学,把"人"交给心理学和医学;前者涉及诸社会系统,后者涉及心理系统和有机体系统。

当社会系统论指出,社会系统与人是互为环境的关系,也一点没有贬低人的意思。恰恰相反,人不是社会的构成要素这个命题,其实暗含对人的自主性或者说"自由意志"的肯定。社会系统可以激扰人的心理系统,但不能决定人的意识或者意志。从这个角度看,在社会理论大家庭中,社会系统论对待人至少没有强烈的"社会宿命论"倾向。

社会系统论关于人是社会环境的看法,毋宁是源于一项基本事实——至少要有两个人,两个心理系统,才能产生信息、告知、理解;才能借助语言,在社会沟通的基础上形成一个最简单的社会。这就意味着,哪怕是最简单的社会,亦即互动系统,也并非任何一个人可以左右。鉴于语言本身就是社会的产物,社会系统更应当被视为独立于心理系统和人的存在。社会无法决定人,人也无法决定社会。反对这个观点,将重视人的价值等同于主张人的意志对社会的塑造或控制,不仅卢曼不同意,马克思第一个不同意。马克思早就发现了不以人的意志为转移的社会结构,也就是与物质生产力的一定发展阶段相适应的"生产关系"。

人是社会环境的看法也符合朴素的经验,任何人不再思考和行动,社会都不会停滞;社会也不按照任何人的想法运行,无论他多么伟大。但反过来说,如果人类在一场灾难中灭亡了,社会也就不复存在了。没有哪种生物都不一定没有社会,但没有人类一定没有社会。从这个极端的假设来看,人必然是最重要

的社会环境,人与社会相互依存。人较之其他生物的特殊性在于,拥有一个处理意义的心理系统,与同样处理意义的社会系统结构耦合。人的意识之中的价值理想,如果与社会结构发生共振,就可能被转译并稳定化为社会语意。

因此,社会理论法学尽管自其初生之日,就与理性主义的自然法学分道扬镳,甚至带有"反启蒙"的倾向,但从来不曾否定人的价值。社会系统论法学也不例外。卢曼不是说社会比人更重要,而是提出了一个发人深省的问题:为何只有在现代社会,人的自由、平等、尊严才得到了特别的保护?这显然不是因为,人类直到启蒙时代,才像康德所说的那样运用理性认识了自己,而是因为直到此时,社会才发展出一套新的社会结构,而这套新的社会结构选择了符合它持存需要的新的人类形象。随着前现代社会向现代社会的过渡,也就是随着分层分化社会向功能分化社会的过渡,阶级的人变成了原子的人。在此背景下,只有依靠基本权利保障人的自由、平等和尊严,"无根之人"才能稳定地自我呈现和相互沟通,并作为"人格体"被全面涵括到从全社会中分出的政治、经济、法律、科学、教育、医疗、军事等各个功能系统。这其实构成对人的价值最有力的论证,也构成对一些不切实际的理论家的重要提醒:如果社会并不存在结构上的容纳可能性,那么再美好的价值理想也只是空想。

较之那些高扬"人性"的法律学说,将"人"排除在"社会"之外的系统论法学甚至更可能助益于人权保护。由于把人视为最重要的社会环境,社会系统论法学更明白人权保护之于现代社会的意义,更明白实现人权需要特定的社会条件。在《作为制度的基本权利》一文中,卢曼尖锐地指出,仅仅把基本权利作为主观权利交给个人是不够的,基本权利只有经由客观法在社会之中加以制度化,才能得到充分落实。在《社会中的法》的最后一章,卢曼揭示了现代社会正在呈现的一种趋势,即随着功能分化的持续展开,自主运作的诸社会系统不断将部分人口排除。越来越多的人可能被现代社会"放逐","涵括/排除"的区分可能占据主导地位,这将最终导致现代社会的崩溃。恰恰是被认为最漠视"人"的系统论法学家,发现了当代世界最严峻的人权挑战,而且找到了侵犯人权的真正罪魁祸首。

## 三、现代社会整合必须建立在尊重差异的基础上

对第三项批评的初步回应是,社会系统论(法学)并非不关注社会整合,只

是主张在尊重差异的基础上实现社会整合。这与从涂尔干到帕森斯再到哈贝马斯的社会理论(法学)确实不同，后者将社会整合建立在价值共识的基础上。如果说大多数社会理论家的看法是，现代社会再怎么复杂，总还存在某些根本性的价值共识，由此可以形成社会秩序；那么社会系统论考虑的则是，如果现代社会真的复杂到了全面消解共识的程度，怎样才能保障社会秩序？所有社会理论家都参加了社会整合课的考试，而社会系统论者选答了最难的一题。

涂尔干看到现代社会产生了职业分工和个体意识，但认为不同职业由于功能互补而更相互依赖，不同个体由于易受伤害而更需要他人帮助，由此可能形成凝聚了价值共识的集体意识，法律则通过捍卫这种集体意识维护社会团结。卢曼的社会系统论却强调，职业分工和个人意识都只是表象，深层的原因是现代社会将功能分化作为新的组织原则。不同的功能系统自此按照不同的符码和纲要运作，执行不同的功能，这带来了更根本的冲突；不同的个体从旧的阶层中解放出来，各自寻求自我实现，这必然导致集体意识的瓦解。

帕森斯试图综合涂尔干的结构理论与韦伯的行动理论，更好地回答“霍布斯难题”。他认为，由于文化系统的核心价值内化到了人格系统，追求不同目标的社会成员总是不知不觉地满足社会系统的需要，为社会秩序的巩固做出自己的贡献。晚期帕森斯进一步指出，高度分化和高速变迁的社会也可以通过“价值的普遍化”，也就是将共享价值抽象到更高的水平上，开发一种控制不同子系统的文化系统。但对于卢曼的社会系统论来说，如果现代社会必须依靠文化系统输入的稳定价值共识维持秩序，就根本不可能发生如此迅速的变迁。

哈贝马斯吸收普遍语用学的成果，发展了他的交往行为理论和商谈论法哲学。他相信语言的内在强制力量，相信使用语言的人们，可以在一个接近“理想言谈情境”的政治公共领域中，经由民主商谈达成符合“交往理性”的共识，进而借助正当之法实现社会整合。但在卢曼的社会系统论看来，“关乎众人之事，应经众人决之”只是罗马法上的一条监护规则，直到中世纪才扩展到社团法领域，所有相关者都实际或虚拟参与的民主商谈，不可能成为整个现代法律特别是现代司法的正当性来源。托依布纳则进一步指出，民主只是政治特有的运作机制，公共商谈仅发生在政治系统内部，经济、科学、艺术、体育、大众传媒等其他社会系统都既不需要民主也不需要商谈，政治共识也不应左右其他社会系统的运行。古代的“共同体”才立足于共识，现代的“社会”则立足于差异，否定这一点，就等于在去中心化的社会之中重新呼唤中心，就等于取消每个人“成为你自己"(尼采语)的自由。

总而言之,现代社会必须正视诸功能系统的高度分化,必须正视每个人都是富有"个体性"的不同的人;现代社会的整合,只能建立在尊重差异的基础上,无论是否情愿。因此,解决社会整合问题的关键,并不在于像老人挽留青春那样挽留共识,而在于提升诸功能系统的自我反思能力,促进它们的相互协调,防止它们负外部性的膨胀、离心力量的释放以及对人的身心完整性的侵犯。这是系统论法学,尤其系统论宪法学对社会整合的全新认识。

## 四、结　　语

以上3点初步回应,目的不在于辩护拙文的浅薄疏漏,而在于开启进一步发掘系统论法学理论潜力的新尝试。希望未来的系统论法学,能够以更开阔的视野博采现代社会理论的众家之长,以更妥善的方案处理现代人的价值问题和现代社会的整合问题。

# 法哲学专栏:凯尔森法哲学

# 事实、意义与基础规范
## ——凯尔森法哲学的内在结构透视并重构

叶一舟*

**内容摘要：**

作为20世纪以来最为重要的法哲学理论之一，凯尔森的纯粹法理论在提供诸多洞见的同时也带来了不少困惑。尤其是基础规范这一概念，因其重要性与复杂性，已然成为法哲学研究绕不开的一个经典谜题。而对基础规范的理解与否则决定了是否能真正把握凯尔森意欲揭示的法治此种特殊治理形式的奥秘。把基础规范与凯尔森关于行为与意义的论断结合，并借助早期维特根斯坦有关逻辑句法与意义的论述，将可以把基础规范从个人认知的视角中解放出来。自此，基础规范不再仅仅是法律观点的逻辑预设，而是法治国的根本法则。承认基础规范的预设与否，亦成为判断一个共同体是否已摆脱自然状态并进入法治文明的重要标准。

**关键词：**

凯尔森　基础规范　意义　法治国　维特根斯坦

凯尔森的法哲学已被译介到国内学界多时，其著名的纯粹法理论以及相关概念与论断已为学界所熟知。即便如此，关于凯尔森的法哲学思想，仍有两个现象值得我们关注。首先，围绕诸如“基础规范”等关键概念还有许多未决的争论，从而导致对凯尔森法哲学的理解尚有偏差或缺失。其次，对凯尔森法哲学的内在结构缺乏足够深入的分析和把握，使其思想未能真正扎根于我们的思考中，无法在当下焕发活力或给予启迪。上述两个现象的存在不仅对于凯尔森法哲学的研究来说是一个遗憾，对于法哲学研究的整体来说亦是如此。为此，笔

* 中山大学粤港澳发展研究院副研究员，法学博士。

者试图从凯尔森法哲学中的两个关键范畴即规范与意义为出发,透视其理论的深层结构。其中,如何把握凯尔森的规范理论深处所蕴含的哲学思虑,是一个关键问题。诚然,凯尔森关于意义与规范的思想与康德的认知论哲学有密不可分的联系,但阐明二者间的关系需要完成两方面的工作。一方面,我们需要在康德的认知论与某种形式的意义理论之间建立起联系;另一方面,则需要以此种形式的意义理论来重新省察,乃至于在必要的地方重构凯尔森的法哲学。在笔者看来,早期维特根斯坦的思想为完成上述工作提供了绝佳的进路。在完成上述工作后,凯尔森法哲学之内在结构便能得到较清晰、透彻的展现。最终,笔者将在本文的最后部分向读者展示,内含于凯尔森法哲学的这套结构无论是对其支持者抑或是反对者来说,都将具有奠基性的价值,不仅能增进法学基础理论的知识积累,也有助于理解法治国家的精神要旨以及更好地思考当下的前沿问题。

## 一、凯尔森法哲学的认知论基础与先验论证

法的本质及其规范性的来源是法哲学研究中经久不衰的核心主题。尽管不同学派根据不同进路对法律规范性进行了大量论述并得出各式各样的结论,但凯尔森在纯粹法理论中所提供的进路,毫无疑问是自 20 世纪以来最深刻、彻底的理论尝试之一。在纯粹法理论中,凯尔森试图在哲学基本范畴的层面上为法律的规范性奠定基础。为此,凯尔森既反对将法律的规范性建立在任何单纯的事实或价值上,亦即既反对任何关于法律规范性的自然主义或道德主义解释。换言之,法律作为一种规范,其在基本范畴的层面具有独立的基础或归属。其中,基础规范这一关键概念不仅位于法律效力体系的金字塔顶端,同时也是凯尔森理论大厦的立基点。

然而,基础规范自身恰恰又是凯尔森所提供的各种概念中最令人费解的一个。从根本上来说,基础规范这一概念的复杂性或把握它的困难性主要来自两个方面。一方面,它肩负着凯尔森法哲学中最根本的一个任务,即将主观意义转化为客观意义的先验逻辑条件;另一方面,它与康德的认知论哲学关系密切,对前者的把握离不开对后者的理解。[1] 但正是由于基础规范兼具重要性与复

〔1〕 See Hans Kelsen, *Pure Theory of Law*, 2nd edition, trans by Max Knight, The Law Book Exchange Co. , Ltd. 2005, p. 202.

杂性,使凯尔森试图建立的整个理论事业都遭到了严峻的挑战。诚如鲍尔森所言,凯尔森关于法律规范性的论证在法律视角之外缺乏说服力,也无法有力地排除其他替代性的论证方案,致使其整个理论的根基受到动摇。[2]

在笔者看来,欲完善凯尔森的规范理论以解决上述困难,一条值得认真考虑的进路便是以主观意义转化为客观意义这一理论目的为主线索,重新对基础规范以及与之相关的理论建构进行省察。毋庸置疑,主观意义向客观意义的转化是凯尔森的规范理论最为关切也是最为核心的内容之一。按照彼得·科勒的说法,凯尔森的纯粹法理论与19世纪的实证主义相比,其最特殊的主张便是法律规范的效力不能还原为纯粹的事实,而"基础规范构成了一个必要前提,由此方可将构成法律现实的法律意志行为的主观意义解释为具有客观约束力的应然,从而可以将实证法作为一种生效规范体系来把握"。[3] 因此,无论是要透彻地理解凯尔森的思想,抑或是对其进行恰当的重构,都应围绕此一主线来展开。笔者希望,通过此种尝试来揭示凯尔森所称的意义源自受先验规则规制的理解活动,即一个客观为真的应然命题。

### (一)"纯粹法理论"的认知论根基

尽管凯尔森断言法律规范是特定意志行为的客观意义,但该断言的哲学内涵以及如何从事实性的行为中获得其所称的这种意义,却并非是一目了然的。不过,有一点可以首先明确的是,断言法律规范是一种意义,表明规范是一种有别于经验性存在的自然事实和其他心理学、伦理学对象。因为在凯尔森看来,规范就是规范,而不是其他什么的东西,故其存在不能被划约为经验性事实或某种心理状态。因此,纯粹法之纯粹在使法律规范独立于自然科学所关注的经验事实和伦理学所关注的价值等对象,从而使法律科学能作为一门独立的体系并使关于法律的探讨避免沦为政治争吵或价值混战。

对于凯尔森来说,实现前述目的的关键就在于将法律科学作为一门认知科

---

〔2〕 参见[美]斯坦利·鲍尔森:《伟大的迷题:凯尔森的基础规范》,载张龑编译:《法治国作为中道——汉斯·凯尔森法哲学与公法学论集》,中国法制出版社2017年版,第186~188页。

〔3〕 [奥]彼得·科勒:《20世纪法律实证主义的里程碑:凯尔森之〈纯粹法学〉与哈特之〈法的概念〉》,载张龑编译:《法治国作为中道——汉斯·凯尔森法哲学与公法学论集》,中国法制出版社2017年版,第72页。

学,同时通过明确认知的对象的性质和特点来把其他不相干的对象排除在外。所以,凯尔森指出,"纯粹法理论所以自命为'纯粹',则在于其唯求认知法律,而将不属于其认知对象者皆摒除在外。换言之,纯粹法理论欲使法律科学免受一切异质因素之干扰,此乃本理论在方法论上之根本"。[4] 凯尔森进而指出,法律在本质上就是规范,因此是应然性的而非实然性的。而规范的存在形式在于其具有效力。一个规范之所以有效是因为,在其之上还有一个有效的规范通过授权的方式使其具有效力。基于这种授权关系和效力链条,规范之间构成了一个层级结构,而这种效力的链条可以一直追溯到历史上的第一部宪法。在此历史上第一部宪法之上的,是被预设为有效的基础规范,基础规范作为规范层级结构的最顶端,是效力链条的源头。[5] 可见,在纯粹法理论中,法的实证性和纯粹性全系于基础规范之成立与否,基础规范一头连接着规范体系,另一头连接着事实领域,来自后者的内容经过基础规范进入前者中成为规范体系的一部分。然而,基础规范自身的存在却成了一个更难解的谜题。详言之,基础规范也是应然的,它的存在也在于其具有效力,但基础规范是被预设为有效的,这意味着什么?一种过于简单的理解认为,基础规范不过是凯尔森为了对其规范的层级体系进行封顶而虚构出来的东西。另一种理解的进路则可以从纯粹法理论所端赖于的认知论根基出发。而后者才能真正揭示出基础规范的思想内涵。

概言之,凯尔森的纯粹法理论采取了一种非自然主义的认知理论。非自然主义的基本观点是,行动理由是镶嵌在命题里的,当命题为真即表明相应的规范性事实存在。因此,人们通过理解一个为真的命题来认知到一个规范性事实的存在。同时,在非自然主义看来,规制或促使人们作出特定行动的理由是独立于行动者的精神或心理状态的,而这些理由与构成规范性理由的事实是一致的。[6] 举个例子,某人被告知在吃饭时"要让长辈先就座",那么该人之所以认为要这么做或其他人认为该人要这么做,并非基于个人主观之好恶或任何情

---

〔4〕 [奥]汉斯·凯尔森:《纯粹法理论》,张书友译,中国政法大学出版社2008年版,第37~38页。

〔5〕 同上书,第88~89页。

〔6〕 See George Pavlakos, "Non-naturalism, Normativity and the Meaning of Ought", Accessed October 2, 2015. https://www.researchgate.net/publication/256036581_Non-Naturalism_Normativity_and_the_Meaning_of_%27Ought%27, pp. 5-7.

感、心理状态,而是在于理解到“应当尊重长辈”是一客观为真的命题。一方面,这表明人们通过理解一个应然命题认知到了一个规范性事实以构成自己行动的理由;另一方面,这也指出了在我们的认知活动中,特定行为对应了一个特定的命题,该命题所指向的规范性事实确保了规范是一种客观意义。所以,一个客观为真的应然命题就是行为的意义。而这一点的进一步证成则有赖于先验论证。

(二)先验论证与意义内涵的世界

在《纯粹理性批判》一书中,康德致力于解决的问题是人类如何认知并获得客观知识。在康德的认知论哲学中包含了两大部分:直观(intuition)与理解(understanding),直观负责提供经验对象,理解负责处理概念,二者共同构成了我们认知客观对象并获得相应知识的完整过程。康德将人类的知识分为两类,它们分别是分析判断和综合判断,前者是借助判断的主词和谓词的同一性所作出的说明性判断,而后者则是不借助这种同一性所作出的扩展性判断。[7] 由于分析判断的谓词是包含于主词之中的,所以一个为真的分析命题仅凭概念之间的内在联系而不需经验上的证据就可以得出。但综合判断是扩展性的,它总要包含新的对象进来,因此,往往需要以经验作为基础。于是这产生了一个问题,如果我们的知识都是通过分析判断得出的真命题,那么知识的增量就是不可能的。但如果我们的知识增量依赖于综合性的命题,那么如何确保知识是普遍必然为真的,则成了难题。

在康德看来,为了将哲学从休谟怀疑论的手上拯救出来,他需要阐明“先天综合判断”是如何可能的。康德根据知识与经验之间的不同关系,将知识大致地分为“先天的”(a priori)和“后天的”(a posteriori)。“先天的”指的就是先于或独立于经验的。所以,先天知识指的就是不依赖于经验就得以可能的知识,亦即不依赖于经验就可以得出的真命题。这种先天性是知识纯粹性的基本保障,而先天而又纯粹的知识是必然和普遍的。[8] 然而,康德并不致力于道出这种知识之性质或特点,他的主要目的是阐明这种认知的条件,并借此为理性划

[7] 参见[德]康德:《纯粹理性批判》,邓晓芒译,人民出版社2004年版,第8页。在此需要附加说明的是,在康德看来,所有的知识都是以命题的形式存在的,而一个命题总是通过判断作出的。真理就是为真的命题。

[8] 参见[德]康德:《纯粹理性批判》,邓晓芒译,人民出版社2004年版,第2~3页。

界。为此,康德指出,“人类知识有两大主干……这就是感性和知性,通过前者,对象被给予我们,而通过后者,对象则被我们思维”,[9]通过这两种方式我们相应地获得了直观和概念作为构成我们一切知识的要素,直观和概念相互结合缺一不可。[10] 知性通过概念认知对象,但这一认知方式并不像直观那样依赖于对象的刺激,而是依赖于一种主动、自发的功能。这种主动、自发的功能表现在知性运用概念进行判断的活动中,因此,知性就是通过运用概念进行判断对对象进行认知的能力。[11] 更重要的是,知性凭借其具有的逻辑机能对概念形成了具有逻辑形式的判断,并将先天地指向客体的先验内容带入表象当中。这种先验内容被康德称为“纯粹知性概念”,也叫作“范畴”。[12] 因此,正是通过范畴,认知对象在判断中得到综合。并且,由于该判断的形成方式是先天而又纯粹的,其得出的命题是具有客观意义的真命题。通过上述简明扼要的介绍,可以得知判断占据了认知活动的核心位置,通过范畴形成的认知判断是客观知识——具有客观意义的真命题——得以形成的关键。因此,先天综合判断得以有效地从经验性的知识得到具有客观性的知识。

当凯尔森把法律科学设定为一门以规范为对象的认知科学,并且,将基础规范置于规范层级体系的顶端时,他所采取的进路具有浓重的康德哲学色彩。凯尔森的纯粹法理论作为一个与康德的理论理性并置的认知体系,基础规范位于该体系的顶层。正因如此,阿列克西指出基础规范的第一个任务就是实现从实然到应然的范畴转换,即“将特定的事实解释为创设法律的事实”。[13] 此外,阿列克西进一步指出,由于在康德的术语中“先验”指的是使经验认知得以可能的必要条件,因此,凯尔森将基础规范称为法律认知的“先验逻辑预设”以表明基础规范是另对法律效力和法律应然进行认知得以可能的必要条件。[14] 可见,凯尔森将特定行为作为待解释的对象,并试图通过一种认知论的进路阐明如何

[9] 参见[德]康德:《纯粹理性批判》,邓晓芒译,人民出版社2004年版,第22页。

[10] 同上书,第51页。

[11] 同上书,第63页。

[12] 同上书,第71页。

[13] [德]罗伯特·阿列克西:《法概念与法效力》,王鹏翔译,商务印书馆2015年版,第112页。

[14] 同上书,第115页。

从这些特定的事实获得客观意义。为了进一步阐明这一点，凯尔森还借助了新康德主义的哲学资源。申言之，凯尔森采纳了新康德主义的代表人物之一科亨（Hermann Cohen）对康德的先验论证的阐释，即鲍尔森所称的康德先验论证的回溯（regressive）版本，进而主张“对法律规范进行认知的可能性预设了对规范性归责（normative imputation）这一范畴的运用”。[15] 此外，凯尔森还借鉴了新康德主义另一位代表人物李凯尔特关于判断和效力的思想，即“一个判断的意涵是客观的，独立于单个的主观判断行为，当且仅当它‘有效’，它就是真的。据此，判断具有效力……指向特定的规范”。[16] 通过新康德主义哲学中的效力概念，实然与应然之间的关系进一步被确定为事实与意义两个世界的关系。详言之，实然的世界中“既可以发现物理也可以发现心理”，应然的世界“则由意义内涵构成”。[17] 而在后者中，既有规范性的意义内涵也有非规范性的意义内涵，规范性的意义内涵里又有法律的意义内涵和非法律的意义内涵，法律的意义内涵是“由经过重构的意义法律规范的意义内涵所组成的”。[18]

如前所述，从康德哲学的角度来看，从事实转换到意义的关键在于认知活动中所包含的判断以及经由判断所引入的范畴。对于凯尔森来说，一个有效的规范性判断中所包含的是归责这一范畴，并且，是该范畴决定了客观意义。[19] 由于一个有效判断的意义对应着一个为真命题，且当一个命题包含归责范畴时即是一个应然命题，所以凯尔森所称的意义就是一个为真的应然命题。该应然命题是基于认知的先验逻辑条件而为真的，因而是一种客观知识。上述内容是凯尔森的纯粹法理论所包含的深层内涵，用以揭示法律规范的最本质属性。可是，正如先前所言，凯尔森的这一进路及其著名的基础规范实际上引发了更多

---

〔15〕 Stanley Paulson, “The Neo-Kantian Dimension of Kant’s Pure Theory of Law”, *Oxford Journal of Legal Studies*, Vol. 12, No. 3, 1992, p. 330.

〔16〕 张龑：《凯尔森法学思想中的新康德主义探源》，载《环球法律评论》2012 年第 2 期。

〔17〕 [美]斯坦利·鲍尔森：《汉斯·凯尔森的规范主义》，载张龑编译：《法治国作为中道——汉斯·凯尔森法哲学与公法学论集》，中国法制出版社 2017 年版，第 148 页。

〔18〕 同上书，第 149 页。

〔19〕 参见张龑：《凯尔森法学思想中的新康德主义探源》，载《环球法律评论》2012 年第 2 期。

的困惑,也招致一些批评。例如,鲍尔森认为,凯尔森有关基础规范的论证无论是依赖于何种版本的先验论证,在回应有关法律规范和法律实践的怀疑观点时都显得较为乏力,而这将最终导致凯尔森被迫放弃自己的原本立场而转而主张他的纯粹法理论只是提供了一种法律观点。[20] 布莱恩·比克斯也指出,凯尔森的理论仅仅是关乎那些把法律视为规范的人的观点,允许其他人不从规范性的角度来理解相关行为或主张。[21] 为此,比克斯认为凯尔森的理论只是有关规范性主张之逻辑的理论,即"当某人从规范的角度理解法律官员的行为时假设或预设了该法律体系奠基性规范的效力,这就是凯尔森所称的'基础规范'"。[22]

上述批评在不同程度上都指出了凯尔森的理论所存在的不足,同时也提示了一个更重要的问题,即如何将规范效力从认知的个人视角中解放出来。不难看出,此问题是欲保全凯尔森最为核心的洞见所必须要解决的。因此,为了使凯尔森的理论更趋完善,使法律规范作为一种意义摆脱认知的个人视角,建基在一种更普遍、客观的基础上,新的哲学进路或分析框架不可避免地要被引入,从而在元理论层面上解决相关问题。换言之,基础规范如何不再仅仅是法律观点的逻辑预设,而是作为法治此种国家治理的现代化方式所普遍遵循的法则,将是亟须进行原理性研究的问题。该问题亦是本文余下部分欲集中回答的问题。

## 二、康德—早期维特根斯坦模型

在对凯尔森的理论进行必要的完善与重构时,若我们想要忠实于凯尔森原有的思想而非完全弃之不顾的话,那么早期维特根斯坦的哲学或许能提供一条十分值得考虑的进路。而将康德哲学与早期维特根斯坦的思想结合,则可提供

---

〔20〕 See Stanley Paulson, "The Neo-Kantian Dimension of Kant's Pure Theory of Law", *Oxford Journal of Legal Studies*, Vol. 12, No. 3, pp. 331 – 332.

〔21〕 See Brian Bix, "Kelsen and Normativity Revisited", Accessed October 2, 2015. http://papers.ssrn.com/sol3/papers.cfm?abstract_id=2287870&rec=1&srcabs=2448000&alg=1&pos=7.

〔22〕 Ibid.

一个基本模型用以阐明意义世界的基本结构。

（一）康德—早期维特根斯坦模型之可能

哲学界长期存在一种观点，即早期维特根斯坦最重要的著作《逻辑哲学论》是一部康德式的研究作品，康德与早期维氏之间有着非同寻常的亲缘性。概言之，康德与早期维氏的思想亲缘性不仅体现在二者都包含了某种先验理论，更为重要的是，通过衔接思想与语言，维氏的《逻辑哲学论》把《纯粹理性批判》中关涉思想与实在的研究转变为语言与实在的研究。[23] 《逻辑哲学论》向我们揭示了，"在语言和实在之间有一种形式同一……语言描绘的是实在：两者之间内在地相互关联"。[24] 而语言不仅构成了思想的界限，也构成了世界的界限，先验地潜藏于其中的逻辑则提供了一个建构性的框架。可是，这尚不足以完全阐明康德—早期维特根斯坦模型何以可能以及该模型的主要内容。康德—早期维特根斯坦模型得以可能，其中不可或缺的一环是弗雷格的语言哲学。

在《意义与意谓》一文中，弗雷格将名称、词组和文字等都归类为符号，而符号既有意义，也有意谓。[25] 因此，所有的语词和语句都可以从意义或意谓的角度来进行考察。然而，并非所有的语词和语句都是同时具有意义和意谓的，同一个语词或语句的意义和意谓也可以是不相同的。但一般来说，符号、符号的意义和符号的意谓之间具有如此的联系，即"一个符号对应着一个特定的意义，而一个特定的意义对应着一个特定的意谓，但一个给定的意谓（一个对象）并不仅仅隶属于一个符号"。[26] 以上仅仅是意义与意谓之间联系的一般规律，在一些特定情形中，不同语词或语句的意谓对应的是不同的东西，有些意谓是直接

---

〔23〕 参见唐浩：《维特根斯坦〈逻辑哲学论〉中的超越唯心论》，载《清华西方哲学研究》2016年第1期。

〔24〕 同上。

〔25〕 "意谓"一词是对德语词"Bedeutung"的翻译，"意义"对应的则是"Sinn"。在德语中，两者都可以表达汉语中的"意义"或"意思"，但"Sinn"也可以指含义、思想及合理。例如，维特根斯坦常用"sinnlos"指瞎扯或胡说八道。在弗雷格的术语中，"Bedeutung"往往与语词或语词所指向或描述的对象联系在一起，该词的英文翻译为"reference"，即汉译的"指称"。

〔26〕 Gottlob Frege, "Sense and Reference", *The Philosophical Review*, Vol. 57, Issue 3, 1948, p. 211.

的而有些则是间接的,有些语句甚至是只有意义而没有意谓的。但这些都是一些语言哲学在细节上的讨论,笔者对此不多作深论。对笔者当前的讨论来说,弗雷格关于意义与意谓的思想中最重要的是他的"句子的意义是其思想,句子的意谓是其真值"[27] 这一主张。句子的意谓之所以重要或在大部分情况下不可或缺,是因为人们对于真知或真理的追求。例如,当某人说"高鹗是《红楼梦》的续作者"时,我们在真正探讨这句话是什么意思之前,总是需要确定这句话的真假。例如,我们会询问是不是真有高鹗其人,然后作历史学的考证来看高鹗是一个确实存在的人物,还是民间传说中子虚乌有的人物,抑或他其实是我们之前认识的另一个人。因此,我们在进一步理解句子所表达的思想时,总要询问句子的意谓,亦即该句子所表述的内容的真假。所以,当涉及句子的意谓时,人们总要询问句子的真值,则句子的真值就是句子的意谓。[28] 但是两个句子所描述的情况是一致的,并不表明它们的意思是一样的。例如,弗雷格最著名的例子,"启明星是金星"和"长庚星是金星"这两句话都是真的,而且都是指向金星这个天体。但是,能否说这两句话的意思是一样的呢?恐怕不能,因为"启明星"的意思是天亮前后地平线附近最亮的一颗星,而"长庚星"的意思是黄昏时分地平线附近最亮的一颗星星。如果我们将二者对调,例如,"长庚星是天亮前后地平线附近最亮的一颗星星",那么显然会得到一个错误的说法。因此,意义与意谓的区分突破了旧有的内涵与外延的范式,也改变了旧有的认为认知对象和知识之间是单一对应的想法。这为规范与事实的分离,作了最基本的理论奠基。

尽管意谓对探讨真理问题有着不言而喻的重要性,但对弗雷格来说,意义的作用则处于更核心的位置。当代最重要的弗雷格研究者之一,美国哲学家泰勒·布尔格(Tyler Burge)从弗雷格的理论中区分出意义的三种功能,它们分别是呈现的模式(mode of representation)、固定意谓以及在缺乏主词的语境种作为表达内容的外延。其中的第一种功能尤为重要。申言之,意义的第一种功能具有认知层面上的价值,因为"意义作为一种呈现的形式就是指意义是被那些

---

[27] 王路:《弗雷格思想研究》,商务印书馆 2008 年版,第 133 页。

[28] Gottlob Frege, "Sense and Reference", *The Philosophical Review*, Vol. 57, Issue 3, 1948, p. 216.

足够熟悉表达式所属语言的人所把握的”。[29] 值得注意的是，此种呈现的模式与在弗雷格之前的认知哲学所说的表象是不一样的，即这一呈现形式与认知活动主体的主观内在状态或活动是相互分离的。表象与符号意义的根本区别在于，意义并不是任何个人心智的一部分，而是为多数人所共有的，意义亦即语句的思想可以代代相传，这足以说明这一点。[30] 那么，意义与对象和个人的心智活动之间，是怎样的关系呢？对此，弗雷格用了一个经典的比喻予以阐明。弗雷格认为，我们通过语言把握对象，就如同我们用望远镜看月亮。月亮是我们观察的对象，望远镜所显示的（物理光学）图像和我们视网膜上接收的图像是我们观察月亮的中介。在这个比喻中，月亮就是被认知的对象，与意谓相对应；望远镜中的图像就是意义；视网膜上的图像就是表象或直观。同时，意义是客观的，因为它可以被多个人用以把握对象。[31] 所以，意义是对象呈现给观察者的一种客观方式，而非表象或经验直观。[32] 意义之所以如此，在于“弗雷格将意义视为永恒的抽象实体，它们拥有独立于实际的心智活动或语言使用者的逻辑和语义属性”。[33] 与意义的上述属性联系在一起的是弗雷格对意义表达的两个预设，而这两个都来自以柏拉图和康德等人为代表的理性主义传统。第一个预设，是认知实践的基础是有关现实的深层理性，它超然于任何认知实践者的理解；第二个预设，是掌握上述深层理性涉及对表达式真正意义的领悟，即“对

〔29〕 See Tyler Burge, *Truth, Thought, Reason: Essays on Frege*, Oxford University Press, 2005, p. 243.

〔30〕 Gottlob Frege, “Sense and Reference”, *The Philosophical Review*, Vol. 57, Issue 3, 1948, p. 212.

〔31〕 Ibid., p. 213.

〔32〕 对于弗雷格的上述思想，西方学界在后来有更深入的探讨和批判性发展。其中，又以普特南的思想最为重要并对法理学研究影响最为深远。关于普特南对相关问题的讨论，请参见 Hilary Putnam, “Meaning and Reference”, *The Journal of Philosophy*, Vol. 70, No. 19, 1973, pp. 708 – 711。上述文章随后又发展成了一篇分析更为透彻、论述更为完备的文章，请参见 Hilary Putnam, “The Meaning of Meaning”, in *Mind, Language and Reality*, Cambridge University Press, 1979, pp. 215 – 271。

〔33〕 See Tyler Burge, *Truth, Thought, Reason: Essays on Frege*, Oxford University Press, 2005, p. 247.

事物本质的深层领悟也就是对思考事物本质的理性模式的深层领悟”。[34] 然而,根据布尔格的观点,弗雷格在继承康德传统之上又有两处发展。这两处发展在于:

> 首先,他发展了一套逻辑理论,该逻辑理论展示了非命题性部分和非命题性认知能力中的判断模式的丰富性……其次,弗雷格主张对判断——以及更为一般意义的逻辑——的分析是与理论活动不可分离的……弗雷格认为实现对语词的意义透彻把握的途径在于理解这些语词在一个完善的理论中的逻辑角色和合适角色……即便是先验知识和非命题性的理解(或概念性掌握)也是在理论的逻辑分析上建构起来的。[35]

尽管弗雷格如此强调一个完善的逻辑结构对完全掌握语词意义的重要性,但他不否认人们在实际生活中对语词的使用也包含了足够用以沟通和理解意义的能力。所不同的是,这些实际使用所生成的意义并非是完整的,真正完整的意义是通过理想化的言说者在意义的先验结构亦即逻辑结构中实现的。弗雷格的上述思想及其对康德的继承和发展在维特根斯坦的《逻辑哲学论》中得到了更系统的展现。同时,弗雷格关于命题及意义的理论也为康德—早期维特根斯坦模型的可能提供了相互连接的基础通道。

### (二)康德—早期维特根斯坦模型之阐明

康德—早期维特根斯坦模型的最主要功能是实现从认知结构到语言结构的转变,并从中确定出一个原理性框架。早期维特根斯坦的思想发展在很大程度上受到了弗雷格和罗素的启发,这已经是学界公论。此外,亦有维特根斯坦的研究者通过考究史料指出,维特根斯坦曾经研读过康德的《纯粹理性批判》。[36] 其实,无论维特根斯坦当年对康德的研究到底程度多深,《逻辑哲学论》的整体思想结构和康德的认知论之间的对照关系,还是比较清楚可见的。

---

[34] See Tyler Burge: *Truth, Thought, Reason: Essays on Frege*, Oxford University Press, 2005, pp. 257 – 258.

[35] Ibid. , pp. 262 – 263.

[36] 参见[英]瑞 · 蒙克:《维特根斯坦传:天才为之责任》,王宇光译,浙江大学出版社 2011 年版,第 161 页。

因此,我们也可以看到,康德所强调的认知的先验结构通过维特根斯坦的语言哲学,彻底转变为语言的先验结构。

为了更好地揭示康德与早期维特根斯坦之间的联系,笔者根据蒙克的建议,[37]将《逻辑哲学论》每一部分的首个论断摘出来后按顺序排好,展示出《逻辑哲学论》的整体结构。我们将《逻辑哲学论》中每个部分的首个论断摘抄出来,然后按原书顺序排列,得到如下内容:

1. 世界就是实在的总体。[38]

2. 发生的实在,即事实,就是诸事态的存在。

3. 事实的逻辑图像就是思想。

4. 思想是有意义(sinnvolle)的命题。

5. 命题是基本命题的真值涵项。

(基本命题是自身的真值涵项)

6. 真值涵项的一般形式是:$[p,\xi,N(\xi)]$

这也是命题的一般形式

7. 对于不可说的东西我们必须保持沉默。

从上述7个论断可以看出,维特根斯坦意图在《逻辑哲学论》中完成的任务主要是为意义世界立法,为意义世界和物质世界划定边界。而完成这一任务的关键就在于阐明语言的深层逻辑结构,以便发现表达和有意义言说的边界。只有能被有意义地言说的东西,才是能被有意义地思维的东西,因此,也就为意义划清了边界,使意义的生成具有了法则。为此,维氏在《逻辑哲学论》中致力于揭示语言的性质和意义生成背后的法则以及意义与世界的关系,希望借此来说明意义是如何被附着于被断言的命题之上,从而又被附着于现实之上的。诚然,维氏在《逻辑哲学论》中的思想是复杂、晦涩的,因而也引起了后世各种经久不绝的讨论。本文不是纯哲学的研究,探讨维氏的《逻辑哲学论》的目的只有一个,就是说明维特根斯坦如何批判继承弗雷格的理论并彻底将康德的认知先验结构转变为语言先验结构,并以此来阐明意义的生成。所以,尽管维特根斯坦

---

〔37〕 See Ray Monk: *How to Read Wittgenstein*, W. W. Norton Publishing, 2005, p. 35.

〔38〕 德语原文是"Die Welt ist alles, was der Fall ist"。对于该句中"Fall"一词,学界目前的常见翻译有事情、情况和实在。前二者从哲学术语的角度来讲,都容易使读者将日常语言中这两个词的意思和维特根斯坦欲表达的特殊哲学内涵混淆,故本文采用最后一种翻译。

在《逻辑哲学论》中的思想固然复杂而又精深,可一旦我们认识到维氏在《逻辑哲学论》中欲实现的目标及其与康德和弗雷格之间的内在联系,那么通过理清几个重要概念的关系,就可以对维氏的早期思想有一个概览式理解。同时,这种概览式的理解足以供笔者讨论当前问题所用。

首先,需要理清的是"实在"、"事实"和"事态"。在《逻辑哲学论》刚面世的时候,对这3个术语的理解构成了解读维特根斯坦相关思想的第一道屏障。因为维特根斯坦以箴言式的写作风格,从极为抽象的角度用三言两语就勾勒出了一个关于世界这一宏大主题的基本理解。这对任何读者来说,都是难以充分把握的。幸运的是,在《逻辑哲学论》出版了一段时间后,以石里克和卡尔纳普等人为核心的维也纳学派在相对集中的一段时间里研读和探讨了该书,并专门请维特根斯坦来讲解相关概念及它们之间的联系,为后人整体把握维特根斯坦的早期思想提供了基本蓝图。简言之,在维特根斯坦看来,世界并非是由一个个事物(thing)的简单罗列或堆积组成的,而是实在的总体。实在由事实组成,事实则是已存在的事态,事态则包含存在与不存在两个部分,[39]事态表示了可能性。那么,事实与事物是什么关系呢?根据维特根斯坦在其他场合的表述,事实就是对事物的描述,因此,事实本身就是对事物的一个认知判断。[40] 因此,在维特根斯坦看来,我们对世界的认识就是通过语言活动来实现的,或者说世界本身就是通过语言呈现给我们的。没有语言,即便我们能够通过视觉或触觉来感知对象,但我们却无法形成知识或思想,更无法理解实然世界。所以,维特根斯坦在谈到语言时着重论述了语言对于我们把握现实的作用。他指出,我们描述事实所得到的图像就是思想,而在思想中被把握的意义所关乎的就是事实的存在与否。[41] 可见,维特根斯坦一开始就将自己的哲学定位为一种通过语言哲学的角度对旧有的认识论范式的改造。详言之,在我们的语言活动当中,思想通过命题得到了表达,而由各种命题组成的系统就像一把尺子那样面对实在,

---

〔39〕 参见[奥]维特根斯坦著,弗里德里希·魏斯曼记录:《维特根斯坦与维也纳学派》,徐为民、孙善春译,商务印书馆2015年版,第233页。

〔40〕 参见韩林合:《〈逻辑哲学论〉研究》,商务印书馆2007年版,第37页。

〔41〕 参见[奥]维特根斯坦著,弗里德里希·魏斯曼记录:《维特根斯坦与维也纳学派》,徐为民、孙善春译,商务印书馆2015年版,第255页。

经验对象通过这把尺子上的刻度整理后才成为我们所认识的事实。[42]

其次,便引出了另外一个重要的概念“逻辑空间”。维特根斯坦在《逻辑哲学论》中说“在逻辑空间中的诸事实就是世界”,[43]这句话看似难以理解,但结合笔者之前的阐释,还是能够明白这句话的主张的。如前所述,我们对实然世界的把握是通过语言实现的,亦即我们通过表达和理解思想来把握事实,因而我们的认知活动自始至终都是一种理解意义的活动。在我们的语言活动中,命题是表达思想的方式,因此也承载了意义。一个命题自身及其与其他命题之间的联系都是包含了逻辑的或是逻辑性的,所以世界就是逻辑空间中的诸事实。也正因如此,我们就能够理解为何维特根斯坦会说“因为那事实的总体规定了那发生的事情,也规定了那所有未发生的事情”,[44]因为事实是通过命题在逻辑空间中被给出和被把握的,当我们把握了一个命题时,自然也就规定了它的反命题。故维特根斯坦在解释自己这方面的思想时说:

> 如果从一开始我们就使用一个描述系统,这一系统不可能把两个不同的坐标值归于实在,那么,我们甚至可以只运用这些句法就可以了。
>
> 每一个命题都是命题系统的一部分,这一命题系统像标尺一样面对实在(逻辑空间)。[45]

质言之,我们对实然世界的把握是通过语言尤其是命题这种形式进行的,因此整个实然世界也就是一个在逻辑空间中被规定的意义世界。这种通过命题对事实的描述而被转置进入逻辑空间所形成的意义世界,被维特根斯坦视为

---

〔42〕 参见[奥]维特根斯坦著,弗里德里希·魏斯曼记录:《维特根斯坦与维也纳学派》,徐为民、孙善春译,商务印书馆2015年版,第38~39页。

〔43〕 [奥]维特根斯坦:《逻辑哲学论》,贺绍甲译,商务印书馆1996年版,第25页。

〔44〕 同上书,第25页。

〔45〕 参见[奥]维特根斯坦著,弗里德里希·魏斯曼记录:《维特根斯坦与维也纳学派》,徐为民、孙善春译,商务印书馆2015年版,第54页。

一种事实的逻辑图像。[46] 逻辑图像与被描述的事实的共同之处在于它们都具有逻辑形式,这种逻辑图像就是思想,而"思想是有意义的命题","命题的总体即是语言"。[47] 可见,在维特根斯坦看来,语言与世界之间存在同构性,这种共同的结构就是逻辑形式,而他所称的逻辑句法,该逻辑句法不仅同时规定着语言和世界,也是意义世界形成的基础。当代著名的维特根斯坦思想研究者贝克(G. P. Baker)和哈克(P. M. S. Hacker)对此作出了十分精当的论述。在总结《逻辑哲学论》的核心要旨时,他们如此说道:

哲学中的"逻辑—语言"再定位令语言规则这一概念在《逻辑哲学论》中占据了一个重要的位置。任何可能的语言都是受一套逻辑句法构成的复杂体系规制的。这些规则决定了符号组合的可能性,因此也为感知划界。这些规则有两类。一类规则通过逻辑连接词决定原子命题的真值函项组合模式……但逻辑必然性并非是句法约定的产物……逻辑,远非是约定俗成的,它是先验的,是表象之可能性的条件。第二类逻辑句法的规则关涉的是作为代表的名称。这些规则也被视为反映了形而上学的模态。这些名称的组合可能性映示(mirror)对象的组合可能性,亦即这些对象的意义以及描述事态的命题结构。[48]

上述这种深藏于我们认知实践和语言活动中的,作为感知和语言边界的逻辑句法贯穿了维特根斯坦的早期思想。在这段思想时期里,维氏认为,语言就是一套规制我们运用概念语词描述实在的隐藏(hidden)规则的体系或演算,也被后来的哲学家视为语言的深层语法。[49] 由于语言与世界的同构性,维特根斯坦的这种先验的逻辑句法规制着我们的语言,也规制着实然世界,而我们对世

---

〔46〕 关于逻辑图像形成过程的具体说明,请参见 Thomas Ricketts, "Pictures, Logic and the Limits of Sense in Wittgenstein's Tractatus", in Hans Sluga and David G. Stein, eds, *The Cambridge Companion to Wittgenstein*, Cambridge University Press, 1996, pp. 70 – 74。

〔47〕 [奥]维特根斯坦:《逻辑哲学论》,贺绍甲译,商务印书馆 1996 年版,第 41 页。

〔48〕 G. P. Baker and P. M. S. Hacker, *Wittgenstein-Rules, Grammar and Necessity*, Wiley Blackwell, 2014, p. 41.

〔49〕 Ibid., pp. 43 – 44.

界的认知以及意义的生产自然也就被笼罩在这个结构里。对此,维特根斯坦给予了最为直接的表述:“我的语言的界限意味我的世界的界限……逻辑充满世界:世界的界限也就是逻辑的界限……世界是我的世界:这表现在语言(我所唯一理解的语言)的界限就意味我的世界的界限。”〔50〕

维氏的上述思想与康德的认识论之间具有十分重要的内在联系,同时又是对康德思想的一种转换。二者之间的内在联系在于他们的理论中所包含的有关“先验”的思想。正如笔者之前所介绍的那样,康德在其认识论中区分先天和后天两个概念,先天指的就是在发生上早于经验。先验则是一个比先天更高层次的概念,它所关注的是知识的先天运用或先天可能性。而“先验知识”有三层内涵:第一,它是有关时间空间形式、范畴和理念的先天可能性及先天运用的知识;第二,它是对上述可能性和运用的条件的说明;第三,它是认知论层面的内容,因此,它所包含的先验逻辑与一般逻辑亦即形式逻辑之间具有根本区别。〔51〕这其中的第三层内涵对于康德的“先验”概念尤为重要,因为其揭示了“先验”这一概念是与认知活动及其对象相关的,它通过经验直观与认知对象联系在一起,但它“不直接规定对象知识,而只是为这种知识提供形式条件或‘立法’”。〔52〕同时,只有从一般逻辑转变为先验逻辑,亦即“赋予形式逻辑的判断形式以有关对象知识的意义”,〔53〕范畴才能被运用到我们的判断形式中,认知才得以可能。

康德所立的这种“法”,在维特根斯坦批判吸收了弗雷格和罗素的语言哲学后,被转变为了语言的先验规则体系,即逻辑句法。维氏早期思想的这种先验成分体现在以下两个层面:第一,当我们知道某对象并试图说出我们所知时,我们的表达所指向的是在本质上使实然得以可能的基础,即我们的表达所指向的并非为对象何以如此,而是对象之所以如此的限制和条件;第二,我们无法超出

〔50〕 [奥]维特根斯坦:《逻辑哲学论》,贺绍甲译,商务印书馆1996年版,第85页。

〔51〕 参见邓晓芒:《康德的“先验”与“超验”之辨》,载《同济大学学报》(社会科学版)2005年第5期。

〔52〕 同上。

〔53〕 同上。

我们的语言去言说那些不可言说的对象。[54] 如前所述,在维氏的早期思想里,认知对象的活动以及意义的产生都是在语言活动这一场域中进行的,语言既是存在之家,也是意义之家,因而意义世界就是通过语言表达和对意义的理解建立起来的。语言的先验结构就是逻辑句法,而逻辑句法便是我们的认知活动以及意义世界的法。维氏在《逻辑哲学论》时期所集中处理的问题其实是在回归一个康德式的问题,即"语言何以可能描述世界,或者说语言何以能够具有意义"。[55] 然而,康德与维特根斯坦的不同之处在于,康德的判断理论预设了判断内容的独立存在,主体的认知能力为判断内容的整合提供了框架;维特根斯坦的理论则只涉及主体在语言活动中的意向行为以及符合系统的使用,因为维氏并不认为在个体的语言活动之外已经有一个先验的秩序预先规制了判断的内容。[56] 因此,如果说康德哲学里也包含了一套意义理论,那么在康德与维特根斯坦的区别就在于,在康德处,"语义直接以实体的形式出现,而不需要保持与意向行为的联系,因此也不需要引入意向对象的独立性,以确保语义上的确定性……维特根斯坦的语义学是严格的外部论,语义的确定性是通过意向行为与对象方面的关联得到保障的"。[57] 但二者的共通之处在于,在维氏的理论中,语词或语句的意义是我们世界的界限,我们不能超出这个划定的界限去谈论任何东西或构想任何意义,正如在康德处这种界限就是认知能力的先验结构。[58]

综上,在康德和早期维特根斯坦的视野中,意义之所以可能产生,其根本上在于有一套先验的结构规制着我们的相关行为,因此,这套结构是一套规范性的结构或者更直接地说是一套法则体系。倘若说应然世界是由意义内涵构成的话,那么从一种纯粹实然的世界进入应然世界的关键就在于,有一套法则规

---

〔54〕 See A. W. Moore, "Was the Author of the Tractatus a Transcendental Idealist", in Peter Sullivan and Michael Potter, eds, *Wittgenstein's Tractatus: History & Interpretation*, Oxford University Press, 2013, p. 245.

〔55〕 黄敏撰:《维特根斯坦的〈逻辑哲学论〉——文本疏义》,华东师范大学出版社2010年版,第372页。

〔56〕 同上书,第369页。

〔57〕 同上书,第370页。

〔58〕 See A. W. Moore, " Transcendental Idealism in Wittgenstein, and Theories of Meaning", in *The Philosophical Quarterly*, Vol. 35, No. 139, 1985, p. 139.

制着我们的生活并在我们的实践中得到运用。但是,这套法则自身是不能被直接定义或言说,因为它们构成了我们有意义言说的全体;这套法则是我们的相关行为预设的,在我们的相关的实践中被显示出来。上述理解不仅有助于把握凯尔森之法哲学思想的深层内涵,更有助于对其理论进行必要的阐发和重构。

## 三、对凯尔森的有限重构

通过上一部分的讨论,我们不仅为透视凯尔森法哲学思想的深层结构做好了准备,同时亦整合了为重构凯尔森所需的理论资源。如前所述,围绕在基础规范等核心概念的迷思及批评,需要在元理论层面上解决相关问题后才能得到根本性的回应,甚至在必要时对凯尔森进行理论重构。但是,这种重构必须是有限的。一来,对特定思想家的重构不能过远,甚至完全偏离其原有的思想基础与理论抱负,否则就是推倒重来自成一路而非重构;二来,笔者无意为凯尔森的理论作全面辩护,只是希望能揭示出其思想中最有启发性及价值的地方。在"康德—早期维特根斯坦"提供的原理框架中,凯尔森的法哲学可以合理地被重构为一套关于法律语句如何可被合法言说的理论。其中,个人认知与意志行为并非完全消失,其仍然在法律活动中占有重要的位置,但对于法律规范的认知是通过理解法律命题来实现的。因为,应然世界是由意义内涵构成的,它既有别于个人的心理状态,又有别于物理事实。沿着上述进路,基础规范则可从个人认知的角度中解放出来,从而不再是法律观点的逻辑预设,而是法治国的根本法则。

### (一)法律命题与法律规范

正如笔者一再强调的,弗雷格和早期维特根斯坦的分析哲学在某种程度上继承了他们之前的哲学思潮的认知旨趣,并作出了相应的改造和拓展。[59] 对于这一点,与弗雷格同时代的人在很长一段时间内都无法理解,以致弗雷格在发

---

[59] 实际上,分析哲学对于其之前的西方哲学中的认知旨趣的继承与推进才是其要义所在。尤其是在用以解决对抽象实体或不具有物理形态的实体的认知问题上,分析哲学有其独到而又重要的贡献。分析哲学对于法哲学相关研究来说最重要的价值之一,也正是在此。因此,分析哲学固然强调论证的严谨和体系化,但如果没有看到它在认知层面的突破而仅仅将体系化、严谨的论证作为分析哲学最大的优点或其对法学研究的最大贡献,这毫无疑问是"捡了芝麻,丢了西瓜"。

表了《概念文字》和《意义与意谓》一段时间后,不得不又另外撰文阐明自己的思想。在弗雷格所作的补充解释中,有两点是尤为重要的。第一,意义与意谓的区分是对旧有的内涵与外延理论的批判性改进,因为弗雷格认为旧有的内涵与外延的理论容易导致人们用对象取代概念本身。〔60〕对此,弗雷格强调,思想是句子的意义,意谓是句子的真值,就是为了明确概念和命题自身存在的独立性和客观性。第二,他还强调是逻辑法则确保了从语词到语义再到意谓的确定联系,从而消除了直观所带来的个人主观性给我们把握事物本质和获得有关对象的客观知识所带来的障碍或含混不清。〔61〕在弗雷格写给胡塞尔的一封信中阐明了自己的主张是通过对概念词意义的理解来把握概念词的意谓即概念,然后才是把握处于概念下的对象。〔62〕弗雷格所作的第一点解释是为他的第二点解释——也是更重要的解释——做准备工作。

弗雷格的第二点解释强调的是,句子的意义即思想,它既不是外界的事物,也不是内心的表象。详言之,在弗雷格看来,对真理和真理条件的追求是贯穿西方认识论哲学的主题,但旧有的思路将认知活动的场所分为了内心世界和现实世界两个场所,前者包含的是事物的表象,而后者包含的是事物自身,当表象与事物一致的时候,一个认知就是真的或就是客观知识。然而,这种思路的缺陷在于,表象与事物之间本来就没有完全的一致性,因此,这套理论在确定真的时候总是会陷入需要不断确定所涉及表象的真的循环中。因此,这套理论无法让我们获得一个完全意义上的客观知识。〔63〕弗雷格对这种二元循环的超越之处就在于他指出,当某人说自己的某个表象与事物是一致的时候,我们思维的对象是一个句子的真,而句子都是有意义的,因此,我们借助对句子意义的把握来考虑句子的真,亦即我们通过把握句子表达的思想来获得客观知识。而“思想是不能由感官感觉的东西……感官可感觉的东西都排除在可以考虑真

〔60〕参见[德]弗雷格:《弗雷格哲学论著选辑》,王路译,商务印书馆2006年版,第121页。

〔61〕同上书,第126页及以下页。

〔62〕参见王路:《弗雷格思想研究》,商务印书馆2008年版,第154~155页。

〔63〕参见[德]弗雷格:《弗雷格哲学论著选辑》,王路译,商务印书馆2006年版,第130~131页。

这个问题的领域之外”。[64] 所以，思想是由命题承载的，而非个人内心的意识或表象。

上述两点对于重构凯尔森关于法律规范与意义的论断来说，十分重要。法律规范的创生虽然必不可少地要与特定的意志行为发生关联，但法律规范的本质却独立于此种意志行为，同时也独立于作出此种意志行为的个人的认知视角或信念。因此，法律规范作为一种意义，实际上是法律命题的意义。法律命题的存在独立于特定立法者的主观意志，其意义来自对其的理解与诠释，而此种理解与诠释的活动又是在一个特定的规范性框架的规制下进行的。该特定的规范性框架则源自预设了基础规范的制宪行为。在此规范性框架下，法律命题的意义才得以可能。

（二）基础规范与法治国

一旦把基础规范从个人认知的角度中解放出来以后，基础规范便不再是法律观点的预设，而是判断一个国家是否为法治国的标准，并包含于共同体的制宪行为中。因为，在现有的理论框架下，个人的具体行为和观点与规范的存在之间的必然联系就首先被剥离了出来。这一剥离表明，具体行为及个人的认知并不是规范的真正载体。申言之，规范作为意义，它虽然于个人对具体行为的理解有关系，但它却并不存在于个人的认知活动中，也不等同于任何个人的具体认识和观点。因为意义是向所有人公开的，且并不随着个别语言使用者的具体行为而改变。一个应然命题之所以能具有意义，前提在于其成立或为真，而其之所以成立或为真，在于其在上有另一个规范予以授权。这套通过授权关系建立的规范体系，最终归结到基础规范这一被预设为有效的规范。此处的“预设”并非由事先以认定或相信规范具有效力，并已经在行为上服从规范的人所持有的观点。“预设”指的是我们所有的包含如“应该”和“应当”等规范语词的言说，都是由一套规范结构规制和建构的，否则我们就不可能进行相关活动。从这个角度来说，基础规范代表的是法治国所必须遵循的奠基性法则。详言之，唯有预设基础规范并以之作为规制法律言说的规则，法治国才是可能的，人们也因而能在法秩序中相互理解。

假若明确了基础规范是法治国中的人们理解自我乃至于相互理解的根本法则，那么法律效力则必然要被普遍承认，否则法律言说将会失去意义。换言

〔64〕 参见［德］弗雷格：《弗雷格哲学论著选辑》，王路译，商务印书馆2006年版，第133页。

之,就法治国而言,若不预设基础规范,共同体便没有从事实性的生存状态进入到意义世界中,由此,也未摆脱野蛮、进入法治文明。因此,无论某人是否相信规范的效力或在实践上是否服从规范,只要他仍希望在法治文明的状态下参与对话或仍希望其主张获得合法性承认,那么,他都不能否认或质疑基础规范的存在。因为,法治国的意义世界必然预设了基础规范这一边界。毫无疑问,法律明确每个人的平等地位,但并非所有人都具有参与法律规范的创设和实践的资格和能力。若某人想要参与法律规范的创设或实践,那么,他必须要在一定程度上预设了基础规范或者某种类似于基础规范的东西。基础规范为法律语句的合法言说所预设,应是凯尔森的理论要最终达致的结论。所以,某人如果真的要否认或质疑法律规范的效力,他就不能对任何法律语句进行任何言说,但如此一来,他就什么都不能否认或质疑了。

更重要的是,我们不能超越这套由基础规范奠定的结构去考虑法治国的意义世界,因为这套结构就是法治国的意义世界的界限。反过来说,任何东西要具有法律规范性,它都要被置于这套结构当中,才能被转换为具有法律规范性的存在。换言之,我们在法律言说中使用了如“应该”或“应当”等规范性语词的句子之所以能具有特定的意思,其根本在于这些句子背后有一套由具有效力的规范构成的体系,其作用正如维特根斯坦所阐明的逻辑句法对语言活动的规制和建构一样,因而我们才能用法律语句进行表达和理解——我们在遵守规则的同时也在运用规则,从而产生相互理解并据之以调整、评价相关行为。也正是在这套体系之下,我们依照意义与理解来生活,而非匍匐在事实性的强力或权力意志之下。从这一点来看,基础规范构成法治国与非法治国的坚定边界的同时,亦道出了人类文明发展之历史抉择背后的奥秘。

## 四、结　　语

理论认知是一个累进的过程,缺乏中心视角的定位,即便在个别论题上能偶有所得,最终也难以串成一条珍珠项链。而凯尔森的法哲学,无论最终是同意他抑或反对他,都能以之作为一个起点进行更系统性的理论思考或提供以理解为前提的批判性进展。如此,不但可以让法哲学思考的大厦避免建立在流沙之上,也可以深化已有的认知。自韦伯以来,行为与行为的意义已然成为分析社会现象的主要线索之一。尽管凯尔森并未明确地从语言哲学中引入一套意义理论来阐明他的思想,但其所依赖的康德和新康德主义的思想与弗雷格和早期维特根斯坦的语言哲学是内在相连的。因此,凯尔森的主要思想能通过康德—早期维特根斯坦的视角予以阐明和发展。借助康德—维特根斯坦模型,凯尔森的基础规范可以被理解为被有意义的法律语句所预设的一种先验的普遍规范结构。反之,若没有基础规范所代表的这套规范结构,我们则不可能有意义地言说法律语句并形成相互理解。在这一点上,这套规范结构规定着我们所有可能的法律实践,并建构了法律的意义世界。所以,这套规范结构是法律世界的界限,也是从实然过渡到应然的关键,基础规范就是实然与应然之间的那个界碑,上书"历史上第一部宪法必须要得到遵守"。一个共同体要从自然状态迈入法治国,就必须要承认这一点。否则,该共同体只能是有法律而无法治。反过来说,选择法治是希望基于共同的理解与意义来生活,而非基于任何主观意志或实施强力。正是在此层面上,基础规范这一理论概念将与作为现代国家治理必由之路的法治同生不朽。

## Fact, Meaning and Basic Norm

### —A Deep Analysis and Reconstruction of Kelsen's Philosophy of Law

Ye Yizhou

**Abstract**: As one of the most important theories since 20th century, Kelsen's *Pure Theory of Law* provides many insights as well as confusions. Especially, the concept of basic norm, because of its significant and complicated nature, has become a classic and unavoidable puzzle in philosophy of law. For who tries to grasp the secret of rule of law which Kelsen intends to reveal in his works, understanding basic norm is the key. Combining basic norm with Kelsen's thoughts on acts and meaning, with the resources provided by early Wittgenstein, basic norm can be freed from the personal point of view. By that, basic norm is no longer just a logical presupposition of legal point of view. What's more, recognizing the presupposition of basic norm or not becomes vital criteria to judge whether a community has left the state of nature and entered into the state of legal civilization.

**Key words**: Kelsen; Basic norm; Meaning; Legal state; Wittgenstein

# 是否存在一种不可替代的“规范逻辑”

## ——凯尔森纯粹法理论的基础性反思

吴国邦*

**内容摘要：**

众所周知，汉斯·凯尔森在其晚年著作《规范的一般理论》中放弃了关于“规范逻辑”有效性的主张，甚至指出，“根本不存在一种特殊的法律逻辑”。许多学者认为，纯粹法律体系因此面临崩毁的风险。那么，“规范逻辑”的失效到底会否引致纯粹法律体系的失据？换言之，就纯粹法律体系而言，是否存在一种不可替代的“规范逻辑”？这便是我们所要解答的问题。首先，需要明确在纯粹法律体系的范畴内，“规范逻辑”的英文译名应当是“logic of norms”，而非“normative logic”，它仅在“关于法律的规范逻辑”的意义上与我们通常所说的“道义逻辑”保持同一。为了否定“关于法律的规范逻辑”的有效性，凯尔森首先将“规范逻辑”的两个基本命题——矛盾律与逻辑推断法则——定性为一般形式逻辑在规范中的迁移适用，继而指出这种适用难以为继。但通过解读发现，凯尔森解构掉的实际是“关于‘静态法’的规范逻辑”，它的替代性方案——“效力通信”——与依旧有效的“关于‘动态法’的规范逻辑”相配合，可以实现“规范逻辑”的预期功能。由此可知，就维护纯粹法律体系的自足性而言，“规范逻辑”并不具有排他性的地位。

**关键词：**

规范逻辑　汉斯·凯尔森　纯粹法学　《规范的一般理论》

* 中国人民大学法治与社会治理研究中心助理研究员，中国政法大学、奥地利维也纳大学联合培养硕士研究生。

可以说,汉斯·凯尔森(Hans Kelsen)是20世纪最著名的西方法哲学家之一。[1] 他的研究兴趣广泛、著述浩繁,在宪法、国际法与法律理论三个领域造诣颇深,也在政治哲学领域做出过相应的贡献。[2] 他的"纯粹法理论"(pure theory of law)对法学成为一门科学所面临的几乎全部问题进行了分析和解答。然而,凯尔森却在晚年否定或抛弃了自己的一些重要观点:一方面,他放弃了"基础规范学说";[3] 另一方面,他认为"根本不存在一种特殊的法律逻辑",即放弃了"规范逻辑理论"。[4] 大多数人闻悉后者的反应多半是,纯粹法律体系的自足性会因此被打破?[5] 也即,他们认为,规范逻辑的无效可能

---

[1] 魏因伯格(Weinberger)称凯尔森为"世纪之学"(the jurist of our century)。艾本斯坦(Ebenstein)将凯尔森的理论称为"二十世纪最具影响力的法律学运动"与"我们这个时代最重要的法学理论"。See Richard Tur & William Twining, *Essays on Kelsen*, Oxford University Press, 1986, p. 1, introduction. 罗斯科·庞德(Roscoe Pound)称凯尔森为"毫无疑问地于我们这个时代领衔的法律学家"(unquestionably the leading jurist of the time)。See Roscoe Pound, *Law and the Science of Law in Recent Theories*, Yale Law Journal, 1934, p. 532.

[2] 凯尔森在政治哲学领域的研究兴趣包括国家性质、民主、自由主义、布尔什维主义、共产主义以及马克思主义法学理论等。See Richard Tur & William Twining, *Essays on Kelsen*, Oxford University Press, 1986, p. 1, introduction.

[3] 凯尔森于1962年在奥地利萨尔茨堡自然法大会上宣称,自己放弃了"基础规范学说"。Vgl, Hans Kelsen und Ulrich Klug, *Rechtsnormen und logische Analyse*, Ein Briefwechsel, 1959 bis 1965, wein, 1981.

[4] 晚年,凯尔森对规范逻辑的态度发生了颠覆性转向,主要体现在《规范的一般理论》(*General Theory of Norms*)一书中。该书第50章到第61章(约占全书篇幅的近1/3)均围绕"规范逻辑是否可能"展开,并认为"根本不存在一种特殊的法律逻辑"。See Hans Kelsen, *General Theory of Norms*, trans. by Micheal Hartney, Oxford University Press, 1991.

[5] 仅考察国内学者,陈锐、雷磊曾尝试重构规范逻辑,他们的问题意识在于,规范逻辑的不可能会直接导致纯粹法学的失效。参见陈锐:《规范逻辑是否可能——对凯尔森纯粹法哲学基础的反思》,载《法制与社会发展》2014年第2期。雷磊:《走出"约根森困境"?——法律规范的逻辑推断难题及其可能出路》,载《法制与社会发展》2016年第2期。另有学者认为,存在规范逻辑的替代性方案(如"规范与规范之间可以通过其他方式进行联结")。这显然也是对前述命题的回应。参见张翠梅:《逻辑能否应用于规范——凯尔森晚期规范逻辑理论的反思》,载《法商研究》2017年第5期。

导致纯粹法学的解构。那么,“规范逻辑”的失效会否引发纯粹法律体系的崩毁?或者说,就纯粹法学与纯粹法律体系而言,是否存在一种不可替代的“规范逻辑”呢?本文将尝试回答这一问题。为了解决它,本文将首先为凯尔森语境中的“规范逻辑”正名。接着,循着纯粹法理论的建构和发展脉络,逐步揭示“规范逻辑”的基本内容与机能。最后,通过说明“规范逻辑”的替代方案不会导致纯粹法律体系自足性的丧失,得出“‘规范逻辑’可能并非是重要的”这一结论。

## 一、什么是“规范逻辑”

### (一)“规范逻辑”与道义逻辑

我们通常所讲的“规范逻辑”(Normative Logic)基本等同于“道义逻辑”(Deontic Logic),它可以被定义为“适用于规范的逻辑”。[6] 凯尔森文本中的“规范逻辑”(logic of norms)包括但不限于这个含义,它应该被定性为“关于规范效力的逻辑”,它解决的是“规范为何有效”以及“规范效力如何传递”的问题。换句话说,凯尔森的规范逻辑理论就是以“逻辑能否应用于规范”这一问题为原点展开的,《规范的一般理论》(*General Theory of Norms*)一书同样也是以这个问题为线索被串联起来的。

凯尔森在该书末尾发问,“是否存在一种特殊的法律逻辑?”(Is There a Specifically “Juristic” Logic?)[7]回溯他的论证思路,即通过反驳“矛盾律”(principle of contradiction)与“逻辑推断法则”(rules of inference)的特殊适用,

---

[6] 道义逻辑的研究对象是“含有‘应当’‘允许’或‘禁止’等道义词的道义命题的逻辑特征及推理关系”。余俊伟:《道义逻辑研究》,中国社会科学出版社 2005 年版,第 1 页。道义逻辑的功能是“刻画规范推理的形式结构以及有效推理模式”。张传新:《自适应道义逻辑与法律推理研究》,山东人民出版社 2011 年版,第 1 页。它与法学、伦理学等学科关系较为密切,因此,又被称为“规范逻辑”“义务逻辑”等。

[7] 这一问题为《规范的一般理论》第 61 章(最后一章)的章题。See Hans Kelsen, *General Theory of Norms*, trans. by Micheal Hartney, Oxford University Press, 1991, pp. 268 – 271.

来说明"根本不存在一种特殊的法律逻辑"。[8] 质言之,凯尔森语境中的"规范逻辑"包含有两个子命题:一是矛盾律在规范领域中的适用;二是逻辑推断法则在规范领域中的适用。对这两个子命题的具体解析将在本文第二部分完成,此时关注的重点是,"Normative Logic"如何同"logic of norms"发生关联。

(二)"关于道德的规范逻辑"与"关于法律的规范逻辑"

凯尔森讨论规范理论的两个范畴是道德和法律。在凯尔森看来,道德规范间的效力联结方式是"意义派生"(derive),譬如,我们完全可以从"不要伤害"这一道德规范中推导出来"不要诽谤"的道德要求。[9] 在这里,逻辑推断法则似乎是有效的,但矛盾律却只能在本体论上做功,而无法对我们认识和理解道德规范的工作有任何助益。因此,就道德规范体系而言,凯尔森所言的"规范逻辑"仅在第二子命题的意义上与通常所说的"规范逻辑"(或者说"道义逻辑""义务逻辑")保持同一。

至于法律规范,意义派生的方式无法满足"确定性"的要求,更无法避免"明希豪森困境"(Münchhausen Dilemma)。[10] 我们需要一种更稳健、明确的方式来构造法律体系,即便上、下位法之间确实存在、也应该存在理念上的内部通信,我们也只能将其纳入立法技术的范畴加以考量,而不应以其为法律规范"生效"与否的准据。凯尔森将"基础规范"(basic norm)设为原点,通过由高位法向低位法的"效力递导"(reference)完成了法律体系"阶层结构"(*stufenbau*)[11] 的搭建。然而,这种基于意志行为(act of will)的创制活动无法

[8] 《规范的一般理论》的第57章、第58章分别集中地就矛盾律适用不能、逻辑推断法则适用不能进行了阐述,并于第61章得出了结论。第57章之前的诸章节乃分别就这两个理论目标所作的理论铺垫。See Hans Kelsen, *General Theory of Norms*, trans. by Micheal Hartney, Oxford University Press, 1991.

[9] See Hans Kelsen, *General Theory of Norms*, trans. by Micheal Hartney, Oxford University Press, 1991, p. 250.

[10] 主要无法避免无限递归和武断终止论证两重困境。参见王晓:《走出困境:法律论证的认识论再思考》,载《法商研究》2007年第6期。

[11] See Micheal Hartney, The Final Form of The Pure Theory of Law, Preface in Hans Kelsen, *General Theory of Norms*, trans. by Micheal Hartney, Oxford University Press, 1991, p. 14.

保证法律规范间不产生内容上的冲突,我们不得不在有效性判断中安排冲突规范的阻断机制。于是,凯尔森引入矛盾律,试图解决法律规范"一致性"(consistency)〔12〕的问题。从论证质量的角度考虑,矛盾律在保证前提为真的同时,又与逻辑推断法则一同维护了推理的有效性;逻辑推断法则的主要功能是为法律推理提供"标准形式"(standard form),它更多地在形式有效性上"加功"。因此,对于法律规范体系——或者说纯粹法律体系——而言,凯尔森所证立或否定的"规范逻辑"大致可以被等同为惯常意义上的"规范逻辑"(或者说"道义逻辑""义务逻辑")视之。〔13〕

(三)重要的道义逻辑≠重要的"规范逻辑"

凯尔森并未接受过现代形式逻辑的专业训练,他的普通逻辑知识大多来自亚里士多德。因此,凯尔森在思考规范逻辑问题时,所援引的著述主要集中于西格沃特(Sigwart)、德鲁斯(Drews)、贝格曼(Bergmann)、优倍沃格(Überweg)等人。只是这些人的教科书大多晦涩难懂,无法为凯尔森的规范逻辑理论提供时新的支持。〔14〕 但实际上,在凯尔森 45 岁时,奥地利著名逻辑学家恩斯特·马利(Ernst Mally)已经开始了建立道义逻辑形式系统的初步尝试;〔15〕凯尔森 70 岁时,芬兰著名哲学家、逻辑学家冯·赖特(Gerog Henrik von Wright)便已创立了现代道义逻辑系统;〔16〕7 年之后,二元道义逻辑系统又从美国著名哲学家尼

---

〔12〕 See Micheal Hartney, The Final Form of The Pure Theory of Law, Preface in Hans Kelsen, *General Theory of Norms*, trans. by Micheal Hartney, Oxford University Press, 1991, p. 15.

〔13〕 凯尔森的抱负是建构关于规范的一般性理论。See Micheal Hartney, The Final Form of The Pure Theory of Law, Preface in Hans Kelsen, *General Theory of Norms*, trans. by Micheal Hartney, Oxford University Press, 1991, p. 1. 因此,即便该论断成立,我们也不能武断地将"juristic logic"转译或表述为"规范逻辑"。

〔14〕 See Micheal Hartney, The Final Form of The Pure Theory of Law, Preface in Hans Kelsen, *General Theory of Norms*, trans. by Micheal Hartney, Oxford University Press, 1991, pp. 6 - 7.

〔15〕 马利给出了一个以"应当"为初始概念的公理系统。Vgl. Ernst Mally, *Grundgesetze des sollens: Elemente der Logik des Willens*, Leuschner & Lubensky, Graz, 1926.

〔16〕 参见余俊伟:《道义逻辑研究》,中国社会科学出版社 2005 年版,第 10 页。

古拉斯·雷谢尔(Nicholas Rescher)的笔下生出;[17]其后一段时间,在亚科·辛提卡(Jaakko Hintikka)、斯蒂格·康格尔(Stig. Kanger)、A. R. 安德森(A. R. Anderson)A. N. 普赖尔(A. N. Prior)、范·爱克(van Eck)、索尔·克里普克(Saul Aaron Kripke)等人的努力下,道义逻辑系统更是不断丰富、完善。[18]

而凯尔森的工作却始终囿于传统逻辑的范畴,即便他已经开始了同乌尔里希·克卢格(Ulrich Klug)的通信,[19]却也没能抓住这根"救命稻草",以致最终陷入悲观主义的重围。因此,凯尔森"崩溃命题"中所蕴含的"道义逻辑"是一种"有问题的"道义逻辑,它仍停留在传统逻辑的阈限中,无法成为纯粹法律体系的效力理据。[20] 也即,我们无法将它的失灵归咎于道义逻辑本身,更无法从中获取任何关于"规范逻辑"重要性的有效信息。如果想要得出"规范逻辑是不重要的"这一结论,必须要从凯尔森维护纯粹法律体系的替代性方案入手。

## 二、"规范逻辑"的两个基本命题

通过上面的论述,我们知道,凯尔森语境中的"规范逻辑"包含道德与法律两个界域,它不能被简单地等同于"道义逻辑"或"义务逻辑"来进行理解。"关于道德的规范逻辑"侧重意义的推导规律,而"关于法律的规范逻辑"则更贴合

---

〔17〕 据陈锐的考证,"第一个完整提出二元道义逻辑系统的应当是雷切尔,他在1958年的《哲学研究》杂志上发表了《道义逻辑的一个公理系统》(*An Axiom System for Deontic Logic*)一文,明确提出了一个以'允许'为基础的二元道义系统"。陈锐:《二元道义逻辑研究》,载《黔南民族师范学院学报》2004年第2期。当然,也有学者对此持不同意见。譬如,余俊伟认为,冯·赖特于1956年"提出了第一个相对道义逻辑系统"。余俊伟:《道义逻辑研究》,中国社会科学出版社2005年版,第11页。

〔18〕 参见余俊伟:《道义逻辑研究》,中国社会科学出版社2005年版,第11页。

〔19〕 Micheal Hartney, The Final Form of The Pure Theory of Law, Preface in Hans Kelsen, *General Theory of Norms*, trans. by Micheal Hartney, Oxford University Press, 1991, p. 1.

〔20〕 国内学界持这一观点的代表性论文包括:陈显武:《论条件式规范之逻辑特性——由法学的观点出发》,载《台大法学论丛》2003年第1期;陈锐:《规范逻辑是否可能——对凯尔森纯粹法哲学基础的反思》,载《法制与社会发展》2014年第2期;张翠梅:《逻辑能否应用于规范——凯尔森晚期规范逻辑理论的反思》,载《法商研究》2017年第5期。

道义逻辑的意涵。而且,由于凯尔森集中讨论了纯粹法律体系的效力理据问题,将焦点集中在“法律逻辑”一维,更容易揭示“规范逻辑”两个基本命题的内在关系和重要机能。因此,下文的讨论将以法律规范为主要例示;也将以法律逻辑为切入点,回归本文伊始提出的“规范逻辑失效会否导致纯粹法律体系失据”——规范逻辑到底是否重要——的问题。

(一)定理一:矛盾律可以应用于规范

凯尔森在《纯粹法理论》(第 1 版)(*Pure Theory of Law*)中明确表示,矛盾律可以由“实然”领域迁移进入“应然”领域中使用。“逻辑矛盾只能发生于两个‘实然’命题或两个‘应然’命题之间,这两类不同的命题之间是不会出现逻辑矛盾的——两个规范之间可能矛盾,一个规范与一个事实之间却不至于矛盾。若用公式表达则为:‘甲为甲且非甲’就是矛盾,而‘甲应为甲却非为甲’却不至于矛盾。”[21] 我们可以析取如下的 8 种情况。(见表 1)

**表 1　矛盾律在事实界与规范界的适用情况**

| 情形 | 公式表达 | 实例 | 矛盾 |
|---|---|---|---|
| 甲既为 A 又不为 A | $A \wedge \neg A$ | 甲的年龄既是 15 岁又是 16 岁 | 是 |
| 甲既为 A 又不应当为 A | $A \wedge \neg OA$ | 甲偷了东西但他不应该偷东西 | 否 |
| 甲既不为 A 又应当为 A | $\neg A \wedge OA$ | 甲没有赡养父母但他应该赡养 | 否 |
| 甲既应当为 A 又不应当为 A | $OA \wedge \neg OA \leftrightarrow OA \wedge FA$ | 根据法律 1 甲应当承担赔偿责任,根据法律 2 甲不应当承担赔偿责任 | 是 |
| 甲既可以为 A 又不应当为 A | $PA \wedge \neg OA \leftrightarrow PA \wedge FA$ | 法律 1 允许甲持有枪支,法律 2 禁止甲持有枪支 | 是 |

[21] 张书友:《凯尔森:纯粹法理论》,黑龙江大学出版社 2013 年版,第 59 页。

续表

| 情形 | 公式表达 | 实例 | 矛盾 |
| --- | --- | --- | --- |
| 甲既应当为 A 又应当不为 A | $OA \wedge O\neg A$ | 根据法律 1 甲应当受到制裁，但根据法律 2 甲应当豁免[22] | 不定 |
| 甲既可以为 A 又应当不为 A | $PA \wedge O\neg A$ | 法律 1 允许甲持有枪支，法律 2 则规定甲应当不持有枪支 | 是 |
| 甲既不应当为 A 又应当不为 A | $FA \wedge O\neg A$ | 法律 1、2 均规定甲不能偷窃 | 否 |

在表 1 中，情形一属于事实界，情形二、情形三属于事实界与规范界的混合，情形 4～8 则均属于规范界。凯尔森认为，矛盾律适用于法律规范的现实解释在于规范冲突的存在，他实际并没有在《纯粹法理论》(第 1 版)中考虑到情形 6。基于模态的复杂性，“应当”“允许”“禁止”3 种状态的混合使得矛盾律迁移适用后面临着普适性危机；或者说，由于存在这样的风险，不矛盾的迁移适用本身就面临障碍：逻辑应用于规范的目标在于，构建起能够涵盖所有规范逻辑特征与推理活动规律的解释体系，这是逻辑学作为一门科学的“立身之本”；如果将其应用仅限制在规范项下的某一领域，即便这一领域的范围无限趋近于全部，这种迁移也是毫无意义的。

(二)定理二：逻辑推断法则可以应用于规范

逻辑推断法则应用于法律规范的最大障碍就是“约根森困境”(Jürgensen's Dilemma)，[23]这也正是凯尔森所面临的由“规范”到“规范”的效力递导难题。

---

[22] “不应当为 A”与“应当不为 A”间的差别：设 A 为受到制裁，则前者是对违法性的否定，后者则可能包含基于某些豁免理由仅阻却刑罚的适用而不阻却违法性的情形，因此，前者一定矛盾，后者则不一定。

[23] 丹麦著名逻辑哲学家尤尔根·约根森(Jürgen Jürgensen)于 1937 年发表论文《祈使句与逻辑》(*Imperatives and Logic*)，认为祈使句不具有真假值属性，无法适用逻辑推断法则。参见[丹麦]尤尔根·约根森：《祈使句与逻辑》，吴国邦译，载舒国滢主编：《法理——法哲学、法学方法论与人工智能》(第 4 卷)，第 181～190 页。这一观点显然同人们的日常经验有所冲突，后被丹麦法哲学家奥夫·罗斯(Alf Ross)在其同名文章中固定下来，称为“约根森困境”。See Alf Ross, Imperatives and Logic, *Theoria*, 1941, 7(1), pp. 30－46.

但实际上,约根森已经提出了一种可能的解决方案。约根森认为,所有的祈使句似乎都可以被解构为两个部分:“命令成分”(imperative factor)与“陈述成分”(indicative factor)。前者表明“某事被‘命令或被希望去做’”,而后者则用来说明“‘什么’被命令或希望去做”。约根森指出:“我们很难将这两个因素同彼此剥离开,原因在于,任何一个因素的离散都会导致命令语句存在性的消解。但是陈述成分在有些情况下可以同命令成分相隔离并被安置在陈述命题中用以描述某种被命令或被希望的行为、状态变化或情势变更。例如,命令句‘关门!’所表达的使动状态是要求某人把门关上,但这也恰好能够说明‘门在被关上之前是开着的’这一状态的存续。于是,这样一种句法规则摆在了我们面前:形式为‘这是 X 和 X’的陈述语句可以从形式为‘去做 X 和 X’的祈使句中推导而出。”[24]

这种成分区分具有十分重要的意义,主要基于两方面原因。一方面,由于析取出的陈述语句能够进行真假值判断,它便可以在消解命令语句的逻辑适用性难题上进行有意义的运作,命令语句也因此在它的陈述成分中获得可以被“真”“假”值描述的意涵。通过这一析取命题的真假值判断,我们同样可以获知命令本身的执行情况:它是否为使动对象所正确地理解?它是否在被正确理解的基础上被有效地执行?另一方面,陈述成分同普通的陈述命题一样,也可以适用无法应用于祈使句的一般逻辑规则进行逻辑推断。因此,“我们完全可以将‘非’(negations)、‘析取’(disjunctions)、‘且’(conjunctions)、‘蕴含’(implications)、‘等价’(equivalences)和其他的逻辑运算法则应用于这一析取出的陈述命题,从而使得逻辑规则间接应用于祈使句的愿望得以实现”。[25]

凯尔森似乎是受到了这种解决方案的启发,他在《法与国家的一般理论》(*General Theory of Law and State*)中模仿约根森“陈述成分”的析取,就“法律规范”(Legal Norms)与“描述意义上的法律规则”(Rules of Law in a Descriptive Sense)进行了区分。“法律科学的任务就是以这些陈述的形式,即‘如果如此这般条件具备时,如此这般的制裁就应当随之而来’,来表达一个共同体的法律,也即法律权威在创建法律程序中所产生的材料。法律科学用以表达法律的这

〔24〕 [丹麦]尤尔根 · 约根森:《祈使句与逻辑》,吴国邦译,载舒国滢主编:《法理——法哲学、法学方法论与人工智能》(第 4 卷),第 186 页。

〔25〕 同上。

些陈述,一定不能与创建法律权威所创制的规范相混淆。我们最好不把这些陈述称为规范而称其为法律规则。法律创制权威所制定的法律规范是规定性的,法律科学所陈述的法律规则却是描述性的,'法律规则'或'法律的规则'这些用语在这里是在陈述的意义上说的,这一点很重要。"[26]

不难发现,凯尔森实际是将"法律规范"虚化为一种观念上的应然体系,他认为,"法律规范"与"法律规则"最为明显的区别在于,前者是"由法律权威所创制的,无法进行真假值判断",[27]而后者则是"由法律科学所表达的,可以进行真假值判断"。[28] 我们此时再来看用于法律规范效力递导的权威结构——如果A为了行为B,则公权力C会将制裁D施加于A——便能明晰,法律权威将表述"条件前设(情景)"和"行为模式"的"法律质料"同"制裁"(sanction)相联结,在规范意义上赋予了它强制效力。也即,"如果我们为了行为B,就应当受到来自于C的D制裁"。[29] 这种应然语句显然没有真假可言。我们也可以把它解构成为一个所谓的"规范三段论",来验证其是否确实符合"约根森困境"的情形。

**大前提:**如果A为了行为B,就应当受到来自C的D制裁。(Imperative Sentence)

**小前提:**A为了B行为。

**结　论:**A应当受到来自C的D制裁。(Imperative Sentence)

这种"推理结构"很是符合日常经验,我们可以将一些具体的场景嵌套进入再来看。

**大前提:**如果李明杀了人,就应当被法院判处刑罚。(Imperative Sentence)

**小前提:**李明杀了人。

**结　论:**李明应当受到法院判处的刑罚。(Imperative Sentence)

---

〔26〕［奥地利］汉斯·凯尔森:《法与国家的一般理论》,沈宗灵译,中国大百科全书出版社1996年版,第49页。

〔27〕Hans Kelsen, *General Theory of Law and State*, trans. by Anders Wedberg, Harvard University Press, 1945, p. 45.

〔28〕Ibid.

〔29〕我们同样可以表述为"如果A为了行为B,C就应当将制裁D施加于A",但为了语形转换的方便,也为了同凯尔森表述的权威结构相区分,故而改写为被动语态。

经过置换,约根森所描述的存在于人们关于规范运作方式的直觉和一般的逻辑推断法则之间的张力显露无余。也正是基于这样的考量,凯尔森才进行了“法律规范”与“法律规则”间的界分。然而,当“法律规范”与“法律规则”被区分开来后,上述权威结构便成了“被法律科学所表达的”描述意义上的法律命题,我们已然无法再用前面的形式对其进行解读,而要回到它被提出时的语形本身。

**大前提:**如果 A 为了 B 行为,则公权力 C 会将制裁 D 施加于 A。[30] (Indicative Sentence)

**小前提:**A 为了 B 行为。(Indicative Sentence)

**结　论:**公权力 C 会将制裁 D 施加于 A。(Indicative Sentence)

此时,三段论的前提、结论均是陈述命题,大小前提也具有了相同的性质,结论的真理也被蕴含在大前提中,典型权威结构被成功地改写为“陈述意义上的法律规则”。由此进行推展,所有法律规范间的联结都可以依照这种方式成功地借求逻辑推断法则完成,尤其是一般法律规范(general legal norm)到(以司法判决等为表现的)个别法律规范(individual legal norm)间的效力递导。就这

---

〔30〕 前文已然提及,凯尔森在《纯粹法理论》(第 1 版)中将这种权威结构表述为一种“法律命题”(legal sentence),甚至法律规范本身就被视为一种陈述(statement)或者命题(sentence)。《规范的一般理论》的英译者哈特尼在对《法与国家的一般理论》进行评介时也曾说道,“我姑且用‘法律命题’代称‘陈述意义上的法律规则’”。See Micheal Hartney, The Final Form of The Pure Theory of Law, Preface in Hans Kelsen, *General Theory of Norms*, trans. by Micheal Hartney, Oxford University Press, 1991, p. 21. 也就是说,虽然凯尔森检视出了《纯粹法理论》(第 1 版)中将规范视为具有真假值属性的“法律命题”的偏颇性,却在模仿约根森解决困境时又不得不通过语形的置换返回其最初的表达:“If A does B, the official C is to order that sanction D be imposed on A.”约根森在解决困境时也同样诉诸语形,他提到,“命令‘关门’“命令‘关门!’同陈述语句‘门将会被关上’(The door is to be closed.)间可以经由语形置换发生意义关联。或者更为直接地说,‘关门的行为是将会发生的诸多行为之一’。或者更为普遍地讲,在这样的语法规则之下,‘这样做、那样做’(Do so and so)形式的祈使句能够被转换成为‘这样或那样的行为将会发生’(Such and such action is to be performed)或‘这样、那样的情势将会出现’(Such and such state of affairs is to be produced)形式的陈述语句”。参见[丹麦]尤尔根 · 约根森:《祈使句与逻辑》,吴国邦译,载舒国滢主编:《法理——法哲学、法学方法论与人工智能》(第 4 卷),第 186 页。

样,以"描述意义上的法律规则"为基础的新型规范逻辑方案被建构起来。

然而,当我们回视"法律规范"的位置,便会发现,它同"法律规则"之间其实已经建立起了一种潜在的对应关系。正如凯尔森所说,"法律规范"只能被"创制",而无法被"表达"、被写就,当法律权威创制出一套法律规范,我们便需要用物质实体的方式将其固定下来,且这种固定过程中的语用行为都将表现为陈述的态势;如此,法律规范实际已经被虚化为一种观念形态,我们所能够看得见摸得着、能够据以进行效力递导的对象都只是"被法律科学表述出来"的"法律规则"而已。

## 三、"规范逻辑"的功能

通过对"规范逻辑"两个基本命题的分析,笔者发现,似乎并不存在一种特殊的法律逻辑,即它仅是一般形式逻辑(formal logic)在法律推理中的运用,而非自有规则、自成体系的论证系统。更重要的是,凯尔森对这种迁移适用也未抱有任何希望。一方面,他指出,矛盾律无法应用于规范;[31]另一方面,他在《规范的一般理论》一书中,以大篇幅否定了跨越"约根森困境"的种种方案,[32]"法律规范的逻辑推断难题"几成定局。即便从当下回视,凯尔森已经初步建构起一套包含基本道义词的简单逻辑系统,并揭示了意志行为及其决断性在之中的转介(transformation)[33]作用,却也无力回天。但核心问题在于,这是否意味着纯粹法律体系的崩塌,又是否会导致纯粹法律科学自足性的丧失?我们仍需

[31] 凯尔森认为矛盾律无法应用于规范的观点主要有四:一是矛盾律不适用于作为"存在"的规范;二是逻辑矛盾仅存在于具有真假值属性的判断之间;三是规范冲突的前提同矛盾律适用存在张力;四是规范冲突并非逻辑矛盾而是观念对立。参见张翠梅:《逻辑能否应用于规范——凯尔森晚期规范逻辑理论的反思》,载《法商研究》2017年第5期。

[32] 凯尔森所否定的跨越"约根森困境"的方案有四类:一是将某些场域内的规定性命题等同为陈述来看待;二是认为规定性命题包含陈述要素;三是规定性命题的"标准化关联";四是真值类比。凯尔森解构的方案可参见张翠梅:《逻辑能否应用于规范——凯尔森晚期规范逻辑理论的反思》,载《法商研究》2017年第5期。

[33] See Hans Kelsen, *General Theory of Norms*, trans. by Micheal Hartney, Oxford University Press, 1991, pp. 115 – 122.

从“规范逻辑”的原本机能入手求得答案。

(一)“规范逻辑”与纯粹法律科学的缘起

凯尔森建构纯粹法学的主要目的是打造一种“法律科学”的研究范式,他“继承了 19 世纪德国实证主义法学,并彻底排除一切外在于法律的因素,试图建立起关于法律的‘纯粹’之学即不依赖法律以外任何因素的法的独立性理论”。[34] “在纯粹法学的概念体系中,所有针对既定法权领域下的法的描述都被转换为‘科学范式’;某种程度上甚至可说,凯尔森在《纯粹法理论(第一版)》中解读康德的目的即在于实现‘未来法律科学之序言’的宏伟愿景。”[35]这种抱负得到了认同,纯粹法学理论也因此被冠以“二十世纪法律理论的起点”[36]之名。

具体来看,纯粹法学建立在凯尔森对传统法理学两个向度的批判上:

一是同形而上学与自然法学的决裂。“纯粹法理论之旨趣在于认知其研究对象。换言之,其试图回答‘何谓法律’或‘法律从何而来’,而无意于对‘法律应当如何’或‘法律应如何制定’等问题强作解人。本理论乃是法律科学,而非法律政策之学。”[37]《规范的一般理论》的英译者迈克尔·哈特尼(Micheal Hartney)将凯尔森对形而上学和自然法的态度归结为“传统法理学‘羞于启齿的隐痛’与‘难以言喻的隐忧’”。[38] 凯尔森反对法律沦为政治的“奴仆”,更不甘心法学成为社会学等的“从属”;因此,在他看来,如果想要建立起法律学的科

---

[34] [日]中山龙一:《二十世纪法理学的范式转换》,周永胜译,载《环球法律评论》(外国法译评)2000 年第 3 期。

[35] Micheal Hartney, The Final Form of The Pure Theory of Law, Preface in Hans Kelsen, *General Theory of Norms*, trans. by Micheal Hartney, Oxford University Press, 1991, p. 12.

[36] [奥]汉斯·凯尔森:《法与国家的一般理论》,沈宗灵译,中国大百科全书出版社 1996 年版,第 1 页。

[37] [奥]汉斯·凯尔森:《纯粹法理论》(第 1 版),张书友译,中国法制出版社 2008 年版,第 23 页。

[38] Micheal Hartney, The Final Form of The Pure Theory of Law, Preface in Hans Kelsen, *General Theory of Norms*, trans. by Micheal Hartney, Oxford University Press, 1991, p. 12.

学范式,就必须清除"当然正义"(absolute justice)等绝对价值因素[39]的影响。也即,所谓"纯粹",便是剔除法律理论中一切同政治意识形态[40]与自然科学[41]相关的因素。

二是重塑法律体系的结构。在凯尔森看来,传统法理学下的法律体系结构与内容都只不过是分散元素的简单拼接而已。传统法理学通常会作这些类型的二元划分:公法与私法,法律创制(源于立法者)与法律适用(源于法庭),国内法与国际法。凯尔森的想法是,在显见的普遍性下实际还潜藏着一种基础性的联结,而这种存在于上述二元对立中的联结并不具有"类型"上的差异、仅具有程度上的区别;如传统法理学所构造的公私法二分实际并非是不同的法律类型,只不过它们在对某些概念的表达方式、某些利益的保护程度上存有差异罢了。相似地,传统法理学所欲守卫的法律概念(如"公民""国家")也仅能够从法律系统内部汲取资源、获得支持,而此时,存在于上述类型中的二元张力也便随之消解了。这也正是凯尔森提出"法与国家一元论"的根本动议。

于是,实定法成为纯粹法律科学系统内唯一的实存。但凯尔森打掉了超验观念赋予法律效力的可能,为了使新的、不受自然法观念沾染的法律秩序能够

[39] 需要澄清一点的是,"凯尔森的纯粹法学理论'并非是否定——就像它总是被误解的情形那样——(自然法与)正义观念的存在',它只不过是——作为一门科学——拒绝承认仅以上帝的正义理念等宗教信条为唯一根据的'当然正义'(absolute justice)。也就是说,纯粹法学理论实际是将正义观念视为一种'相对价值'(relative value),即在不同的价值体系中有不同价值表现的可变标准",而这种价值准则是不适用于以构建"法律秩序"为终极目标的纯粹法律科学的。See Jes Bjarup, Kelsen's Theory of Law and Philosophy of Justice, in Richard Tur & William Twining(Eds.), *Essay on Kelsen*, Oxford University Press, 1986, p. 273.

[40] 在凯尔森看来,"政治意识形态掩盖现实,或美化现实以保持和维护现实,或贬损现实以攻击和摧毁现实,或以另一现实来代替这一现实"。参见[奥]汉斯·凯尔森:《法与国家的一般理论》,沈宗灵译,中国大百科全书出版社 1996 年版,第 5 页。此处的"意识形态"被作为统治阶级利益的观念形态来呈现。

[41] 凯尔森认为,自然法是由自然科学理念规划而成的,或者说自然法采纳了自然科学理念的叙事框架。See Micheal Hartney, The Final Form of The Pure Theory of Law, Preface in Hans Kelsen, *General Theory of Norms*, trans. by Micheal Hartney, Oxford University Press, 1991, p. 14. 因此,此处所指的"自然科学相关的因素"可以理解为"自然法的相关因素"。

通畅地运行,他必须重新建构或者发现一种可以证成于法律体系内部的规范效力路径,而“规范逻辑”恰能够满足这一要求。

(二)作为法律规范效力理据的“规范逻辑”

我们需要从凯尔森对法律规范的定义谈起。“法律秩序是以强制为特征的,尽管并非这个秩序中所有的规范都规定强制行为;因为不规定强制行为(因而不作出命令,而是授权创造规范或积极地允许一个特定的行为)的规范是依赖性规范,这些依赖性规范只有在与规定了强制行为的规范相关时,才具有效力。”[42]哈特尼在《规范的一般理论》导言中评介《纯粹法理论》(第 1 版)时也作过类似的说明,他认为,“法律科学并非是被动的,在某种程度上甚至可说,法律科学是主动‘创造’出了它的研究对象。……法律是由一系列规则组成的、具有强制力的系统,法律科学将这些强制性规则吸纳进来,并通过如下形式将其嵌入一系列条列中:一项关于人类行为的附条件的法律条款(例如,如果 A 为了 B 行为),能够借由使动动词‘应当’的含义同由强制性规则保障实施的法律后果(公权力 C 将会促使应然秩序的实现:强制性规则 D 将会被加诸 A)相联结。所有的法律质料(legal materials)都能够通过上述方式被重新表述,并被叠加为诸多的条列,当如此的重置发生时,作为‘法律命题’的‘法律规范’便产生了”。[43] 因此,在纯粹法学意义上,我们可说,“法律是规定制裁的主要规范”。[44]

既然法律规范的核心是制裁的施加,则它的典型结构“如果 A 为了行为 B,则公权力 C 会将制裁 D 施加于 A”便应当作为“效力标尺”发挥功用。“一个法律规则禁止偷窃,它规定法官必须惩罚每一个偷窃者。这一规则对所有的人、对从而被禁止从事偷窃的人、对必须服从该规则的人,即‘国民’,都是‘有效力的’。这一法律规则尤其对那些实际上已进行偷窃并因而‘违反’规则的人,更

---

[42] Hans Kelsen, *Pure Theory of Law*, trans. by Max Knight, University of California Press, 1967, p. 58.

[43] Micheal Hartney, The Final Form of The Pure Theory of Law, Preface in Hans Kelsen, *General Theory of Norms*, trans. by Micheal Hartney, Oxford University Press, 1991, pp. 13 – 14.

[44] [奥]汉斯·凯尔森:《法与国家的一般理论》,沈宗灵译,中国大百科全书出版社 1996 年版,第 68 页。

是‘有效力的’。”[45]这种描述能够很好地同确认“主要规范”效力的典型权威结构契合,但如果出现了阻却制裁实效的因素,则仿似不再具有解释力。

为解决上述问题,凯尔森开辟出了纯粹法学的三个论域:事实界、规范界与价值界。他认为,规范既不是事实,也不是价值,因此,传统的“事实”与“价值”分野无法满足规范探讨的空间需求,法律科学的运作应当诉诸一种第三世界的逻辑论域,而这个论域便是“规范界”的存在。“‘是’与‘应当’是两种本质上不同的方式,它们有着特定的内容。在‘某事是怎样的’与‘某事是应当的’这些陈述中,两种不同的成分必须区分开来:‘某事是怎样的’中的‘是’与‘某事是应当的’中的‘应当’”。[46] 更重要的是,凯尔森认为,三个界域的探讨是不可通约的,即我们无法通过从属于“事实界”的“陈述”的真假值来断定某一项“规范”是否有效。“‘是’与‘应当’之间是不可通约的:‘应当’无法成为‘是’的判定依据,‘是’也不能充当‘应当’与否的评判准则。因此,一个‘是’不能从一个‘应当’中推导而来,相应地,一个‘应当’也不能从一个‘是’中推导而出,‘应当’与‘是’具有完全不同的意义系统,也因此具有完全不同的意义内容。”[47]

当事实界对规范的有效性评判先天不足,当价值界根本无法干预规范的效力获取,我们只有诉诸规范界本身来寻找它们的效力理据。这种自我圆融的状态是凯尔森建立纯粹法学体系的最初构想,他愿意将纯粹法下的法律体系描述为一种“秩序”:所有的规范创制力量都被吸纳在内、所有的规范都能够找到妥恰的位置,且不同层级、不同类型的法律规范间互无侵扰、平稳运使。在凯尔森早期看来,这一切的实现只得诉诸“规范逻辑”。

## 四、“规范逻辑”的替代方案是有效的吗?

在前面的论述中我们提到,凯尔森区分了“关于道德的规范逻辑”与“关于法律的规范逻辑”,且他的主要问题意识聚焦于后者,即通过反驳矛盾律和逻辑

---

[45] [奥]汉斯·凯尔森:《法与国家的一般理论》,沈宗灵译,中国大百科全书出版社1996年版,第31页。

[46] Hans Kelsen, *General Theory of Norms*, trans. by Micheal Hartney, Oxford University Press, 1991, p. 58.

[47] Ibid, p. 59.

推断法则的适用,来说明一般形式逻辑无法应用于法律规范;接着,他指明,如是的法律逻辑正是一般形式逻辑在法律规范中的运用,即"根本不存在一种特殊的法律逻辑",从而得出关于"规范逻辑"无效的结论。同时,笔者指出,即便凯尔森已经初步建构起了包含基本道义命题的简单逻辑系统,但由于他还未形成自我的认识,现代道义逻辑对走出"约根森困境"的贡献无法为"'规范逻辑'是重要的"这一命题的证成提供任何有效的帮助;也即,我们必须从凯尔森理论的内部视角入手。其一,考察"规范逻辑"的失效会否导致纯粹法律体系的失据,通过本文第三部分的论述,这一问题的答案已然明晰;其二,既然"规范逻辑"的失效可能引致纯粹法律体系的崩毁,我们便需要进一步考察凯尔森提出的替代性方案——"效力通信"(correspondence)——是否真的可行;如果可行,则可无法导出"'规范逻辑'是重要的"这一结论;如果不可行,或者说无法拟合"规范逻辑"所能达致的原初效果,则我们可以认为,"规范逻辑"的确是重要的,只不过需要引入现代道义逻辑的新观点、新方法对其加以改造罢了。然而,有趣的是,我们通过研究发现,将"政治意识形态与自然科学相关因素"剔除出法的凯尔森却类比道德规范等"静态规范体系"的效力递导方式,在法律规范体系内部开辟出了一种类似的理念型——"动态法"(dynamic respect of law),它与"静态法"(static respect of law)相互配合方能完成纯粹法律体系的建构。于是,我们又需要面对"关于'动态法'的规范逻辑"与"关于'静态法'的规范逻辑"的区分,问题也随之而来:矛盾律与逻辑推断法则的失效会否作用于动态法?如果不会,则仍有效的"关于'动态法'的规范逻辑"能否同"效力通信"手段相配合,达到维稳纯粹法律体系自足性的效果?

(一)静态规范(static norm)体系与动态规范(dynamic norm)体系

在凯尔森看来,"根据基础规范的性质,我们可以区分两种不同类型的秩序或规范体系——静态体系和动态体系"。

"在第一类的秩序内,规范之所以'有效力',是因为我们假定,那些其行为为规范所调整的人'应当'像规范所规定那样行为……它们的内容具有一种保证它们效力的直接明显的特征;或换句话说,这些规范是由于它们的固有魅力而有效力"。[48] 对于静态体系来说,内部诸规范均采用一种意义派生的方式获

[48] [奥]汉斯・凯尔森:《法与国家的一般理论》,沈宗灵译,中国大百科全书出版社1996年版,第126页。

取己身效力,如“你不应当杀害你的邻居”可以从“你不应当伤害你的邻居”中推导而来。[49] 如果我们继续追问,为何“你不应当伤害你的邻居”,则可进行意义回溯至“你应当爱你的邻居”;如果再继续追问,则可得到“你应当爱所有人”。这种架屋迭床式层层情感伸展(或道德延伸)的顶点便是静态规范体系的“基础规范”:在“你不应当杀害你的邻居”这一问题上,我们最终能够回溯至一种类似于“人必须同所有人和谐相处”——甚至“人必须同宇宙和谐相处”——的“一般规范”(general norm),如果这种“一般规范”可以为大多数人所信服,则它能够成为这个规范问题的“最终理由”(ultimate reason);而后,我们可以再向上回溯,得到更一般、更具容括力的规范,并将其作为整个静态规范体系的“最终规范”(ultimate norm)。我们能够发现,静态规范体系中基础规范的意义系统完全可以容纳其他所有的个别规范(individual norm),[50] 当基础规范被宣称时,静态规范体系中的所有规范都已然蕴含其中。

在第二类的秩序内,动态体系的基础规范及其功能则表现为一种最高权威的集中。“我们称为法律秩序的规范体系是动态类体系。”[51] 如果将静态体系的效力推导方案嵌入法律秩序,则会存在两点风险:一是法律理念的作用很有可能导向政治意识形态的复辟。如果我们纯粹依赖法律理念的意义派生创制新规范并赋予其效力,则很有可能导致新规范因与自然法原则或某些政

---

〔49〕 Micheal Hartney, The Final Form of The Pure Theory of Law, Preface in Hans Kelsen, *General Theory of Norms*, trans. by Micheal Hartney, Oxford University Press, 1991, p. 18.

〔50〕 “一般规范”与“个别规范”实际是一组相对概念。相对于“基础规范”来说,其他所有的规范都是它的“个别规范”。《规范的一般理论》的英译者迈克·哈特尼指出,凯尔森在晚年遗留的大量书稿都透露着他想要建成一种对所有规范形式都具有解释力的“规范理论体系”,这也是他的书稿被集结成册并命名为“规范的一般理论”的原因。Micheal Hartney, The Final Form of The Pure Theory of Law, Preface in Hans Kelsen, *General Theory of Norms*, trans. by Micheal Hartney, Oxford University Press, 1991, p. 1. 因此,此处在阐释“静态规范体系”时使用“基础规范”“一般规范”“个别规范”等概念是符合凯尔森的理论构想和理论抱负的。

〔51〕 [奥]汉斯·凯尔森:《法与国家的一般理论》,沈宗灵译,中国大百科全书出版社 1996 年版,第 128 页。

治要领相冲突而丧失效力,因为我们无法保证法律理念中不会混杂自然法或政治的意义,或者说法律理念是否本就委身于这些范畴仍待商榷,即便它表面上是从实定法规则中抽离而出的。二是法律理念的供给很有可能无法满足社会关系对法律规范的需求。从本质上看,静态体系内部的规范是零散的功利直觉或者道德判断,按照道德主题的划分,它们可以集结成片,共同服务于某一道德领域的冲突调处与道德裁判;可以说,无论何种事项,只要保证基础规范的存在,加之调处者智力作用的发散,都能够得到静态体系的解决。但法律秩序要求的却是体系化的庞大控制工程,要求规则明确、在适度范围内具有可操作性与个案指向性,而不能仅仅停留在对基础规范普遍蕴含的盲目追求中;一旦出现某项法律规范无法由在先法律理念中推导而出的情况,这种秩序品格就难以实现。因此,在凯尔森看来,作为动态规范体系的法律需要建立起一套属于自己的效力获取方案。〔52〕凯尔森在阐释纯粹法学三个论域不可通约时曾经举出过这样一个例子:孩子问母亲,我为什么要去上学;妈妈回答,因为你父亲要求你去上学。表面看来,事实命题"你父亲要求你去上学"赋予了规范命题"你应当去上学"以使动的强制特性,但其中却隐藏着一个"由于认为理所当然而被默认地预定了的"〔53〕规范——"你应当听从你父亲的要求"。正是这个规范隔断了事实界与规范界通信的可能。凯尔森认为,

---

〔52〕 在"作为法律规范效力理据的'规范逻辑'"一节中,我们排除了事实界赋予规范效力的可能,又通过与凯尔森建构纯粹法律科学的基点——排除政治意识形态与自然法的相关因素的影响——的衔接排除了价值界赋予规范效力的可能,从而提出了"规范逻辑"作为效力理据的运作空间。在本节中,我们最先的阐述实际意在排除"价值界"效力获取方式于"规范界"适用的可能。二者的区别在于,价值界作为规范界的效力理据,是指自然法作为判定实定法效力的依据;而价值界效力获取方式在规范界的适用,是指意义派生方案对法律规范创制的作用,即通过"在先法律规则→由在先法律规则抽离出在先法律理念→根据在先法律理念创制出新法律规则"的效力链条完成规范创制与意义附属过程。通过对凯尔森理论的解读,这两种方案在纯粹法学体系内都是行不通的。此外,还需要说明一点,作为静态规范体系的"规范"实则属于"价值界",(凯尔森的)严格意义上讲不能称为"规范":这是凯尔森"规范性质"与"规范体系"理论间存在的张力。

〔53〕 [奥]汉斯·凯尔森:《法与国家的一般理论》,沈宗灵译,中国大百科全书出版社1996年版,第125页。

就法律规范而言,我们也需要这样一种由“规范”到“规范”的权威授予方式。“一个规范效力的理据始终是一个规范,而不是一个事实。所以,规范效力的理据,不能到现实中去找,而应当到原规范所赖以产生的另一个规范中去寻找。”〔54〕

(二)“关于‘动态法’的规范逻辑”与“关于‘静态法’的规范逻辑”

那么,法律规范之间的效力到底是如何相互联结、传递的呢?根据凯尔森的界域理论,一个规范的效力来源只能是另一个规范,它既不能是一个价值,更不能是一个事实。于是,我们可以清晰地梳理出一个线索:如果说合同法是有效的,则它的效力源于债法;如果说债法是有效的,则它的效力源于民法;如果说民法是有效的,则它的效力可能源于宪法;再向上追溯就会回到“基础规范”。每一个部门的法律规范都可以通过这种上溯操作被妥善安排在各自的“金字塔”结构中。这正是凯尔森提出的第一种关于法律规范的理念型——“静态法”。〔55〕

不过,若要保证上述层次结构(hierarchy)的稳定性,仅依靠“静态法”是不够的。譬如,为什么合同法的效力来自于民法,而非刑法?再如,矛盾律的适用更倾向于事后裁决,我们应当如何在创制过程中避免规范冲突?解决这些问题便需要借助凯尔森提出的第二种法律规范理念型——“动态法”——的帮助。

〔54〕 [奥]汉斯·凯尔森:《法与国家的一般理论》,沈宗灵译,中国大百科全书出版社1996年版,第111页。

〔55〕 凯尔森区分“静态规范”与“动态规范”的主要依据是效力递导方式,前者是意义派生,后者是逻辑推断。由于规范创制是一个不断裂变的动态过程,而意义派生则表现为一种静态的蕴含式,故分别如此命名。See Hans Kelsen, *General Theory of Law and State*, trans. by Anders Wedberg, Harvard University Press, 1945. 区分“静态法”与“动态法”的依据是二者的功能,前者表现了纯粹法律体系的层次结构,后者则用于维持这种层次结构的实质稳定性。层次性特征本身是一种静态特征,而立法论证则具有价值活态性,分别以“静”“动”概括比较贴切。See Hans Kelsen, *General Theory of Law and State*, trans. by Anders Wedberg, Harvard University Press, 1945. 也就是说,“静态规范”与“动态规范”区分的是两种不同的规范类型,而“静态法”与“动态法”揭示的则是作为“动态规范”的法律规范的两种不同的性质。

"在动态法理论[56](dynamic theory of law)的语境中,静态法理论(static theory of law)同政府管理发生直接关联,这意味着,国家必须肯定立法机关(legislature)的立法能动性。与此同时,在法庭判决中所蕴含的法律精神(standing law)的不断影响下,法律适用者对法律的理解也逐渐被吸收成为纯粹法律体系的一部分。"[57]更重要的是,凯尔森还考虑到,由于立法活动本身便可能是一场政治或道德的论辩,因此,在立法者发现的法律被转换为"静态法"之前,我们无法否定它与价值有涉。[58] 质言之,静态法表现的是创制法律的权力,动态法展示的发现法律的过程。在纯粹法律体系内部,法律规范处于哪个位置,它的效力由谁授予,它又可以授予谁效力,可被归结为静态法的性质;而效力来源和递导方向的实质定位,则需要诉诸动态法背后的价值论证。可以说,动态法是静态法的依据,静态法是动态法的表象和规范结果,二者相互配合方能建构、维续纯粹法律体系。

那么,"规范逻辑"在纯粹法律体系的"动"与"静"中又是如何运作的呢?通过上面的论述,我们知道,法律规范成为它应该成为的样子,并不是一个关于有效性的期待;也就是说,合同法的精神、原则、内容承袭自民法还是刑法,与它的效力并无必然关系。在得到创制法律规范的意志行为承认并被基础法律规范"转换"前,立法过程中的正当性论证无甚重要。只不过静态法理论有"同政府管理发生直接关联"的需求,法律规范的效力递导才得以在合理、正确的轨道中进行下去。因此,"关于'动态法'的规范逻辑"实际就是隐藏在法律规范形式有效性背后的价值论证,它类似于"静态规范体系"的意义派生方式,凯尔森认为"约根森困境"无法跨越的观点不会对这种"知其一便知其二"的蕴含实态产生丝毫影响。由是,我们需要重点关注的是"关于'静态法'的规范逻辑"。

仍以合同法为例,它与债法的效力递导关系可以被化约为如下的三段论:

---

[56] 直译应为"法律的动态理论",此处参照了"pure theory of law"的译法,译为"动态法理论"。而且,"动态法理论"的译法同"动态法"相呼应,译为"法律的动态理论"则可能令读者产生疑惑。在国内学者中,李旭东等人也采用了相同的译法。参见李旭东:《法律科学导论——凯尔森纯粹法学理论之重述》,山东人民出版社2015年版。

[57] Hans Kelsen, *Pure Theory of Law*, trans. by Max Knight, University of California Press, 1960, pp. 193 – 278 (chapter five).

[58] Ibid.

**大前提**：如果债法赋予了合同法有效性，则合同法是有效的。

**小前提**：债法赋予了合同法有效性。

**结　论**：合同法是有效的。

“关于‘静态法’的规范逻辑”便是由诸多类似的重言式所构成的。它不包含对为何由债法赋予合同法有效性的论证，仅包含债法赋予了合同法有效性的这一事实。但在凯尔森晚年看来，上述三段论实际经过了语形的变造，它的原型如下：

**大前提**：如果债法赋予了合同法有效性，则合同法应当有效。

**小前提**：债法赋予了合同法有效性。

**结　论**：合同法应当有效。

由凯氏对法律规范有效性(validity)与实效(efficiency)的区分可知，法律规范是否有效是一个规范评价，而非事实描述。只不过，表述为“合同法应当有效”或者“合同法应当是有效的”不太符合日常的语用习惯，还有可能造成歧义(譬如，将“应当”解释为表推测或可能性的情态动词)，故而写为“合同法是有效的”。基于此，这一三段论同样面临“约根森困境”的责难。

我们再来看一般规范与个别规范的效力递导模式，即我们通常所说的司法三段论：

**大前提**：如果A杀了人，他应当被判处死刑。(一般规范)

**小前提**：A杀了人。

**结　论**：他应当被判处死刑。(个别规范)

个别规范无法从作为陈述语句的小前提中得出，作为陈述语句的小前提也无法充当一般规范与个别规范的效力媒介。如果凯尔森对跨越“约根森困境”的种种方案的否定确实成立，那么，“关于‘静态法’的规范逻辑”确实面临失效的风险。

### (三)“关于‘静态法’的规范逻辑”的替代方案是有效的吗？

凯尔森在《规范的一般理论》的第59章提出了“规范逻辑”替代性方案，即不同位阶法律规范之间的“效力通信”。[59] 凯尔森将“效力通信”定义为：“当低位阶规范的效力建立在高位阶规范的效力之上时，便意味着低位阶规范同高位

---

〔59〕 See Hans Kelsen, *General Theory of Norms*, trans. by Micheal Hartney, Oxford University Press, 1991, p. 258.

阶规范之间建立起了'效力通信'关系。"[60]需要注意的是,并非某一规范通过"效力通信"建立了同另一规范的联系,而是某一规范通过某一手段同另一规范建立了"效力通信",也即,"效力通信"是对规范效力联结方式的一种状态描述,而非规范效力递导方式本身。凯尔森指出,"效力通信允许不同方式的效力位阶递导",[61]一种是由高位阶规范授予某一特殊机构以定位(positing)低位阶规范的权力,[62]笔者将其称为"转介式效力通信";另一种则是由高位阶规范直接就低位阶规范的具体内容作出规定,[63]笔者将其称为"汲取式效力通信"。

"转介式效力通信"同作为效力递导工具的"规范逻辑"的差别在于,权威机构及其意志行为是否是规范效力的直接来源。在"规范逻辑"的语境中,为避免"约根森困境",规范效力的直接来源是规范:我们只能说民法赋予合同法以效力(工具是"规范逻辑"的演绎推断法则),却不能说民法授予了某一权威机构创制合同法的权力。况且,如果承认合同法的效力来自 A 权威,便不得不承认民法的效力也来源于之,而此时再说民法授予 A 权威创制、定位低位规范的权力显然是不可想象,也无法实现的。所以,权威机构和立法过程只不过是规范效力来源的"代言人"和规范创制命令的"执行者",意志行为的基础是高位规范,而非权威机构本身的意志内容。

就效力通信而言,如凯尔森所说,高位规范可以授予某一特殊机构以定位低位规范的权力,则它必然以一种"以一及终"的方式进行。否则,"效力循环"的困境依旧无法避免。也就是说,由"基础规范"[64]授予某一特殊机构以定位

---

〔60〕 See Hans Kelsen, *General Theory of Norms*, trans. by Micheal Hartney, Oxford University Press, 1991, p. 258.

〔61〕 lbid.

〔62〕 lbid.

〔63〕 lbid.

〔64〕 在"效力通信"的意义上,"基础规范"应当是一种拟制的最高法律权威,而不能再以凯尔森早年的观点解读之。具体地看,凯尔森的"基础规范"性质界定经历了由"先验的逻辑预设"(transcendental-logical presupposition)(《法与国家的一般理论》)到"拟制的最高规范"[《纯粹法理论》(第 2 版)]再到"拟制(fiction)的法律权威"(《规范的一般理论》)的转变。See Hans Kelsen, *General Theory of Norms*, trans. by Micheal Hartney, Oxford University Press, 1991, p. 255.

所有低位规范的权力,规范位阶的具体形态正是该机构意志行为的体现:合同法之所以是民法的下位法,并不是因为它的效力源于民法,而是因为该机构将它定位在了民法之下。此外,需要注意的是,不应将意志行为武断地定性为一个事实或一个规范,凯尔森此时的探讨集中在规范的本体论层面——此时的规范是一个实存(entity),而非一个命题(proposition)——而不再考虑逻辑问题;也即,我们不能将"意志行为创制或定位规范"解释为"规范效力源于事实",否则便曲解了凯尔森的本意。

当然,我们也不得不考虑抽象意志行为和具态的"特殊机构"(particular organ)间的差异及这种差异所可能具备的指示性意义。在"效力通信"的语境中,如果同时存在多个具有位阶差异的权威机构,则它们定位规范的权力也必然存在位阶差异,由它们创制、定位的规范之间的位阶差异便获得了理据。以我国的纵向法律体系为例,全国人大、全国人大常委会、国务院、地方人大常委会、地方政府便是有级别差异的权威机构,由它们所创制的规范自然有上下位的区别。而且,"效力循环"的困扰此时亦不复存在。譬如,我国《环境保护法》显然可以授予各省人大常委会制定适用于本省的环境保护法实施细则(地方性法规),由此印证凯尔森关于动态规范体系的"任何一个层级的规范都能够同其相邻下层的规范创制机构产生连通,并赋予其创制新规范的权力"[65]的设想。

"汲取式效力通信"则应该结合一般规范与个别规范的效力通信加以理解。譬如,我们很难想象民法将合同法的规范内容详尽囊括,否则,便可能进入动态法范畴或类比于静态规范体系的效力递导方式而偏离讨论的焦点。合理的解释只能从法律解释与适用的环节中找寻,这也为我们理解法律决定的有效性提供了新的思路:作为个别规范的法庭判决,它实际是对相应一般规范的内容再现或重述,它之所以有效是因为它的上位规范有效,这之间并不存在什么效力递导或逻辑推断,而是因为,它本身便是其上位规范的一个片段。

于是,笔者发现,"关于'静态法'的规范逻辑"的替代方案——"效力通信"——能够有效地实现从"基础规范"到作为"个别规范"的法律决定之间的层级性效力关联,且无须借助事实性因素和价值性因素的辅助论证;此外,我们

---

〔65〕 Micheal Hartney, The Final Form of The Pure Theory of Law, Preface in Hans Kelsen, *General Theory of Norms*, trans. by Micheal Hartney, Oxford University Press, 1991, p. 14.

还发现,借助“效力通信”方式建构的纯粹法律体系层次化结构对成文法领域的法律体系实态也具有比较强的解释力。综合这两点,我们有理由相信,“关于‘动态法’的规范逻辑”同“效力通信”的结合完全能够拟合“规范逻辑”的原初机能,保持纯粹法律体系的自足性不被打破。

## 五、结　　论

如果从正面来看,“规范逻辑”显然是重要的。它与“基础规范”相配合,共同搭建起纯粹法律体系的结构,并维持这一体系的有效性和自足性。但是,如果确像凯尔森所说,“规范逻辑”只是一种虚妄的想法、“约根森困境”根本无法跨越,则纯粹法律体系的自足性会否被打破呢?答案显然是否定的。“效力通信”的替代方案与实际未被解构掉的“关于‘动态法’的规范逻辑”相互关联、配合,仍然能够维续从“基础规范”到“个别规范”的“*stufenbau*”结构并拟合“规范逻辑”的原初机能。由此,我们认为,“规范逻辑”在维护纯粹法律体系自足性的理论语境中,并不具有排他性地位。

不过,“效力通信”不得不回避规范的逻辑推断问题,它无法为法律规范在语形、语法领域的有效性证明提供任何帮助,即它有可能成为一种非理性的或者缺乏哲学根基的“假理论”。在笔者看来,挖掘、援引现代道义逻辑的最新理论资源为凯氏所用,使其成为纯粹法律体系有效性的核心理据,方是志全之策。当然,这需要另辟专文论述,也需要学界同仁——尤其是法学界与逻辑学界的沟通——一道建力献策。

Can “Logic of Norms” be Irreplaceable?
—Foundational Reflection on Kelsen’s Pure Theory of Law

Wu Guobang

**Abstract**: As we all know, Hans Kelsen abandoned his proposition that “logic of norms” can be valid, even stating that “there is no a particular juristic logic”. Many scholars consider it to be the collapse signal of pure law system. Then, the issue can be whether or not the “logic of norms” is irreplaceable? What should be emphasized is that the notion of “logic of norms” cannot be substituted by "normative logic" or "deontic logic" within the category of pure law system, which can only be equivalent with the latter on the sense of "logic of norms applicable for law". To deny the validity of "logic of norms applicable for law", Kelsen defined the two foundational statements of "logic of norms" (i. e. law of contradiction & logical inference rules) as the transferred application [from facts to norms] of common formal logic. This transformation, obviously, cannot be sustainable. What has been deconstructed by Kelsen, however, is just the "logic of norms applicable for static law", where the combination of its replaceable method (i. e. correspondence) and "logic of norms applicable for dynamic law" [which is still valid] can be the substitution of original "logic of norms". Therefore, the function of "logic of norms" can be not exclusive in maintaining the self-sufficiency of pure law system.

**Key words**: Logic of Norms; Hans Kelsen; Pure Theory of Law; General Theory of Norms

# 理性的神话：纯粹法学的现代性症状

董静姝*

**内容摘要：**

凯尔森的纯粹法理论在法学领域彰显崇奉理性的"现代性症状"。一方面，规范命题承载着人类理性自治的愿景，分离命题摒弃以超验价值证成世俗政治的尝试，基础规范更是赋予人类自身理性以神明地位，对国家—法律二元论的祛魅也昭示着人类理性的勃勃雄心；另一方面，由于人类始终是有限的理性存在，"理性的神话"便总有其缺陷，纯粹法理论也不可能做到完全的"纯粹"，彻底凌驾于实然的应然权威是可疑的，道德生活的"诸神之争"腐蚀着共同体的根本，封印主权者的企图也意味着对例外状态拙于应对。着眼于现代性视角，对纯粹法理论的认识将更生动、丰满和深刻。

**关键词：**

现代性　纯粹法学　理性　规范

由奥地利法学者凯尔森(Hans Kelsen)开创的纯粹法学(pure theory of law)，自问世以来便被卷入毁誉参半的漩涡。而无论毁谤之词抑或赞誉之声，几乎都是站在法学——包括一般法理学和国家法学——的立场作出的。但不应忽视的是，在西方现代的时空背景中、在康德纯粹理性批判的根基上(纯粹法学可以被恰如其分地定位为《纯粹理性批判》的法学版本)瓜熟蒂落的纯粹法学，有其深厚的哲学底蕴，也有意无意地回应或反映着西方现代性的症状——尤其是在上帝死亡这一标志性的精神事件发生后，作为弑神者的人类僭越神位，试图以自身的理性统治世界，却在不断收获可喜成果的同时咽下始料未及的恶果。理性神话的这种树立与破灭都在纯粹法学中可见一斑。本文将对此作出

* 中国政法大学法学院讲师，法学博士。

考察,以期突破狭隘的法学框架,从现代性视角对纯粹法理论作出更开阔的理解。

## 一、现代性症状:理性的神话

现代性(modernity)这一概念意味着某个历史进程中展现出来的社会特性及其背后的精神气质。但这一历史进程在具体时间上始于何时,不仅至今没有达成共识,甚至在推算方式上也不尽相同。而现代性概念本身内涵也极其复杂、外延非常具有伸缩性。因此,对现代性作出确切的定义不仅是本文难以负担的任务,甚至对整个学界来说,关于现代性的概念之争在短期内都不可能被化解。

不过,无论对现代性这一概念作出怎样的解读,当把讨论的空间范围限缩于西方,尤其是欧洲,将必须承认以下标志性精神事件:上帝死亡了,[1]而弑神者正是曾经匍匐于他脚下的人类;此后,人类自己登上神位,并且僭越了曾经属于神明的权力——安顿万事万物的命运、为这个世界立法的权力——热情洋溢地运用人类自身的理性,开始又一次"创世记"。理性成为一切事物的最终裁判者,一切事物都必须在理性的法庭上为自己的存在作辩护,否则便只能放弃存在的权利。理性在人类生活的各个领域被确立起至高无上的权威,书写着一个又一个神话。而这在如下两个方面得以鲜明的体现。

第一个方面是人与自然的对立或撕裂达到顶峰,[2]并且,正是在这种抗衡中,作为现代西方崇尚的典型品格的"自由",其某一面向得以呈现。而这种激

〔1〕 这并非是指宗教就此不复存在,而是指它从公共领域中被移除,"政治从对宗教的本体依赖中解放出来"。([加]查尔斯·泰勒:《现代社会想象》,林曼红译,译林出版社2014年版,第159页。)以超验行为作为基础的理念在世俗政治中变得越来越不可理解,人类无须诉诸一个外在的至上权威就能够解释自身所处共同体的合法性。此外,哲学和科学也不再是神学的奴婢。

〔2〕 但我们也看到另一种有趣的论调,即对解放人之"自然本性"的主张。而这便意味着从前现代到现代的价值颠覆,政治思考的逻辑起点从曾经的"道德的人"变成了现在的"自然的人",于是,曾经的对美德的追求变成了现在对个人权利的追求,对私欲的满足通过对人之"自然本性"的论证获得了价值正当性。

烈的对立或撕裂及其所定位的自由,在对“自然”意涵的两种理解上都得以成立。

(1)当自然意味着“纯粹由因果法则统治的世界”:我们不满足于仅仅发现因果法则及仅仅以此认知和解释自然,更试图进一步利用因果法则征服自然;我们不满足于安然顺遂于自然进程,更试图按照自身的某种目的发动新的自然进程(比如,作为现代科学伟大进步标志之一的原子分裂),在此意义上“制造自然”;[3]笔者认为,曾经人类对自然的恭顺——无论这表现为与自然的和谐共处还是对自然灾难的忍受——意味着人类的臣服,而今后人类才应当作为主人。因此,我们在与地球的原生性力量打交道时极富侵略性,自然成为被捕获和被奴役的对象。[4] 而除了以上将自然看作彻底客体的视角之外,人与因果意义上之自然的对立也可以同时被理解为,我们虽然承认人类社会中也运行着不以人之意志为转移的因果法则,但在定义(如何理解“社会”)上具有决定性的标记乃在于包括法律规范、道德规范、政治规范、宗教规范等在内的应然规范,在规范中深深烙印着人类的理性,并因此使我们区分于自然且在自然面前保有高贵的尊严。

(2)当自然意味着“外在干预缺位的状态”:在前现代语境中,世界无须费心于考虑如何使自己存在,秩序被认为是从自然渗透人间或从神明贯注尘世。在此意义上,秩序虽然并非完全不仰赖人为的建构,但人始终处于一种较沉寂的状态,不会过多跃跃欲试于干涉、打断或重塑其所处世界的存在,不会野心勃勃地将大众习以为常的生存环境与生活方式整饬一新。然而,现代性的降临使人们将曾经这种秩序视作无可容忍的“未经秩序化的自然存在”——它是没有受到理性设计的,也就是无意义和无目的的,于是就是不可信赖并不可任其自

---

[3] 参见[德]汉娜·阿伦特:《过去与未来之间》,王寅丽、张立立译,译林出版社 2011 年版,第 54 页。

[4] 也有学者认为,恰恰是因为人类在与地球的原生性力量打交道时较之以往更具侵略性,因此,自然首次被带入人的世界,并且自然物与人造物之间的分界被消除了,而之前所有的文明都受到这个分界的保护。参见[德]汉娜·阿伦特:《过去与未来之间》,王寅丽、张立立译,译林出版社 2011 年版,第 56 页。

便的,但同时又是可改造、可形塑的。[5] 人们相信,自己的生活——无论是公共生活抑或私人生活——都需要大量精心的设计,一个美好的秩序不可能无须规划而自行生成、无须培植而自行繁殖、无须保护而长存不绝,[6]而是必然以建设性的技巧来实现。对秩序的建构,往往又是通过上述与因果法则截然有别之规范的引导和实施来完成,且这些在内容和逻辑上彼此衔接紧密的规范之集合,同样作为人类理性设计的产物,被恰当地称为"规范秩序"。

无论在上述哪种意义上,"理性的统治"都张扬起鲜艳夺目的大旗:人类对自然的征服虽不意味着我们能够在创造因果法则这一意义上立法,却意味着我们能够在突破曾经自然施加于我们的种种限定这一意义上立法;人类虽不能以自己的意志规定因果法则,却能够在创造规范中彰显自治性;人类为这个世界重新绘制一幅理想图卷,并信心满满地付诸实践。而这一切,都意味着名为"自由"的歌声响彻天空与大地。

并且,需要强调的是,与自然的上述对立或撕裂,在政治实践领域和哲学/科学领域齐头并进且契合无间。比如,就政治实践而言,现代国家呈现造园国(gardening state)的面目,[7]"它使全体民众当下的(野性的、未开化的)状态去合法化,拆除了那些尚存的繁衍和自身平衡机制,并代之以精心建立的机制,旨在使变迁朝向理性的设计,为评价当今现实提供了标准"。[8] 就哲学/科学而言,它被确认为一种受人敬重的、崇高的立法权,同时这一切又反馈到政治实践中:哲学为造园国提供强有力的思想支撑,而发达的科学使造园国的理想以摧枯拉朽之势得以实施。此外,尽管在真实的政治生活中始终存在"强力—服从"

---

[5] "未能成其为应当所是,乃是当下所具有的不可救赎的原罪。"([英]齐格蒙特·鲍曼:《现代性与矛盾性》,邵迎生译,商务印书馆2003年版,第18页。)

[6] "我们可以说,只要是存在通过设计、操纵、管理、建造而成并因此而持续,它便具有了现代性。"([英]齐格蒙特·鲍曼:《现代性与矛盾性》,邵迎生译,商务印书馆2003年版,第12页。)

[7] 即国家的自觉行为必须介入社会的自发机制,因为后者犹如自然生长的植物,而前者必须对杂草予以剪除,对好苗予以培养和塑形,从而创造一个美好的花园,就像园丁所做的那样。是所谓"造园国"。

[8] [英]齐格蒙特·鲍曼:《现代性与矛盾性》,邵迎生译,商务印书馆2003年版,第31页。

的统治与被统治关系,但不甘心该关系沦为“牧羊人—羊群”之“自然关系”(从而被治者面临悲惨命运)的人类,也从理论和实践两个层面思考和设计强力的正当性(legitimacy)问题,而作为人类自身理性之载体的法律规范则担当了为强力合法性(legality)——也是法律意义上的正当性——并为强力的组织、分配、运行设定框架和边界的重任,这种“以法律驯化权力”也为人类(被治者)自由提供了强有力的捍卫。[9]

在第二个方面的反映则是对客观性、普遍性与确定性的痴迷。这同样不仅是哲学/科学的目标,也是政治实践的期待。

(1)就客观性而言,其最经典的一个内涵是“纯粹的观看”,即不受习见的摆布、道德的牵制、好恶的左右,忠实地描述事物之所是。这被奉为自然科学的箴言,而人文社会科学——尤其是当它深受现代凯歌高进的自然科学的震动与鼓舞——也在理性权威获得至上地位的时代对客观性表现出非常的热情,甚至迷恋,“价值中立”或“价值无涉”的研究一度风头无两。而这种“价值中立”也在政治实践领域大行其道,道德判断和选择被大规模地从公共空间移入私人空间,“政治的中立化时代”降临。[10] (而这一切,与神明死亡因此人类道德生活失去绝对性标杆的境地自然也不无关系。)

(2)就普遍性而言,现代理性痛恨所有特殊性或例外性,因为这意味着不受理性管辖。理性精神希望将任何事物、任何情境都纳入自己的势力范围,以便有条不紊地认知和游刃有余地应对。也只有当这些事物和情境是“普遍的”,理性才能宣称自己把控了全局。在科学/哲学上,普遍性追求通常集中展现于概念思维;而在政治实践中,也希望以某种统一“标尺”衡量人类的行动或将人类行为作出制度性的模式化处理。

(3)就确定性而言,现代哲学/科学的“他者”就是多义性、偶然性、矛盾性、认知紊乱与认知分裂,未被界定者在科学/哲学眼中就是一种失常,甚至一种挑衅。对于哲学/科学来说,理性的法庭非常严苛:某一对象要么被统摄于某一概

---

〔9〕 自从现代性拉开序幕,所有权威都被报以警惕甚至敌意:不仅是上帝权威支离破碎,世俗的个体权力和国家权力也被始终以一种挑剔而严苛的目光审视——人治被认为是应当扫至历史角落的尘埃,国家权力也被认为是对个人自由最大的(潜在)威胁。

〔10〕 参见[德]卡尔·施米特:《中立化与非政治化的时代》,载《政治的概念》,刘宗坤等译,上海人民出版社 2003 年版,第 228 ~ 244 页。

念,要么被排除在外;知识要么在场,要么缺场,晦暗不明的中间状态是不可忍受的。与此类似,在政治实践领域,现代国家的“他者”就是无人之地或纷争之地,而主权完全可以被理解为一种进行界定的权力。国家十分擅长和执着于——往往通过法律——将异己的对立面统统“去合法化”。合而言之,对于现代哲学/科学和政治实践来说,一方面,秩序(无论是政治实践秩序抑或哲学/科学秩序),只要它是在现代理性建构意义上的秩序而非以往“自然存在的”秩序,那么,这就意味着它对内不留丝毫与整体设计或与保持自主性不相关的东西,对外则是毫无例外的普遍统辖;另一方面,“异乡人”是一个比敌人更可怕的概念或存在,因为当我们确定谁是敌人后我们也就有针对他的确定思路和策略,但我们无法对异乡人作出界定:他可能是敌人,也可能不是,因此,如何应对他我们束手无策。

如果说将上述对理性权威的崇奉概括为“理性的神话”是恰当的,那么,这显然是撷取了“神话”一词所具有的汹涌澎湃的力量和让人憧憬的光明。然而,“神话”一词却也同时意味着某种虚构或杜撰,即它本身就是破灭的,或者说,它恰恰是需要“祛魅”的对象。而现代理性精神也是一边势如破竹;一边却频频履险;一边高举祛魅的旗帜,一边却不得不面对自己也从云端跌落的可能。

就人与自然的对立而言,(1)当自然意味着“纯粹由因果法则统治的世界”,人对自然的征伐在初期确实显得硕果累累,并使人类更陶醉于理性的胜利,后来却发现,自然对我们作出了沉默而强烈的报复;[11](2)当自然意味着“外在干预缺位的状态”,人类怀揣神明的雄心,按照自己绘制的理想蓝图设计世界,却忽视了自己并非神明那样全知全能的存在,有限的理性让我们无法对所有情况作出精确的预判和推演,于是我们看到,“计划经济”“计划生育”从红极一时到被冷落遗弃,这正是因为人类无法像神明一样对所有事情都作出完美无缺的计划(反而可能导致始料未及的负面影响)。而理性设计的、承载着人们宏图的规范秩序与映射着人们现实存在的具体秩序之间发生深刻的断裂,人们困顿在消解历史维度和空间差异的规范秩序中,或者疲于奔命,或者行动萎缩,

---

〔11〕“我们不要过分陶醉于我们人类对自然界的胜利。对于每一次这样的胜利,自然界都对我们进行报复。”[《马克思恩格斯全集》(第4卷),人民出版社1995年版,第383页。]

或者茫然无措,或者干脆奋起反抗,但无论如何,都处在一种秩序感(和随之而来的安全感)流失的惶惶不安之中。至于上述“造园国”的理念和实践,推到极致将是一场骇人听闻的暴政——具有某些属性的公民被认为是像花园中的杂草一样“没有价值的存在”,从而被理所当然地消极放弃,甚至积极砍斫。这并非妄言虚话,在希特勒治下的纳粹德国,犹太人和政治敌人就是这样被清除的“杂草”。而令人惊讶又不得不承认的是,这一切对自由的扼杀和对人性的摧毁,似乎都是“合乎理性的”。〔12〕 此外,以法律驯化一切权力的企图,在遭遇例外状态时,也将宣告破产。

就对客观性、普遍性与确定性的追求来说,(1)客观性:即使自然科学能以驱逐道德判断作为客观性的标记,人文社会科学和政治实践真的能够与自然科学共享同样的客观性概念吗?放弃道德追问的人文社会科学也就是放弃思考人类立身之根本;而“政治的中立化”则将使共同体的纽带脆弱不堪,不忠诚乃至叛乱不仅具有发生的现实可能,甚至在“个人道德自治”的名义下获得正当性。(2)普遍性:对“放诸四海而皆准”的万能答案的追求,最后往往要么导致夷平所有鲜活的内容而只剩空洞的形式、夷平所有丰富的个性而只剩单调的共性,要么当顽强地保留内容时却犯下以特殊置换普遍、以自我衡量他者的独断错误(比如,西方国家对非西方国家人权实践的指手画脚,就是披着普世性外衣的西方中心主义,无视了不同国家不同的历史脉络、地域樊篱和文化背景对人权实践的不同定位);此外,便是对例外状态这种触痛人类神经(因为它恰恰昭示着人类理性的局限性)的特殊性的刻意忽略。(3)确定性:我们希望填补世界画卷中的所有空白,但这并不可能。事实上,某种范围和程度的矛盾性才是人类身处其中的世界的常态,彻底的确定性意味着历史的终结,〔13〕而对确定性的寻找常常让我们跌入新的不确定性。

---

〔12〕 “大凡认为一切有效用的制度都产生于深思熟虑的设计的人,大凡认为任何不是出自于有意识设计的东西都无助于人的目的的人,几乎必然是自由之敌。”([奥]弗里德里希·奥古斯特·冯·哈耶克:《自由秩序原理》,邓正来译,三联书店 1997 年版,第 70 页。)

〔13〕 威廉·伏尔泰说:“人们必须等到历史的终结,才能把握住有着确定总体性的材料。”雅克·德里达则说:“阅读牛津卡片——唯一真正阅读——的那一天,将是历史的终结。”转引自[英]齐格蒙特·鲍曼:《现代性与矛盾性》,邵迎生译,商务印书馆 2003 年版,第 2 页。

综上,当人类从匍匐于神明脚下的称臣者一跃为僭越神明地位的自我之主(甚至世界之主),人类理性的权威提升到前所未有的高度,这在人与自然的撕裂,对客观性、普遍性和确定性的执着中都可见一斑,然而,此种对理性的崇奉在凯歌嘹亮的同时又遭遇挫败,这便是一种典型的现代性症状。而在科学/哲学和政治实践中,随处可见上述现代性症状。笔者所要论及的凯尔森的纯粹法理论,则是在法学领域对上述现代性症状反映得淋漓尽致。

就纯粹法学而言,无论其是否寄予现实观照,[14]至少就其蕴含的智识追求来说,历来是不存在太大异议的。凯尔森毕生致力于建构一门真正自洽的法律科学——一门既不受政治强力钳制又不被道德价值干涉,有自己明确概念界限与学科阵地的,旨在客观认知的法律科学。对于他之前的传统分析实证主义法学和自然法学,凯尔森认为:前者使法律沦为政治强力的禁脔,后者使法律沦为道德价值的傀儡;二者都使法律概念与其他概念之界限晦暗不明,且使法律科学寄于自然科学或政治学、伦理学之篱下,从而尊严扫地;此外,无论是诉诸政治强力抑或诉诸道德价值,都渗透着主观性因素,从而根本无法担当客观认知的使命。于是,凯尔森的纯粹法学呈现与传统分析实证主义法学、自然法学决裂的"双重纯粹性"姿态:一方面,它将单纯政治强力——这被凯尔森理解为自然事实——从法律概念中剔除;另一方面,它将道德价值从法律概念中驱逐。由此,最终获得一个"纯粹的"法律概念。也正是在对双重纯粹性的论述中,我们看到现代性那狂热的理性神话及其破灭。

## 二、纯粹法学与现代理性精神

在《纯粹法理论》初版的正文首段,凯尔森就开门见山就写道:"纯粹法理论乃实在法理论,其关乎实在法自身而非个别法律秩序。故本理论乃法之一般理论,而非对某一国内法或国际法规范之解释。纯粹法理论之旨趣惟在于认知其

---

[14] 凯尔森本人和他的一些拥趸者以及批判者都认为纯粹法学毫无对实践评头论足的兴趣,施米特更是尖刻地将纯粹法学贬称为"待在法理学的休息室里"。但也有学者认为,凯尔森并非像其自称的和被很多人认为的那样,恰恰相反,纯粹法学并不"纯粹",而是寄托了凯尔森深切的现实观照。

研究对象……将不属其认知对象者皆摒除在外。”[15]在这一段对纯粹法学研究对象和旨趣的概要中,我们已然能够挖掘出关于现代性症状的丰富信息。首先,纯粹法学将研究对象限定于实在法。这种典型的分析实证主义法学风格在现代世界大行其道并非偶然,而是人类理性权威僭越神明权威的必然结果。因为一旦在经典的自然法—实在法二元论中,自然法从依托于自然或神明(这是中古的自然法观点)转向依托于人类自身的理性,那么,它的功能之一便是证成作为人类理性之产物或曰载体的实在法,而在完成这一任务之后,它便可以功成身退了。从此,合法性概念几乎取代了正当性概念——后者被认为是形而上学的“幽灵”,恰是现代理性“祛魅”的对象——成为法学研究与实务的重心。[16]其次,纯粹法学研究的是关于实在法的一般理论,而非对个别实在法秩序的解释。这也反映出现代理性对“普遍性”的迷恋,即试图挖掘一种具有毫无例外的“统摄全局”之有效性的知识。此外,纯粹法学以认知为要旨,而认知正意味着不偏不倚地“描述法律之所是”的客观性追求,故与任何强力干预或道德评价[17]为敌;至于将所有妨碍认知“实在法之所是”的东西都拒之门外,这种概念界限上毫不妥协的划分以及对异己之物的无可容忍,也正是彰显了现代理性对确定性的执着。

在了解纯粹法学的基本旨趣后,我们便可以来审视该理论中著名的“双重纯粹性”了。

(一)第一重纯粹性:规范与事实的断裂

第一重纯粹性可以被命名为规范命题(normativity thesis),即法律概念并不能由自然事实定义,法律的规范性也并非自然事实的衍生品,或者说自然事实绝不能穷尽对法律规范性的解释。简言之,法律属于应然(ought)范畴,截然有别并对立于自然事实所属的实然(is)范畴。[18] 作为人类理性之造物的法律是

---

[15] [奥]汉斯·凯尔森:《纯粹法理论》,张书友译,中国法制出版社2008年版,第37~38页。

[16] 我们甚至看到,一些激进的自然法学者比分析实证主义法学者更执着于合法性,乃至提出公民对法律无条件的遵守、对政府无条件的服从。

[17] 道德评价意味着塑造“法律之所应当是”,而非描述“法律之所是”。

[18] 这可以说是“休谟铡刀”(Hume's lever-knife)的法学版本,也印证着人—自然分裂的现代性症状。

规范(之集合),赋予并规定自然事实以意义(且是客观意义),或者说,提供一个对某一自然事实进行意义解释的框架——“意义”这个语词,不见于自然之中,而仅为人类理性所垄断,[19]并正是由此区别定性从外观上看别无二致的事实。[20]

在此,需要尤其说明的是,凯尔森所理解的自然事实并非仅指“社会—自然”传统分野下自然界中发生的诸如春生秋荣、日升月沉、花开叶落等事实,甚至也同时包括了人类社会中发生的一切受因果法则支配的事实——就像奥斯丁“主权者命令说”的法律概念中,作为最高“优势者”(而是否具有优势完全是以力量多寡强弱作为判断标尺)的主权者以命令表达其意志,被治者(臣民)出于对制裁的畏惧而不得不遵守主权者的命令,[21]由于这呈现出“强力—服从”之因果链,在凯尔森看来便也属于自然事实。也正因如此,奥斯丁的法律概念是失败的,至少奥斯丁没有完成其宣称的“圈定法理学研究范围”的理论任务,却使法律最终委身于强力,堕入自然事实所属的“实然”范畴,而在这种法律概念中的主权者与被治者之关系无异于狩猎者及其猎物。[22]

凯尔森论述道,自然事实的发生通过因果律(causality)得以表达,而在法律

[19] 而在前现代视野中,意义被认为是自然固有的,并以各种方式向人们“显露”出来。但在现代视野中,意义被认为是人类赋予这个世界的,所有的“意义”都被打上人的烙印。在此,我们也可以看到在对“自然”之理解上的祛魅化过程。

[20] 就比如,逮捕与有期徒刑从自然事实的外观上看都是在一定时间内剥夺人身自由,但人类以法律赋予其不同的意义,前者是具有预防性的强制措施,后者却是具有惩戒性的刑罚。再如,无限正当防卫与故意杀人,同样发生有意剥夺他人生命的事实,然而却被赋予了不同的意义,前者不构成犯罪,后者却构成犯罪。

[21] 参见[英]约翰·奥斯丁:《法理学的范围》,刘星译,北京大学出版社2013年版。

[22] 凯尔森举例论述道:“立法者或法学家断言所谓‘盗窃者罚’不过是杀鸡儆猴之劝诱或令人生改恶从善之心的一念而已。那么‘不得盗窃’或‘盗窃者罚’这一法律命题便被缩减为‘有人意在使人远离盗窃或对之加以惩罚,而众人大体上未为盗窃或已遭惩罚’这一事实陈述。如此一来,治民以法者便无异于饵兽于林之辈,守法者俨然成为立法者之猎物。”([奥]汉斯·凯尔森:《纯粹法理论》,张书友译,中国法制出版社2008年版,第61页。)另外,单纯的意志属于事实领域,而“一个事实是另一个事实的标准”这种说辞是让人无法理解的。但法律却是一种衡量事实之意义(是否具有合法性)的标准。就此而言,“主权者命令说”的法律概念也是站不住脚的。

规范中,联结条件和结果的却是归责律或称归属律(imputation)。[23] 所谓归责律,是作为条件的不法行为与作为后果的制裁之间的逻辑联结方式,即不法行为与制裁之间并非因果关系,而毋宁是,制裁被“归属于”(be imputed to)不法行为。这种归属恰恰鲜明地标记着人的自由意志与自治性[24]——我们能够在因果法则之外,为自己所生存的世界另定法则。

上述对将法律概念依附于自然事实的批判以及对事实与规范之间差异的澄清,是站在人—自然、自治—他治对立的视角,而如果从认知的客观性出发,混淆法律与自然事实——尤其比如,主权者命令——也是不能允许的。在凯尔森看来,命令意味着主权者意志的表达,便具有强烈的人格性色彩,因为它依附于主权者;同时,也具有强烈的偶然性,因为意志是随着主体利益与情感的差异和流转而变幻莫测的。那么,作为命令的法律就被箍上主观性的魔咒,根本毫无客观性可言。只有将法律理解为规范,才能表达出(尤其是现代法治精神所呼唤的)去人格化的法律统治之意涵,这堪称现代性“夷平一切个人癖性”的范本了。

最后,由于将法律理解为对立于事实的规范,那么凯尔森对效力(validity)倾注心力而对实效(efficacy)漠然处之也便是合乎逻辑的结果。因为法律的效力意味着应然,而法律的实效——被实际遵守或适用——则意味着实然,这在凯尔森看来全然属于自然领域,是自然科学而非法律科学研究的对象。他甚至主张,通常所说的“某人行为违反规范”并非真的意味着矛盾性,因为某人的实际行为(“是”)与规范(“应当”)并不在同一逻辑范畴内。[25] 在此,应然凌驾于

---

[23] 关于归责,包括中心归责(central imputation)和边缘归责(peripheral imputation),中心归责是指将某个行为“归属”于某个主体,边缘归责则是指将某个制裁“归属”于某个不法行为。此处的归责作边缘归责理解。See Stanley. L. Paulson, *Hans Kelsen's Earliest Legal Theory*, in *Normativity and Norms*, ed. Stanley. L. Paulson & Bonnie Litschewski Paulson, trans. Bonnie Litschewski Paulson & Stanley. L. Paulson & Michael Sherberg, Oxford: Clarendon Press, 1998, Part III.

[24] “归属在纯粹法理论看来恰是法律之为法律并具有自主性之关键所在。”([奥]汉斯 · 凯尔森:《纯粹法理论》,张书友译,中国法制出版社 2008 年版,第 53 页。)

[25] 参见[奥]汉斯 · 凯尔森:《法与国家的一般理论》,沈宗灵译,中国大百科全书出版社 2003 年版,第 44 页。

实然的权威,作为现代性的典型症状,得以极端的呈现。

(二)第二重纯粹性:规范与道德的隔离

下面再来审视第二重纯粹性,它可以被命名为分离命题(separation thesis),即法律在概念逻辑上与道德没有必然联系,自然法学所坚持的自然法—实在法二元论(在此二元论中,实在法被理解为自然法的阴影或回光)可以休矣。对此,凯尔森分别从道德—自然法是否具有可认知性和是否具有客观性予以考察——他的思路很明了:如果确认道德是不可认知的,那么它无法栖身于以认知为己任的法律科学;或者,如果确认道德不具有客观性,那么它也无法立足于具有客观性执着的法律科学。[26]

对于道德是否具有可认知性,凯尔森将自然法—实在法二元论与柏拉图理念(idea)—现实(reality)的形而上学二元论作了一个比照。在柏拉图那里,现实存在于"此岸",是能够被经验感知和把握的;理念则存在于"彼岸",也即超验世界,是经验无以跨越之所;而理念是现实的完美原型,现实不过是理念的不完美摹本。与此类似,在自然法—实在法二元论中,无论自然法在不同的历史时空中被注入怎样的精神内涵,都始终是对实在法和世俗国家的一种超越性批判;而实在法则沐浴在自然法的圣光之下,所有实在法的创制都不过是对自然法的"发现"(这种"发现"可能符合,也可能不符合自然法)。于是,凯尔森嘲讽道:这里难道不是存在明显的矛盾和对人类思想能力的贬低吗?其矛盾在于,既然理念和自然法存在于彼岸,那么人们何以可能对其作出认知?由此,所谓实在法之创制乃对自然法之"发现"一说,要么不可能,要么只能来自非认知的"神启",而后者显然也是荒谬之词。对人类思想能力的贬低在于,人类的精神

[26] 当然,正是由于凯尔森的思路很明了,因此,其失误也得以很明了地显现出来:如果坚持法律概念的独立性或曰自洽性,那么,无论道德是否可认知和是否具有客观性,在法律概念和道德概念之间划出界线都是必需的。对此,凯尔森的后辈、新分析实证主义法学大师哈特就看得透彻,对于道德的客观性问题,他予以搁置,而是从分析实证主义法学的知识清晰性要求出发,主张法律与道德在概念上的彼此独立;同时,他还反将了自然法学一军,主张如果自然法学希望做到其自我标榜的那样,在看待法律时保持道德上的正直,那么恰恰应当接受法律在概念逻辑上与道德并无必然联系。参见[英]H. L. A. 哈特:《实证主义及法律与道德的分离》,载[英]H. L. A. 哈特:《法理学与法哲学论文集》,支振锋译,法律出版社2005年版,第55~94页。

难道果真如此羸弱疲敝,以致不能自己主动制定法则而必须彻底依赖于对理念和自然法的摹写——并且是不完美的摹写——吗?在上述嘲讽中,拒斥矛盾性的现代理性精神再一次向我们显露其坚决性;而对人类理性的自我立法能力的笃信不疑,也对任何轻慢人类自治性的说辞作出了激烈地反击。

至于道德是否具有客观性,凯尔森认为,自然法学迄今为止在界定"正义"上所付出的努力,或者只是产生一些空洞无物的公式,或者根本就是伪装为"客观"的主观利益/情感。对于前者,凯尔森举例说,当阿奎那论及"正义"时,将之表述为"善即当行,恶即不为",这难道不是一种毫无意义的同义反复吗?其背后隐藏着"甲是甲,不是非甲"的同一律,于是,道德的"善"被偷换为逻辑的"真",这就是对根本不合逻辑之对象——也即根本不能以理性认知的对象——进行定义而不可避免的荒诞结果,它最终不是回答了问题,而是逃避或消解了问题。对于后者,则涉及凯尔森著名的"正义相对论"和对自然法学意识形态功能的揭露。详言之:

凯尔森主张,小至私人生活,大至公共生活,人类总有为自己的行为寻求正当性的深层冲动,自然法、正义之类的语词便是用于为某个人或某个群体的主观利益/情感披上迷人的面纱。自然法学者总是标榜自然法或正义具有客观性,但他们所阐发的自然法或正义原则却彼此有异,甚至截然相悖。[27] 此外,一个更具讽刺性的例子是,无政府主义者压根反对一切形式的政治控制,没有法律的生活在他们看来才是正义的;那么,在他们面前,那些谈论实在法之"正义"的自然法学本身就是毫无价值的。当然,凯尔森承认,由于实在道德体系绝非孤立个体的任意创造,而是特定时空中的成员在共同物质和精神生活中相互影响的结果,那么可能有很多人共享相同或类似的价值体系,对同一事实作出相同或类似的价值判断;但是,价值体系和价值判断上的一致性并不与其主观性矛盾,也不能证明其"正确性":譬如,曾经被认为天经地义的奴隶制在今天却是被鞭挞的对象,刑事法律上曾经作为原则的集体责任、无过错责任在今天被个人责任、过错责任取代。综上所述,凯尔森认为,所谓"正义"仅具有主观性,那

[27] 譬如,有人认为财产私有制是正义的,有人则认为财产公有制才是正义的;有人认为自由主义是通往社会幸福的理想路径,有人则认为,社会主义才是通往社会幸福的理想路径。在凯尔森看来,这种对不可认知之对象装模作样的"阐发"无非是对阐发者个人旨趣的包装而已。

么它就只对作出正义判断的个人或群体自身有效,因而是相对的,没有什么"绝对的正义"。[28] 这种论断,置于现代性的背景下审视,更是尤其恰切:如果说,在将自然法寄托于自然和上帝的中古时代,人们还有一个绝对的正义标杆(但是"发现"正义仍然是一种谎言),那么,在世俗化进程狂飙突进的现代,不仅正义的可认知性被证伪,甚至曾经用于掩饰谎言的那个绝对标杆也被弑神的人类拔除了,替代神明而为自己的道德生活立法的人们陷入"诸神之争",或者说,人们在进行道德言说时就像是巴别塔建筑者们的各说各话,这种道德生活的多元分裂更是将道德的主观性暴露得淋漓尽致。

也正因如此,凯尔森极力拒斥以自然法或正义注解法律概念,因为这样做就是在按照某种主观想象来评价或形塑法律,而非认知法律,这显然不是科学的任务,反倒是政治的任务——以自然法为工具或者为实在法作出辩护,或者对实在法作出攻讦,这种"站队"显然败坏了科学的声誉,沦落为意识形态的婢女。在此,与上述"第一重纯粹性"同样地,现代理性精神对客观性的执念和对主观性的仇视崭露无遗,而凯尔森更是将之贯彻到底,对客观性的要求严苛到决心将一切尘世的残余扫除——既不与政治强力为伍,也不与道德主张同流,因此,这使其以"双重纯粹性"为标记的法学理论最终只能是一个剥离内容的纯粹形式的理论——就形式而言,其当然具有理性所称许的完美的客观性,以及作为"一般理论"的普遍性。

### (三)基础规范:法学的理性神话

以上"双重纯粹性",通过一个枢纽、也是纯粹法学的灵魂概念——基础规范(basic norm)——最终彼此勾连:既然坚持"应当"与"是"的不可通约,那么,当我们追问一个法律规范的效力,就必然不能诉诸一个强力事实,而只能诉诸该规范的上一阶规范,由此渐次上溯,最终溯至宪法。然而,宪法的效力又从何而来呢?自然法学当然向一种超越性的道德价值寻求解释,而拒绝这一方案的

---

[28] "假如人类思想史证明了什么的话,那就一定是那种试图通过理性思考建立人类行为绝对正确标准的徒劳无益。假如我辈能从以往的智识经验中学到什么的话,那便是人之理性只能实现相对价值这一事实,这意味着对某情形公正与否的判断不能在效力上排除相反判断存在之可能。绝对正义只是非理性的理想或者说是一种幻象——一种人类的永恒幻象。"([奥]汉斯·凯尔森:《何谓正义?》,载[奥]汉斯·凯尔森:《纯粹法理论》,张书友译,中国法制出版社 2008 年版,第 160~161 页。)

凯尔森便把问题引到了基础规范——一个被预设(presupposed)的先验规范。“被预设”意味着基础规范不是意志行为的产物,而是思维行为的产物,是一种精神性构造(mental construction);“先验”意味着基础规范既非经验的实在法,也非超验的自然法(因此,其并不承担对包括宪法规范在内的实在法规范进行政治、道德、宗教证成的职能,而只是充当着“法律逻辑意义上的宪法”,为实在法效力提供纯粹形式上的终极理由);“规范”意味着基础规范绝非自然事实,但同时又为自然事实——如创造宪法的意志行为——赋予规范性,以沟通应然(实在法规范效力)与实然(创造实在法规范的意志行为)之间的断裂。

而将上述效力追溯图示作180度倒置,就是法律创生的图示:基础规范授予某个主体(“宪法之父”)权威,使其意志行为成为制宪行为,使其意志行为的产物获得有效规范的资质。而宪法规范则授予另一主体创造低级规范的权威。如是逐层往下授权,也就逐层生成规范。

(1)作为规范创生系统顶端的基础规范,反映了高度发达的现代理性,是如何运用一个普遍性的概念,将一些纷繁复杂而又无形无相的历史或逻辑过程——政治过程和“社会化过程”——一举“显影”出来。就政治过程而言,是“显影”了一个“开山建国”的过程或一个“改朝换代”的过程。对于前者,是从一个没有实在法规范的非常状态过渡到具有实在法秩序的正常状态;对于后者,是从一个具有此实在法规范秩序的正常状态,经过非常状态,过渡到具有彼实在法秩序的正常状态。在上述状态过渡中,毫无疑问都会存在一种难以甚至无法用理性解释的人格力量发挥推动作用。[29] 而基础规范却作为横跨非常状态与正常状态的概念,将这种神秘力量“吸收”了。此外,基础规范更普遍的哲学意义在于对一个“社会化过程”的把握上。自然世界与文明世界的区别就在于,后者是前者之上的意义设定。那么,从自然世界过渡到文明世界,也即从一个物理或心理的实然世界过渡到由意义内涵(但并不必然就是道德意义)构成的应然世界,在此,作为两个世界的最终分界与桥梁的基础规范就被预设其中了。而在进入文明状态后,人类又将面临各种转型问题。譬如,从前现代到现代的转型,从君主政体或贵族政体向民主政体的转型(这可以说是上述政治过程的某种形态),等等。此时,发生的不是从实然世界到应然世

〔29〕 即基础规范对主权者概念的“消化”,详见本文第四部分。

界的转型,而是从旧的应然世界到新的应然世界的转型,在此,就发生基础规范的"更新",旧的意义世界的基础规范不再被预设,新的意义世界的基础规范则被预设。[30]

(2)在上述规范创生的动态几何结构中,凸显的并非作为能动主体的规范创造者,而是规范本身。因为一旦没有规范授权,这些主体的意志行为就仅仅是单纯的自然事实,而其产物也毫无效力——尽管可能是"有实效(efficacy)的",但这除了说明存在力量上的优势外什么也不能说明。于是,我们再一次见识到凯尔森对法律概念客观性的热烈追求:他试图将人格性因素(这意味着主观恣意的可能性与现实性)经由规范削弱和稀释,建构一个法律自我创生的系统。"规范自我繁殖"就是凯尔森理想中的法律创造画卷。这不仅具有纯粹智识意义,对于现代法治国家来说,它提供了雄厚的理论支撑,即不是由某个人或某个群体的权力意志实施统治,而是由法律规范实施统治。此外,也难怪,为什么就政治立场而言,凯尔森是个坚定不移的自由主义者——他的纯粹法学与他的自由主义政治立场绝非毫无瓜葛,毋宁是,自由(此处的自由不仅意味着不受通常意义上的自然力量的钳制,更意味着不受强权的摆布,不过如上所述,没有被法律"驯化"的强权也被凯尔森视作某种"自然事实")作为现代西方最崇尚的品格,与规范思维如影随形:无论是公共领域的自由还是私人领域的自由,都必须以权力意志被规范所驾驭为前提和保障。去人格化的、作为客观行动理由的法律规范使人们挣脱主观恣意的枷锁,从而能够理性地——也就是自由地——安顿共同体和个人的命运。

最终,我们看到,基础规范作为"思维行为的产物",是实在法效力的终极理由和实在法创生链的逻辑起点,其本身的效力是不可追问的(否则便不是"基础"规范了),那么,这无异于在法学领域弑神之后又树立起一尊新的神明,只不过是一尊非人格的神——人们服从于这尊神明的"命令"而遵守宪法以及其后和其下的诸多实在法规范——或者更直白地说,基础规范正意味着对人类自身理性的神化。在此,我们也可以看到,现代性所谓的"祛魅"却恰恰赋予了人类理性以神明的位格。

---

[30] 参见张龑:《从基础规范看现代立宪转型之道》,载《南京大学法律评论》(2014 年秋季卷),第 3 ~ 4 页。

## 三、纯粹法学与理性神话的缺憾

紧承上文的讨论,现在让我们把视线从理性的光辉转向其晦暗——更确切地说,人类理性的局限性——看看由纯粹法学所透视的人之自治性、自由、客观性追求等理性神话,是否真的能够屹立无虞,或者说,凯尔森在建构其"法律科学"的过程中,究竟忽视了什么,又付出了怎样的代价。

凯尔森对第一重纯粹性的坚持——将法律概念作为"应当"而决裂于"是",并因此顺理成章地重视效力而忽视实效——无疑在法学领域确立凌驾于实然的应然的权威,或者说,确立凌驾于现实存在的人的理性的权威。然而,正如施米特尖锐批判的那样:"从规范论的角度来看,适用刑法将杀人犯判处死刑的行为,是对法律规章的证立;犯罪行为并不代表秩序的破坏,而只是纯粹的'构成要件'……所有的法都被压缩在这些和具体情势分离的规范之中;其他都只是'单纯事实',是在'证立法律'的、合乎构成要件的事实……犯罪人并未打破和平或秩序;他从未破坏作为规则的一般性规范;'从法学的角度观察',他根本什么也不曾破坏……抽象规范和规则的效力,显然不会因为'犯罪'受到动摇……不会因为抵触规范和法律的行为存在而失去效力。"[31] 概言之,对标记着人类理性建构能力的规范秩序的迷恋,碾压了现实存在的具体秩序——它被认为是无目的的,是不能任其所是而必须接受理性改造的"自然"——的生存空间。但问题在于,人类理性是否真的可以脱离现实之根茎而孕育出繁枝茂叶?毕竟,不同于全知全能的上帝,对于作为有限理性存在的人类来说,所有关于应然理想或关于应然规范秩序的话语,都必须由现实存在的具体秩序提供一个正常概念框架,才能够获得可被人理解的表达,否则就只能是一些让人迷茫的符号;换言之,规范必须在受规范之现实处境并未完全"失常"的情势下,才可能作出有意义的合法性判断,才可能继续发挥其规制该处境的功能,彻底无视或彻底消除与现实存在的具体秩序的关联性的"纯粹"规范,"是一种法学上的荒

---

[31] [德]卡尔·施米特:《论法学思维的三种模式》,苏慧婕译,中国法制出版社 2012 年版,第 57 ~ 58 页。

谬”。[32] 因此,尽管不否认规范相对于具体秩序的超脱性——而这就意味着对人类理性能力的承认——但由于人类理性的局限,这种超脱性必须克制在某种程度内,否则,所谓经由规范绘制之理想画卷只能永远悬挂在博物馆的墙壁上。

此外,尽管凯尔森数次说道以实在法规范赋予某个主体“权威”(authority)云云,但更切合其理论意图的精确表达却并非“权威”而是“权限”(competence),即权力被抹去人格性,始终只能由实在法赋予规范性并始终只能在实在法为其设定的边界之内行动。而以实在法规范“收束”强力意志的理论意图的有效性只能在一定条件下才成立,这个条件也就是常态法治。但由于人类是有限的理性存在,便总是无法消除例外状态,则先前理性设计的既定实在法规范无力应对,法律被悬置(法律具有形式有效性但实效指数跌落为零),“权限”也便失去其存身的土壤,而一个人格化的权威将作为“活的法律”积极行动起来,此时,任何依据实在法规范对该权威作出的“合法性判断”都是非常荒谬的。对此,将在下面纯粹法学视野下的国家法学中予以进一步探讨。

凯尔森的问题不止于此。当他坚持“第二重纯粹性”——如上所述,他不仅严苛地区分“是”与“应当”,并且,将法律之“应当”抽空一切实质道德内涵,理解为一种全然形式化的“应当”——时,所陈述的理由之一便是道德的非客观性。[33] 但陈述该理由的思维路径是否值得商榷,抑或该理由本身是否否定了某种必要的界限?(1)就思维路径而言,从凯尔森对道德生活“诸神之争”的阐释中,我们不难发现,其所秉持的哲学仍然是康德传统下的主体哲学(subjectivity philosophy),也即,将孤立的、原子式的个体作为道德推理的起点,才会有“我之道德仅对我有效,而对他人无效。反之亦然”的结论,乃至引发有关“启蒙的专制”问题,[34] 如此,则确实很难谈得上客观性。(2)就必要界限而言,当凯尔森主张不能以某个时空人们共享的道德观念解释道德的客观性时,他就是中了现

---

〔32〕 [德]卡尔·施米特:《论法学思维的三种模式》,苏慧婕译,中国法制出版社 2012 年版,第 63 页。

〔33〕 如脚注〔26〕所言,即使不批判道德客观性,凯尔森也有更好的理由主张分离命题。

〔34〕 “启蒙的专制”是指,在主体哲学范式下,当文化精英宣称要为大众“启蒙”时,却不得不面对如下诘问:既然所有的道德推理都来自特定主体自身,文化精英何以证明自己所“启蒙”的东西对大众也是有效力的?如果回答不了这个问题,就有可能被质疑为以“启蒙”之名而行专制之实。

代理性的魔咒:一种对超脱于具体历史情境的"客观性""普遍性"的追求。然而,作为有限的理性存在,人类怎么可能真正超脱呢?又怎么可能存在游离于历史维度之外的具有"客观性"的道德呢——如果存在,那么它不过只是诸如"正义""善好"之类极其抽象却空洞的辞藻罢了。因此,凯尔森对客观性的要求过于"纯粹",或者说过于苛刻。[35] 而这也反映了他的某种精神分裂:他一边承认人类是有限的理性存在(因而无法"认知"道德,也不存在"客观的"道德),另一边却又暗地(或许是不自觉地)以置身时空洪流之外的神明的标准要求人类;他一边批判自然法学以自然法之"永恒"为蛊惑人心的谎言,另一边却又同样暗地(或许是不自觉地)对一切非"永恒"的事物予以坚决摒弃。

因此,正确——或者说,更加妥当——的做法是坦率而一贯地正视人类总是生活在一个不完美的世界之中并受到历史进程、地域樊篱和文化脉络的限定这一事实,正视人类自身理性的局限性。这不代表人类就因此放弃对世界的热爱或逃避道德生活,而是可以追求一种属人的相对客观的正义(绝对客观的正义是属神的)。这种相对客观的正义,一方面,在有别于主体哲学的主体间哲学(inter-subjectivity philosophy)中找到自己的存身之地,也即,通过主体之间的互动与商谈——当然其中涉及一系列复杂的前提预设、制度设计和观念支撑,等等——从而获得人与人之间的和解,并从中获得相对客观的正义;另一方面,这种互动和商谈生根于特定的历史情境,虽然可能随历史情境的迁移而发生变化,但在"当下"的历史情境中,它仍然是相对稳定的。

此外,对自身的道德相对主义立场可能招致的攻击——可能使个人乃至整个社会的道德水准被无限拉低——凯尔森回应道:"道德原则只构成相对价值并不意味着其根本不构成道德,而是表明道德体系并不唯一,因此必须在众多道德体系中作出选择。如此一来,相对主义便给个人施加了一项独立辨别是非的困难任务。当然,这是人所能想象到的最严峻之道德责任。如果人们因软弱而不能承担此项责任,他们便会将其推给高高在上的权威——政府或上帝。那么人也就不必作出选择了。服从统治者的命令总比在道德上为自己做主容易些,对个人责任之恐惧正是拒绝相对主义最强有力的动机。相对主义被拒绝以

[35] 也可以说,不能将人文社会科学的客观性概念和自然科学的客观性概念作意义同一化处理。人文社会科学的客观性基本不可能达到诸如数学"1 + 1 = 2"那样强度的客观性。

及——更有甚者——被误解,恰恰因为其对道德之要求并非太少而是太多。"[36]然而,一旦将道德选择和判断的权利全然彻底地交付于个人,不仅有关道德的说辞将变得越来越像是掩饰自身欲望的语言骗术,而且共同体得以维系的纽带也将变得越来越脆弱。或者说,主体哲学语境中原子式的个人假设与利己主义将导致个人责任消解,甚至整个现代世界的文明法则崩溃的恶果。于是,发生人类道德生活日益表面化、空洞化和稀释化,人类心灵的深度、厚度和浓度被无情冲刷,最终堕入虚无主义的梦魇。当然,也正是因为这种梦魇,以凯尔森为代表的分析实证主义法学者们便不得不——这与其像他们自称或自以为的那样是一种积极应对,毋宁说是一种由于现代性"道德短缺"的境遇而被迫作出的无奈应对——诉诸实在法,且仅诉诸实在法,而对实在法的研究也完全是形式化的、"纯粹的"。这股实证主义的流风吹到实践领域,法律的创造和实施也便只关心人们相互之间的肉体持存,除此以外,便道德盲视地执着于合法性判断,这对实现更善好、幸福的生活难道还能有什么裨益吗?而以"认知"和"中立"为借口的逃避,难道不是放弃知识精英和政治精英的担当吗?

在对"双重纯粹性"所反映的现代性疾病——或者说理性神话的破灭——作出上述审视之后,我们再将批判的目光瞄准基础规范,以及以基础规范为终点的法律效力追溯图示和以基础规范为起点的法律生成图示。如上所述,基础规范既非经验事实,也非超验价值,但同时,其作为实在法效力终极理由和实在法创生链逻辑起点的身份又使之成为一尊新的神明,只不过是一尊非人格的神明。但是,这尊新的神明真的能够胜任其宣称的职能吗?

就效力理由追溯而言,由于基础规范清除了所有经验事实和道德价值,试图仅仅在"自洽的"规范系统内部回答问题,那么法律效力岂非就是无条件的、绝对的?如此一来,无论何种政体,无论怎样统治,只要是大体上有实效的,就为其预设一个基础规范,从而人们都"应当"遵守和服从。那么,基础规范岂非暗示"强权即应当"?——而这恰恰是凯尔森本人极力排斥的还原命题。同时,我们也看到,在独裁政体下,统治者对被治者的关系其实是强力—屈从的事实关系,并不能以规范解释。正如黑勒(Hermann Heller)所质疑和批判的那样:"……这种实证的形式主义却制造出一种辩证的结局,它滋养着一种充斥着错

[36] [奥]汉斯·凯尔森:《何谓正义?》,载[奥]汉斯·凯尔森:《纯粹法理论》,张书友译,中国法制出版社2008年版,第161~162页。

误结论的客观性妄念,而实际上,它却是为所有的恣意决定提供了一种'客观'的法律论证。"[37]或许凯尔森自己也意识到了这个问题,因此,后来对基础规范和效力理论作出了修正,强调对基础规范的预设并不具有必然性——在以"强力—屈从"关系支配社会秩序的独裁政体中,并没有预设基础规范。[38] 如此,可否认为,凯尔森的基础规范只在民主自由的国家方能被预设？那么,所谓价值无涉的基础规范是否其实在为民主自由价值作辩护(因为只有在民主自由的政治体中,服从国家意志的人同时也是参与国家意志的人,那么规范性才有存身之地),从而与凯尔森坚决反对的联结命题"暗通款曲"？而无论是堕入还原命题泥淖还是以隐蔽的联结命题面目示人,都将使纯粹法学变得不再"纯粹"。这或许也是现代理性内在的深层悖论:虽然企图实现逻辑上完美无缺、不受易变的主观性干扰的认知,但由于实践远非理论那般纯粹,而是驳杂分裂、光怪陆离,因此,越是想要追求无矛盾性和客观性,就越是陷入狼狈的境地。

就规范创生而言,如上所述,(1)基础规范囊括了诸种纷繁复杂而又无形无相的历史或逻辑过程,但这种"普遍性"的概念其实更像是一个"黑箱":无论是开山建国、改朝换代,还是从自然世界到文明世界、新旧意义世界的转型,这其中都真实发生着严肃,甚至严酷的事实,人类的生存处境在其中以令人敬畏的清晰而裸露出来;但凯尔森却似乎希望通过预设一个基础规范一劳永逸地"遮蔽"这些问题。[39] 当然,凯尔森能够以"划定法学阵地"为理由作出回应,示意自己不关心这些属于政治学的问题。但是否也可以由此看到其对特殊性的厌恶和回避？因为上述严肃甚至严酷的事实,大多发生在一种普遍理性难以涵慑的例外状态中,当面对这些问题时,也就是在面对理性自身的局限性,于是不得不保持缄默。(2)整个法律创造的图示凸显规范而消解人格化权威,甚至——在下文中还将详细论述——基础规范将主权者也纳入自身的"控制

[37] [德]赫尔曼·黑勒:《国家学的危机》,刘刚译,中国法制出版社 2010 年版,第 17 页。

[38] 参见[奥]汉斯·凯尔森:《法律科学中的价值判断》,载[奥]汉斯·凯尔森:《纯粹法理论》,张书友译,中国法制出版社 2008 年版,第 339 ~ 360 页。

[39] 政治哲学家阿甘本就曾诘问道:"你们法律人为何对那与你切身之事保持沉默？"([意]吉奥乔·阿甘本:《例外状态》,薛熙平译,西北大学出版社 2015 年版,扉页。)

范围”。然而,如上所述,对人格化权威的依赖始终不可能从人类政治法律领域被清除,这尤其鲜明地体现在例外状态中,此时,规范发挥功能所必须依赖的正常情境已经不复存在,法律实效陷入瘫痪,而仍然需要(主权者的)行动,那么就不可能有什么“在实在法框架中进行的意志行为”。换句话说,当我们言说“法治”或“以法律驯服权力”时,我们必须明白这种言说在什么样的语境下才是有意义的。对此,将在下一章作出进一步探讨——凯尔森对于国家理论的建构,让我们领略了这位现代理性精神的忠实信徒,是如何坚决地将“祛魅”进行到底,而这种“祛魅”最终又由于人类理性的局限性而被迫止步于圆满之前。

## 四、纯粹法学视野中的国家:政治生活的“祛魅”

如果说前文是关于一般法理论的现代性症状,那么在这一部分中,将审视国家法理论的现代性问题。凯尔森将国家化约为实在法规范,这意味着他对“法治国”的理论和实践具有怎样的期待和用心,这种冀望最终又能否如他所愿地实现?而在这两方面,又呈现出一幅怎样的现代性图景?

不同于传统的国家—法律二元论,凯尔森将国家理解为法律秩序的人格化(personification),最终对国家和法律这两个概念作了同一化处理,直言之,国家就是实在法规范秩序[40]——因此,凯尔森的国家观也被称作“规范国家观”。这种国家—法律一元论的用心不仅在于破除认知上的分裂性和矛盾性,也在于为现代法治理论中被奉为圭臬的“国家统治必须在法律框架中展开”或“国家权力自我规约”(self-regulation)作出强有力的证成和支撑,并足以对“权限”概念作出明朗而充分的解释。详言之:

就破除认知上的分裂性和矛盾性而言,凯尔森主张,传统国家法理论将国家视作凌驾于法律并与法律发生积极联系的存在,就意味着同时从事实—因果视角和规范—归责视角定义国家,使其成为同时跨越实然领域和应然领域的“怪胎”,这种以不同认知方法认知同一对象的做派及其必然导致的同一对象的

---

〔40〕“国家作为一个法律上的共同体不是一个和它的法律秩序分开的东西……我们称为‘国家’的那个共同体就是‘它的’法律秩序。”([奥]汉斯·凯尔森:《法与国家的一般理论》,沈宗灵译,中国大百科全书出版社2003年版,第204~205页。)

分裂,是追求认知统一性与无矛盾性的现代理性精神所不能容忍的,所以必须从唯一的视角出发认知国家,而这“唯一的视角”便是规范视角——因为脱离了规范性解释,国家将毫无“意义”可言,也就无从区分于自然界——如此一来,国家概念就与法律概念重合了。

就为法治国理念和权限概念提供理论基础而言,当把国家与法律等而视之时,国家权力的组织、分配和运行也就意味着对实在法规范的实施。换言之,国家权力“被纳入”规范性轨道,如此,既在权力的合法性论证上省去冗长笔墨,也同时设定了权力边界(亦即“权限”概念),使权力的任何越界行为都被标记上“违法”的烙印。而任何突破既存法律框架的权力行为——这可以被形象地喻为“法律神迹”,一如宗教中上帝突破自然法则而行诸如起死回生、严冬返春之类的“神迹”——都是不可容忍的。传统国家—法律二元论中国家相对于法律的超越性地位,就此被彻底否定了。故而,法律—国家一元论在证成法治之核心“以法律驯化权力”上,做出了卓越的理论贡献。

此处,我们再次看到,现代理性精神将任何矛盾性视作一桩必须予以消弭的丑闻——凯尔森既然认为,国家—法律二元论中的国家具有“分裂的半身”,就势必与之斗争到底,为此提出超脱于常识性观念的国家—法律一元论。与此同时,在对于“法律神迹”的破除上,我们也看到现代理性精神所孜孜以求的“祛魅”,因为按照凯尔森的理解,国家—法律二元论中的国家面目无异于宗教中的上帝:正如上帝创造并超越世界一样,国家也创造并超越法律;正如上帝为与世界发生积极联系而不得不“道成肉身”为人子耶稣,从而受制于自然法则一样,国家也必须通过法律来定义自身并“自觉”使权力运行受法律规约;正如上帝既然全知全能就能够突破自然法则行神迹一样,国家既然具有“元法律”(meta-law)地位就能够行“法律神迹”(在此,我们也会看到一种矛盾性,即“国家既在法律之上又在法律之下”的吊诡,而这也是凯尔森所极力希望克服的矛盾)。那么,这种以“尘世的上帝”之姿呈现的国家,对于一个希望从神明之高压(或曰人格性力量之束缚)下解放而获得自由的现代人来说,就是必须被否定到底的。尤其“法律神迹”无疑是对自由的巨大威胁——正如上帝的神迹通常震撼着人类的神经并唤起恐怖、绝望等负面情绪,“法律神迹”也破坏了政治法律常态而将人们抛入剧烈的风暴,使人们沦为公权力捕获的对象(而这背后则是政治野心家自身的利益考量和情感释放),如此,则自由何存![41]

但问题在于,矛盾性是否真的能够被消除?或者说,究竟是否存在凯尔森所批判的矛盾性?当凯尔森将国家—法律二元论与神学中的上帝—世界作类比时,他就不得不接受如下观点:既然上帝是无限的、无条件的存在,这本身就意味着矛盾性。于是,“上帝既在世界之上又在世界之下”便不是什么值得大惊小怪的问题。那么,传统国家法学中“国家既在法律之上又在法律之下”的吊诡是否就可以接受?当然,凯尔森或许会作出回应说,即便在现代世界(的私人空间中)仍然保留宗教,从而无须在此坚持神学应当完全服从认识论;[42]但是,就法学——至少就一门严肃的法律科学——而言,与神学不同,它必须是理性的,必须以认知为要旨(而这就要求无矛盾性),尽管政治法律实践中往往需要,甚至须臾离不开对神话的缔造和维系。但这也恰好说明了,传统国家法学并非一门真正的“法律科学”。

然而,凯尔森所谓“国家既在法律之上又在法律之下”的吊诡,其表达本身究竟是否正确?当他说“国家在法律之上”——而标志性的表现之一就是突破实在法框架行“法律神迹”——在法律之上的究竟是国家,还是别的什么东西?或者说,行“法律神迹”的究竟是国家还是别的什么东西?

对此,如果我们对卢梭(Jean-Jacques Rousseau)这位西方现代政治哲学奠基人的理论有充分的了解,就会知道,在法律之上行“法律神迹”的,是主权者,却非国家。而无论是在政治法律的理论或实践领域,“祛魅”都是不必要或不可

---

〔41〕 从对“法律神迹”的抗拒中,也可以看到凯尔森对客观性和确定性的追求——且不仅停留于于认知层面,也投射了对现代国家治理常态的现实观照:将公共生活与私人生活都统摄在“法律规范—法律事实—法律结论”的三段论推理下,为权力设定规范性边界,免遭渗透主观性与不确定性的强力事实和道德口号的侵扰,抗拒以强权为依恃或以道德为借口行“法律神迹”,才能实现政治的规范性操作,也才能真正贯彻法治的核心命题:以法律驯化权力。

〔42〕 否则,将使宗教面临自我取消的危险,因为将上帝等同于世界,就无疑开启了如下可能性:将世界无限扩展,以致其无须求助任何外在于世界的事物。换言之,这种科学解释的方法最终剥落笼罩在世界之上的神秘面纱,而神秘性则是神学赖以存在的根本。故而,神学为了维系其生存发展就不得不坚持上帝与世界的二元论,并放弃以(彻底)理性的方式解释世界的努力。

能的,主权者的上帝形象始终必须被保存于国家(法学)之中。详言之:

卢梭以其卓越的洞见在不朽的著作《社会契约论》中写道:“这一由全体个人的结合所形成的公共人格……当它是被动时,它的成员就称它为国家;当它是主动时,就称它为主权者。”[43] 这一经典的主权者—国家公式就概括了西方(也是人类)政治法律中的双元结构。[44] 卢梭之后的学者不过是对这个公式不断地进行丰富、充实和发展。只不过,根据各自的研究旨趣和所欲回应的时代命题,有的学者致力于研究主权者一端,有的学者醉心于研究国家一端,有的学者则对主权者和国家都倾注了研究热情。而当说到国家法学时,其研究对象也就不仅限于作为公共人格被动面向的国家,也包括作为公共人格主动面向的主权者。

而“主动”“被动”意味着什么呢?或者说,在什么样的情势下,公共人格以主动面向呈现;在什么样的情势下,公共人格以被动面向呈现呢?

完整的人类行动领域贯穿着两股彼此纽结的力量:规范与失范。与此相应,存在两种相生相克的状态:法律状态(规范状态)与例外状态。在法律状态下,法律被(大体上)实际遵守和适用,私权利的享有和行使、公权力的掌握和运行都在法律的规范性框架中有序进行,这也就是通常被认作法治的基本价值取向与核心内容——“以法律保障权利”和“以法律驯化权力”。此时,就公共生活而言,只要按照理性预先设计的法律来行为,就能完成治理的任务,越轨行为被认为是不必要的,也是不能允许的。公共人格即以被动面向——国家——呈现出来,意味着安然因循既存法律规范,拒绝任何“法律神迹”。

然而,法律状态虽说是人类社会(尤其是现代世界)的常态,但是,只要承认人类是并且仍然是有限的理性存在,以预先创制的规范一劳永逸地安顿现在和将来的政治生活的想法只能说是一种天真的妄念,无异于假定我们生活于其中的世界是一个毫无摩擦阻力的、惬意安详的梦境,这显然是不现实的。在某个时刻,总会由于某种原因面临法律对政治现实鞭长莫及乃至二者之间发生深刻断裂的情境,从而与例外状态相遇。此时,任何关于“法治”“权利/权力规范化”的言说都“失语”了,因为其所根植于内的语境不复存在。于是,法律被悬

---

[43] [法]让·雅克·卢梭:《社会契约论》,何兆武译,商务印书馆 2012 年版,第 21 页。

[44] 政治学—法学中几组经典的概念,例外状态—法律状态,制宪权—宪定权,权威—权限,等等,都反映着这一双元结构并在该结构中获得深入阐释。

置,但公共生活却不会因此停滞,此时,便正如宗教中上帝"显圣"一样,不再沉寂的公共人格以主权者这一主动面向展开行动,作出政治决断——此时,我们干脆可以承认,主权者就是尘世的上帝。对于主权者来说,无所谓合法性考量,因为主权者本身就是"活的法律";[45]正如对上帝无所谓正当性考量一样,因为上帝本身就是所有伦理价值的最终归宿。然而,主权者的"显圣"不会一直持续下去[46]——否则公共生活和私人生活就一直处于不确定和不安宁的状态——其悬置法律,为的却是重新复活或创造法律,以再次返归法律状态。[47] 换言之,主权者的行动是非常的,目的却在于为正常的规范之治铺平道路;当完成法律的活化与重建,主权者便退回"神龛"之中,国家(法治国)继之登堂,政治权力被重新收纳于法律框架内,法律既为其保驾护航以使其充分发挥功能,也将其收服圈养以使其不致堕为膨胀的政治野心的爪牙。而这种法律状态在此后的某一个时空坐标又将遭遇来自社会情势变迁的强烈冲击,于是再度跌入例外状态。就这样,公共人格在主动面向和被动面向之间来回转换。

这样看来,凯尔森关于上帝与国家的类比是不准确的,以神明形象呈现在法律面前的是主权者而非国家,主权者也不能像国家一样被法律"消化":[48] 人

---

[45] "根本政治决断恰恰逃避了规范的限定……绝对规范的神话所造成的唯一后果是,谁也不去追究像主权这样一个根本问题,而是任其晦暗不明。"([德]卡尔·施米特:《宪法学说》,刘锋译,上海人民出版社2005年版,第121页。)

[46] 意大利政治哲学家阿甘本(Giorgio Agamben)提出了"例外状态的常态化",这一论断是对传统法律状态—例外状态二分的挑战,并在回应当代政治法律实践上颇具启发性。

[47] 但这返归不是单纯的还原或重复,而是在对以前的法律状态作一个否定——例外状态——后,再完成到新的法律状态的否定之否定。

[48] 凯尔森曾说:"主权在其原来的意义上意味着'最高的权威'。如果人们认为国家作为其法律的权威或渊源,是主权的,或者较正确地说,如果人们认为国家的法律秩序之上,就不能设想有任何其他秩序对国家或代表国家的个人加以约束……只有作为一个规范性秩序,而不是作为一个行为的人格者,国家才能是在真正意义上'主权的'。因为,作为一个行为的人格者的国家,就意味着作为国家机关而行为的个人,而这个人正是以作为国家机关的资格而受法律秩序支配的。"([奥]凯尔森:《国际法原理》,王铁崖译,华夏出版社1989年版,第91页。转引自刘小枫:《公法学家施米特:现代人及其敌人》,华夏出版社2005年版,第164页。)可见,凯尔森似乎并未对主权(者)概念和国家概念的差异作出明确的认识,并试图以规范同时消解主权与国家。

民的幸福寓于常态,却又必须在对之进行否定的非常态中重新获得肯定;在非常态中"神迹"照亮了通往常态的道路,在常态中却恰恰拒绝"神迹"的破坏性。

因此,将"法律状态—国家——例外状态—主权者"的双元结构都纳入视野,才是全局性地考察人类行动。而凯尔森的国家—法律一元论只是对法律状态下公共人格被动面向的理论把握,却无法涵盖例外状态下公共人格的主动面向。换言之,国家—法律一元论仅在一定条件下能够被接受并彰显其价值——就现代法治国家而言,常态下的政治都是"规范政治",其意味着法律对政治权力的规约,而如上所述国家与法律的同一化正是对此提供了坚实的理论基础——在这一条件之内,对国家—法律一元论的攻击就是有失公允的;然而,一旦突破这一条件的限定,把讨论域设定在例外状态中——这是作为有限理性存在的人类无法以既定实在法规范驯服的状态——政治就释放出其激烈的、"横冲直撞"的野性或曰原始生命力,此时国家—法律一元论(更确切言之,将主权者与国家混淆的国家—法律一元论)就必须偃旗息鼓,〔49〕政治舞台将让给显圣的主权者。〔50〕

其实,当我们审视凯尔森的基础规范概念时,可以说,它就是法律状态—国家与例外状态—主权者之间的界碑性概念。界碑的一面朝向法律状态,这种状态希望封印任何失范因素,因为失范意味着政治生活被抛入一个"法律零度"的

---

〔49〕 "从法治国的视角来看,法律本质上是规范……从政治的法律概念来看,法律是具体的意志和命令,是主权行为……一个始终如一的、完整自足的法治国力图压制政治的法律概念,目的是要用'法律的主权'来取代一种具体存在着的主权。也就是说,它实际上不想回答主权的问题。"([德]卡尔·施米特:《宪法学说》,刘锋译,上海人民出版社2005年版,第158页。)

〔50〕 对凯尔森国家—法律一元论的定位,除了从主权者—国家二元结构中理解之外。还有一种也颇具价值的观点,即国家—法律一元论适合单纯的法学思考,但是除了这个国家的法律概念,还存在国家的现实概念。二者的关系是,现实意义的国家是一种基础,在此基础上,法律(也即法律意义上的国家)应当但并非(在事实上)必然得以实现。这就好比,"科学"一词既意味着认识活动的真理性标准,也意味着将科学真理与科学谬误包含其中的历史性的文化概念。(参见[德]古斯塔夫·拉德布鲁赫:《法哲学》,王朴译,法律出版社2005年版,第183~185页。)这种观点可以说,回应了凯尔森对传统国家法学国家作为"有分裂半身的怪物"的批判。

空间,如此,被认为是理性之光和自由之盾的“去人格化”的规范统治将就此没落。界碑的另一面则朝向例外状态,这种状态中,法律得以正常实施的条件不复存在,而主权者作为“活的法律”展开行动,并将在重新安顿政治生活后再次返归法律状态。(与此相应,以基础规范为界,朝向法律状态的一面主要是“法律科学”研究对象,而朝向例外状态的一面则主要是政治学的研究对象。)界碑两面的结合,就是人类行动领域的完整图示。

## 五、结　　语

凯尔森的纯粹法学以其“双重纯粹性”和基础规范淋漓尽致地彰显了现代性帷幕拉开之后,人类理性权威的跃升及其导致的现代性症状。一方面,无论是规范命题(它意味着人类在自然面前通过创造与实施规范而实现自治),还是分离命题(它意味着人类不再诉诸超验价值以奠定世俗政治法律的根基)以及纽结二者的作为法律先验逻辑前提的基础规范,还有对国家—法律二元论的祛魅,都昭示着人类理性的勃勃雄心和巨大潜能。然而另一方面,也暴露出人类对自身理性的过于自负,以致忽视了自身理性也有其单薄和疲敝:一味强调应然凌驾于实然的权威,在道德生活的“诸神之争”面前保持缄默,企图永久封印主权者行动,这些都将使人类无法清醒认识和坚定面对自身的真实存在。

## The Myth of Reason:The Symptom of Modernity in the Pure Theory of Law

Dong Jingshu

**Abstract**: Kelsen's pure theory of law obviously reflects the symptom of modernity as reason worship in the field of jurisprudence. On the one hand, the normativity thesis mirrors human's rational autonomy, the separation thesis discards transcendent value to justify secular politics, the basic norm endows human's reason with the role of God, and the critique on state-law dualism also shows the ambition of human's reason. But on the other hand, because human are limited rational existence, the "myth of reason" has defects, and pure theory of law cannot be completely "pure". The authority of "ought" which surpasses "is" is dubious, the pluralism of moral life erodes the foundation of community, and the attempt to seal the sovereign means inability when confronted with the state of exception. From the perspective of modernity, we can have a more vivid, deeper and all-round understanding of pure theory of law.

**Key words**: Moderntiy; Pure theory of law; Reason; Norm

# 公法学专栏:国家组织法

# 机关、机关法人与国家法人说

## ——基于国家组织法的考察*

王 锴**

**内容摘要：**

从我国宪法的规定来看，机关、组织、机构、部门构成了我国国家组织法的基础性概念。在法学上，机关是相对于法人而言的，机关并非法人，而是法人的一部分，机关使法人具有了行为能力。组织更多是描述性的，它源自国家有机体的理论。目前，机关法人说带来的最大问题就是归责上的困难。

**关键词：**

机关　机构　组织　部门　机关法人　国家法人说

如果把宪法定位为调整国家与公民之间关系的法，那么无疑，基本权利和国家组织就是宪法学最重要的两极。[1] 改革开放以来的40年，我国宪法学在

---

* 北京市习近平新时代中国特色社会主义思想研究中心重点项目、北京市社科基金重点项目《健全宪法监督体系和机制研究》(18KDAL044)、全国人民代表大会常委会基本法委员会基本法研究项目《香港法院引用国外公法判例问题研究》(JBF201803)的阶段性成果。

** 北京航空航天大学法学院教授、博士研究生导师。

〔1〕 比如，在德国，宪法教科书一般分为“国家法1：国家组织法”和“国家法2：基本权利”两本。美国、日本的宪法教科书中也有区分两者的例子，参见Otis H. Stephens, *American Constitutional Law*, *Volume* 1: *Sources of Power and Restraint*, Belmont, CA: Thomson/Wadsworth, 2008; Otis H. Stephens, *American Constitutional Law*, Volume 2: Civil Rights and Liberties, Belmont, CA: Thomson/Wadsworth, 2008; *Ralph A. Rossum*, *American Constitutional Law*, Volume 1: The Structure of Government, Belmont, *CA: Thomson/Wadsworth*, 2007; Ralph A. Rossum, *American Constitutional Law*, Volume 2: The Bill of Rights and Subsequent Amendments, Belmont, *CA: Thomson/Wadsworth*, 2007; 阿部照哉、池田政章、初宿正典、户松秀

经历了从宪法基础理论到基本权利的“红火”之后,随着党的十八届四中全会《关于全面推进依法治国若干重大问题的决定》提出“完善国家机构组织法”以及2018年3月《中共中央关于深化党和国家机构改革的决定》的颁布,国家组织法开始成为宪法学关注的焦点。但是,如何开展国家组织法的研究?即使将法教义学作为国家组织法的核心方法,[2]我国的国家组织法仍然面临着从概念到体系到适用的“三重匮乏”。笔者试图从基础的概念分析,为国家组织法的构建“加砖添瓦”。

## 一、机关、组织、机构、部门的内涵

国家组织法的研究对象自然是国家组织,但实际上,我国宪法中出现“组织”这个词的时候往往与国家无关(见表1),而且《宪法》第三章的标题是“国家机构”。同时,宪法上出现最多的与国家组织相关的概念却是“机关”(一共出现了84次),2018年修宪后又出现了“执法部门”这个新概念。可以说,机关、组织、机构、部门构成了我国国家组织法的基础性概念。那么,这些概念之间到底存在什么区别与联系呢?

**表1 我国宪法中“机关”“组织”“机构”“部门”的表述及其所在位置**

| 机关 | 组织 | 机构 | 部门 |
| --- | --- | --- | --- |
| 国家机关(序言第13自然段、第5条、第27条、第36条、第41条、第71条)、国家机关工作人员(第44条、第104条)、地方国家机关(第115条) | 统一战线组织(序言第10自然段) | 国家机构(第3条、第62条) | 国务院各部部长、各委员会主任负责本部门工作(第90条) |

典编著:《宪法》(上·总论、统治机构篇),周宗宪译,中国政法大学出版社2006年版;阿部照哉、池田政章、初宿正典、户松秀典编著:《宪法》(下·基本人权篇),周宗宪译,中国政法大学出版社2006年版。

[2] 参见张翔:《中国国家机构教义学的展开》,载《中国法律评论》2018年第1期。

续表

| 机关 | 组织 | 机构 | 部门 |
|---|---|---|---|
| 人民行使国家权力的机关(第2条) | 企业事业组织(序言第13自然段、第5条、第44条、第91条) | 行政机构(第89条) | 国务院各部门(第91条) |
| 行政机关(第3条、第65条、第91条、第103条、第127条、第131条、第136条)、国家行政机关(第110条)、最高国家行政机关(第85条)、地方各级国家行政机关(第89条、第105条)、上级国家行政机关(第107条);省、自治区、直辖市的国家行政机关(第89条) | 任何组织(第1条、第5条、第9条、第10条、第12条、第15条、第40条) | 国家的财政金融机构(第91条) | 县级以上的地方各级人民政府领导所属各工作部门(第108条) |
| 监察机关(第3条、第65条、第103条、第127条)、国家的监察机关(第123条)、最高监察机关(第125条、第137条) | 农村集体经济组织(第8条) | — | 执法部门(第127条) |
| 审判机关(第3条、第65条、第103条、第127条)、国家的审判机关(第128条)、最高审判机关(第132条) | 城乡集体经济组织(第8条、第42条) | — | — |
| 检察机关(第3条、第40条、第65条、第103条、第127条)、最高检察机关(第137条) | 劳动组织(第14条) | — | — |
| 自治机关(第4条、第95条、第112条、第115条、第117条、第118条、第119条、第120条) | 集体经济组织(第17条、第21条) | — | — |
| 公安机关(第37条、第40条、第140条) | 其他经济组织(第18条、第21条) | — | — |

续表

| 机关 | 组织 | 机构 | 部门 |
| --- | --- | --- | --- |
| 最高国家权力机关(第57条、第62条);省、自治区、直辖市国家权力机关(第67条)、地方国家权力机关(第96条)、地方各级国家权力机关(第105条)、国家权力机关(第126条、第133条、第138条) | 外国经济组织(第18条) | — | — |
| 常设机关(第57条) | 街道组织(第21条) | — | — |
| 受质询的机关(第73条) | 民兵组织(第55条) | — | — |
| 执行机关(第85条、第105条) | 基层群众自治性组织(第111条) | — | — |
| 审计机关(第91条、第109条)、地方各级审计机关(第109条)、上一级审计机关(第109条) | — | — | — |
| 法律监督机关(第134条) | — | — | — |

(一)机关

汉语中的“机关”有以下四个意思:(1)机械发动的部分,也指某种有自动装置的器械或设备,如机关枪;(2)办事单位或机构,如学术研究机关或者国家行政机关;(3)心机、计谋,如机关算尽;(4)事物发动的表征、关键。[3] 显然,与国家组织法上的机关贴近的是第二个含义。据学者考证,汉语的“机关”本来只有第三层意思,而作为国家组织法上的机关用法来自日语的原语借词。[4] 我国最早在宪法中使用“机关”这个概念的是1911年清王朝制定的《重大信条十九

[3] 夏征农主编:《辞海》(缩印本),上海辞书出版社2000年版,第1510页。

[4] [意]马西尼:《现代汉语词汇的形成——十九世纪汉语外来词研究》,黄河清译,汉语大词典出版社1997年版,第221页。

条》,该文件第17条规定,国务裁判机关,由两院组织之。此后的贿选宪法(1923年《中华民国宪法》)、《中华民国训政时期约法》、五五宪草(《中华民国宪法草案》)、1947年《中华民国宪法》乃至1931年《中华苏维埃共和国宪法大纲》、1941年的《陕甘宁边区施政纲领》、1946年的《陕甘宁边区宪法原则》以及1949年的《中国人民政治协商会议共同纲领》都延续了这一概念。

"机关"的英文是"Organ",该词源自希腊和拉丁语,原意是指器官,即身体的一部分。[5] 如果说器官是相对于自然人而言的,那么,机关就是相对法人而言的,机关就是法人身体中的"器官"。法人是法律为了对多数人的行为进行归责所创设的。[6] 法人与自然人的区别在于,它是一种法律的构造物。因此,自然人的行为能力来自本性,但是对法人这个人造的组织体而言,也只有人方能作出行为,我们将法人的行为人就称为法人的机关。[7] 伯肯弗尔德(Ernst-Wolfgang Böckenförde)认为,机关概念有三个层面:(1)规范—制度层面,它使机关与机关中具体作出行为的自然人分开;(2)法律—结构层面,它是指机关与法人或者"国家人格体"(Staatsperson)之间的一种关系,机关作为一个独立的享有管辖权的主体,但并非最终的责任主体,而是为法人行使管辖权的主体;(3)法律主体层面,机关只具有相对的权利能力,主要是在组织权利领域(针对组织内部)。[8]

机关与法人的区别在于,法人有权利能力,即享有权利和义务。如同自然

---

[5] Walter Krebs, *Verwaltungsorganisation*, in: *Josef Isensee und Paul Kirchhof*( *Hrsg.* ), Handbuch des Staatsrechts der Bundesrepublik Deutschland, Band V, C. F. Müller Verlag, Heidelberg, 2007, S. 458.

[6] Josef Isensee, *Anwendung der Grundrechte auf juristische Personen*, in: *Josef Isensee und Paul Kirchhof*( *Hrsg.* ), Handbuch des Staatsrechts der Bundesrepublik Deutschland, Band IX, C. F. Müller Verlag, Heidelberg, 2011, S. 918.

[7] [德]哈里·韦斯特曼著,哈尔姆·彼得·韦斯特曼修订:《德国民法基本概念》(第16版),张定军、葛平亮、唐晓琳译,中国人民大学出版社2014年版,第23页。

[8] Ernst-Wolfgang Böckenförde, *Organ*, *Organsiation*, *Juristische Person*: *Kritische Überlegungen zu Grundbegriffen und Konstruktionsbasis des staatlichen Organisationsrechts*, in: *Christian-Friedrich Menger*( *Hrsg.* ), Fortschritte des Verwaltungsrecht: Festschrift für Hans J. Wolff zum 75. Geburtstag, C. H. Beck'sche Verlagsbuchhandlung, München, 1973, S. 270.

人通过手脚来行为一样,法人通过设立机关来为其行为。但是,机关作为法人"身体"的一部分,无法享有权利能力,机关的行为最终都归责于法人。按照沃尔夫(Hans J. Wolff)的说法,机关是暂时行使法人自己的管辖权。[9] 但严格来说,机关也不能作出行为,行为最终只能由自然人作出,这就是所谓的机关工作人员(Organwalter)。机关工作人员通过事实上的人的行为来履行机关赋予的职能和任务,机关工作人员的行为(如议会的议员)在法律上首先是机关的行为(议会的行为),并最终归属于机关主体(Organträger),即法人。[10]

关于机关的分类:(1)并非所有的机关都是国家机关,如私法人,也有自己的机关。这就是"国家机关"这个概念存在的意义。(2)一个法人可以设立多个机关,这些机关具有不同的职能。对于国家来说,权力分工主要是在机关这个层面实现的。由此,行政机关、检察机关、审判机关、监察机关乃至公安机关、审计机关代表了不同的管辖权领域。但需要注意的是,之所以有行政机关和国家行政机关的区分,就在于行政机关并非都是国家的,[11] 因为公法人中除国家外,还存在非国家的公法人,如公法社团、公法财团、公营造物,它们也有自己的行政机关。(3)一个法人的机关首先可以分为意思形成机关、意思表达机关和监督机关,在私法人中,三者分别对应股东大会、董事会(理事会)和监事会。[12] 对国家这个公法人来说,三者分别对应国家权力机关、执行机关和法律监督机关。(4)在我国,之所以有地方国家机关的概念(将地方与国家并列),根本原因在于,对地方法人资格的否定,不存在地方的机关,所有的机关都是国家这个法人的机关,只不过设在地方而已。因此,地方国家机关就是设在地方的国家机关之义。即使是自治机关,也并不代表民族自治地方是独立的法人,因为根

---

〔9〕 Ernst-Wolfgang Böckenförde, *Organ, Organsiation, Juristische Person: Kritische Überlegungen zu Grundbegriffen und Konstruktionsbasis des staatlichen Organisationsrechts*, in: *Christian-Friedrich Menger (Hrsg.)*, Fortschritte des Verwaltungsrecht: Festschrift für Hans J. Wolff zum 75. Geburtstag, C. H. Beck'sche Verlagsbuchhandlung, München, 1973, S. 274.

〔10〕 *Stefan Korioth & Michael Wolfgang Müller*, Staatsrecht I, 3. Aufl., Verlag W. Kohlhammer, Stuttgart, 2016, S. 116.

〔11〕 Hartmut Maurer, *Allgemeines Verwaltunsrecht*, 18. Aufl., Verlag C. H. Beck, München, 2011, S. 540.

〔12〕 参见朱庆育:《民法总论》(第 2 版),北京大学出版社 2016 年版,第 424 ~ 426 页。

据《宪法》第115条,自治区、自治州、自治县的自治机关行使《宪法》第三章第五节规定的地方国家机关的职权,同时依照《宪法》、《民族区域自治法》和其他法律规定的权限行使自治权,根据本地方实际情况贯彻执行国家的法律、政策。由此可见,自治机关的特殊性仅仅在于相比民族自治地方的其他地方国家机关(如法院、检察院),该机关行使自治权而已。(5)常设机关是相对非常设机关而言的。我国《宪法》第57条规定,中华人民共和国全国人民代表大会是最高国家权力机关。它的常设机关是全国人民代表大会常务委员会。这主要是因为全国人民代表大会的会期较短,故全国人民代表大会经常处于闭会的状态。但是,如何理解《宪法》第57条"它的常设机关"这一用语?因为这里的"它"显然是指全国人民代表大会,既然全国人民代表大会本身也是机关(最高国家权力机关),那么,它的机关会不会因此产生"机关的机关"的后果?对此,笔者认为,如果对照政府与部委的关系,就不会产生上述的疑虑。如在德国,联邦政府是由总理和联邦各部部长组成,此时,总理和各部部长具有双重属性:一方面,它们是联邦政府这个机关的组成部分;另一方面,它们又是享有独立权限的独立机关。[13] 这其中的原因就在于,联邦政府的权限主要是政治领导权限,这种政治领导权限带有很强的政治性,与具体的、事务性的行政管理权限是不同的。[14] 因此,机关内部能否存在机关,关键在于两者的权限是否独立,如果后者行使的权限可以被前者包含,那么,后者只能是前者的一部分,而不能成为独立的机关。从我国《宪法》第62条和第67条列举的全国人民代表大会和全国人民代表大会常委会的权限来看,两者并非完全重合,因此,全国人民代表大会常委会作为全国人民代表大会这个最高权力机关的常设机关的原因就在于:一方面,两者的人员具有重合性,全国人民代表大会常委会的组成人员同时也是全国人民代表大会代表;另一方面,全国人民代表大会常委会又享有不同于全国人民代表大会的权限。(6)所谓"最高机关"是指该机关不受其他机关领导之义。这里的领导不是抽象的政治上的领导或合法性

---

〔13〕 *Stefan Korioth & Michael Wolfgang Müller*, Staatsrecht I, 3. Aufl., Verlag W. Kohlhammer, Stuttgart, 2016, S. 213.

〔14〕 Christoph Degenhart, *Staatsrecht I: Staatsroganisationsrecht*, 32. Aufl., C. F. Müller, Heidelberg, 2016, S. 297. 这从我国《宪法》第89条所列举的国务院的职权中也可以看出,多次出现"领导"的字眼。

的监督,而是业务上的领导或者专业性的监督。比如,在德国,联邦法院、联邦行政法院、联邦财政法院、联邦劳动法院、联邦社会法院都属于联邦的最高法院,但并不认为是联邦最高机关,因为它们要接受联邦司法部的业务监督。[15]

(二)组织(Organisation)

法学上通常将组织界定为一种社会产物(soziales Gebilde),它持续地追求某种目标且具有一种形式上的结构,借助成员的积极活动来实现该目标。[16] 布尔(Hans Peter Bull)和梅德(Veith Mehde)认为,从原初含义上讲,组织是一种履行任务的工具,因为组织的词根是机关。[17] 根据沃尔夫的说法,组织是从社会事实上来讲的,而机关是从规范上来讲的。[18] 学者阿斯曼(Eberhard Schmidt-Aßmann)将现实存在的组织分为六种类型:等级结构的组织(行政组织、民兵组织、街道组织)、合议结构的组织(如统一战线组织)、学术性的专业组织、自我管理的组织(如基层群众自治组织、劳动组织)、经济企业组织(如各种经济组织)、中介组织(如事业组织)。[19] 这种划分基本上可以涵盖我国《宪法》中所规定的各种组织。

根据伯肯弗尔德的考证,组织、机关、有机体(Organismus)这些概念最初并非用于政治社会领域,而是来自对自然的描述和自然科学,是指自然物、生物或

---

[15] 参见王锴:《论宪法上的首都》,载《中国法律评论》2017 年第 6 期。

[16] Thomas Groß, *Die Verwaltungsorganisation als Teil organisierter Staatlichkeit*, in: *Wolfgang Hoffmann-Riem/Eberhard Schmidt-Aßmann/Andreas Voßkuhle* (*Hrsg.*), Grundlagen des Verwaltungsrechts, Band I, 2. Aufl., Verlag C. H. Beck, München, 2012, S. 907.

[17] Hans Peter Bull & Veith Mehde, *Allgemeines Verwaltungsrecht mit Verwaltungslehre*, 8. Aufl, C. F. Müller Verlag, Heidelberg, 2009, S. 161.

[18] Ernst-Wolfgang Böckenförde, *Organ*, *Organsiation*, *Juristische Person*: *Kritische Überlegungen zu Grundbegriffen und Konstruktionsbasis des staatlichen Organisationsrechts*, in: *Christian-Friedrich Menger* (*Hrsg.*), Fortschritte des Verwaltungsrecht: Festschrift für Hans J. Wolff zum 75. Geburtstag, C. H. Beck'sche Verlagsbuchhandlung, München, 1973 S. 275.

[19] Eberhard Schmidt-Aßmann, *Das allgemeine Verwaltungsrecht als Ordnungsidee*: *Grundlagen und Aufgaben der verwaltungsrechtlichen Systembildung*, 2. Aufl., Springer, Heidelberg, 2006, S. 253.

者人。用于政治社会领域更多是一种比喻和类比。[20] 组织的概念进入政治生活可以追溯到法国大革命。其目的不是摆脱静态的归类,而是一种意志活动的结果,即一种有意识的形成和基于某种目的的安排。组织这个概念还与构建(宪法)和制宪权的使用有密切的关系。[21] 由此,国家和宪法都是民族的有组织活动的产物。法国大革命不仅带来了组织的概念,而且还引起了对国家的本质和性质的哲学反思。有机体的理论就是在这时被引入的。根据康德的理论,有机体与机械体(Mechanismus)不同,有机体中的部分可以产生另一部分,比如,树木的叶子的生长发育取决于树干的作用。但是机械体中的部分并不能产生另一部分,因此,有机体具有自我组织的本质,即拥有一种形成力。[22] 对费希特来说,有机体不仅能够自我发展,而且它知道它将自我发展,因此,它必须拥有统一的意识。在当时的辞典中,对有机体的定义是,每一个部分都不仅是手段,而且同时是目的。它参与整体的存在,通过整体的理念去确定自身的位置和功能。[23] 而机械体的产生来自外部,缺乏部分为了整体利益和功能的自动参与。国家之所以是有机的就在于,它的整体不仅能够影响部分,而且也能从部分得到有效的反馈。受到黑格尔的影响,当时国家被理解为一个道德—精神有机体。这种伦理有机体的本质在于,它是有自我意识的,是活的,即它是主体,它的内部秩序是精神的产物。国家作为有机体还意味着国家虽然是由部分组成的,但是各个部分并非分散而是被组织成一个整体。这样,有机体与组织就产生了联系,组织被定义为各个有意识的部分所组成的有意识的活的统一体。由此,使国家与人民相联系,国家是人民去实现他们更好的生存任务的组织,是人民有组织的表现,是人民的具体化。[24] 最终,黑勒将组织概念作为国家的存在方式,即有组织的决定和行为统一体。这意味着国家的意志不是自然赋予

---

〔20〕 Ernst-Wolfgang Böckenförde, *Organ*, *Organismus*, *Organisation*, *politischer Körper*, in: *Otto Brunner*, *Werner Conze und Reinhart Koselleck* ( *Hrsg.* ), Geschichtliche Grundbegriffe, Band 4, Klett, Stuttgart, 1978, SS. 519 – 520.

〔21〕 a. a. O., SS. 566 – 568.

〔22〕 a. a. O., S. 581.

〔23〕 a. a. O., SS. 588 – 589.

〔24〕 a. a. O., S. 592.

的,而是被组织起来的。[25]

(三)部门(Behörde)

部门在我国原来是指政府的工作部门。根据《地方各级人大和地方各级政府组织法》第 64 条,该工作部门在省、自治区、直辖市的人民政府,是指“厅、局、委员会等”;在自治州、县、自治县、市、市辖区的人民政府,是指“局、科等”。2018 年修宪增加了“执法部门”的概念,根据中央纪检委和国家监察委法规室的解释,此处的“执法部门”是指公安机关、国家安全机关、审计机关以及质检部门、安全监管部门等行政执法部门。[26] 似乎执法部门仍然是针对政府的工作部门,只不过强调这些部门对外享有执法职能而已。另外,我国立法中还有“组成部门”和“主管部门”的说法。[27] 那么,部门到底是指什么呢?《辞海》给“部门”下的定义有两个:(1)国民经济中因社会分工而形成的同类职能的企业、事业单位的总和,如工业部门、农业部门;(2)机关、企业或事业单位内部担负一定职能的部分。[28] 可见,部门的原意就是“部分”,是一种根据职能分工对整体进行的划分。比如,在我国国务院的工作部门中,只有各部委、审计署、中国人民银行被称为“组成部门”,这其中的原因就在于,组成部门是行使基本的行政管理职能,所谓“基本”是就行政管理职能的主要划分而言的,而其他的直属机构、各组成部门管理的机构虽然也行使行政管理职能,而这些职能都并非基本的,而是基于其特殊性(如内容特别繁杂、性质特别重要),有必要设置专门的机关来进行管理。

部门的概念类似于德语上的“Behörde”。部门有不同的含义:(1)广义的部门,是指任何能够履行公共行政任务的岗位(Stelle)。这是一种功能意义的理解,无论是机关或者其机构甚至自然人,只要在具体个案中履行了公共行政的

[25] Ernst-Wolfgang Böckenförde, *Organ*, *Organismus*, *Organisation*, *politischer Körper*, in: *Otto Brunner*, *Werner Conze und Reinhart Koselleck* (*Hrsg.*), Geschichtliche Grundbegriffe, Band 4, Klett, Stuttgart, 1978, S. 620.

[26] 参见《〈中华人民共和国监察法〉释义》,中国方正出版社 2018 年版,第 65 页。

[27] 参见《国务院行政机构编制和管理条例》第 6 条、《地方各级人大和地方各级政府组织法》第 66 条。

[28] 参见夏征农主编:《辞海》(缩印本),上海辞书出版社 2000 年版,第 559 页。

任务,都可以成为部门。[29] (2)组织意义上的部门,是指一个行政主体的机关,它有权对外从事有效的公法上的行政活动。组织意义上的部门并非指所有的工作部门,而仅仅是可以对外行为的业务部门,而不包括仅向领导提供咨询建议的部门。从我国《国务院行政机构设置和编制管理条例》来看,部门主要包括办公厅、办事机构[30]和议事协调机构(当然,在特殊或紧急情况下,议事协调机构可以规定临时性的行政管理措施)。(3)实践意义上的部门,是指能够作出行政处理(Verwaltungsakte)的组织,同时,部门可以成为行政诉讼中撤销之诉或者课予义务之诉的诉讼代表人。[31] 这是因为德国《联邦行政程序法》和《联邦行政法院法》都使用了部门的概念。[32]

那么,部门和机关有何区别呢?对此,德特贝克(Steffen Detterbeck)讲得清楚,机关行使法人的管辖权和权力,而行政主体通过部门行为。[33] 也就是说,部门是相对行政主体而言的,[34]机关是相对法人而言的,两者是不同的范畴。因为行政主体并不都是法人,行政主体也可能是自然人,比如,作为行政权力受托

---

[29] Steffen Detterbeck, *Allgemeines Verwaltungsrecht mit Verwaltungsprozessrecht*, 15. Aufl., C. H. Beck, München, 2017, SS. 45 – 46.

[30] 在“叶某来、胡某诉浙江省人民政府信息公开案”中,最高人民法院指出,浙江省政府法制办公室是浙江省政府的办事机构,其职能定位为浙江省政府负责同志的参谋助手和法律顾问,浙江省政府法制办公室本身不具有独立的行政管理职能,也不对外行使行政管理职权。参见最高人民法院第三巡回法庭编著:《最高人民法院典型行政案件裁判观点与文书指导》,中国法制出版社 2018 年版,第 118 页。

[31] Ulrich Battis, *Allgemeines Verwaltungsrecht*, 3. Aufl., C. F. Müller Verlag, Heidelberg, 2002, SS. 66 – 67.

[32] Jörn Ipsen, *Allgemeines Verwaltungsrecht*, 8. Aufl., Verlag Franz Vahlen, München, 2012, S. 61.

[33] Steffen Detterbeck, *Allgemeines Verwaltungsrecht mit Verwaltungsprozessrecht*, 15. Aufl., C. H. Beck, München, 2017, S. 48.

[34] 行政主体(Verwaltungsträger)就是拥有权利能力或者至少是部分权利能力的行政单位(Verwaltungseinheit),同时也是行政诉讼法上的归责主体。Vgl. Martin Burgi, *Verwaltungsorganisationsrecht*, in: *Hans-Uwe Erichsen und Dirk Ehlers* (*Hrsg.*), *Allgemeines Verwaltungsrecht*, 14. Aufl., De Gruyter, Berlin/New York, 2010, SS. 277 – 278.

人的自然人。[35] 此时,自然人属于功能意义上的部门,但他不是机关,因为他自己就可以作出行为。

(四)机构(Organteil)

《辞海》对机构的解释如下。(1)各组成部分间具有一定的相对运动的装置,能传递、转换运动或实现某种特定的运动。如钟表的齿轮机构和车床的走刀机构等。可把一切机器看作由机构或机构系统组成。(2)泛指工作机关或工作单位,也指机关、单位的内部组织。[36] 由此可见,机构的本意是指机关的内部组织,但是经常被用来泛指机关乃至单位。我国《宪法》上的"机构"都属于后者,并且具体表现为三种形式。(1)机构是机关的总和,比如《宪法》第三章的题目是"国家机构",而根据我国宪法学的通说,国家机构即所有国家机关的总称。[37] 但是,在1982年《宪法》的英文版中对"国家机构"的翻译却是"The Structure of the State Section",同时,1982年《宪法》的德文版也将"国家机构"翻译为"Staatsaufbau",无论是"Structure"还是"Aufbau"都倾向于结构,而看不出来宪法学界常讲的"机构是机关的总称"的意思。(2)机构包括机关及其内部组织。比如,《宪法》第89条第17项,国务院有权审定行政机构的编制。根据1997年的《国务院行政机构设置和编制管理条例》,国务院有权审定编制的包括国务院办公厅、国务院组成部门、国务院直属机构、国务院办事机构、国务院组成部门管理的国家行政机构和国务院议事协调机构以及它们的司级内设机构和处级内设机构。(3)机构是机关以及其他非机关组织的总称。比如《宪法》第91条,国务院设立审计机关,对国务院各部门和地方各级政府的财政收支,对国家的财政金融机构和企业事业组织的财务收支,进行审计监督。根据

---

[35] 如《铁路法》第55条,在列车内,寻衅滋事,扰乱公共秩序,危害旅客人身、财产安全的,铁路职工有权制止。《民用航空法》第46条第1款,飞行中,对于任何破坏民用航空器、扰乱民用航空器内秩序、危害民用航空器所载人员或者财产安全以及其他危及飞行安全的行为,在保证安全的前提下,机长有权采取必要的适当措施。《海商法》第36条第1款,为保障在船人员和船舶的安全,船长有权对在船上进行违法、犯罪活动的人采取禁闭或者其他必要措施,并防止其隐匿、毁灭、伪造证据。

[36] 夏征农主编:《辞海》(缩印本),上海辞书出版社2000年版,第1511页。

[37] 《宪法学》编写组编:《宪法学》,高等教育出版社、人民出版社2011年版,第242页。

审计署的职能列举,审计署财务审计的对象包括:“使用中央财政资金的事业单位和社会团体的财务收支”“中国人民银行、国家外汇管理局的财务收支”“国务院部门、省级人民政府管理和其他单位受国务院及其部门委托管理的社会保障基金、社会捐赠资金及其他有关基金、资金的财务收支”“国家驻外非经营性机构的财务收支”。[38] 这其中,国务院各部门、中国人民银行、国家外汇管理局是行政机关无疑,但“事业单位、社会团体甚至基金会”则既不是机关,也不是机关的内部组织。我国《宪法》上对机构的用法明显与行政法上对机构的用法相冲突。这是因为在行政法上,机构往往是指机关的下级组织,例如,《最高人民法院关于适用〈中华人民共和国行政诉讼法〉的解释》第20条中,多次使用了“行政机关组建的机构”“行政机关内设机构、派出机构”的用语,都表明机构是不可能与机关“平起平坐”的。

那么,机构到底是在机关之上,还是在机关之下?根据德国法,机关内部可以再被分为机构(Organteil),但它们不能对外独立代表法人行为,更多是机关内部的非独立组织。[39] 比如,联邦众议院是机关,其内部的机构包括:包含议长的主席团、[40]元老会、[41]党团、委员会、议员。[42] 更具体地说,机构没有自己的

〔38〕《审计署简介》,载中华人民共和国审计署网:http://www.audit.gov.cn/n10/n14/index.html,2018年7月1日最后访问。

〔39〕 Stefan Korioth & Michael Wolfgang Müller, *Staatsrecht I*, 3. Aufl., Verlag W. Kohlhammer, Stuttgart, 2016, S. 115.

〔40〕主席团由议长和他的副手(副议长)组成,每个党派在主席团中都至少有一个代表,主要负责执行议会的秩序规则、与议会行政有关的组织和技术性的事项。

〔41〕元老会是由议会主席团和另外23名各党派指定的成员组成,元老会是议会的协商机构,议长领导它的运行。它的目的是在政党和主席团之间就议会的内部事务(如会议日期、议事日程、委员会的主持)进行协商,从而达成合作。

〔42〕 Stefan Korioth & Michael Wolfgang Müller, *Staatsrecht I*, 3. Aufl., Verlag W. Kohlhammer, Stuttgart, 2016, S. 117. 机构之下再分就是职位(Amt),职位是最小的行政单位,是指制度性的管辖权范围或者职责范围。职位被分配给一个自然人,即职员(Amtswalter),他执行该职位所赋予的任务。机关可以只是一个人组成,同时也是一个职位,比如,联邦总统。因此,职员往往也是机关工作人员。

管辖权,而是参与机关的管辖权。[43] 可见,判断一个行政组织是机关还是机构关键就在于其独立性。我国台湾地区学者吴庚教授曾经提出如下3个判断标准:有无单独的组织法、有无独立的编制和预算、有无印信。3项都具备的为行政机关,否则属于行政机构。[44] 但是,笔者认为,这3项标准都值得商榷:(1)行政机关的设置有组织法的依据,一般来说,政府的组织法都体现为法律,如国务院有《国务院组织法》,地方各级政府有《地方各级人大和地方各级政府组织法》。而政府工作部门的组织法主要是各级编制管理委员会办公室的"三定方案"(定职能、定机构、定编制)。但是,从现实来看,并非所有的机关都有"三定方案"。比如,我国的交通管理局都隶属于公安机关,如果按照"三定方案"都属于公安机关的内设机构,但实际上,它们是行政机关,享有独立的职权,却没有自己的"三定方案"。[45] (2)行政机关虽然有自己的人事和财务部门,但这并不意味着它的人事和财务就是独立的。众所周知,行政机关的经费来自同级财政预算,并不能随意支配使用。同时,在我国,行政机关的人事任命是由人大及其常委会乃至组织部门决定的,行政机关并无自我决定权。(3)根据1999年《国务院关于国家行政机关和企业事业单位社会团体印章管理的规定》,不仅行政机关可以刻制印章,而且行政机关的内设机构也可以刻制印章,因此,也无法将"有无印信"作为区分机关和机构的标准。笔者认为,区分机关和机构的真正标准在于职权的独立性,既然机关是权力分工的产物,那么机关的独立性主要体现为职权的独立性。诚如前述,政府和政府工作部门之所以是两个机关而非一个机关,就在于两者的职权是不重合的。政府工作部门行使的并非就是政府的职权。反之,机构之所以缺乏独立性,就在于其职权的不独立,也就是说,行政机构行使的是所在机关的职权,机构的权限并没有超出所在机关的权限范围,因此,它只能作为行政机关的一部分。

---

[43] Stephan Kirste, *Theorie der Körperschaft des öffentlichen Rechts: Verwaltungshistorische, organsationstheoretische und verwaltungsorganisationsrechtliche Aspekte*, Universitätsbibliothek Heidelberg, 2017, S. 384.

[44] 参见吴庚:《行政法之理论与实用》,中国人民大学出版社2005年版,第119页。

[45] 《道路交通安全法》第5条规定,县级以上地方各级人民政府公安机关交通管理部门负责本行政区域内的道路交通安全管理工作。

## 二、国家法人说

诚如前述，机关是相对法人而言的，因此，国家机关这个概念成立的前提就是国家作为法人。[46] 关于国家法人说，王天华教授已作过深入的探讨，[47] 笔者仅择其要点，并就其晚近的发展进行论述。

### （一）国家法人说的产生与发展

从德国国家法人说的发展过程来看，基本上可以划分为两个阶段：前期以阿尔布莱希特、格贝尔、拉班德为代表，主要是以国家法人说来协调立宪国家与君主之间的关系；后期以耶林内克、凯尔森和沃尔夫为代表，主要是以国家法人说来进行公法上的归责。

1. 前期

目前比较公认的看法是，国家法人说最早是学者阿尔布莱希特（Wilhelm Eduard Albrecht）提出的。阿尔布莱希特所处的时代正值德国国家法学新旧理论的交替时期，他代表新兴的实证主义国家法学的观点。1837 年他针对学者毛伦布雷歇尔（Romeo Maurenbrecher）的著作《当前德国国家法的原理》发表评论，后者认为，公侯主权（Fürstensouveränität）是当时唯一符合《维也纳会议最后议定书》的国家学说（该议定书承认德意志组成邦联）。因为根据国家继承的理论，国家是公侯在私法上继承的结果，由此，也就拒绝了前任君主对君主统治行为的约束力。但阿尔布莱希特认为，立宪国家与这种旧的国家继承理论是无法相容的。在旧的封建国家，邦议会的代表都是代表各个地方的个别利益的，而在新的立宪国家，邦议会是代表整体人民的，它不是为了自身的利益，而是为了整个民族的福祉。同时，在新的立宪国家，君主必须区分私法和统治法上的身份，君主的行为对每一个继任者都是有约束力的，因为君主是为了追求普遍的

---

〔46〕 德国还有宪法机关（Verfassungsorgans）的概念，但黑塞认为这个概念是没有意义的，因为宪法是不可能有机关的。Vgl. Konrad Hesse, *Die verfassungsrechtliche Stellung der politischen Parteien im modernen Staat*, VVDStRL 17（1959），S. 40.

〔47〕 参见王天华：《国家法人说的兴衰及其法学遗产》，载《法学研究》2012 年第 5 期。

福祉而摄政的。[48] 所以,在新的立宪国家,国家是法人,君主只是国家这个法人的机关。有人评价说,阿尔布莱希特的理论带有妥协性,他既不承认过去绝对的公侯主权,但是也没有使用人民主权的字眼。他是用国家法人的理论将公侯的权利转化为国家的权利:一方面,用国家的自主性来剥夺了君主作为主权者的绝对地位;另一方面,又阻碍了用更具革命性和威胁性的人民主权来消解公侯主权,从而找到在立宪体制下安放君主的方法。[49]

阿尔布莱希特之后的格贝尔和拉班德都将君主视为国家的机关,根据格贝尔的观点,实现国家意志的就是作为国家机关的君主和人民代表。国家权力以君主和官员的指令形式表现出来,公民必须隶属和服从任何以法律形式反映出来的国家意志。[50] 在格贝尔的国家法人说中,人民和君主并不是平等的,君主以及官方办事机构才是国家意志主体的化身,由此导致该学说中的自由主义意味被淡化,而成为一种保守和反民主的学说。[51] 与格贝尔类似,拉班德也认为君主是国家权力的唯一载体(Träger),他不仅要从事管理的任务,而且也是国家权力的代表。[52] 通过区分主体(Subjekt,国家权力的主体就是作为法人的国家)和载体,拉班德成功地在立宪国家与君主制原则之间达成了"和解"。尽管人民是国家法人格的基础,但是在与国家的关系中,人民要服从当局的统治权,因此,反而成为国家统治权的客体。[53]

2.后期

耶林内克在论证国家的法人格时,与格贝尔和拉班德有所不同。他认为,一方面,国家权力是法秩序的创造者和维护者;另一方面,国家权力又要服从于它所创造的法,且有义务保证法的贯彻落实。因此,通过国家的自我设限,国家

---

〔48〕 Henning Uhlenbrock, *Der Staat als juristische Person: Dogmengeschichtliche Untersuchung zu einem Grundbegriff der deutschen Staatsrechtslehre*, Duncker & Humblot, Berlin, 2000, SS. 39 – 41.

〔49〕 a. a. O., S. 43.

〔50〕 a. a. O., S. 44f.

〔51〕 a. a. O., S. 81.

〔52〕 Paul Laband, *Das Staatsrecht des deutschen Reichs*, Band 1, 5. Aufl., Mohr, Tübingen, 1911, S. 370.

〔53〕 a. a. O., S. 141.

权力转化为法权,国家成为法人,即权利和义务的载体。[54] 耶林内克不仅将国家的法人格具体化为一种公法上的地域社团,同时还区分了国家机关和机关主体。根据耶林内克,相对于国家,机关并没有自身的法律人格,因为国家和机关是一个不可分割的整体。国家和机关的关系并非法律关系,机关的管辖权更多是国家在内部分配的。不像拉班德将君主作为国家权力的载体,耶林内克认为,国家权力的载体仅仅是国家。[55] 国家机关只有客观的权限,而无主观的权利。因此,机关之间的权限冲突是一个权利主体内部的争议,这是关于客观法的争议,而非关于主观权利的争议。[56] 与之相对应,耶林内克区分了纯粹客观法上的机关管辖权和机关主体的主观权利。耶林内克认为机关主体是自然人,如君主、人民代表、总统或者选民。因此,君主所拥有的国家权力仅仅是客观法上的机关权限,而非君主个人的主观权利。所以,即使机关主体更换了,君主仍然要受到其前任的机关行为的约束。耶林内克的国家法人说的重点是,通过机关权限的客观法性质来揭示国家内部秩序的法律结构。所有履行公共任务的主管机关,无论是君主还是公务员,都是反映国家意志的机关。甚至人民也是国家的机关,他们作为国家这个地域社团的成员,同时也通过选举参与国家的运行。

耶林内克之所以作为国家法人说发展的"分水岭",就在于与阿尔布莱希特、格贝尔和拉班德用国家的法人格来协调立宪国家与君主制的不同。耶林内克的理论是"没有感情色彩的",既可以适用于君主制,也可以适用于民主制,由此,使国家法人说获得了普适性。[57]

耶林内克的理论虽然摆脱了先前国家法人说的实用主义色彩(协调立宪国家与君主制之间的关系),但是基于其社会学和法学的二元方法论,其理论并非纯粹的法学探讨,这从他将国家权力置于法秩序之上就可以看出。耶林内克之

〔54〕 Georg Jellinek, *System der subjektiven öffentlichen Rechte*, 2. Aufl., Mohr Siebeck, Tübingen, 1905, S 200f.

〔55〕 a. a. O., S. 552.

〔56〕 a. a. O., S. 560f.

〔57〕 Henning Uhlenbrock, *Der Staat als juristische Person: Dogmengeschichtliche Untersuchung zu einem Grundbegriff der deutschen Staatsrechtslehre*, Duncker & Humblot, Berlin, 2000, S. 110.

后,在法学上完成国家法人说构建的是凯尔森和沃尔夫。首先,凯尔森认为,格贝尔所说的法律人格的本质——统一的意志,只能从法学—规范的角度来把握,而与心理学上的意志概念是没有关系的。意志就是规范应然的另一种表述,所谓国家的意志就是应然法秩序。[58] 就像每一个"人的团体"在规范意义上都被理解为一种组织秩序,所谓的法人只是对部分法秩序(Teilrechtsordnung)的人格化拟制,国家也一样。国家的法人格就是对法秩序的人格化拟制。[59] 对于凯尔森来说,将国家作为法人主要是为了归责。国家通过它的机关行为,并不是将机关工作人员的意志转嫁给国家,而是将特定的人的行为界定为国家的行为,且这种归责是法律规范规定的应然。[60] 国家作为法人还有一层意思,就是国家是所有部分法秩序的归责终点(Zurechnungsendpunkt),因为国家主权是法秩序的终点。其次,沃尔夫认为,不把国家作为权利主体就无法使其与其成员和机关工作人员相区分。将公民作为权利主体,国家作为法人仅仅是对部分法秩序,即国家内部法秩序的人格化,它从属于普遍的法秩序。所以,机关工作人员的行为并不是真正的个人行为,而是一种思维上的归责基准点。沃尔夫通过区分自身管辖权(Eigenzuständigkeit)和代理管辖权(Wahrnehmungszuständigkeit),认为国家机关是为国家法人代理行使管辖权,因此,也具有了部分权利能力(Teilrechtsfähigkeit)。[61] 所谓部分权利能力是指一个组织并非普遍地享有权利能力,而只是在特定的法律规范下享有权利能力。[62] 机关所享有的权利能力

[58] Hans Kelsen, *Allgemeine Staatslehre*, Verlag von Julius Springer, Berlin, 1925, S. 71. 因为凯尔森将国家等同于法秩序,所以国家只能根据法律的标准在法律的框架内行为,国家是没有能力去作不法的行为的。国家的意志只能是法律规定的应当作出的行为,任何不法的行为都不可能是国家的意志。

[59] Hans Kelsen, *Allgemeine Staatslehre*, Verlag von Julius Springer, Berlin, 1925, S. 16ff.

[60] a. a. O., S. 268.

[61] Henning Uhlenbrock, *Der Staat als juristische Person: Dogmengeschichtliche Untersuchung zu einem Grundbegriff der deutschen Staatsrechtslehre*, Duncker & Humblot, Berlin, 2000, S. 125.

[62] Matthias Jestaedt, *Grundbegriffe des Verwaltungsorganisationsrechts*, in: *Wolfgang Hoffmann-Riem/Eberhard Schmidt-Aßmann/Andreas Voßkuhle (Hrsg.)*, Grundlagen des Verwaltungsrechts, Band I, 2. Aufl., Verlag C. H. Beck, München, 2012, S. 970.

只是在同一法人内部相对其他机关而言的,不能对外针对第三人。[63]

(二)对国家法人说的批评

第二次世界大战后对国家法人说提出批评最激烈的是学者伯肯佛尔德。他认为,国家法人说的最大问题在于不符合事实。首先,机关并不是在暂时地行使法人的管辖权,它行使的就是自身的组织内部的管辖权。这在《德意志联邦共和国基本法》第93条第1款第1项体现得非常明显。该条规定,联邦宪法法院裁判下列案件:联邦最高机关或者其他当事人,就本基本法或者某一联邦最高机关自己制定的议事规则中的权利和义务的范围发生争议时,要求对本基本法进行解释的。这一条反映出机关是拥有自身权利的,而耶林内克认为机关权限仅仅是客观法上的规定。[64] 其次,一些机关,如联邦众议院,它是由另一些机关(议长、党团、元老会等)组成的,那么,从国家法人说的核心思想——归责统一体来看,这将导致一个"机关的机关们"的后果。虽然沃尔夫用下级机关(Unterorgan)来指称这种现象,但是一些组织内部的非独立的"单位"(Abeilungen),如行政专区主席(Regierungspräsidium),也取得了跟一些具有自身权限的职员——如高校校长或者议会议长——相同的地位,[65] 从而相对化了机构(Organteil)与机关的区分。再次,伯肯弗尔德认为,之所以将国家作为法人,这是国家在法律上统一的必然结果,也是受到国家法实证主义方法的影响。法人的本意是要将法人的财产与投资法人的人的财产相区隔,从而维护法人的独立性。但是问题在于,人民作为国家权力的主体,作为国家组织的主人和出发点,在国家法人的框架内是无法存在的。因为国家法人说的必然结果是国家的权力归于国家,这就产生了国家主权与人民主权之间的矛盾。因此,伯肯弗尔德提出将国家作为组织,这种观点源自黑勒。黑勒既不把国家作为一种自然组织,也不作为归责主体,而是一种人为形成的、被组织起来

---

〔63〕 Hans Heinrich Rupp, *Grundfragen der heutigen Verwaltungsrechtslehre: Verwaltungsnorm und Verwaltungsrechtsverhältnis*, 2. Aufl., J. C. B. Mohr (Paul Siebeck), Tübingen, 1991, S. 87.

〔64〕 Ernst-Wolfgang Böckenförde, *Organ, Organsiation, Juristische Person: Kritische Überlegungen zu Grundbegriffen und Konstruktionsbasis des staatlichen Organisationsrechts*, in: *Christian-Friedrich Menger (Hrsg.)*, Fortschritte des Verwaltungsrecht: Festschrift für Hans J. Wolff zum 75. Geburtstag, C. H. Beck'sche Verlagsbuchhandlung, München, 1973, S. 277ff.

〔65〕 a. a. O., S. 282ff.

的人的行为统一体(Wirkeinheit),[66] 即把原来大量的多个行为变成统一的共同行为(Wirkungszusammenhang)的过程。[67] 这种共同行为是一个真实的、有原因的存在,而不是一种拟制的思维上的抽象。在伯肯弗尔德看来,组织是共同行动的结果,而不是预先存在的。[68] 这种共同行动的产生与存续包含两个方面:一方面,它是一种有意识的、符合规划的统一体构建,这种有组织的行动要以所有参加人具有统一行动的意思为前提;另一方面,为了组织的行为统一,需要一个由规则组成的规范秩序。这一规则的主要功能是分配职责范围和管辖权、中心向各部分发号施令、中心授权各种不同的自主方式等。最终,伯肯佛尔德认为,国家在法律上的定位更接近于营造物(Anstalt)。这一定位的好处在于,过去将人民视为国家法人的机关,但是这不符合人民作为国家的主人的地位;而将国家作为营造物之后的好处就在于,人民不再是国家的机关,而是国家的主人(Herr)和出发点,即国家这个营造物的目标和方向。人民代表和政府,作为领导机关,来保证国家的活动都统一到为了人民的目标和规划上。[69]

虽然伯肯佛尔德的批评是中肯的,但是,这种批评并没有获得多大的反响。[70] 国家法人说以及由耶林内克和沃尔夫所开创的机关学说仍然被当代的国家法学所接纳。这其中的原因在于,为了将国家构建为一个具有财产能力的责任主体,有必要在法律上将国家独立于公民。同时,即使将国家作为公营造物,也可以被国家法人说所吸纳,因为公营造物本身就是一个公法人。经过耶利内克、凯尔森以及沃尔夫等人的改造,这个诞生于保守主义氛围中的国家法人说变成了一种形式上的法律认识工具,也可以适用于民主体制。如果我们承

---

〔66〕 Hermann Heller, *Staatslehre*, 6. *Aufl.*, *J. C. B. Mohr*(*Paul Siebeck*), Tübingen, 1983, S. 88ff., 228ff.

〔67〕 a. a. O., SS. 89, 90, 238.

〔68〕 Ernst-Wolfgang Böckenförde, *Organ*, *Organsiation*, *Juristische Person*: *Kritische Überlegungen zu Grundbegriffen und Konstruktionsbasis des staatlichen Organisationsrechts*, in: *Christian-Friedrich Menger*(*Hrsg.*), Fortschritte des Verwaltungsrecht: Festschrift für Hans J. Wolff zum 75. Geburtstag, C. H. Beck'sche Verlagsbuchhandlung, München, 1973, S. 293.

〔69〕 a. a. O., SS. 295 – 296.

〔70〕 Vgl. Konrad Hesse, *Die verfassungsrechtliche Stellung der politischen Parteien im modernen Staat*, VVDStRL 17(1959), S. 165.

认将君主视为国家的机关是相对于过去“朕即国家”的巨大进步，那么，我们又何必担心将人民作为国家的机关是对人民地位的贬低呢？归根结底，还是对人民主权的“迷思”在作祟。但是，在立宪国家，宪法至上与人民至上本身就存在张力。如果我们接受了法治，那么，人民作为国家的机关就不是不可接受的。因为任何法人，包括国家法人，通过其机关作出的行为都要受到其章程的约束。而对于国家法人来说，这个章程就是宪法，人民同样也要服从宪法。

## 三、国家作为公法人

### （一）公法人与私法人的区别

公法人与私法人是对法人的一种分类。公法人与私法人的区别以下几点。（1）法人设立法源的性质。如果设立的依据是公法，则推定为公法人，如果设立的依据是私法，则需要进一步依据其他的标准判别。（2）法人从事的任务，即是否履行公共任务。当然，履行公共任务的未必都是公法人，私法人也可为之。但私法人可以纯粹以私益的追求为目的，但公法人则不能。（3）是否基于国家意思而成立。公法人与私法人区别的关键在于，公法人是基于国家的特别授权，有国家意思介入其中，而私法人则由纯粹的私法行为所形成。[71] （4）是否可以行使强制的高权手段。私法人的活动原则上只能基于私法上的权利手段进行，并不能采取专属于国家统治地位所独有的高权措施，而公法人通常可以行使公权力，制定法规，并课征费用。[72] 所以，公法人是指通过法律或者国家的高权行为建立，并履行公共任务的组织。[73] 区分公法人与私法人的更主要意义在于法律后果，一旦某个组织被认定为公法人，那么就意味着它要接受公法的

---

〔71〕 当然，私法人的成立是否纯粹没有国家意思的介入，也不一定。其关键在于，国家意思对公法人和私法人设立的法律效果不同。对于私法人，国家意思（如设立登记）仅是其取得权利能力的生效要件，并非基础；反之，对于公法人，国家意思（设立行为）则不仅是其取得权利能力的生效要件，更是其存在的基础。参见李建良：《论公法人在行政组织建制上的地位与功能——以德国公法人概念与法制为借镜》，载《月旦法学杂志》2002年第84期。

〔72〕 参见黄铭辉：《公法人概念之学理与实务》，载《宪政时代》第24卷第2期。

〔73〕 Steffen Detterbeck, *Allgemeines Verwaltungsrecht mit Verwaltungsprozessrecht*, 15. Aufl. ,C. H. Beck,München,2017,SS. 39 – 40.

规制,或者说它的行为要受到更大的约束,比如,行为是否有法律的授权、支出受预决算的约束、接受监督(包括法律监督,甚至专业监督)等。

从国家法人说产生的那一刻起,国家作为法人是为了避免国家成为君主的私有财产,也是为了让国家从私法领域进入公法领域。用伯伦知理(Johann Caspar Bluntschli)的话来说,“一个人担任了公共职位,他就不再是一个私的人格体。在这个职位的限度内,一个公的人格体”。[74] 将国家作为法人还有一个意图,就是法人的权利要受到法人章程的限制,同样,国家原则上享有的无限的统治权也要受到它的章程——宪法的限制,从而所有的国家权力都是有限的。同时,君主也不能按照私法上的财产权来行使他所享有的权利,他是国家的机关,必须依照宪法来行使权力。他不能以自己的名义行使权力,而必须以国家的名义行使,因为国家才是权利的主体。君主成为国家机关的意义在于剥夺了权力的人身属性,权力来自这个职位(Amt),而非某个人先天具有。由此,这个职位的后任自然要受到这个职位的前任机关行为的约束。由此,由职位所组成的机关也不是由某个人的意志来决定的,而是通过它的组织意识,即通过整体的理念为它所设定的义务来行为的。[75] 机关概念的引入使君主不再为了自己而工作,而是为了一个更高的理念而工作。可以说,国家以追求公益为主要目的以及国家依据宪法成立的事实,决定了国家一旦成为法人,必然是公法人。

笔者注意到,目前还有一种认为国家具有双重法人格的观点,即国家同时作为私法人(国库)和公法人,参加民事活动时是私法人,行使公权力时是公法人。[76] 且不说这种国家双重人格说在其发源地——德国已经成为过去时,[77] 即使在逻辑上也是站不住脚的。诚如前述,既然公法人和私法人在本质上存在区别,国家怎么可能既是公法人又是私法人呢?当然,有人可能会说,如果否认

---

〔74〕 Ernst-Wolfgang Böckenförde, *Organ*, *Organismus*, *Organisation*, *politischer Körper*, in: *Otto Brunner*, *Werner Conze und Reinhart Koselleck* (*Hrsg.*), Geschichtliche Grundbegriffe, Band 4, Klett, Stuttgart, 1978, S. 595.

〔75〕 a. a. O., S. 594.

〔76〕 王春梅:《潮流与现实悖反:我国机关法人之定位与重构》,载《北京行政学院学报》2016 年第 3 期。

〔77〕 袁治杰:《民法典制定中的国家与国库问题研究》,载《中国法学》2017 年第 3 期。

国家也是私法人,是否意味着国家就不能参与民事活动了或者当国家参与民事活动时其身份应当如何界定呢?笔者认为,从前述公法人与私法人的区别中已经看出,公法人并非不能参与民事活动(或者营利性的活动),只是说不能只参与这种活动。履行公共任务才是公法人的主要目的,参加民事活动是次要目的,且即使参加民事活动也要与其主要目的相关,否则就会导致公法人"遁入私法",甚至产生与民争利的后果。但是,即使国家参与了民事活动也不会变成私法人,此时,其仍然是公法人的身份,只不过成为民事主体而已。《德国民法典》第89条就规定了民法对公法人参与民事活动时准用。可以说,民事主体的概念就是为了避免公法人参与民事活动时"身份尴尬"而提出的。同理,在行政法上也有行政主体的概念,行政主体也不限于公法人,自然人乃至私法人都可以成为行政主体。〔78〕 因此,国家参与民事活动并不能成为否定国家作为公法人的理由。

(二)国家是公法社团还是公营造物?

德国的通说是将国家视为公法社团,且是公法社团中的地域社团。〔79〕 所谓公法社团(Körperschaften des öffentlichen Rechts),是指虽然由成员组成,但是并不随着成员的更换而变化的组织。公法社团区别于其他公法人的特征在于其成员性,即成员能够对团体事务发挥决定性影响。重大决定由团体成员共同作出或者由选举出来的代表性机构(代表大会)作出,而具体的管理活动通常由选举产生的执委会或者团体领导人负责。公法社团的成员可以是自愿加入的,也可以是强制入会的。公法社团的财产主要来自成员缴纳的会费。一般来说,公法社团又分为:(1)地域社团(Gebietskörperschaften),以在该地区居住的自然人作为其成员,如地方自治团体;(2)身份社团(Personalkörperschaften),是由具有同一职业身份的人作为其成员,如我国的妇联、作协;(3)不动产社团(Realkörperschaften),是指成员拥有特定的财产或者与物相关联的资格,如德国的狩猎者协会、商会;(4)联合社团(Verbandskörperschaften),是以法人作为社

〔78〕 比如,私法组织的行政主体、公权力的受托人(自然人和私法人)。Ulrich Battis, *Allgemeines Verwaltungsrecht*,3. Aufl. ,C. F. Müller Verlag,Heidelberg,2002,S. 51. 参见王锴:《行政组织法上若干概念之辨析》,载《河南政法管理干部学院学报》2010年第4期。

〔79〕 Jörn Ipsen, *Staatsrecht I*: *Staatsorganisationsrecht*, 25. *Aufl.*, Verlag Franz Vahlen, München,2013,S. 3.

员组成的团体,如我国的全国工商联合会、中华全国总工会。将国家视为公法社团虽然符合了人民决定国家事务的现实和理论需要(我国《宪法》第 2 条第 1 款规定,中华人民共和国的一切权力属于人民),但是它的问题在于,国家这个社团既然是由公民这些社员组成的,那么,国家与公民之间的关系就是社团与社员的关系,这显然是一种组织内部的关系。根据传统的不可穿透理论(Impermeabilitätstheorie),[80]既然国家是一个不可分割的人格体,那么它的内部就是法律无法渗透的,即它内部不存在法律关系。

因此,奥托 · 迈耶提出了另一种思路,即将国家作为公营造物。[81] 公营造物(Anstalten des öffentlichen Rechts)本身就是由奥托 · 迈耶发明的,是指由公共行政主体所支配的、持续地追求某种特定公共目的的人和物的结合。[82] 公营造物的构成必须同时具备人和物的手段:一方面,其不同于公法财团仅由财产构成。此外,公营造物主体对公营造物有长远的影响力,而公法财团的捐助人对该财团的影响力原则上仅限于捐助行为。另一方面,公营造物虽在内部有处理其事务的工作人员,在外部有利用人,但这些人并非其组织上的成员,因此,也不同于公法社团系由多数的社员所构成。学者毛雷尔将公营造物分为 3 种。(1)无权利能力的营造物,它只是在组织上独立,但法律上仍然属于另一个行政主体的一部分。比如,地方的学校、医院、城市设施、博物馆、墓地等。(2)完全权利能力的营造物,在法律上独立,它本身就是一个行政主体,而不是其他行政主体的组成部分。比如,联邦广播电视机构、县和市储蓄银行、负责授予学生学位的中央机构、学生服务处、电影促进机构等。(3)部分权利能力的营造物只在特定的关系中具有权利能力和成为独立的行政主体,在其他领域则是另一个行

---

〔80〕 Paul Laband, *Das Staatsrecht des deutschen Reichs*, Band 2, 5. Aufl., Mohr, Tübingen, 1911, S. 181ff.

〔81〕 但是,奥托 · 迈耶并不承认国家法人说,因为他认为,在私法中,法人通过法律规定的登记程序而产生。但对于国家来说,缺乏这种更高一级的宣布国家法人产生和将国家与它的创立者在法律上分开的权力。如果必须承认国家的法人格的话,那就等于是一个明希豪森困境:抓住自己的辫子把自己从沼泽中拔出来。Vgl. Otto Mayer, *Die juristische Person und ihre Verwertbarkeit im öffentlichen Recht*, in: *Erk Volkmar Heyen* (*Hrsg.*), Kleine Schriften zum öffentlichen Recht, Duncker & Humblot, Berlin, 1981, S. 331ff.

〔82〕 Klaus Lange, *Die öffentlichrechtliche Anstalt*, VVDStRL 44, S. 170.

政主体的组成部分,如联邦铁路。[83] 将国家作为公营造物的好处在于,一方面,解释了国家机关工作人员作为具体承担公营造物任务的职员,其与公营造物(国家)的关系是内部关系;另一方面,也解释了公民作为公营造物的利用人(使用国家各种设施的人)与国家的关系,是一种外部的公营造物利用关系。同时,这种公营造物利用关系既有可能是公法关系,也有可能是私法关系,这取决于利用人是否与公营造物之间发生紧密的身份连结。[84] 当利用人必须与外界隔绝,因而与公营造物有极紧密的身份连结时,如学生与学校、监狱与犯人,则为公法利用关系;反之,则为私法利用关系,如铁路运送旅客、到国家剧院观看演出。这也符合了国家与公民之间既有公法关系、也有私法关系的现状。但是,将国家理解为公营造物也存在一个问题,即人民如何对作为公营造物的国家发挥影响?根据公营造物的原理,公营造物对于利用人享有营造物权力,用于维护营造物秩序。比如,学校对学生的惩戒权、监狱对犯人的管理权等。这种营造物权力并不来自利用人,利用人对公营造物也无主观权利(只有反射性利益,因为公营造物面向所有民众使用,并不针对某个特定人)。所以,如果把国家视为公营造物,不是人民(利用人)影响国家,而是国家(公营造物)影响人民,势必与国家权力来自人民以及人民对国家享有基本权利的宪法规定发生冲突。

总体来看,将国家作为公法社团和公营造物各有优缺点,但作为公法社团的优势更大、缺点也并非不可克服。将国家作为公法社团将能更好地发挥公民对国家法人意思形成的主导作用。正如我国《宪法》第 2 条第 2 款规定的,人民行使国家权力的机关是全国人民代表大会和地方各级人民代表大会。如果从公法社团的角度,更能理解这句话中"人民代表大会"是人民行使国家权力的机关的法律内涵。同时,针对公民成为国家的社员后,国家与公民的关系变成内部关系的问题,笔者认为,内外是相对的。公民虽然在国家之内但在国家机关之外,因为并非所有的公民都是机关工作人员。公法关系虽然整体上表现为国家与公民之间的关系,这只是相对处于社会中的自然人之间的私法关系而言

---

〔83〕 Hartmut Maurer, *Allgemeines Verwaltunsrecht*, 18. Aufl., Verlag C. H. Beck, München, 2011, SS. 618 – 619.

〔84〕 参见陈爱娥:《公营造物的概念与公营造物利用的法律关系》,载台湾行政法学会主编:《行政法争议问题研究》(下),台北,五南图书出版股份有限公司 2000 年版,第 1316 页。

的。但具体的公法关系表现为不同国家机关与公民之间的关系,否则就无法解释为什么在公法内部还可以划分为不同的法律部门。比如,宪法是调整立法机关与公民之间关系的,行政法是调整行政机关与公民之间关系的,刑法是调整公诉机关与公民之间关系的,诉讼法是调整审判机关与公民之间关系的。因此,国家并非不可分割,实际上通过将国家分割为不同的国家机关,从而让法律渗透进去。

## 四、机关法人的问题

在我国,机关法人的概念首见于 1986 年的《民法通则》,该法将法人分为企业法人、机关事业单位和社会团体法人、联营(法人组成的法人)三种。其中,《民法通则》第 50 条第 1 款规定,有独立经费的机关从成立之日起,具有法人资格。可见,当时机关法人成立的前提只有一个,就是“有独立经费”。据此,2001 年第二次全国基本单位普查领导小组审议通过的《第二次全国基本单位普查办法》以及《第二次全国基本单位普查法人单位及产业活动单位划分规定》,其中机关法人是指各级政党机关和国家机关,包括:(1)县级以上各级中国共产党委员会及其所属工作部门;(2)县级以上各级人民代表大会机关;(3)县级以上各级人民政府及其所属各工作部门;(4)县级以上各级政治协商会议机关;(5)县级以上各级人民法院、检察院机关;(6)县级以上各民主党派机关;(7)乡镇中国共产党委员会和人民政府以及街道办事处。2017 年的《民法总则》则将法人分为营利法人、非营利法人和特别法人三种,其中,机关法人属于特别法人,从而将机关法人与事业单位法人和社会团体法人彻底分开,这在某种程度上反映了立法者对机关法人性质的重新认识。[85] 该法第 97 条规定,有独立经费的机关和承担行政职能的法定机构从成立之日起,具有机关法人资格,可以从事为履行职能所需要的民事活动。相比《民法通则》,《民法总则》中除了承认有独立经费的机关具有机关法人资格外,还承认承担行政职能的法定机构具有机关

---

〔85〕 全国人民代表大会常委会法工委在《民法总则》的释义书中曾指出,“机关法人在学理上和境外的民法中又被称为公法人”。这不能不让人怀疑,我国的特别法人实际上就是在变相地承认公法人。参见李适时主编:《中华人民共和国民法总则释义》,法律出版社 2017 年版,第 302 页。

法人资格。[86]

(一)法人的本质

机关能不能成为法人,首先关系到对法人本质的理解。可以说,法人制度都是为了对多数人行为的追责而设立的,但是公法上和私法上对多数人行为的追责面临的问题是不同的。私法上的责任主要是财产责任,因此,对于多数人行为的追责面临的主要问题是,如何区分法人(多数人)的财产与法人的设立者的个人财产,所以,私法上特别强调"法人具有独立财产"的重要性,亦即法人对外行为(集体行为)所承担的责任以法人的财产,即法人的设立者(无论是社团中的社员还是基金会的捐助人)投给法人的财产为限,而不会殃及设立者个人所有的其他财产。这就极大地降低了人们集体行为的风险。因此,一个组织的设立者到底是对该组织的行为承担有限责任还是承担无限责任,就成为私法上区分法人组织和非法人组织的关键标准。但是,这一区隔财产的问题对公法人并不适用。因为公法人一般不具有破产能力,[87]这就意味着对于公法人来说,公法人的设立者(主要是国家)往往为其承担无限责任。

公法上的责任主要是行为责任,这从刑事责任和行政责任主要不是财产责任就可以看出,公法人的本质不在于财产区隔,而在于行为责任的归属。公法人出于执行公共任务的需要,其内部常常设计为科层制的结构,当然,这也就是为什么很多公法人被批评为官僚气息浓厚或者行政化色彩比较严重的原因。这种科层体制导致了行为人承担责任的困难。科层制的表现有两点:一是层级制,即所谓组织上的"金字塔"结构,职位有严格的上下级关系,上级对下级有命令和指挥权;二是非人格化,只要是上级职位发出的命令,下级都必须服从,而不考虑该职位上的人的情况。这种科层制导致的结果就是,处于这种科层体制中的人的行为,并非是基于个人意思的行为,而是基于上级命令的行为,所以即使该行为有错误,如果追究行为人的责任就是不公平的,而应当追求这个命令

〔86〕 全国人民代表大会常委会法工委对此的解释是,之所以增加承担行政职能的法定机构作为机关法人,是为将来的行政机构改革留下空间。因为根据 2011 年《中央关于推进事业单位分类改革决定》,未来承担行政职能的事业单位要脱离事业单位转化为行政机关和承担行政职能的法定机构。参见李适时主编:《中华人民共和国民法总则释义》,法律出版社 2017 年版,第 304 页。

〔87〕 参见周友军:《德国民法上的公法人制度研究》,载《法学家》2007 年第 4 期。

发出者的责任。但是问题在于,这种科层体制决定了其层级并非只有一级或者一层。比如,北京市民政局社会救助处的主任科员小张作出的某个行为,他的行为首先是根据社会救助处这个机构的命令作出的,而社会救助处的命令又是基于民政局这个机关的命令作出的。因此,小张的行为可以归责于社会救助处,但是社会救助处并非命令的最终发出者,所以,社会救助处的行为又要归责于民政局。我们国家之所以将机关作为法人,似乎认为在行政科层制内部,机关才是指挥某个公务员行为的命令的最终发出者。但是,当我们看到北京市民政局的职权中明确写着"承办市政府交办的其他事项"时,[88]原来北京市民政局也并非命令的最终发出者,这个命令的来源还可以继续往上追溯。那么,问题就在于,到底追溯到哪里?因此,公法人的设计就是要终结这种无限追溯的状况,这也就是为什么公法人被称为"归责终点"的原因。也就是说,一旦机关被认定为公法人就意味着其要对下属的所有机关、机构、职位以及职员的行为承担责任。而公法人之所以要负责就在于,公法人才是意思(命令)的最终发出者。比如,北京市民政局的命令来自北京市政府,但是北京市政府是否就是终点呢?根据我国《宪法》第110条,地方各级人民政府对本级人民代表大会负责并报告工作。县级以上的地方各级人民政府在本级人民代表大会闭会期间,对本级人民代表大会常务委员会负责并报告工作。地方各级人民政府对上一级国家行政机关负责并报告工作。全国地方各级人民政府都是国务院统一领导下的国家行政机关,都服从国务院。可见,地方政府上面还有地方的人大及其常委会,还有上一级政府乃至国务院,此时,要看该行为所涉及的事务管辖权到底是中央的权限还是地方的权限(所谓的"地方性事务"),如果是中央权限,那么命令的"终点"应当在国家,因为国务院只是国家的意思表达机关;如果是地方的权限,那么,命令的"终点"就是北京市,因为地方人大及其常委会只是本地方的意思形成机关。

(二)机关法人的问题

从机关的本意来看,机关不是法人,只是法人的"一部分",所以"机关法人"这个提法本身就是自相矛盾的。据学者考证,我国的机关法人源于苏联法的影响。苏联民法理论认为,作为法人有四个特征:组织上的统一性、财产上的

[88] 参见《北京市民政局主要职能》,载北京市政府网:http://mzj.beijing.gov.cn/news/root/zn/2011-10/100593.shtml,2018年7月15日最后访问。

独立性、独立的财产责任以及以自己的名义出现。而国家机关作为组织，根据财政预算由国家财政预算中得到货币资金，可以自己名义作为权利主体参与民事流转和承担责任，故应当作为法人。[89] 但是，问题在于，何谓“机关的独立财产（经费）”？诚如很多学者所指出的，国家机关的财产（经费）都是源于国库的拨付，根本谈不上独立。[90] 更何况，这里的“独立”到底是指具有单独的预算，还是对该资金具有按照自己的意志加以使用的能力，在实践中认识也不统一。[91] 更何况，如果将机关法人作为私法人，那就等于承认了国家机关有自己的利益，这种利益到底是公益还是私益？有的学者认识到了这一点，所以提出将“履行职能所需的民事活动”作为机关法人作为私法人的前提条件。[92] 但这并不能从根本上解决问题：一方面，从《民法总则》第 97 条来看，从事履行职能所需的民事活动是获得机关法人身份之“果”，而非其“因”；另一方面，如果说机关法人只有在履行职能所需的民事活动时才是私法人，那么它不从事民事活动或者从事非履行职能所需的民事活动时是何身份呢？实际上，即使机关代表国家从事民事活动也不能完全放弃公法的管辖，因为其本质上仍然是为了公益，机关使用国库的资金不可能像私法人那样做到完全的意思自治。[93] 因此，可以说，机关法人作为私法人是不符合私法人的本质的。同时，将机关法人作

---

〔89〕 参见王春梅：《潮流与现实悖反：我国机关法人之定位与重构》，载《北京行政学院学报》2016 年第 3 期。

〔90〕 参见葛云松：《法人与行政主体理论的再探讨——以公法人概念为重点》，载《中国法学》2007 年第 3 期；崔拴林：《论我国私法人分类理念的缺陷与修正——以公法人理论为主要视角》，载《法律科学》（西北政法大学学报）2011 年第 4 期；袁治杰：《民法典制定中的国家与国库问题研究》，载《中国法学》2017 年第 3 期。

〔91〕 比如，最高人民法院在“江阴化工塑料厂与新疆维吾尔自治区人民政府、新疆维吾尔自治区水利厅等购销合同纠纷案”和“广东省烟草公司潮安县公司庵埠经营部与汕头市人民政府等购销合同纠纷案”中的认定标准就不一致。参见张彪：《国家机关法人独立预算经费要件论——兼评〈中华人民共和国民法典民法总则草案〉（征求意见稿）第八十九条》，载《湖南警察学院学报》2016 年第 6 期。

〔92〕 参见屈茂辉：《机关法人制度解释论》，载《清华法学》2017 年第 5 期。

〔93〕 比如，在政府采购中，只有签订的政府采购合同本身适用《合同法》，而供应商对于采购文件、采购过程和中标、成交结果不服的，根据《政府采购法》第 52 条、第 55 条、第 58 条，则是采取“质疑—投诉—行政复议或行政诉讼”的公法救济途径。

为公法人也不能成立,因为公法人的本质而要为工作人员的行为归责,但是在法治国家和依法行政的原则下,机关并非命令(意思)的最终发出者。而且,如果承认每个国家机关都是法人,那就意味着每个国家机关都有独立的意志,这势必造成一个国家存在多个意志从而缺乏统一意志的后果。目前,一些表面上支持机关法人化的观点,实际上并不是认为机关具有法人资格,而是针对行政机构改革中,如何去机关化,将机关改造为公法上的社团、财团或者营造物,从而取得法人资格。[94] 因此,“机关的法人化”本质上是先“去机关化”,然后再“法人化”。

目前,机关法人说带来的最大问题就是归责上的困难。

一方面,行政复议、行政诉讼、国家赔偿中对复议被申请人、诉讼被告和赔偿义务机关的认定标准并不统一。这尤其体现在行政机构行为的归责上,《行政复议法》确定的是“自己名义 + 有权”的标准,比如,《行政复议法》第 15 条第 2 项规定,对政府工作部门依法设立的派出机构依照法律、法规或者规章规定,以自己的名义作出的具体行政行为不服的,向设立该派出机构的部门或者该部门的本级地方人民政府申请行政复议。而 2015 年《行政诉讼法》修改后仅剩下是否有法律法规规章的授权标准,即机构的行为没有法律法规规章授权的,即使以自己名义,也要以机关为被告。比如,《最高人民法院关于适用〈行政诉讼法〉的解释》第 20 条第 1 款,行政机关组建并赋予行政管理职能但不具有独立承担法律责任能力的机构,以自己的名义作出行政行为,当事人不服提起诉讼的,应当以组建该机构的行政机关为被告。反过来,机构的行为有法律法规规章授权的,即使不以自己的名义,也以机构自己为被告。比如,该解释第 20 条第 2 款,法律、法规或者规章授权行使行政职权的行政机关内设机构、派出机构或者其他组织,超出法定授权范围实施行政行为,当事人不服提起诉讼的,应当以实施该行为的机构或者组织为被告。但是在《国家赔偿法》中,则无论该机构是否以自己的名义、是否有法律法规规章的授权,统统以机关作为赔偿义务机关。比如,《国家赔偿法》第 21 条第 1 款规定,行使侦查、检察、审判职权的机关以及看守所、监狱管理机关及其工作人员在行使职权时侵犯公民、法人和其他

---

〔94〕 参见许宗力:《国家机关的法人化——行政组织再造的另一选择途径》,载《月旦法学杂志》2002 年第 57 期;许宗力:《再论机关的法人化》,载《马汉宝教授八秩华诞祝寿论文集——法律哲理与制度》(公法理论),台北,元照出版公司 2006 年版,第 247 ~ 268 页。

组织的合法权益造成损害的,该机关为赔偿义务机关。其中,看守所的性质为内设机构,故2015年《最高人民法院、最高人民检察院关于办理刑事赔偿案件适用法律若干问题的解释》第10条认为,看守所及其工作人员在行使职权时侵犯公民合法权益造成损害的,看守所的主管机关为赔偿义务机关。另外,关于什么是"法律法规规章的授权",也存在理解不一的问题,比如,《最高人民法院关于适用〈行政诉讼法〉的解释》第20条第3款规定,没有法律、法规或者规章规定,行政机关授权其内设机构、派出机构或者其他组织行使行政职权的,属于《行政诉讼法》第26条规定的委托。当事人不服提起诉讼的,应当以该行政机关为被告。对此,最高人民法院在对《广西壮族自治区高级人民法院关于覃正龙等四人不服来宾县公安局维都林场派出所林业行政处罚一案管辖问题的请示报告》的复函中指出,由县级以上林业主管部门(包括自治区林业厅)授权的单位所作的行政处罚决定属于由行政机关委托的组织所做的具体行政行为,被告是广西壮族自治区林业厅。其理由是"虽然国务院《森林防火条例》第33条第1款规定,第32条规定的处罚由县级以上林业主管部门或者其授权的单位决定。但这并非行政法规对该单位的直接授权,而属于行政法规的间接授权,在行政诉讼中,一般将这种授权视为行政委托性质"。[95] 但是,在《最高人民法院行政审判庭关于外商投资企业诉工商登记案件适格被告问题的答复》(〔1999〕行他字第3号)中又认为,"外商投资企业不服国家工商行政管理总局根据《企业法人登记管理条例》第5条的规定授权的地方工商行政管理局的工商登记行政案件,由被授权的地方工商行政管理局为被告"。理由是"该项职权源于法规的特别的、专门的规定"。[96]

另一方面,在现实中,涉及多个机关的行为归责,当事人往往陷入机关之间的相互推诿。比如,在左安一申请国家赔偿案中,哈尔滨商人左安一因为哈尔滨市中级人民法院的错判被羁押,导致其在北京的房地产开发项目被终止,当他的错判被纠正后,请求北京市恢复其原来的房地产项目时,北京市规划国土委的官员认为,办错案的是哈尔滨而非北京,北京有关部门不是赔偿义务机关,

---

〔95〕 刘德权总主编,陈裕琨、缪蕾主编:《最高人民法院司法观点集成》(行政及国家赔偿卷I),中国法制出版社2017年版,第317页。

〔96〕 同上书,第319页。

无须承担国家赔偿责任。[97] 可以说,导致上述乱象的根本原因就在于机关法人说。

## 五、结　　语

学者施纳普(Friedrich E. Schnapp)认为,国家组织法的不发达源自内部法与外部法的区分。国家组织法显然属于内部法。而根据拉班德和耶林内克的观点,法的功能是界分主体之间的权利和义务。因此,国家作为一个不可分的主体,其内部是不存在法律关系的。法律关系只发生在国家和公民之间,即所谓的外部领域。国家与它的机关和机关工作人员之间的关系,如《公务员法》,原则上不是法。当然,也就不是法学要探讨的对象和法教义学努力的方向。[98] 但是这一认识存在以下 4 个问题:(1)忽视了内部法和外部法是相互交错的。没有内部法,外部法是无法实现的,内部法构成了外部法的动力(Impulse)。(2)忽视了内部领域的复杂性,机关工作人员同时也是公民,内部法对他们职务上的权利义务的影响也可能影响到他作为公民所享有的权利义务。同时,机关虽然针对组织外部的个人没有独立地位,但是在组织内部,机关之间是具有一定的独立地位的,即所谓机关享有部分权利能力。(3)忽视了法律规定的多元功能。很多法律规定的对象是多元的,比如有关候补法官的考试规定,它涉及公民的担任国家公职的权利,属于外部法。但同时它又涉及法官的职位,属于内部法。(4)忽视了法的认定条件。比如一个机关工作人员基于领导的指令作出了一个损害公民权利的行为,此时如果说在内部法上是合法的,而在外部法上是违法的,显然会导致合法与违法的相对化。所以,法的认定标准应当是统一的,这种内部法与外部法的区分只具有体系和教学的意义,不应该绝对化。[99]

我国 1999 年的《宪法修正案》规定,中华人民共和国实行依法治国,建设社

---

〔97〕 参见《哈尔滨出了错案,北京善后左右为难:“鸟巢”边上的错案后遗症》,载《南方周末》2018 年 8 月 16 日,第 03 法治版。

〔98〕 Friedrich E. Schnapp, *Zu Dogmatik und Funktion des staatlichen Organisationsrechts*, *Rechtstheorie* 9(1978), S. 277.

〔99〕 Vgl. Friedrich E. Schnapp, *Dogmatische Überlegungen zu einer Theorie des Organisationsrechts*, *AöR* 1980, SS. 251 – 256.

会主义法治国家。这意味着法治国家已经成为我国的一个国家目标,也意味着国家接受法的规范的开始。然而,法治国家的建设首先需要对国家的法律性质或者法律地位的明确界定,只有这样,国家才能从事实领域进入规范领域,这也成为构建国家组织法的起点。正基于此,我们需要认真去思考机关、机关法人乃至国家法人说的意义,"一切源于起始"。

Organs, Organ as Legal Person and State as Legal Person
—An Investigation Based on State Organization Law

Wang Kai

**Abstract**: From the perspective of the Constitution of PRC, organs, organizations, agency and departments constitute the basic concept of state organization law in China. In jurisprudence, the organ is relative to the legal person. The organ is not a legal person, but a part of a legal person. The organ makes legal person have the capacity to act. Agency is a part of organ. The core difference between organ and agency is that agency does not have independent functions and powers, and the jurisdiction of agency is covered by that of the organ. Organizations are more descriptive, derived from the doctrine of state organisms. Different from the organ relative to legal person, the department is relative to the administrative body. At present, the doctrine of organ as legal person adopted by China is neither in conformity with the nature of private legal person, nor public legal person, and it also brings difficulties in attribution of legal responsibility. We should change the doctrine of organ as legal person to the doctrine of state as legal person.

**Key words**: Organs; Agencies; Organizations; Departments; Organ as legal person; State as legal person

# 国家机构法治建设论纲

王广辉*

**内容摘要：**

坚持和完善人民代表大会制度，应该全面推进依法治国。国家机构的法治化建设是依法治国的应有之义。国家机构作为国家权力运行的载体，对其法治化的思考应从全局把握。从国家机构正确运行国家权力、实现国家权力功能的角度来看，应从国家机构的设置、人员配备、权力划分和运行程序等4个方面进行整体性的思考，对国家机构的法治化进行一种“顶层设计”。

**关键词：**

国家机构　法治化　权力划分

国家机构的法治建设应该是国家法治建设的重要组成部分，对实现国家权力运行的法治化具有重要的意义。但是，国家机构由承担不同职能的国家机关组成，不同机关之间是既分工又合作的关系，相互之间存在密切的联系和影响，因此，国家机构的法治化不能仅从某一个机关的组织和权力运行入手，必须进行系统性的思考，方能整体性推进。具体而言，抛开各个国家机关之间职能上的差别，所有的国家机关均包括机构设置、人员配备、权力划分、运行程序等基本方面，所谓国家机构的法治化，也应当从这几个方面系统地进行。

## 一、机构设置法治化

机构设置法治化，不是单纯地设置哪些机关的问题，最主要的是国家权力划分为哪些部分、设立哪些机关来行使、不同机关内部的机构如何设置、职能如

* 中南财经政法大学法学院教授。

何划分、相互关系如何处理。既要让各个机构各司其职、各负其责，又能够让不同机构在履行职责过程中做到相互配合，处理好职权或职能之间的交叉关系，不至于有利可图的事项都争着去行使权力，承担责任事项的权力都不愿去行使。如此，才能使国家机构系统中的各种国家机关及其内部组织在完成担负的国家职能上做到既职责分明，又相互配合，维持国家机构系统内部的和谐。

（一）不同国家机关的设置

设置哪些国家机关来行使权力，取决于宪法按照国家职能而作出的权力划分，在此方面，自中华人民共和国成立以来，在人民代表大会制度的权力架构中，除共同纲领时期外，至今变化不是很大。有些机关如国家主席、检察机关被撤销后又加以恢复；新增的国家机关主要是1982年《宪法》设立的军事机关和2018年《宪法修正案》设立的监察机关。从形式上看，这些机构的设立、撤销、恢复等，都在宪法中有规定，但在过去的制度环境下，并非是基于法治的原则和理念来进行的，也不是基于法治化的目标来规定的。即便是在宪法中予以规定，也是基于宪法工具主义的理念，基于宪法是国家的总章程的认识，目的是显示其在国家中的不可缺少性，使国家能够名正言顺地用来对个人和社会组织进行管理，而不是基于制约国家权力、保障个人权利的精神。因此，宪法中对这些国家机关的规定比较原则，基于宪法的原则规定而制定的国家机关组织法的规定，也非常不具体，除了规定其内部设置哪些主要机构、人员如何配备、享有哪些权力之外，很多应该详细规定的内容，诸如权力的具体内容、配备人员的资格、机构架构的设置等，是缺乏的。这样的结果，不能很好地用既有的规则为国家机构的设置提供明确具体的根据，反而给国家机关的设置，特别是内部组织架构的便宜行事，甚至是任意增加、撤销创造了可乘之机，减弱了人们对国家机关组织架构认识和了解的可预期性。

在国家机关设置上，最重要的问题是不同国家机关之间的角色识别与功能区分。所有的国家机关都承担一定的职能，设置不同国家机关来行使特定的国家权力，必须以对国家权力的合理划分为前提，合理划分是建立在人的主观认识基础上的，也就是依靠人的主观认识能力对国家应该承担哪些方面的功能作出判断，据此划分出不同的国家权力，然后设置相应的机关来行使。在这方面，我国也没有例外，尽管国家权力的划分与其他国家有不同，如单独设立军事机关、检察机关自成系统且为法律监督机关、2018年《宪法修正案》又增设独立的监察机关等，表明我们对国家功能的认识与其他国家不一样，据此而对国家权力有不同的划分也顺理成章。但问题的关键在于,不管将国家权力划分为几个部分,设立哪些机关来行使,都必须与划分出来的国家权力承担的功能相适应,而且,应从最有利于该功能的实现上来规定国家机关的组织与权力运行程序。在这方面,我们目前存在的最大问题就是机构设置与活动受行政化的理念支配,不能很好体现不同国家机关承担的功能对国家机关组织的影响。虽然相关组织法规定的国家机关享有的权力不同,内部组织及其活动方式不同,但实质上都是行政化的理念在背后发挥强有力的支撑作用。且不说人民法院、人民检察院如此,因而现在的司法体制改革有针对性地提出"去行政化"的目标,[1]即便是人民代表大会这样的权力机关,作为民意凝聚或代表之机关,由于其承担民意的凝聚、表达和实现的功能,人大代表来自人民的选举,要直接向选民负责,受选民或原选举单位的监督,特别是其与作为其组织机构的人民代表大会之间的关系,不应该等同于公务员与所属的行政机关的关系。但是,长期以来,我国的人大代表的活动,严格受人大机关的控制,其活动只能基于人大进行的组织安排,[2]个人很难直接以代表的身份与选民或原选举单位发生紧密的联系,否则就会被认为是非组织行为而受到限制,甚至是处理。实际上,从近代代议制民主的本质来看,代表机关应该是为代表进行活动,特别是表达民意,将所代表的民意转变为国家意志而搭建的一个平台,代表机关是为民意代表服务的组织,对代表的活动仅仅是召集人的角色,而不是指挥者、领导者,更不应该是主导者。这种情况的出现或发生,或许不是组织法对国家机关规定的本意所在,而是在实际运行的过程中产生的偏离,但是,出现这样的结果显然与组织法对国家机关的规定过于原则,给国家机关有太大的选择空间有密切的关系。

之所以将国家机关设置的行政化理念支配纳入法治化的视野中进行反思,是因为国家机关设置上的法治化,内在地要求法律对国家机关的规定,必须基

[1] 2014年,最高人民法院在第十二届全国人民代表大会第二次会议上的工作报告中提出"决审判权运行中的行政化问题",载中华人民共和国最高人民法院公报网:http://gongbao.court.gov.cn/Details/77f1998fd7b5aa189535c55bb37d30.html,2018年11月26日最后访问。

[2] 参见《为什么说人大代表在闭会期间的活动以集体活动为主?》,载中国人大网:http://www.npc.gov.cn/npc/sjb/2013-02/19/content_1755232.htm,2018年11月27日最后访问。

于事物之本质，即符合不同国家机关功能的需要。国家权力配置的功能主义进路、重视国家权力行使的正确性以及国家的权能和效率，使国家权力得到恰当安排，让国家得以建构起来并能作出合理决策，进而实现共同体之目的。[3] 既然人民在赋予国家权力时，已经按照性质的不同，将国家权力划分为不同的部分，特别是明确区分了不同于行政机关的其他机关，就意味着其他机关不是行政机关，行使的不是行政权力，那么，在机构设置和活动方式等方面如何体现出与行使行政权的行政机关的不同？如果组织法不能体现出来这些，也就没有基于这些权力在性质与功能上与行政机关的不同，不符合这些权力的本质。

(二)党政机关的融合

在我国，共产党的领导和执政地位，主要表现为与国家机关的关系上。尽管这种领导一般被概括为包括组织领导、思想领导和政治领导等三个方面，但直接具有外在表现形式的是党的机构与国家机关的关系。

改革开放前，我国对党政关系的探索大致经历“以党建政”时期、“党政相对分离”时期和“以党代政”、“党政不分”时期。“以党建政”时期主要是中华人民共和国成立以前。“党政相对分离”时期大约是1949～1953年。中华人民共和国成立初期，内忧外患，巩固政权是当务之急。1949年11月中共中央宣传部发出指示，明确强调：“在中央人民政府成立后，凡属政府职权范围的事，应经由政府讨论决定，由政府明令颁布实施。其属于全国范围者应由中央政府颁布”“不可党内党外不分”，不能再像过去那样“有时以中国共产党名义向人民发布行政性质的决定、决议或通知”。[4] “中国设立了平行的全国党和政府(或国家)管理机构。”“原则上，党制定政策，政府负责实施。”[5]1950年4月周恩来总理强调，建立国家政权后，一切号令应该经政权机构发出，党不能直接向群众发命令。党的方针、政策的组织实施要通过政府、党组织保证贯彻。1951年2月《中共中央政治局扩大会议决议要点》也强调了党的领导，但这种领导不是直接领

[3] 参见张翔：《我国国家权力配置原则的功能主义解释》，载《中外法学》2018年第2期。

[4] 参见马齐彬、陈文斌、林蕴晖等编著：《中国共产党执政四十年》，中共党史资料出版社1991年版，第2页。

[5] [美]李侃如：《治理中国：从革命到改革》，胡国成、赵梅译，中国社会科学出版社2010年版，第91页。

导,是通过政策的宣传、思想的指导加以展开的。中华人民共和国成立初期的党政关系基本上适应了我国政治和经济发展的实际状况。“以党代政”“党政不分”时期大约是 1953 ~ 1978 年。毛泽东主席后来认为,政府工作中存在分散主义现象,决定从组织上加强中央对政府的控制。1953 年中共中央先后作出了《关于加强中央人民政府系统各部门向中央请示报告制度及加强中央对于政府工作领导的决定》、《关于加强对中央人民政府财政经济部门工作领导的决定》及其他一些相关决议。这些决定的实质,就是建立党中央的部门对政府部门的直接领导关系,规定政府各部门的党组织都接受这样的领导,政府工作中一切重要的方针、政策、计划和重大事项均须事先请示中央,经中央讨论决定、批准后方能执行。“以党代政”“党政不分”的形成,使党政关系较混乱。

改革开放初期,针对党政关系的不良状态,我国对党政分开进行了初步探索,目的在于探求以更好的方式方法加强党的领导。[6] 1978 年 12 月党的十一届三中全会围绕党政企的职责分工问题有了初步认识,提出“应该在党的一元化领导之下,认真解决党政企不分、以党代政、以政代企的现象”。[7] 1980 年 1 月邓小平同志在《目前的形势和任务》一文中,强调“从根本上说,没有党的领导,就没有现代中国的一切”,但“怎样改善党的领导,这个重大问题摆在我们的面前”。1986 年 6 月,邓小平同志进一步指出:“党管政府怎么管法,也需要总结经验。党政分开,从党的十一届三中全会以后就提出了这个问题。”“改革的内容,首先是党政要分开,解决党如何善于领导的问题。这是关键,要放在第一位。”通过党政分开的提出,进一步深化了我国对党政关系的认识。[8] 在当时中国的历史发展条件和现实情况下,把党政分开作为处理党政关系的指导原则是比较适当的。

此后,党政分开这一提法一直成为处理党政关系的原则。但是这一情况在党的十八大以后发生了变化,2017 年,在新华社发表的《王岐山:构建党统一领

---

〔6〕 参见赵晖、梁剑:《“政治与行政二分”及“党政分开”思想的政治智慧与实践》,载《理论探讨》2014 年第 5 期。

〔7〕 中共中央文献研究室:《三中全会以来重要文献选编:上》,人民出版社 1982 年版,第 6 页。

〔8〕 参见邓小平:《邓小平文选》(第 3 卷),人民出版社 1993 年版,第 163 ~ 164 页、第 177 页。

导的反腐败体制:提高执政能力、完善治理体系》中,时任中央常委、中纪委书记王岐山说:中国历史传统中,“政府”历来是广义的,承担着无限责任。党的机关、人大机关、行政机关、政协机关以及法院和检察院,在广大群众眼里都是政府。在党的领导下,只有党政分工、没有党政分开,对此必须旗帜鲜明、理直气壮,坚定中国特色社会主义道路自信、理论自信、制度自信、文化自信。从实践来看,尽管“党政分开”作为一种理念,在那个经历过混乱的年代被人们广为接受,但在制度实践层面则不一样。包括邓小平在内的中共领导人,从来没有否定过共产党对政府的领导,相反,他们一直强调党的领导。从实践发展来看,当时以邓小平为代表的中共领导人的确意识到改革开放前党政不分、以党代政的危害性,也决意要改变这种制度,但对党领导下的党政关系到底是什么样其实并不很明确,而具体实践中的党政分开也出现了很多困难。而从王岐山的讲话来看,共产党深化了党政分开的认识,提出了更准确的“党政分工”。而与王岐山提出的党政分工相伴随的是他所提出的广义政府的概念。在这里,执政党被纳入广义政府的含义里,而不是被置于政府之外。带着中国共产党领导一切的预设,结合近期国家监察委的设立,可以看出在广义政府内,形成了共产党(决策)—政府(执行)—国家监察委(监督)的分工体制。[9] 所以,党政关系形成了党政分工、以党领政的格局。

仔细研读《深化党和国家机构改革方案》会发现,其中存在明显的党政分工、以党领政的关系,党的分工部分主要在意识形态领域,如统一、民族团结、人事、政法、教育、传媒等领域,而政府分工部分主要在具体的管理事物的执行上。而以党领政主要体现在党对相关政府部门的归口领导和合署办公上。比如,将国家民族事务委员会归中央统战部领导。

以党领政的表现形式就是党政机关的融合,即通常所说的“两块牌子,一套人马”。这样的设置,可以实现党的意志向国家机关的零距离传输,某种程度上提高决策和执行的效率;另外,在党的机构成员也属于国家公务员序列的情形下,也可以一定程度上解决某些事务的管理方面党的机构和国家机关重复设置而导致的人员冗余问题,减轻人民的负担。但是,党政机关的融合,也会引发新的问题,如这些机关的人员具有双重身份,一些涉及公务员管理的法律是否能

[9] 这一观点参见郑永年:《十九大与“以党领政”的形成》,载《联合早报》2017 年 10 月 3 日。

够适用于这些人员;党的机构直接管理的行政机关,在行政诉讼中能否成为被告,也就是涉及针对这些机关提起的行政诉讼,法院是否能够受理等问题。[10]

## 二、人员配备

国家机关虽然不能单纯由人来组成,但是毫无疑问,人应该是其中的主要构成要素,更是国家机关活动的主体,国家机关的职能行使和功能实现,除了借助必要的物质性条件支撑外,基本上依赖于人的活动。考虑到国家机关权力内容以及承担职责的不同,法律对各国家机关人员配备的规定,必须从这一点出发,无论法律是否作出明确的规定,也属于事物本质之内在的要求。如此,方能确保配备的人员胜任国家机关担负的职能需要,确保通过国家机关工作人员的行为,使特定国家机关担负的职能得以最大限度地实现。因此,法律关于国家机关人员配备的规定,除基础性的能力要求之外,必须考虑到不同国家机关的专业性要求存在的差别,形成相互呼应的关系。在此方面,目前法律存在的主要问题为两个方面。

一是如前所述,由于行政化理念的支配,不能充分注意到其他国家机关与行政机关的不同,所有的国家机关都按照行政机关的模式来建立,必然会产生将所有国家机关的工作人员都视为等同于行政机关公务员的结果,直接的表现就是《公务员法》规定的公务员并不限于行政机关,包括法院、检察院、监察机关的人员在内。特别是具有非常强烈职业化要求的法官、检察官的考试、录用,完全是按照行政机关公务员的标准进行的,虽然有法律资格考试的要求,但在通过法律资格考试之后,是否能够真正地进入法院、检察院从事法律职业工作,需要参加的是一般性的公务员考试,考试的内容与行政机关的公务员一样,主要是行政能力测试和写作,根本不涉及法律方面的知识。他们通过了法律职业资格考试,但这种考试仅仅是入门级的,反映的是参加考试的人是否具备了从事法律职业需要的最低限度的专业知识。基于法律职业精英化的需要,真正地从事法官、检察官等法律职业工作,需要从他们中间选拔更优秀的人员来担任,是否更优秀,行政能力当然是一个方面,但决定性的应该是其法律专业的素养,只

[10] 参见刘权:《党政机关合署办公的反思与完善》,载《行政法学研究》2018年第5期。

有在通过法律职业资格考试的人员中,再进行更加专业性的考试,才能从中选拔出更优秀的人员,才能体现出法律职业的精英化要求。不能将法律职业资格考试视为是该领域的最高水平考试,通过的人就是该领域最高水平的人,倘若这样理解,显然是对法律职业资格考试的性质产生了误读。在国外建立了司法考试制度的国家,还通过建立司法研修制度,对通过资格考试的人进行训练和不断的淘汰,司法研修的过程就是一个不断选拔与淘汰的过程,也说明了这一点。从这个意义上讲,将法官、检察官作为一般的公务员对待,实际上是将法院、检察院等同于一般的行政机关的产物,二者之间存在内在的联系。[11]

二是我国长期形成且目前依然存在的干部管理体制,基本的立场是将所有国家工作人员统一当作党政干部进行管理。对他们的工作要求以及进行的业绩考核,在内容和标准上基本一样。过去的《法官法》《检察官法》对担任一般的法官、检察官的资格要求有受过法律专业的教育,却将法院院长、检察院检察长排除在外。这次修改后的《法官法》《检察官法》原本要求所有的检察官、法官都应该有法学教育的背景,包括院长、检察长在内,但在向全国人大常委会提交的修改报告中,仍然维持了过去的规定,理由说明中明确提出,是考虑到干部交流的需要,基调仍然是将法院院长、检察院检察长主要看作党政干部,而不是法律专业人士。

除上述之外,在国家机关人员配备上还存在一个编制数量上的控制问题。任何国家机关的设立,需要基于其管理事务的内容以及工作量来决定应该配备多少人员,保持二者之间大致的匹配关系。因为国家机关配备的人员从事公务管理活动,需要的财政负担是由人民纳税形成的,过少的人员配备,不仅会造成公务员的重负,更重要的是无法完成国家机关担负的职能,导致人民授予国家权力的目的无法实现;尽管这样会减轻人民的负担,但这种减轻的负担与人民委托给国家权力实现的公共利益相比,可能是微不足道的,甚至是得不偿失的。相应地,国家机关配备的人员过多,会带来人浮于事、相互推诿的问题,形成"一

〔11〕 在这方面,我国已经在探索扩充法官、检察官的来源渠道:党的十九大报告在深化司法体制综合配套改革中提出扩大法官、检察官的选任渠道,选任优秀律师进入法官、检察官队伍。然而在实践层面,从律师队伍中选任法官、检察官,整体呈现个别态势,象征意义大于实际意义。具体内容可参见吴革:《试论法官检察官职业路径的重塑:主要从律师队伍中选任》,载《中国司法》2018 年第 7 期。

个和尚挑水吃、两个和尚抬水吃、三个和尚没水吃”的局面,工作效率降低的同时,又增加了人民的负担。从这个意义上讲,确立国家机关应配备人员的合理数量是非常重要的,实际上,我们也早已认识到了这个问题的重要性,自改革开放以来,一直在主张国家机关实行“定岗、定编、定员”的“三定方案”,但现实的情况是,所有的国家机关都存在不同程度的超编问题,即便是在改革或设立之时实现了“三定”,但是坚持不了多久,就会出现超编。即便是有些机关形式上没有超编,但仅限于正式的公务员编制数量,如果考虑到很多机关存在大量所谓的事业编制人员,这些人员也是由财政供养的,实质上没有差别,只是给他们取了一个不同的名字而已。还有,经常出现上级机关向下级机关借调人员的问题,如果下级机关的人员被借调以后,仍然能够维持工作正常进行,这本身就说明下级机关的人员配备存在多余的问题。

当然,笔者也承认,国家机关权力的内容以及管理事务的范围不是固定不变的,据此决定需要配备的人员数量不可能达到非常精确的程度,也根本不可能达到完全客观化的程度。因此,对国家机关人员配备数量的评价,也就不可能精确到究竟多少个名额才比较合适或合理。然而,这不能成为不去关注国家机关人员编制问题的理由。虽然不能做到非常精确,但可以做到大致匹配。如果做不到这一点,也就意味着对国家职能实现的人员配备上,缺乏法律的基础,有关机关可以任意去配备自己需要的人员,而且往往出现的不是减少而是不断增加人员,岂不没有规矩可言?怎能体现法治的精神?

## 三、权力划分

国家权力的划分表现为两个层面。

一是不同国家机关之间,前提是人民在宪法中将国家权力划分为几个部分,然后如何在这些不同的国家机关之间进行国家权力的合理分配。在此方面,西方国家基于“三权分立”学说而划分为“立法”“行政”“司法”三个部分,孙中山先生在借鉴西方经验基础上又借鉴中国传统,划分为“立法”“行政”“司法”“考试”“监察”五个部分。我们的《宪法》经过修改以后,国家权力由六个部分组成,需要分别设立人大、政府、法院、监察、检察、军事等机关来行使。只要存在不同机关的设置,就有各机关之间权力划分的问题,不然就无法做到各司其职、各负其责,国家权力的行使就会陷入混乱,国家职能的履行同样会陷入混乱。

在国家权力的划分方面,1954 年《宪法》构建的人大这个权力机关之下的“一府两院”架构保持比较稳定的状态,最大的变化就是 1982 年《宪法》修改的时候增加了军事机关和 2018 年《宪法修正案》增加了国家监察委员会的规定。其中 2018 年《宪法修正案》增加的国家监察委员会,是对人民代表大会制度下国家权力架构进行的一次重大调整,集中体现为将不同机构中的监督职能整合起来,成为独立的监察权。国家监察体制改革作为事关全局的重大政治体制改革,机构与职能的整合乃是改革的主要方法论。[12] 监察权的整合不仅解决了监督权分散而无法形成合力的问题,更重要的是改变了过去监督权力由被监督机关行使形成的“同体监督”,无法有效发挥作用的问题,为今后反腐的制度化、常态化奠定了制度基础,也是国家治理体系现代化的完善之举,具有积极意义。

二是国家机关内部的机构设置问题。这方面是变化最大的,也是存在问题最多的。在计划经济时代,为了实行全面的计划控制和目标,政府内部的机构设置非常精细,职能划分达到了无所不包的程度。虽然现在已经实行了市场经济,但计划经济时期孕育而成的万能政府意识并没有完全消失,还影响着我们处理市场与政府关系的行为。国家机关内部机构设置与该机关管辖的事项多少是存在密切关系的,管理的事项越多,需要设置的机构自然越多,相应地就要配备一定的人员,特别是对行政机关来说,表现最明显。因此,国家机关内部机构的设置,必须以职能的转变为前提,凡是市场规律能够发挥作用的领域,要尽可能地避免或防止公权力的介入。

在政府内部机构的设置方面,除职能转变不彻底之外,权力划分方面的问题表现为:不同职能部门之间的权责划分不够清晰,存在交叉重叠的地方,其中包括对某些事项的管理权力分散在不同的部门,权责不清,形成互相推诿的局面。此外,政府内部机构的设置,在每次改革之初,大致上能够控制在合理的数量内,但经过一段时间,就会发生膨胀,特别是临时性的机构设置的随意性程度比较高,很多的内部机构设置时是临时性的,设立以后就难以撤销,从而变成常设机构。

---

〔12〕 参见秦前红:《我国监察机关的宪法定位以国家机关相互间的关系为中心》,载《中外法学》2018 年第 3 期。

## 四、运行程序

法治的一项重要内容就是程序正义,说话有根据,办事有程序。就国家权力而言,必须将国家权力的运用纳入程序化的轨道,也就是用法律程序来规范国家权力的行使,才能有效防止国家权力的滥用,真正地将公权力关进制度的笼子。

国家权力运用的程序化,实质是国家权力用以追求公共利益实现的手段的规范化。在此方面,我们存在的主要问题表现如下。

1. 法律关于国家权力行使的程序规定不健全,特别是至今还没有专门的行政程序法,行政机关对行政权力的运用没有纳入严格的法律程序控制下,无法保证行政机关基于服务行政、给付行政的理念来运用权力。

2. 有些国家权力的行使程序缺乏规定,如全国人大及其常委会享有监督宪法实施的权力,也就是合宪性审查的权力,且不说在 2018 年《宪法修正案》通过之前,没有专门的机构来负责合宪性审查的工作,更缺乏如何行事这个权力的程序性规定。2018 年《宪法修正案》规定设立“宪法和法律委员会”,解决了负责合宪性审查的具体工作机构的问题,但按照什么程序进行合宪性审查的问题依然没有得到解决。

3. 有些权力的行使程序没有覆盖所有的国家机关,如处理信访事务的权力,现行的信访条例仅适用于行政机关,但人大、法院、检察院等国家机关也有处理人民群众来信来访的职责,仅仅适用于行政机关处理信访事务的《信访条例》关于信访程序的规定显然不能适用于其他的国家机关。

4. 实际运行的程序与法律规定的程序存在不一致之处。我国现有的法律中,有不少关于国家权力运用程序的规定,但国家权力的实际运作并没有严格遵循这些程序。如对公民个人的信访行为的处理中存在的一些做法,就明显不符合信访条例的规定;人民法院在案件审理过程中存在的下级法院向上级法院请示或汇报、上级法院对下级法院的案件审理发出指示等,就不符合《宪法》关于上下级法院之间的监督与被监督关系的规定等。这种情形的存在,客观上造成了与法律规定的“显性程序”不同,甚至是违背的“隐形程序”的存在,而且还未能得到及时的纠正,甚至在一定的时期还作为好的经验加以推广。在国家机构改革和完善的法治化进程中,必须要重视这一问题并努力加以消除。

On the Construction of the Rule of Law in State institutions

Wang Guanghui

**Abstract**: To uphold and improve the system of the people's congress, we should comprehensively promote the rule of law. The rule of law in state institutions is an important part of the rule of law. As a carrier of the operation of state power, state institutions should consider the rule of law from a global perspective. From the perspective of the correct operation of state power by state institutions and the realization of the function of state power, we should consider the overall situation from the four aspects of the establishment of state institutions, staffing, power division and operational procedures, and conduct a "top-level design" of the rule of law in state institutions.

**Key words**: National institution; Rule of law; Division of power

# 全国人大兜底职权规范的生成史
## ——以全权机关为理论线索*

谭清值**

**内容摘要：**

全国人民代表大会(以下简称全国人大)兜底职权规范,与作为一种权力模式的全权机关理论存在紧密关联。以全权机关为理论线索,可以发现苏维埃兜底职权呈现鲜明的全权特征。自尝试建设中国苏维埃政权以来,经过断断续续地试验培育,1954 年《宪法》正式确立了全权的全国人大兜底职权规范,1975 年《宪法》、1978 年《宪法》延续了这一规范结构。纵然 1982 年《宪法》对其作出调适,但在一般理论上仍没有排除全权的知识传统。通过人民民主的理论溯源发现,全国人大兜底职权规范生成的根本原由,是人民主权中的“人民”,被错置为了具有独立意志的人民实体,而非法律上拟制的、具有超验性的人民。不过,随着民主化进程的开展,人民民主的理论预设,应当将人民视为公民在法律上的联合。

**关键词：**

全国人大　兜底职权规范　全权机关　人民实在论

---

* 本文系 2017 年重庆市教育委员会社会科学研究课题“人大主导立法的实施机制研究”(17SKG014)的阶段性成果。感谢陆幸福、魏敦友、朱颖等师友在西南政法大学第 9 期“公法与治理”学术工作坊对本文提出的宝贵意见。

** 西南政法大学行政法学院讲师,法学博士。

苏维埃的力量以及它对于旧的国家形式的优越性，就在于苏维埃是能够包罗一切的、最民主最有威信的群众组织，它最容易吸收群众参加国家管理和建设。

——基达林科[1]

社会确实是个契约。……它不仅是生者之间的，也是生者、死者以及未来者之间的契约。各朝各代的约定都不过是永恒社会这一伟大初始契约中的一款。

——伯克[2]

## 一、引言：从苏维埃模式到人民代表大会制

1954年《宪法》第27条规定："全国人民代表大会行使下列职权：……（十四）全国人民代表大会认为应当由它行使的其他职权。"1975年《宪法》、1978年《宪法》中全国人大兜底职权的规范表述与1954年《宪法》完全一致。1982年《宪法》调整了之前主观性较强的表述，修改为"应当由最高国家权力机关行使的其他职权"。在中国宪法研究中，全国人大兜底职权充满神秘色彩，少有学者问津。而把握新事物的最好方式，就是溯源它的生成史。那么，全国人大兜底职权规范是如何发展至今，与此同时，又是何种理念塑造了其内在的规范结构？

梳理既有研究，对此问题，最聚焦的探究仅是对域外宪法中未列举权力条款（含全国人大兜底职权）进行比较，并认为1954年《宪法》出现未列举权力条款正是源于革命根据地时期的历史经验。[3] 但是，我们会发现域外代议机关兜底职权与全国人大兜底职权的规范结构存在显著差异；而对全国人大兜底职权制度的历史脉络，仅溯源至革命根据地时期，尚没能进入制度变迁的历史纵深中考察。

---

[1] [苏]基达林科：《苏维埃制度是世界上最民主的制度》，康丁译，中国青年出版社1954年版，第13页。

[2] Edmund Burke, *Reflections on the Revolution in France*, ed. By Frank M. Turner, Yale University Press, 2003, p. 82.

[3] 参见钱宁峰：《未列举权力条款的宪法史分析》，载《中国宪法年刊》2014年第10卷，第52~61页。

纵览中国宪法发展史,虽然 1954 年《宪法》并非是对苏联宪法的照搬,其实它也借鉴、参考了西方诸国的宪法文本,但囿于当时客观的政治情势与意识形态,无论是从制定过程、宪法思想与结构以及重要的国家制度等方面,1954 年《宪法》均显著地留下了苏联宪法的印记。[4] 伴随国家制度的改革与变迁,人民代表大会制度在诸多方面突破了苏维埃模式,譬如,全国人大在内部组成形式上采行一院制,而没有像苏联最高苏维埃施行由民族院和联盟院构成的两院制。可是,苏维埃模式中一些基本的组织原理,特别是苏维埃全权性的权力原则,仍旧或隐或显地影响人民代表大会制度的现代化构想。

其实不难想象,苏维埃模式的影响力,也足以延及全国人大兜底职权规范的内在结构;而全国人大兜底职权的制度设计恰也印证了这一判断。1918 年《俄罗斯苏维埃联邦社会主义共和国宪法(根本法)》(以下简称 1918 年《苏俄宪法》)第 50 条规定了最高权力机关的兜底职权,即"除上列职权外,凡全俄苏维埃代表大会和全俄中央执行委员会认为应当由它们行使的一切职权,均归它们行使"。反观 1954 年《宪法》中全国人大兜底职权,它的规范表述与 1918 年《苏俄宪法》惊人相似。

有鉴于此,笔者将以苏维埃模式为代表的"全权机关"作为理论线索,力图沿着这一线索整理、揭示全国人大兜底职权规范生成的历史脉络;而后,以理论追溯的叙述方式,从历史实践、人民民主言说背后的深层理念,反思全国人大兜底职权规范生成的理论逻辑。不过,在此之前,笔者将首先证立"全权机关"作为理论线索的正当性,并从宪法的成文性、议会制政体的角度,分析全权机关所具备的特征。

## 二、全权机关的理论内涵与辨识

综观世界各国代议机关(议会),基于不同的标准可以对之作出不同的分类。譬如,基于代议机关与行政机关的关系不同,可以区分为议会制议会(如英国)和总统制议会(如美国)。考虑到 1954 年《宪法》以来,全国人大兜底职权规范的内在结构呈现出显著的全权特性,我将以代议机关是否具有全权性作为

---

[4] 参见孙大雄:《苏联宪法对我国 1954 年宪法的影响》,载张庆福、韩大元主编:《1954 年宪法研究》,中国人民公安大学出版社 2005 年版,第 73 ~ 81 页。

区分标准。

（一）全权机关的提出及其理论内涵

宪法上的代议机关兜底职权条款，是观察某国代议机关是否具有全权性的一个较直观的窗口。恰如前面已有提及的1918年《苏俄宪法》，该法第50条规定："除上列职权外，凡全俄苏维埃代表大会和全俄中央执行委员会认为应当由它们行使的一切职权，均归它们行使。"值得注意的是，不是全权机关均有这样的授权规定。当宪法授权代议机关完全不受限制的立法权时，就很难说这样的代议机关不具有全权性。比如，1918年之后，苏联的3部宪法就没有前述相一致的最高苏维埃兜底职权规定，但不能就此否认苏维埃的全权性。

所谓全权机关，是指部分国家的代议机关具有"自主赋权"的能力，它能够自主决定自身权限范围，而不受其他意志的安排。代议机关的全权性具体体现为：在一切权力属于人民的语境中，代议机关是人民的全权代表；在全权代表的逻辑上，代议机关享有所有的国家权力，其他国家机关的权力均来自代议机关或由它制定（修改）宪法的赋予。全权的代议机关自然拥有具有主权性质的制宪权，且该种制宪权具有常在性，并非是一次性或临时性的。

与全权性相对照的是有限的代议机关。此种代议机关不是代表人民的全权，只是代表其一部分；代议机关之外，尚有总统及其政府、法院等国家机关代表本来属于人民权限的一部分。[5] 代议机关的权力，如同其他国家机关一样，也是来源于宪法的授权，受到宪法的制约，即代议机关所享有的权力是一种宪法之下的权力，而非一种最高的主权性权力。

全权机关不仅作为一种理论形态，而且在现实的代议机关建制中也存在对应物，正如一再提及的苏维埃模式就是其中的典型。全权机关的视野也不只局限于苏维埃，其他诸国的代议机关也可以是其所评价的对象。只不过，全权机关集中出现在一些社会主义国家宪法中。以苏维埃为代表，由于对人民民主这一脉价值的格外强调，社会主义国家宪法普遍凸显代议机关在国家权力结构中的至上地位，并一般将代议机关的性质界定为国家权力机关。

这当然不是说，在非社会主义国家和地区宪法中，就不可能存在全权机关。

---

[5] 日本著名公法学家美浓部达吉认为："无论哪一国，议会不是代表国民的全权。"[日]美浓部达吉：《议会制度论》，邹敬芳译，中国政法大学出版社2005年版，第99页。事实上，以苏联的苏维埃为典型的代议机关具有代表国民的全权性。

例如,在 1776 年美国革命时期,宾夕法尼亚[6]和佐治亚[7]的宪法,体现为一种激进的民众主义类型,而该类型下的代议机关就类似于全权机关。因为整个政府都建立在直接依附于选民的代表制的基础上,政府权力集中在民选的一院制议会手中,而且行政权完全成为立法权的陪衬或傀儡,民选代表行使全部的立法权。再如,始于 1945 年的法国第四共和国时期,宪法规定过于偏重议会权力,造成国民议会独大,1958 年法国《宪法》才作出了转变。[8] 然则,这些议会史中零星的全权机关,没有形成如以苏联苏维埃为代表的强大传统。

(二)成文宪法中的全权机关

一个具有"成文"宪法的国家,其代议机关可能具有全权性吗?也即,代议机关的全权性与其实际存在的成文宪法可以相容吗?笔者将从理论和现实政制两个层面展开论说。

首先,在理论上,拥有成文宪法的国度,仍然可能存在全权机关。与成文宪法关联,这就顾涉制宪权问题。西耶斯区分了制宪权与宪定权(constituted power),他的目的在于打破恶性循环,即"凡涉及宪法的争端,也不应由这个依据宪法建立的机构来裁决。这样做便是逻辑颠倒、恶性循环"。[9] 暂且不论西耶斯是否成功打破了这一恶性循环,这样的区分就具有立宪主义的意味,将通过制宪权赋予所创宪法以正当性(或至上性)。

但是,除了立宪主义意义上的制宪权,还有事实论的制宪权,它将制宪视为事实行为,而非创制一部具有划定权力边界的宪法。全权机关所拥有的,就是

---

[6] Constitution of Pennsylvania, 1776, in Thorpe, ed., The Federal and State Constitutions, pp. 3081 – 3092.

[7] Constitution of Georgia, 1777, in Thorpe, ed., The Federal and State Constitutions, pp. 777 – 785.

[8] 法国第四共和国时期,过大的议会权力是造成政府换届频繁、政局动荡的原因之一。根据 1958 年《宪法》成立的宪法委员会,是法国第五共和国的一大创举。它的成立,是为了加强控制议会权力的结果。具有监督议会活动职权的宪法委员会,被认为是"一门对准议会的大炮"。参见朱国斌:《法国的宪法监督与宪法诉讼制度——法国宪法第七章解析》,载《比较法研究》1996 年第 3 期。

[9] [法]西耶斯:《论特权 第三等级是什么?》,冯棠译,商务印书馆 2009 年版,第 64 页。

事实论的制宪权,而该种制宪权具有常在性,根据国家的情势,可以经过代议机关的政治决定而随时发动。因此,在事实论制宪权的意义脉络上,全权机关与成文宪法不存在必然冲突。

其次,在现实政制中,苏联通过成文宪法,就将最高苏维埃锻造成了全权机关,恰如列宁喊出的"一切权力归苏维埃"这一著名口号。俄文中的苏维埃应译作"全权代表大会"或"工农兵全权代表大会",由此也可见一斑。苏维埃的全权性是其首要特征,并可以将其归结为两个方面:"它是革命而不是宪法的产物;它通过革命而掌握了全部的国家权力。"〔10〕1918 年年末,列宁指出:"苏维埃是在没有任何宪法的情况下产生的,它成立了一年多(1917 年春至 1918 年夏)也还没有任何宪法。资产阶级仇视被压迫者的这种独立的和万能的(因为是包括所有人的)组织……"〔11〕这构成了苏联最高苏维埃"革命、立宪"的历时性叙事,而"以宪政主义的理论眼光来审察'革命、立宪'的叙事,就会洞察到其间存在一个不可弥补的沟壑,因为'立宪'在这类叙事中仅仅是一系列的行为事实,而不是一个创生性的原则,宪法也不能终结革命,反而是革命的武器"。〔12〕

至于最高苏维埃所掌握的"全部的国家权力",蕴含了制宪权。不过,苏联的制宪史表明,最高苏维埃所拥有的是事实论的制宪权,它在 1918 年、1924 年、1936 年以及 1977 年分别"制定"的 4 部宪法,均在文本确认了最高苏维埃的全权性;同时,苏联 1918 年之后的 3 次宪法变动,名为"修宪",但实质上已然是"制宪"。更何况,修宪权是制宪权不可分割的内容,当一个机构被赋予了全部的修改宪法的权力时(没有修宪的实质界限),也就意味着该机关拥有了"制宪权"的全部。〔13〕可见,苏联最高苏维埃是一个常在的制宪机关,〔14〕一部苏联宪法史,就是一部波澜壮阔的宪法制定史。

---

〔10〕 何俊志:《从苏维埃到人民代表大会制——中国共产党关于现代代议制的构想与实践》,复旦大学出版社 2011 年版,第 4~5 页。

〔11〕 《列宁选集》(第 3 卷),人民出版社 1972 年版,第 658 页。

〔12〕 陈端洪:《一个政治学者和一个宪法学者关于制宪权的对话》,载《制宪权与根本法》,中国法制出版社 2010 年版,第 15 页。

〔13〕 参见江国华:《宪法的形而上之学》,武汉出版社 2004 年版,第 392 页。

〔14〕 肖蔚云教授认为,全国人大是经常存在的最高国家权力机关,它不仅行使制宪权,而且行使立法权。参见肖蔚云:《关于新中国的制宪权》,载《中国法学》1984 年第 1 期。

(三)英国议会主权与全权机关的误会

英国或许是现代欧洲国家中最富宪法精神的国家,虽然它没有将其宪法诉诸于正式的法典。之所以如此,不是因为像法国人所说的,英国没有宪法;而是因为,对专断统治的限制已经根深蒂固于盎格鲁—撒克逊民族的传统中,以至于英国议会不存在对国民幸福严重的威胁,从而也没有必要生硬地颁布一部可有可无的成文宪法典。[15] 总之,英国宪法的非成文性,无法当然否认它作为一个立宪民主国家的事实。而"立宪主义"就是专指一种对政治权力加以限制的政治制度,不能将它与"民主"这一概念相混淆,后者是指参与政治过程的机会向全体公民开放而不加限制的一种政体。正是基于这样的区分,对多数公民行使国家的强制性权力不加以任何限制,甚至是直接民主制,也不能称为立宪秩序。[16]

作为立宪民主的英国,其议会的立法权并非是不受限制的。在诸多限制中,首当其冲的便是英国的普通法。由于英国具有深厚的普通法传统,法院自行制定的普通法在整个国家法律体系中具有举足轻重的地位。特别是在侵权法、合同法等私法领域,普通法具有支配性地位;即使是在宪法和制定法的领域,普通法也有自己的一席之地。[17] 令 18 世纪其他欧洲国家羡慕不已的英国人所享有的那种自由,其实是来自这样一个事实,即"支配法院审判的法律乃是普通法,亦即一种独立于任何个人意志、而且既约束独立的法院又为这些法院所发展的法律;对于普通法,议会很少会加以干预,即使作出了干预,其目的也主要是为了澄清某一法律系统内的疑点"。[18] 这也吻合在普通法系国家,除了纠纷解决外,法院的第二重要职能便是充实法律规则的情况。因为立法机关生成法律规则的能力是受限的,而其中大部分的能力都被配置用于制定跟政府事

---

〔15〕 参见[英]麦基文:《宪政古今》,翟小波译,贵州人民出版社 2004 年版,第 11 ~ 12 页。

〔16〕 参见[美]斯科特・戈登:《控制国家:西方宪政的历史》,应奇等译,江苏人民出版社 2001 年版,第 239 页。

〔17〕 参见[美]迈尔文・艾隆・艾森伯格:《普通法的本质》,张曙光等译,法律出版社 2004 年版,第 1 页。

〔18〕 [美]弗里德利希・冯・哈耶克:《法律、立法与自由》(第 1 卷),邓正来等译,中国大百科全书出版社 2000 年版,第 131 ~ 132 页。

务有关的法律规则(如税收、行政管理)和制定被认为属于法院能力之外的规则(如界定犯罪)。[19]

除普通法的传统因素外,宪法性法律及法院角色的一些变化,也构成了对英国议会的限制。有学者通过梳理英国宪政史,揭示了英国“议会至上”范式的转变,并认为随着宪法性法律和最高法院角色的凸显,意味着英国从绝对议会至上迈向对话式宪政民主(a dialogic constitutional democracy)。[20] 此外,议会至上原则在英国宪法中效力的减持,也受到了欧盟法律、1998年《人权法案》以及分权提议和普通法激进主义(Common Law Radicalism)的影响。[21]

正是由于英国议会固守“个人基本自由与权利不受国家权力的任意干涉”这一不成文宪法传统(通过普通法得以延续),与此同时,在整个国家权力结构中法院独特的地位,使英国议会没有蜕变为全权机关。

综上,全权机关是在理论上足以成立,且在现实政制中得到实践的一种权力模式。在一个拥有成文宪法典的国家,也可能存在全权机关,且其有别于英国的议会主权。考虑到在1954年以来我国的历部《宪法》下全国人大兜底职权的规范结构所呈现的全权性,我将以全权机关为理论线索,考察全国人大兜底职权规范的生成史。

## 三、全国人大兜底职权规范的生成史考察

梳理中国代议机关的宪法史,实际上,早在民国时期制定的宪法,就存在代议机关的兜底职权条款,而且是伴随联省自治运动出现的。例如,当时《中华民国浙江省宪法》第48条第12款规定,省议院除本法各条所列职权外,可以行使“其他依法律属于省议院之事件”。从规定方式看,和域外诸国的规定相近,代

---

[19] 参见[美]迈尔文·艾隆·艾森伯格:《普通法的本质》,张曙光译,法律出版社2004年版,第5~6页。

[20] Gar Yein Ng, “Judicialisation and the End of Parliamentary Supremacy”, 3 *Global Journal of Comparative Law* 50(2014), pp. 61-69.

[21] See Ahmet Emrah Gecer, “The Principle of Parliamentary Supremacy in the UK Constitutional Law and Its Limitation”, 6 *Ankara Bar Review* 155(2013), pp. 161-165.

议机关兜底职权规范大致限于"宪法"或"法律"赋予的其他职权。[22] 这类兜底职权规范与全国人大兜底职权规范的内在结构存在差异。全权机关的理论叙事,即将我们的考察视域引向社会主义类型宪法中的代议机关兜底职权。

颇为有趣的是,环顾四周,考察当代朝鲜、老挝、古巴、越南等 4 个国家宪法发现,朝鲜、越南分别规定最高人民会议、国民议会均系最高权力机关,但没有兜底职权的规定。然则,老挝、古巴均规定了代议机关兜底职权,只是两者规定的方式不同。《老挝人民民主共和国宪法》[23] 第 53 条前 13 项列举了国会的职权,并于第 14 项规定"法律规定的其他职权"。《古巴共和国宪法》[24] 第 75 条列举了全国人民政权代表大会的众多职权后,在最后一项规定"宪法授予的其他职权"。同为社会主义类型宪法,中国宪法中的全国人大兜底职权规范仍存在差异,这在某种程度上也迫使我从历史中寻找认识的根据。考虑到苏维埃模式对中国人大的影响甚巨,我将在全权机关的指引下,直接从苏维埃兜底职权开始考察,致力于直观呈现这一生成过程。

(一)制度借鉴的先驱:苏维埃模式

在苏维埃宪法发展史中,一般从十月社会主义革命胜利开始计,进而亦将 1918 年制定的第一部苏维埃宪法作为宪法史的重要部分。1918 年《苏俄宪法》[25] 第 49 条明确列举了全俄苏维埃代表大会和全俄中央执行委员会的 17 项职权,授权其负责处理一切全国性的事项。随后,该法第 50 条即是最高权力机关的兜底职权,该条规定:"除上列职权外,凡全俄苏维埃代表大会和全俄中央执行委员会认为应当由它们行使的一切职权,均归它们行使。"可以显见,苏维埃具有全权的特征。

---

[22] 参见钱宁峰:《未列举权力条款的宪法史分析》,载《中国宪法年刊》2014 年第 10 卷。

[23] 参见朱福惠、王建学主编:《世界各国宪法文本汇编 · 亚洲卷》,厦门大学出版社 2012 年版,第 284 页。

[24] 朱福惠、胡婧主编:《世界各国宪法文本汇编 · 美洲、大洋洲卷》,厦门大学出版社 2015 年版,第 458 页。

[25] 该宪法的翻译版本,参见[苏]谢 · 谢 · 斯图坚尼金主编:《苏维埃宪法史:1917—1957》(文件汇编)(第 1 分册),中国人民大学出版社翻译室译,中国人民大学出版社 1958 年版,第 160 ~ 177 页。

1924 年《苏维埃社会主义共和国联盟宪法(根本法)》(以下简称 1924 年《苏联宪法》)开篇第一章就规定了苏联最高权力机关的职权,[26]但没有规定它的兜底职权,而是采用明确列举方式。不过,颇有意趣的是,该宪法中没有直接表述为"苏联最高权力机关行使下列职权",而是存在一个语境转换——"苏维埃社会主义共和国联盟由其最高权力机关行使下列的职权",这即是将苏联的所有国家权力赋予最高权力机关行使。根据该宪法第 2 条的规定,宪法各项基本原则的批准及修改权,专属于苏维埃代表大会。其第 65 条规定了各加盟共和国与苏联的权限关系,即两者最高权力机关之间的相互关系,由宪法规定。据此,1924 年《苏联宪法》中苏维埃的"全权性"就体现在它行使宪法授权给苏联的所有国家权力,尽管该宪法明确罗列的 24 项职权并非是包罗万象的。

至斯大林宪法时期,纵览 1936 年《苏维埃社会主义共和国联盟宪法(根本法)》(以下简称 1936 年《苏联宪法》),它亦仅在第 14 条专门罗列了最高国家权力机关(苏联最高苏维埃)和国家管理机关(苏联部长会议)的 24 项职权,而没有针对最高国家权力机关的兜底职权规定。此时,最高国家权力机关的"全权性"体现在该宪法第 31 条的规定中,即本宪法第 14 条赋予苏联的一切职权,不属于苏联最高苏维埃主席团、苏联部长会议和苏联各部权限以内的,都归由苏联最高苏维埃行使。实际上,这是苏维埃兜底职权的一种表现形式。值得注意的是,该宪法第一次严格规定国家政权机关与管理机关之间的权限划分,在该宪法第五章和第六章中明确规定各部及各主管部门的职权。不过,由于苏联属于联邦这一国家结构形式,因此,在纵向分权的面相,最高苏维埃并不具全权性。

苏联的 1918 年、1924 年以及 1936 年 3 部宪法对中国政权模式的初创、发展构成影响,而影响的来源自然不包括 1977 年的宪法。不过,至 1977 年《苏维埃社会主义共和国联盟宪法(根本法)》(以下简称 1977 年《苏联宪法》),[27]苏维埃制度得以进一步完善,苏维埃的全权特征在某种程度上得以延续。虽然该

---

[26] 1924 年《苏联宪法》第 8 条规定,苏联的最高权力机关是苏维埃代表大会,苏维埃代表大会闭会期间,由联盟苏维埃和民族苏维埃所组成的苏联中央执行委员会为联盟的最高权力机关。

[27] 该宪法的翻译版本,参见《苏维埃社会主义共和国联盟宪法(根本法)》,辛华译,生活·读书·新知三联书店出版 1978 年版。

宪法亦未规定最高国家权力机关的兜底职权,但在第 108 条第 2 款规定,苏联最高苏维埃有权解决本宪法规定属于苏联权限内的“一切问题”。

(二)断断续续的试验培育:人民代表大会过渡模式

我国人民代表大会制度不是直接从苏维埃模式蜕变而来,而是经历了一个萌芽、孕育的过程,笔者称此阶段为人民代表大会过渡模式时期。1921 年中国共产党成立之后的早期,主要是模仿和学习苏联的苏维埃政权模式。第一个载入史册的中国苏维埃,是 1927 年 11 月 13 ~ 16 日由彭湃在陆丰县领导建立的县级苏维埃。[28] 如果说中国共产党的苏维埃政权建设经历了一个零星、地域性的尝试阶段,那么 1931 年 11 月 7 日中华苏维埃第一次全国代表大会的召开,则标志着中国共产党领导的苏维埃政权已经形成一个全国性的政权模式。1934 年 1 月 21 日召开了中华苏维埃第二次全国代表大会。由中华苏维埃第一次大会通过并经第二次大会修改的《中华苏维埃共和国宪法大纲》,仅规定“中华苏维埃共和国之最高政权,为全国工农兵苏维埃代表大会”,却没有就国家机关的职权作出规定。而 1934 年《中华苏维埃共和国中央苏维埃组织法》则对国家机关的职权作出规定,不过仍然没有兜底性的职权规定,但赋予了全国苏维埃代表大会及中央执行委员会极为宽泛的权力,如“颁布和修改宪法”(为全国苏维埃代表大会专有权)、“确定地方苏维埃的权力,并解决地方苏维埃间的争执”等。

为了适应“国共合作”以共同抗日的新形势,1937 年 2 月 10 日,中国共产党在致电国民党五届三中全会的电文中提出,决定将工农政府改为中华民国特区政府,并在特区内实施普选的、彻底的民主制度。在此期间,依次经历了议会民主制、作为边区人民代表机关的参议会制及以“三三制”为原则的参议会制这三个阶段。[29] 可以将这一时段称为抗日民主政权时期。有学者认为,这一时期的政权建设理论和实践与经典的马克思列宁主义理论,甚至与第一次国内革命战争时期的理论和实践,均没有直接的相承关系,它无疑是特殊政治时期的特殊

[28] 参见何俊志:《从苏维埃到人民代表大会制——中国共产党关于现代代议制的构想与实践》,复旦大学出版社 2011 年版,第 27 页。

[29] 何俊志教授对从议会民主制向人民代表大会制的转型过程,作了生动而翔实的描画。参见何俊志:《从苏维埃到人民代表大会制——中国共产党关于现代代议制的构想与实践》,复旦大学出版社 2011 年版,第 71 ~ 112 页。

实践。[30]

然而,通过梳理这一时期的政府组织文件,在政权组织的规定中却有出现类似的全权兜底职权规范。比如,1939 年《陕甘宁边区政府组织条例》第 7 条第 10 项规定,边区政府委员会议决"其他边区政府委员会认为应讨论之事项"。再如,1941 年《陕甘宁边区县政府组织暂行条例》第 7 条第 8 项规定,各县政府委员会议决"其他县政府委员会认为应讨论事项"。这样的规范表述,与 1918 年《苏俄宪法》中最高权力机关兜底职权和我国 1954 年《宪法》中全国人大兜底职权的表述("认为应当由它行使的其他职权")极为相近。

1945 年之后的解放战争时期,政权组织中兜底职权的规定方式则发生了变化。例如,1948 年《华北人民政府组织大纲》第 4 条规定,华北人民政府行使职权之一是"其他重大事项"。再如,1949 年《中原临时人民政府组织大纲》第 4 条第 9 项规定,中原临时人民政府行使职权之一是"其他重大事项"。[31] 这样的兜底职权规范表述,不难让人联想到学理上全国人大享有的其他重大事项决定权。

事实上,1937 年中共中央决定将原先的中华苏维埃模式改为参议会模式时,其内部决议中已经确定,"将来还是要搞苏维埃的(改制时的话)"。[32] 1949 ~ 1954 年的中国人民政治协商会议及其通过的规范性文件,也证实了这一点。梳理一番可见,1949 年《共同纲领》第 12 条中规定,"国家最高政权机关为全国人民代表大会";其第 15 条中规定,"各级政权机关一律实行民主集中制"。1949 年《中国人民政治协商会议组织法》第 7 条规定了中国人民政协全体会议的 6 项职权,其中第 3 款规定:"在普选的全国人民代表大会召开以前,执行全国人民代表大会的职权。"这些足以表明,政治协商会议已事实地作为人民代表大会制度的准备和前奏。正值人民代表大会制度的过渡阶段,此时的组织法等文件没有就全国人大兜底职权这类精细内容作出规定,也就可以被理解。

---

[30] 参见蔡定剑:《中国人民代表大会制度》,法律出版社 2003 年版,第 15 页。

[31] 正文中所引用的抗日民主政权时期、解放战争时期的规范性文件相关条文,参见韩延龙、常兆儒编:《中国新民主主义革命时期根据地法制文献选编》(第 2 卷),中国社会科学出版社 1981 年版。

[32] 谢觉哉:《谢觉哉日记》(下),人民出版社 1984 年版,第 740 页。

(三)制度的确立与调适:人民代表大会制

第一届全国人大第一次会议制定了 1954 年《宪法》,该宪法以《中国人民政治协商会议共同纲领》为基础,同时又是对它的发展。在 1954 年《宪法》设定的宪制结构下,全国人大仍然可以归于全权机关吗?

由于 1954 年《宪法》的制定者有明确承继苏维埃模式的意识,这一宪制下的全国人大仍可归属于全权机关。正如,毛泽东在 1954 年《宪法》起草委员会第一次全体会议上讲道:“苏联叫最高苏维埃,我们叫全国人民代表大会,苏联叫最高苏维埃主席团,我们叫全国人民代表大会常务委员会,苏联叫部长会议,我们叫国务院。”[33] 这样的表述,也可以从 1954 年《宪法》对全国人大兜底职权的规定内容寻得规范依据。该宪法第 27 条第 14 项规定,“全国人民代表大会认为应当由它行使的其他职权”;其第 31 条第 19 项则规定了全国人大常委会的兜底职权,即“全国人民代表大会授予的其他职权”。

针对全国人大兜底职权规范的理解,有学者认为:“全国人民代表大会还有权行使它认为应当由它行使的其他职权,包括行使宪法文本所未列举的其他职权。”[34] 这意味着,全国人大完全可以根据自己的意志赋予自身任何“其他职权”,代议机关的全权模式呼之欲出。而后,1975 年《宪法》第 17 条、1978 年《宪法》第 22 条均规定了全国人大兜底职权,且规范表述与 1954 年《宪法》完全一致。

然则,1982 年《宪法》却对全国人大兜底职权的规定作出了改变——由“全国人民代表大会认为应当由它行使的其他职权”转变为“应当由最高国家权力机关行使的其他职权”,而全国人大常委会的兜底职权规定则与之前历部宪法无异。1982 年《宪法》中的全国人大兜底职权条款则趋于理性。

在社会主义国家宪法中,全权机关理论具有较强的影响力。有学者以“人民会议”指代国外社会主义国家的最高国家权力机关,并具有感召性地指出:“人民会议是拥有和支配全部国家权力的机关。……最高人民代表机关手中应掌握全部国家权力的全权思想,在欧洲、亚洲和古巴等一系列国家从理论研讨

[33] 韩大元:《1954 年宪法制定过程》,法律出版社 2014 年版,第 272 页。

[34] 同上书,第 396 页。

领域跨进社会实践领域，经过数十载变成了千百万人民群众的行动。"[35]或许，正是受到全国人大系全权机关这一前见的影响，另有学者在分析为何中国宪法会出现代议机关兜底职权规范，就需要理解全国人大在国家宪法秩序中的定位。试看，该学者坦言，"全国人大是全权机关，其代表人民行使全部国家权力。这种观念是社会主义宪法类型所具有的普遍思想"，继而认为，"由于全国人大具有全权性，因此，未列举权力问题由全国人大来决定，因为人民已经通过宪法将这种决定权赋予了全国人大"。[36] 全国人大常委会法工委原副主任阚珂也认为，虽然 1982 年《宪法》中的全国人大兜底职权规范与 1954 年《宪法》此条款的表述不同，但精神实质是一致的。[37] 也就是说，全国人大全权思想与全权兜底职权两者在论说上得以对应衔接起来，这种认识传统在 1982 年《宪法》对全国人大兜底职权规范作出调适后，也没有发生根本改观。

## 四、全国人大兜底职权规范生成的理论解释

那么，自 1954 年《宪法》以来，全国人大兜底职权规范的全权构想与设计背后，究竟是何种理念起着支持撑性作用呢？现代民主有两种基本的分野——自由民主与人民民主，前者以个人主义为原则，系西方国家的民主观；后者遵奉集体主义为前提，一般为社会主义国家所强调。[38] 不同的民主理念，或者说对民主价值不同程度的强调，将导致宪法采取不同的权力分配原则。代议机关兜底职权的模式选择，亦与各国家所采行的民主理念存在紧密关联。下面即主要从人民民主理念内部，致力于阐释这类全权的全国人大兜底职权规范生成的缘由。在正式叙说前，笔者将回答为何作为组织原则的"民主集中制"不是根本性缘由。

---

〔35〕 陈宝音编：《国外社会主义宪法论》，中国人民公安大学出版社 1998 年版，第 445 页。

〔36〕 钱宁峰：《未列举权力条款的宪法史分析》，载《中国宪法年刊》2014 年第 10 卷。

〔37〕 参见阚珂：《人民代表大会那些事》，法律出版社 2017 年版，第 54 页。

〔38〕 参见吕嘉：《中国式民主：现代民主两种类型之一的人民民主》，载《北京行政学院学报》2008 年第 1 期。

(一)为何不是"民主集中制"

无论是人大还是苏维埃,它们"最高国家权力机关"的宪法地位总是经由其所享有的权力集中呈现出来的,而某一国家机关的权力多寡又与整个国家机关的组织原则紧密联系在一起。正因如此,全国人大兜底职权,就与作为组织原则的"民主集中制"存在一定程度的关联。

在马克思经典著作中并没有"民主集中制"这一概念,它由列宁在1903年俄国社会民主工党第二次代表大会上首次提出。不过,列宁最开始的提法为"集中制"——"作为党组织的基础的基本思想,实际上可以归结为以下两点。第一个思想,即集中制思想,是从原则上确定了解决所有局部和细节的组织问题的方法。"[39]但是,经过一段时间较为激烈的争议与反思,列宁对他所提出的"集中制"作出区分,即俄国共产党施行的民主集中制,区别于专制主义的集中制和官僚主义的集中制。1906年俄国共产党四大正式确立,"党的一切组织是按民主集中制原则建立起来的"。

不过,颇耐人寻味的是,在1977年《苏联宪法》前,民主集中制并没有从党的组织原则进入正式制度层面而成为国家机构的组织原则。列宁亲自主持制定的1918年《苏俄宪法》中就没有规定"民主集中制",而列宁去世之初制定的1924年《苏联宪法》和对世界其他国家社会主义宪法产生深刻影响的1936年《苏联宪法》,均没有规定所谓的"民主集中制"。在苏联宪法史上,系1977年《苏联宪法》第3条首次在根本法的层次明确规定了民主集中制,即"苏维埃国家的组织和活动实行民主集中制:一切国家权力机关自下而上地选举产生,这些机关向人民报告工作,下级机关必须执行上级机关的决定。民主集中制把统一领导同地方上的主动性和创造积极性、同每一个国家机关和公职人员对本职工作的责任感结合起来"。与苏联不同,我国1949年《共同纲领》第15条就规定,"各级政权机关一律实行民主集中制"。之后我国的1954年《宪法》至1982年《宪法》均规定了国家机构实行民主集中制原则,纵然在具体的表述上存在差别。

对于民主集中制的意涵,有官方的正统学说,也有学界的多种解读,可谓是众说纷纭。1940年毛泽东在《新民主主义论》中分析新民主政治的政体问题时说道:"中国现在可以采取全国人民代表大会、省人民代表大会、县人民代表大

---

〔39〕《列宁全集》(第7卷),人民出版社1963年版,第228页。

会、区人民代表大会直到乡人民代表大会的系统,并由各级代表大会选举政府。但必须实行无男女、信仰、财产、教育等差别的真正普遍平等的选举制,才能适合于各革命阶级在国家中的地位,适合于表现民意和指挥革命斗争,适合于新民主主义的精神。这种制度即是民主集中制。"[40]也就是说,作为政体的人民代表大会制度就是民主集中制。另有学者认为,在国家结构形式的意义上,通常所说的"集中",与之相对的实际上是分散主义、无政府主义而非民主;在政体上,与民主相对的只能是"专制"。[41] 虽然存在众多解读,但与代议机关兜底职权相关联的民主集中制,应当是就国家机构的组织原则而言的,而非作为领导制度和工作方法的民主集中制,后者被赋予了"集中正确意见"等含义。[42]

针对民主集中制与代议机关兜底职权的关系问题,可以说,全国人大兜底职权规范的现象,无疑受到了民主集中制原则的形塑,至少民主集中制在一定程度上证成了兜底职权背后的逻辑:兜底职权作为一种结果出现,无疑是"集中"一面的体现;而民主集中制中的"民主"一面,是兜底职权得以真正成立的正当性依据。

可是,值得强调的是,民主集中制原则不是证成最高苏维埃或全国人大兜底职权规范所具全权特征的最终原因,就如代议机关兜底职权的存在不能等同于全权机关一样。中共十一届三中全会公报指出:"由于在过去一个时期内,民主集中制没有真正实行,离开民主讲集中,民主太少,当前这个时期特别需要强调民主,强调民主和集中的辩证统一关系。"[43]这意味着,到了另一个时期就应当强调集中了。事实上,以后的历史发展又完全证明了这一点。[44] 而这就恰恰表现为,民主集中制内在本身充满了弹性,而它的实际运用,具有一种政治实用

[40] 《毛泽东选集》(第2卷),人民出版社1991年版,第677页。

[41] 参见王贵秀:《论民主和民主集中制》,中国社会科学出版社1995年版,第179页。

[42] 参见何益忠:《民主集中制之"集中"考辨》,载《理论学刊》2012年第3期。

[43] 《中国共产党第十一届中央委员会第三次全体会议公报(一九七八年十二月二十二日通过)》,载中共中央文献研究室:《三中全会以来重要文献选编》(上),中央文献出版社2011年版,第9页。

[44] 参见应克复:《"民主集中制"的由来与演变》,载《炎黄春秋》2012年第10期。

主义的倾向。[45] 可见,变动不居,或者说充满弹性的民主集中制,难以作为支撑全国人大兜底职权规范的最终依据。

(二)人民民主理论中的全权面向:以列宁为核心

代议机关兜底职权的全权特征,与代议制民主理论紧密联系在一起。如前所述,在论及社会主义民主时,一般将民主区隔为人民民主与自由民主,而人民民主理论的推演,可以探得全权兜底职权的理论可能性。苏联作为世界第一个社会主义国家,可谓是人民民主理论试验的典范,列宁则是苏联民主制度初期建设的"掌舵人"。下面即从列宁的人民民主观切入,探究人民民主理论与全权兜底职权规范内在的、深沉的勾连。

列宁的人民民主观是在站上无产阶级的立场,对资产阶级民主实践的反思与批判基础上建立起来的。按此逻辑,既然无产阶级作为资产阶级的另一面,那么其民主理论及以此作为基础的政权建设,也就应当反其道而行之。列宁的人民民主实践的"冲动",是认识到资产阶级议会制民主的虚假性,正因如此,它的目标就是实现"真实"的民主。申言之,1917年列宁在《国家与革命》中谈到"议会制的消灭"时,道明了反对议会制的缘由,因为在当时的议会制国家,那些真正的国家工作是在后台决定、由各部、官厅和司令部来执行,议会则专门为了愚弄"老百姓"而从事空谈。摆脱议会制的出路,就在于把代议机关由清谈馆变成"工作"机构(兼管立法和行政)。[46] 可见,对代议机关角色定位转变的意识,就是要让代议机关变得真正拥有力量和权力。事实上,早在1905年《沙皇与人民和人民与沙皇的一致》中,列宁就提出:"从人民专制论的观点看,首先必须切实保障充分的鼓动自由和选举自由,然后召开真正全民的立宪会议,就是说,这个会议应当通过普遍、直接、平等和无记名投票的选举产生,应当掌握全部权力,即完整的、统一的和不可分割的权力,应当真正体现人民专制。"[47] 而之后苏联政权的建设,正是朝着建构一个拥有"完整的、统一的和不可分割的权力"的全权机关方向推进。

---

〔45〕 See Canchu Lin & Yueh-Ting Lee, "The Constitutive Rhetoric of Democratic Centralism: a thematic analysis of Mao's discourse on democracy", 22 *Journal of Contemporary China* 148(2013), pp. 162–163.

〔46〕 参见《列宁选集》(第3卷),人民出版社1972年版,第210页。

〔47〕 《列宁全集》(第11卷),人民出版社1987年版,第177页。

苏维埃模式在原理上，施行了高度的人民民主，如此高度的民主是以"人民"能够有效控制代议机关本身为条件的。不然，具有全权性的代议机关没有"人民"的控制，也可能成为威胁，甚或侵害人民权利的国家机器。因此，在赋予代议机关以全部权力的同时，让"选民"享有真正的、充分的罢免权，以防止它权力的滥用。1917 年 11 月全俄中央执行委员会通过法令，就明确规定了选民对其代表享有罢免权。列宁在《罢免权法令草案》中认为："比多数选举制更民主的比例选举制，要求采取比较复杂的措施来实现罢免权，也就是说，使人民的代表真正服从人民。"[48]

列宁根据马克思主义国家学说和巴黎公社的实践经验，结合俄国工人阶级在无产阶级革命中自发形成的组织形式，创造出了"苏维埃模式"，它是苏俄人民民主实践的核心内容。具有全权性的苏维埃模式，成为列宁等一批苏联的社会主义者探索人民民主具体实现形式的成果。马克思、恩格斯的人民民主理论，主要是通过总结巴黎公社的实践经验而得到展现的。

(三)人民民主理论的渊薮：人民实在论

在人民民主的语境中，追溯列宁之前的社会主义民主实践，就无法绕开巴黎公社。马克思主义经典理论家关于政权建设的论述，也集中体现在对巴黎公社经验的总结与评述。马克思在《法兰西内战》(二稿)中总结道，"公社必须由各区全民投票选出的城市代表组成，这些城市代表对选民负责，随时可以撤换"，至于公社的全权性，体现在它"不应当是议会式的，而应当是同时兼管行政权和立法的工作机关"，而且"一切有关社会生活事务的创议权都归公社。总之，一切社会公职，甚至原应属于中央政府的为数不多的几项职能，都要由公社的官吏执行，从而也就处在公社的监督之下"。[49] 恩格斯对代议机关的全权性亦持肯定的见解，他在《1891 年社会民主党纲领草案批判》中坦言："有一点在我看来应该而且能够写到纲领里去，这就是把一切政治权力集中于人民代议机关之手的要求。"[50]

由此，马克思与恩格斯对代议制的基本观点持有一致见解，即人民的代议机关应是高度集权的，只有代议机关拥有了一切权力，才真正有利于无产阶级

[48] 《列宁全集》(第 33 卷)，人民出版社 1985 年版，第 102 页。

[49] 参见《马克思恩格斯全集》(第 17 卷)，人民出版社 1965 年版，第 646 页。

[50] 《马克思恩格斯全集》(第 22 卷)，人民出版社 1965 年版，第 274 页。

选举胜利后直接取得全部国家权力,也有助于无产阶级掌握政权后,真正体现人民掌握政权。值得强调的是,马克思、恩格斯对代议机关全权性的承认也是附带前提条件的,正如恩格斯在1891年《“法兰西内战”一书导言》中总结巴黎公社是如何防止“国家和国家机关由社会公仆变为社会主宰”时所作的论述:一是公社“把行政、司法和国民教育方面的一切职权交由普选选出的人担任,而且规定选举者可以随时撤换被选举者”;二是公社“对所有公职人员,不论职位高低,都只付给跟其他工人同样的工资”。[51]

至于巴黎公社型代表制,是“人民主权”在历史上出现的典型代表,而该种体制具有命令性委任的构造特征。[52] 这一命令性委任的特征,又与主权享有者“人民”这一概念的不同理解存在紧密关系。具体而言,在人民主权的理论语境中,代议机关在国家权力结构中的地位,与一直以来的“人民”这一概念的理解存在莫大关联,不同蕴涵的人民观塑造着不同类别的代议机关权力观。

人民主权原则中的“人民”,是具有独立的人格与意志的实体(作为经验的存在),还是一个作为理念或法律拟制的集体人格呢?纵览人民主权学说史,人民实在论在其中占据相当重要的地位,并且,对国家政制的建构产生了巨大影响。人民的实在论,当首推卢梭的人民主权思想,这源于他的社会契约论。

卢梭在解释众多个人如何成为主权者意义上的“人民”时,认为需要达成一致的社会契约,而其中的条款,可归结为一句话——“每个结合者以及他所有的一切权利已全都转让给整个的集体了”。经过一番阐释后,他排除了社会公约中非本质的东西,最后剩下如下词句,“我们每一个人都把我们自身和我们的全部力量置于公意的最高指导之下,而且把共同体中的每个成员都接纳为全体不可分割的一部分”。就是通过这一缔约行为,“这个有道德的共同体便有了它的统一性,并形成了共同的‘我’,有它自己的生活和意志”。“至于结合者,总起来就称为‘人民’;作为主权的参与者,则每个人都称为‘公民’;作为国家的法律的服从者,则称为‘臣民’。”为使这项社会契约不致成为一纸空文,它内含这一约定,即“只有它才能使其他约定具有效力;谁拒不服从公意,整个共同体就

---

〔51〕《马克思恩格斯全集》(第22卷),人民出版社1965年版,第228页。

〔52〕参见[日]杉原泰雄:《近期的国民主权争论及其课题》,江利红译,载《公法研究》[2015年卷(总第14卷)]。

要强迫他服从公意,这就是说人们要迫使他自由”。[53] 虽然卢梭是以个人主义为其立论基础,但它所采的人民,是一个由孤立的个人结合而成的、具有自己意志的绝对整体。

纵然西耶斯并没有对卢梭的人民观全盘继受,[54]但亦受到卢梭人民实在说的影响。西耶斯在论涉政治社会形成过程中的第二个时期时,将其特点提炼为“共同意志发挥作用”,并认为“共同体必须有共同意志;没有意志的统一,它便根本不能成为有意志、能行动的一个整体”。[55] 此种人民实体化的思想,是反对君主专制思想的同时,在一个相反的面向对君主实体性的承袭,因为“人民主权的概念来自共和主义对近代早期的主权概念的袭取和评价,在那时,这个概念起初是与绝对统治者联系在一起的”。[56] 人民主权,是在反对并替代主权在君的意义上逐渐成形的,因此,在人民主权学说的早期,人民概念自带实在论的倾向,似乎无可厚非。

不过,由于卢梭的人民观中存在含混之处,其中所具有的危险成分,被欧洲的浪漫主义者们不适当地“转化”或别有用心地发挥了。浪漫主义者们断然否认了卢梭思想中的个人天赋权利、以社会契约为基础的社会观,而主张一种人民的有机论和整体论——“人民是一个不可分割的整体,一个有机整体”,“一种人民精神,一种 Volksgeist(民族精神)或 Volksseele(民族之魂)”;它“是比自然法所能允许的更为坚实的融合体,它为浪漫主义者所特有,是唯心主义哲学的产物”。[57] 人民成为一个具有绝对性、独立意志的整体,任何脱离这个有机整体的个人,便失去存在意义。恰如施米特所得知的,浪漫主义者“最早发现,‘人

〔53〕 参见[法]卢梭:《社会契约论》,李平沤译,商务印书馆 2011 年版,第 19~23 页。

〔54〕 实际上,在西耶斯的主权理论中,包含对卢梭的潜在批判,具体可参见乐启良:《西耶斯对卢梭的隐匿批判——论西耶斯的主权理论》,载《世界历史》2017 年第 3 期。

〔55〕 [法]西耶斯:《论特权 第三等级是什么》,冯棠译,商务印书馆 2009 年版,第 58 页。

〔56〕 [德]于尔根·哈贝马斯:《在事实与规范之间——关于法律和民主法治国的商谈理论》,童世骏译,生活·读书·新知三联书店 2014 年版,第 372 页。

〔57〕 [美]萨托利:《民主新论》,冯克利、阎克文译,上海人民出版社 2009 年版,第 36 页。

民'(Volk)是一个超个人的有机统一体"(着重号为笔者所加)。[58] 有论者将卢梭及浪漫派们不当发挥的人民概念,归结为"作为文化或伦理共同体的人民",[59]它属于实在说的范畴。

正如历史所生动演绎的,卢梭的人民主权理论成为整个法国大革命的学说,而且在大革命时期的宪法中不断得以体现。例如,法国 1791 年《宪法》第 3 章第 1 条就宣称:"主权是统一、不可分割、不可转让和不可侵犯的。"[60]甚至在法国大革命爆发之前,卢梭的大量民粹主义观念已经渗入社会风气,成为时尚。对卢梭的崇拜已经成为一种具有普遍意义的政治化符号,不仅遍布于下层社会,盛行于中层社会,而且弥散于上层社会;可以这样说,卢梭事实上成为法国大革命的道德理想。[61]

作为卢梭信徒的罗伯斯比尔在《关于宪法》中直言,宪法大厦建立在不可动摇的真理基础上,其中一个无可争论的原则,即"人民是有美德的,而它的代表们则是蜕化变节的;正是需要从人民的美德和主权中寻求对付政府的恶习和专制的侵害的保护手段"。[62] 权力均衡"只能是幻想或灾难,它会使政府毫无作用,甚至不可避免地会使相互竞争的各种权力联合起来反对人民。因为十分明显,这些权力宁肯自己相互冲突,也不愿呼吁主权者来解决它们的问题"。[63]就罗伯斯庇尔而言,拥有全权的人民是防范政府专制的有效手段,而不是诉诸"权力均衡"和"设立护民官的职位"。他相信的是客观实在、道德化身的人民,人民在他的观念中被置于一个神圣的地位。但是,正是基于对人民的实在化,罗伯斯庇尔各项政治举措的背后,充满了一个高尚却又危险的政治逻辑:人民

---

〔58〕 [德]卡尔·施米特:《政治的浪漫派》,冯克利、刘锋译,上海人民出版社 2016 年版,第 36 页。

〔59〕 参见杨陈:《论宪法中人民概念》,载《政法论坛》2013 年第 3 期。

〔60〕 参见[美]梅里亚姆:《卢梭以来的主权学说史》,毕洪海译,法律出版社 2006 年版,第 22 页。

〔61〕 参见朱学勤:《道德理想国的覆灭:从卢梭到罗伯斯庇尔》,上海三联书店 2003 年版,第 171~178 页。

〔62〕 [法]罗伯斯比尔:《革命法制与审判》,赵涵舆译,商务印书馆 2009 年版,第 155 页。

〔63〕 同上。

是美德的化身,我是人民的化身,因而我也就是美德的化身;因此,发生的所有政策分歧、政治对抗,只能有一种判断:他人在堕落,他人在犯罪。[64] 而这一政治逻辑也暗合了罗伯斯庇尔所理解的人民,专指那些穷人、兵士等无产者,而非那些贵族、将军及君主等富人。

以上对"人民"的实体化区分,正是人民实在论的一种表现形式。此种区分与社会主义传统中人民概念的"敌友"识别与划分具有内在一致性。例如,按照毛泽东的说法,"人民这个概念在不同的国家和各个国家的不同的历史时期,有着不同的内容。……在现阶段,在建设社会主义的时期,一切赞成、拥护和参加社会主义建设事业的阶级、阶层和社会集团,都属于人民的范围;一切反抗社会主义革命和敌视、破坏社会主义建设的社会势力和社会集团,都是人民的敌人"。[65] 这种人民的区分言说,也可见于老一辈宪法学家——公民是与外国人相对应的法律概念,指具有中国国籍的人,而人民是个政治概念,"它从政治上区分敌我","我国公民的范围要较人民的范围更为广泛一些。公民中除包括人民外,还包括人民的敌人"。[66] 经过筛选的、实在化的"人民"就具有作出决定的正当性,而由这批"人民"所构筑的全国人大兜底职权规范具有决定一切重大问题的全权面向,也就能够被理解了。

(四)重新认识并改造"人民":人民实在论的批判

除了人民实在论这一派别,尚有与之呈竞争之势的人民拟制说。民主理论的重要旗手萨托利,对人民这一语词有一个经典的概括:"意大利语中的 popolo(人民)及其在法语和德语中的同义词,都含有单一整体的意思,而在英语中,people(人民)是一个复数词,它虽然是个集合名词,却有复数形式,在前一种情

[64] 参见朱学勤:《道德理想国的覆灭:从卢梭到罗伯斯庇尔》,上海三联书店 2003 年版,第 192 页。

[65] 《毛泽东选集》(第 5 卷),人民出版社 1977 年版,第 364 页。毛泽东所倡导的、群众路线式的代表观,虽然不同于当代西方议会所建基的以自利的公众为基础的代表观,却与皮特金(Pitkin)所概括的政治代表观极为类似,即相信一种客观存在的共同体的利益,并且要对大众的观点保持足够的回应性。See Phyllis M. Frakt, *Mao's Concept of Representation*, 23 American Journal of Political Science 680(1979), pp. 684 – 704.

[66] 参见肖蔚云等:《宪法学概论》,北京大学出版社 2002 年版,第 180 页;许崇德主编:《中国宪法》(第 3 版),中国人民大学出版社 2006 年版,第 296 页。

况下,我们易于认为意大利语中的popolo、法语中的peuple和德语中的Volk,指的是一个有机的整体,一个'全体'(allbody),它可以经由一种不可分割的公意表现出来。在后一种情况下,谈论民主就像是说'众人统治'(polycracy),由'每一个人'的单位所构成的可分的众人。"[67]也正是缘于此,人民实在论阐释的学者多来自欧洲,由该论而实际发生的激烈政治举措也多在这片土地上。

不过,人民拟制说仍有来自欧洲学者的论证。若具体反映在法权的领域,人民这一表达则是一个法上的人格,它区别于经验中的人民,并不具体指向某一个实存的族群或某一类意义上的群体。在康德的意义上,作为法上人格的人民,不是由某一实证性的法律秩序决定的,而是取决于法的原则——"必须不违背自由和所有人在人民中与这种自由相适应的平等的自然法则"。[68] 因此,在作为理念的、法上拟制的人民,就可以成为评判实践中立法者所订法律的主体,它反而不可能推导出具有全权面向的代议机关,因为实际中的立法者,总是由经验上存在偏见、多多少少非理性的某些个体所组成的组织。诚如哈贝马斯所言:"人民,所有国家权力应该从此出发的人民,并不构成一个有意志有意识的主体。它只能以复数而出现,而作为人民它既无法整个地具有意识,也无法整个地采取行动。"[69]人民存在于法权原则之中,脱离这一原则,就不存在作为理念、具有超验性的人民,有的或许是一盘散沙式的群众或者极有可能蜕变为实在论的人民。

人民法律拟制说与作为主权理论一脉的国民主权中的"国民"概念具有内在相似性。"国民"是一种抽象性、观念性的集合体,其中的各个成员不能分别拥有主权,不具有参加政治的固有权利,其本身并不具有自然性的意志能力,因此,主权的行使不得不委托给若干自然人所构成的"国民代表"。而国民代表的意志受到作为整体的国民意志的评价与限制。在这个意义上,国民主权理论使

[67] [美]萨托利:《民主新论》,冯克利、阎克文译,上海人民出版社2009年版,第34页。

[68] [德]康德:《道德形而上学》,张荣、李秋零译,载李秋零主编:《康德著作全集》(第6卷),中国人民大学出版社2007年版,第325页。

[69] [德]于尔根·哈贝马斯:《在事实与规范之间——关于法律和民主法治国的商谈理论》,童世骏译,生活·读书·新知三联书店2014年版,第625页。

有限选举制度成为可能。〔70〕 人民拟制说也致力于构想有限选举制度，只不过它是根据人民主权自身的规范内涵去解释或理解“人民”的结果。这种人民的拟制特征充分表现在，“人民”不仅包括当前在世的人们，还包括已经去世和尚未出生的人们。

英美的政法理论，基本上没有接纳主要发生在欧洲的人民实在论，而是将人民的概念视为一种法律上的拟制，存在于法权结构中。申言之，美国独立和建国时期的人民主权是在与英国议会主权相斗争中发展起来的，革命者将“主权在议会”扩展到“主权在人民”，他们要做的不是建构一个具有独立人格和意志的人民，而是要将主权的所有者扩展到所有的白人成年男子。〔71〕

既然对人民基本属性存在两种截然不同的区分，那么在以人民主权建构国家秩序时，应当采何种人民的论说呢？人民实在论具有相当的理论危险性，基于这种有机整体的人民观，“很容易得出个人没有意义的结论；借整体之名，可以把所有的人一下子压成一团”。〔72〕 极端的国家主义言说的背后，就是以有机整体的人民观作为理念支撑。人民主权原则中“人民”实在化的最普遍操作，就是将某时某刻的全体选民等值于人民，而由这批选民（人民）决定的立法机关或代议机构，在逻辑的推演下就具有至上性和全权性。而这就陷入了“立法国”的理论误区，针对代议机关立法行为的违宪审查就成为理论的困境。

试看，巴黎公社的建设实践，是将人民实在论作为基本的理论预设。令人遗憾的是，我们看到短暂的巴黎公社建设与运转并不成功。作为巴黎公社委员的阿尔蒂尔·阿尔努就回忆道，“我们工作繁忙，疲劳过度，得不到一分钟休息，没有片刻可以冷静地思索以避免考虑不周”，而且“在这种哪怕最小的过错、最小的错误举动都可能贻误全局的严重时刻，我们每个人都要担当并做好难以胜数的工作，这些工作足以使七八个人忙得不可开交”；这样的工作是难以长期维持的，因为“这样的生活倘若延续下去，我们一个个早就累垮了。这种生活必然

---

〔70〕 参见［日］杉原泰雄：《近期的国民主权争论及其课题》，江利红译，载《公法研究》2015年第1期。

〔71〕 See Gordon S. Wood, *The Creation of the American Republic* 1776 – 1787. W. W. Norton & Company, 1998, pp. 344 – 389.

〔72〕 ［美］萨托利：《民主新论》，冯克利、阎克文译，上海人民出版社2009年版，第36页。

使我们的头脑失去冷静,变得不清醒”;最终,“通过实践我发现这项措施存在严重的弊病”。[73] 从参与者的描述与切身感受,我们可以知晓巴黎公社的运作难以为继。

此外,这种将人民实在化的做法,很容易滑向那种“符号性代表”——“政治代表者与他所代表的人们之间似乎就只有一种主观的、习俗的或者隐秘的关系。对人们进行代表似乎就与对国家这种抽象事物进行象征没什么分别”;在此种情况下,代表者是否受民众相信是检验政治代表的关键标准,而且这种相信的基础似乎是非理性和情感性的,因为它不可能有任何理性依据。[74] 然而,这种符号性代表是否真能代表人民意志是相当可疑的。且令人担忧的是,那种被实体化区分的“人民”概念,在锻造出全权的全国人大兜底职权规范时,也极易引发敌友之间的政治纷争。这是因为,在特定法序下对公民个体进行“敌友”区分的标准,一般是相对模糊的,进而导致人民范围的极端不确定,最终演化为一部分人对另一部分人的残酷“战争”。

人民法律拟制说则是要破除人民实在论在现实政治运作中的危险逻辑,从而可以避免实在论中潜藏的诸多危险。作为拟制存在的主权者人民,必然是蕴含在法律形式(一种法权结构)之中。既然人民作为一种理念,而非经验世界中任何实在的团体或族群,那么由经验的人民选举产生的代议机关,就不应当具有全权性,甚至是全民公投也不能作出违背立宪秩序的决定。正是在法律拟制说下,由于这个整体人格的超验性,它使人民成为人民,成为一切现实体制的正当性来源,而现实中的某个人群的某个决断却并不一定具有正当性。超验的人格与经验中具体的人群之间的关系是,前者首先构成了一个消极的界限取消了后者绝对性的主张,在此以外又构成了一个积极的标准,来衡量现实中的人民的意志是否能够当作理性的法的意志而存在。[75] 其实,非实在化的人民观,对作为主权性权力的制宪权产生限制,使人民的制宪权只能在法律形式内,而人

---

〔73〕 参见[法]阿尔蒂尔·阿尔努:《巴黎公社人民和议会史》,中国社会科学院世界历史研究所编译室译,中国社会科学出版社1981年版,第186~187页。

〔74〕 参见[美]汉娜·皮特金:《代表的概念》,唐海华译,吉林出版集团有限公司2014年版,第125页。

〔75〕 参见杨陈:《论宪法中的人民概念》,载《政法论坛》2013年第3期。

民意志实现的标准,就在于人民的民主权利以及政治自由是否能获得到保障。[76] 随着民主化进程的开展,人民民主的理论预设应当摈弃人民实在论,回归人民的法律拟制说,将人民视为公民在法律上的联合。唯有如此,才能摆脱人民实在论的危险境遇,为立宪主义的成长奠定坚实的法理基石。

## 五、结　语

当某国的代议机关具备决定自己权限范围的能力时,它就可归于全权机关。宪法上代议机关的权力规范(尤其是兜底职权规范),成为辨识全权性的规范窗口。纵览世界民主代议制度的发展流脉,它主要集中在社会主义国家的宪法中。苏联的苏维埃是全权机关的典型,而且它的影响强有力地辐射到了其他社会主义国家,当然也包括我国的全国人民代表大会制度。也正是基于全权机关提供的认知视角,笔者细致梳理了苏维埃模式时期、人民代表大会过渡模式时期以及人民代表大会制时期的兜底职权规范。经由梳理所获知的结果,也印证了全权的苏维埃对中国人大的深刻影响。全权兜底职权的出现,在理论渊源上,可以回溯至马克思主义经典作家总结巴黎公社政权建设时提出的高度集权的人民代表机关理论。[77] 但是,全权兜底职权生成的最根本原因,是由于人民主权原则中的"人民",被错置为了具有独立意志的人民实体,而非法律上拟制的、具有超验性的人民。

难以否认的是,我国1954年《宪法》所设计的全国人大具有全权性。在1954年《宪法》草案的报告中,刘少奇阐述了当时的立法取向:"人民代表大会制既规定为国家的根本政治制度,一切重大问题就都应当经过人民代表大会讨论,并作出决定。……我国的人民代表大会就是这样能够对重大问题作出决定并能够监督其实施的国家权力机关。"[78] 事实上,1975年《宪法》和1978

〔76〕 参见杨陈:《论宪法中的人民概念》,载《政法论坛》2013年第3期。

〔77〕 参见钟丽娟:《我国人大职权设置的制度逻辑》,载《山东社会科学》2013年第6期。

〔78〕 刘少奇:《关于中华人民共和国宪法草案的报告(一九五四年九月十五日)》,全国人大常委会办公厅、中共中央文献研究室编:《人民代表大会制度重要文献选编(一)》,中国民主法制出版2015年版,第214页。

年《宪法》延续了全权兜底职权的传统,而1982年《宪法》对全国人大兜底职权规范作出了修改。当然不能就此断言,全国人大已经一改之前的全权模式,因为作出这样评判尚需更为周到、精致的论证。在这个国家与社会转型的时代,人民代表大会制度并非已全然定型,还面临着改革的需求。

## The Generating History of NPC's General Power Provision and Its Theoretical Explanation—Taking Organization of Plenary Power as a Theoretical Clue

Tan Qingzhi

**Abstract**: The NPC's general power provision is closely related to the organization of plenary power as a power mode. Taking the organization of plenary power as a theoretical clue, we can find that the Soviet's general power has a distinctive characteristic of plenary power. Through intermittent cultivation from the attempt to build Soviet regime, the plenary NPC's general power provision was stipulated in the constitution of 1954. The constitutions of 1975 and 1978 had the same provisions. Even though the provision was modified by the constitution of 1982, the general theory still includes the knowledge tradition of plenary power. Through tracing to the source of the people's democracy theory, we can find the primary cause of the generation of general power provision is that the "people" in the popular sovereignty was mistaken as an entity with independent consciousness, instead of the legally fictitious and transcendental people. However, as the process of democratization unfolds, people realism shall be abandoned in the theoretical presupposition of people's democracy. Meanwhile, the people shall be deemed as the legal union of citizens.

**Key words**: National People's Congress; General power provision; Organization of plenary power; People realism

# 论　　文

# 个人信息概念之反思和重塑

## ——立法与实践的理论起点

高秦伟*

**内容摘要：**

“个人信息”概念的界定，是个人信息保护立法的核心和前提。识别说以信息与主体之间是否存在某种客观、可识别的可能性来界定个人信息。随着科技发展与信息种类的多样化，这种静态的定义在实践中受到严峻挑战。如何协调法律的确定性与科技发展带来的不确定性、如何平衡个人信息保护与信息之间的流动、如何在概念适用中根据信息存在的语境调整个人信息保护的强度，成为个人信息立法与实践的理论起点。通过对传统学说的反思，未来中国个人信息保护立法应以识别说和关联说为基础，重塑更具有包容性的个人信息概念及相应的个人信息保护机制，实现有效保护个人信息的立法目的。

**关键词：**

个人信息　可识别信息　敏感信息　识别说　关联说　保护强度

## 一、问题意识

在个人信息的收集、处理、利用中，如何有效地保护个人信息无疑是当前以及未来一段时间的热点问题。中国虽无一部个人信息保护法，但是相关的法律规范是存在的。不过，从全球个人信息保护立法的发展趋势来看，中国现行立法无论是在立法模式、权利建构、实施执行等层面，均有较大的改进空间，需要进一步强化立法并加强实施。在这些问题中，有关“个人信息”概念的讨论构成了立法与实践的理论起点，系最为根本的议题，具体原因如下。

---

* 中山大学法学院教授、博士研究生导师。

首先,个人信息保护法的实施,以判断某类信息是否为个人信息为前提。〔1〕只有当信息被视为个人信息时,才会受到个人信息保护法的规范与保障,信息主体方可享有法律规定的权利,信息管理者或侵权者才会承担法律规定的义务。因此,对个人信息概念界定不同,将直接影响个人信息保护的范围。例如,由于立法不够清晰,有些国家的法院在解释个人信息概念时,采取了较宽泛的方法,将移动电话号码后 4 位视为个人信息,因为其较容易与其他信息(生日、电话记录)比对而识别出个人身份。然而,这种做法引发了学界对个人信息概念使用上的争议。〔2〕

其次,个人信息概念的界定直接反映出个人信息保护立法的价值取向,如何在个人信息保护与信息利用或数据流动之间达致适当的平衡,是各国个人信息保护立法所需解决的主要矛盾。网络和信息技术发展依赖大量的信息,高科技促进了市场发展和创新,甚至是民主治理的长足发展。〔3〕 如果无限扩张个人信息的范围,会对信息自由流动、大数据发展等造成阻碍。例如,在实践中,有关 IP 地址是否被视为个人信息,各国和地区立法便有所不同,西班牙和瑞典将其视为个人信息,德国、法国、英国、中国香港特别行政区则并不视为个人信息,〔4〕而美国联邦及其各州的做法亦是迥然各异。这体现出各国家或地区对产

---

〔1〕 See Paul M. Schwartz & Daniel J. Solove, "The PII Problem: Privacy and a New Concept of Personally Identifiable Information", *N. Y. U. L. Rev.* 86, 2011, pp. 1814, 1816. 主要国际组织、国家和地区立法对个人信息的界定整理可参见何波:《试论个人信息概念之界定》,载《信息通信技术与政策》2018 年第 6 期。

〔2〕 See Dae-Hee Lee, "The Concept of Personal Information: A Study on Its Interpretation and Scope", 17 *Asian Bus. Law.*, 2016, pp. 15, 28.

〔3〕 See Paul Ohm, Broken Promises of Privacy, "Responding to The Surprising Failure of Anonymization", 57 *UCLA L. Rev.*, 2010, pp. 1701, 1746.

〔4〕 中国香港特别行政区在 2009 年《检讨〈个人资料(私隐)条例〉的咨询文件》中,提及有建议要求将 IP 地址作为个人资料加以保护,但被否定了。理由是保障个人资料私隐与正常商业运作之间需要平衡,如将其视为个人资料,会对信息产业带来不合理的负担,也不好执行。参见《检讨〈个人资料(私隐)条例〉的咨询文件》,载香港特区政府网:http://www.cmab.gov.hk/doc/issues/PDPO_Consultation_Document_tc.pdf,第 87 ~ 88 页,2017 年 9 月 11 日最后访问。

业发展秉持的不同理念。

最后，由于网络和信息技术的持续发展，个人信息概念是否有必要存在也受到质疑。一些原本被认为无法识别的信息在一定条件下可以转变为个人信息，间接识别的信息可以转换为直接识别的信息，技术发展对传统概念和学说提出严峻挑战。[5] 换言之，现有立法的概念经常会在实践中面临适用时无法确定个人信息保护范围的难题，一些观点认为只要相关保障机制、利用规则建构充分，就可以有效实现个人信息保护的目的。然而，法学理论告诉我们："特定法律概念是引发特定法律后果的前提，而不是相反"，"法律概念的语义构成目的论证的界限，有时也会对目的论证施加论证负担。认为法律概念在法律推理中是可被对消的中项，完全由包含它们的法律规范来决定和穷尽的观点，是站不住脚的"。[6] 如何化解这种认知上的冲突、如何科学界定个人信息的概念、如何有效保护个人信息，这似乎面临着技术与法律、道德和进步之间的抵牾与抉择。因此，有必要以更清晰的理论回应目前实践中的难题。

## 二、个人信息概念的理论发展

对于个人信息概念的理论认知，要结合个人信息保护法形成的历史背景来探讨。个人信息保护立法肇端于20世纪70年代计算机技术应用之时。彼时，计算机处理信息的方式给传统依靠纸质媒介人工处理信息的方式带来极大冲击，各种机构均可以批量处理信息，并任意改变信息组成和利用方式，对个人信息及其权属产生了较大的影响。在此背景下，个人信息保护立法旨在通过界定个人信息概念，区分个人信息与非个人信息，进而明确法律保护的边界。可识别性成为操作传统二分法的核心，由此产生的识别说是界定个人信息概念最早

[5] 如2006年著名的互联网公司美国在线（AOL）公布了超过65万名用户在网上的近2000万条搜索记录，结果这些记录可以识别出某些个人的身份来。也就是说，去识别化的数据也可以再识别出来。参见郑洁：《美国一公司泄露网民搜索信息65万余人身份暴露》，载搜狐新闻网：http://news.sohu.com/20060810/n244718825.shtml，2017年7月8日最后访问。

[6] 雷磊：《法律概念是重要的吗？》，载《法学研究》2017年第4期。

期的理论学说。

(一)识别说

按照识别说,涉人信息可以分为个人信息和非个人信息,欧美理论一般将前者称为个人可识别信息(Personally Identifiable Information,PII)。由此可见,"可识别性"是个人信息最重要的特征,即个人信息与信息主体存在某一客观确定的可能性。识别说在各国个人信息保护立法中一直占据通说地位,其认为只有当个人信息被收集、处理或者利用时,个人隐私才会受到损害。而判断信息是否属于个人信息,关键就在于通过该信息是否可以识别出个人的身份。识别说存在的前提条件在于,假设立法者有能力从信息的分类中评估内在风险,从而确定需要规制的信息类型。识别说的目的在于平衡个人信息保护和信息流动之间的张力,通过法律机制回应技术的发展。基于识别说各国展开了各自不同的立法,典型如欧盟《个人数据保护指令》,但从当时的技术环境来看,其采取了较开放的定义,强调信息可识别的可能性和合理性因素,避免个人信息保护范围无限扩张。而有些国家和地区的立法则略显不足,如美国马萨诸塞州个人信息保护法采取了较狭窄的列举式立法(包括姓名、社会保障号码、驾驶证号码、金融账号、信用卡或借记卡号码),在识别之时就产生了保护不足的问题。[7] 因为尚有一些信息结合姓名、社会保障号码就可以识别出个人身份。同时,该法将个人可识别信息视为静态的,导致个人信息的保护缺乏灵活性。

识别性依据识别程度分为直接识别和间接识别:直接识别,是指通过单个信息能够直接确认某人身份,如姓名、身份证号码、住址信息;[8] 间接识别,是指单个信息固然不能直接分辨出个人,如性别、出生日期、电子邮箱等信息,但是同其他信息相结合或者通过信息比对分析,可能可以确定某人身份。经济合作与发展组织、[9] 亚

[7] 201 Mass. Code Regs. § 17.02.

[8] See Paul M. Schwartz & Daniel J. Solove, "Reconciling Personal Information in the United States and European Union", 102 *Cal. L. Rev.*, 2014, pp. 877, 882.

[9] See Organization for Economic Cooperation and Development, Guidelines Governing the Protection of Privacy and Transborder Flows of Personal Data, OECD Doc. C(80)58 Final (Sep. 23, 1980).

太经济合作组织、[10]欧盟及其部分成员国、[11]亚洲一些国家的立法中均规定了这两种信息类型。欧盟1995年《个人数据保护指令》对间接识别进行了定义，指出一个"可识别"的个人信息需要考虑诸多的因素，诸如与其身体、生理、精神、经济、文化或者社会身份有关的特定因素。[12] 由于操作缺少具体的指南，相关的争议不断产生。如前述IP地址是否为个人信息，赞成者认为其可以单独或者结全其他信息而识别出个人，反对者认为应该依赖语境来加以讨论。[13] 对此，欧盟个人数据保护工作小组认为间接识别需考量信息管理者或任何其他人为识别特定个人所合理、可能使用的方式，并斟酌多种因素综合判断；查询所需要花费的成本、该信息的使用目的、该信息的处理方式、信息管理者的预期利益、所涉及的个人利益、相关组织或技术上的风险，以及若将长时间储存信息，并应预计保存期间因科技进步或其他原因而导致识别的可能性，将其一并纳入评估。

自1970年世界范围内兴起个人信息保护立法，识别说一直作为界定个人信息概念的理论而长期存在，且在实践中发挥了重要的作用。然而，该理论有时囿于立法列举的个人信息类型，而使个人信息保护不足；有时过于强调技术的作用，而忽略法律意义上的"识别"之意蕴，导致个人信息概念呈现静态化的特征。这两个层面的问题，对于中国均具有借鉴意义。当前中国个人信息保护工作刚刚起步，无论是行政机关还是企业，均可能会出现仅考虑对立法中例示或者列举的个人信息加以保护的情况；即使是运用间接识别方法，结合其他因素展

〔10〕 Asia-Pacific Economic Cooperation, APEC Privacy Framework, at ii – 9, APEC Doc. 205. SO – 01. 2(2005).

〔11〕 Council Directive 95/46, on the Protection of Individuals with Regard to the Processing of Personal Data and on the Free Movement of Such Data, art. 2(a), 1995 O. J. (L 281)31, 38.

〔12〕 谷歌对于间接识别的考量因素为：(1)信息本身是什么内容，以及在多大程度上可以描述出个人；(2)需要什么样的附加信息才可以识别特定的个人；(3)谁获取了需要的附加信息；(4)其他人利用附加信息的环境。See Frederick Lah, Are IP Addresses Personally Identifiable Information, 4 ISJLP, 2008, pp. 681, 686 – 687.

〔13〕 See Frederick Lah, Are IP Addresses Personally Identifiable Information, 4 ISJLP, 2008, pp. 681, 702.

开法律解释之时,仍然拘泥于对信息识别与否的争论,以至于忽略了个人信息保护事实上应该以人为中心的初衷。基于此,有必要关注其他的理论学说。

(二)关联说

美国国家标准与技术研究院在"识别说"之外提出了"关联说"。[14] 识别说主张从信息到个人的识别,一般是指可以明确直接辨识的信息;而关联说则主张从信息到个人的识别,即已知既定个人而知晓或者收集关于该个人的其他信息。关联说旨在突破传统二分法的局限,强调个人信息界定的动态性。理解这一点,对于信息匿名化处理时若仅移除直接辨识因子而不移除信息之间的"关联",仍然会因关联而推知该信息与个人的关系便有了深刻的认识和警惕,即依然能回溯到特定个人的信息,不得视为有效的匿名化处理。同时,能够关联到特定个人的信息并不以特殊性为前提,而是通过双向度关联个人和信息,丰富给定个人既有的画像,使信息收集者知晓更多关于某个人的信息。关联说告诉我们,那种为个人信息圈定一个固定范围并以此等同于隐私保护的观念过于抽象化、类型化,要把握信息运作的动态性、场景化、周期性特点,全面把控风险。界定是否构成个人信息并非立法与实施的"目的",只是界定信息运作的"媒介手段"。在界定个人信息概念时,既要保障个人隐私,又要促进信息合理使用。

应该讲,关联说并非全面替代识别说,两者关系密切,如有中国学者就将关联说与识别说中的间接识别等同,同时认为,关联识别时需考量个人信息概念高度依赖的语境,个人信息的概念并不是一个"预先"的精准界定,而是一个动态的判断过程。[15] 尤其是随着信息识别技术的进步,非个人信息也可能逐渐倾向被确定为个人信息。因此,信息的敏感度、数量、收集者、收集方式、信息接收者的状况、信息的使用目的与后果影响、与外部信息的比对情况、科技发展水平、社会人文认知等均构成了关联时应当考量的因素。抽象界定某些信息是否属于个人信息并无实质意义,有学者指出:"所谓个人信息,包括人之内心、身体、身份、地位及其他关于个人之一切事项、判断、评价等之所有信息在内。换

---

〔14〕 See National Institute of Standards and Technology, SP 800 – 122, Guide to Protecting the Confidentiality of Personally Identifiable Information (PII), http://nvlpubs.nist.gov/nistpubs/Legacy/SP/nistspecialpublication800-122.pdf, August 17, 2018.

〔15〕 参见范为:《大数据时代个人信息定义的再审视》,载《信息安全与通信保密》2016年第10期。

言之,有关个人之信息并不仅限于与个人之人格或私生活有关者,个人之社会文化活动、为团体组织中成员之活动,及其他与个人有关联性之信息,全部包括在内。"[16]关联说与间接识别的不同在于,一改后者过于强调技术的做法,关联说不仅强调双向度比对信息,而且还要考虑其他更广泛的因素,进行多方面的风险评估,并在此基础上,作出价值判断和抉择。有学者对此的总结是,"大数据时代,个人信息的使用场景纷繁复杂,超出立法所能规范与预见的能力,以用户为中心、结果为导向进行动态界定的思路由此日益为国际上所倡导,其核心在于考察个人信息的处理行为给用户带来的后果及隐私影响"。[17]

(三)废除静态概念说

随着网络和信息技术的发展,传统个人信息保护法的适用环境发生了很大的变化。如今,信息收集很难实现对用户一一告知,信息利用的目的难以在收集时加以确定,信息使用者多元化,规制政策需要在个人权利保护与促进创新之间达致平衡等,使传统的知情同意、收集限制、目的特定、利用限制、责任原则等难以找到有效的落实方案。更重要的是,技术发展带来的直接后果正是个人信息概念的模糊化,大量非个人信息在数据充分的前提下也可以转换为个人信息。个人信息的属性动态变化,导致人们逐渐意识到信息具有高度的动态性,无法脱离相应场景和语境作抽象判断。[18] 如美国联邦贸易委员会指出,隐私保护的范围已远超出严格定义的"个人信息",一切有关个人或者由个人产生的信息均可能造成隐私风险,因此,均需要得到相应程度的保护。[19] 有学者指出传统二分法已无意义,个人信息不断扩张,直到其涵盖所有的信息。以往从来没有将电影分级、搜索查询等作为个人可识别的信息,然而现在的去识别化技术不断提升,任何信息可能都会识别出个人身份,成为个人信息。立法者会不断增加个人信息的列举类型,但是又会出现新的问题。传统个人信息概念容易让

---

[16] 范江真微:《政府信息公开与个人隐私之保护》,载《法令月刊》第52卷第5期。

[17] 范为:《大数据时代个人信息保护的路径重构》,载《环球法律评论》2016年第5期。

[18] See Paul M. Schwartz & Daniel J. Solove,"Privacy and Democracy in Cyberspace", 52 *Vand. L. Rev.*,1999,pp. 1607,1677.

[19] See FTC,Protecting Consumer Privacy in an Era of Rapid Change: Recommendations For Businesses and Policymakers,2012,p. 19.

规制者忽略信息处理的所有环节,而处于中间环节的信息管理者会利用去识别化技术给个人信息带来更大的风险。基于此,其主张应当从法律制度体系中放弃和废除个人信息这一概念。[20]

当然,废除静态概念说并不止于完全废除个人信息的概念界定,而是提出了个人信息概念界定的新思路。持此论的学者指出,立法者不仅要从信息本身来考量风险的问题,还要从更广阔的视角来探究问题,如信息管理者对降低去识别化的风险采取了什么的措施;更要从社会、心理、制度等层面去思考问题。与之相同的观点是隐私权的情境脉络完整性理论,该理论由美国学者海伦 · 尼森鲍姆(Helen Nissenbaum)教授提出。[21] 其主张隐私权尤其是受到新兴科技影响的隐私权,不应仅是讨论对个人信息控制与存取的问题,而且也应考虑到隐私的期待不仅是因个人习惯或习俗,且是基于道德与政治原则所产生的整体信任而产生的。尼森鲍姆教授将之称为"情境脉络完整性"(contextual integrity),认为必须通过社会规则或规范,当地与整体的价值、目的等而实现。尼森鲍姆教授提出该理论的基础在于:传统隐私权概念乃受限于"敏感性与非敏感性""公与私""政府与私人"等传统二分法的界定,[22]但现实很难作出非此即彼的区分,因此,不如去关注语境——收集者是谁?处理者是谁?利用者是谁?信息主体与收集、处理、利用信息者之间的关系如何?有时也要对组织整体、社会加以观察考量。废除个人信息概念的问题在于,其可能导致个人信息保护法的范围难以确定。学者建议要对每个信息的收集、披露进行成本收益分析,不过许多的成本收益很难提前获知。对此,有学者认为,必须限制此类难以展开成本收益分析的信息的收集或披露。[23] 然而,此举亦会限制信息流动和增值。同时,废除个人信息概念,也可能导致公私机构放弃对信息采取去识别化

[20] See Paul Ohm, "Broken Promises of Privacy: Responding to The Surprising Failure of Anonymization", 57 *UCLA L. Rev.*, 2010, p. 1701.

[21] See Helen Nissenbaum, *Privacy in Context: Technology, Policy, and the Integrity of Social Life*, Stanford, Calif.: Stanford Law Books, 2010, p. 231.

[22] See Helen Nissenbaum, "Privacy as Contextual Integrity", 79 *Wash. L. Rev.*, 2004, pp. 119, 137.

[23] See Paul Ohm, "Broken Promises of Privacy: Responding to The Surprising Failure of Anonymization", 57 *UCLA L. Rev.*, 2010, pp. 1701, 1766 – 1768.

的操作,致使信息面临更大的风险。[24]

(四)新识别说

新识别说是在坚持传统识别说的基础上,将有关个人的信息理解为“光谱”,首先是不可识别的信息,其次为间接识别的个人信息,最后为直接识别的个人信息。[25] 技术的发展,使个人信息与非个人信息的区分极为困难,许多企业对非个人信息展开收集,实际也造成了个人隐私和信息的损害或者影响,因此,必须依赖语境、情景作出判断。在实践中,这3个子信息也不存在绝对的界线。

直接识别的个人信息单独可以确定某个个人,也就是说,可以确定他或她的身份。关于这一点,目前各国并无差别。关于间接识别,美国联邦贸易委员会《在急遽变化的时代保护消费者隐私》报告中使用了“合理关联”一词,用以界定个人信息的概念。报告中指出,企业有时会对非个人可识别信息进行再识别技术,但如果采取以下3个步骤所处理的信息将不被视为个人信息。首先,企业要采取合理的措施防止这些信息被去识别化。其次,企业必须公开对这些去识别化的信息的储存和使用情况,并不得重新识别这些信息。如果打算重新识别的话,必须依据《联邦贸易委员会法》第五节的规定(主要针对不不公平的竞争方法的规制)。[26] 最后,如果企业要将信息提供给其他企业使用,必须以合同方式禁止这些企业重新识别这些信息。从这一方式来看,该委员会是将信息使者的意图、阻止重新识别的义务作为规制对象,而不是以信息可否被识别为标准。[27] 这种做法的益处在于,一方面保护了个人信息,另一方面促进了信息流动。在风险光谱的另一端,不可识别信息一般不与个人相联结,无法确定个人的身份。例如,有关各国的人口数量统计信息。但是由于去识别化技术的发展,使信息所有者不得不随时评估信息安全及其风险。

---

[24] See Omer Tene & Jules Polonetsky, “Privacy in the Age of Big Data: A Time for Big Decisions”, 64 *Stan. L. Rev. Online*, 2011 - 2012, pp. 63, 66.

[25] See Paul M. Schwartz & Daniel J. Solove, “The PII Problem: Privacy and a New Concept of Personally Identifiable Information”, 86 *N. Y. U. L. Rev.*, 2011, p. 1814.

[26] See Michael D. Scott, “The FTC, The Unfairness Doctrine, and Data Security Breach Litigation: Has the Commission Gone Too Far?”, 60 *Admin. L. Rev.*, 2008, pp. 127, 131 - 132, 133 n. 40.

[27] See Omer Tene & Jules Polonetsky, “Big Data for All: Privacy and User Control in the Age of Analytics”, 11 *N. W. J. Tech. & Intell. Prop.*, 2013, pp. 238, 259.

在这个理论中,许多学者建议应该考虑到信息潜在的识别风险,进而打破二分法的不足。二分法运用简单的、非此即彼的思路来保护个人信息,但是,学者的建议则是一种动态的保护方式,于整个信息运作过程中贯彻个人信息保护的相关原则和机制。对于诸如美国的《公正信息实践原则》,适用于直接识别的信息;而对于间接识别的信息则不适宜同等对待。告知、访问获取、更正的权利、信息使用限制、数据最小化、信息公开的限制等不得施加于这类信息。这些限制可能会不当地影响信息的使用和增值,而事实上,这些信息未必会对个人隐私产生明显的损害。但是,安全原则(保护未经授权的信息被获取、使用、删除、修改、公开)、透明度要求(公开信息使用情况)、信息品质原则(要求个人信息必须与使用目的相关联)则是间接识别的信息必须遵守的原则。总之,通过间接识别的信息也可以识别出个人身份,只不过风险不够突出而已。信息管理者并不能简单地利用或者无监督地让其他方获取,而应采取“追踪和审计”等方式来应对一些间接识别信息所产生的问题。

(五)小结

从以上理论梳理来观察,技术的高速发展导致个人信息概念作为法律适用的“门槛”性作用将逐渐弱化,国际立法及实践中越来越倾向基于场景中的动态风险而非静态的信息类型来界定相关的权利义务。许多立法认为,应更多地转向控制信息使用环节中的动态“风险”来豁免义务,而非在是否构成个人信息的界定方面耗费过多精力。因此,传统的识别说受到了一定程度的批评。首先,该理论将信息不合理地分为个人信息和非个人信息,但是由于技术发展以及其处于不同主体控制之下,两种类型的信息转换极为快速,如果处理不当,将产生规制过度或者不足的问题,对个人以及企业均产生不利的影响。其次,该理论将个人信息又分别直接识别信息和间接识别信息,且在实践将两种信息予以同等对待。但是,由于识别的程度、隐私受到损害的风险不尽相同,处理不当之时,亦可能对个人和企业带来不利的影响。再次,该理论仅基于去识别化技术来区分个人信息和非个人信息,[28]然而再识别化技术的高速发展,致使个人信息概念的界定面临困境。最后,该理论并没有对行为主体加以界定,可能导致

〔28〕 欧盟《个人数据保护指令》《统一数据保护条例》指出,“匿名化信息”并不适用信息保护原则。美国许多州也是如此的做法。See Amalia R. Miller & Catherine E. Tucker, Encryption and the Loss of Patient Data, 30 J. Pol'y Analysis & Mgt. 534, Table 2, 2011.

在界定个人信息的概念时会将识别的主体视为信息的管理者或者公众等。[29]但是问题在于,对于有些行为主体可能是个人信息,对于有些则未必;信息性质因不同主体而发生变化。不过,批评虽然很多,作为改进的新学说依然基于识别说而展开讨论,即使是废除静态概念说也并非彻底抛弃“个人信息”的概念,而是主张通过语境、风险评估的考量来识别个人。从本质来看,三种新的界定个人信息概念的学说有诸多共通之处,如对语境、风险等的关注和强调,认为个人信息概念的界定应该是基于动态场景而非静态信息的活动,这种思路与网络和信息技术发展相得益彰。但是,由于各种学说侧重点不同,导致理论界并未形成一致的意见,这势必影响立法和实践的效果。如关联说意在突出识别的路径在于经由个人到信息,废除说主张语境考量的重要性,而新识别说强调不同信息保护强度的差异。中国立法和实践需要整合这些理念,对个人信息概念的界定加以规范。

## 三、中国个人信息概念的立法和实践

目前,我国关于个人信息的界定,最全面的当属2016年颁布的《网络安全法》第76条规定:“个人信息,是指以电子或者其他方式记录的能够单独或者与其他信息结合识别自然人个人身份的各种信息,包括但不限于自然人的姓名、出生日期、身份证件号码、个人生物识别信息、住址、电话号码等。”同时,第42条规定:“经过处理无法识别特定个人且不能复原”的信息不属于个人信息之列。最高人民法院、最高人民检察院2017年颁布的《关于办理侵犯公民个人信息刑事案件适用法律若干问题的解释》第1条,进一步明确“公民个人信息”包括身份识别信息和活动情况信息,即“是指以电子或者其他方式记录的能够单独或者与其他信息结合识别特定自然人身份或者反映特定自然人活动情况的各种信息,包括姓名、身份证件号码、通信通讯联系方式、住址、账号密码、财产状况、行踪轨迹等”。这个定义包括了能够识别出特定自然人身份的信息,也包

---

〔29〕 如英国的《数据保护法》中规定个人信息是可以识别个人的信息,这些信息由信息控制者所拥有或者即将拥有。而且在解释时,还要考虑到哪些行为主体要使用信息去识别个人,如记者、企业间谍等。英国信息专员办公室官方网站为公众提供了确认个人信息的自我评估的方法,亦值得关注。

括了体现特定自然人活动情况的信息。[30]

此种模式构成了中国立法的第一种模式,即概括加例示式。概括部分的语言中使用了"识别"的术语,正是个人信息概念界定时使用的关键词,与国外"个人可识别信息"的相关提法内涵基本一致。类似的立法和司法解释还有 2013 年《电信和互联网用户个人信息保护规定》第 4 条、2014 年《最高人民法院关于审理利用信息网络侵害人身权益民事纠纷案件适用法律若干问题的规定》第 12 条等,不过这些规范在例示列举方面与前述两个规范有一定的差异,且随着时间的推移,新增的例示个人信息类型势必会越来越多。

第二种立法模式是概括式,与第一种立法模式的差异在于,并未列举或者例示说明具体哪些信息属于个人信息。如 2012 年《规范互联网信息服务市场秩序若干规定》第 11 条即规定为:"未经用户同意,互联网信息服务提供者不得收集与用户相关、能够单独或者与其他信息结合识别用户的信息(以下简称'用户个人信息'),不得将用户个人信息提供给他人,但是法律、行政法规另有规定的除外。"该立法技术与第一种并无多大差别。特别需要指出的是,全国人民代表大会常务委员会 2012 年《关于加强网络信息保护的决定》第 1 条的规定,所采立法技术属于概括式,但其范围仅限于"公民个人电子信息"。

第三种立法模式是具名式,即在立法中仅仅提及"个人信息"的术语,但并未对什么是个人信息作出任何解释,个人信息保护的范畴也无从得知。一般情况下,需要由行政机关、司法机关在具体的执行和适用中加以细化。比如,2013 年修订的《消费者权益保护法》第 29 条第 1 款规定,仅提及"个人信息"概念,内涵未作具体规定。2015 年国家工商行政管理总局颁行《侵害消费者权益行为处罚办法》第 11 条细化了个人信息的概念和范畴。特别值得关注的是 2017 年《民法总则》第 111 条引入个人信息的概念,同样也未定义,这种立法技术似乎表明个人信息的概念和范围尚需要依赖其他的法律规范。类似立法包括 2015 年修订的《刑法》第 253 条、[31] 2013 年

[30] 司法解释相关的立法过程,可参见周加海等:《〈关于办理侵犯公民个人信息刑事案件适用法律若干问题的解释〉的理解与适用》,载找法网:http://china.findlaw.cn/lawyers/article/d566789.html,2017 年 8 月 10 日最后访问。

[31] 此即 2015 年《刑法修正案(九)》第 17 条的规定。此修正案是对 2009 年《刑法修正案(七)》第 7 条规定的修正,主要是对"个人信息"的概念进行了界定。理论探讨可参见岳林:《超越身份识别标准——从侵犯公民个人信息罪出发》,载《法律适用》2018 年第 7 期。

《征信业管理条例》第 13 条等规定。

第四种立法模式是区分式,即在界定个人信息的概念时区分了个人一般信息和个人敏感信息。《信息安全技术公共及商用服务信息系统个人信息保护指南》[32]指出个人信息是,"可为信息系统所处理、与特定自然人相关、能够单独或通过与其他信息结合识别该特定自然人的计算机数据。个人信息可以分为个人敏感信息和个人一般信息"。个人敏感信息是指,"一旦遭到泄露或修改,会对标识的个人信息主体造成不良影响的个人信息。各行业个人敏感信息的具体内容根据接受服务的个人信息主体意愿和各自业务特点确定。例如,个人敏感信息可以包括身份证号码、手机号码、种族、政治观点、宗教信仰、基因、指纹等"。除个人敏感信息以外的个人信息为个人一般信息。基于此区分,该指南指出:"处理个人信息前要征得个人信息主体的同意,包括默许同意或明示同意。收集个人一般信息时,可认为个人信息主体默许同意,如果个人信息主体明确反对,要停止收集或删除个人信息;收集个人敏感信息时,要得到个人信息主体的明示同意。"值得注意的是,在一些地方有关征信、信用的立法中,虽然未使用"个人敏感信息"的术语,但是从内容及相关禁止性的规定可以看出其意在保护敏感性信息。[33]

以上的立法模式仅是为了研究方便而采取的分类。毫无疑问,这些立法模式受到了国内学者对个人信息保护法研究的影响,[34]更受到域外立法技术

---

〔32〕 虽然该指南是一项标准,但是考虑到这些标准会成为未来中国个人信息保护立法的重要基础和参考依据,所以也在此一并加以研究。参见洪延青、左晓栋:《个人信息保护标准综述》,载《信息技术与标准化》2016 年第 6 期。

〔33〕 如《上海市社会信用条例》第 14 条、《上海市个人信用征信管理试行办法》第 8 条、《江苏省个人信用征信管理暂行办法》第 11 条、《无锡市个人信用信息征集管理办法》第 10 条等。

〔34〕 参见杨会永:《个人信息概念的界定及其法律分析》,载《重庆社会科学》2009 年第 9 期;梅绍祖:《个人信息保护的基础性问题研究》,载《苏州大学学报》(哲学社会科学版)2005 年第 2 期;周汉华:《中华人民共和国个人信息保护法(专家建议稿)及立法研究报告》,法律出版社 2006 年版,第 3 页、第 76 页;齐爱民:《中华人民共和国个人信息保护法示范法草案学者建议稿》,载《河北法学》2005 年第 6 期。

的影响。[35] 从立法技术来看,域外关于个人信息概念的界定可以分为 3 种模式:概括型、列举型和混合型。[36] 概括型是使用概括的方法描述个人信息的定义方式,与中国第二种立法模式类似,混合型与第一种立法模式类似,目前单独使用列举的方向来描述个人信息的定义方式已极为鲜见。在定义时,以欧盟为代表的个人信息保护立法主要基于已识别(an identified natural person)或可识别(an identifiable natural person)的术语来界定个人信息的概念和范围。"所谓已识别就是判断信息是否直接能够识别用户个人身份;可识别是判断信息是否与其他信息结合识别用户个人身份。"[37] 一些国家和地区立法则使用了"直接识别和间接识别"的术语。[38] 中国使用了"能够单独或者与其他信息结合识别"的术语,在内涵上与直接识别和间接识别并无二致。相较而言,美国并无统一的个人信息保护立法,而是在诸如金融、公共健康等部门领域展开立法,同时由联邦贸易委员会(Federal Trade Commission,FTC)所要求的企业自愿性隐私政策也发挥了重要的作用。[39] 从美国分散的立法来看,虽然法律明确性与特定性不如欧盟及其成员国,但可以看出"个人可识别信息"仍然是界定个人信息概念的关键。借鉴和移植是立法的开始,如何有效回应中国实践才是科学立法的关键。结合以上几种立法模式以及中国个人信息保护的实践,未来中国个人信息保护立法需要考量和解决以下几项重点问题。

第一,现行立法技术导致"个人信息"概念过于模糊,在概念的统一性、适用的一致性层面明显存在不足。

---

〔35〕 有关个人信息的提法,各国也有差异,有使用个人资料、个人数据等,本文不作区分,尊重立法原文,混同使用。相关分析可参见韩旭至:《个人信息概念的法教义学分析——以〈网络安全法〉第 76 条第 5 款为中心》,载《重庆大学学报》(社会科学版)2018 年第 2 期。

〔36〕 参见齐爱民:《大数据时代个人信息保护法国际比较研究》,法律出版社 2015 年版,第 136 页以下。

〔37〕 顾伟:《"大数据"背景下个人信息字段的规范分析与比较研究》,载《电信网技术》2015 年第 10 期。

〔38〕 如中国台湾地区"个人资料保护法"第 2 条第 1 款、中国香港特别行政区《个人资料(私隐)条例》第 1 部分。

〔39〕 目前美国隐私自我规制已经颇具规模,参见 Daniel J. Solove & Woodrow Hartzog, "The FTC and the New Common Law of Privacy", 114 *Colum. L. Rev.*, 2014, pp. 583, 593 – 594。

目前,中国没有统一的个人信息保护法,各领域的立法中对于个人信息概念的理解不同,导致个人信息保护的范围、落实的程度也不同。《网络安全法》主要针对自然人个人身份来界定个人信息的概念,然而,《关于办理侵犯公民个人信息刑事案件适用法律若干问题的解释》明显突破了这一框架,将行为活动(行踪轨迹)、财产状况等纳入个人信息范围内。这种情况在前述第一种模式中有所体现,多种法律规范之间就列举内容存在一定的差异。之所以会出现如此的情况,与法律位阶不同而导致的规范详细程度差异有关,也与行业特殊需求不同有关。更为重要的是,中国相关立法虽然在技术层面借鉴了国外的"识别"术语,但是既没有充分地回应中国实践的需求,更没有提供法律解释上的方法,导致实践中引发了许多的争议,这为有效保护个人信息带来了不必要的障碍。[40] 虽然立法从以往通过保护人格和隐私转向直接针对个人信息提供保护,[41]但是依然没有厘清中国语境下隐私与个人信息概念之间关系。从前述立法对个人信息概念的界定来看,概念的不统一性还体现在:有些概念针对个人身份,而有些概念则会考虑财产、行为等信息。这也使适用者不仅会产生疑问:个人信息究竟是与个人身份相关,还是与个人行为相关,抑或是与行为结果相关?进一步分析,可以发现各种法律规范在界定个人信息概念时,并没有充分考量是否可以在民法、刑法、行政法规范上达致法律概念的统一性要求,这为适用的衔接也带来问题。[42] 这些可能是未来中国进行统一的个人信息保护立法时必须注意的问题。同时,前述有三种模式中提及"识别"一词,但究竟如何合理地识别?相关的理论论据是什么?究竟是能够和头脑中的某个"既定"的人物形象对应,还是知道其属于特定的"某一个人",即使并不"认识"他是谁、不

〔40〕 典型案例可参见陈少先与北京市工商行政管理局朝阳分局信息公开行政判决书,(2015)三中行终字第00374号。

〔41〕 参见齐爱民:《拯救信息社会中的人格——个人信息保护法总论》,北京大学出版社2009年版,第117页;谢远扬:《信息论视角下个人信息的价值——兼对隐私权保护模式的检讨》,载《清华法学》2015年第3期。较早前的立法使用较多的"个人隐私"一词,仅以行政法规范为例,可参见《行政处罚法》第42条、《行政许可法》第5条、《行政复议法》第23条等的规定。

〔42〕 参见陈璐:《论〈网络安全法〉对个人信息刑法保护的新启示——以两高最新司法解释为视角》,载《法治研究》2017年第4期。

知晓其“身份”？特别是间接识别时，需要考量什么样的因素？实践中争议不少，如网络识别号和密码、电子邮箱和密码、手机定位信息究竟是否为个人信息，观点差异较大。概念的不一致性，导致在解释和适用时也出现了较多的不一致性，结果会影响到相关规范的整体实施效果。

第二，现行立法对“个人信息”概念的界定时使用的分类，影响了概念逻辑的自洽性和法的安定性。

从“个人信息”概念出发，一般可以分为个人信息和非个人信息，而个人信息又可进而分为直接识别信息和间接识别信息。应该讲，如此分类在逻辑上具有一定的自洽性。然而，第四种模式则又从个人信息中区分出个人敏感信息，原因在于其与个人具有绝对密切关系，必须受到重点保护。从其内容来看，与“个人信息”有重叠之处，容易使人产生疑问。当然，在立法中规定敏感性信息的做法在国外是存在的，但问题在于，这种信息与前述的直接识别信息、间接识别信息是何种关系？如何处理其与个人信息的关系呢？进一步看，敏感信息的内容如何确定也是问题。从各国的情况来看，各国对特殊敏感性信息范围的认定大致可分为7大类，分别为种族或血缘、政治意向、宗教或哲学信仰、性生活、工会会员身份、犯罪记录、健康信息。但是，关于敏感信息是否存在以及是否需要独立列举的问题，立法界一直就有两种不同的观点：一是直接定义敏感性个人信息，并将其与收集限制原则连结，认为应禁止收集特别敏感的个人信息；二是将信息视为中性，即信息本质上都不具有敏感性，只有在信息处于特定的语境或使用时，方具备隐私或敏感性，方可定义为敏感性个人信息。第一种观点较直观，无须判断信息使用情形，只要该信息显示或记载的信息，符合所列种类，即加以限制。此见解影响多国的立法，可谓通说。此类立法模式以列举方式规定敏感性个人信息，认为基于某些信息的特性，一旦公开后，可能对个人隐私产生极大伤害，包括引起恣意歧视。[43] 一般情况下，信息处理会对人产生伤害，并非基于该信息的内容，而是使用方式。但是，某些特殊类型信息，其本质很可能伤害个人的权利与权益。

欧盟、英国、德国、澳大利亚等采取第一种方法定义敏感信息。此模式优点在于，使信息控制人或信息主体得以迅速自信息内容具体判断，何者须禁止收

---

〔43〕 See Lee A. Bygrave, “The Place of Privacy in Data Protection Law”, 24 *U. N. S. W. L. J.*, 2001, pp. 277, 280.

集、处理或利用,须遵循不同的信息保护原则,有益于个人信息保护的落实。其缺点在于信息内容与形式会随着社会、历史与文化有所变动,且无须考量信息主体的意见。[44] 结果可能产生过度保护的现象,也有可能保护不足。[45] 对此困境,各国或者修改法律,增加敏感性个人信息的种类,并就特殊事项如医疗信息制定特别法;或者授权行政机关制定相关细则。这里要讨论的仍然与个人信息概念界定系同样的问题,例示会因社会发展而受到限制,不断修法又会产生法安定性不足的质疑。第二种观点是对个人敏感性信息立法的否定,一些国家和地区如部分欧盟成员国、澳大利亚、新西兰等均未加以规定。[46] 中国也有反对的意见,认为加以规定会导致个人信息保护法与中国宪法和根本政治制度的冲突,可通过单行立法的方式加以解决。[47]

第三,支撑现行立法的理论讨论不够充分,导致个人信息概念的界定在保护强度的合比例性、保障的有效性层面有所欠缺。

从现行立法来看,个人直接识别信息和间接识别信息保护强度基本相同,即有些需要重点保护的信息与不需要点保护的信息同样对待,这在一定程度上会导致个人信息保护范围层面呈现不合比例的情形。这也是中国只有在出现极端个人信息侵害案件后才会受到执法者高度关注的主要原因,因为执法资源有限,所有个人信息全面且同等保护既不现实,也不可能。在国外,将利用已识别和可识别的方法确定的个人信息并同等对待的立法实践也受到了学者的批评。[48] 对于前者,已识别的个人信息可以确定某个特定的人,面临最高的风险,

[44] See Carlisle Adams, "A Classification for Privacy Techniques", 3 *U. Ott. L. & Tech. J.*, 2006, pp. 35, 40.

[45] 如中国刚刚颁布的《信息安全技术个人信息安全规范》中对于个人敏感信息的举例就远远超出了其他国家的范围。理论分析可参见胡文涛:《我国个人敏感信息界定之构想》,载《中国法学》2018 年第 5 期。

[46] See Karen McCullagh, "Data Sensitivity: Proposals for Resolving the Conundrum", 2 *J. Int'l Com. L. & Tech.*, 2007, p. 190.

[47] 具体分析可参见周汉华:《制定中国个人信息保护法的几个问题》,载周汉华:《个人信息保护前沿问题研究》,法律出版社 2006 年版,第 239 页。

[48] See Dae-Hee Lee, "The Concept of Personal Information: A Study on Its Interpretation and Scope", 17 *Asian Bus. Law.*, 2016, pp. 15, 25.

因此,个人信息保护的公正信息原则与实践应该完全适用于这些信息。与之相对的"非可识别"的信息无法确定特定的个人,即使后来技术发展有可能识别也是风险较低的信息,因此,个人信息保护法并不适用于此类信息。而对于后者,可识别时需要考虑语境、信息的类型、信息收集的难易程度等因素,远比已识别的方法要复杂,因此,不得统一对待。因为保护强度不合比例,各方主体无从把握个人信息保护的范围、强度,立法实效性也大打折扣。这个问题随着中国网络和信息技术产业的高速发展而日益突出,因此,未来立法必须对此予以回应。

第四,技术发展导致"个人信息"概念的界定和适用无限扩张,致使个人信息保护和信息流动之间不再具有均衡性的特征。

由于信息分析技术的发展,再识别技术不断提升,实践中就可能会存在无限扩大个人信息范畴的可能性,〔49〕如 Cookie、IP 地址被纳入个人信息的场景越来越多。〔50〕 当然,相反的情况也可能出现,由于个人信息保护的范围增大,而政府资源有限、企业则因过分限制信息流动减少投入,个人信息与隐私保护亦将成为一纸空文。如有学者认为,前述《关于办理侵犯公民个人信息刑事案件适用法律若干问题的解释》扩大了个人信息的范畴,"尤其是它把反映自然人活动

---

〔49〕 See Ira S. Rubinstein, Big Data, "The End of Privacy or a New Beginning?", 3 *Int'l Data Privacy L.*, 2016, pp. 74, 75 – 76.

〔50〕 "百度网讯公司在提供个性化推荐服务中运用网络技术收集、利用的是未能与网络用户个人身份对应识别的数据信息,该数据信息的匿名化特征不符合'个人信息'的可识别性要求。根据国家工信部《电信和互联网用户个人信息保护规定》对个人信息的界定,个人信息是指电信业务经营者和互联网信息服务提供者在提供服务的过程中收集的网络用户姓名、出生日期、身份证号码、住址、电话号码、账号和密码等能够单独或者与其他信息结合识别用户的信息以及网络用户使用服务的时间、地点等信息。网络用户通过使用搜索引擎形成的检索关键词记录,虽然反映了网络用户的网络活动轨迹及上网偏好,具有隐私属性,但这种网络活动轨迹及上网偏好一旦与网络用户身份相分离,便无法确定具体的信息归属主体,不再属于个人信息范畴。经查,百度网讯公司个性化推荐服务收集和推送信息的终端是浏览器,没有定向识别使用该浏览器的网络用户身份。"参见北京百度网讯科技有限公司与朱烨隐私权纠纷案,江苏省南京市中级人民法院民事判决书,(2014)宁民终字第 5028 号。特别值得注意的是,一审法院和二审法院的结论截然相反。

情况的各种信息也纳入个人信息范畴,混淆'个人信息'和'个人有关的信息',不当地扩大了个人的范围"。[51] 该学者进一步分析认为,身份的可识别性是个人信息概念的核心,而"反映自然人活动情况的各种信息"属于"与人有关的信息",并不强调可识别性,而是强调"关联性"。重要的是,随着网络和信息技术的发展,如在大数据背景下,界定个人信息仅仅具有理论意义,现实意义已所剩无几。所以,未来关注点应该是个人信息利用的环节,而不是收集和加工的开始环节。这种观点与前述废除静态概念说类似,均主张隐私法要放弃对个人可识别信息的依赖,而应该寻找一种全新的、规制信息隐私的方式。但是,问题在于,当一部立法没有了规制对象时,之后的规范框架结构又有何意义呢?[52]

## 四、个人信息概念的重塑及立法建议

诸多涉及个人信息泄露、滥用的事件及其不良影响,使中国迫切需要制定一部统一的个人信息保护法。当然,这部法律的立法目的要在个人权利保障、信息增值和自由流动之间实现利益平衡。立法之时,界定个人信息的概念成为首要任务,其既影响到立法目的的全面实现,又影响到个人信息保护的具体机制的顺利运行。在实践中,个人信息概念的清晰界定亦有助于各方主体合理展开信息的收集、处理和利用工作,有利于法律解释方法的合理适用,更有利于建立多元的利益协调和规制机制。基于上述立法、实践以及理论的梳理和分析,未来中国立法时应重塑个人信息的概念。

### (一)理论学说的重塑

在中国目前有关个人信息概念界定的立法中,如前述第一种、第二种立法模式,坚持了以识别说为主要的理论基础。考虑到中国行政、司法实践现状,首先,应继承这一立法思路。对于直接识别的问题,可以例示方式列举个人信息的范畴,从而体现法律概念的明确性要求。例如,姓名、身份证号码、手机号码

---

〔51〕 张天潘:《大数据背景下的个人信息保护立法》,载《南方都市报》2017年7月16日,第A18版。

〔52〕 "概念是解决法律问题所必需的必不可少的工具。没有限定严格的专门概念,我们便不能清楚地和理性地思考法律问题。"[美]E.博登海默:《法理学——法律哲学与法律方法》,邓正来译,中国政法大学出版社2001年版,第486页。

等,在收集可以直接识别个人的信息时,必须经过信息主体的同意,而在信息处理、利用等环节必须予以移除,其后则再依托信息利用的后续环节,进行基于风险评估的动态控制和保护。其次,对于间接识别的问题,应借鉴关联说的某些内容对传统识别说加以修正和重塑,要考量一个或多个与其身体、生理、精神、经济、文化或社会身份有关的特殊因素,动态评估信息所处的语境,进而界定个人信息的概念。欧盟将这些因素归结为 3 类,即应该从信息的内容、目的或者结果因素加以考虑。〔53〕 内容因素是指信息是“关于”某个特定人的信息,即使是条形码,但如果是与个人相关就构成个人信息,无论公开、隐秘与否,只要其能够识别出某个特定人的身份内容。〔54〕 目的因素,是指信息加以使用能够了解特定个人的行为或者影响个人的地位、行为。例如,电话记录,使用后可以确定电话使用者的信息。结果因素信息,是指影响到特定个人的权利或利益的信息,如 GPS 信息,能够了解到司机的驾驶速度和路径。相关的国际组织则将认为有 7 项因素可能会影响到个人对使用其信息的态度和敏感性,均构成了关联说主要的考量因素。〔55〕 总之,应基于识别说和关联说的结合,借鉴相关立法经验,展开立法工作。

当然,适用关联说之时应注意:第一,虽然关联说主张抽象界定某些信息是否属于个人信息并无实质意义,但这并不意味着关联说放弃了传统个人信息的概念,而是在坚持识别说基础上,探讨个人信息的可识别性;第二,关联说的主

---

〔53〕 参见杨会永:《个人信息概念的界定及其法律分析》,载《重庆社会科学》2009 年第 9 期。

〔54〕 英国法院在相关的案例指出,只有信息是“私人”的信息才构成个人信息,这一判决受到了广泛的批评。See David Lindsay, “Misunderstanding ‘personal information’: Durant v. Financial Services Authority”, http://www.austlii.edu.au/au/journals/PrivLawPRpr/2004/13.html, August 17, 2017. 而意大利、法国等国家的法院认为从互联网等公共空间对电子邮件地址进行的收集,如果被用于公用之外的目的,就违反了个人信息保护法。参见[德]克里斯托弗 · 库纳:《欧洲数据保护法——公司遵守与管制》,旷野等译,法律出版社 2008 年版,第 101 页。

〔55〕 7 项因素为信息类型、机构类型、设备类型、采集方式、使用方式、信任程度、价值交换等。参见个人信息保护课题组:《个人信息保护——国际比较研究》,中国金融出版社 2017 年版,第 44 页以下。

要方法和路径是从个人到信息,即知道某特定个人而收集"关于"该人进一步的信息。这些信息有些涉及个人身份的信息,有些则涉及个人行为的信息,有些则可能是与行为的结果相关的信息。不同语境有关不同的结果,导致相关的裁量权较大,这是特别需要注意的问题。以欧盟和美国在适用关联说呈现的差异就足以说明问题,[56]那么中国即使在立法明确的前提下,依然存在一个实践中的价值取舍问题。对于关联或者间接识别所产生的问题,在学说重塑时应考虑信息管理者主观上有无获取足以识别个人信息的其他信息、信息管理者本身技术上或经济上能否通过其他信息的对照、组合、联结而识别个人的要件。之所以如此理解,仍然在于强调其他信息(特别是信息碎片)的识别性,进而展开法律层面的规范。而这类信息是否具有识别性的考量,需以信息管理者的立场出发,判断其是否会带来识别个人信息的可能性。因此,笔者建议立法时要对"间接识别"作出进一步明确,指出以间接方式识别个人的信息是仅以该信息不能识别,须与其他信息对照、组合、联结等,方能识别该特定个人的信息。同时,也应对行为人无法取得此类其他信息,或有查询困难,或行为人在间接方式下成本过高予以排除适用。如此,才能平衡立法原意、社会需求和现实生活的不同取向。

### (二)界定个人信息概念的立法原则

按照废除静态概念说的理论,学者认为大数据背景下,所有的信息都可能是个人可识别的信息。[57] 但问题在于,无限扩张个人可识别信息的概念可能导致个人信息保护因为成本过高而不具有可操作性。为此,在立法原则上:一方面,应该对目前一些中国立法中试图为个人信息划定基于类型的固定范围的思路予以反思和扬弃;另一方面,则应意识到如果不对个人信息类型化、例示化的话,可能会对行政机关执法和法院的法律适用的确定性产生影响,更有可能因为立法不予界定个人信息而导致信息收集环节出现失控的局面。为此,未来中国的个人信息保护立法仍然要对个人信息的概念加以规定。在对其界定时,应贯彻法律概念界定的一般原理,使"个人信息"这一概念既具规范价值又兼叙事

---

〔56〕 如网络追踪(web tracking)、目标行销(target marketing)在欧盟就受到较大的限制。而美国则认为利用该技术而为的广告推送等,事实上并没有使用个人信息。

〔57〕 See Paul Ohm, "Broken Promises of Privacy: Responding to the Surprising Failure of Anonymization", 57 *UCLA L. Rev.*, 2010, pp. 1701, 1742.

价值,既有确定性又有开放性的特征;要考量个人信息的权利保障和数据流动两大价值之间的平衡;要与当下所处的时代经济、政治、社会、文化以及法学研究等叙事背景相契合。[58] 既要有确定的识别标准,又要具有一定的开放性,可使法律方法有适用的空间。

从立法技术层面来看,这里还需要回应几个问题:第一,如果统一的《个人信息保护法》中对个人信息概念进行了界定,其与既有的《网络安全法》中的定义是什么关系?《网络安全法》的立法目的在于“保障网络安全,维护网络空间主权和国家安全、社会公共利益,保护公民、法人和其他组织的合法权益,促进经济社会信息化健康发展”,虽然有学者将之视为网络安全领域的“基本法”,认为可以指导其他法律法规及其实施,[59] 然而,个人信息保护法及其制度设计是否完全属于《网络安全法》的调整范畴仍然值得商榷,因为两法的立法目标具有一定的差异。基于此,未来个人信息保护立法可以在充分借鉴前述几种模式的基础上,提出更有针对性的个人信息的概念,并建议以概括加例示方式为宜。第二,未来统一的个人信息保护法中的个人信息概念,可否适用于民法、行政法甚至刑法规范之中?中国在立法时很少探讨这个问题,但实践中相关的争议大量存在,如行政法和刑法衔接时,因为个人信息概念并不明确,导致与刑法介入社会生活的“最后性”或者“迫不得已性”相违背。[60] 为确保法制统一性,充分发挥民法、行政法、刑法各自不同的保障方式,建议统一的个人信息保护法中的个人信息概念能够贯穿于中国所有的法律规范体系中,从而确保法律概念明确性、规范性和统一性的要求。当然,这也为立法提出了更高的要求。第三,中国还需要处理好一些基本的问题,才能在展开语境考量或者风险评估时得出适当

---

〔58〕 参见黄茂荣:《法学方法与现代民法》,中国政法大学出版社2001年版,第45页以下。

〔59〕 有学者认为,《网络安全法》总结了既有立法的经验做法,以基本法形式统一了个人信息的定义和范围,建立健全了个人信息保护制度。参见齐爱民:《论大数据时代数据安全法律综合保护的完善——以〈网络安全法〉为视角》,载《东北师大学报》(哲学社会科学版)2017年第4期。

〔60〕 参见蔡军:《侵犯个人信息犯罪立法的理性分析——兼论对犯罪立法的反思与展望》,载《现代法学》2010年第4期;杨芳:《隐私权保护与个人信息保护法——对个人信息保护立法潮流的反思》,法律出版社2016年版,第25页以下。

的答案。这些问题有些是基本理论的问题，如中国保护个人信息的权利基础究竟是什么？有些则是立法之后具体实践的问题，如怎么样在市场、行政和司法实践中正确处理"个人隐私"与"个人信息"的关系，如何使其保障更有效？[61]如何发挥各种主体的作用等。

（三）与个人信息概念相适的制度构建

如今，因为网络和信息技术的快速发展，导致个人信息成为一个动态的概念，不再仅与网络服务提供者居于直接、单一的联系，而是会经过多方流转、比对、再识别、再利用等方式实现价值重造，实现了与数据中间商、数据后续利用者等主体之间的多重主体的关联。无所不在的信息收集，对个人形成密集追踪；个人信息的海量累积、分析、比对将可能构建出清晰无比的人格图像，挖掘出个人不愿为他人知晓的敏感信息。关联说虽然在理论上可以应对这些新发展，但是可以预料到的是，实践中对于某类信息是否属于个人信息的争议仍然持续存在。换言之，除包含一定的内容外，信息本身还应当被视为一个过程，不仅涉及信息从信息主体到信息管理者的传递过程，而且包括了信息处理和利用的过程。因此，有必要考虑个人信息全程的界定以及保护问题，而这些机制运行中所考虑的因素均可以构成关联说所考虑的因素，也有益于将传统的事后救济转向事前预防层面，更有利于发挥信息管理者的自我规制作用。[62]

与其他信息一样，个人信息具有生命周期，涉及个人信息的收集、处理、利用等各个环节，每个阶段应该有不同的保护机制。[63] 按照这一理论的要求，不仅要在收集阶段实现对"个人信息"概念的界定以及设计收集限制、知情同意等机制，还要在处理、利用等各个环节加强对"个人信息"的识别，设计确保公开透明、信息质量、处理限制、安全责任等方面的运行机制。[64] 对此，未来中国个人

[61] 参见纪广贵、倪秀珍与如皋市国土资源局一审行政判决书，(2014)东行初字第00054号。

[62] See Ira S. Rubinstein, "Privacy and Regulatory Innovation: Moving Beyond Voluntary Codes", 6 *I/S: J. L. & Pol'y Infor. Soc'y*, 2011, pp. 355, 358.

[63] 参见朱晓峰：《论政府信息资源生命周期管理》，载《中国图书馆学报》2006年第3期。

[64] 参见李卓卓等：《数据生命周期视角中的个人隐私信息保护——对移动APP服务协议的内容分析》，载《情报理论与实践》2016年第12期。

信息保护立法应予以重视:第一,从目前的相关立法来看,个人信息的识别问题并没有完全贯穿于信息生命周期的所有环节,实践中亦是如此。以“新浪微博诉脉脉不正当竞争案”为例,二审法院除判决“脉脉”违法之外,进一步指出新浪微博在保护用户信息方面也存在不足,要求网络运营者在采集运用用户信息时应履行相应的管理义务。[65] 然而,对信息销毁等环节的问题并没有提及,未来应该考虑建立相应的制度,甚至是权利来加以回应。第二,经济合作与发展组织、欧盟、美国等均在立法中对信息管理者施加了“通过设计保护隐私”(Privacy by Design)的义务,要求其在信息生命周期的最开始就去思考个人信息和隐私保护的问题,而不是在事件发生后。[66] 其主要做法是将个人信息保护嵌入技术、商业准则和物理的基础设施的设计标准中加以保护。于是,信息管理者设计隐私保护机制时所考虑的业务结构、规模、数量和敏感度均构成个人信息概念界定时的关联因素。[67] 这种风险预防、技术与法律互动的思路克服了过去仅在信息收集时依赖个人信息概念界定的不足,让信息管理者,甚至信息主体参与到企业运作和个人信息保护的全过程,有利于提升产业自身个人信息保护的能力和主动性,未来中国立法应予以关注。

(四)个人信息概念的类型化及保护强度

准确认知和把握个人信息概念的内涵,较为可行的办法还在于从分类上予以观察、对比,用以揭示概念的外延,进而在保护强度的分配上能够成比例性。域外立法从识别或关联方式上将个人信息分为直接识别信息和间接识别信息,但并没有就保护强度作出区分。前述新识别说认为,要根据不同类型的信息成比例地匹配相应程度的保护机制。保护强度与保护机制相关联,一般可表现为禁止收集、禁止识别或者禁止处理、禁止披露等。就知情同意的保护机制而言,一方面,因为大数据背景下很难完全做到知情同意;另一方面,对于不同类型的信息均要求做到知情同意也不符合成本收益原则。因此,立法可以根据不同的

---

〔65〕 北京知识产权法院民事判决书,(2016)京73民终588号。

〔66〕 See Stuart L. Pardau & Blake Edwards, “The FTC, the Unfairness Doctrine, and Privacy by Design: New Legal Frontiers in Cybersecurity”, 12 *J. Bus. & Tech. L.*, 2017, pp. 227, 264 - 266.

〔67〕 参见高富平:《个人数据保护和利用国际规则——源流与趋势》,法律出版社2016年版,第18页以下。

信息类型或者要求信息主体同意或者由信息管理者提供法律规定的理由,进而展开不同层次的保护。后者是个人信息处理的"合法性原则"在立法中的体现,要求信息处理的目的必须合法,而且所使用的个人信息应当为实现该目的所必需、相适应,其范围、数量应当与该目的相匹配或成比例。[68] 进而,行政实践和司法实践可依据不同类型的信息,建构不同梯次的保护强度。

另外值得讨论的问题是,中国在界定个人信息概念时,是否要规定敏感信息?如前所述,有学者建议,在未来中国个人信息保护立法时不予规定,而在专门立法中加以规定。当然,亦有学者持赞成意见,认为虽然难以定义"敏感信息",但作为个人信息中最重要、与信息主体权利最相关的一类,不仅需要明示,而且需要特殊保护。在个人信息保护法中加以明确规定,不仅意在对其特殊保护,而且也会为其他相关单行立法提供保护的立法依据。"根本不设立敏感数据的概念,难以体现对特殊类型数据进行特殊保护的基本原则,难以完成个人数据保护法的基本职能。"[69] 从立法技术以及中国立法实践情况来看,如果要全面、体系性地保护个人信息,就有必要对敏感信息加以规定。至于名称,建议使用"特殊类型的个人信息",既可以防止个人信息分类在逻辑上的不足,又避免对"敏感"内涵产生不同认识,同时,结合中国国情考虑将有关个人的隐秘信息,如身体特征、健康信息或个人信念以及极可能用以作出歧视性决定的信息作为主要构成加以例示性规定。此外,还有必要规定 14 岁以下(含)儿童的个人信息和自然人的隐私信息属于特殊信息,在保护机制上可设计对此类信息的处理行为只有或至少在获得该儿童监护人的同意或授权时才是合法的。

## 五、结　语

现代社会无不受到网络和信息技术的影响,每个人浏览网页的时间、登录时的 IP 地址、曾经搜索的关键词、信用卡消费情形等,甚至每天的一举一动,所有发生或正在发生的事情都持续地被记录与更新。同时,企业无不进行收集、处理、利用信息的工作,进行分析和统计行为,进而策划商业模式,进行商业行为与利润谋取工作。而现代人渐渐习惯并且融入,也将网络和信息技术的优势

[68] 参见欧洲委员会《个人数据处理中的个人保护公约》第 5 条的规定。

[69] 郭瑜:《个人数据保护法研究》,北京大学出版社 2012 年版,第 202 页。

内化到我们的生活中。在此便利下所带来的最大挑战莫过于对原应保有为个人领域的侵犯。即使有些个人信息可以采用去识别化技术加以处理,但是在现代技术下,任何信息碎片均有可能经由连结、组合、比对而再次成为可识别的个人信息。网络和信息技术的不断发展导致个人信息保护面临诸多的挑战:收集环节,移动互联网和物联网的广泛应用使个人信息的收集日益密集、隐蔽;处理环节,不同来源的个人信息多维组合,画像、实时追踪、数据挖掘等加剧了个人信息和隐私受损的风险;利用环节,多元主体参与、数据流转方式复杂。这一切均给个人信息保护及其立法带来了巨大的挑战。从目前各国的立法及实践来看,个人信息的概念是个人信息保护和信息隐私规制的起点,但目前的定义均不令人满意。完全放弃这个概念则意味着无法界定规制的边界,因此,理论界提出了许多的建议,尤其主张应动态、弹性地理解个人信息的概念,这给立法和实践带来了一定的困难。中国的个人信息保护立法目前已经启动,研究认为,应该坚持使用个人信息的概念,以识别说和关联说相结合为基础,将个人信息的识别贯穿整个信息生命周期,利用产业技术优势保护个人信息,利用类型化方法成比例地分配保护强度。希望这些相关的理论争议能够为立法及其实施带来智识。

Reflection and Reconstruction of the Concept of Personal Information

—The Theoretical Starting Point of Legislation and Practice

Gao Qinwei

**Abstract**:"Personal Information" is a central concept in privacy statutes and regulation, triggering the application of privacy law. The definition in orthodox approaches focused on the objective and identifiable relationship between the information and the relevant person. With the development of technology, the dramatic change in the classification of information raised up the challenges to this traditional definition. How to coordinate legal certainty and the uncertainty brought by hi-tech development, how to balance the protection of personal information and the necessary flow of data for business purposes, and how to adjust and determine the degrees of the protection of personal information in context, establishing themselves as the starting point of the studies on privacy legislation. These require the reflection on the traditional definition. On the basis of theories of identification and linkage, this research suggests reconsidering the aims and goals of the legislation on personal information in China, reshaping the definition and relevant mechanism with more comprehensive understanding in a dynamic context, and then fully protecting personal information to achieve the goals.

**Key words**: Personal information; Identifiable information; Sensitive information; Identification; Linkage; Degree of protection

# 司法如何推进乡村治理体系的健全
## ——以江西省寻乌县人民法院为对象*

高其才**

**内容摘要：**

司法具有服务乡村社会治理、推进建立健全现代乡村社会治理体制、助力打造充满活力及和谐有序的善治乡村的积极作用。江西省寻乌县人民法院大力弘扬毛泽东寻乌调查的“唯实求真”精神，促进乡村治理中自治、法治、德治的有机结合，逐渐形成了“联村共治、法润乡风”的“寻乌经验”。寻乌县人民法院积极履行司法职能，保障村民自治、促进社会治理、弘扬文明乡风、推进乡村善治，服务国家乡村振兴战略。在健全乡村治理体系方面，寻乌县人民法院通过广泛利用社会力量、依法确认调解协议、积极认可良善习惯、全力融入地方社会等方法，参与乡村社会治理，推进乡村社会的法治建设，促进乡村振兴。在推进乡村治理体系健全过程中，寻乌县人民法院依照法律规定，主要通过立足审判、着重调解、发布规范性文件和典型案例、进行普法宣传等形式，健全自治、法治、德治相结合的乡村治理体系。

**关键词：**

乡村治理　法院　法治　治理体系

## 一、引　　言

党的十九大报告明确提出，实施乡村振兴战略，加强农村基层基础工作，健

---

* 本文系研究阐释党的十九大精神国家社科基金专项课题“健全自治、法治、德治相结合的乡村治理体系研究”（批准号 18VSJ064，首席专家：高其才）的阶段性成果。感谢刘峰、邹宇平、雷继红、刘雁翔、吕纲翔、潘伯尘、任福生、刘慧鹏等的支持和帮助。

** 清华大学法学院教授，法学博士。

全自治、法治、德治相结合的乡村治理体系。《中共中央、国务院关于实施乡村振兴战略的意见》也强调建立健全党委领导、政府负责、社会协同、公众参与、法治保障的现代乡村社会治理体制,坚持自治、法治、德治相结合,确保乡村社会充满活力、和谐有序。健全自治、法治、德治相结合的乡村治理体系是实施乡村振兴战略的重要举措,也是国家治理体系和治理能力现代化的重要组成部分。

我国法律规定,人民法院是国家的审判机关。人民法院通过审判刑事案件、民事案件、行政案件以及法律规定的其他案件,惩罚犯罪,保障无罪的人不受刑事追究,解决民事、行政纠纷,保护个人和组织的合法权益,监督行政机关依法行使职权,维护国家安全和社会秩序,维护社会公平正义,维护国家法制统一、尊严和权威,保障中国特色社会主义建设顺利进行。因此,在依法治国、建设社会主义法治进程中,在实施乡村振兴战略、健全乡村治理体系中,司法具有服务乡村社会治理、推进建立健全现代乡村社会治理体制、助力打造充满活力和和谐有序的善治乡村的积极作用。江西省赣州市寻乌县人民法院大力弘扬毛泽东寻乌调查的"唯实求真"精神,围绕审判这一直接的司法职能,积极履行指导人民调解等职能,促进乡村治理中自治、法治、德治的有机结合,逐渐形成了"联村共治、法润乡风"的"寻乌经验",产生了良好的社会影响,值得认真总结和推广。

江西省赣州市寻乌县位于江西东南部,居赣、闽、粤三省交界处。全县面积2351平方公里,辖长宁镇等15个乡(镇)、173个行政村、11个居委会,2017年年末总人口33万,但农村人口多、比重大,有28.9万,约占87%;2017年实现生产总值70.82亿元、完成财政总收入8亿元、一般公共预算收入4.89亿元。寻乌为革命老区县、客家聚居地、资源富集区。[1] 寻乌县人民法院有政法专项编制59个,现有55人,在江西省104个基层法院中并列第71位;设派出法庭4

[1] 材料来自寻乌县人民政府网之县情介绍,载寻乌县人民政府网:http://www.xunwu.gov.cn/dcxw/xqjs/jcss/201708/t20170803_209853.html,2018年12月3日最后访问。2003年4月经县编委审定、县委批准的寻乌县人民法院政法专项编制为52人,工勤人员编制为3人。2006年4月赣州市编委增加录用聘任制书记员的政法专项编制3人。2003年4月经县编委审定、县委批准建置的派出法庭有4个:澄江人民法庭、长宁人民法庭、留车人民法庭、晨光人民法庭。现保留2个:澄江人民法庭(北片)、留车人民法庭(南片)。寻乌县人民法院2012年荣获第三批全国文明单位,2013年荣获江西省第十三届文明单位。

个,实际运行2个;2017年度员额法官人均结案155.9件,居全省第53位。[2]

2018年12月17～19日,笔者到寻乌县就司法推进健全乡村治理体系进行了专门的调查。笔者走访了寻乌县人民法院,访问了两个人民法庭,走访了两个巡回审判点,与法官、人民陪审员、乡镇干部、村组干部等进行了交流。本文就司法推进健全乡村治理体系的内容、司法推进健全乡村治理体系的方法、司法推进健全乡村治理体系的形式等作初步总结,以引起学界的进一步关注和讨论。

## 二、司法推进乡村治理体系健全的内容

寻乌县人民法院积极履行司法职能,司法保障村民自治、司法促进社会治理、司法弘扬文明乡风,通过司法推进乡村善治,服务国家乡村振兴战略。

### (一)司法保障村民自治

我国《宪法》第111条规定:"城市和农村按居民居住地区设立的居民委员会或者村民委员会是基层群众性自治组织。居民委员会、村民委员会的主任、副主任和委员由居民选举。居民委员会、村民委员会同基层政权的相互关系由法律规定。居民委员会、村民委员会设人民调解、治安保卫、公共卫生等委员会,办理本居住地区的公共事务和公益事业,调解民间纠纷,协助维护社会治安,并且向人民政府反映群众的意见、要求和提出建议。"根据《宪法》,为了保障农村村民实行自治,由村民依法办理自己的事情,发展农村基层民主,维护村民的合法权益,促进社会主义新农村建设,《村民委员会组织法》具体对村民自治进行了规定。

通过结对帮扶、审判等各种方式,寻乌县人民法院全力保障村民自治,健全乡村治理体系。寻乌县人民法院第一党支部、第二党支部、第三党支部、第四党支部,分别与澄江镇凌富村、谢屋村、团丰村以及吉潭镇剑溪村4个村开展"院村互助、结对帮扶"活动,帮助4个村建设一个好班子、制定一个好规划、选准一个好项目、建设一个好阵地、完善一套好制度。加强与村"两委"的沟通联系,共同化解矛盾纠纷,增强"两委"的凝聚力、影响力、执行力,提高乡村治理的效能

[2] 参见寻乌县法院网之法院简介,载寻乌县法院网:http://xwxfy.chinacourt.org/public/detail.php? id=45,2018年12月3日最后访问。

和水平。寻乌县人民法院结合精准扶贫工作,选全院55名干警全部投入3个贫困村的定点帮扶工作,实行"10864"帮扶制度,副处级帮扶10户、正科级8户、副科级6户、科员4户,每名干警每月驻村至少4个晚上,并定期开展访贫问苦活动;选派了2名干警担任第一书记,2名干警担任扶贫工作队长,全脱产驻村帮扶,深入了解调查情况,提供法律咨询,化解矛盾纠纷,提出帮扶脱贫办法。如在结对帮扶过程中,寻乌县人民法院以结对帮扶村作为出发点,向周边乡镇、村延伸,注重发挥村党支部、村民委员会的作用,维护村"两委"的权威。如2018年5月,寻乌县法院派驻澄江镇团丰村担任第一书记的曾宪章与村主任一起在前往察看现场的基础上,针对双方均存在过错,调解应本着尊重现有事实、不宜让双方再进行变更、双方共赢的原则下进行,通过对双方单独约谈和双方辩论,相邻关系纠纷的双方最终达成一致意见:第一,双方尊重现状,不移动网棚,但凌甲可将凌乙种植距离网棚太近的杉树苗往凌乙的自留山方向迁移20厘米左右;第二,凌乙若要对未成活的杉树苗进行补种,种植的位置距离网棚应保持在30厘米以上;第三,凌乙种植的杉树苗长大后,靠近凌甲网棚一面的树枝会影响凌甲的网棚,凌甲可自行进行修理。最终,多年调解未果的纠纷终解决,凌甲与凌乙双方也握手言和,恢复良好的邻里关系。[3]

为充分发挥村规民约在乡村治理中的积极作用,寻乌县人民法院充分发挥专业优势,帮助各村委会开展村规民约"法律体检",并对村规民约的修改完善提供法律指导,辅之以司法个案诉讼维权,促进村民自治依法规范运行。比如,限制外嫁女落户、参与分配征拆补偿以及成年儿子承担赡养费而外嫁女儿不用承担等有关做法相继得到纠正。

对涉案的村干部,寻乌县人民法院通过合法合理方式,尽量维护其尊严,以

[3] 凌甲与凌乙为寻乌县澄江镇团丰村同一村小组的村民,两人的自留山相邻,均较早进行了开发种植脐橙果树,并在两块果山中间预留了一条作业道路。近年来,因受果树黄龙病的影响,凌甲便在其果山上搭建隔离网棚重新种植脐橙果树,凌乙暂未搭建隔离网棚,但在中间的作业道路上种植了杉树苗,计划将来作为隔离带,用以防控黄龙病。两人因此产生纠纷,并在近几年多次找到村干部"要个说法",但均以无果告终。2018年5月8日上午9时许,凌甲携儿子儿媳来到村委会,再次向村干部反映情况,希望村干部可以主持公道。参见曾宪章:《果山用地起纠纷,第一书记巧化解》,载寻乌县法院网:http://xwxfy.chinacourt.org/public/detail.php?id=3243,2018年12月3日最后访问。

利于其继续履行职责,实现村民的自我管理、自我教育、自我服务。如申请执行人曹甲与被执行人曹乙系同村村民,2016 年 11 月曹乙因生意周转向曹甲借款 10 万元,约定按月利率 2% 计算利息。后曹乙未按约定归还本金及利息,曹甲向法院起诉,经法院调解结案。曹乙在归还 5 万元后,未按照调解书履行剩余的义务,于是曹甲向法院申请强制执行。在“风暴执行”行动中,执行人员了解到曹乙在今年村“两委”换届中当选村干部,于是执行人员到其所在的村找到曹乙,此时曹乙正在协助乡镇开展扶贫攻坚工作,考虑到实际情况,执行人员便传唤曹乙在 5 月 23 日到法院履行义务。曹乙万万没想到执行人员居然这么为自己着想,给足了自己“面子”,于是,便按时于 2018 年 5 月 23 日晚到法院将全部还款义务履行完毕,案件顺利执结。[4]

寻乌县人民法院还制定了《员额法官与村民自治组织定期联系制度》,通过列席自治组织会议等方式,主动与村民自治组织建立定期联系机制,与村民自治组织共同化解纠纷。

(二)司法促进社会治理

2014 年 10 月 23 日党的十八届四中全会通过的《中共中央关于全面推进依法治国若干重大问题的决定》提出全面推进依法治国需要“坚持法治国家、法治政府、法治社会一体建设”,党的十九大报告也强调了这一点。法治社会建设要求推进多层次、多领域依法治理,支持各类社会主体自我约束、自我管理,发挥市民公约、乡规民约、行业规章、团体章程等社会规范在社会治理中的积极作用,实现各治理主体的依法治理,正确引导、支持并规范公民依法进行自我管理和自治自律。为此,寻乌县人民法院注重培育社会组织,激活社会组织活力,发挥社会组织的群众动员优势,积极发挥社会组织的作用。

近些年,在村“两委”的积极推动下,寻乌县组建了村民理事会、红白理事会、禁毒禁赌会、民情民意会等民间组织,会长通常由德高望重的长者担任,有相对固定的成员,有理事会议事规则、章程等。目前,据不完全统计,寻乌全县的村民理事会和红白理事会分别为 173 个,实现了村村全覆盖;有民情民意会 145 个、禁毒禁赌会 150 个。

同时,寻乌 173 个行政村分布着大大小小 800 多座祠堂,宗族中遇到重大

---

[4] 参见谢金荣:《夏夜“风暴执行”,村干部到庭履行义务》,载寻乌县法院网:http://xwxfy.chinacourt.org/public/detail.php? id =3249,2018 年 12 月 3 日最后访问。

事件、邻里发生纠纷时,都会到祠堂里商议解决。

为发挥这些民间组织在乡村社会治理中的作用,寻乌县人民法院积极帮助指导这些民间组织制定章程和议事规则,完善制度,并通过担任理事会顾问等方式,充分发挥这些民间组织在规范村民行为、解决民间纠纷等方面的作用。如成立民间组织较早的澄江镇北亭村(畲族村),2017年村中邹姓和凌姓两大家族因祖坟重修,引发一场矛盾非常尖锐的纠纷,邹姓家族以凌姓家族新修祖坟侵占了其林地为由,向澄江人民法庭提起诉讼。对案件进行分析研判后,澄江人民法庭没有立即立案进入诉讼程序,而是与村民理事会成立联合处置小组,挨家挨户了解情况,做思想稳定工作,讲清移风易俗的道理,最终原告撤回起诉材料,两大家族之间的纠纷得到妥善化解。

同时,寻乌县人民法院充分利用祠堂文化中"和"的元素以及宗族之间形成的血亲凝聚力,将发生在同宗同族之间的民事纠纷引入祠堂调解,巧借祠堂文化,借助道德的力量柔性化解纷争。

### (三)司法弘扬文明乡风

乡村治理需要文明的乡风支撑。建设文明乡风顺应了乡民对美好生活向往的内在要求,是治理乡村陈规陋习、减轻村民负担的有效方式。寻乌县人民法院积极参与寻乌县的乡风文明行动,通过审判、发布规范性文件等方式配合开展"六治六评"工作,即治理浪费和奢靡之风、治赌、治懒、治不孝、治迷信、治鞭炮乱燃乱放和六星文明家庭创评,通过司法大力弘扬孝老爱亲、重义守信的传统美德,涵养守望相助、崇德向善的文明乡风。

在处理乡村的彩礼返还等纠纷时,寻乌县人民法院本着感情为上、树立文明新风原则予以解决。如原告廖某于2017年6月经他人介绍认识被告刘某,2017年6月25日晚,原告廖某及其父母、媒人前往被告家中与被告刘某协商彩礼,商定彩礼总额为89,000元,当晚原告父母将19,000元由媒人当面转交给被告陈某(刘某父亲)。6月26日按被告刘某要求购买金项链、金耳环、金手链、金戒指折款11,126元。7月22日原告父母及媒人在场时,向被告刘某支付彩礼30,000元,并商定于2017年8月23日回老家寻乌县南桥镇订婚。订婚后,原告廖某便与被告刘某同居。双方同居20多天后,被告刘某被其母亲刘某某叫回其家中。9月8日被告刘某在广州市某医院检查已经怀孕,之后便开始躲避原告。11月9日被告刘某在未告知原告廖某的情况下,在广州某医院终止妊娠。原告廖某也曾多次询问被告刘某是否终止妊娠,但刘某却故意隐瞒,因此,双方开始产生纠纷。现原告廖某向被告刘某提出解除婚约,并要求被告刘某一家退回已支付的 49,000 元彩礼和"四金",合计 60,126 元。寻乌县人民法院审理后认为,原告廖某与被告刘某未办理结婚登记手续,系婚约关系,原告请求返还按照习俗给付的彩礼,依法应当予以支持。故寻乌县人民法院依法判决被告刘某一家共同返还原告廖某彩礼 30,000 元;被告刘某返还原告廖某金项链、金耳环、金手链、金戒指折款 11,126 元。通过审判,寻乌县人民法院引导当代青年要树立新婚风尚,不让彩礼成为甜蜜的负担,促进文明乡风的形成。[5]

在案件审理基础上,针对乡村婚姻中的不良风气,寻乌县人民法院于 2018 年 5 月通过了《关于提倡婚事新办、树立文明乡风的通告》:

关于提倡婚事新办、树立文明乡风的通告

结婚是人生大事,对于许多家庭来说,结婚也是很花钱的事。当前在广大农村,谈婚论嫁彩礼数额逐年上升,攀比风气愈演愈烈,许多父母倾其一生甚至借债为儿子结婚成家,一旦婚约或婚姻中途出现变数,往往造成双方父母发生纠纷,甚至产生家族矛盾,步入家庭贫困,影响社会稳定和谐。为摒弃现有陋习,提倡婚事新办、树立文明乡风,现根据相关法律法规,特向全社会发出通告:

一、发扬勤俭节约的传统美德,提倡婚事新办、俭办,结婚仪式简化。

二、根据寻乌县农村收入状况,提倡支付适当的彩礼钱,最好限定在农村居民人均可支配收入(2017 年度为 13,242 元/年)的 2 倍以内,从源头上避免因彩礼引起各类纠纷。

三、彩礼是指基于婚约、按照当地风俗习惯、男方应女方要求、经中间人(媒人)说和或双方认可的男方给女方的财物,包括一定数量的金钱及房屋、车辆等价值比较大的物品。恋爱中男方送给女方的小件财物不属彩礼,但女方认可为彩礼的除外;举行订婚、结婚仪式的请客、酒席费用不属于彩礼;两人共同的消费不属于彩礼。

四、包办、买卖婚姻,借婚姻索取财物,可能构成犯罪的,依照有关法律处理。

五、如涉及彩礼返还,不仅包括送、收彩礼的男女双方,也包括参与送、收彩

---

〔5〕 参见刘慧鹏:《寻乌法院发布一批推进乡风文明建设典型案例》,载寻乌县法院网:http://xwxfy.chinacourt.org/public/detail.php?id=3235,2018 年 12 月 3 日最后访问。

礼的双方近亲属。

六、彩礼返还问题

1. 双方未办理结婚登记手续的,彩礼应予返还。

2. 双方已经办理结婚登记手续,但确未共同生活且准予离婚的,彩礼应予返还。

3. 双方已经办理结婚登记手续,因婚前彩礼给付导致给付人生活困难的,离婚后,彩礼可以适当返还。

4. 返还彩礼时,无论有无过错,均不能计算利息。

5. 收取彩礼方回赠给付彩礼方金额较大的财物应当从彩礼总额中扣减(扣减以后再考虑返还比例问题),其中回赠现金的,直接扣减;回赠嫁妆、物品的,折价扣减。

6. 双方在订婚/结婚前,可以根据自愿原则签订婚约协议,对彩礼的给付金额及返还等事项进行约定。

7. 双方对彩礼清算后达成协议的,经审查协议有效的,按协议执行;协议无效的,依法予以处理。

附:婚约协议样本

婚约协议

甲方:__________身份证号:__________________________

乙方:__________身份证号:__________________________

甲方__________与乙方于_______年____月____日相识后,于_______年____月____日订婚/结婚。双方本着平等自愿的原则,对订婚/结婚时__________给付__________彩礼可能发生的返还问题,达成如下协议:

1. 甲方向乙方支付相关彩礼__________元,具体如下。

2. 双方未办理结婚登记手续,彩礼按__________%返还。

3. 双方已经办理结婚登记手续,但确未共同生活,离婚后,彩礼按__________%返还。

4. 双方已经办理结婚登记手续,因婚前彩礼给付导致给付人生活困难,离婚后,彩礼按__________%返还。

5. 彩礼按__________%返还。

6. 返还彩礼时,无论有无过错,均不能计算利息。

7. 收取彩礼方回赠给付彩礼方金额较大的财物应当从彩礼总额中扣减(扣

减以后再考虑返还比例问题),其中回赠现金,直接扣减;回赠嫁妆、物品,折价扣减。

8. 以上协议,经双方签字或捺印后即生效,如有与法律规定不相符,依法承担责任。

9. 如因婚约协议产生纠纷,由双方协商处理;协商不成的,双方共同申请或单方申请村委会、理事会等自治组织或双方亲朋好友及第三人调解,达不成调解协议后,可向寻乌县人民法院或其他有管辖权的法院提起诉讼。

甲方:　　　　　　　　　　　　乙方:

________年____月____日　　　　________年____月____日〔6〕

这一通告发布后,在寻乌乡村产生了积极的影响。

此外,据统计,2015 ~ 2017 年近 3 年寻乌县人民法院共审理赌博案件 83 件,为刑事案件第二位的案由。针对寻乌县赌博案件增多且人数众多的严峻形势,寻乌县人民法院依法惩治赌博刑事犯罪,对此类案件在法律规定的幅度内从严惩处,并按法律规定判处罚金。寻乌县人民法院通过依法治赌弘扬文明乡风。

同时,寻乌县人民法院还主动邀请人大代表、政协委员和民众代表观摩庭审,并通过微博、微信等形式,对庭审情况进行转播,邀请新闻媒体跟踪报道,增强司法工作的透明度,扩大审判工作的社会效果,以净化社会风气,推进文明乡风建设,促进乡村善治。

## 三、司法推进乡村治理体系健全的方法

在健全乡村治理体系方面,寻乌县人民法院针对地方特点、文化传统和风俗习惯,通过广泛利用社会力量、依法确认调解协议、积极认可良善习惯、全力融入地方社会等方法,参与乡村社会治理,推进乡村社会的法治建设,促进乡村振兴。

---

〔6〕 丁清华:《寻乌法院发布关于提倡婚事新办、树立文明乡风的通告》,载寻乌县法院网:http://xwxfy.chinacourt.org/public/detail.php?id=3251,2018 年 12 月 3 日最后访问。

（一）广泛利用社会力量

我国《人民陪审员法》规定，人民陪审员依法参加人民法院的审判活动，以促进司法公正，提升司法公信。寻乌县人民法院注重发挥人民陪审员作用，多举措激发人民陪审员的工作主动性。人民陪审员、陪执员来自群众、贴近群众，有的在群众中享有较高的威望，有的有深厚群众基础和丰富社会实践经验，在调解起案件时，相较法官有着独特的优势。近年来，寻乌县人民法院选聘了人民陪审员40名、人民陪执员30名，其中绝大多数是乡镇基层组织人员，占80%，县直机关人员占20%。法院依法保障人民陪审员履行审判职责，重视人民陪审员的教育培训，为每一位人民陪审员购置办案丛书和司法文选，实行岗前培训或选送至上级法院学习培训；法院落实经费保障，人民陪审员每参审一件案件，可以得到100～200元的补助。[7] 邀请他们广泛参与案件审理、送达执行、法律宣传、廉政监督等活动中，如人民陪审员参审案件由2015年的307件增至2017年624件；2017年度，寻乌县人民法院审理各类案件3358件，其中适用普通程序624件，人民陪审员参审561件，陪审率达89.9%。人民陪审员工作积极性高、职业尊荣感较高。作为法律法规的宣传员、矛盾纠纷的调解员、人民群众的“审判员”，人民陪审员不仅缓解了案多人少压力，还推进了司法民主、司法公开，提高了案件调撤率、和解率，实现案件办理的社会效果与法律效果相统一，促进乡村的善治。

寻乌县属于赣南客家地区，有较浓厚的尊老敬老传统。尊重这一社会特点，为发挥各类社会主体、社会力量的能动性、积极性，寻乌县人民法院制定了《关于邀请农村五老人员参与矛盾纠纷化解的指导意见》，邀请让双方当事人都认可的“五老人员”（老党员、老干部、老劳模、老退伍军人、老教师）一起参与调解，提升民众的心理认同感，促进矛盾纠纷的和谐化解，实现乡村的和谐秩序。

（二）依法确认调解效力

我国《人民法院组织法》第25条第2款规定：“基层人民法院对人民调解委员会的调解工作进行业务指导。”我国《人民调解法》第5条也规定，基层人民法院对人民调解委员会调解民间纠纷进行业务指导。人民调解委员会在乡村纠

[7] 近年来，寻乌县人民法院人民陪审员经费均列入同级财政支出，并逐年提高，特别是2017年专项经费高达30万元（2017年寻乌法院全年经费仅760万元）。

纷解决、乡村社会秩序方面具有重要作用。寻乌县人民法院对人民调解委员会开展全方位业务指导。法院采取集中培训、个案指导、疑案讨论、庭审观摩、技能竞赛等方式,加强对人民调解委员会等非诉解纷主体的审判业务指导,规范非诉解纷形式,统一文书格式,提升诉调衔接工作的严肃性和规范性。仅对人民调解组织的指导,3年来,寻乌县人民法院共举办人民调解组织培训班8期,印发《人民调解指导手册》1000余份,指导调处各类纠纷1113件,调解成功率达84.2%。

寻乌县人民法院建立"零收费、高效率、可执行"司法确认工作机制,依法确认调解效力。寻乌县人民法院充分发挥司法权威优势,用好用足司法确认手段依法支持非诉解纷主体调解纠纷,逐步提升各种非诉解纷主体的地位,提高民众对诉调对接机制的了解,改变过去对调解协议"不算数"的模糊认识,引导群众主动用非诉方式解决矛盾纠纷。如2016年4月13日,谢某某因网吧装修改造需要拆墙,遂请曹某某的丈夫刘某某进行拆墙作业。在拆墙过程中,墙体突然倒塌,压中正在施工的刘某某,致其当场死亡。事故发生后,曹某某与谢某某就赔偿事宜多次协商均未达成一致意见。后双方当事人到长宁镇人民调解委员会申请调解。在寻乌县人民法院诉前调解办公室法官的指导下,双方最终达成调解协议,谢某某分3期赔偿曹某某人民币10万元。由于赔偿款需分3次支付,曹某某有所顾虑,在法官的建议下,双方向法院申请司法确认。寻乌县人民法院经审查后作出司法确认决定书,确认双方达成的人民调解协议合法有效,并赋予其强制执行效力,给当事人吃下了一颗"定心丸"。

同时,寻乌县人民法院与全县15个乡镇、2个工业园区及交警大队、教育局等10家单位联合,出台《诉前调解实施规则》,形成联动诉前化解纠纷工作格局。3年来,诉前化解各类矛盾纠纷212起,委托调解案件69件,指导调处各类纠纷1113件。此外,从2017年开始,寻乌县人民法院依托县综治中心试行"执行信息三推送制度",即执行信息向乡镇、单位、综治网格员实时推送,特困执行申请人信息向民政部门定期推送,取得良好效果,共有27人主动履行义务,6人被取消村"两委"参选资格,2人得到最低生活保障救助。

(三)积极认可良善习惯

寻乌地区有着孝老爱亲、忠孝礼仪、团结互助、诚信守信等良善习惯,寻乌县人民法院通过审判等各种方式积极认可良善习惯。如寻乌县人民法院审理的家事案件中赡养纠纷极少,2015~2017年近3年进入诉讼渠道的不赡养老人的案件仅2件,2015年、2017年各1件。[8] 这与客家文化的良善习惯、良好传统有一定关联。为发挥这一良善习惯的积极作用,健全自治、法治、德治相结合的乡村治理体系,加快推进法治寻乌建设,在全县范围内营造孝老爱亲的和谐社会氛围,2018年2月9日至3月23日,寻乌县人民法院联合县司法局、检察院、公安局等部门组成法治教育宣传工作队,在全县15个乡镇开展了为期一个半月的依法治理不孝行为、"老人住老房"问题专项法治宣传活动。每到一个乡镇,工作队员们都会现场向群众宣传依法治"孝"工作公告、法律依据,对不孝人员、"老人住老房"问题人员开展了面对面道德法制宣传教育,赠送宣传手册和新年挂历等,受到群众的一致好评。下一步,寻乌县人民法院将继续开展"依法治孝"专项工作,对不孝行为、"老人住老房"问题案件,法院将优先受理、优先判决、优先执行,涉及构成犯罪的,将依法严肃追究其刑事责任。[9]

在此基础上,寻乌县人民法院于2018年6月发布了《关于提倡敬老孝老、

---

[8] 如2017年寻乌县人民法院审理了这样一起赡养纠纷案件。原告邱某是寻乌县城镇居民,无社保退休金,现患高血压、高血糖等长期慢性病,日常血糖需靠人工胰岛素控制,需要长期治疗,邱某与妻子肖某共育有二子二女,四子女均已成家立户。1997年,邱某将位于寻乌县城的固定财产分配给邱大、邱小二人(两个儿子),自己与妻肖某一直随邱小居住生活。2013年,邱大、邱小二人协商将所分得的一块地用于共同建房,2017年此房因棚户区改造拆迁,邱大、邱小二人协商将征地所得补偿款中135,019.70元用于邱某生夫妇的生活及医疗费用,该款暂存于邱女(女儿)账户。但之后邱大以不正当理由阻止邱某支取该款项。最后,邱某因这赡养纠纷将子女们起诉至寻乌法院。寻乌县人民法院立案后,经办法官多次耐心细致做工作,最终父子双方握手言和,自愿达成调解协议:邱某随邱小共同生活,其妻肖某随邱大共同生活,基本生活分别由邱大、邱小二人料理;肖某领取的社保金,每月给付50%给邱某作为零用钱;邱某夫妇平时的小病费用由共同生活的儿子料理,邱某每月的胰岛素注射及高血压的治疗费用先由邱小垫付,每月根据实际支出的费用由邱大、邱小各一半分摊;如邱某夫妇出现大病,先由共同生活的儿子送至医院治疗,邱女作为联络人通知兄弟两个并预交相关费用,住院期间的护理由邱大、邱小共同负责,在报销医保后的医疗费用,由邱大、邱小各一半分摊。参见刘慧鹏:《寻乌法院发布一批推进乡风文明建设典型案例》,载寻乌县法院网:http://xwxfy.chinacourt.org/public/detail.php?id=3235,2018年12月3日最后访问。

[9] 参见丁清华:《寻乌法院开展依法治理不孝行为、"老人住老房"问题专项法治宣传活动》,载寻乌县法院网:http://xwxfy.chinacourt.org/public/detail.php?id=3236,2018年12月9日最后访问。

打击不孝行为、防止因老致贫的通告》:

关于提倡敬老孝老、打击不孝行为、防止因老致贫的通告

随着人口老龄化的快速发展、困难老人数量增多、家庭养老功能弱化,老年人权益保障已成为一项突出的社会问题。积极应对人口老龄化是国家的一项长期战略任务。为保障老年人合法权益,发展老龄事业,弘扬中华民族敬老、养老、助老的美德,逐步改善保障老年人生活、健康、安全以及参与社会发展的条件,实现老有所养、老有所医、老有所为、老有所学、老有所乐。根据《中华人民共和国民法总则》《中华人民共和国婚姻法》《中华人民共和国老年人权益保障法》等法律法规的相关规定,特向寻乌全县人民发出如下通告:

一、本通告所称老年人是指六十周岁以上的公民。保障老年人合法权益是家庭赡养义务人的法定责任,也是全社会的共同责任。禁止歧视、侮辱、虐待或者遗弃老年人。国家保障老年人依法享有的权益。

二、赡养人是指老年人的子女以及其他依法负有赡养义务的人。赡养人的配偶应当协助赡养人履行赡养义务。赡养人应当履行对老年人经济上供养、生活上照料和精神上慰藉的义务,照顾老年人的特殊需要。

三、下列行为属于对老人的不孝行为:

1. 赡养人住新房,让老年人住危房、旧房的;

2. 赡养人强迫老年人居住或者迁居条件低劣的房屋的;

3. 赡养人侵占老年人自有、承租的住房,或者擅自改变产权关系或者租赁关系的;

4. 赡养人故意要求老年人分开居住又长期不探望照顾的;

5. 不保障被赡养人饮水安全、吃饭、吃肉等基本生活所需的;

6. 不保障被赡养人穿衣、防寒、保暖等基本生活所需的;

7. 老年人患病不及时安排治疗和护理,或者对经济困难的老年人,赡养人不提供医疗费用的;

8. 对生活不能自理的老年人,赡养人不承担照料责任;不能亲自照料老年人,又不按照老年人的意愿,委托他人或者养老机构照料的;

9. 赡养人不承担耕种或者委托他人耕种老年人承包的田地的义务,不承担照管老年人的林木和牲畜等义务,并将应当归老年人所有的收益占为己有的;

10. 赡养人要求老年人承担力不能及的劳动的;

11. 赡养人不关心老年人的精神需求，长期忽视、冷落老年人的；

12. 赡养人或者其他亲属干涉老年人离婚、再婚及婚后的生活或以老年人的婚姻关系变化、放弃继承权等为由拒绝承担赡养义务的。

四、赡养人不履行赡养的，基层群众性自治组织、老年人组织或者赡养人所在单位应当督促其履行。

五、老年人因其合法权益遭受侵害发生的民事纠纷，可以申请人民调解委员会、村委会、居委会、乡（镇）司法所、老年人组织、村理事会或者赡养人所在单位等机构进行协商调解，通过调解，各方协商一致所依法达成的协议当事人应遵照履行。

六、老年人因赡养费、扶养费、养老金、抚恤金、医疗费以及婚姻等纠纷提起诉讼的，人民法院将依法及时立案、及时审理、及时执行。同时，老年人可以申请缓交、减交或者免交诉讼费。支持律师事务所、公证处、基层法律服务所和其他法律服务机构为经济困难的老年人提供免费或者优惠服务。

七、对老年人实施家庭暴力、遗弃、虐待老人等其他不孝行为构成违法或犯罪的，依照相关法律规定办理。

八、提倡和鼓励老年人通过合法渠道和途径主动维护自身的合法权益，不提倡为顾全自身或其近亲属的面子而甘愿让自身合法权益受损的错误思想与做法，防止助长不孝老、不敬老的不良社会风气进一步蔓延。[10]

寻乌县人民法院通过引导村民运用村规民约、良善习惯就地化解纠纷，实现“小纠纷不出村、大矛盾不出乡”，逐步形成止讼、少讼、无讼氛围。寻乌县人民法院高度重视民众对司法裁判的主观感受，充分运用客家文化的民间习惯、家风家训，大力弘扬吃苦耐劳、艰苦奋斗、努力拼搏的“客家精神”，把以客家人的“中原古风”为核心的朴素正义观引入司法裁判，使裁判结果更接近民众情感，符合一般公众的认知需求，真正实现案结事了。

（四）全力融入地方社会

为推进乡村治理体系的健全，寻乌县人民法院要求工作人员努力“讲好土

[10] 潘春玲：《寻乌县人民法院关于提倡敬老孝老、打击不孝行为、防止因老致贫的通告》，载寻乌县法院网：http://xwxfy.chinacourt.org/public/detail.php?id=3255，2018年12月3日最后访问。

话”、习惯“请您喝茶”、用活“客家文化”,全力融入地方社会,推进乡村社会善治建设。

寻乌方言较为难懂,外乡人要学会说得“脱三层皮”。寻乌县人民法院要求外地干警将学会讲“寻乌土话”作为做民众工作的首要环节,自觉学说“寻乌土话”,从言谈举止上贴近村众,说的话尽量让民众听得懂、听得进,真正成为老表心中值得打交道的“自家人”。如澄江人民法庭罗庭长是赣州市宁都县人,他回忆说,当初去法庭,讲一口流利普通话,当事人感觉很陌生。于是,他硬是用半年时间学会了说寻乌本地土话。像罗庭长这样的外地干警还有很多,他们只要过了语言第一关,一般也就成了当地老表心目中值得打交道的“自家人”。

寻乌县与广东省、福建省靠近,当地人素有喝茶的习惯。处理纠纷前,寻乌县人民法院要求工作人员要尊重当地当事人习俗,“请您先喝会儿工夫茶”,当事人就会觉得受到了礼待。如留车人民法庭负责人就讲到,平时当事人到法庭,他一般不会让当事人直接进审判法庭,那里庄严肃穆,会给当事人一定心理压力。他先把当事人请到自己的办公室,为他们泡上一杯茶,问一问情况,摸一摸底。这样,当事人就感觉到法院的友好,感觉到面子得到照顾、格外受到尊重,感觉到法官像自己家人一样在设身处地帮助解决纠纷。法官既对案情有了深入了解,也对当事人的脾气了解得也八九不离十了,不少纠纷就是在这样的氛围中化解的。

寻乌县人民法院搜集整理了近百条客家常用俗语,如“细时不管束,大时对他哭”“还细偷针,大哩偷金”“人带面,树带皮”“讲讲笑笑是正理,讲人闲事惹是非”“君子不食过量酒,正人不贪意外财”“人情留一线,日后好见面”“独墙难挡四面风,独柴难烧一锅红”“欠债还钱,天经地义”等,并将这些反映客家人人生观、价值观的俗语融入审判、执行等具体工作中。通过理解、掌握“客家文化”,寻乌县人民法院更理解当事人的观念、情感,解决纠纷,保障乡民权益,维护乡村秩序。

## 四、司法推进乡村治理体系健全的形式

在推进乡村治理体系健全过程中,寻乌县人民法院依照法律规定主要通过立足审判、着重调解、发布规范性文件和典型案例、进行普法宣传等形式,健全自治、法治、德治相结合的乡村治理体系。

(一)立足审判

人民法院是国家的审判机关,主要的职能为审判案件、解决纠纷。寻乌县人民法院立足审判职能,通过巡回审判、驻点联系等方式,全力化解矛盾,做到“案结事了”,维护乡村秩序。

寻乌县人民法院专门开设了巡回法庭、圩日法庭、假日法庭,利用圩日、假期等农民空闲的时间,深入田间地头调查取证、就地开庭审理。2012 年以来,寻乌县人民法院的巡回法庭、圩日法庭、假日法庭共办案 164 件,共调解农民矛盾纠纷 78 起。

从 2017 年开始,寻乌县人民法院推行 1256 巡回审判模式,即 1 个乡镇 1 名法官联系、2 个中心法庭、5 个固定巡回审判法庭、60 个巡回审判联系点,实现吸取民众参与司法的网络全覆盖。如 2018 年 7 月 6 日,江西省寻乌县人民法院环境资源审判团队在澄江镇北亭村、谢屋村分别巡回审理一起失火案件和二起非法捕捞水产品案件。2018 年 3 月 11 日上午,被告人邹某明在澄江镇北亭村邹坡小组“战士坑”山场清理废弃果园,在未经林业主管部门批准的情况下,用携带的打火机焚烧清理的柑橘黄龙病病枝,引发火情,过火面积达 70. 8 亩。经批评教育,被害人邹某明在失火山场进行了补植复绿。法院审理后当庭宣判,被告人邹某明犯失火罪,判处有期徒刑 6 个月,缓刑 1 年。2018 年 4 月 2 日晚上,被告人谢某波、谢某涛各自带上电鱼工具,来到澄江镇谢屋村“茶亭坝”河段,分别在河段的两边进行电鱼。当天晚上,两名被告人被巡查人员当场查获。经查明,“茶亭坝”河段属于珠江流域东江水系。根据江西省农业厅和寻乌县人民政府通告,2018 年 3 月 1 日 0 时至 6 月 30 日 24 时为寻乌县禁渔期,在全县江河公共水域禁止电、毒、炸鱼等捕捞作业。经批评教育,两名被告人主动购买鱼苗进行投放,修复被破坏的渔业生态资源。法院审理后当庭宣判,被告人谢某波、谢某涛犯非法捕捞水产品罪,均被判处罚金人民币 3000 元。寻乌县澄江镇北亭村、谢屋村及周边村民约 200 人,旁听了案件的审理。谢屋村党支部书记谢继盛说:“通过旁听庭审活动和庭后普法,自己提高了对相关法律法规的认识和环境保护意识。下河捞鱼,不仅破坏生态资源,情节严重的话,还可能要判刑。自己以后一定要带领村民,保护好我们寻乌的山山水水,给子孙留下一片绿水蓝天。”寻乌县人民法院环境资源审判团队负责人任福生说:“环境资源案件深入田间地头巡回开庭,可以让老百姓更亲近地了解到野外用火、河里电鱼是一种违法行为,情节严重的话还要追究刑事责任。我们深入现场开庭,既方便了当事人诉讼,更是为了通过以案说法,防止当地类案再发,引导周边群众遵纪守法,自觉保护我们的生态环境。"[11]

对于涉及邻里关系的一些案件,寻乌县人民法院也多采用巡回审判进行处理,以实现乡村邻里和睦和谐,形成现代乡村社会治理体制,保障乡村社会健康有序发展。如原告朱某甲与被告朱某乙均为寻乌县水源乡同村人,均系70多岁老人。2011年4月27日原告与同村的丙某签订了屋基转让合同,丙某给予原告屋基转让款12,000元,在签约现场被告的儿子提出将原告屋基转让款所得的10,000元款项借给他,并出具了借条。此后,因原告方3个儿子不同意转让该屋基,于是原告委托被告去将屋基款12,000元退还给购买屋基人丙某,原告将现金2000元交付给被告,约定被告儿子借原告的10,000元及该2000元现金共12,000元给被告,由被告去退还给丙某,被告出具了一张收条,注明收到原告人民币12,000元,但原告方并未将被告儿子出具的借款10,000元人民币的借条还给被告,而是自行销毁。后被告与购屋基人丙某协商不成,原告要求被告将其委托被告办理的退款12,000元归还,但被告以原告没有归还其儿子出具的10,000元的借条为由,拒绝归还。双方为此事相互指责辱骂直至吵架,村、镇及当地派出所多次调解无果而诉至法院。寻乌县人民法院审理后认为,被告方的儿子以原告朱某没能将其出具的借条归还为由拒绝归还委托办理退还的款项,而原告方在自行销毁被告儿子出具的借条的情况下,强行要求被告返还钱款,致矛盾激化。承办法官决定采取巡回审判的形式,现场巡回审理该纠纷,并邀请镇、村干部、人民调解员等相关人员参与调解。经调解,双方当事人自愿协商确定:被告将12,000元款项(其中包括原告朱某于2011年农历五月借给被告儿子朱某的10,000元)全部返还原告。在双方达成一致意愿后,原告当着上百旁听群众的面就以前的不当行为向被告进行了诚恳道歉,被告当众答应还钱,两位老人在群众的掌声中握手言和。在审理的法官看来,本案中两位老人系同村人,同村邻里之间本就是抬头不见低头见,当邻里之间出现纠纷,更应妥善处理,多换位思考,着眼长远。邻里相处,以"和"为贵,对一些事情各让一分、退一步,结果则大不相同,这也有利于维护邻里和睦与社

[11] 任福生:《巡回审判破坏环境案件　守护东江源头绿水青山》,载寻乌县法院网:http://xwxfy.chinacourt.org/public/detail.php?id=3260,2018年12月3日最后访问。

会的安定团结。[12]

（二）着重调解

在纠纷解决过程中，寻乌县人民法院多考虑乡村当事人的特点，着重调解，通过诉前调解、诉调对接等方式圆满地处理好争端。如原告梅某与被告林某系亲戚关系，2013 年 2 月 5 日原、被告双方签订果园转让合同一份，合同确认原告将其所有的果园以 28,000 元的价格转让给被告。合同签订后被告只在第二年给付了果园转让款 1000 元，剩余的 27,000 元转让款经原告多次催取无果，梅某将林某起诉至法院，要求其支付剩余转让款。在案件受理后，主审法官考虑到原被告系亲戚关系，当即联系了被告林某，第一时间了解了相关情况，并着手调解工作，召集双方先行调解。法官从天理、国法、人情等角度，对原被告讲解法律知识，再次对原被告进行了耐心细致的庭前调解，使双方的抵触情绪有所缓解。开庭审理时，经过法官释法说理，让当事人设身处地地为对方着想，让被告林某明白做人要诚实守信，让原告梅某考虑到林某目前的经济紧张状况。经过法官的努力，最后双方本着自愿和互谅互让的精神当庭达成调解协议，法院当即制作调解笔录及协议并出具调解书。案件结束后，双方握手言和，重归于好。调解是法官对实质正义深层次追求的具体体现，法院从民众的视角化解矛盾处理案件，以最直接、简洁的方式根除矛盾，以情感人，以理服人，以法育人，最大限度地保护了双方当事人的利益，同时也节约了司法成本，提高了司法效率，有效健全了乡村自治、法治、德治相结合的乡村治理体系。[13]

（三）发布规范性文件和典型案例

围绕健全乡村治理体系，寻乌县人民法院于 2018 年 3 月 15 日向全社会公

---

〔12〕 参见刘慧鹏：《寻乌县人民法院发布一批推进乡风文明建设典型案例》，载寻乌县法院网：http://xwxfy.chinacourt.org/public/detail.php? id = 3235，2018 年 12 月 3 日最后访问。

〔13〕 参见古红娟：《情法交融促调解　快审快结受称赞》，载寻乌县法院网：http://xwxfy.chinacourt.org/public/detail.php? id = 3262，2018 年 12 月 3 日最后访问。

布了一批法院推进乡风文明建设的典型案例。[14] 在此基础上,寻乌县人民法院又于 2018 年 5 月发布了《关于提倡婚事新办、树立文明乡风的通告》,于 2018 年 6 月发布了《关于提倡敬老孝老、打击不孝行为、防止因老致贫的通告》,从乡村实际出发,坚持文化教谕和司法引导并举,深度参与乡村治理,弘扬公序良俗,营造良善的文明乡风。

寻乌县人民法院还紧密围绕寻乌脱贫攻坚、重点项目、柑橘产业等"三农"中心工作,出台系列司法服务大局意见。如 2016 年制定出台《服务"活力、富裕、生态、平安"寻乌建设暨提升司法保障能力的 18 条意见》,得到县委书记的批示肯定,并要求"转全县各驻县单位负责同志参阅借鉴"。针对审判过程中发现的有关高速公路建设、柑橘黄龙病防治等有关新农村建设、新农业产业等问题,深入实地调研,主动向县委、县政府和县人大提出了司法建议、法律建议书、审判白皮书或调研报告等 11 份,维护乡村秩序,促进乡村振兴。

(四)重视普法宣传

寻乌县人民法院落实"谁执法,谁普法"责任制,寻乌县人民法院联合有关部门深入村头巷尾、田庄果园,以老百姓喜闻乐见的形式,开展"法制宣传进果园、纠纷调处进果园、法官服务进果园"活动。在环保购物袋、扇子、年历画上印制法律知识,并编制"法律小品""法律小故事",广泛开展宣传。按照"一个阵地、一份菜单、一个机构、一支队伍、一套机制""五个一"要求,建立"新时代传

---

[14] 这些典型案例中有一例为贫困"懒汉"聚众赌博案。被告人王某、尹某、蓝某经商议合伙在寻乌县澄江镇一无人居住的老房子利用"钓虾公"(一种赌博方式)方式坐庄赌博,尹某负责摇骰子,王某、蓝某负责收赔钱,招揽群众聚众赌博,该 3 人坐庄赌博期间,参赌人数累计达到 40 人以上,多为周边贫困村好逸恶劳之徒。2017 年 3 月 6 日下午 4 时许,公安民警前往现场查处,将正在坐庄赌博的王某、蓝某及部分参赌人员当场抓获,并现场扣押赌资、赌具。寻乌县人民法院审理后认为,被告人王某、尹某、蓝某以营利为目的,利用"钓虾公"方式招引他人聚众赌博,参赌人数达到 20 人以上,其行为构成赌博罪。最后,被告人王某、尹某、蓝某皆因犯赌博罪,分别被判处有期徒刑 6 ~ 7 个月或者拘役,并处罚金人民币一万元,相关作案工具、赃款也被依法没收。通过此案,法院提醒广大民众,劳动致富最光荣,切忌不可成为"思想懒汉",试图通过赌博一夜暴富更是不切实际。参见刘慧鹏:《寻乌法院发布一批推进乡风文明建设典型案例》,载寻乌县法院网:http://xwxfy.chinacourt.org/public/detail.php? id = 3235,2018 年 12 月 3 日最后访问。

习所”,定期组织法官深入各村各社区讲理论、送政策、宣法律、授技术、传文化。寻乌县人民法院“新时代传习所”也成为江西省市县三级宣传部长调研示范点。

在普法宣传时,寻乌县人民法院注重采用老百姓熟悉的语言、喜闻乐见的方式,主题鲜明,形式新颖,方式多样,效果明显。如在宣传用语方面,寻乌人称一个人不讲信用为“打谑谎”,寻乌县人民法院在宣传履行生效判决时,采取要求被执行人“不打谑谎”,不要成为大家公认的“打谑谎”。在宣传方式方面,将法律宣传标语印在环保购物袋上,方便群众日常熟悉了解,被当地群众亲切称为“打包送上法律套餐”。

如2017年6月,寻乌县人民法院组织法官、干警利用“圩日”下到全县15个乡镇开展“法治宣传乡村行”活动。活动期间,法官干警们放下手头工作,积极主动沉下去,在圩镇摆摊设点发放宣传资料1000余份,在各村组张贴《寻乌县人民法院通告》80余份,在各乡镇中心的法律讲座开讲10余次。及时了解、掌握万名群众司法需求,大力宣传人民法院工作,切实提升全县人民公众安全感和群众满意度,取得良好社会效果。[15] 为加快推进法治寻乌建设,在全县范围内营造孝老爱亲的和谐社会氛围,2月9日至3月23日,寻乌县人民法院联合县司法局、检察院、公安局等部门组成法治教育宣传工作队,在全县15个乡镇开展了为期一个半月的依法治理不孝行为、“老人住老房”问题专项法治宣传活动。[16]

在普法宣传中,寻乌县人民法院首先突出法治教育贯穿庭审全过程。特别选取婚姻家事、民间借贷等典型案例,选择在祠堂、村委会开庭,邀请当地群众旁听,实现审理一案、教育一片;对所有案件实行判后法治教育,在庭审结束前留出30分钟宣传涉案法律知识,并在每份判决书后面另附一页写上判决依据和法官寄语。

寻乌县人民法院注重普法宣传范围的全覆盖。每年开展送法进农村、企业、校园、果园活动,定期在偏远山区农民聚居地设立法律服务联系点,安排法

---

〔15〕 参见刘慧鹏:《寻乌法院开展“法治宣传乡村行”活动》,载寻乌县法院网:http://xwxfy.chinacourt.org/public/detail.php? id=3181,2018年12月3日最后访问。

〔16〕 参见丁清华:《寻乌法院开展依法治理不孝行为、“老人住老房”问题专项法治宣传活动》,载寻乌县法院网:http://xwxfy.chinacourt.org/public/detail.php? id=3236,2018年12月3日最后访问。

官担任学校法治副校长、定向联系县重点企业,编制专门法律服务手册,为群众提供法律咨询服务,宣讲法律知识。3 年来,法院发放宣传资料 30,000 余份,提供法律咨询 6100 余人次。

寻乌是脐橙、柑橘之乡。根据寻乌乡村的实际情况,寻乌县人民法院重点宣传涉果业纠纷的法律知识。为了帮助果农维护合法权益,寻乌县人民法院开展“法制宣传进果园、纠纷调处进果园、法官服务进果园”的“三进”活动,编写《致果农(商)朋友的一封信》,并附上果品销售合同样式,主动公布法律咨询热线,通过开展法律服务乡村行活动和法院微信公众号进行宣传,增强果农维权意识,提前化解矛盾纠纷。3 年来,开展涉果业“送法上门”1000 余人次,没有一起果品买卖合同纠纷诉讼到法院。

## 五、结　　语

作为基层人民法院,寻乌县人民法院围绕国家实施乡村振兴战略,大力弘扬毛泽东寻乌调查的“唯实求真”精神,坚持从群众中来、到群众中去,根据寻乌乡村的新形势、新情况,不断丰富、创新和发展“枫桥经验”,促进了乡村治理自治、法治、德治的有机融合,逐渐形成了“联村共治、法润乡风”的“寻乌经验”。

寻乌县人民法院主动回应乡村治理新形势,将基层司法与乡村治理深度融合、将人民司法优良传统与便民利民深度融合、将审判职能与服务农村改革发展深度融合。寻乌县人民法院立足于纠纷解决以推进自治、法治、德治相结合的乡村治理体系健全的实践,承继了人民司法的优良传统,体现了司法为民的司法目的,反映了深入民众的司法作风。

寻乌县人民法院立足乡土村情,加强对村民自治组织化解矛盾、议定村规民约等方面的指导,加强与乡村各类社会组织的联系,以自治为先推进乡村治理,保障村民的合法权益,维护乡村社会的良好秩序。这表明,基层司法是推进乡村社会善治的重要力量,对健全自治、法治、德治相结合的乡村治理体系具有积极的作用。

How to Promote the Perfection of Rural Governance System by Judicature?
—Taking the Court of Xunwu County in Jiangxi Province for Example

Gao Qicai

**Abstract**: Judicature plays an active role in serving rural social governance, promoting the establishment and perfection of modern rural social governance system, and helping to build a dynamic and harmonious and orderly good governance of rural areas. The Court of Xunwu County in Jiangxi Province vigorously carried forward Mao Zedong's spirit of *seeking truth* in his researching toward Xunwu County, promoted the organic combination of autonomy, rule of law and rule of morality in rural governance, and gradually formed the "*experience of Xunwu*" of "jointly governing villages and ruling villages by law". The Court of Xunwu County has actively performed its judicial function, guaranteed villagers' autonomy, promoting social governance, promoting the civilization of countryside, promoting good governance in rural areas, and serving the strategy of revitalizing the country's villages. In improving the rural governance system, the Court of Xunwu County has participated in rural social governance, as well as promoted the construction of the rule of law in rural society and promoted the revitalization of rural areas by making extensive use of social forces, confirming mediation agreements in accordance with the law, actively recognizing good habits, fully integrating into local society, and so on. In the process of promoting the improvement of the rural governance system, the Court of Xunwu County, in accordance with the provisions of the law, mainly through had trial based on the law, emphasized mediation, issued normative documents and typical cases, publicized the law popularization and other forms, to improve the rural governance system which consists of autonomy, ruled by law, as well as ruled by morality.

**Key words**: The Governance of Rural Area; Court; The Rule of Law; The System of Governance

# 地方法治理论的两种模式

## ——基于省级行政区域的实证研究*

孟　涛**

**内容摘要：**

地方法治理论有两种论证模式：横向层面和纵向层面。前者聚焦“地方”自身的特殊性，影响较大；后者强调“地方”相对于“中央”的自主性，种类较多。政治锦标赛理论和行政发包制理论，有力地支撑了地方法治理论。9个省份法治的调研分析表明：省级地方法治的差异不大，东部省份的法治未必领先于中西部省份，地方法治具有明显的“对上不对下”特征。横向层面的地方法治理论的事实依据和适用范围都有限，纵向层面的地方法治理论更为客观全面，两者应该互补。国家法治与地方法治的分工，取决于其治理事项的纵向发包程度和横向竞争程度。只有在发包和竞争程度都很高的经济领域和少数社会领域，地方法治才能完整存在。其他领域应该以国家法治为主。

**关键词：**

地方法治　先行法治化　地方法治竞争　承包型法治　国家法治

## 一、引　　论

近年来，地方法治成为我国法学界重要的理论创新话题，各种新术语、新理论层出不穷，例如，“地方法治”“区域法治”“先行法治化”“地方法治竞争”“承包型法治”等。上述这些新术语、新理论，至今还没有在国际法治理论领域出现

---

* 本文系司法部“法治建设与法学理论研究部级科研项目”（17SFB2006）的阶段性成果。

** 中国人民大学法学院副教授。

过。这些新的理论主张如果能够成立,将是中国法学界对国际法治理论的一个贡献。不仅如此,地方法治理论还有着鲜明的实践导向,它们或者要求“认真对待地方法治”,[1]或者要求“区域率先发展与跨区域合作”,[2]或者要求中央改变传统的“压力型体制”,[3]等等。由此可见,地方法治的理论研究,并不是部分学者的“自娱自乐”,而是兼具理论与现实意义的。既然地方法治的研究很有价值,那么接下来的基础问题就是,“地方法治”能否成立?各种关于地方法治的理论主张,哪些更为可取?

第一个问题直接挑战了传统的“国家本位”法治理论,[4]在地方法治观念刚刚萌芽之际就已出现。早在2004年,就有学者认为,行政区划化的“法治”,会割裂以国家为主体的法治单元,割裂法律体系的完整性和统一性,导致各种地方法治观念混杂丛生,形成法治的地方割据。[5]这一质疑影响很大,随后激发了一系列捍卫地方法治的理论主张。[6]直到最近,仍有学者努力“证成”地方法治。[7]如今,在诸多学者的努力下,质疑地方法治存在的声音已

[1] 黄文艺:《认真对待地方法治》,载《法学研究》2012年第6期。

[2] 林海:《“区域法治先行”概念基础与实践径路的再检讨》,载《南京师大学报》(社会科学版)2016年第3期。

[3] 参见周尚君:《地方法治竞争范式及其制度约束》,载《中国法学》2017年第3期。

[4] 法治理论有两个起源,英美法系的“法治”(Rule of Law)和欧洲大陆的“法治国”(Rechtsstaat、Etat de droit、Estado de derecho、Stato di diritto)理论,两者都针对“国家”而言的。参见陈新民:《德国公法学基础理论》(增订新版·上卷),法律出版社2010年版,第35~162页;罗智敏:《“法治国”在意大利:涵义、类型与危机》,载《交大法学》2014年第4期。

[5] 参见杨解君、赵会泽:《法治的界域:由“法治××(区划)”引发的思考》,载《湖南社会科学》2004年第4期。

[6] 参见陈柳裕、王坤、汪江连:《论地方法治的可能性——以“法治浙江”战略为例》,载《浙江社会科学》2006年第2期;陈柳裕、唐明良:《“地方法治”的正当性之辩——在特殊性与统一性之间》,载《公安学刊》2006年第2期;李燕霞:《地方法治概念辨析》,载《社会科学战线》2006年第6期;黄文艺:《认真对待地方法治》,载《法学研究》2012年第6期。

[7] 参见倪斐:《地方法治概念证成——基于治权自主的法理阐释》,载《法学家》2017年第4期。

经非常罕见,[8]地方法治的独立性在相当程度上成为中国法学界的共识。第二个问题是地方法治理论当前面临的主要问题,各理论之间的交锋较为激烈。"先行法治化"理论主张法治可以在东部发达地区率先实现,一些学者则认为中西部地区的法治发展未必落后于东部地区,如"法治湖南""法治湖北"。[9]"地方法治竞争"主张鼓励地方政府"为法治而竞争",[10]地方之间存在显著的法治竞争,[11]但也有研究认为地方法治竞争是不可能的。[12]最新出现的"承包型法治"理论,[13]尽管尚未见到公开发表的商榷论文,但在学术会议研讨时也出现了一些争议。

地方法治理论是针对中国法治实践而兴起的,其能否成立、何种理论更可取,应该接受实证的检验。目前,这种检验还比较少见。如何设计这样一种检验,也是个不容忽视的难题。笔者将尝试回应这一难题,首先研究迄今为止地方法治的各种理论主张,然后设计一套测量地方法治的研究方案,开展实地调研评估,根据测量结果对"先行法治化""地方法治竞争""承包型法治"等理论主张进行检验,评判其理论主张是否符合法治实践,最后在实证研究的基础上,结合学界之前的研究成果,对地方法治理论进行整体反思,重新界定国家法治与地方法治之间的分工。

---

〔8〕参见刘治斌:《法治路径选择中的地方法治(制)问题》,载《宁夏师范学院学报》(社会科学)2011 年第 5 期。刘治斌教授对"地方法治"概念和"先行法治化"理论进行了质疑,他认为,一旦因"地方先行法治"而失去了"国家权威",实际上就可能意味着"失序"和"混乱"。

〔9〕吴华琛:《从"法治国家"到"法治地方"——地方法治研究述评》,载《中共福建省委党校学报》2013 年第 4 期。

〔10〕参见马怀德:《法律实施有赖于"法治 GDP"的建立》,载《人民论坛》2011 年第 29 期。

〔11〕参见万江:《中国的地方法治建设竞争》,载《中外法学》2013 年第 4 期;韩业斌:《当代中国地方法治竞争的现状与动力》,载《法学》2017 年第 10 期。

〔12〕参见李晟:《"地方法治竞争"的可能性——关于晋升锦标赛理论的经验反思与法理学分析》,载《中外法学》2014 年第 5 期。

〔13〕参见丁轶:《承包型法治——理解"地方法治"的新视角》,载《法学家》2018 年第 1 期。

## 二、地方法治理论的两种模式

地方法治理论自诞生以来就出现了两种论证路径:横向层面和纵向层面。横向层面的地方法治理论,聚焦于"地方"自身的特殊性,注重"地方"与"地方"之间的差异;如果每一个地方的法治都不一样,那么地方法治将基于其独特的存在而成立。纵向层面的地方法治理论,从中央与地方的关系出发,强调"地方"相对于"中央"的自主性,通过这种自主性而论证其独立性。这两种路径,在理论上也穷尽了地方法治的论证可能性。以下分别阐述两种模式的地方法治理论。

### (一)横向层面的地方法治理论

这一层面的理论文献最多、影响最大,目前有两个主要理论:"先行法治化"理论和"地方法治竞争"理论。先行法治化理论强调政府以外的经济社会因素的决定作用;地方法治竞争理论则强调地方政府自身的自主性和能动性。[14] 最早出现的是先行法治化理论。2006年地方法治理论的最早倡导者之一的陈柳裕教授等学者就认为,"法治是经济、政治、文化和社会发展到一定程度的产物",法治的实现是一个渐进的过程,[15] 由于我国各个地方的经济、政治和文化存在明显差异,各地政府在地方立法、执法和司法等领域的能动性也存在显著的不同,所以各地的法治是差异较大的,每个地方的法治都有着自己的特殊性,因而也具备了独立存在的可能。2009年孙笑侠教授等学者在此基础上正式提出了"先行法治化"理论。[16] 这一理论同样主张经济和社会对法治的决定性作用,认为经济发展的水平越高、民众的法治需求也越多,以江浙沪为代表的"东部地区的地方政府能与人民的要求良性互动,从而使经济发展和制度的良性演

---

〔14〕 这里的"地方政府",是广义上的地方政府,包括党委、人大、政府、司法机构等公权力机构在内,不限于狭义上的行政机构。

〔15〕 参见陈柳裕、王坤、汪江连:《论地方法治的可能性——以"法治浙江"战略为例》,载《浙江社会科学》2006年第2期。

〔16〕 参见孙笑侠、钟瑞庆:《"先发"地区的先行法治化——以浙江省法治发展实践为例》,载《学习与探索》2010年第1期。

变得以实现",从而率先推进区域法治化。[17]

"先行法治化"理论是由东部发达地区的学者提出的,出现后就受到了一些西部地区学者的质疑。检验这一理论是否正确,最有效的方法就是测量发达地区的法治是否明显领先于不发达地区。这类实证检验,直到最近才出现,具体有两个:一是中国社会科学院法学研究所对四川省21个设区的市(州)法治状况的评估报告,研究发现四川省内各市(州)的法治差异程度较大,法治状况最好的成都市达到83.99分(百分制),凉山、阿坝等四市(州)都在70分以下;[18] 二是中国政法大学法治政府研究院团队对100个城市法治政府建设的评估研究,研究发现中国各个城市的法治存在显著差异,东部发达城市的法治发展水平明显高于中西部地区城市,城市的法治差异与GDP等经济指标存在明显的正相关性。[19] 至此,先行法治化理论似乎得到了验证。

不过,上述两项实证检验,虽然有很高的学术水准和扎实的调研证据,但是并不能反映中国地方法治差异的全貌。首先,以行政区域为标准,我国的"地方"可以分为四级:省级、地级、县级和乡级,地方法治理论倡导者所谓的"地方",是以省为单位的。[20] 上述两个研究的对象都是设区的市,主要是地级市,不能反映省级地方的法治状况。其次,就评估领域而言,四川的城市法治评估不涉及地方立法,全国法治政府的评估更是仅限于行政领域,而中国的法治领域是包括立法、行政、司法、社会、执政等在内的,法治的整体状况未能得到反映。最后,在研究的方法层面,两者也各有可商榷之处。四川城市法治评估方法的主要问题是各个指标的权重不一,研究者也没有给出相关的赋值理

[17] 参见孙笑侠、钟瑞庆:《"先发"地区的先行法治化——以浙江省法治发展实践为例》,载《学习与探索》2010年第1期。

[18] 参见中国社会科学院国家法治指数研究中心、中国社会科学院法学研究所法治指数创新工程项目组:《四川省依法治省第三方评估报告(2016)》,中国社会科学出版社2017年版,第15~16页。

[19] 代表性文献,参见王敬波:《我国法治政府建设地区差异的定量分析》,载《法学研究》2017年第5期。

[20] 参见陈柳裕、王坤、汪江连:《论地方法治的可能性——以"法治浙江"战略为例》,载《浙江社会科学》2006年第2期;倪斐:《地方法治概念证成——基于治权自主的法理阐释》,载《法学家》2017年第4期。

由。根据统计学原理,权重的配置通常采取均等分配的方式,除非有不得已的特殊理由。[21] 法治政府的评估选择了48个东部城市、32个中部城市、20个西部城市,中部和西部的城市样本数量较少,测量误差比较大。评估指标的设计也存在一些争议。[22] 总体而言,先行法治化理论还需要更全面的实证检验。

最近这几年,在社会科学研究的启发下,法学界又提出了另一个横向层面的地方法治理论:地方法治竞争理论。该理论是受社会科学领域的地方政府竞争理论,特别是"政治锦标赛"(Political Tournament)理论的影响而出现的。地方政府竞争理论是经济学界解释中国经济发展的主流理论之一,包括"兄弟竞争""财政联邦主义""政治锦标赛""登顶比赛"(Race to the top)等几种类型。[23] 其中,影响最大的是2004年北京大学周黎安教授提出的政治锦标赛理论,[24]该理论如今已被经济学界、社会学界和政治学界广泛接受,是对中国经济奇迹最具影响力的理论之一。政治锦标赛理论认为,改革开放以来,中国出现的主要正面现象和负面问题,如经济高速增长、指标层层加码、地方保护主义、贫富差距加大、环境恶化等,都可以用政治锦标赛这一个理论来解释。该理论的核心主张是,改革开放以来,地方官员的选拔晋升标准由过去的纯政治指标变成经济绩效指标,如GDP增长、财政收入等,地方官员的晋升依赖于更好的经济指标成就,这就在地方政府之间形成了一个强激励的竞争机制,地方主政者的首要任务就是调动本地方所有资源、"以经济建设为中心"全力发展经济,

---

〔21〕 See Michaela Saisana and Andrea Saltelli, "Rankings and Ratings: Instructions for Use", *Hague Journal on the Rule of Law*, No. 3(2011), p. 254;[美]艾尔·巴比:《社会研究方法》,邱泽奇译,华夏出版社2009年版,第162页。

〔22〕 详细分析,参见孟涛、江照:《中国法治评估的再评估——以余杭法治指数和全国法治政府评估为样本》,载《江苏行政学院学报》2017年第4期。

〔23〕 关于地方政府竞争理论的综述,参见周业安、李涛:《地方政府竞争和经济增长——基于我国省级面板数据的空间计量经济学研究》,中国人民大学出版社2013年版,第56~73页。

〔24〕 该理论的代表性文献,参见周黎安:《晋升博弈中政府官员的激励与合作——兼论我国地方保护主义和重复建设长期存在的原因》,载《经济研究》2004年第6期;周黎安:《中国地方官员的晋升锦标赛模式研究》,载《经济研究》2007年第7期。

最终造就了中国的经济奇迹。[25]

政治锦标赛理论的研究引起了法学界的关注和兴趣。马怀德教授认为,中国法律难以有效实施的根本原因在于缺少推行法治的动力,建设法治国家与发展经济一样需要政府方面的强大动力,应该借鉴经济锦标赛的模式,把法治建设纳入领导干部绩效考核体系,建立"法治 GDP"。[26] 这些建议如今已经得到了部分实现,党的十八届三中全会提出"建立科学的法治建设指标体系和考核标准",党的十八届四中全会提出"把法治建设成效作为衡量各级领导班子和领导干部工作实绩重要内容、纳入政绩考核指标体系",四川等地也开展了具体的法治考核工作。[27] 还有学者研究表明,地方政府之间确实存在着"地方法治建设竞争",例如,为招商引资而开展的法治环境建设,地方政府主动优化治安、提高效率、保护产权、改进司法。[28] 最新的此类研究则进一步分析了地方法治竞争的动力和现状,研究了招商引资领域的地方法治竞争状况,认为竞争动力有 4 个:获得更多财政支配权的经济动力、获得更好政绩的政治动力、提高地方司法环境的司法动力、改善地域生态环境的环境动力。[29] 还有研究分析了中国的地方法治竞争出现的原因,传统的压力型发展模式已经逐渐丧失比较优势,负效应明显,必须让位于以"规则型治理"为核心的法治竞争。[30] 上述研究,涉及地方法治竞争的背景、动力、现状等方面,内容丰富,有理论和现实的双重支持,具有较强的说服力和解释力。

然而,"地方法治竞争"也受到强烈质疑。有研究通过实证分析证明:省级层面不存在以 GDP 增长速度为考核指标的"晋升锦标赛";当代中国官员的选

---

〔25〕 参见周黎安:《中国地方官员的晋升锦标赛模式研究》,载《经济研究》2007 年第 7 期;张五常:《中国的经济制度》,中信出版社 2009 年版,第 141 ~ 170 页。

〔26〕 参见马怀德:《法律实施有赖于"法治 GDP"的建立》,载《人民论坛》2011 年第 29 期。

〔27〕 参见裴佩:《把法治考核"指挥棒"舞起来》,载《四川党的建设》2017 年第 15 期。

〔28〕 参见万江:《中国的地方法治建设竞争》,载《中外法学》2013 年第 4 期。

〔29〕 参见韩业斌:《当代中国地方法治竞争的现状与动力》,载《法学》2017 年第 10 期。

〔30〕 参见周尚君:《地方法治竞争范式及其制度约束》,载《中国法学》2017 年第 3 期。

拔任用体制也不是政治锦标赛体制，而是要求官员晋升需要经历多个不同职务的锻炼、需要严格的逐级提拔、需要在不同地区或不同系统之间交流。[31] 这一研究，对于“地方法治竞争”理论的倡导者来说，有极大的“杀伤力”，至今还未见到相应的回应文章。还有学者认为，当前各地政府为响应中央制作的“法治时间表”，争先恐后地开展了“法治大跃进”运动，以至于法治建设沦为“口号法治”“运动式法治”，很有可能对中国法治建设造成不可估量的现实伤害。[32] 此外，“地方法治竞争”理论的倡导者自己也认为，地方法治竞争“也有走向法治反面的可能”。例如，一些地方可能会开展无序竞争，当前中国的体制仍然是压力型体制、不支持地方法治竞争的良性运转。[33] 总之，从上述研究来看，地方法治竞争理论面临各种现实因素、思想因素和制度因素的约束乃至否决，其适用范围需要进一步厘清。

（二）纵向层面的地方法治理论

这类理论从中央与地方的关系入手，理论种类比横向层面的地方法治理论丰富，但总体影响力不及后者。迄今，该类理论已有 5 种：“放权论”“试错论”“封建论”“治权论”“承包论”。最早出现的是“放权论”。“地方法治”概念的最早提出者之一的李燕霞认为，中央对地方下放了立法权，以解决地方自己的特殊问题，地方法治因此而出现。[34] 这种通过地方立法权来论证地方法治的做法，此后受到了其他学者的支持。[35] 地方法治理论的最早倡导者陈柳裕教授等学者则认为，中央下放给地方的权力更多，包括立法权、行政权和司法权，这些构成了“地方法治”正当性的实践基础。[36] 这种观点，如今是“放权论”的通说。

---

〔31〕 参见李晟：《“地方法治竞争”的可能性——关于晋升锦标赛理论的经验反思与法理学分析》，载《中外法学》2014 年第 5 期。

〔32〕 更深刻的分析，参见姚建宗、侯学宾：《中国“法治大跃进”批判》，载《法律科学》（西北政法大学学报）2016 年第 4 期。

〔33〕 参见周尚君：《地方法治竞争范式及其制度约束》，载《中国法学》2017 年第 3 期。

〔34〕 参见李燕霞：《地方法治概念辨析》，载《社会科学战线》2006 年第 6 期。

〔35〕 参见封丽霞：《认真对待地方法治——以地方立法在国家法治建设中的功能定位为视角》，载《地方立法研究》2016 年第 1 期。

〔36〕 参见陈柳裕、唐明良：《“地方法治”的正当性之辩——在特殊性与统一性之间》，载《公安学刊》2006 年第 2 期。

黄文艺教授提出了“放权论”的理论依据——“地方中心主义法治观”，主张地方才是国家法治建设的主战场，地方法治在国家法治格局中处于中心地位，地方是规则制度的主要创新者、宪法法律的主要实施者、矛盾纠纷的主要解决者、公平正义的主要输送者。[37] 总之，“放权论”可以说是纵向层面的地方法治理论的核心观点，但这类观点也有局限性：既解释不了中央“放权”的动力，也解释不了拥有权力的地方为什么要开展法治建设。

“试错论”可以很好地弥补“放权论”的局限。试错论认为，中国的法治建设与发展秉持国家试错策略，也就是国家在发展过程中采取先试点探索、后逐步跟进、再逐渐向全国推广的策略，“试错可以针对国家主权范围内的一切事项，可以在某一区域范围内进行”。[38] 中国之所以推行这一策略，是因为中国的法治建设事业前所未有。通过试错，国家可以把法治建设的风险控制在一定地域内，成熟之后再向其他地方推广。中国“宜粗不宜细”的立法原则，就是这一法治建设策略的典型表现。党的十八届三中全会以来，虽然中国的法治建设采取了“顶层设计”的方式，但是仍然强调“加强顶层设计和摸着石头过河相结合。整体推进和重点突破相促进”。[39] 近年来，我国的自由贸易区法治试验、国家监察体制改革，也都采取了地方试错的方式。根据“试错论”的观点，中央的放权是为了改革试验，地方开展法治建设既来自中央的要求，也来自地方自身的改革动力。不过，有学者认为“试错论”也有局限性：它限定了地方法治的时空范围，将地方法治视为国家法治不成熟时的权宜之计以及少数省份的特殊实践。[40] 另外，“试错论”也解释不了为什么地方会有主动改革的动力。

“封建论”回应的是一个“发生学”问题：为何在当代中国会出现“地方法治”的概念？这一理论的两位倡导者认为，“地方法治”在当代中国的提出绝非偶然，是中国作为世界上唯一的单一制大国在建设现代民族国家进程中，复兴

[37] 参见黄文艺：《认真对待地方法治》，载《法学研究》2012年第6期。

[38] 付子堂、张善根：《地方法治实践的动力机制及其反思》，载《浙江大学学报》(人文社会科学版)2016年第4期。

[39] 同上。

[40] 参见倪斐：《地方法治概念证成——基于治权自主的法理阐释》，载《法学家》2017年第4期。

传统政治智慧的一种体现。19世纪末,中国开始建设“现代民族国家”,国家权力不断向地方渗透,在20世纪六七十年代臻至顶峰;改革之后,封建的政治思路再度展现,地方法治也出现了3个层次:特别行政区“高度自治”下的地方法治、民族自治地方“区域自治”下的地方法治、传统正式行政区域的地方法治。[41] 这一研究论证了“地方法治”概念和命题的历史渊源,使“地方法治”有了厚重的传统基础。

“治权论”认为,反对地方法治的最有力观点,当属主权法治理论,这种观点认为法律是主权者的命令,没有主权就没有法治,法治以主权为基础。[42] 治权论者倪斐教授认为,法治是一种国家治理方式,与主权并非绝对的一一对应关系,主权国家不一定都实行法治,实行法治的地方也不一定都是主权国家,如我国的特别行政区。[43] 随后,倪斐提出,在法治国家,主权通过法律转化为治权发挥作用,治权是国家通过国家机关统治、治理和管理国家和社会公共事务的权力的统称,主权与治权可以分离,治权具有自主性。[44] 中国的宪法、法律和有关规范性文件明确规定了地方治权在事权范围、权力行使和责任承担等方面的自主性,地方治权自主理论根源于纵向分权理论、功能解释论和回应型法治理论,可以回应当前一些理论和实践难题。例如,地方法治的主体层级、评判“先行先试”、界定国家法治与地方法治的关系。[45] 这一论证思路看起来比较新颖,但是其实质内容与“放权论”相差无几:“治权”实际上就是立法权、行政权和司法权的统称。

最近,同样是在北京大学周黎安教授的影响下,有学者提出了“承包型法

---

〔41〕 参见才圣、杜宴林:《地方法治:中国传统“封建”政治思路的现代表达》,载《东北师大学报》(哲学社会科学版)2015年第5期。

〔42〕 参见张彪、周叶中:《区域法治还是区域法制?——兼与公丕祥教授讨论》,载《南京师大学报》(社会科学版)2015年第4期。

〔43〕 参见倪斐:《地方法治概念证成——基于治权自主的法理阐释》,载《法学家》2017年第4期。

〔44〕 同上。

〔45〕 同上。

治”理论。[46] 这一次对周黎安教授学术成果借鉴的,不是政治锦标赛理论,而是“行政发包制”理论。[47] 该理论最早出现于2008年,经过周黎安教授和其他学者的深入打磨,如今已成为一个颇具影响力的理论。[48] 行政发包制是指上下级政府之间的发包关系,既有别于韦伯意义上的科层制,也有别于纯粹的外包制,而是居于两者之间的一种混合形态,与后两者存在3个维度上的系统差异:在行政权分配上,上级政府(发包方)拥有正式权威(如人事权、监察权、审批权等)和剩余控制权(如不受约束的否决权和干预权),下级政府(承包方)拥有具体的执行权和决策权;在经济激励(财政预算和人员激励)方面,上下级政府是财政或预算分成关系,下级政府的支出能力高度依赖其筹集财政收入或收费的能力;在内部控制方面,与强调程序和规则的科层制相比,行政发包制的内部控制是一种结果导向的、人格化的责任分担。[49] 作为一种治理方式,行政发包制很早就出现在古代中国了,如今依然有着强大的生命力,可以解释中国政府一系列看似独立甚至带有悖论性质的深层体制现象,如压力型体制、职责同构等。

“承包型法治”基于行政发包制理论而出现。该理论的倡导者丁轶教授把法治区分为3种:代理型法治、自治型法治和承包型法治,分别对应单一制、联邦制和行政发包制国家。在行政发包制的背景下,地方政府有着充分的主动性和积极性来建设法治,具有法治建设强激励的特点;中央作为发包方,拥有最高权威和剩余控制权,可以通过设定指标、监督检查等方式对地方法治强力控制,但是,由于地方政府拥有大量的自由裁量权和信息优势,结果出现了一种“弱控制”局面;当地方法治和国家法治发生冲突时,“组织连带”机制将法治冲突“条条化解决”,“责任连带”机制将法治冲突“块块化解决”。此外,还包括大量的非正式解决方式,诸如上下级政府间的非正式沟通、协商、讨价还价、利益交换、

---

[46] 参见丁轶:《承包型法治——理解“地方法治”的新视角》,载《法学家》2018年第1期。

[47] 该理论的主要文献,参见周黎安:《行政发包制》,载《社会》2014年第6期。

[48] 参见周雪光:《行政发包制与帝国逻辑——周黎安〈行政发包制〉读后感》,载《社会》2014年第6期。

[49] 参见周黎安:《转型中的地方政府:官员激励与治理》,格致出版社2017年版,第29~76页。

默认不成文做法等。[50] 承包型法治具有两面性，容易导致政绩驱动型法治和权利选择性保护、法治试验的创新性和投机性、指标控制与指标应对、柔性运作与法制化解决之间的一系列二元张力，这些使承包型法治的未来具有不确定性，取决于行政发包制的变化。[51] 与此前的纵向层面地方法治理论相比，承包型法治理论有较深厚的社会科学理论基础，体系完整、逻辑严密，但该理论完全是理论推演的结果，缺乏事实的佐证。

综上所述，经过十多年的发展，我国法学界发展出了两个层面的地方法治理论，完整地覆盖了地方法治理论的各个维度。在横向层面，先行法治化理论强调政府以外的因素，地方法治竞争理论强调政府自身的因素，两者影响都很大；在纵向层面，放权论指出了地方法治的核心内容，试错论指出了地方法治的压力机制，封建论指出了地方法治的历史传统，治权论尝试用现代理论全面论证地方法治，承包论兼及地方法治的内容、特征、历史、现状、未来等方面，堪称这一层面的地方法治理论的集大成者，具备与先行法治化理论、地方法治竞争理论相抗衡的潜力。我国法学界已经出现了各种地方法治理论争鸣的局面。接下来，我们将通过实证研究，来检验哪一类地方法治理论更符合现实。

## 三、地方法治实证检验的方案与结果

笔者的实证检验，采取的是“测量法治”的方法。在法学与社会科学的共同努力下，法治测量的方法论已经成熟了。[52] 测量的主要步骤可归纳如下：第一，根据法治概念的内涵，进行操作化（Operationalization）界定，建立一套明确具体、可以观测的指标（Indicator）体系，使法治的内涵在客观世界中得以具体体现；第二，选择合适的评估主体，通过调查、观察等方法收集资料，为量化奠定基础；第三，确定量化的规则和方法，结合收集到的材料，对各个指标进行量化，根据相关的算法计算出分值；第四，进行信度（Reliability）和效度（Validity）分析，

---

〔50〕 参见丁轶：《承包型法治——理解“地方法治”的新视角》，载《法学家》2018 年第 1 期。

〔51〕 同上。

〔52〕 See Juan C. Botero and Alejandro Ponce, “*Measuring the Rule of Law*”, The World Justice Project-Working Papers Series No. 001 (2011).

评判本次调查是否符合统计的标准要求。本项研究就是基于这个步骤展开的。

(一)地方法治的指标体系

我国法学界已经发表了不少关于“地方法治”的论著,但迄今为止还没有对“地方法治”的概念内涵达成明确共识。这一概念甚至可能永远也达不成,就如同“法治”没有一个全球性的普适概念。[53] 如何寻找一套可以统一衡量各地方的法治指标体系,是本研究的首要难题。不过,2014年党的十八届四中全会决议《中共中央关于全面推进依法治国若干重大问题的决定》(以下简称《决定》)解决了这个问题。《决定》为中国的法治建设规定了统一的标准和详细的措施,为地方法治建设提供了明确的指引。各地方也在《决定》的基础上,相继推出了“全面推进依法治省(市、区)”之类的意见,并予以实施。这些意见的内容大同小异。我们可以根据《决定》,设计出衡量各地方法治的指标体系。

笔者的指标设计,遵循如下思路。第一,《决定》规定了6个法治领域:立法、行政、司法、社会、队伍和执政,“地方法治”也包括这6个方面的内容。但是,《决定》的不少内容属于中央层面的措施要求,如完善立法体制、司法职权配置、依法治军从严治军等。这些不在我们的选择范围之内。第二,一个指数(Index),其内部各个指标应当具备3种性质:互斥性(Mutually Exclusive)、穷尽性(Exhaustive)和单项性(Unidimensionality)。[54] 互斥性,是指内部各个指标相互排斥,没有涵括或交叉关系;穷尽性,是指指标能够涵盖被测量对象的每一个基本属性;单项性,是指所有指标都应该搭配恰当,指向同一个事物。我们基于这一原理,来设计地方法治的指标体系。第三,有些法治指标对应的实体性内容过于广泛,例如,“依法决策”“执法严明”“行政公开”“社会治理法治化”等指标。我们选择一些重要或常见的事项,如城管执法、财政收支透明度、环境污染治理等,来反映这些指标的实际状况。个别指标不直接对应客观现象,如“科学立法”,笔者通过一些相关现象予以反映,如“专家参与立法”,因为专家参与能够在更大程度上保障立法的科学性。

表1是笔者设计的指标体系,一级指标是“地方法治”:

---

[53] See Randall Peerenboom, “The Future of Rule of Law: Challenges and Prospects for the Field”, *The Hague Journal on the Rule of Law*, No.1(2009), p.7.

[54] 详细介绍,参见[美]劳伦斯·纽曼、拉里·克罗伊格:《社会工作研究方法——质性和定量方法的应用》,刘梦译,中国人民大学出版社2008年版,第230~231页。

**表1 指标体系**

| 二级指标 | 三级指标 | 四级指标 |
| --- | --- | --- |
| 立法 | 宪法监督 | 法规规章符合上位法 |
| | 科学立法 | 专家参与立法;专家影响立法 |
| | 民主立法 | 公众了解法律草案;公众表达渠道畅通;公众意见得到反馈 |
| 行政 | 权责法定 | 政府职责明确;政府不滥用职权;政府积极履行职权 |
| | 依法决策 | 重大工程项目决策;设定和征收新税种 |
| | 执法严明 | 交警执法;工商执法;城管执法;食药执法 |
| | 行政效率 | 办理营业执照;办理户口;政府部门开证明;环境污染投诉 |
| | 监督行政 | 自我监督;审计监督;人大监督;上级政府监督 |
| | 行政公开 | 本地政府财政收支透明度 |
| 司法 | 独立行使审判权和检察权 | 独立行使审判权;独立行使检察权 |
| | 司法效率 | 审判效率;执行效率 |
| | 司法便民 | 立案便捷;诉讼费合理 |
| | 监督司法 | 检察监督;自我监督;诉讼监督;人大监督;舆论监督 |
| | 司法公开 | 审判公开;裁判文书公开 |
| 法治社会 | 普法宣传教育 | 树立法治观念;了解法律知识;普法形式主义较少 |
| | 社会治理 | 环境污染治理;征地建设治理;道路交通治理;社会治安;食品安全治理;市场秩序治理 |
| | 法律服务体系 | 律师服务;政府法律援助 |
| | 纠纷解决机制 | 信访;协商;调解;其他非暴力方式 |
| 法治工作队伍 | 法治专门队伍 | 法官;检察官;警察 |
| | 法律服务队伍 | 律师 |
| 依法执政 | 党内法规 | 党内法规执行效果;党委监督;纪委监督 |
| | 党员干部遵纪守法 | 党组织领导遵纪守法;党组织工作人员遵纪守法;普通党员遵纪守法 |

(二)评估主体与量化规则

评估主体有两类:专业人士和社会公众。中国社会科学院和中国政法大学的法治评估,都是由法学专家开展的。专家评估的优点是定性准确,但限于人手、时间和精力,评估的对象往往有限。评估建立在了解事实的基础上,而专家对于一个陌生地方的了解往往很有限。[55] 由于我们这次评估的领域非常广泛,仅依赖专家团队,在有限时间内无法完成这一任务,必须要借助被调查省份的专业人士和社会公众。这里的"专业人士",并不仅仅指法学专家,而是根据评估内容择取了 6 类人士:参与立法工作的人大代表、行政机关工作人员、警察、法官、检察官、律师和法学教研人员。这些专业人士由我们研究团队前往当地寻找,采用一对一的方式进行调研和访谈,其间获得了当地相关单位的大力协助和配合。社会公众调查则委托专门的社会调查公司,采用面对面入户访问的方式进行。我们针对不同的评估主体,分别制定了不同的调查问卷,使其能够在知情的范围内回答。调查的问题以客观事实问题为主,如是否存在某种现象行为,少数属于主观评价问题,如对普法效果的评价。

评估的实施需要大量的人力和财力支持,否则就可能因缺少足够的样本数据而丧失准确性——这也是跨地区的法治评估在国内难以开展的重要原因。我们研究团队在相关组织和课题的支持下,筹集了大约 50 万元资金,才得以展开这项调研。评估的时间是 2017 年。根据统计学的要求,特定专业主体每个省至少需要 50 个有效样本,社会公众的最低有效样本量为每省 400 个。在调查样本成本、预算资金等因素的约束下,[56]我们最多只能选择 9 个省(自治区、直辖市)。由于这一因素,本次调查遵循多阶段随机抽样的原则,按照经济发展水平的高、中、低抽取了 9 个省份,分别是东部地区的广东省、河北省和江苏省,中部地区的河南省、吉林省和江西省,西部地区的陕西省、四川省和云南省。在每个省的社会调查中,分别抽取 3 个代表高、中、低经济发展水平的城市,每个城市再抽取一定数量的城市、城镇和村级单位(居委会或村委会)居民。社会公

[55] 这个问题,在中国大陆第一个法治指数——余杭法治指数——诞生的时候就有了。司法部王公义研究员说:"作为打分者之一的我有点担心,我是否真的这么了解余杭的法治建设现状,把握得这么准吗? 答案是不敢肯定。"参见钱弘道主编:《中国法治增长点——学者和官员畅谈录》,中国社会科学出版社 2012 年版,第 47 页。

[56] 每个样本的平均调查成本至少在 100 元以上。

众全部是合格的受访者(年龄18周岁及以上,在当地居住时间超过6个月),各个年龄段的人口皆有适当的比例。最终,此次调查共回收3754个成功访问的样本,剔除108个不合格样本,最终有效样本数为3646个。其中,城市样本1467份、城镇样本1087份、农村样本1092份,男性1799份、女性1847份。专业人士问卷一共回收485份,每个省的有效问卷数量都在50份以上。[57]

调查问卷的每个问题,都有5个选项,分别对应好、较好、中间、较差、差五个等级,每个等级对应的分值分别是5分、4分、3分、2分、1分。5分是最好的状况,3分说明该指标反映的状况符合法治最低要求,3分以下说明该指标现象未达到法治的最低标准。调查问卷回收以后,我们根据各指标权重均等、评估主体权重均等的原则,算出了各指标的分值。调查结束之后,我们邀请统计人士进行信度与效度评估。信度是采用同样的方法,对同一对象重复测量时所得结果的一致性程度,效度是测量在多大程度上反映了被测事物的真实含义。经检验,本次调查的信度和效度都满足统计学要求。[58]

### (三)地方法治的测量结果

在第一个指标"地方立法"中,9省三级指标的得分如下(见表2):

**表2 "地方立法"测量得分**

| 类型 | 广东 | 河北 | 江苏 | 河南 | 吉林 | 江西 | 陕西 | 四川 | 云南 |
|---|---|---|---|---|---|---|---|---|---|
| 宪法监督 | 3.25 | 3.67 | 3.00 | 3.06 | 2.84 | 3.29 | 3.00 | 2.81 | 3.20 |
| 科学立法 | 3.79 | 4.12 | 3.87 | 3.70 | 3.83 | 3.99 | 3.93 | 3.17 | 3.81 |
| 民主立法 | 2.91 | 2.51 | 2.38 | 2.42 | 2.56 | 2.47 | 2.64 | 2.54 | 2.54 |
| 均值 | 3.25 | 3.43 | 3.08 | 3.06 | 3.08 | 3.25 | 3.19 | 2.84 | 3.18 |

调查发现:地方法规和地方规章,总体上能够符合宪法和法律,但是有少数

[57] 本次调查属于抽样调查,必然有抽样误差。经计算,本次调查公众卷的抽样误差是0.016229971,专业卷的抽样误差是0.043826932。

[58] 信度在0.8以上,表明合格。经计算检验,本次调查公众卷的信度为0.9,专家卷的信度为0.945,符合统计要求。效度的检验方法是KMO检验(Kaiser - Meyer - Olkin)和巴特利球体检验(Bartlett's Test of Sphericity),当KMO检验系数大于0.5、巴特利特球体检验P值小于0.05时,问卷才有效度。经检验,公众卷的KMO检验系数为0.933,专家卷的KMO检验系数为0.790,P值均小于0.05,都符合统计要求。

省份未能做到;各省的科学立法工作做得最好,民主立法普遍不足。不过,在科学立法工作中,各省普遍能够邀请法学专家参与立法,但是专家对立法结果的最终影响程度,却普遍低于参与程度。"民主立法"的3项指标:公众了解法律草案、公众表达取得畅通、公众意见得到反馈,九省的得分全部在3分以下。由此可见,"民主立法"是一个普遍性短板,应该在未来的地方立法工作中大力弥补。总体来看,各个省的立法状况差异较大。

在第二个指标"地方行政"中,9个省三级指标的得分如下(见表3):

**表3 "地方行政"测量得分**

| 类型 | 广东 | 河北 | 江苏 | 河南 | 吉林 | 江西 | 陕西 | 四川 | 云南 |
|---|---|---|---|---|---|---|---|---|---|
| 权责法定 | 2.86 | 3.17 | 2.46 | 2.98 | 2.86 | 2.82 | 2.79 | 3.06 | 2.63 |
| 依法决策 | 3.22 | 3.43 | 3.17 | 3.15 | 3.44 | 3.23 | 3.01 | 3.09 | 3.28 |
| 执法严明 | 3.44 | 2.99 | 2.94 | 3.12 | 3.23 | 3.16 | 2.73 | 3.03 | 3.05 |
| 行政效率 | 2.97 | 3.08 | 2.85 | 2.98 | 3.37 | 3.13 | 2.85 | 3.12 | 2.69 |
| 监督行政 | 3.23 | 3.21 | 2.87 | 3.05 | 2.80 | 3.17 | 3.04 | 2.88 | 3.03 |
| 行政公开 | 2.35 | 2.11 | 2.29 | 1.97 | 2.17 | 2.20 | 2.53 | 2.48 | 2.28 |
| 均值 | 3.01 | 3.00 | 2.76 | 2.87 | 2.98 | 2.95 | 2.82 | 2.94 | 2.83 |

各省地方行政的差异比较大,调查结果普遍比地方立法低,仅有两个东部省份勉强达到法治的最低要求,另一个东部省份的得分却最低。不过,9省份也面临共同问题:权责法定和行政公开。在各个四级指标得分中,有3个指标的9省得分全部在3分以下:"政府积极履行职权""环境污染投诉""财政收支透明度",9省均值分别是2.59、2.61和2.26。这反映出九省政府普遍面临政府不作为、环境污染治理不力和财政收支不透明的问题,其中尤以财政收支不透明最为严重。[59]

第三个"地方司法"指标,9省三级指标得分如下(见表4):

---

[59] 2015年12月,中共中央、国务院发布的《法治政府建设实施纲要(2015~2020)》提出到2020年基本建成法治政府,从我们的评估结果来看,多数地方政府还面临着艰巨任务。

**表4 “地方司法”测量得分**

| 类型 | 广东 | 河北 | 江苏 | 河南 | 吉林 | 江西 | 陕西 | 四川 | 云南 |
|---|---|---|---|---|---|---|---|---|---|
| 独立行使司法权 | 3.41 | 3.50 | 3.22 | 3.33 | 3.34 | 3.40 | 3.25 | 3.30 | 3.35 |
| 司法效率 | 2.74 | 2.80 | 2.64 | 2.63 | 2.69 | 2.67 | 2.78 | 2.64 | 2.70 |
| 司法便民 | 2.59 | 2.70 | 2.80 | 2.71 | 2.68 | 2.80 | 2.66 | 2.83 | 2.59 |
| 监督司法 | 3.36 | 3.54 | 3.11 | 3.24 | 3.16 | 3.42 | 3.51 | 3.09 | 3.35 |
| 司法公开 | 3.34 | 3.36 | 3.36 | 3.18 | 3.34 | 3.31 | 3.31 | 3.15 | 3.31 |
| 均值 | 3.09 | 3.18 | 3.03 | 3.02 | 3.04 | 3.12 | 3.10 | 3.00 | 3.06 |

司法指标的结果略好于行政,9省全部达到法治的最低标准,这反映了2012年以来司法改革取得了显著效果。从得分来看,各省司法状况的普遍规律性更为明显,与法治政府各个领域参差不齐的状况形成了明显对比,这大概是因为中央政法机构的强有力指导和协调。在近几年的司法改革中,司法权的独立运行效果最好,而司法效率和司法便民全部不达标——这两个指标都是由社会公众评估的,反映了社会公众对高效便民的强烈诉求,这可能是未来司法改革的着力点。从四级指标来看,得分最低的是“执行效率”。最近5年来,部分法院宣布已经在一定程度上破解了“执行难”问题,[60]但距离社会公众的要求仍有很大的改进空间。

在“地方法治社会”指标中,9省三级指标得分如下(见表5):

**表5 “地方法治社会”测量得分**

| 类型 | 广东 | 河北 | 江苏 | 河南 | 吉林 | 江西 | 陕西 | 四川 | 云南 |
|---|---|---|---|---|---|---|---|---|---|
| 普法宣传教育 | 3.58 | 3.36 | 3.07 | 3.48 | 3.78 | 3.29 | 3.18 | 3.35 | 3.23 |
| 社会治理 | 2.74 | 2.86 | 2.60 | 2.79 | 2.91 | 2.69 | 2.71 | 2.75 | 2.84 |
| 法律服务体系 | 3.23 | 3.33 | 3.01 | 3.09 | 3.51 | 3.34 | 2.74 | 3.22 | 2.95 |
| 纠纷解决机制 | 3.19 | 3.24 | 2.98 | 3.08 | 3.29 | 3.25 | 3.02 | 3.05 | 3.02 |
| 均值 | 3.19 | 3.20 | 2.92 | 3.11 | 3.37 | 3.14 | 2.91 | 3.09 | 3.01 |

[60] 相关事例,参见中国社会科学院法学研究所、深圳市律师协会联合课题组:《基本解决执行难评估报告——以深圳市中级人民法院为样本》,中国社会科学出版社2016年版。

各地的法治社会同样是参差不齐,西部省份陕西和东部省份江苏甚至没达到合格标准。从四级指标的得分来看,9 省面临的普遍状况是社会治理效果不好。我们评估的社会治理包括 6 个方面:环境污染、征地建设、道路交通、社会治安、食品安全、市场秩序。其中,9 省的社会治安得分全部在 3 分以上,环境污染、征地建设和食品安全都在 3 分以下。普法宣传教育是法治社会建设效果最好的,这大概得益于我国自 1986 年以来持续开展的普法运动。

在"地方法治工作队伍"指标中,9 省三级指标得分如下(见表 6):

**表 6 "地方法治工作队伍"测量得分**

| 类型 | 广东 | 河北 | 江苏 | 河南 | 吉林 | 江西 | 陕西 | 四川 | 云南 |
|---|---|---|---|---|---|---|---|---|---|
| 法治专门队伍 | 3.13 | 3.10 | 3.17 | 3.06 | 3.17 | 3.11 | 3.03 | 3.16 | 3.00 |
| 法律服务队伍 | 3.50 | 3.34 | 3.26 | 3.15 | 3.30 | 3.24 | 3.26 | 3.33 | 3.28 |
| 均值 | 3.32 | 3.22 | 3.22 | 3.11 | 3.24 | 3.18 | 3.15 | 3.25 | 3.14 |

法治工作队伍的整体得分有较强的普遍规律性。从四级指标得分来看,法官的规律性尤其明显:各省的法官数量都不充足,但是专业水平和职业道德在四类法律职业群体中最高。检察官群体的共同规律性有所下降:各省的检察官数量充足状况不一致,[61]不过,其专业水平和职业道德也都很高。警察队伍是最参差不齐的,各省的警察数量、专业水平和职业道德都不一样,反映了各个省警察管理状况差别较大。在律师方面,各省的主要区别在于律师数量,专业水平和职业道德差别不大。广东省律师数量最充足,这符合客观实际:2016 年和 2017 年,广东省的执业律师数量均为全国第一,分别是 32,380 人和 37,478 人,占全国律师总量的 1/10 以上。全国第一人口大省河南省的律师数量最不充足,甚至不能满足公众的基本需求。不过,总的来看,法治服务队伍的整体状况要好于专门队伍。

在"地方党委依法执政"指标中,9 省三级指标的得分如下(见表 7):

---

〔61〕 在本次调查之后,监察体制改革开始在全国推行,全国四级检察院反贪、反渎和职务犯罪预防三个部门的 44,151 名检察官已经被整体转隶,2018 年 3 月 20 日全国人大通过的《监察法》第 47 条规定:"人民检察院经审查,认为需要补充核实的,应当退回监察机关补充调查,必要时可以自行补充侦查",公益诉讼等新的检察职能也在蓬勃开展,如今,检察官的数量要面临整体不充足的问题。

**表7 "地方党委依法执政"测量得分**

| 类型 | 广东 | 河北 | 江苏 | 河南 | 吉林 | 江西 | 陕西 | 四川 | 云南 |
|---|---|---|---|---|---|---|---|---|---|
| 党内法规 | 3.53 | 3.55 | 3.16 | 3.38 | 3.25 | 3.29 | 3.36 | 3.44 | 3.42 |
| 党员干部遵纪守法 | 3.47 | 3.39 | 3.26 | 3.21 | 3.35 | 3.35 | 3.18 | 3.12 | 3.44 |
| 均值 | 3.50 | 3.47 | 3.21 | 3.30 | 3.30 | 3.32 | 3.27 | 3.28 | 3.43 |

地方党委依法执政的得分,在法治体系中最高,而且有共同的规律性。就党内法规而言,我国当前的省级党内法规,大多是对中央党内法规的贯彻落实,依据本地实际情况的创新性法规较少。[62] 所以,本研究考察的是党内法规在地方的实施效果,结果显示:党委监督和纪委监督发挥了至关重要的执行保障作用,两者的均值分别是3.47和3.88。这反映了党的十八大以来,党中央发起的"全面从严治党"取得了明显的成效。不过,党委监督和纪委监督的保障重点是党纪执行,其他党内法规的执行效果还不够理想:有3个省份的党内法规总体执行效果在3分以下。因此,以后应该加强党纪以外的党内法规执行。在党员干部遵纪守法指标中,3类群体——党组织领导、党组织工作人员和普通党员——的得分是从低到高,均值分别是3.21、3.29和3.43。这一调查再次表明:领导干部这个群体,仍然是最需要提高遵纪守法程度的"关键少数"。

下图(见图1)反映了9省各个法治领域的变化状况:

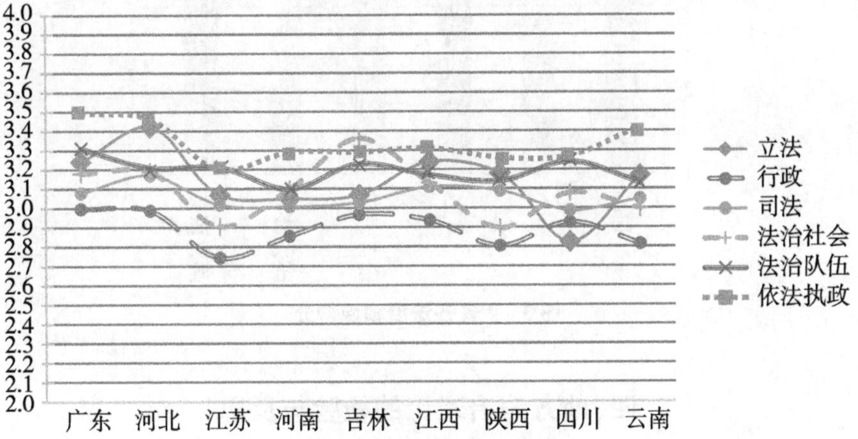


**图1 9省各法领域变化情况**

[62] 参见李忠:《党内法规建设研究》,中国社会科学出版社2015年版,第97页。

下面两个图(见图2、图3)反映了9省的法治总体得分和各法治领域的情况:

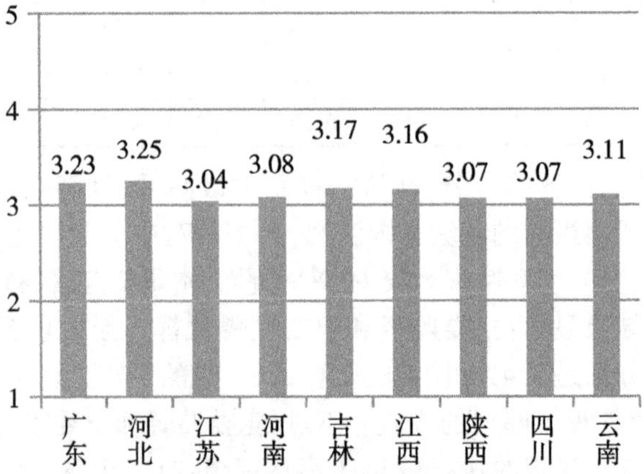


**图2　9省法治总体得分**

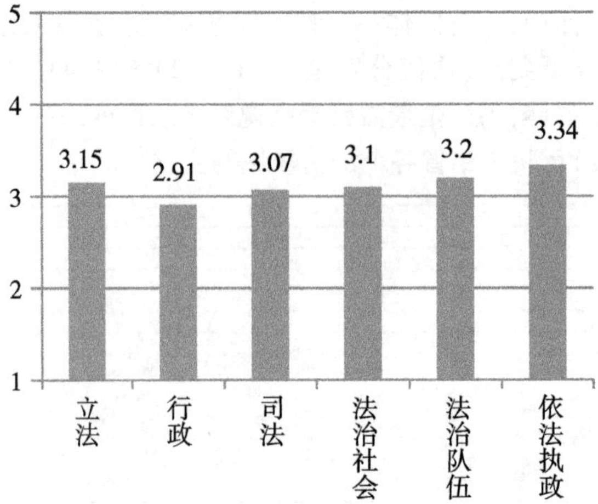


**图3　9省各法治领域得分**

## 四、地方法治理论的检验与反思

上述研究结果反映了9省的地方法治全貌,我们可以据此对当前的地方法治理论进行验证和反思。

(一)横向层面的地方法治理论的检验

从上述研究来看,先行法治化理论的主张首先应受质疑。该理论认为,发达地区的法治发展领先其他地区。但是,本研究结果显示:河北,这个人均 GDP 和居民人均收入在东部省份倒数第一的沿海省份,在九个省份中得分最高,其次是中国经济最发达省份广东,而中国经济第二大省江苏的得分却最低。有学者或许会认为,基于社会调查的评估结果,不能精确反映地方的真实情况,因为评估分值是期望值减去实际值的结果,江苏的得分最低,或许是江苏人民的期望值太高,而非江苏法治的实际值较低,这一观点是不成立的。

首先,它不能解释,为什么中国经济最发达地区广东的法治水平也相对较高——考虑到统计误差影响,广东事实上与河北处于同等的法治水平。其次,法治的"实际值"不存在,因为法治本身就是蕴含价值判断的现象,实证研究本身也无法实现绝对的客观性,并且,迄今也没有研究证实不同地区人民的法治期望值差异较大。总之,本研究表明:东部发达省份的整体法治水平,未必都高于中西部省份;法治状况与人均 GDP、人均收入等经济指标,不存在明显的相关性。最后,地方法治竞争,在省级层面是存在的,但是主要体现在经济领域,如营商环境建设。河北的法治建设之所以走在前列,原因在于近两年河北省委省政府大力加强法治建设,通过提升法治环境来增强河北的竞争力,广东、浙江等省也在努力提高法治竞争力。然而,各省法治的发展,主要是为了经济的发展。法治是提升中国经济发展品质的关键因素。[63] 当前中国的地方竞争体制,仍然是一种经济主导的锦标赛体制,经济发展直接影响地方的财税收入、居民就业等现实利益,经济指标对地方官员的考核评价影响最大。在实践中,各省的考核指标体系都有法治建设的内容,但是比重很少,往往只限于社会治安综合治理、普法宣传教育等容易量化的指标,对地方主政官员的激励程度远不及经济指标。河北等省开展的建设"法治化营商环境"工作,主要内容是投资环境建设,而不是社会环境、生态环境等的建设。我们对九省的调研,没有发现地方主政官员因为法治建设成就卓越而得到晋升的。所以,地方法治竞争是一种有限的竞争,地方法治建设的能动性也是有限的。

---

[63] 参见侯学宾:《法治是提升中国经济发展品质的关键》,载《法制与社会发展》2018 年第 1 期。

横向层面的地方法治理论的核心立论依据,是各地的法治存在明显的差异。本研究也发现各省份的法治水平绝对存在差异,但是,这种差异并不大,我们采取方差分析(Analysis of Variance)的检验方法表明:[64]各省的调查数据结果在统计学上未体现出明显差异;所以,9 省的法治处于共同的水平线上。看来,虽然各省经济社会发展差异较大,但是作为"上层建筑"的法治,却是相对一致的。并且,我们的上述研究还发现:9 省的法治都遵循着共同的规律,同构性大于差异性。9 省的整体法治水平都已达到法治的最低要求,但是距离"较好"还有较大的提升空间。总之,本研究发现,横向层面的地方法治理论的事实依据比较有限,这在一定程度上削弱了该理论的解释力和适用范围。

(二)纵向层面的地方法治理论的检验

这一层面的地方法治理论的核心,是中央对于地方的放权。这一核心有众所周知的法律依据和事实依据。本研究指标体系的设计,就反映了中央立法权力、行政权力、司法权力和其他权力的下放。最近,党的十九届三中全会通过的《中共中央关于深化党和国家机构改革的决定》提出,"赋予省级及以下机构更多自主权。增强地方治理能力,把直接面向基层、量大面广、由地方实施更为便捷有效的经济社会管理事项下放给地方",进一步深化了中央的放权。与横向层面的地方法治理论的核心依据相比,纵向层面的地方法治理论的核心依据更牢固。

纵向层面的地方法治理论的另一个显著特点是:地方法治"对上不对下"。[65] 地方政府相对自主的权力来自中央政府的授予,接受中央政府以目标责任制或指标等方式的控制,社会本身则对地方政府缺乏有效的控制,甚至缺乏有效的沟通渠道;地方从事法治建设,主要是为了完成中央布置的任务目标,

---

〔64〕 方差分析是统计学最为常用的一种比较多组独立数据的均值之间是否存在差异的方法,其原理是将影响调查结果的因素分解为因素之间的差异和随机误差两项,通过计算相应的 P 值,与给定的显著性水平(常用 0.05)比较,若 P 值大于显著性水平,则认为多组数据之间的均值没有明显差异。本次调查的 P 值为 0.376,明显大于 0.05,故认为各个省份的调查数据的均值没有明显差异。

〔65〕 付子堂、张善根:《地方法治实践的动力机制及其反思》,载《浙江大学学报》(人文社会科学版)2016 年第 4 期。

建设结果“对上负责”而非对社会负责。我们的研究发现：地方服从中央的指标效果，如宪法监督、普法宣传教育、纪委监督等，往往要好于地方服务社会的指标效果，如民主立法、社会治理、司法便民等。9省面临共同的法治短板：民主立法、政府不作为、行政公开、司法效率、司法便民、社会治理。这六大“短板”，都发生在地方公权力机构与社会公众直接交往的领域。在具体的法治领域方面，各省立法、行政和法治社会的差异最大，司法、法治队伍和依法执政的差异相对较小，这倒不是因为中央不重视前三者——事实上，法治政府建设是中央最重视的领域之一——而是因为前三者与社会领域的关联既广又深，中央下放的“事权”主要作用于这些领域，结果导致中央无力全面掌控地方对社会的管理；在司法、法治队伍和依法执政领域，中央可以通过司法改革、法律职业资格考试、纪检监察等方式予以直接有力掌控，所以各省差异相对比较小。这些都直接证实了纵向层面的地方法治“对上不对下”的特征。

总之，研究认为，纵向层面的地方法治理论，比横向层面的地方法治理论更为符合事实，更能揭示中国地方法治的特点和规律。“放权论”“试错论”“封建论”都是成立的，但内容不及“治权论”和“承包论”全面。不过，后两者也不完全准确。“治权论”本质上是“放权论”的扩大，与“放权论”相比甚至问题更大：“治权”是一个学术上欠规范的概念；主权和治权不具有对应关系，“主权—治权”的分析框架存在很大的逻辑问题。[66] 由于“治权”的内涵模糊不清，几乎无法用实证研究进行证伪，因而不是一种科学意义上的理论。相比之下，“承包论”所立足的行政发包制理论更成熟科学，具有充足的经验基础，是当前最具解释力、适用范围更广的地方法治理论。

但是，我们通过调研发现，完全基于理论推演的承包型法治理论，有些论断不符合事实，值得商榷。首先，地方政府的法治建设激励在不同领域表现不同，在经济领域激励较强，在社会领域和生态环境领域则较弱，这也是地方政府的社会治理比较薄弱的主要原因。其次，近年来，中央对地方的控制逐渐加强，最明显的表现就是纪检监察体制的改革，大大加强了中央对地方政府的控制，确保了中央的令行禁止。此外，合宪性审查制度的建立、司法机构和审计机构省级以下地方人财物统一管理的改革、统计管理体制的改革，都在不断强化中央

〔66〕 参见王英津：《论两岸关系研究中“主权—治权”分析框架的缺陷及替代方案》，载《广西师范大学学报》（人文社会科学版）2014年第5期。

对于地方的监督和控制,断言"中央弱控制"可能不符合实际。最后,关于地方法治和国家法治冲突的问题,在当前中央大力开展"顶层设计"、地方政府强化"四个意识"的大背景下,这种冲突发生的可能性已经非常小了,央地争端解决方式的"柔性运作"色彩正在减弱。不过,承包型法治虽然存在上述争议,但目前仍然是最客观全面的地方法治理论。

(三)地方法治理论的反思

综上所述,两种层面的地方法治理论各有缺陷:横向层面的地方法治理论能够很好地解释地方法治建设的动力问题,但只适用于经济领域;纵向层面的地方法治理论指出了地方法治成立的根源,但对于法治建设动力的解释比较薄弱。按照"放权论"和"治权论"的观点,地方政府只要具备了独立自主的权力,就会"积极回应地方经济社会发展的法治需求"。[67] 这种假设不一定符合现实,事实上,地方政府的权力如果缺乏有效约束,很有可能会向社会和市场伸出"掠夺之手"。[68] 地方法治竞争理论能够很好地解释,为什么地方政府主动自我约束、加强法治建设:通过法治建设来促进经济增长,使地方主政官员在晋升锦标赛中脱颖而出。[69] 如果两种层面的地方法治理论——特别是地方法治竞争理论和承包型法治理论——能够互相结合、取长补短,就能够形成一个比较完整、符合事实、逻辑有序的地方法治理论。这种理论的核心命题是,中央向地方下放的立法权、行政权、司法权和其他权力,构成了地方法治独立自主的根源;官员晋升的政治锦标赛体制,为地方法治建设提供了激励动力;地方法治是有限的,主要存在于经济领域。

地方法治之所以主要存在于经济领域,根源在于中国特色的政府治理模式:纵向行政发包和横向晋升竞争。行政发包制与政治锦标赛是一种互补的关系,前者为下级政府提供了必要的权力和自主行动空间,后者提供了强大的激励。这种互补性极为重要,如果某一领域的行政发包程度较高,那么横向竞争也必须维持在高水平,两者才能相互支持、相互补强;反之,如果某领域的行政

[67] 倪斐:《地方法治概念证成——基于治权自主的法理阐释》,载《法学家》2017年第4期。

[68] 参见[美]安德烈·施莱弗、罗伯特·维什尼:《掠夺之手:政府病及其治疗》,赵红军译,中信出版社2017年版,第25~64页。

[69] 参见万江:《中国的地方法治建设竞争》,载《中外法学》2013年第4期。

发包程度低,横向竞争也应该处于低水平。[70] 法治建设涉及的领域广泛而全面,包括政治领域、经济领域、社会领域、文化领域、生态环境领域,每个领域都涉及众多公共事项,例如,选举制度、监察制度、招商引资、义务教育、食品药品监管、自然环境保护,等等。不同领域不同事项的发包程度和竞争程度是不一样的,可以整理出一个矩阵组合(见表8):[71]

**表8 不同领域不同事项的发包程度和竞争程度组合**

| 类型 | 高←横向晋升竞争→低 | |
|---|---|---|
| 高<br>↑<br>纵向行政发包<br>↓<br>低 | 多数经济事项(如招商引资、城市基础设施建设)<br>少数社会事项(如竞技体育) | 多数社会和文化事项(如教育、社保、食品、文化遗产)<br>生态环境领域(如雾霾) |
| | — | 政治事项(如政党、国防、人民代表大会制度、选举制度) |

左上方的方格,反映了当前我国纵向发包和横向竞争程度都很高的事项,其中以经济事项为主,地方政府在经济发展领域承担主要的责任、拥有充足的权力,如建设用地征收和出让权力、税收减免权力等;上级政府对下级政府的考核,也以经济指标为主,下级政府在经济领域有着激烈的竞争。右上方的方格,反映的是纵向发包程度高而横向竞争程度低的事项,地方政府对本地的教育、医疗、食品监管、社会保障、安全监督、文化场馆建设等社会文化事项承担属地责任,但这类事项不属于影响地方官员政绩的关键指标。右下方的方格,反映的是纵向发包和横向竞争都比较低的事项,主要是政治事项,中央直接承担,地方承担的是辅助或试点作用,如监察体制改革在北京、浙江和山西的试点,很少成为或不成为地方主政官员的考核指标。左下方的方格反映的事项,目前还没出现。

地方法治存在的根源,在于中央的纵向发包或放权,所以,地方法治存在于左上方和右上方的方格领域。在右下方的方格领域,也就是政治领域,严格说

---

〔70〕 参见周黎安:《转型中的地方政府:官员激励与治理》(第2版),格致出版社2017年版,第360~367页。

〔71〕 本表格的制定,借鉴了周黎安教授的研究成果。参见周黎安:《转型中的地方政府:官员激励与治理》(第2版),格致出版社2017年版,第361页。

来是不存在地方法治的,只有国家法治。涉及政治体制的法治改革,要么是在中央的授权之下进行的,要么会被中央叫停,例如,四川、广东、云南个别乡镇试验的乡镇长直选。地方政府开展法治建设,是在受到激励的条件下作出的,这一激励必须能够直接对地方政府的主政官员产生效应。所以,只有在纵向发包和横向竞争程度都很高的事项领域,地方法治才能完整存在。在纵向发包程度高、横向竞争程度低的事项领域,例如,多数社会领域、文化领域和生态环境领域,也存在地方法治,但是由于地方政府在这些领域的法治建设动力不足,这些领域的地方法治是非常薄弱的。近年来,地方政府在营商环境建设、自贸区试验等经济领域非常积极主动,而在其他领域却消极被动,就反映了这一点。

对于地方法治的未来发展,或许会有人建议,把政治、社会、文化、生态环境领域的更多事项调整为纵向发包和横向竞争程度都很高的事项,从而促进地方法治的发展,例如,把雾霾治理作为地方政绩考核的重要指标。某一事项能否成为纵向发包和横向竞争程度都很高的事项,取决于该事项本身的性质和上级的决策。有些事项的流动性或溢出效应大,如环境污染、义务教育等,其影响范围通常是跨地域的。这类事项性质上不应该属于发包程度高的事项,但是由于上级政府的决策,人为地成为高度发包的事项。有些事项较为繁杂,治理需要很长时间,效果难以测量,如社会保障、文化建设,在性质上难以成为横向晋升竞争的重要考核指标。曾有不少人提出在地方政绩考核指标体系中增加社会、环境等事项,使其成为主要考核指标,推动地方政府开展社会和环境治理,但是经济学理论早已证明:不存在一种能同时有效解决诸多目标的激励问题的锦标赛体制,目标过多会让地方官员无所适从,必然要有主次之分。〔72〕在国内经济下行压力较大、国际经济复苏乏力的大背景下,经济发展仍然是绝大多数地方政府工作的第一位。除非社会问题或环境问题在某一时间表现得比较紧迫、严重,否则,地方政府不会将其作为主要任务来推动。政治领域的事项,在性质上发包程度和竞争程度可高可低,依赖不同国家的政治体制而定。在我国的政治体制下,这类事项的发包程度和竞争程度都非常低。

总之,在中国的体制下,地方法治扩展的空间非常有限,局限于经济领域和

〔72〕 参见许成钢:《从体制认识中国经济的结构性问题》,载《比较》(第 56 辑),中信出版社 2011 年版,第 33 页。

少数社会领域；在政治领域、社会领域、文化领域和生态环境领域，应该以国家法治建设为主。其中，政治领域的国家法治建设是“当仁不让”的。目前，社会领域、文化领域和生态环境领域的多数事项，是纵向发包程度高而横向竞争程度低，这些领域的地方法治建设动力不足，有些跨地域的事项甚至难以覆盖。对于那些跨行政区域的事项，如空气污染事件等环境事项，应该降低其纵向发包程度，采取中央统筹治理或区域合作治理的方式，推动相关事项的国家法治建设。对于纵向发包程度高而横向竞争程度低的地方事项，如食品药品监管、文化场馆建设等，应该着力解决法治建设的激励问题，改变传统的自上而下的激励机制，引入社会力量，增加社会公众对于下级政府考核的话语权，建立自下而上的激励机制，弥补地方法治“对上不对下”的缺陷。

## Two Models of Local Rule of Law Theory and Their Empirical Test
## —Based on theStudy of Provincial Administrative Regions

Meng Tao

**Abstract**: There are two modes of argumentation in the theory of local rule of law: horizontal and vertical. The former focuses on the particularity of the “place” itself, have greater impact; The latter emphasizes the autonomy of “local” relative to the “central”, with more types. The theory of political tournaments and the theory of administrative contracting system strongly support the theory of local rule of law. Research and analysis of the rule of law in nine provinces shows that there is little difference in the local rule of law at the provincial level, the rule of law in the eastern provinces is not necessarily ahead of the central and western provinces, local rule of law has obvious characteristics of “responsible for the superior, not for the lower”. The factual basis and scope of application of local rule of law theory at the horizontal level are limited, the local rule of law theory at the vertical level is more objective and comprehensive, both should complement each other. The division of labor between the rule of law in the country and the rule of law at the local level depends on the degree of vertical contracting and the degree of horizontal competition in its governance matters. The local rule of law can only be fully existed in economic spheres and in a few social spheres where both contracting and competition are high. Other spheres should be based on the rule of law in the country.

**Key words**: Local rule of law; Theory of rule of law in advance; Local rule of law competition; Subcontracting type rule of law; National rule of law

# 法治实施反向评价初论*

王红霞**

**内容摘要：**

科学的法治评估，能够驱动法律实施体系的加快建设、助推法治和国家治理水平的提升。但当前国内的法治评估，存在评估对象不明确、评估方法不严谨、指标体系不科学、数据样本不可靠、评估目的不端正、评估主体公信力不足、评估机制不完善、评估价值非中性、关联因素被忽略、转型特质被抛却等10个问题。回应上述问题，针对法治实施这一当下中国法治建设重心，法治实施评估宜迈向反向评价模式。法治实施反向评价更贴近法治运行现实，具有更强现实针对性和更高问题回应性，能够克服既有评估中的多种局限，并具有系统的开放性。法治实施反向评价模式的核心设施是问题清单，其应从法治环节、法益和体系化三大基本维度来梳理，通过学术萃取与实践归纳的"互校"形成。

**关键词：**

法治评估　法治实施　反向评价　问题清单

## 一、问题的提出

源起于20世纪80年代的国际法治促进运动，法治评估在21世纪初逐渐引发国内关注直至掀起了相关学术与实践探索的热潮。法治评估通过运用多元方法，对一国或一地区法治整体或特定领域开展系统评价，以直观性强、可分析、可比较的法治指数等样态呈现评价结果，有助于系统把握评估对象的法治水平，对比呈现差异、短板或问题，对促进评估对象间的法治交流和对话，助推

---

* 本文系笔者主持的中国法学会2018年度部级法学研究课题"法治实施体系反向评价研究"（CLS(2018)D10）的研究成果。

** 中南大学法学院副教授，法学博士。

法治和国家治理水平的提升,辅助相关主体的决策具有重要的价值。

法治评估的重心与优势都在于对法治实际运行情况的评价,这使其与当前中国法治建设的核心任务即高效法治实施体系[1]的建设具有高度适配性。党的十八届四中全会提出,推进依法治国的总目标就是建设中国特色社会主义法治体系,形成完备的法律规范体系、高效的法治实施体系、严密的法治监督体系、有力的法治保障体系,形成完善的党内法规体系。其中,高效的法治实施体系是社会主义法治体系的中心任务和落脚点。法律的生命力在于实施,法律的权威也在于实施。法治的优越性要在实施中彰显,法治的良善性要在实施中检验评价。中国特色社会主义法律体系形成后,法治工作的重点必然在于实施。党的十八大以来,我国的法治建设突飞猛进,法律实施工作不断迈上新台阶,法治实施体系正在形成,实施效果不断提升。然而,目前我国的法治实践中也还存在不少问题。执法不严、司法不公的问题时有发生,民心不信法、民行不惮法、维权不靠法的情形亟待破解。高效法治实施体系既是社会主义法治体系的基本构成,更是全面建成法治中国的关键中枢,亦是国家治理体系和治理能力现代化以及法治走向成熟的重要标志。科学的法治评估对于加快高效法治实施体系建设具有积极的推动价值。

在法治体系建设工作中,法治评估早已受到全局性的关注和应用。2013 年党的十八届三中全会发布的《中共中央关于全面深化改革若干重大问题的决定》提出,逐步建立科学的法治建设指标体系和考核标准,这对全国范围内的法治评估提出了总方向。2014 年《中共中央关于全面推进依法治国若干重大问题的决定》将法治纳入考核范围,这从根本上改变了领导干部的政绩观。在此之前,国内已经开展了自行探索的法治评估、法治政府建设评估以及法治城市(县、区)创建考核评估等多种类型的法治评估。[2] 然而,随着研究与实践的全面深入,法治评估存在的问题和局限也得以暴露并引发了更多的反思。事实

---

[1] 笔者研究选择"法治实施"这一范畴不仅旨在呼应权威文件的提法,亦希望体现法实施的系统性,并将这一系统性本身作为评价的一个重要的内容加以展开。同时,由于法治实施的范围要比法律实施更广,这样的评价对象预设使评价有机会兼顾到法治系统的更多因素。

[2] 孟涛:《论法治评估的三种类型——法治评估的一个比较视角》,载《法学家》2015 年第 3 期。

上，国际学术界对法治指数始终存在正反两种评价。[3] 法治评估中的问题究竟有哪些？能否及如何兴利除弊，更好释放法治评估对中国法治特别是高效法治实施体系建设的正向功能？笔者对法治评估的既有批评进行系统梳理，在此基础上尝试提出一种新的法治评估模式，并对其核心操作进行阐释。

## 二、当前中国法治评估中存在的问题

从法治评估研究情况来看，国内系统性的研究成果在2013年以后快速勃兴。[4] 这些研究对法治评估的积极意义予以肯定，同时也从不同角度进行了反思或批评。例如，侯学宾教授、姚建宗教授认为，整体上，中国法治评估必须认真面对虚与实、中国与世界、普遍性与特殊性、统一与杂多、表象与实质、诚信与虚构、理想与现实、定型与定量、建构主义思维的法治与法治的渐进主义逻辑，以及科学与人文维度间的关系问题。[5] 汪全胜教授认为，我国法治指数意义缺失、公信力不够、评估机制不完善。[6] 关保英教授认为，我国法治体系形成指标存在着有主观指标而缺乏客观指标；有政策导向指标而缺乏法律规定指标；有相对粗略的指标而缺乏细密的指标；有法律实施中的单项指标而缺乏法治实施的总体指标；有单向评价的指标而缺乏法律约束力的指标。[7] 张德淼教授指出，中国法治评估实践中存在制度指向混乱、量化研究方法功能局限、数据样本

---

〔3〕 参见鲁楠：《世界法治指数的缘起与流变》，载《环球法律评论》2014年第4期。

〔4〕 参见侯学宾、姚建宗：《中国法治指数设计的思想维度》，载《法律科学》2013年第5期；徐汉明、林必恒、张孜仪：《论法治建设指标体系和考核标准的科学构建》，载《法制与社会发展》2014年第1期；朱景文：《论法治评估的类型化》，载《中国社会科学》2015年第4期；钱弘道、王朝霞：《论中国法治评估的转型》，载《中国社会科学》2015年第5期；孟涛：《论法治评估的三种类型——法治评估的一个比较视角》，载《法学家》2015年第3期；关保英：《法治体系形成指标的法理研究》，载《中国法学》2015年第5期；等等。

〔5〕 参见侯学宾、姚建宗：《中国法治指数设计的思想维度》，载《法律科学》2013年第5期。

〔6〕 参见汪全胜：《法治指数的中国引入：问题及可能进路》，载《政治与法律》2015年第5期。

〔7〕 参见关保英：《法治体系形成指标的法理研究》，载《中国法学》2015年第5期。

独立性和有效监控缺失、区域化法治评估正当性存疑等问题。[8] 孟涛强调,当前我国多采取的建设性评估理论基础薄弱、评估的主客体混同、指标重投入而轻结果、方法严谨性不足等结构性缺陷。[9] 钱弘道教授等认为,指标体系和考核标准科学性不足;法治评估缺乏理论指导、及时的经验总结和理论升华。[10] 王浩认为,已有的法治评估实践暗含着单一性局限,体现为法治评估指标内容的表征主义、功能定位的考核主义、评估方法的量化主义、程序设置的事后主义、立场选择的旁观主义。[11] 李昌庚教授认为,中国的法治评估面临着评估机构、评估对象、社会转型期法治评估等一系列困惑。[12] 王勇认为,法治评估存在双重困境。[13] 系统整理已有研究,有关法治评估的主要质疑包括如下 10 个方面。

第一,法治评估的对象不够明确。评估的首要任务就是对评估对象建立起清晰的概念。一切有效的评价体系、指标规划都需要一个清晰的概念基础。[14] 法治评估的对象是法治。但法治究竟是什么,这是千百年来一直争论不休的问题。从逻辑角度看,任何人对于法治指数具体设计的前提都无一例外的是对法治内涵的确切把握,但是,任何试图对法治定义的努力又都容易陷入一种没有穷尽的争论中。[15] 这使法治评估成为“一项不可能的任务”。[16]

---

〔8〕 参见张德淼:《法治评估的实践反思与理论建构——以中国法治评估指标体系的本土化建设为进路》,载《法学评论》2016 年第 1 期。

〔9〕 参见孟涛:《论法治评估的三种类型——法治评估的一个比较视角》,载《法学家》2015 年第 3 期。

〔10〕 参见钱弘道、王朝霞:《论中国法治评估的转型》,载《中国社会科学》2015 年第 3 期。

〔11〕 参见王浩:《论我国法治评估的多元化》,载《法制与社会发展》2017 年第 5 期。

〔12〕 参见李昌庚:《中国法治评估的困惑与出路》,载《学海》2018 年第 1 期。

〔13〕 参见王勇:《论法治评估的功能局限与实践定位——基于“法治”与“评估”的双重困境》,载《中国法律评论》2018 年第 3 期。

〔14〕 参见[美]克里福德·科布、克雷格·里克斯福德:《社会指标的历史教训》,宾建成译,载《经济社会体制比较》2011 年第 5 期。

〔15〕 参见侯学宾、姚建宗:《中国法治指数设计的思想维度》,载《法律科学》2013 年第 5 期。

〔16〕 参见陈林林:《法治指数中的认真与戏谑》,载《浙江社会科学》2013 年第 3 期。

第二,评估方法不够严谨。既有法治评估“最大的特色就在于量化方法在法治领域的运用”。[17] 量化研究方法存在显著的功能局限。[18] 量化分析方法假设了量化对象的均质化特征,[19]但法治系统自身的复杂性和特殊性决定了其难以被单一化约和公度。这导致“数字或量化手段在法治指数工程中的作用,说到底不过是将数学与数字作为一种修辞手段”。[20] “将法治数字化,既是一种认真,也是一种戏谑。”[21]这种不严谨的方法成为主导评估方法时,必然导致法治评估的结构性缺陷。[22]

第三,指标体系不够科学。有研究很早揭示了法治评估存在指标体系科学性不足的问题。[23] 有研究系统指出,当前法治评估指标存在如下问题:有主观指标而缺乏客观指标;有政策导向指标而缺乏法律规定指标;有相对粗略的指标而缺乏细密的指标;有法律实施中的单项指标而缺乏法治实施的总体指标;有单向评价的指标而缺乏法律约束力的指标等。[24] 特别是,许多法治指标的设计过分侧重测量而忽视分析。[25] 有的评估过于依赖主观指标,认为“当某种主观评价占到相当大的比例时,其客观意义是不言而喻的”。[26] 但公众主观指标存在的重大缺陷是公众对法治运行的具体情况、专业术语都所知有限,多数人偏见的情形亦难以避免。还有一些评估的同级指标的内涵和标准并不在同一

---

[17] 钱弘道、王朝霞:《论中国法治评估的转型》,载《中国社会科学》2015 年第 3 期。

[18] 参见张德淼:《法治评估的实践反思与理论建构——以中国法治评估指标体系的本土化建设为进路》,载《法学评论》2016 年第 1 期。

[19] 参见《论法治评估的功能局限与实践定位——基于“法治”与“评估”的双重困境》,载《中国法律评论》2018 年第 3 期。

[20] 陈林林:《法治指数中的认真与戏谑》,载《浙江社会科学》2013 年第 3 期。

[21] 同上。

[22] 参见孟涛:《论法治评估的三种类型——法治评估的一个比较视角》,载《法学家》2015 年第 3 期。

[23] 参见钱弘道;王朝霞:《论中国法治评估的转型》,载《中国社会科学》2015 年第 3 期。

[24] 参见关保英:《法治体系形成指标的法理研究》,载《中国法学》2015 年第 5 期。

[25] 参见[美]克利福德·科布、克雷格·里克斯福德:《社会指标的历史教训》,宾建成编译,载《经济社会体制比较》2011 年第 5 期。

[26] 朱景文:《中国法治评估指标体系及总体状况分析》,载《人民论坛·学术前沿》2018 年第 2 期。

层级。特别是当指标难易程度存在很大差别时,所谓好评和差评就难以被均质使用。

第四,数据样本不够可靠。国外研究者质疑,法治指数在数据的收集上难谓具有代表性。抽样的偏颇不可避免地将造成评估结果的扭曲。而不同的统计口径的数据被整合到一个指数中,也不可避免地造成扭曲。张德淼教授同样尖锐地指出了法治评估的数据样本独立性和有效监控缺失性问题。〔27〕在一些倡导主观指标、以问卷调查方式收集民意的评估中,数据样本及其所反映出的情况的客观性更是大打折扣。数据样本的问题根源于评估方法。诚如苏力教授指出的,法治指数希望实现的目标虽然十分美好,但在方法论上,法治指数的数据搜集将是对事实的简化甚至歪曲,而获得的信息往往面临着彼此冲突的解释空间,“天堂虽美,但道路不通”。〔28〕

第五,评估目的不够端正。从当前国内的法治评估实践来看,不少评估的目的在于政绩展示与竞争力比拼。这种考核主义的功能定位难免引发评估的异化。〔29〕加之,由于法治难以真正量化,反而具有很大操作空间。法治评估在某些情况下沦为“法治业绩的粉刷匠和帮腔者”,〔30〕将法治建设引入务虚化、浅表化的境地。

第六,评估主体公信力不足。世界典型的法治评估的主体,一般都是具有民间性、独立性、非营利性、中立性的国际性非政府组织。〔31〕在我国,典型法治评估或由国家机构直接组织或主导开展,或由外部第三方机构展开。当政府作为法治评估的主体时,其中立性和客观性往往不足。〔32〕当第三方作为评估主体时,又总是存在资料难以获取、评估深度不够和缺乏有效接纳的局限性。〔33〕同

〔27〕 参见张德淼:《法治评估的实践反思与理论建构——以中国法治评估指标体系的本土化建设为进路》,载《法学评论》2016 年第 1 期。

〔28〕 转引自鲁楠:《世界法治指数的缘起与流变》,载《环球法律评论》2014 年第 4 期。

〔29〕 参见王浩:《论我国法治评估的多元化》,载《法制与社会发展》2017 年第 5 期。

〔30〕 陈林林:《法治指数中的认真与戏谑》,载《浙江社会科学》2013 年第 3 期。

〔31〕 参见李昌庚:《中国法治评估的困惑与出路》,载《学海》2018 年第 1 期。

〔32〕 参见汪全胜:《法治指数的中国引入:问题及可能进路》,载《政治与法律》2015 年第 5 期。

〔33〕 参见张玲:《第三方法治评估场域及其实践逻辑》,载《法律科学》2016 年第 5 期。

时,不排除第三方主体依附于公权力、独立性缺失、评估数据失真等问题。

第七,评估机制不够完善。有研究指出,既有法治评估程序的缺乏必要的公开和公众参与,其正当性存疑。[34] 有研究指出,既有法治评估缺乏有效的监督。[35] 此外,既有评估模式还存在无法进行信度和效度检验的问题。

第八,关联因素被忽略。法治运行与社会条件不能割裂观察。例如,法治实施效果与立法的社会接受能力密切相关。这进一步涉及社会主体及其认同、与既存制度环境的兼容性、社会的成本支付水平等。[36] 近年来,我国出现有法难依、执法畏难,以及假离婚等法律规避、虚假诉讼等法治滥用等一系列问题都有重要的社会背景原因。在一些时候"法治环境的恶化,其实是社会经济发展的某种负面结果,甚至可能与法治的进步或退步与否无关",[37] 既有的法治评估往往忽略了法治发展与经济社会因素的密切相关,单独对法治进行测评,不考虑社会经济因素的变动及其对法治的影响,所得出的结论会过于表面化、简单化。[38]

第九,评估价值非中性。有相当多的研究都指出国外法治评估所隐含的价值与标准输出的隐忧。有研究指出,我国法治评估的意义缺失问题。[39] 有研究指出,世界法治指数是继法系地图、国别地图之外的一种新的世界法律地图绘制方式,具有简化、歪曲、引导、暗示和传播五种特性;同时,它也是全球化时代法律散播的新形式,在进口来源、散播层次、散播路径、散播解释方面具有多样性,在散播效果方面具有长期性。[40] 亦有研究强调,要警惕世界正义工程受致力于推动美国法全球化的机构资助,是新自由主义全球化方案组成部分,是推

---

[34] 参见汪全胜:《法治指数的中国引入:问题及可能进路》,载《政治与法律》2015年第5期。

[35] 参见张德淼:《法治评估的实践反思与理论建构——以中国法治评估指标体系的本土化建设为进路》,载《法学评论》2016年第1期。

[36] 参见汪全胜:《立法的社会接受能力探讨》,载《法制与社会发展》2004年第4期。

[37] 蒋立山:《中国法治指数设计的理论问题》,载《法学家》2014年第1期。

[38] 同上。

[39] 参见汪全胜:《法治指数的中国引入:问题及可能进路》,载《政治与法律》2015年第5期。

[40] 参见鲁楠:《世界法治指数的缘起与流变》,载《环球法律评论》2014年第4期。

广美国法的新“代言人”。它实质是以美国法为评估标准,引发马太效应,扼杀世界法治的多元化,不利于发展中国家法治本土化建设。〔41〕

第十,转型特质被抛却。社会转型期的法治与常态法治有所不同。前者不仅需要有效调整社会关系,亦需保障改革的顺利推进,强调通过编发革新来解决社会深层次矛盾。〔42〕 因此,法治的变动性更强,功能预设更多元,且应深度契合社会当下的具体特质。但既有的法治评估在指标体系设计和方法选择上,恰恰忽略了我国在这一特殊历史时期的法治特殊性。

总体上看,科学的法治评估能够驱动法律实施体系的加快建设、助推法治和国家治理水平的提升。但由于评估的内生局限性和法治运行的超级复杂性,有关法治评估,特别是法治实施体系科学评估的问题迄今尚未形成得到有效解决。

近年来,研究者尝试探索法治评估的其他路径、〔43〕法治评估的多元化〔44〕或类型区分〔45〕等方式实现法治评估内部的逻辑自恰,也有研究提出了重视相关性分析的“法治国情指数”〔46〕以改善既有评估。但总体上看,由于法治评估局限的内生性和法治的超级复杂性,有关法治的科学评价问题迄今尚未得到有效解决。理论中和实践中迫切需要对法治评估的规律性问题以及中国法治实践中的真实困境开展深入的理论研究,探索更贴近中国社会现实的法治评估模式。

## 三、迈向法治实施反向评价模式

针对前述法治实施评价的重要价值和当下法治评估存在的诸多局限,笔者

〔41〕 参见张琼:《法治评估的技术路径与价值偏差——从对“世界正义工程”法治指数的审视切入》,载《环球法律评论》2018 年第 3 期。

〔42〕 参见李昌庚:《中国法治评估的困惑与出路》,载《学海》2018 年第 1 期。

〔43〕 参见王裕根:《法治评估的另一种路径》,载《时代法学》2016 年第 6 期。

〔44〕 参见王浩:《论我国法治评估的多元化》,载《法制与社会发展》2017 年第 5 期。

〔45〕 参见李朝:《法治评估的类型构造与中国应用——一种功能主义的视角》,载《法制与社会发展》2016 年第 5 期。

〔46〕 法治国情指数以科学量化地研究“法治国情”为目的,不单纯计算法治的得分。参见蒋立山:《中国法治指数设计的理论问题》,载《法学家》2014 年第 1 期。

尝试提出法治实施“反向评价”这一命题。法治实施反向评价具有自身独特的内涵方法、对象、前提预设与功能定位，能够有效克服已有评估中存在的局限。

（一）法律实施反向评价的内涵与特点

所谓“反向评价”，是指不采取传统的系统性、建构性进路，不以演绎逻辑来建构有关法治评估的指标体系，而是以问题为导向，通过归纳形成法律实施中存在的“问题清单”，据此对法律实施情况进行评价。相较以往的法治评估，法律实施反向评价具有如下主要特点。

其一，法律实施反向评价在评估方法上具有特殊性。国际上的法治评估存在“测量”（Measurement）、“评价”（Evaluation）和“评估”（Assessment）3 类，前者强调以数字形式客观展示，中者侧重对客体的价值主观认定，后者则综合了前两者的内涵。[47] 反向评估更倾向于法治的评价。它并不以量化测评为核心，也不同于一般的正向定性分析。

其二，法律实施反向评估的核心设施不是指标体系，而是问题清单。既往法治评估的关键内容是法治评估指标体系的构建。法治实施反向评价则是将科学形成的问题清单作为评价的核心依凭。评估使用的问题清单提炼自既往法治运行的真实情况。它不以一般指标测度为标准来评价法律实施的绝对水平，而以问题的解决、减轻或恶化的情况来评价法律实施的改善情况。

其三，法律实施反向评估的评价对象与功能定位不同于以往的法治评估。通常认为，法治评估定位于“整体性的法治工程”，[48] 其功能包括“绩效评估”的治理工具功能、扩大公众参与功能，[49] 或问责、学习和赋能三种功能。[50] 法治实施反向评估不以一般指标测度为标准来评价法律实施的绝对水平，而是以问题的解决、减轻或恶化的情况来评价法律实施的改善情况。

其四，法治实施反向评价以问题法治而非完美法治作为自身的前提预设。

〔47〕 参见孟涛：《论法治评估的三种类型——法治评估的一个比较视角》，载《法学家》2015 年第 3 期。

〔48〕 王勇：《论法治评估的功能局限与实践定位——基于“法治”与“评估”的双重困境》，载《中国法律评论》2018 年第 3 期。

〔49〕 参见钱弘道、王朝霞《论中国法治评估的转型》，载《中国社会科学》2015 年第 5 期。

〔50〕 参见王浩：《论我国法治评估功能的类型化》，载《河北法学》2018 年第 6 期。

法治实施反向评价预设法律实施永远是不完美的。[51] 由于法律实施的特殊性,即法律实施对规则、主体和资源要素的深刻依赖,以及这些要素的天然局限,导致法律实施具有内生性的缺陷:法律实施永远都不可能是完美的,法律实施活动只能最大限度地趋近于其实施目标。

此外,在主体和启动机制上,法治实施反向评价应定位在“政府与社会合作的法律制度实施效果评估触发模式。”[52] 而其评估主体则适宜定位为专业和独立的第三方。

法治反向评价与既往的法治评估模式并非割裂关系,两者之间具有关联性和承继性。从逻辑上看,问题清单与传统指标具有兼容性。传统指标是从在体系与问题的双向建构中生成的。从实践中看,在以往的评估中,已经出现了反向评价的零星运用。例如,在中国人民大学法治评估研究中心主持的法治评估中,其设置的法治实施评估指标包括 3 个二级指标,其中,行政执法指标进一步包括 4 个三级指标。但最终用于测度的四级指标则既有常规正向评价指标(实质是领域性的指标),也有少量反向评价指标。前者如严格执法采用的是交通执法、市场执法、建筑执法、餐饮执法 4 个具体指标;行政公开采用的是财政公开、办事公开、派出所办事公开 3 个指标;行政效率指标采用的是身份证办理、开证明、有事找警察、污染事件。后者体现在依法行政这个二级指标下,包括权责不明、越权滥权、不作为 3 个指标。[53]

### (二)法律实施反向评价模式的优越性

法治实施反向评价模式更贴近法治运行现实,具有更强现实针对性和更高问题回应性。它既契合法治实施学术研究的典型进路,又能够克服既有评估中的多种局限,且具有良好的系统的开放性。

其一,反向评价具有更强的现实针对性和更高的问题回应性。对于既往的法治评估模式,研究指出,以数字来化约、代言法治工程,很可能导致将注意力

---

〔51〕 参见王红霞:《论法律实施的一般特性与基本原则——基于法理思维和实践理性的分析》,载《法制与社会发展》2018 年第 4 期。

〔52〕 江国华、庞羽超:《法律制度实施效果评估触发机制研究》,载《社会科学动态》2018 年第 1 期。

〔53〕 参见朱景文:《中国法治评估指标体系及总体状况分析》,载《人民论坛 · 学术前沿》2018 年第 2 期。

防错了地方，淡化，甚至掩盖了法治建设中的一些关键性问题。[54] 法治实施反向评价模式则以问题为中心，更贴近法治运行现实，更有助于理解和测量法律实施的进展。

其二，反向评价契合国内外法治实施学术研究典型进路。长期以来，国内外对法律实施情况的研究中正向建构性的分析较少，更多的是揭示和剖析法律未能得到有效实施的表现和成因。反向评价的研究能够最大限度地吸收此类研究的成果。

其三，反向研究有助于回避传统法治评估的内生局限。以问题为导向的反向评估回避了对法治界定的难题，避免了对量化评估的严重依赖，避开了体系化指数科学性问题的陷阱，能够相当程度的克服数据弱相关性的问题。这使其相较既往的法治评估具有了先天性的比较优势。

其四，反向评估具有系统的开放性。反向评估的问题清单，从实际出发，可以根据法治运行情况持续更新，这使反向评估模式具有更好的系统开放性。

## 四、法律实施反向评价的问题清单

法治实施反向评价模式的“核心设施”是问题清单。围绕反向评估实施模式的目标，该问题清单应从法治环节、法益和体系化 3 大基本维度来梳理，通过学术萃取与实践归纳的“互校”形成。

### （一）法治实施反向评价问题清单的提取维度

总体上看，法律实施乏效表现在 3 个方面：实施不足、实施错误和实施变异。实施不足包括有法不依、执法不严、违法不究等。实施错误包括执法、司法中的错误认定、错判和错误否定、漏判等。实施异化，突出体现为对法的滥用，包括滥用权力和权利、法律实施过度政策化、治理化等问题。[55] 上述问题在不同的领域不同的层面具体展开，需要进一步明确具体问题的提取维度。

法治是一项系统工程。法治实施反向评价的问题清单应具有全面性和系统性。因此，在问题梳理时，适宜循如下 3 个维度展开：一是法治实施的环节维

〔54〕 参见陈林林：《法治指数中的认真与戏谑》，载《浙江社会科学》2013 年第 3 期。

〔55〕 参见王红霞：《论法律实施的一般特性与基本原则——基于法理思维和实践理性的分析》，载《法制与社会发展》2018 年第 4 期。

度,即从执法、司法、守法、司法行政这四个方面梳理中国法治实施中暴露的现实问题。二是法益维度,即从法治的利益观或说目的来发现法治实施中存在的不足。这一维度具体包括维权(利)、控权(力)和社会整体利益保护三个方面。三是体系化维度,即从法治对系统性的要求出发,提炼阻却法治有效运行的具体问题。这一维度可从法治子系统间的衔接性、兼容性、开放性、均衡性和反馈性五个方面进一步呈现。

(二)法治实施反向评价清单问题的发掘方法

沿着法治实施反向评估的三大问题提取维度,在具体发掘具体问题时,对理论和实践中法治实施存在的问题进行整理和提炼,对反向评价中的问题予以萃取与表达的优化。

第一,反向评估的问题发掘着重采用如下方法:其一,对已有的相关学术成果进行文献综述,汇总学者发现、提出的问题以及对法治实施的新观点、新认识,以之作为提炼问题的重要线索和参考。其二,在此基础上,对近年(如以5年为区间段)我国法治实施实践暴露的真实问题进行整理。

第二,对于分别从以上三个维度梳理的法治实施中的具体问题,需要相互之间进一步检证,最终梳理形成系统的问题清单。在检证梳理过程中,一要注意实体法与程序法、私法与公法不同的实施特点。二要注意哪些问题具有真实性、代表性和可视性从而适宜作为评价对象,而哪些相反?三要注意问题间的非重叠与非冲突。另外,还要保证问题是在最小问题单元这一相同层级上展开。

## 五、结　　语

笔者尝试提出了法治实施"反向评价"的新思路,并对其进行了理论的初步构建。法律实施的反向评价不仅为当前法治评价整体面临的困境提供了一条重要的破解之道,亦丰富了已有的法治评估理论和实践。法治实施的反向评价放弃对精确量化的追求,抛弃既往问题—成因的分析惯式,聚焦于法治实施遭遇的问题和改进水平,有助于为法治中国建设提供反思性素材和契机。对当前我国法治实施进程中的问题进行三维度的双向系统梳理,通过学术与实践"互校"而成的问题清单信度和效度都较高,这是法治实施反向评估的核心设施。

在未来的研究中,有必要进一步廓清反向评价系统和方法的适用范围与边界,特别是明确其局限性和可能出现的问题,并找到纠偏或补强之道。此外,如何在法治实施反向评价中适当地引入必要的定量分析,通过数据手段提升科学化水平值得进一步探索。

Reverse Evaluation on the Rule of Law to Enforcement

Wang Hongxia

**Abstract**: Scientific evaluation on the rule of law can drive the accelerated construction of the law enforcement system, and it can boost the improvement of rule of law and national governance level. However, the current domestic evaluation on the rule of law has ten or more problems, including unclear assessment objects, limited assessment methods, unscientific indicator system, unreliable data samples, unreasonable assessment purposes, insufficient assessment subject's credibility, imperfect assessment mechanism, non-neutral assessment value, ignored correlated factors, discarded transformation traits and so forth. In response to the problems mentioned above, when we focus on rule of law enforcement, the core of rule of law, evaluation on the rule of law should move to a reverse evaluation model. The reverse evaluation of the rule of law, which has stronger realistic pertinence and higher problem responsiveness, is closer to the operation reality of the rule of law. It can overcome many limitations in the existing assessment and it has systemic openness. The core facility of the reverse the rule of law enforcement assessment model is a list of issues, which should be sorted out from three basic dimensions of the rule of law, legal interest and systemization, and formed through the "inter-correction" of academic extraction and practice induction.

**Key words**: Evaluation on the rule of law; Rule of law enforcement; Reverse evaluation; A list of issues

# 评　　论

# 法律社会科学的研究范式、问题与出路*

郭　栋**

**内容摘要：**

法律的社会科学研究采取的是事实中心范式，在此意义上，与法律的诠释或解释学研究所秉持的规范中心范式相分殊。规范中心范式的理论展开所坚持的是合法性的一维结构，其研究重点是对社会关系的法律评价；事实中心范式则侧重法律运行现象的合规律性考察，更加关注法律主体、法律行为、法律关系等范畴的事实面向。如果我们将两种范式向相反的方向作极端化的推演，法律的社会科学研究内在的问题就会暴露：将法律运行现象还原为一种外在的事实，这种外在态度缺乏对法律现象规范属性的关注。可能的出路就在于厘清还原论的限度，以解决迷途忘返的困境和求道于盲的悖论。在研究方法上，必须重视“理解”的基本方法；在外部立场上，必须坚守法学的基本立场；在应用空间上，必须自知自觉其立法的基本面向，迈向立法法理学。

**关键词：**

法律的社会科学研究　法哲学　规范中心范式　事实中心范式　还原论　立法法理学

## 引　言

本文是社科法学的基础理论研究。“社科法学”的相关概念有：“法律的交

---

* 本文系国家社科基金项目“未成年人刑事特别程序的理论、模式与完善路径研究”（项目编号：18CFX039）的阶段性成果。本文受到台湾大学张志铭教授、台北大学陈爱娥教授的指导，特此致谢。

** 浙江大学光华法学院博士研究生。

叉学科研究”[1]“法律的社会”(Social Science Studies of Law)[2]“广义的法律社会学”[3]“法律与社会科学”(Law and Social Science)[4]“法律社会科学”[5]“法律的社会学理论”(Sociological Theories of Law)[6]“社会—法律研究”

[1] “30 年法理学研究的一个重要亮点是法律的交叉学科研究不断推进,诸如法律与经济学、法律与社会学、法律与文化等。”黄文艺:《中国法理学 30 年发展与反思》,载《法制与社会发展》2009 年第 1 期。“社科法学就是通常所说的法律交叉研究、法律的社会科学研究。”侯猛:《社科法学的研究格局:从分立走向整合》,载《法学》2017 年第 2 期。

[2] 法律的社会科学研究,是指“运用社会科学提供的概念、理论和方法,对一国法律体系所处的社会环境进行经验研究”。陈林林:《法律的社会科学研究》,载《光明日报》(理论版)2010 年 11 月 9 日,第 11 版;“社科法学就是通常所说的法律交叉研究、法律的社会科学研究。”侯猛:《社科法学的研究格局:从分立走向整合》,载《法学》2017 年第 2 期;侯猛、胡凌、李晟:《法律的社会科学研究”研讨会观点综述》,载《法学》2005 年第 10 期;王赢、侯猛:《法律现象的实证调查:方法和规范——“法律的社会科学研究”研讨会综述》,载《中国社会科学》2007 年第 2 期。

[3] “中国当代社科法学的发展,大致是从法律社会学领域逐渐拓展出来的,因此,我们也会将社科法学称为广义的法律社会学。”刘思达、侯猛、陈柏峰:《社科法学三人谈:国际视野与本土经验》,载《交大法学》2016 年第 1 期。

[4] 参见陈景辉:《法律与社会科学研究的方法论批判》,载《政法论坛》2013 年第 1 期;贺欣:《转型中国背景下的法律与社会科学研究》,载《北大法律评论》2005 年第 1 期。

[5] 参见成凡:《为什么是法律社会科学?》,载《中国社会科学报》2009 年 8 月 11 日,第 7 版;“法律认知科学的最新发展,突破了‘法律经济学’‘法律社会学’等法律社会科学研究所体现的间接‘模仿’式交叉学科模式。”王凌皞:《走向认知科学的法学研究》,载《法学家》2015 年第 5 期;季卫东:《法律议论的社会科学研究新范式》,载《中国法学》2015 年第 6 期;季卫东、舒国滢等:《中国需要什么样的法理学》,载《中国法律评论》2016 年第 3 期。

[6] 法律的社会学理论(Sociological Theories of Law)的语境是欧陆(也包括受欧陆影响的日本)尤其是德国的法社会学传统,典型如卢曼发展出来一套社会系统理论模型,提出了一种极富启发性的法律的社会学理论。丁卫:《法律社会学在当代中国的兴起》,载《法律科学》2010 年第 3 期;颜毅艺:《法律的自治与开放》,载《法制与社会发展》2007 年第 5 期;魏武:《寻求不一致的一致》,载《法制与社会发展》2007 年第 4 期;林林:《法律文化的社会“过程性”》,载《比较法研究》2010 年第 5 期。

(Socio-Legal Studies)[7]“法律实证研究或法律经验研究”(Empirical Legal Studies)[8]等称谓。“社科法学”这一概念属于名词作限定词修饰主语中心词的用法,在语法上,这种用法的前提是,限定词的外延应该小于主语中心词的外延,或者限定词与主语中心词的外延不存在交集。这就涉及法学学科属性的问题,只要“法学不属于社会科学”[9]这一命题尚未成为共识,在此情况下贸然使用“社科法学”就会闹出“蔬菜西红柿”“水果牛油果”式的玩笑,“社科法学”这

---

[7] 参见郑永流:《重识法学:学科矩阵的建构》,载《清华法学》2014 年第 6 期;尚立娜、李学尧:《律师职业研究的跨学科图景——寻求结构性平衡的视角》,载《法律和社会科学》2014 年第 1 期;邱昭继:《中国法理学教科书的知识属性》,载《法学教育研究》2013 年第 9 期。

[8] 大多数学者对二者未加区分,将法律实证研究混同于“法律的社会科学研究”。参见刘思达:《美国“法律与社会运动”的兴起与批判》,载《交大法学》2016 年第 1 期;侯猛:《社科法学的跨界格局与实证前景》,载《法学》2013 年第 4 期;法律实证研究(Empirical legal studies)与“法律的社会科学研究”(简称“社科法学”)或称广义上的法社会学有很大交叉,法律实证研究并不完全属于社科法学或者法社会学。参见程金华:《当代中国的法律实证研究》,载《中国法学》2015 年第 6 期;第二种观点是法律实证研究只包括定量研究,所以包含于法律的社会科学研究。美国学者通常把“Empirical Legal Studies”等同为定量研究。See Theodore Eisenberg, The Origins, Nature, and Promise of Empirical Legal Studies and a Response to Concerns, University of Illinois Law Review, Vol. 2011, No. 5, pp. 1713 - 1738. 中国也有学者把法律实证研究等同于定量研究的,参见白建军:《论法律实证分析》,载《中国法学》2000 年第 4 期。

[9] 国内关于法学是否属于社会科学的争论由来已久,至今未有定论。郑戈较早梳理了西方关于法学与社会科学的理论争议。胡玉鸿认为,法学可以属于科学的范围,在恪守科学性的同时,亦不能忘其人文科学的品质。黄文艺总结了法学发展史上四种主要的理论主张:法学是实证科学,法学是人文科学,法学是社会科学,法学是形式科学,提出法学研究有三种科学维度,即实证维度、人文维度和形式维度。郑永流认为,法学不属于自然科学、社会科学和人文科学中任何一种,正是一个“襟三江而带五湖”的独立学科。前述论述分别参见郑戈:《法学是一门社会科学吗?——试论“法律科学”的属性及其研究方法》,载《北大法律评论》1998 年第 1 期;胡玉鸿:《法学是一门科学吗?》,载《江苏社会科学》2003 年第 4 期;黄文艺:《法学是一门什么样的科学》,载《法制与社会发展》2001 年第 3 期;郑永流:《重识法学:学科矩阵的建构》,载《清华法学》2014 年第 6 期。

一概念是有失科学和严谨的。笔者用“法律的社会科学研究”这一名称来指称法社会学、法经济学、法人类学等法律与其他社会科学的交叉学科研究。

笔者主张对法律的社会科学研究进行法哲学式的反思。法律的社会科学研究是以具体法律现象为对象而进行理论建构的,法律哲学则是以前者所得出的思想为对象进行思想的思想,反思是其理论思维方式和学术作业的基本方式。反思活动始于质疑,继以追问,终于批判。“无论是对于现行的法律原则、规则,还是对于既有理论判断和结论,都应当追问。通过追问,发现更深层次的东西,一种我们还没有认识到的、处于朦胧状态的因素;通过追问,发现既有概念和理论的内在矛盾,并加以修正。”〔10〕

在《法学如何对待事实:一个学科史的考察》一文中,作者指出,围绕“法学如何对待事实”这一问题,法学学科在不断发展进化,法教义学与法社会学发生分离、展开对立、逐渐融合。〔11〕 承续“法学如何对待事实”的研究,笔者则将进一步聚焦“法律的社会科学研究如何对待事实”的问题。法律社会科学研究的对象是法律事实命题,法律事实命题分为“关于法律的事实”(social facts about law)和“作为事实的法律”(law as social facts)。〔12〕 关于法律的事实包括法律基础事实、法律背景事实、法律等置事实和法律效果事实;作为事实的法律包括法律运行和法律发展。“关于法律的事实”,这里的“法律”指的是“法律规范”;“法律作为事实”,这里的“法律”不是指“法律规范”,而是作为一种社会现象的“法律运行”和“法律发展”。在本质上,关于法律的事实的研究,其实是纯粹的社会科学研究,只不过作为其研究成果的社会科学知识可以应用于法律实践中;作为事实的法律的研究才是真正意义上的法律社会学、法律经济学、法律人类学等法律社会科学的研究,由于作为其研究对象的法律现象具有与一般社会现象不同的特质,此种研究才具备交叉学科研究的属性。因此,作为事实的法律的社会科学研究是笔者探讨的对象。

---

〔10〕 张文显:《法哲学通论》,辽宁人民出版社 2009 年版,第 104 页。

〔11〕 参见郭栋、张志铭:《法学如何对待事实——一个学科史的考察》,载《法治现代化研究》2018 年第 3 期。

〔12〕 对于这一问题的详细研究,另见郭栋:《法律社会科学研究的法哲学追问:可能性之前提、方法与界限》(未刊稿),收录于 2018 年“法律和社会科学”年会论文集和第三届“法理研究行动计划”学术研讨会论文集。

关于法律的事实的研究和作为事实的法律的研究,分别对应知识和方法意义上的社会科学的研究。就目前的研究现状而言,学者并未有意识地区分知识和方法两种意义上的法律的社会科学研究。在一些语境下,表述方式是“知识和方法”:社科法学“运用社会科学的知识和方法来研究法律问题”;[13]“社科法学……是将社会科学的一些知识和方法运用到法律的研究和教学之中”;[14]“法社会学……主要运用社会学知识方法研究法律在社会生活中的作用”。[15]在其他语境下又有不同,表述方式是“方法”。例如,社科法学是指代“运用社会科学方法来研究法律问题”的称谓。[16] 有学者指出,“总体上德国法学界所理解的跨学科,并不是要求法学使用其他学科的方法,而更多的是利用其他学科的知识。这一点与我们的社科法学是有很大区别的”。[17] 有学者提出,在中国“社科法学的结论而不是方法,才是法教义学看中的内容”。[18] 对于上述表述的细微差异似乎并未引起学者的特别注意。

笔者的研究是对法律的社会科学研究的研究,而且专指具有跨学科意义的作为事实的法律的社会科学研究。笔者研究的理论抱负是,用哲学反思的方式,通过对理论的向上归纳以及理论前提的向前追问,探讨法律的社会科学研究的基础理论,将其拉回法理学的论域。具体而言,笔者聚焦于作为事实的法律的社会科学研究,总结其研究范式,基于此指出其中存在的理论问题,并最终试图寻找解决该问题的可能出路。

## 一、研究范式

对于法律的社会科学研究的如下认识业已形成共识:社会实证研究对法学

---

[13] 刘思达、侯猛、陈柏峰:《社科法学三人谈:国际视野与本土经验》,载《交大法学》2016年第1期。

[14] 侯猛:《社科法学的内涵与贡献》,载《南开法律评论》2015年第1辑。

[15] 侯猛:《司法中的社会科学判断》,载《中国法学》2015年第6期。

[16] 侯猛:《社科法学的传统与挑战》,载《法商研究》2014年第5期。

[17] 卜元石:《法教义学与法学方法论话题在德国21世纪的兴起与最新研究动向》,载《南京大学法律评论》2016年第1期。

[18] 凌斌:《什么是法教义学:一个法哲学追问》,载《中外法学》2015年第1期。

的基本理论、基本概念等思辨问题的介入是比较有限的;[19]社科法学"缺乏真正的法条主义或概念法学的那种理论自觉,更缺乏属于它所特有的研究纲领或理论模型",很难把社科法学的研究上升为一种范式;[20]社科法学方法的应用势必与现实的法治实践密切勾连,因此,不宜在总论教材里全面铺开;[21]社科法学没有统一集中的理论范式或问题意识,令研究分散化和问题对象化。[22]有的研究已经认识到此问题,但是仅限于基本共识、前提倾向、工作特色等外在特征以及方法论层面的总结。[23] 上述研究中仍有一些基本理论问题尚未澄清,有必要从法哲学上进行深入地反思、追问和批判,以实现一种真正的"内在"的"超越"之思。[24]本部分以法律关系、法律主体、法律行为等法理学的基本范畴为理

---

〔19〕 See Tracey E. George, An Empirical Study of Empirical Legal Scholarship: The Top Law Schools, Indiana Law Journal, Vol. 81, No. 1, 2006, pp. 141 – 161. 转引自赵骏:《中国法律实证研究的回归与超越》,载《政法论坛》2013 年第 2 期。

〔20〕 参见黄文艺:《对中国法学的反思的再反思》,载《现代法学》2007 年第 3 期。

〔21〕 参见沈岿:《监控者与管理者可否合一:行政法学体系转型的基础问题》,载《中国法学》2016 年第 1 期。

〔22〕 参见强世功:《中国法律社会学的困境与出路》,载《文化纵横》2013 年第 5 期。

〔23〕 社科法学的基本共识:"以实用主义的态度重视法条""从后果出发而不是从法条出发""注重解释因果关系""注重'以小见大'的个案研究""强调语境论"。社科法学的前提倾向性:"研究对象的经验性""问题意识来源的实践性""对法规范和法秩序态度的中立性"。社科法学研究工作的特色:"从经验进路辨析因果关系""从实践出发提炼概念和理论""从实际出发探索立法和实施对策"。陈柏峰:《社科法学及其功用》,载《法商研究》2014 年第 5 期。

〔24〕 "'内在'的'超越'之思,是哲学彻底的批判精神的落实和体现,它不同于从某种形而上的抽象标准出发所进行的批判,这种批判经常以激进的姿态出现,就像马克思所说的经常'喊着震惊世界的口号',但由于其无法触及事物内在的矛盾和限度而只能进行外在的反思和规定,因而必然是苍白无力的。"贺来:《站到"界限"之上:哲学前提批判的真实意蕴》,载《学术月刊》2017 年第 1 期。

论切口,以“法律的诠释或解释学研究”[25]为参照,来表述法律的社会科学研究的理论范式。

(一)规范中心范式

法律的社会科学研究采取的是事实中心范式,在此意义上,与法律的诠释或解释学研究所秉持的规范中心范式相分殊。法律的诠释或解释学研究同时是规范取向和事实取向的,强调法律规范与事实的关联,涉及规范与具体事实之间的双向归属,但其思维的出发点是法律规范文本的理解,落脚点也是法律规范的适用,其本质在于将具体事实纳入法律规范的视阈来考量,因此是规范中心的。在规范中心范式下,所有的社会现象都被冠上了“法律”的字眼,社会关系的组成部分,主体、行为、客体等范畴,也都被称为法律主体、法律行为、法律客体。法律的诠释或解释学研究坚持的是法律规范中心范式,对其理论框架的展开坚持的是合法性的一维结构,对社会事实的法律评价是其研究的重点,这种研究范式下法律主体、法律行为、法律关系等范畴的事实内涵不可避免地

[25] “法教义学”这一名称也存在问题。“教义”一词强行插入“法学”二字中间造成了强烈的违和感。作者不禁要问:谁之教义?何种法律?教义之于宗教教条就好比法理之于国家法律。国家法律并无教义,就好比宗教教规并无法理一样的道理,归根结底,国家机构并非宗教组织,法律规范不是宗教规范。因此,在本文的讨论中,分别用“法律的社会科学研究”和“法律的诠释或解释学研究”来指代之前的“社科法学”和“法教义学”的称谓,社会科学和诠释或解释学分别构成了这两种研究的方法论根基。“法律”与“教义”连用的情形,例如,“基于法律教义的要求,必须将法律据其意旨上的关联予以系统化。”杨立新:《用现行民法规则解决人工智能法律调整问题的尝试》,载《中州学刊》2018年第7期;“脱离法教义的社科法学将会缺乏描述对象。”谢澍:《刑事司法证明中的专门知识:从权力支配到认知偏差》,载《法律科学》2018年第4期;“按照依法行政的经典教义……”谭冰霖:《环境行政处罚规制功能之补强》,载《法学研究》2018年第4期;“意思表示真实是法律行为的有效要件之一这一命题,俨然已经成为一个不容置疑的教义。”解亘:《意思表示真实的神话可以休矣》,载《苏州大学学报》(法学版)2018年第2期;“行政诉讼法的具体制度设计也以功能适当为考量因素,尤其体现了‘以机关结构决定职权归属’的教义。”张翔:《我国国家权力配置原则的功能主义解释》,载《中外法学》2018年第2期;“在不同类型的案件中,对法律教义的恪守也存在差异。”宋亚辉:《追求裁判的社会效果:1983—2012》,载《法学研究》2017年第5期;“法律人应当走出抽象法律教义的象牙塔。”刘磊:《案外因素对催生刑事冤案的作用力分析》,载《现代法学》2014年第2期。

受到挤压。

在规范中心范式看来,法律关系是以法律规范为基础形成的社会关系,法律属性是其本质特征。"生活关系是一个连续统一体,而我们正是从这一连续统一体中取出一部分来,对其进行法律观察",[26]法律对社会生活关系进行选择性地过滤和简洁化地撷取,从而形成了法律关系。拉伦茨举例,法律重点关注出租者与承租者之间的租赁关系,至于二者之间生活关系是冷淡的还是友好的,对法律关系并不起决定作用。[27] 由此完成"对现有社会关系之法律表达"。[28] 在上述理论倾向的主导下,传统法理学教科书中法律关系研究的焦点在于:静态层面,基于主体、客体、内容等因素的法律关系的构成和类型化研究;动态层面,基于法律规范和法律事实所引起的法律关系的形成、变更与消灭。

关于法律主体,在规范中心范式看来,现实中具体的各异的社会主体被转化为呈现于法律规范之中的法律上抽象的无差异的法律主体。"'法律上的人',并非是指有具体经验的人,与其说是一个蕴含着无限内容、具有某种细微差别的个性的具体经验的人,不如说是从社会法律生活的秩序这张布裁下的一小块布而已。"[29]这种研究关注的是主体受到法律规范的范围和程度,即法律主体资格的有无和程度的大小,即法律主体的权利能力和行为能力,法律主体只是法律所规范的对象。

规范中心范式关于行为的观察采取的是"合法性"[30]的一维视角,规范性是法律行为的本质属性。如凯尔森所言:"行为之所以成为法律行为正因为它

---

[26] [德]迪特尔·梅迪库斯:《德国民法总论》,邵建东译,法律出版社2004年版,第51页。

[27] [德]卡尔·拉伦茨:《法学方法论》,陈爱娥译,商务印书馆2003年版,第258页。

[28] [奥]凯尔森:《纯粹法理论》,张书友译,中国法制出版社2008年版,第70页。

[29] [日]星野英一:《私法上的人》,王闯译,中国法制出版社2004年版,第3页。

[30] 本文在使用"合法性"这一概念时,仅仅表达的是某种行为是符合法律规定的这一属性,并不包含作为一种法律类型的属性和法律所促进和实现的某种独特价值的属性。参见[美]斯科特·夏皮罗:《合法性》,郑玉双、刘叶深译,中国法制出版社2016年版,中译本序。

是由法律规范所决定的。行为的法律性质等于行为与法律规范的关系。”〔31〕法律与行为的关系,其关注的重点是法律对行为的评价,即行为是否符合法律。以民法学为参照,宪法学、行政法学建立了宪法行为和行政法律行为体系。行政行为形式论更多的是一种形式理性的载体,即以各种行政行为形式在技术上与行政程序、行政诉讼相衔接而达致合法性控制的目标。〔32〕诉讼法学提出了诉讼行为理论,并进一步研究程序性违法行为,产生了程序性制裁理论。〔33〕法律对法律行为的调整主要表现为“合法性”问题,“合法性”问题进一步转化为“效力性”评价。〔34〕如果法律评价的结果是“有效”,那么在“法律行为”的规范性安排中,行为就具有与实在法相同的规范意义;相反,法律行为就不能获得与实在法相同的规范意义。因此,传统法理学教科书中对法律行为作如此界定:所谓法律行为,就是行为人所实施的能够发生法律效力、产生一定法律效果的行为。

两种范式的理想状态是各执两端,而取其中,或如跷跷板一般,在两端的上下之间维持一种动态的平衡。如果我们将规范中心范式的侧重点进一步向规范的方向推演,法条主义式的对法律规范理解机械、教条、僵化、狭隘的弊端便隐约可见。这种倾向延伸至法治领域,通常的认识是,法律实现的实质是单向的自上而下的法律的推行,追求的目标是凯尔森所谓的“实际行为符合法律规范”,体现的是这样的一种法治观:“法治应当是‘法律的统治’,是法律对公民的有效控制或者公民对法律的严格服从”。这种理论观点预设了一种没有反省、完全遵从的行动逻辑,外在规范的压力使主体必须采取特定的行为模式。在我国,这种一厢情愿式的理想主义的法治观,并不能有效地解释中国的法治实践问题,法学被贴上“幼稚”的标签就源自于此。如何逃脱国家中心和司法中心主义的弊病,亦即过分重视司法,而忽略了立法、守法、执法,过分重视国家,而忽略了国家之外的社会等其他力量,这是法律诠释学或解释学研究面临的永恒议题。法学除了研究出供法官适用法律的方法之外,几乎没有其他方法;法学研究的对象仅局限于司法过程中的法,社会中存在、运作的法是被忽视的;法

---

〔31〕[奥]凯尔森:《法与国家的一般理论》,沈宗灵译,中国大百科全书出版社 1996 年版,第 42 页。

〔32〕参见朱新力、唐明良:《法治政府建设的二维结构》,载《浙江学刊》2009 年第 6 期。

〔33〕参见陈瑞华:《程序性制裁制度的法理学分析》,载《中国法学》2005 年第 6 期。

〔34〕参见薛军:《法律行为“合法性”迷局之破解》,载《法商研究》2008 年第 2 期。

学院成为培养法官和行政官员的地方,立法是被忽视的。[35] 埃利希的批评也将成为长悬于法律诠释学或解释学研究之上的“达摩克利斯”之剑。

(二)事实中心范式

法律社会科学研究将法律现象视为社会现象,关注其中的事实属性,无论是“关于法律的事实”,还是“作为事实的法律”,法律现象的事实属性始终是其关注的中心。当然,笔者的讨论聚焦于“作为事实的法律”,在“作为事实的法律”的意义上,法律现象的事实属性将得到彻底的呈现。法律的社会科学研究坚持的是事实中心范式,对于法律主体、法律行为、法律关系等范畴的研究侧重于事实面向的合规律性探究。

在法律的诠释或解释学研究看来,“个性特征是由法律建构起来并受其规范的”。通过法律抽象而形成的法律主体“是一张人物漫画、一张卡通画,与所有的漫画一样,它夸大他的某些特征而忽略了其他部分”。[36] 相应地,社会科学研究中的法律主体具有具体性和多样化。主体因种族、性别、年龄、地域、国家、宗教信仰、教育程度等因素而具有的特殊性被还原。秋菊、村长、窦娥、山杠爷、包公、梁祝、邓玉娇,这些形形色色的法律主体都在研究的范围内。

在法律的诠释或解释学研究中,法律主体理论忽视了或者说刻意逃避了“法律主体必须是能动的行为者”这一命题,其在法律的社会科学研究中被重新重视。只有在法律主体积极主动的行为下,法律所拟制、规范的社会生活才可望得以实现。[37] 主体虽然受到规范所制约,但是,他们有目的、有策略,能够发现法律规范的模糊地带,看穿法律规范之间的矛盾,能认识法律规范背后的价值文化观念,在利益竞逐和象征斗争的微观过程中,结合资源,创造意义,来改变或维系规范。正如耶林所说:“在斗争中发现你的权利。从权利放弃作斗争的那一刻起,它就放弃了自己。”[38]

---

〔35〕 See Eugen Ehrlich, Fundamental Principles of the Sociology of Law, China Social Sciences Press, 1999, p. 10.

〔36〕 [英]科斯塔斯·杜兹纳:《人权的终结》,郭春发译,江苏人民出版社2002年版,第252页。

〔37〕 参见胡玉鸿:《法律主体概念及其特性》,载《法学研究》2008年第3期。

〔38〕 [德]鲁道夫·冯·耶林:《为权利而斗争》,郑永流译,法律出版社2012年版,第52页。

在法律的社会科学研究中,法律主体有着多种理论假设。马基亚维利说:“法律制定者必须依其目的而将所有的人都假设为恶人。”[39] 休谟对政治人基本特征的定义是“无赖”,“必须把每个人都设想为无赖之徒确实是条正确的政治格言”。[40] “在构设任何政府制度时,应当把每个人都假定为是一无赖,而且在其所有的行动中,除了其私利以外,他不再具有任何其他目的。”[41] “一切有权力的人都容易滥用权力,这是万古不易的一条经验。有权力的人们使用权力一直到遇有界限的地方才休止。”[42] 霍姆斯提出“坏人理论”的预设,从一个坏人的角度出发理解法律,法律是法院实际上会对他作出的行为,通过预测来避免对其不利后果,这才是法律的本质。[43] 坏人提供了一个纯粹从外在观点看待法律的极端范例。波斯纳指出:“人是理性最大化者”。[44] “不能把法院系统视为一帮子圣洁的天才加英雄,他们并不神奇,不会不受自我利益的牵引。”[45] 其实,“一个人如果仅只是个‘政治人’,别的什么都不是,那他会成为野兽,因为他会丝毫不受道德的制约。一个人如果只是个‘道德人’,别的什么都不是,那他会是一个笨蛋,因为他会丝毫不懂深谋远虑。一个人如果只是个‘宗教人’,别的什么都不是,那他会是一个圣人,因为他会丝毫没有尘念”。[46] 真正的人是上述各种假设的复合体。经济人假设、生态人假设、社会人假设、政治人假设、伦理人假设、情感人假设等,这些都是人性在具体制度约束条件下的现实表现,

---

〔39〕 [英]弗里德利希·冯·哈耶克著:《自由秩序原理》(上册),邓正来译,三联书店1997年版,第340页。

〔40〕 [英]休谟:《休谟政治论文选》,张若衡译,商务印书馆1993年版,第27页。

〔41〕 [英]弗里德利希·冯·哈耶克著:《自由秩序原理》(上册),邓正来译,三联书店1997年版,第340页。

〔42〕 [法]孟德斯鸠:《论法的精神》(上册),商务印书馆1982年版,第154页。

〔43〕 See Holmes, O. W. The Path of the Law, Harvard Law Review, 1897, pp. 460 – 461.

〔44〕 [美]理查德·A·波斯纳:《法律的经济分析》,蒋兆康译,法律出版社2012年版,第32页。

〔45〕 [美]理查德·A·波斯纳:《超越法律》,苏力译,中国政法大学出版社2001年版,第128页。

〔46〕 [美]汉斯·J.摩根索:《国家间的政治》,杨岐鸣等译,商务印书馆1993年版,第30页。

这些理论假设对主体复杂性的揭示对理解法律主体的真实行为逻辑具有重要意义。

关于法律行为这一概念,法律的社会科学研究把重心放在"行为"而非"法律"上,如劳伦斯·弗里德曼所说:在法律系统中,决定性的因素是主体实际上的行为。如果没有行为,规则及其结构不过是一堆词句、被遗忘的缺乏生命的空洞的框架。[47] 法律的社会科学研究所关注的法律与行为的关系是,作为行为结果的法律和以法律为前提的行为。法律是"主体间性"行动的产物,主体又基于法律这一行动规范准则展开能动的互动;同时,行为对法律发生作用,包括效忠、维护、遵守、规避、抗拒、变通等。在此意义上,法律规范是法律行为作用的对象。对于法律行为内部的意义结构和外部的事实性因果关联分析将是法律的社会科学研究所关注的重点。

在法律的社会科学研究看来,法律关系本质上是法律主体通过法律行为建立起的相互联系。法律行为是法律关系主体之间的行为,行为是"关系之网"的纽带,被编织其中。法律的产生是行为互动的结果,是通过长期"博弈"形成的规范。法律主体是法律关系的主体,主体是"关系之网"的纽结,主体深深嵌在"关系之网"中,一旦多方主体的视角被带入法律关系的考察中,实践形态的多样性和复杂性就显现出来了。不同主体之间,包括法律职业共同体与共和国的普通公民,公民与国家,权力机关、行政机关与司法机关,自然人、法人与其他组织,行政主体与行政相对人,犯罪人与被害人,侦查机关、检察机关、审判机关与执行机关,犯罪嫌疑人与刑事辩护人,当事人与诉讼代理人,中央与地方,国家与社会,执政党、参政党与人民等多主体以法律为轴介展开共享、妥协、竞争、合作等形式各样的博弈关系。在上述"关系之网"中,结合法律关系的宏观结构和法律行为的微观结构,法律关系的结构又可以扩展为:法律关系主体/客体→→法律行为→→法律行为客体←←法律行为←←法律关系主体/客体。这里存在两级客体:一级客体是指法律关系客体,在法律关系中主体之间互为客体,即"主体"同时是作为"客体"存在;二级客体是指法律行为客体,也就是法律行为的直接作用对象,这也是传统法理学教科书中对法律客体的界定,即"法律关系主体发生权利义务联系的中介,法律关系主体的权利和义务所指向、影响和作

[47] See L. Friedmann, An Introduction to American Law, Stanford University Press, 1984, p. 46.

用的对象”,具体包括物、人身、人格、智力成果、行为。

在法律的社会科学研究中,法治实践的复杂性被充分重视,这种复杂性体现在任务的艰巨性、国情的特殊性、路径的多样性、时间上的长期性。法律的社会科学研究不再集中关注法律规范文本,事实中心范式揭露了这样赤裸裸的现实:法律只是所有社会主体趋利避害的工具性选择,在行为对法律的能动作用基础上,不同主体之间的行为以法律为轴介展开博弈,法律规避、法律抗拒、法律合谋与法律遵从、法律信仰、法律对抗一样都是普遍存在的。[48] 更进一步,法律的社会科学研究不再集中关注法律规范,也研究非法律规范。虽然在法律渊源的意义上,规范中心范式从来不否认规范多元,但是,非法律规范作为“复杂社会微观秩序的关键来源”,[49]其真实的运作机制被忽视,在法律规范吸纳非法律规范之余,多元规范之间的交织、博弈、互动、对抗、协同被忽视,而这恰恰是国家法律推行的社会基础和整体结构,这得到了法律的社会科学研究的重视。

## 二、存在的问题

规范中心范式和事实中心范式的研究是有所偏重的,前者侧重规范面向,后者侧重事实面向,理想状态是各执两端,而取其中,或如跷跷板的两侧一般,在彼此上下之间维持一种动态的平衡。如果我们将二者的侧重点向相反的方向作极端的推演,就会看到法律的社会科学研究的问题:将法律及其现象还原为一种外在的事实,通过经验实证的方法来进行描述与分析,探究现象之间的因果机制,其弊端是对法律规范采用的是一种外在态度,缺乏对社会现象的法律属性的关注。这种理论问题具体体现为迷途忘返的困境和求道于盲的悖论。

### (一)迷途忘返的困境和求道于盲的悖论

法律的社会科学研究的对象是碎片化的、微观的、具体的问题,研究方法是多元化的、开放的,研究现状呈现纷繁杂乱之势,当法经济学分析、法社会学研

〔48〕 郭栋:《城市流浪乞讨基层行政治理的困境与出路——以符号互动为理论基点》,载《中国法律评论》2018 年第 4 期。

〔49〕 参见王启梁:《国家治理中的多元规范:资源与挑战》,载《环球法律评论》2016 年第 2 期。

究、法人类学,甚至法律的认知科学研究都被囊括在法律社会科学研究的旗下时,不免会产生认知上的自我迷失。这种研究已经迷失在社会科学的“丛林”中,而罔顾法学的“家园”,沦为一种没有“法学”的“社科法学”。更确切地说,其已经遭受到科学的理性宰制,而无力回家。我们必须警惕科学作为一种意识形态的危险性。科学理性让人们可以摆脱过去对宗教信仰或种种权威的绝对崇拜、迷信与屈从,而获得自己的判断能力和机会,与曼纳(Mana,意为一种操控人类心智的神秘力量)本质上是对冲的,具有解构曼纳魅力的“除魅”力道。但吊诡的是,作为一种具有“除魅”之“正当性”的社会化力量,理性本身其实具有曼纳的性质,只是自身的曼纳特质被悄悄遮掩住而已。[50] 在今天,人们已经开始反思科学对“世界之袪魅”式的描述,并提出科学其实是一种对“世界之再赋魅”。[51] 如何摆脱科学宰制,回归法学的家园,这是法律的社会科学研究必须正视的问题。

没有“法学”的“社科法学”无力解决法律决策(包括立法决策、司法决策以及其他基于法律判断所作出的法律决断)中价值决断的问题,当法律规范命题异化为描述性语句,诉诸社会科学来求解,无异于借听于聋、求道于盲。平井宜雄在科学思维攻城略地的欢呼声中冷静地提醒着我们:“法的思考模式的重要性,绝不会因为‘科学’的兴盛而丧失。”“处理相互对立之价值的纷争,数千年来一直就是法律工作者的中心工作。”[52] 卢曼也曾告诫:法社会学只能从外部观察法律,却绝不可能对存疑的法律问题的决断有任何贡献。[53] 与社会学相比,法律科学是一门决定科学,不大会从社会学中得到某些直接的关于作出决定的帮助。[54]

---

〔50〕 参见叶启政:《实证的迷思:重估社会科学经验研究》,生活·读书·新知三联书店 2018 年版,第 212 ~ 214 页。

〔51〕 参见[美]伊曼纽尔·沃勒斯坦:《否思社会科学:19 世纪范式的局限》,刘琦岩、叶萌芽译,三联书店 2008 年版,第 87 页。

〔52〕 [日]平井宜雄:《法政策学——法制度设の理论と技法》第 2 版,有斐阁 1995 年版,第 22 页。

〔53〕 See Luman,Die soziologische Beobachtung des Rechts,1986,S. 19ff.

〔54〕 参见[德]卢曼:《法社会学》,宾凯、赵春燕译,上海人民出版社 2013 年版,第 435 页。

（二）还原论的问题

迷途忘返的困境和求道于盲的悖论在原理上源自还原论的弊病。法学所关注的还原论，与其他社会科学中的还原论不尽相同。这里的还原论的理论倾向是指，将法律及其现象还原为一种外在的事实，通过经验实证的方法来进行描述与分析，探究现象之间的因果机制，其弊端是对法律规范采用的是一种外在态度，缺乏对社会现象的法律属性的关注。布莱克将法律还原为可以观察的行为和可观测的社会关系距离。[55] 在学术史上还存在肯尼迪把法律还原为政治过程，弗兰克把法律还原为心理活动，波斯纳把法律还原为效用最大化等诸多先例。依循该进路，这导致“在法社会学家眼中，仅有人的行为而无所谓法律；在法心理学家眼中，仅有心理强制而无所谓法律权威；而在法经济学眼中，则仅有利害、损益、得失而绝无合法、非法可言”。[56] 最极端的便是认知神经科学用直接和直观的观察乃至测试的方式对法律行为的研究，使法律行为的规范性遗失殆尽。“任何试图把法律现象还原为经济、政治、道德、意识、生理现象，把法律决定还原为利益算计、敌我决断、伦理考量、心理分析、科学检测的做法，都从根本上低估了现代社会和现代法律的复杂性，可能把法学研究和法律实践引向歧途。”[57] 简言之，还原论揭示了法律运行的丰富性、复杂性，却忽视了法律运作的规范性。

与此形成对照的是，另一种观点强调法律现象是不可化约和不可还原的。坎特洛维茨批评经验法社会学在法概念论上的“社会学偏见”，认为对社会现象的研究其背后不能脱离规范性因素的考量。[58] 哈贝马斯“批评德国历史上的自由法学派和利益法学派，认为无论是埃利希还是耶林，都把法律和政治之间的分界线抹去，法律和政治同时丧失了自己的结构性特征”。[59] 哈特反对霍姆

---

〔55〕 See Donald J. Black, The Boundaries of Legal Sociology, Yale Law Journal, Vol. 81, 1972, pp. 1086 – 1100.

〔56〕 张书友：《何谓法理学》，载《法学教育研究》2013 年第 2 期。

〔57〕 陆宇峰：《社会理论法学：定位、功能与前景》，载《清华法学》2017 年第 2 期。

〔58〕 See Hermann Kantorowicz, Some Rationalism about Realism, Yale Law Review, Vol. 43, 1934, pp. 1244 – 1247.

〔59〕 参见宾凯：《法律如何可能：通过“二阶观察”的系统建构》，载《北大法律评论》2006 年第 1 期。

斯关于法律就是"对法院将要做些什么的预言"的论断,也反对格雷把法律规则只是当成法官作出决定的参考,批评这种做法不过是把法律当成一件徒具修饰功能的肤浅外套。[60] 哈特反对极端的外在观点对纯粹行为之观察,认为如此无法了解真实的法律,从而选择内在观点来观察法律,将法律视为基于主体接受而产生的外在的规范性内化继而发生的社会行为。[61] 拉伦茨也批评埃利希的社会实证主义忽视了法的约束性要求和法的规范意义。[62] 究其根源,法律具有"不可化约的规范性",决定了法学无法借由其他学科来使其变得更科学。[63] 法律现象并非纯粹客观的经验现象,而是承载主观意义的客观存在。"假若我们期待的是行为与社会现象背后的(文化)意涵的话,那么,单凭量化、测量,尤其是数学化的'实证'作为,是不足以让我们有挖掘到深层意义的可能的,因为这涉及的是隐藏在行为与社会现象背后的意义性(meaningfulness)问题,绝非强调表象之量化研究策略所能触及。"[64]

## 三、可能的出路

针对上述问题,可能的出路就在于厘清还原论的界限,以解决迷途忘返的困境和求道于盲的悖论。在研究方法上,必须重视"理解"的基本方法;在外部立场上,必须坚守法学的基本立场;在应用空间上,必须自知自觉其立法的基本面向,迈向立法法理学。

### (一)"理解"的基本方法

还原论的限度表现出法律现象作为一种特殊的社会现象的复杂性,也凸显

[60] 参见[英]哈特:《法律的概念》,许家馨、李冠宜译,法律出版社 2011 年版,第 52 页。

[61] 同上,第 39 页。

[62] 参见[德]卡尔 · 拉伦茨:《法学方法论》,陈爱娥译,商务印书馆 2003 年版,第 71 页。

[63] 参见[荷]扬 · 斯密茨:《法学的观念与方法》,魏磊杰、吴雅婷译,法律出版社 2017 年版,译后记。

[64] 参见叶启政:《实证的迷思:重估社会科学经验研究》,生活 · 读书 · 新知三联书店 2018 年版,第 132 页。

了自然科学式的实证主义与非实证主义在研究方法上的分歧。韦伯认为,社会行为在统计学意义上的因果规律,只有在符合可理解的意向,成为可理解的行为模式时,才可以被称为社会学意义上的规则。[65] 查尔斯·泰勒以国际象棋对弈为例,当我们描述两个参与者的棋局状态和棋子的移动规则时,我们会说,骑士的棋子通常要先向前走一格,然后再斜着走一格。这样的描述是正确但不充分的,原因在于其忽视了棋子移动的规范性特征。骑士的角色要求它以一种特定的方式移动。在受规则制约的活动中,行动已经有了一种特征,规则被作用于这个特征之上。价值中立的描述无法嵌入一种说明性理论框架来阐明由规则构成的活动,为了准确表达这些活动,必须将移动视为对规则的遵守。[66] 法律实践的复杂性在于,它不是 2 人博弈,而是多方博弈,而且在法律实践中并不像在棋局博弈中双方都会按照规则行事,违背、逃避,甚至忽视法律规则时有发生,甚至还有博弈双方共同合谋违法的存在。[67]

尽管在向科学化的认知模式倾斜,法律的社会科学研究与自然科学式的实证主义仍有不同,其在于,通过对主观意义的理解来揭示行动者的行动。解释(explanation)和理解(understanding)是两种不同的方法,前者强调不同因素对结果形成的作用,后者强调对行动者内在动机的把握。社会现象产生和变化的原因,不能在其他社会现象当中去寻找,而只能在通过自己的行动建构这一社会现象的行动者赋予自己行动之上的主观意义或动机中去寻找。从外部难以观察到个人行动的主观意义,只有深入行动者的意义世界,才能理解他为什么要如此行动。

进一步深究,行动的理由(reasons)与原因(causes)应当区分开来,这是理解和解释所要分别处理的问题。理由与行动之间存在一种规范性关系,这种规

[65] 参见[德]马克斯·韦伯:《社会学的基本概念》,胡景北译,上海人民出版社 2005 年版,第 13 页。

[66] 参见[美]马克·里斯乔德:《当代社会科学哲学导论》,殷杰等译,科学出版社 2018 年版,第 49 ~ 50 页。关于诠释的具体论述,详见 Charles Taylor, Interpretation and the Sciences of Man, The Review of Metaphysics, Vol. 25, No. 1, 1971, pp. 3 – 51。

[67] 贺欣:《在法律的边缘——部分外地来京工商户经营执照中的"法律合谋"》,载《中国社会科学》2005 年第 3 期;郭栋:《如何实现法治之下的和谐——城管执法中两种共存关系的法学分析》,载《中国法律评论》2015 年第 1 期。

范性的意义深埋于法律主体的实践中,而原因与行动之间存在的是因果性关系,客观因果律不涉及主观意义。理由这一规范性的概念表达的是原因这一规律性概念无法正确表达出来的内容,即使再充分的描述和说明,也无法表明法律主体为什么会以某种特定的方式行动。通过提供规范性理由来指引行动,行动才具有理性的内涵。[68] 法律就是一种非常典型的规范性理由。只有借由理由,才能理解法律主体的行动逻辑。理想的法律实践形态是一种基于法律的理由而行动的图景,在现实生活中,理想固然会打折扣,但法律还是或多或少作为主体行动的理由。这就好像韦伯所说的,现实中的行动者"在大多数情况下,对其'所认为的意向',只有模模糊糊的意识或没意识"。[69]

法律现象是一种有着丰富意义蕴含的社会现象,法律现象是文本的法律规则、行为的法律实践和价值文化认知的法律观念的综合体。法律现象包含着主体价值取向、实践背景以及语言本身的局限和对既有概念框架的依赖性,因此,其并不具有纯粹客观性。法律主体得以行为的前提是对规范的理解,而理解又是以前理解为前提的。换言之,对事实的法律理解包含着对一个法律世界的前理解,而这一前理解又是以社会事实为前提的。法律实践中的每个主体都有自己的知识背景、不同的价值文化观念、独特的体验和经验;带着这种前理解来观察法律规范,会对法律规范产生不同的知识认知、价值观念认同甚至情感体验;在实践中,主体以法律规范为轴介展开的利益争夺、权利博弈、观念沟通都将以对法律规范的前述两种理解为前提。

法学的研究对象既是意义承载的法律文本,也是基于法律的意义理解的行动模式。法学是一门理解的学问,不仅就法律的诠释或解释学研究而言是如此,就法律的社会科学研究而言亦是如此。莱塞尔反对把法教义学限定为人文科学和文本科学,以注释解读为方法,以意义理解为目标,把法社会学限定为以现实认知为导向,采用的是观察和实验的经验方法,而忽略了二者之间的

---

〔68〕 See Joseph Raz, The Guise of the Bad, Journal of Ethics & Social Philosophy, Vol. 10, No. 3, 2016, p. 2.

〔69〕 [德]马克斯·韦伯:《经济与社会》(上卷),林荣远译,商务印书馆1997年版,第53页。

联系和相互渗透。莱塞尔认为,法社会学不乏对文本的理解性分析。[70] 法律的社会科学研究,需要通过因果性的解释和意义性的理解之间相互补充和相互印证,达致对法律现象的全面把握,这是对实证主义与人文主义的一种综合。

(二)法学的基本立场

还原论存在限度,法律现象中存在不能被还原的具有规范属性的部分,这就注定了法律的社会科学研究不可能成为纯粹的社会科学研究。在对待法律与社会的关系上,必须严格区分法律科学与事实科学两种理论立场。法律科学立场本质是以法律为出发点和归宿,其包含从规范到事实的进路和从事实回到规范的进路。从规范到事实的进路讨论的是规范如何获得事实上的有效性。其关注的是法律如何实现:法律实施的过程。同时,在法律关系实现的社会学分析过程中,发现法律体系的漏洞,进而引发法律体系的自我修改、更新、完善。通过事实反观规范,引得规范的自我调适,这便是从事实回到规范的进路。事实科学的基本立场其本质是以社会事实为出发点和归宿,其包含从事实到规范的进路和从规范回到事实的进路。规范主义的社会理论嵌入规范因素来考量的社会关系。从事实到规范的进路讨论的是制度性的事实如何获得规范的效力,接下来,通过规范反馈事实,消解社会系统的混沌因素,完成社会系统的自我消化、调适和修复。这便是从规范回到事实的进路。

"从法律规范到社会事实"与"从法律规范回到社会事实"的不同之处在于,"从规范回到事实"内涵了一个逻辑转向,意味着社会事实是出发点和最终的落脚点,这也就意味着,"从事实到规范"在逻辑上依附于"从规范回到事实"这一过程,因此,被归于事实科学的理论立场。同理,"从社会事实回到法律规范"与"从社会事实到法律规范"的不同之处在于,"从事实回到规范"意味着从法律规范的分析出发,然后回到法律规范的结果,反映了法学的基本立场。法律的社会科学研究必须坚守法学的立场,在"从社会事实回到法律规范"中完成其理论提升与范式总结,这是法学界的法社会学研究不同于社会学界的法社会学研究、法学界的法人类学研究不同于人类学界的法人类学研究、法学界的法经济学研究不同于经济学界的法经济学研究的根本所在。

---

〔70〕 参见[德]托马斯·莱塞尔:《法社会学基本问题》,王亚飞译,法律出版社2014年版,第98页。

### (三)迈向立法法理学

法律的社会科学研究必须坚持其法律科学的基本立场,就意味着必须"从社会事实回到法律规范"。在关于法律的事实的研究中,法律背景事实和法律等置事实的社会科学分析直接应用于司法决策;法律基础事实和法律效果事实的社会科学分析主要应用于立法决策。[71] 与之不同,笔者重点研究的作为事实的法律的社会科学研究,其研究无法与司法活动对接,而只能应用于立法决策。

社会科学通过对作为法律运作的守法行为、执法行为、司法行为、立法行为等事实性的社会行为的研究,以揭示法律运行的实然状态。在法律世界初步告成的今日,所有的法律实践,包括立法,都必须做到有法可依,在这个意义上,所有的法律运行环节也都是法律实施活动。法律实施的实然状态与法律的应然性的制度设计必然存在不相一致的状况。为了有效消弭法律落差,必须进行法律制度的重新修正。其中,法律的社会科学研究的用武之地在于,揭示法律运行的真实逻辑。对作为社会现象的法律运作的社会科学研究,构成了立法的必不可缺的事实性前提。正如苏力所指出的,实证研究有助于"理解社会中的各种法律现象,进而有助于人们审慎但有效地改造世界"。[72] 陈柏峰提出的"从实际出发探索立法和实施对策"。[73] 在这个意义上,有些学者的误会也是可以理解的,法律的社会科学研究强调了法治的稳定性要求与中国社急剧变化的张

[71] "法律基础事实和法律效果事实的社会科学分析主要应用于立法决策",这里的"立法决策"既包括立法机关进行的制定、修改、废除法律的过程,也包括司法机关制定司法解释,并不包括为填补法律漏洞而创设规则的法官造法。法官造法存在于司法活动中的审判领域,属于司法决策,只不过这种司法决策可以产生部分的立法效果。当然,法律效果事实的社会科学分析也可以应用于客观目的解释等司法决策的重要环节以及更广泛的后果导向的裁判策略,故而,在表达技巧上,笔者用的是"主要应用于立法决策"。对于这一问题的详细研究,参见郭栋:《法律社会科学研究的法哲学追问:可能性之前提、方法与界限》,未刊稿,收录于2018年"法律和社会科学"年会论文集和第三届"法理研究行动计划"学术研讨会论文集。

[72] 苏力:《好的研究与实证研究》,载《法学》2013年第4期。

[73] 陈柏峰:《社科法学及其功用》,载《法商研究》2014年第5期。

力,转向于对具体实践的研究,甘当"体制外的批判者"。[74] 如此,才会有学者所试图澄清的那样:"社科法学并非反法治和解构法治的,而是强调法治的复杂性。"[75]

对既成立法的批判并不能直接导出新的立法的产生。法社会学与立法的关系,对此,学界存在两种截然不同的态度。一种观点是,法律的实证研究并不关心规范证成,而毋宁站在观察者的角度,归纳出在法律运作过程中出现的行为规律性,并对这些行为提供因果说明,或至少点出需进一步探究的相关性。[76] 另一种观点是,坦然承认价值判断、价值介入,去探索改革现实的可能替代方案。法社会学不能因为一时分不清楚哪里是科学的边界,哪里已经卷入政策之渊,就对立法问题望而却步,退到"认知"这一隐居所,对价值的问题不闻不问。韦伯鼓励社会学研究跨出这一步,关注政策性问题。政策性问题研究的是,一项规则应该遵循哪些价值原则和伦理原则,哪些规定是与这些决定性原则和价值相匹配的;教义的着眼点则是,试图把握一项规则的概念性意义并探明以该规则为支撑的判决是否正确;经验性研究的面向是,社会生活中的规则和判决的影响。就法律而言,要对政策、教义和经验社会学的论证方式及研究作出严格的区分,但是他并不认为它们是彼此孤立、自治的法学分支,社会学的方法足够广泛,其认知分析可将所有法律思维和法律行为的领域囊括进来。[77] 塞尔兹尼克提出,法律社会学应当像关注法律规范和法律制度的生成渊源一样,去关注法律制度所追求的价值目标。[78]

这里的理论分歧仍在于解释(explanation)和理解(understanding)之间的对立。描述的表象与量化的数字之所以会成为社会科学与立法之间的桥梁,原因

---

[74] 参见宋旭光:《面对社科法学挑战的法教义学》,载《环球法律评论》2015年第6期。

[75] 侯猛:《社科法学的传统与挑战》,载《法商研究》2014年第5期。

[76] 参见王鹏翔、张永健:《经验面向的规范意义——论实证研究在法学中的角色》,载《中研院法学期刊》第17期。

[77] See Weber, R. Stammlers Ueberwindung der materialistischen Geschichtsauffassung, 1907, wieder abgerdruckt in: Gesammelte Aufsaetze zur Wissenschaftslenre, 2. Aufl., 1951, S. 291ff.

[78] See Philip Selznick, Sociology and Natural Law, Natural Law Forum(1961).

在于它使人们的认知只能限缩在一个相当表层化的范围内进行,无法触及隐藏在现象底层的意义。[79] 当社会科学同时开始关注意义理解时,社会行为实际发生的规律性与行为者所持有的特定同类意向的结合,就使基于法律的社会秩序的有效性与正当性重回(法学之外的)社会科学研究的视野。

法律诠释或解释学研究固然可以应用于立法,法律的社会科学研究的成果也可以应用于司法,但这并非意味着两种研究可以泾渭不分,甚至喧宾夺主。司法中心面向的法律的社会科学研究,只是其一个小小的支脉;只有面向立法的广阔天空,法律的社会科学研究才能大有可为。这一点莱塞尔已经说得很清楚。当法教义学仅限于法律概念的界定和系统化时,法社会学也会要求法律适用中采目的论解释以及对社会现实进行考虑;如果将法律适用中的目的论解释以及对社会现实的考虑纳入法教义学,亦即将法教义学理解为"社会法学"时,法社会学的对象只能是立法问题。[80] 接下来要追问的是,法律的社会科学研究能为立法贡献什么?

在具体法律问题的实证研究[81]中,有学者指出,"在事实与规范之间,本文难免存在这样或者那样的含糊、跳跃、联想甚至臆断……实然究竟可否成为应然的论据,或者,实然究竟如何才可以成为应然的论据?这是一个千古难题……也因为如此,本文也只是一个'学术尝试'而已"。[82] 笔者认为,法律的社会科学研究必须警惕从事实性描述直接推出价值结论,自持价值导向而不自知。

价值判断产生于事实判断,是从事实判断中推导出来的。问题是,如果只

---

[79] 参见叶启政:《实证的迷思:重估社会科学经验研究》,生活 · 读书 · 新知三联书店 2018 年版,第 216 页。

[80] 参见[德]托马斯 · 莱塞尔:《法社会学基本问题》,王亚飞译,法律出版社 2014 年版,第 125 ~ 126 页。

[81] 在法学中,实证研究分为分析实证和社会实证研究。二者的共同点在于:在价值中立(或价值祛除)的前提条件下,以对经验事实的观察为基础来建立和检验知识性命题。二者的不同在于:分析实证主义是一种排除具体经验而寻找抽象认识、排除社会事实、历史叙述而强调语义和逻辑分析的思路;社会实证主义则与之相反,强调具体经验、社会事实和历史叙述。

[82] 程金华:《四倍利率规则的司法实践与重构:利用实证研究解决规范问题的学术尝试》,载《中外法学》2015 年第 3 期。

是凭借认知理性将“是”与“应当”嵌入某种二元对立的理论架构中，就不能认识到两者之间通过主体“需要”的核心纽结所形成的交迭互动，更遑论从事实命题中推出应然命题。“需要”在此扮演的关键角色在于，要是没有与主体的需要形成关联，事物的客观属性就不足以构成客体对主体的“价值”。当事实判断与关于主体需要、欲望、目的的判断发生关系时，从事实判断中就产生和推导出价值判断。[83]

“需要”作为“想要”，其实也就是“意志”。[84] 而法律是人民意志的体现，在立法实践中，要经过反复的沟通、协商、交锋、碰撞、妥协，最后达成代表人民意志的立法方案，这一方案凝结着人民需求的最大公约数。社会科学研究通过对对象客体属性的揭示，在此基础上再结合主体需求的整合，就可能提出相对最佳的价值方案，并经过特定的程序形成初步的价值共识。从外部的视角来看，这时，法律的社会科学研究与法律的价值研究的外部联合就显得尤为必要。法律价值分析在立法中的任务就是解决关于主体需要、欲望、目的的判断问题。在此，笔者不同意有些学者的观点：“自然法学并不构成与法教义学和社科法学相对等的‘第三极’。”[85]本文认为，自然法学需要出场，是为了解决横亘于事实与规范之间的价值鸿沟。

立法活动的第二环节是，将价值诉求转变为法律规范，在价值共识的引导下形成法律规范文本。一方面，价值是混乱的，法律规范则是逻辑一致的融贯性体系，价值只有被注入法律规范体系，才能达成进一步的共识，并为这种价值共识提供法律强制力保障；另一方面，被注入价值的法律规范具有了正当性的根基，即通过价值实现法律正当化的证成。此时，就需要经过教义法学的检验和提炼，转化为法律专业术语，回归法律规范体系。在立法准备的工作上，法学的任务之一便是“必须与其他学科，特别是经验性的法社会学合作，研拟出一些能配合现行法的解决建议，供作立法者选择的方案”。[86] 所谓“配合现行法的解决建议”，即指转化为法律专业术语，回归法律规范体系。因此，在规范性的

---

〔83〕 参见王海明：《新伦理学》，商务印书馆2002年版，第73～74页。

〔84〕 参见刘清平：《怎样从事实推出价值》，载《伦理学研究》2016年第1期。

〔85〕 雷磊：《自然法学如何进入法教义学与社科法学之争》，载《中国社会科学报》2016年7月20日，第5版。

〔86〕 [德]卡尔·拉伦茨：《法学方法论》，陈爱娥译，商务印书馆2013年版，第114页。

意义上,离开法教义学的立法是不可能存在的。[87] 本部分虽然在逻辑上说明了法律的社会科学研究能够为立法提供资源,但对法律的社会科学研究如何为立法供给资源路径的描述还不够充足,有待另文专述。

在传统的视野内,立法并非纯粹的科学活动,而是政治行为的结果,法学与立法的分离,致使其研究重点向"司法化"转变,现代法律科学正是在法律适用的意义上具有了"规范科学"的属性。正如拉德布鲁赫所认为的,长期以来,法律实证主义对实在法的合目的性和正义性作有计划的考察陷入了停顿,法哲学和法政策学十几年来也一直保持沉默。在这种传统下,立法并非学术研究的对象,我们可以描绘一些立法的技术,但却不能提出立法方法的学理定义,故而,时至今日,传统的法学方法论仍只是由制定法中来求取具体法律规范,并未探讨实质性的立法原理。"立法理论是一个所谓多学门科学"。[88] 诚如斯言。关于立法的学问被称为立法法理学,立法法理学揭示出立法中的理性及其可能,涉及在实践哲学的框架内对规范、事实和价值范畴的重新综合和把握,在知识的意义上,它包括法律的社会科学研究、诠释或解释学研究、价值研究以及其他相关研究的共同参与。维特根斯指出,立法法理学(legisprudence)本质上是对司法法理学(jurisprudence)的重构。[89] 法律社会科学研究通过迈向立法法理学,构成对司法中心的传统法理学知识体系的重要补充。

## 结　语

在立法的面向中,法律社会科学研究可能的贡献更多将集中于既定法律的修改或废除,而非新的法律的制定。中国特色社会主义法律体系已经形成,以立法为核心的研究的应用空间相对缩减,但立法仍然是我国法治建设的重要任务。中国特色社会主义法律体系已经形成以及中国特色社会主义法治体系建设命题的提出,其最大学术意义就在于,中国法治场域这一平台已经形成,从此,守法、执法、司法将和立法(尤其是法律的修改)变得同样重要。在此背景

〔87〕 参见雷磊:《法教义学能为立法贡献什么?》,载《现代法学》2018 年第 2 期。

〔88〕 [德]阿图尔 · 考夫曼:《法律哲学》,刘幸义等译,法律出版社 2011 年版,第 17 ~ 19 页。

〔89〕 Wintgens, Luc J. Legisprudence: Practical Reason in Legislation. Routledge, 2016.

下,法学研究正在进入一个"法律实施—法律完善"双中心的时代,以探讨中国法治问题为核心的学术竞争正在展开,司法中心主义与立法中心主义将齐头并进,开始呈平分秋色、分庭抗礼之势。[90] 其中,法律的社会科学研究将发挥越来越重要的作用。

在法学学术上,必须进行两个场域的区隔:一是法律制定场域应秉持开放的研究态度,面对法律在实施中暴露出的问题,用社会学、经济学、心理学、人文、历史等多学科的方法去解决;二是法律实施场域应恪守法律规范的文本界限,严格法律实施,以规范作为基本立场,在规范、事实和价值之间往复流转,以求得最接近正确的法律判断。法律的帝国需要社会科学研究去开疆拓土,高掌远跖;同时,也需要法律诠释或解释学研究在帝国的疆域内精耕细作,戍守边关。在此过程中,法律系统真正完成了其运作上的封闭和认知上的开放。由此,一方面,法律系统维护了其独立性,防止去分化;另一方面,法律系统的再生产语义又适应了社会环境条件,从而确立了其开放性。在封闭性的坚守与开放性的寻求之间,法律系统不断完善成熟、发展壮大。唯有如此,才可消解"根除法学幼稚病"与"固守法学的科学性以及法学学科的独立性"二者之间的张力。

---

[90] 中国特色社会主义法律体系已经形成,这并非意味着所谓的"法治建设的重心正在从立法中心主义向司法中心主义过渡"(廖大刚:《社会角色与刑事司法职业伦理观》,载《国家检察官学院学报》2015年第2期)、"从立法中心主义的法治观到司法中心主义的法治观的基本转变"(姜涛:《死缓限制减刑适用中的"民间矛盾"》,载《政治与法律》2015年第4期)、"法治的实践环节由立法中心主义向司法中心主义转向"(莫良元、夏锦文:《司法场域中热点案件的事实真相认定:彭宇案的法社会学解读》,载《法律科学》2012年第5期)。在法学研究上,更不意味着"法学应该从立法中心主义转向司法中心主义"(焦宝乾:《简论我国法律方法论课程设置的几个问题》,载《法律方法》2013年第2期);由"体系前研究范式"向"体系后研究范式"转型(陈甦:《体系前研究到体系后研究的范式转型》,载《法学研究》2011年第5期);"由立法论向法解释学范式转换"(许中缘:《论民法解释学的范式——以共识的形成为研究视角》,载《法学家》2015年第1期)。其实,在2011年更早以前就有学者提出,"研究范式从立法中心主义转向司法中心主义""经立法定向的法学转向司法定向的法学",研究范式由"立法中心主义"向"司法中心主义""行政中心主义研究范式"和"民众中心主义研究范式"的转向。参见陈金钊:《法学的特点与研究的转向》,载《求是学刊》2003年第2期;舒国滢:《并非有一种值得期待的宣言》,载《现代法学》2006年第5期;喻中:《从立法中心主义转向司法中心主义?》,载《法商研究》2008年第1期。

作为事实的法律的社会科学研究的起点是法律诠释或解释学研究的终点，诠释或解释学研究的终点便是社会科学研究的起点，二者由此循环往复，相生相长，相辅相成。两种研究形成了一个双蛇衔尾闭环，这不禁使人联想起乌洛波洛斯(Ouroboros)的隐喻，两条衔尾蛇互为首尾，代表了"互为参照"和"无限循环"，象征着建构与解构的往复，死亡与再生的交替，是一种永恒更生、无限循环的理论模式。

## Critique on the Premise of Social Sciences of Law: Research Paradigm, Problems and Outlet

Guo Dong

**Abstract**: The social science research of law adopts the research paradigm of fact-based, in this sense, it is in line with the normative research paradigm of the hermeneutics of law. The norm-centered paradigm adheres to the one-dimensional structure of Legitimacy, and the legal evaluation of social facts is the focus of its research, and the factual paradigm focuses on the regular investigation of the phenomenon of legal operation, and pays attention to the fact orientation of legal subject, legal behavior, legal relationship and so on. If we take the two paradigms to the opposite direction of extreme extrapolation, we will see the problem of social scientific research of law: to reduce the phenomenon of legal operation to an external fact, to describe it through empirical evidence, to explore the causal mechanism between phenomena, this external attitude lacks attention to the normative attributes. The possible way out lies in how to clarify the boundaries of reductionism and to seek the paradox of blindness. In the research method, we must attach importance to the basic method of understanding; In the external position, we must adhere to the basic position of legal science; In the application space, we must self-understand its basic orientation of legislation.

**Key words**: Norm-centered Paradigm; Fact-centered Paradigm; Reductionism; Understanding; Legislation

# 清末民权思想的发生*

刘宗珍**

**内容摘要:**

清末民权思想的发生有其特定的历史和文化背景。这一特定的历史文化背景,决定着晚清民权观有独特的思想特质。晚清中国人以自身处境的觉悟,对强国的渴望,对自由民权思想和社会进化理论的理解,在民权和国家的富强之间构建起一种关联性的想象。笔者从"语境—想象"这一角度切入,尝试解读晚清民权思想的发生,呈现近代中国民权发生的思想特色。

**关键词:**

宪法　民权　想象　富强

章太炎在《訄书》中提出了影响学术思想形成的三大原因:一是"地齐",即地理环境影响人文;二是"政俗",主要是指思想发生的政治与社会背景;三是"材性",即思想人物的个人性情与禀赋。一个时代某种思想的发生,不仅体现着此一时代的思想特点,也有其生发的时代背景。清末民权思想的兴起是在"近代"这一语境〔1〕中完成的。"近代"为民权思想的产生提供了必要的思想

---

* 本论文为国家社会科学基金项目重大项目"中国宪法学文献整理与研究"(项目编号:17ZDA125)阶段性成果。

** 中国人民大学法学院博士后研究人员。

〔1〕 语境是我们理解一个对象所要参考的所有环境参数的综合。英文中语境"context"一词源于拉丁语"contextus",该拉丁文的动词形式为"contexere"的意思为"to weave together",即编织在一起。因此,"语境"在本源意义上是指各个分离的部分统合为一个有机的整体。作为叙事工具的语词的使用,离不开具体的语境,而我们理解和认识任何对象,也离不开具体语境的支撑。有关语境认知理论的论述,参见徐英瑾:《语境建模》,复旦大学出版社2015年版。

环境和历史境遇:中国传统的民本思想、西方的民主自由思想、社会进化论构成了民权观念发生的思想基础,近代中国在面对西方冲击后留下的历史创伤则成为民权观念兴起的历史契机。笔者所要阐述的问题是,民权在清末中国的语境中是如何发生的?民本和民权在近代经历了怎样的转换?近代中国的民权思想反映了怎样的思想特色?

在《烈士精神与批判意识——谭嗣同的思想分析》一书中,张灏提出了思想史的两种研究路径:一种是将个人的思想放在其所处时代的脉络中去看,将他作为一个中国的知识分子,对时代的刺激和生命的感受,如何在思想上作自觉的反应;另一种是观念发展式的思想(history of ideas),这种研究路径是将一种观念或思想放在不同的时代背景中,梳理其不同的发展变化,从而分析不同观念间的紧张性和激荡性。[2] 笔者认为,理解清末民权思想的发生,既要将民权观念的出现放在清末的历史背景中,研究不同人物对民权概念所作出的不同解释,从他们各自不同的知识背景和情感反应来梳理这种不同,同时也应在时间的跨度中理解民权观念所发生的变化。与此同时,对于一个中国学者来说,对“近代”采取一个怎样的研究视角尤为关键,因为研究者的身份与感情对研究本身的影响至关重要。研究者的身份不仅决定了研究方向的取舍和研究视角的转移,有时也决定着,研究者能否对其所研究的资料进行贴近式的阅读和同情式的理解。尽管西方观察家对中国的研究因其“旁观者”的身份而多了一份冷静与客观,而有着共情基础的中国观察家会不会因其“亲近”而更多了一层热忱和审慎,因而更能接近事情的真相,更能探究思想的本初呢?当时间已经成为过去,思想的碎片已然散落于历史的深处,只有人才能将这些思想与观念重新整合。而所有的历史叙述都做不到绝对的客观和“无我”。回望100年前的那段历史,尽管不算太过遥远,但是要清晰还原民权思想的发生历程,并不容易。笔者所要做的,恰恰是以一种感同身受的热忱来阅读那段对于我们这个民族来说痛苦难捱的“山河岁月”。

中国传统文化中并无民权观念,近代民权观念的兴起源于清末的政治改革。随着甲午战败,器物层面的洋务运动宣告破产,人们不得不将视角转向政治领域的改变。清末,中国人对政治改革的热望来源于自身境遇中苦难的堆积。1901 年清廷发布《新政上谕》,从政府层面公开表态要进行政治改革。实

[2] 参见张灏:《烈士精神与批判意识——谭嗣同思想的分析》(序论),广西师范大学出版社 2004 年版。

际上,此前的很多年,关于传统统治秩序的质疑和改制的建议早已开始,[3]朝廷此时的选择已经是在内外交困的情景下不得已而为之的选择。清末知识阶层的自我怀疑不断蚕食传统的政治秩序,人们从最早获知西学的那批人那里知道了西政与西学,并且知道中国要富强,只能尽快将国家导向那里去。民权,在这里,既是将西方导向富强[4]的一把钥匙,更是解决中国问题的一剂药方。然而,对于晚清的大部分中国人来说,"民权"一词的具体内涵并不确定。这表现为,"民权"一词有时指的是西方的民主和自由,有时指的是公民所应该享有的政治、经济、文化等方面的综合权利,有时又代指人权,有时还被用来指称自由主义和个人主义。民权的概念如此含混不清,部分原因在于,人们可以根据"需要"赋予民权以特定的内涵。尽管如此,对于民权的渊源我们却能基本达成一致:民权不是从中国传统文化中衍生出来的,而是一个舶来之物。有人考证,"民权"一词源自日本对西方法律自由的汉语翻译。[5] 这得益于清末大批留日

---

[3] 人们公认最早在中国倡议议院政治的人有陈炽、王韬、郭嵩焘、薛福成、马建忠、黄遵宪等人,他们大部分都具有西学的知识或在西方国家学习的经验,普遍认为西方富强的根源在于议院,并从舆论上大力宣传开议院、立宪法的好处。而早在甲午战争之后,悲痛失望的严复即在当时的《直报》等刊物发表一系列政论文章,对比中西文化的差异,提出民权学说,将晚清政改思潮引向深入。

[4] 有关民权富强说的经典释义详见[美]本杰明·史华兹:《寻求富强:严复与西方》,叶凤美译,江苏人民出版社2010年版。

[5] 有学者认为,"民权"一词最初来自日文对"Democracy"的翻译。王人博教授反驳了这种观点。他引用日本学者沟口雄三先生在《中国民权思想的特色》一文中对中日之间"民权"涵义差异性的对比,认为既然日本的民权没有对天皇反叛的内容,则证明日语中的"民权"是对西方的"Democracy"一词的翻译是存在问题的。而考证《日本语大辞典》和《日本国语大辞典》,日本语言中对"民主"和"民权"作了明显的区分。"民权"一词在日本指的是人民的参政权,又兼有人身权和财产权的内容。这里的民权指的是法律上的政治权利、人身权利和财产权利。而"民主"则多用来指称人民主权,言说的是人民在国家中的社会地位,有"主权在民"的思想。同时,他引据何启、胡礼垣在《劝学篇书后·正权篇辨》中对"民权"是中国人经由日本"自由"二字的转译,又根据严复翻译时对自由、民权的交互使用,推理认为,中国人对"民权"二字的使用,比较接近日文的"法律自由"一意。就中国知识分子而言,他们对"民权"概念的使用,视使用人、使用时机与场合、使用目的的不同,民权的词义发生了很大的变化。参见王人博:《民权词义考论》,载《比较法研究》2003年第1期。

学生对日译西学的传播。“1868年至1912年的日本明治维新取得了成功,同时代的中国却每况愈下。”[6]中日甲午战争和日俄争夺东北的刺激使清末大多数学生东渡日本,目的就是为了探寻日本强大的奥秘,寻找救国良策。正是在这一时期,西方大量的政治思想经由日本的译介传到中国。[7] 这一时期,日本有两种思潮对留日学生影响巨大:一是社会进化论和由其导出的强权论;二是日本自由民权运动中所宣扬的自由民权思想。在这一历史背景下,民权观念奠基于注重强权主义和富国主义的社会进化理论,国势衰微带来的焦灼使清末民权的发生从一开始就和民族振兴联系在一起,从而使民权将国家的拯救和个人的努力与出路融为一体。

从发生学上来看,清末民权学说是对西方自由民主理论和传统民本理论的融合与加工。一方面,西方的民主思想和自由主义是清末民权的理论之源。由中国近代社会悲剧遭遇带来的西方政治文化的强势入侵,意味着我们所做的反西方的努力要以学习西方的方式来进行,以西方的观念革除中国传统的政治观念就是其中之一。另一方面,传统的民本思想成为民权观念为上层所接受的基础,成为理解民权的本土思想资源。[8] 尽管西方的自由民权学说所强调“权自民出”是在“主权归属”意义上讲的,中国传统民本思想中的“民为邦本”等思想并没有“主权在民”的意思,本质上是对在上统治者的一种道德规劝,即统治者不能不顾及民众死活来进行统治,它和权力的分享没有关系。在民本思想谱系中,民众的福祉是体现统治者“天命”的参数,然而,归根结底,统治者是上天的代言人,他的权力是天命所归,和近代的人民主权思想完全不是一回事。民本和西方的自由民权学说,如何在中国结合到一起,诞生出了近代中国的民权思想呢?

---

[6] [美]费正清:《中国:传统与变迁》,张沛译,世界知识出版社2002年版,第348页。

[7] 有关日译西学对清末中国的影响,参见郑匡民:《西学的中介:清末民初的中日文化交流》,四川人民出版社2008年版。

[8] 夏勇教授认为,中国古代思想中的民本思想,“一旦拂去由种种御民学、统治术厚裹的岁月尘埃,洗尽由欧洲文化中心主义和长期的革命批判烙下的现代垢印”之后,就能看到熠熠生辉的民权思想。参见夏勇:《民本与民权——中国权利话语的历史基础》,载《中国社会科学》2004年第5期。

## 一、由民本到自强:民权的异域想象

"民权是至理,自由平等是大义。违背了这些理义的人,终究免不了要受到这些理义的惩罚。即便是在众多的帝国主义国家,也终于不能够消灭这些理义。帝王虽然是尊贵的,但也只有尊重了这些理义,才能保持他们自身的尊贵。中国早就有孟子和柳宗元看清了这个道理。这并不是欧美的专利。"[9]尽管中江兆民将孟子和柳宗元的民本思想看作是近代民权思想在东亚的思想之源,但是,具有自由民主内涵的民权观念并不是中国自古就有的,它的产生和中国的"近代"有关。

在这里,"近代"不仅是一个时间名词,它是一段历史,更是一种现实处境,对于近代中国民权思想的发生来说,它是难以回避的一个语境。《法的中国性》一书对"近代"的指涉作出如是阐述:"'近代'是一个困局,中国深陷其中,被囚于此。如何挣脱出围,是对这个民族智慧的考验。"[10]清朝末期的中国正经历着史无前例的"大变局",在国际方面,"天朝上国"遭遇了强势的西方,处于被动挨打的境地;在国内方面,清朝满族政权岌岌可危,中国社会内部涌动着变革的潜流。在这种社会背景下,清末中国知识分子产生了普遍的危机意识,传统的智识教育使他们心怀天下,随着国家观念的兴起,很容易和强国有关的社会政治理论产生感情共鸣。1898 年梁启超逃亡日本后于 10 月创办了《清议报》,其发表的《社会进化论》正是有贺长雄对斯宾塞《社会进化论》的译作。这种进化论倡导社会有机体论,认为团体的强大依赖于个人的奉献,强调在国家竞争中应牺牲个人以成全国家。在社会进化论的语境下,民权并没有具体的权利内容,而是一个总括性的模糊性概念。这是一个将西方的民主参政权、个人自由和个性解放等价值杂糅在一起的概念,它的目标性指向很明确,作为社会有机体的个人的强大,才能带来整个国家的强大。这种强国理论要深植在中国传统文化土壤中还需要一个关联性想象的构建。

《现代汉语辞典》中对"想象"一词的解释为:"想象是人在头脑里对已储存的表象进行加工改造形成新形象的心理过程。它能突破时间和空间的束缚;想

---

[9] [日]中江兆民:《一年有半》,杨扬译,译林出版社 2015 年版,第 39 页。

[10] 王人博:《法的中国性》,广西师范大学出版社 2014 年版,第 242 页。

象是人在脑子中凭借记忆所提供的材料进行加工,从而产生新的形象的心理过程。”起源于西方的民权思想,激活了中国人心中的一些陈旧回忆。〔11〕清末民权观念兴起,依赖于传统中国人心中储藏的有关民本思想的旧忆。比如,光绪在论及西方政治时说:“今士大夫昧于域外之观者,几若彼中全无条教,不知西国政治之学,千端万绪,主于为民开其智慧,裕其身家,其精者乃能美人性质,延人寿命。”〔12〕根据光绪皇帝的理解,西方政治乃是开民之智慧,致民富裕,提高国民素质乃至延长国民寿命的有效的“治民”手段。有了“重民”这一优良传统的美好记忆,人们对这些旧的回忆进行整理加工,西式民权改头换面,使之具有新形象、新内涵:作为法律自由的民权在西方以个人自由为起点,而在清末的民权观念中,人们关注的焦点不再是个人的自由,而是国群的自由。“民”在中国成为探讨宪治问题的起点,其逻辑起点却不在个人的主体性,而在民权所发挥的作用:无论是君权时代的民权,还是民国时代的民权,民权言说者的终极关怀始终是国家民族的前途命运,民权和国家富强之间产生了必然的关联,〔13〕而完成这一过程的恰恰就是“想象”。近代中国知识阶层对民权的想象,大体经历了三个阶段,即认同、求同、作出关联性的假设。

(一)认同

近代中国对西方的认同心理,首先体现为对西方军事技术方面的认同,1860 年太平军在上海和宁波被英法联军击败,这使当时的清政府认识到西方军事制度的先进性,而传统的“以夷制夷”策略显然已经失效。随着魏源“师夷长技以制夷”的提出,19 世纪 60 年代洋务运动轰轰烈烈地开始了。“与明治维新相比,中国在 19 世纪 60 年代进行的改革只是漫漫征途中步履维艰的第一步。”〔14〕张之洞成为这一时期通过学习西方技术来达到自强救国的代表人物,他不断吸收西方技术来加强军事防御能力。在学习西学过程中,他仍然没有丢掉中国传统的价值,因此,他的改革是“中体西用”式的,旨在器物表层进行现代

---

〔11〕 民权中的“民”有效激活了传统中国的重民思想,民心所向常常是衡量一个王朝政权合法性的重要标尺,因此,重民成为历代君主必修的课题。

〔12〕 梁启超:《戊戌政变记》,广西师范大学出版社 2010 年版,第 76 页。

〔13〕 参见[美]本杰明 · 史华慈:《寻求富强:严复与西方》,叶凤美译,中信出版集团 2010 年版,第 17 ~ 19 页。

〔14〕 [美]费正清:《中国:传统与变迁》,张沛译,世界知识出版社 2002 年版,第 350 页。

化改革。然而,自强运动却在潜移默化地威胁着儒家传统和伦理价值,甲午战争失败宣告了洋务运动的破产,这使中国人对西方的认同层次又深了一步:单纯的技术改革无法挽救日益落入帝国主义争夺之中的中国,一场有别于“自强”运动的改制势在必行。文人阶层以区别于传统科举式的“议政”方式参加政治生活,对西方政制的认同从上层官员阶层到普通的文人士子都普遍展开了。

这种认同发生在最初跟西方接触的那个阶层,尽管这样的接触并不让人感到舒服。19 世纪末,出使英国的驻英公使郭嵩焘在英国受到“粗暴对待”,[15]即便如此,他对英国政制的夸赞热情仍旧不减,对那里的美德、政治、法律推崇备至,并不吝笔墨地将英国风物人情之美和制度之优越向朝廷以日记体的形式作了详细汇报。他和当时在英国学习的严复都认为,西方的政治法律是西方致富的根源,“西洋立国,自有本末,诚得其道,则相辅以致富强”。[16] 在下层,轰轰烈烈的“公车上书”开启了近代文人士子议政的新形式。“士子们一旦涉入政治就马上拿起笔来。”[17]用西方的政治理念去改造传统中国政制则成为他们的奋斗目标,这也是严复将一系列的政治哲学著作翻译到中国的缘由。这种由器物而制度的反思是 19 世纪末最明显的思想观念的转变,从此,中国就走上了另一条改革的道路。

(二)求同

对国家陷入困局、政府无力力挽狂澜的失望以及对西方社会生活的向往,会产生一种本能的求同倾向,有学者将此解释为西方现代性对传统中国带来的诱惑。[18] 审视近代中国的民权观念,民权并不是对西方自由民主思想的单纯移植,它还具有传统中国民本思想的印记,这是一种在寻找中西思想一致性方面的努力。19 世纪 90 年代的中国朝野在谈到西方的议会制度时,大讲“君民一体,上下同心”,就是这种求同心理的表现。求同逻辑不仅使民权思想更容易为

---

〔15〕 英国当地杂志《笨拙》将其描绘成一个带着猪尾巴辫子的猴子,像猪一样固执。同时,又将其小脚夫人描绘成左右摇摆的艺妓形象。参见[英]蓝诗玲:《鸦片战争》,刘悦斌译,新星出版社 2015 年版,第 404 页。

〔16〕 《郭嵩焘日记》第 3 卷,湖南人民出版社 1982 年版,第 137 页。

〔17〕 [美]费正清:《中国:传统与变迁》,张沛译,世界知识出版社 2002 年版,第 427 页。

〔18〕 王人博教授称之为现代性的诱惑。

朝野上下所理解和接受,更重要的是,作为中国的知识分子,他们在弥补一种缺憾——一种西方有而我无的遗憾。缺憾感来自中国落后于人的苦闷现实,但是,如果能够在思想文化领域找到中西之间存在的共同性,那么这种落后的现实便是可治愈的,只要后天努力,那么“赶英超美”的强国之梦便是可预期的。因此,近代中国的民权思想,既具有西方渊源,而又根植于中国传统的文化土壤,具有明显的民本特点。然而,张之洞还是从中看到了政改之途对传统政治秩序和儒家伦理带来的威胁,就在康梁主持维新变法之时,他发表了著名的《劝学篇》表达了自己对西方议会、民权和民主自由的反对意见,认为这些观念足以毁坏中国传统的儒家社会秩序,提出了“中学为体,西学为用”,坚持技术救国的主张。

在《劝学篇书后》一文中,何启、胡礼垣将民权理解为中国传统的民本思想和西方的天赋人权思想的合体,“天聪自民聪,天明自民明,加以民之所欲,天必从之,是天下之权,唯民是主,然民亦不自立为也,选立君以行其权”。[19] 以这种思想路径来理解民权,不仅能够适时地打消以张之洞为代表的稳定派的思想疑虑,更能将自由给人带来解放的好处发掘出来,为中国所用。他们这一派的逻辑是这样的:自古社会的动乱源于统治者丧失了民心,统治者所实行的政策因而也丧失了人民的信任,既然人民不信任,则这样的政策最终必然在社会上难以推行。而西方的议会制度正好可以解决民心归顺的难题。中国问题和西方智慧于是完美结合,而结合的前提则是中国自古就有重民的传统,那么,民权在中国的实现就是可预期的了。

(三)关联性的假设

想象作为一种认知方式,是主体在外界的刺激之下对认识对象与心理预期之间构建的关联性关系,这种关系有可能是真实的,也有可能是虚拟的,但这无疑是当时的中国人认知世界、认知自身的一种方法。中国知识分子处在“近代”这一充满耻感的境遇中,对自我、对他者的观看方式都发生了变化,这种变化一开始在表层,慢慢深入内部。[20] 严复回顾其与驻英公使郭嵩焘的第一次谈话时

---

〔19〕 张礼恒:《何启、胡礼垣民权思想探源》,载《理论学刊》2013 年第 9 期。

〔20〕 张灏在《危机中的知识分子》一书中认为,在近代中国帝国主义给中国知识分子所造成的刺激使他们认识到,中国之所以受到外强的欺压不仅是因为科技的落后,而且也因为制度的不臧。See Zhang Hao, *Chinese intellectuals in Crisis*, Harvard University Press, 1987.

就说道："不佞初游欧时，尝入法庭，观其听狱，归邸数日，如有所失。尝语湘阴郭先生，谓英国与诸欧之所以富强，公理日伸，其端在此一事。先生深以为然。"[21]在这段话中，严复已然将英国的法律制度和当时英国国力的强盛联系在一起，而民主制度和富强之间构建起来的这种关联并不一定真实存在，换句话说，民主的制度和富强的结果之间并无必然的因果关系。因此，严复所说的"民权—富强"之间的奥秘才会让史华兹感到惊讶，因为这是西方人从来也没想到过的联系。

虽然史华兹强调这是一种西方人也没注意的联系，但并不能说这样的假设没有任何理据。如果从这一假设产生之前的历史来看，这无疑是一种合理的假设，尽管这种假设性的关联充满无奈和羞耻。因为，是一场战争改变了中西方观看自身和对方的方式和视角，这就是鸦片战争。

鸦片战争之前，中英贸易中的英方一直处于贸易逆差的劣势地位。为了扭转这种贸易逆差，英国商人无意间发现了鸦片贸易能够获得巨额利益，从此在中国开展了这种罪恶贸易。[22] 鸦片贸易不仅危害身体，而且使人的精神日益萎靡，中国政府认识到鸦片的危害性后当然不能同意这种贸易的继续。为此，中英之间必然产生冲突。为了将鸦片贸易追求利益的罪机正当化，英国国内主战派精心编制各种理由，他们把自己的罪恶动机宣传成为帮助中国人民抵制专制无能的昏聩政府奔向现代自由的正义事业。[23]"照他们所说，这个帝国已经石化为一个过了时的妄自尊大的合成体，它铁了心要把文明和进步的力量远远排

〔21〕 转引自[美]本杰明·史华兹：《寻求富强：严复与西方》，叶凤美译，江苏人民出版社2010年版，第102页。

〔22〕 "鸦片显然是拯救英国贸易收支逆差于危境的唯一物品。……《中国丛报》估计，1840年代，仅仅从1845年到1847年两年间，英国从鸦片贸易中获取的利润就从3360万美元跃增到4200美元。"数据来源参见J. Y. Wong, *Deadly Dream：Opium, Imperialism, and the Arrow War* (1856 - 1860), Cambridge University Press, 1998, p. 429。转引自[英]蓝诗玲：《鸦片战争》，刘悦斌译，新星出版社2015年版，第341页。

〔23〕 实际上，两次鸦片战争的主要原因是经济上中国不能满足英国人的无理要求，转而通过战争的方式获取自己的经济利益。这种无耻行径被英国人以自己的国民在中国的安全受到威胁以及英国尊严受到侮辱为由进行粉饰。具体观点参见[英]蓝诗玲：《鸦片战争》，刘悦斌译，新星出版社2015年版。

斥在外。"[24]为了使其战争动议争取到国内的支持,他们买通报纸和媒体不间断地对战争的正义性进行宣传,其内容就包括中国国内的政府是如何腐败无能、狂妄自大、专制、武断、守旧和闭塞,相反,英国是开放进步、文明、民主、自由的。这种不遗余力的宣传所造成的影响,不仅使西方人对中国产生了充满厌恶感的偏见,在当时中西交流越来越多的情况下,也给中国国内的知识阶层造成一种印象:在许多方面,中国确实是落后的、守旧的、闭塞的,加之清朝政权为汉民族之外的异族政权,随着清末国内矛盾日益加剧,这种偏见就更容易形成了。英国对于中西形象的这种反差式重塑,终于在第一次鸦片战争后以中国战败的结果得到印证。战败的消息只会让英国人更加自信自己的判断是准确的,而也让中国国内的人愈加承认自己的落后。而在落后和进步之间的落差心情,使中国人不得不向西方追求富强的药方。

鸦片战争作为中国近代的开端,有两重含义:首先,鸦片战争暴露了传统的王朝政治在现代国家政治面前的秩序维持功能上的失效性,这种失效性使王朝政治一步步走向终点;其次,鸦片战争之后,中国发现了另一个世界,这是一个不同于以往的新世界。正是在这个意义上,我们才说,鸦片战争打开了中国的大门。这一历史时刻的意义并不在于中国从闭关走向开放,而更在于世界为中国提供了一个参照系:对于中国来说,西方是一个重要的对手,一个改革的参照系。民权思想的发生便是坐落在这个参照系之上的,连结点就是西方富强与宪法之间发生的关联性想象。

问题是,在西方,宪法的本质是对人性的贪婪和任性作出的制度性防御。宪法以及与宪法相关的民权,归根结底是关于权力的归属以及权力如何组织的问题,它和富强的结果之间不存在这种想象性的关联,而中国知识者需要依靠话语再造,将民权重塑为实现国权的一种途径,这种话语再造是如何实现的呢?

## 二、话语与实践

民权对国权的积极作用依赖话语的建构,这就需要创造一种修辞,这套修辞能够实现话语再造的功能。语言本身即具有创造性,特别是在社会变动和交流的时代,语言的创造能够带来实践的变革。语言可以总结和描绘经验,又可

[24] [英]蓝诗玲:《鸦片战争》,刘悦斌译,新星出版社 2015 年版,第 78 页。

以交流和学习经验,因此,语言是经验交流、传播与应用的核心要素。从某种程度上来说,人类经验的再次实践就是话语的实践。

东西方在近代的相遇对于中国来说,西方是一个"另类"(otherness),[25]是一群在文化上和自己不一样的异路人,在最初相遇时,这种另类甚至带着贬损和消极的含义。随着交往日益深入,人们对西方的认识也逐渐发生了变化,消极的含义逐渐淡去,积极的能量越来越多。到了近代,战场上的失利迫使中国人不得不承认,西方是一个并不遥远的强大的存在,这种存在甚至对自身构成了巨大的威胁。甲午战争在近代史上的意义之一,便是将中国的目光转向日本,因为日本正是通过政治体制的变革强大起来的。因此,时移世易,他者或者"另类"必然成为中国学习和模仿的对象。然而,异质性却成为一个问题。解决异质性的有效途径是对话和翻译,话语成为消除异质性的有效工具。

最初,人们总是希望能够使用自身熟悉的近似概念来表达这种"另类"。而这些近似的概念似乎不能够确切地完成表述任务,于是,一些合成概念诞生了。这些合成概念有注定有两大文化来源:一是人们总是从自身的文化经历中去找寻类似的记忆碎片;二是再从外来文化中抽取自己想要的部分赋予其新内容。这样做,不仅能够使我们学习到我们想要学习的东西,还能使我们面对自身文化的时候并不失掉面子。而这一问题的重要性显然并非止于此,脱胎于本文化的语词无论是在感情上,还是在知识层面实际上更容易被理解和接受。

民权的出现就是这样一种尝试。民权一端连着西方的自由和民主,另一头连着中国的孟子的民本思想。民主和自由作为西方宪政的精神内核,是一开始由中国人在西方的宪法中窥知的富强的秘密,然而,如前所述,如何将这一西式表达表述为自己的东西还是一个问题。因为话语的实践要受到和语言相关的

〔25〕 在《先贤的民主:杜威、孔子与中国民主制希望》一书中,作者提到了两种文化交流的两个阶段,第一阶段是认识到"异类",第二阶段是使用替代性概念去表述异类以服务于互译的需要。这是两种文化交流的情况,在近代的中西方相遇中,笔者认为更多的是中国希望从西方得到什么"有用的",并没有文化之间的平等交流。相关论述参见[美]郝大维、安乐哲:《先贤的民主:杜威、孔子与中国民主制希望》,何刚强译,江苏人民出版社 2004 年版,第 38 页。

背景要素的支撑,这是话语发挥作用所必不可少的"境域"。如何能够让充满异域风情的民权在中国本土市场具有能够令人信服的可以实现其目标的理由,是利用话语对其进行重塑的重要目标。

要完成民权话语的重塑,首先要对民权的观念进行去"妖魔化",也就是要将民权从"异我"转化为"本我"的过程,这个过程主要通过以下3个方面的论证来完成的。

(一)民权有助于君权

清末民权是首先在王朝内部进行自我革新的一种救济手段,它是嵌在君宪改革的宏伟计划中的。相对于传统的王朝政治,新政无疑是一次重大尝试,关于新政的合法性,则早在1901年的《新政上谕》中就有所论证。"事穷则变,安危强弱全系于斯。"[26]一语道尽改革的紧迫与无奈。在随后的立宪主义大潮催逼下,清廷被迫派大臣使团出洋考察宪政。5大臣主要考察了英、美、日、德等国的政治制度。在经过一番对比之后,他们给出了自己的结论:首先是,专制与立宪的对比,经过对比他们发现,"环球一周,亲见立宪者多、专制者少,且立宪国富强、专制国贫弱",因而得出中国要走向富强必须进行立宪改革;其次是,既然向西方学,那么应该向谁学?经过一番对比,他们发现,美国的完全的民权是不足取的,不符合中国的国情,应该的虚君制度也非"中国之所宜",而近邻日本的"公议共之臣民,政权操之君上"正是我们学习的理想对象。日本的伊藤博文向清朝来访官员演讲时强调,皇帝要保持至上权,不可失权柄于民。回国之后,5大臣向清廷表达了皇帝制定宪法以稳固君权的思想,并提出民主自由之权的实现的结果必然是为了加强皇权。因此,在这里,民权和皇权是一对并不矛盾的概念。当时的大公报上,就有人以《论民权有助于君权》为题,认为国家不是君主个人的私器,国家乃是一群人的集合体,君主代表国民行使统治权力,而君权少不了民权的支持,只有上下同心、朝野同情,君权才能稳固。而只有君权稳固,集合群力,国家才能富强。[27] 这种民权主张有效化解了清廷对立宪的恐惧和戒备心理,从而使立宪改革纳入正式改革议程。

---

〔26〕 故宫博物院明清档案部编:《义和团档案史料》(下),中华书局1979年版,第916页。

〔27〕 参见陈祖荣:《论民权有助于君权》,载《大公报》1904年7月1日。

(二)民权为孟子思想所本有

尽管变法的必要性和合法性已经在儒家经典学说中得到证明,[28]民权本身也要和儒家经典实现无缝对接,才能实现民权的合法嫁接。晚清立宪派为了阐明民权为我所本有,甚至不惜美化中国传统的民本思想。他们认为,民权为周代以前所本有。比如,"他们将黄帝清问下民之'合宫',尧舜询于蒭荛之'总章',盘庚的'命众至庭',《周礼》'询国危疑',《洪范》所称'谋及卿士''谋及庶人',孟子所称'大夫曰''国人皆曰',都视为国会之先声"。[29] 总之,民权思想仅仅是古代孟子重民思想的现代翻版。民权思想与传统民本思想的连接,一方面,为西方的民主学说找到传统中国的思想资源;另一方面,也使民权研究日益突破传统儒学研究的樊篱,自由主义理念的价值逐渐在民权思想中得到体现。

然而,不可否认的是,清末民权思想脱胎于中国传统的民本思想,却完成了对传统民本思想的更新,使传统的民本思想资源一点点在现实境遇中失去市场,这一点主要是就民权对君权的革命性而言的。清末民权思想中含有的权利思想和主权思想对君权思想构成了思想上的反抗,为辛亥革命的爆发进行了实质上的舆论准备。尽管此时的民权思想仍然带有工具主义的色彩,但是不可否认,权利思想和与之相伴的民主思想逐渐深入人心,这一时期,人们对政治权利和自由的把握,已经相当深刻。[30]

(三)民权对民主的接引

尽管晚清的民权观念在一开始并不是站在君权的对立面提出来的,但是这并不能掩盖民权分享政治权力的本质。也就是说,民权在一定意义上是"权为民所有",这打破了一直以来"权为君主所专有"的传统政治哲学,而含有西方民主政治的意味。无论是君主立宪下的民权,还是民主共和制下的民权,其本质都是,权力不再为君主一人所专断,国民以实实在在的主体资格参与国家的政

[28] 在《新政上谕》中开篇即将改革的"微言大义"申述了一遍,变法和新政不过是圣人和祖宗的遗慧而已。

[29] 何卓恩:《"民本"与"民主"之间的晚清"民权"观念》,载《贵州社会科学》2012年第1期。

[30] 参见夏勇:《民本与民权:中国权利话语的历史基础》,载《中国社会科学》2004年第5期。

治生活。“国为民所有”成为民权时代的共识,通过民主,保障人人有自主之权,实现国家富强。

通观晚清民权观念逻辑的三个方面,实际上都离不开“民权—富强”这一价值预设,即追求民权有利于实现富强的目标。对“民权—富强”这一关系进行重塑的最具有影响力的人当属严复。他才真正将民权与富强之间存在的奥秘解释出来。作为清朝“自强运动”的一部分,严复是被清政府派到英国学习“最新最精西洋技艺”的。而在英国的学习经历使他认识到,西方的政治法律制度才是西方强大的根源,他把“以自由为体,以民主为用”〔31〕看作西方国家富强的原因,同时也是中国实现救亡图存、达至富强的选择。但是,当时中国最大的问题就是“人心涣散”,〔32〕民心凋敝,而要克服人心之愚昧和自私自利之缺陷,就必须在民智、民力、民德三方面着手,中国之民权方期于可成。严复的愈愚思想是针对个体意义上的中国人的,类似于《大学》中的“修身”阶段。但是,要转变中国离心之趋势,必然要防止人心之凋敝,在群体的层面还需要求“合群之善政”,而天下之善政,在民权,在议院。在《政治讲义》中,严复将自由区分为人伦的自由和“政界自由”。“政界自由”也就是国民的政治生活上的自由,“政界自由”的前提是承认“民生有群”,人是一种社会性的动物,“政界自由”是指国民在政治生活中的行为界限。严复相信“法令始于下院,是民各奉其所自主之约,而非率上之制也”,也就是说,开议院并不体现西方式的民主,不是为了使国民行使参政的政治权利,而是为了使国民遵守由议院制定的法令,为了保证国民在遵纪守法上自主自觉。

可见,严复的思维逻辑是,开议院是为了合群,合群是为了防止人心涣散。而西方对民权的定性,通常是指代西方的民主、人民的参政权等政治权利以及人权。在《法意》一书中,严复把原著中的政治民主的意思翻译作“国群之自由”,而孟德斯鸠在原著中的所指的政治自由实际上指的是国家权力结构的民主性,即权力分立。笔者推测,严复这样翻译,其核心的意思显然是表现了他独特的民权思想:民权与个体自由密切相关,二者的关系前面已经论及;但是,议院作为一个权力分立中的一极,是与国群自由直接相关的。可见,在严复看来,一方面,以自由为实现手段的民权与以国群自由为目的的议院(同时又作为国

---

〔31〕 王栻:《严复集》,中华书局1986年版,第1082页。

〔32〕 参见俞政:《严复的社会进化论》,载《人民论坛》2004年第3期。

家权力的三个分支之一)之间有着遥相牵扯又不直接关联的逻辑关系,一言以蔽之,即"以自由为体,以民主为用"。另一方面,"而议院肇立,民权新用之秋,往往社会巨细,皆务为之法,以督治之,而烦苛转甚"。[33] 也就是说,议院的存在在增长民权的同时,也会导致"法制弥多,治民弥密",个体的自由反而会受更多的限制,显得自由减少了。因此,要建立能够"受察于大众"的有责任的政府,以保障国民的自由。这与西方国家通常所认为的议院是公民表达个体意愿、实现民权的场所的观念存在很大区别。因此,严复关于民权与议院的关系的思想与西方民权思想是有很大差别的。

## 三、民权思想的特质

受西方民主自由启蒙的清末民权思想产生于近代中国的历史土壤,和本土思想资源的纠缠却可能使其不可避免地与西方的现代性价值存在冲突。清末民权思想,是由传统王朝体制应对新秩序中的现代世界冲击失灵所引发的,民权在这里承载着近代中国急于进入现代世界的美好期望。然而,现实是,西方的现代性并不是某些特定制度实施完成后的结果,"现代性并不是一个概念,而是一个相互重叠、又是相互矛盾的概念群"。[34] 近代中国的民权话语裹挟着民族主义的冲动和国家富强的渴望,西方自由主义所关注的个体命运(fate)并不是其理论矢的。在西方的现代化进程中,以权利为基础的民主思想,关注的是个人自由,这一自由更强调的是人伦意义上的自由,其逻辑起点是身体自主性和意志的自觉。在这一价值背景下的个人有可能和国家或共同体存在不可规避的利益冲突,这一冲突恰恰是富强语境下的近代民权话语所无法消解的,它只有在自由民主的话语体系中才能得到合理的解释。从何启、严复再到孙中山,民权是以宗族性纽带为基础而进行的"国族"统合过程,[35]具有鲜明的时代

[33] 相关论述参见严复:《政治讲义》,载王栻:《严复集》,中华书局 1986 年版,第 1260 ~ 1290 页。

[34] [美]郝大维、安乐哲:《先贤的民主:杜威、孔子与中国民主制希望》,何刚强译,江苏人民出版社 2004 年版,第 18 页。

[35] 参见[日]沟口雄三:《作为方法的中国》,孙军悦译,生活 · 读书 · 新知三联书店 2011 年版,第 210 页。

使命,它和中国传统的公与私的观念是结合在一起的。在西方,议院本是上下二元社会的产物,“经由西洋中古‘封建’制度演变而来”,封建有“贵族与黎庶”之分,这构成了议院的社会基础,[36]而在晚清中国,这样的二元社会显然还没有成长起来;相反,晚清民权思想所面对的仍然是一个“率土之滨,莫非王臣”的一元世界,按照康有为的理想,这一世界的最后图景仍然是大同社会。晚清思想的解放依托于达尔文演化为公理的社会进化理念,具有强烈的民族主义意识和竞争意识,无论是革命还是改革,其共同使命解决的仍然是国家存亡问题。

与此同时,孙隆基所说的中国所具有的关系社会的性质也影响着民权观念的形成。中国人的关系属性决定了民权的发展呈现共和主义的发展方向。按照中国传统对“人”的理解,人生而自由是不确的,每个人一出生就在一系列关系当中,没有人生来就脱离各种关系的羁绊。“个人生来就是与别人有关系的,而且是不断地依赖于这种关系的”。[37] 因此,中国传统文化中从来没有孤立的个人,而是处在不同社会关系中的个人,这些社会关系围绕着“仁”的哲学展开,像涟漪一样由近及远地安排着各种“亲疏有别”。[38] “格物致知诚意正心齐家治国平天下”,由家族伦理到政治伦理,传统文化中的个人被嵌进一系列的关系中,个人对共同体的责任就这样被扣在政治伦理中了。这是一种伦理生活,也是一种责任和义务。由传统对“人”的理解出发决定了清末思想界对自由民权的理解更倾向于共和主义的自由,因而自由主义的自由对我们来说显得有些陌生。共和主义的自由是一种与公民社会相联系的自由,它追求共同的善,强调政治自主性的政治美德。

“从西方文化叙述中派生出来的现代化冲动,就其主要内容而言,是倾向于支持把人作为一个独立的个人而加以解释的。这样,对中国而言,现代化的最强大的后果是社群社会的前提将受到严重的威胁,而这些前提是中国社会从一

---

[36] 参见汪荣祖:《康章合论》,新星出版社2006年版,第57页。

[37] [美]郝大维、安乐哲:《先贤的民主:杜威、孔子与中国民主制希望》,何刚强译,江苏人民出版社2004年版,第46页。

[38] 《中国文化的深层结构》的作者认为,对于中国人来说,“仁”就是人,从中国人的“身”与“心”分析了中国人处在“关系”中的心理结构。参见孙隆基:《中国文化的深层结构》,广西师范大学出版社2004年版,第12~40页。

开始就受其支撑的。"[39]现代性的民主价值注重的是对自我意识、自我表现或自我创造力的一种个人表述。它的历史发展过程有其深厚的哲学基础和历史发展过程,"它们渗透着希腊、罗马和希伯来文化的意识"。近代民权话语要想实现现代性的民主价值,必然面临着摆脱集体主义和民族主义的梦魇,进行现代意义上的语义转换。

"五四"一代人曾付出过这种转换的努力,他们的旗帜是人权。"五四人与上一代知识分子不同,他们不仅仅希望用民权作为材料创建一个团结合群的民族国家,而是呼唤着一个能给予个人全面自由发展的新型社会。"[40]反观近代中国社会内部发生的变化,民权价值从集体向个人的转换并非没有可能,尽管这一可能从来不缺乏审慎的质疑。"除非我们能认定发现在中国有笛卡儿—康德—黑格尔解说轴线的对应物(这将一反我们已知的对中国历史的解释),否则,就必须接受在接受这样一个天真的假设时持非常谨慎的态度,这个假设是:西方理性与自我精神的概念可以很容易地转换成中国人自己的表述。"[41]如何完成中国人自身的表述,这是我们必须正视的问题。

这种可能性来自中国社会内部宇宙观和价值观发生的转变。从认识西方科技的发展对中国人宇宙观作出的改变后,由宇宙观的改变而影响到伦理价值的选择,因而过渡到伦理观、政治观的转变。西学和西教的流入不仅威胁着传统的宇宙观,而且因为传统的宇宙观与价值观是相互依存、无法分开的,对传统宇宙观的挑战也就是对传统价值观的挑战。我们由此看到19世纪末叶思想变迁的另一面:中国传统价值秩序开始解纽。[42] 这种解纽为"民权—富强"之间的关联性假设提供了契机,同时也为民权话语的进一步转换提供可能性。

民权观念的兴起裹挟着个人对救世的冲动。当废除科举之后关闭了士子入仕的大门,有民权而议政成为他们出征救国的唯一道路。在这里,民权将国

---

[39] [美]郝大维、安乐哲:《先贤的民主:杜威、孔子与中国民主制希望》,何刚强译,江苏人民出版社2004年版,第19页。

[40] 王人博:《论民权与人权在近代的转换》,载《现代法学》1996年第3期。

[41] [美]郝大维、安乐哲:《先贤的民主:杜威、孔子与中国民主制希望》,何刚强译,江苏人民出版社2004年版,第21页。

[42] 参见张灏:《烈士精神与批判意识—谭嗣同思想的分析》,广西师范大学出版社2004年版,第9页。

家的拯救和个人的出路融为一体。而民权与富强之间的关联关系却潜藏着一个未经认真论证的假设,即充满活力和创造力的个体能够服务于共同体的发展,而不是任由个人的私心发展不断满足个体自身不断膨胀的欲望。那么问题是,由民权所激发出来的活力凭什么服务于共同体的发展呢?也就是说,我们有什么理由相信自主的个人完全有意愿服务于共同的善(common good)?"在自由主义的民主理论中,权利是由个人而不是共同体来承担的。美好生活的构建基本上是个人的责任,因为个人拥有自主意志,完全可以自由选择其生活的目标。而且个人除了行为公正、避免残忍以及充其量对于共同帮助的需要有所认识之外,对于他们完全没有任何的义务。可以这么说,以权利为基础的自由主义存在一个严重的缺陷,这就是缺乏任何义务的概念,而这些义务又是建立在这样一种认识基础之上的,即振兴有活力的共同体对于个人的成长和发展都是绝对必要的。"〔43〕近代民族国家观念在中国的兴起回答了这个疑问。国家作为公民最高利益的代表,是共同的善,代表着公共的福祉,因而成为除了朝廷之外另一个可以效忠的对象。民族国家观念的出现,将民权中的"个人自由"安放在"国群自由"之中。

## 四、结　论

清末民权思想是在传统的中国被西方的现代力量边缘化以后所联想的一种救世思想,它和民族主义有重要的关联,即个人权利的表述和共同体的命运联系在一起,从根本上来说,民权不是关于个体的观念,而是关于处理个人与共同体关系的一个制度设计。这样一个设想源于民主自由对个人活力的激发。而活力的激发和共同体的善之间却并不存在必然的关系。有美国学者认为,"我们的原则和实践若无道德内容就将不可避免地把美国式的民主导向严重的衰落"。〔44〕这一论断恰恰和 100 多年前严复所给出的判断不谋而合。西方自由主义的制度设计尽管能够最大可能的激发人的创造活力,但同时也激活了人的追逐利益的本能,缺乏了道德的支撑,西方资本主义经济呈现贪婪和自私的

〔43〕[美]郝大维、安乐哲:《先贤的民主:杜威、孔子与中国民主制希望》,何刚强译,江苏人民出版社 2004 年版,第 47 页。

〔44〕同上书,第 2 页。

本性,最终出现"寡廉鲜耻、利己杀人"的后果。

反思晚清思想界对民权的论述,集中体现了"过渡时代"的思想特质,既有冲向"泰西文明"的瞻前,又有怀恋固有传统的顾后,然而,不可否认的是,清末中国已然走上一条以西方的观念来对抗西方的道路,民权价值的冲突和混乱只是体现出来自西方不同的主义在中国表现出来的道路歧异。能引导自身走出历史迷雾的,或许只能是自己。

The Rise of the Thought of Civil Right in Late Qing Dynasty

Liu Zongzhen

**Abstract**: The Thought of Civil Right in Late Qing Dynasty came into being in a special historical and cultural background, which determined its specific characteristic in the intellectual history. Chinese of late Qing dynasty created a relevance Imagination between the country and the wealth, concluding that if people in this country have civil right, the whole country will became rich and then powerful. This imagination came from the fact that late Qing Chinese knew well China's status in the international society and they longed for a strong country. And the relevance was built on the western theories of democracy and social evolution. This essay tries to analyze the occurrence of the thought of civil right in late Qing dynasty from the perspective of "context-imagination".

**Key words**: Constitution; Civil Right; Imagination; Wealth and Power

# 现行宪法中“专政”概念的规范分析

陈楚风*

**内容摘要:**

中文里“专政”一词具有多义性。我国《宪法》国体条款中的“专政”不具有西方古典专政概念中不受法律限制的内涵,也不等同于日常用语中意指打击镇压行为的“专政”,它主要是指政权的排他性占有,用于确定主权的归属,同时宣明政权的限定性。“五四宪法”的规范体系并未完全排斥法治。而现行《宪法》中法治主义的存立,与国体条款中的专政概念形成良性互动,缓和了专政概念中的限定性要素,并确立了包括国家“专政”职能在内的一切国家活动均须受法律约束的原则。宪法中专政概念与法治之间的紧张关系事实上完全可以通过法教义学的解释予以消解。强调两者之间的对立性,要求取消专政概念以促进法治,并非必要。

**关键词:**

国体　专政　人民民主专政　法治

## 一、问题之提出

专政在当代中国是法律理论、政治理论和马克思主义的重要概念,也是直接体现于我国现行《宪法》文本上的概念。现行《宪法》序言第6自然段在描述新中国建立以来的成就时,即指出“生产资料私有制的社会主义改造已经完成,人剥削人的制度已经消灭,社会主义制度已经确立。工人阶级领导的、以工农联盟为基础的人民民主专政,实质上即无产阶级专政,得到巩固和发展”;第7自然段提出“四项基本原则”时,其中之一即为“坚持人民民主专政”;而最重要

* 清华大学法学院硕士研究生。

的，莫过于正文第1条，即通说所称之国体条款，直接指出“中华人民共和国是工人阶级领导的、以工农联盟为基础的人民民主专政的社会主义国家”。

列宁对“专政”这一概念下过一个经典定义，即“专政是直接凭借暴力而不受任何法律约束的政权。无产阶级的革命专政是由无产阶级对资产阶级采用暴力手段来获得和维持的政权，是不受任何法律约束的政权”。〔1〕这一经典定义包含四个主要的元素，即“暴力”、“不受法律约束”、“政权”和“对敌(资产阶级)斗争”。国内的论者，在论及专政概念时，大多绕不开列宁的经典定义，而必须对其中的几个主要元素作出解读和回应。〔2〕其中较为关键的问题是，在法治原则已经写入《宪法》，并且成为社会共识的当下，如何理解和回应列宁定义中“不受法律约束”元素。

周林刚博士《我国宪法上的专政概念与平等原则》一文对专政的理解几乎完全由列宁主义传统出发，解读出了专政包含“对敌镇压”和“党的领导”的双重结构，并认为两者都与“不受法律约束”相联系。〔3〕其理论分析颇为深刻独到，但却略过或者说回避了法治的问题。

郑成良教授的《专政的源流及其与法治国家的关系》一文则从概念史、学说史的角度，细密地梳理了“专政”概念的历史起源及其演化，其梳理始于古罗马的专政官制度，而止于毛泽东时期中国的专政。他在理论上将专政概括为3种经典形态，即“作为应急性临时措施的专政”、“革命的过渡性专政”和“常态性

〔1〕《列宁全集》(第35卷)，人民出版社1985年版，第237页。

〔2〕参见郑成良：《专政的源流及其与法治国家的关系》，载《交大法学》2014年第4期；周林刚：《我国宪法上的专政概念与平等原则》，载《中国法律评论》2016年第4期；王光森：《依宪治国背景下人民民主专政形态的创新性建构》，载《南京师大学报》(社会科学版)2016年第4期。也有学者在论述宪法中的“人民民主专政”时，更多关注的是作为“专政”前缀的“人民民主”，或者作为整体的“人民民主专政”概念及其相关概念“无产阶级专政”，而对专政一词本身较少关注，故没有特别回应列宁对专政的定义。参见褚宸舸：《民主视域下的人民民主专政》，载《文化纵横》2010年第6期；刘山鹰：《立宪者毛泽东的人民民主专政理论》，载《华东政法大学学报》2011年第1期；刘山鹰：《论“人民民主专政”的宪法重现》，载《探索》2013年第3期。相较而言，笔者则更关注“专政”概念本身。

〔3〕参见周林刚：《我国宪法上的专政概念与平等原则》，载《中国法律评论》2016年第4期。

的体制化专政”,并指出其共同的规定性在于存在一种不受法律限制的权力,即以超越于法律之上、免于合法性审查和不受司法程序管辖为特质的权力。在此基础上,论述三种形态的专政与“法治”的相容和冲突。[4]

从郑成良教授的论述中,可以得出几个未被原文所明示的逻辑推论:首先,由于常态性的专政体制与法治不相容,我国若选择法治,则必须杜绝专政体制;其次,过渡性的专政必须在限定的阶段内结束,而我国已经是社会主义社会,按照(郑成良教授所理解的)马克思和列宁的理论,也不应实行过渡性的革命专政;最后,应急性的专政只能以宪法中紧急状态制度的形式存在(而不是可以作为国体的那种专政)。综上,若我们坚持将法治作为既定的和不容背弃的选择(此为郑成良教授立论的前提预设),则只能杜绝专政。

然而,这一推论面临着实定法上的困境。如前所述,“专政”概念已经明确被写入现行《宪法》的序言和正文第 1 条,废弃专政而实现法治的主张和宪法的明文规定相冲突,故要实现这一主张,在法律上唯一可行的途径是修改宪法。但修宪绝非易事,需要重大的政治决断,尤其涉及国体条款的变更时更是如此。和郑成良教授一样,笔者同样将法治作为既定的和不容背弃的选择。修宪以删除专政概念暂不可行,但法治却仍须推进。笔者认为,有必要通过法解释的手段,探寻宪法上“专政”概念的确切含义,并尝试消除其与法治之间的紧张关系。

事实上,从郑成良教授、周林刚博士研究的对象、材料、方法上看,其主要是研究一般政法理论上的专政以及马克思列宁主义中的专政,而不是现行《宪法》文本上的专政。换言之,假定两文的结论在法政理论上是正确的,这些结论也不一定能够完全用于说明宪法上专政概念及其与法治的关系。鉴于专政是出现在宪法条文中的重要概念,对专政的研究,就有必要在宪法学的维度上展开。

笔者的研究对象,限定于宪法中,尤其是我国现行《宪法》中的“专政”概念。笔者的写作目的,在于探究《宪法》中“专政”的确切含义及其与法治的关系。

## 二、宪法学上研究“专政”的方法论

“宪法”一词在西文中有两种意义:第一种是经验性或描述性的,意指“一国

[4] 参见郑成良:《专政的源流及其与法治国家的关系》,载《交大法学》2014 年第 4 期。

政治关系的现状”;第二种是规范性或规定性的,意指“以政治统治的建立和行使为规范对象的一部法律”。换言之,即以前一种意义上的“宪法”为规范对象的法。〔5〕 经验性、描述性意义上的“宪法”概念自亚里士多德的时代开始即存在,然而,现代语境下的宪法(也是严格意义上宪法学的研究对象)却是后者,而非前者。〔6〕

既然将宪法当作法而不仅仅是政治现状来看待,研究宪法中“专政”概念,就有必要采用法教义学的方法,“将实定宪法作为研究的对象并与价值的、政治的、历史的、社会的因素进行切割,主要运用规范解释的、概念的、逻辑的和体系化的思维去建构实施宪法的规则体系”。〔7〕 循此路径,笔者认为,在研究专政概念时,一切源于宪法外部的法政理论、政治口号、政治文件、政治或法律实践、领导人讲话、日常用语等材料,虽对全面理解专政概念有所助益,但却不能直接作为确定宪法中专政概念内涵的准据。可以作为确定宪法中专政概念内涵的准据的,仅有下列两类材料:(1)经过历史学上的考证,能被证明,确实是制宪者在制宪时刻(而不是在其他时刻)的意志表达;(2)是可通过对宪法文本的解释而得出的,内在于宪法条文中的含义。

或许会令人疑惑的是,以上的(1)和(2)在一定程度上分别对应了法解释学中主观主义解释论和客观主义解释论这两种相互对立的进路。〔8〕 然而,笔者在本文中并无意在两种解释论中作非此即彼的选择,为了更全面地了解宪法中专政概念可能的含义,有必要兼用两种;而且,正如本文论证所展示的一样,两种解释论会指向相互契合的结论。

采取此种方法论,有两方面的原因:

---

〔5〕 参见[德]迪特儿·格林:《现代宪法的诞生、运作和前景》,刘刚译,法律出版社2010年版,第1~2页。

〔6〕 需说明的是,笔者根本反对在中文中将经验或描述意义上的“constitution”(或其他西文中的同义词,下同)称为“宪法”。西文中“constitution”确实存在两种不同的可能含义,但中文完全可以用“宪制”这一更为精确且无歧义的词对译经验或描述意义上的“constitution”。

〔7〕 张翔:《宪法教义学初阶》,载《中外法学》2013年第5期。

〔8〕 参见[德]卡尔·拉伦茨:《法学方法论》,陈爱娥译,商务印书馆2003年版,第197~200页;张翔:《宪法学为什么要以宪法文本为中心?》,载《浙江学刊》2006年第3期。

一方面,是目的导向的,即法应当保持相对的自足性。

另一方面,从历史解释的角度上看,单纯采用宪法外部的政治理论、政治意志对宪法中的概念进行释读,也并不可靠。宪法中所凝结的意志,只能是制宪者在制宪时刻表达的意志。而制宪者尽管在制宪权理论上可以简单地将其归结为"中国人民",但参与宪法意志形成者在事实上却存在复杂的结构。以1954 年《宪法》为例,其制宪者便存在一个宪法起草委员会—中共中央宪法起草小组—中共中央政治局—中央人民政府委员会—全国人民—全国人民代表大会的复合结构。[9] 既然制宪者是复合的,那么,即便宪法是在某一法政理论的指导或影响下制定的,是在某一政治人物的主导或影响下制定的,它也不可能是该法政理论、该政治人物主张的精确再现。故而单纯以东西方法政理论、马克思主义经典著作及其他一些政治文件、讲话等为材料去研究专政概念,所得出的结论未必能与宪法文本中的专政概念完全契合。为了准确地界定宪法中的(而不是他处的)专政概念,所采用研究的材料,应当距离被全国人大所通过的、具有法效力的宪法文本"越近越好"而不是"越远越好",故而有必要回归制宪过程及宪法文本本身。

当然,采取法教义学的方法论,不将宪法外部的材料作为解释宪法中专政概念的直接依据,并不意味着专政概念只能够作为宪法学单一学科排他的研究对象,也不意味着法理学、政治学、政治哲学等学科的研究方法、材料和结论毫无价值或毫无意义。相反,探究专政概念在宪法中的含义,必须以了解专政概念在学说史上、各领域中的可能含义为前提。

## 三、中文中专政的多种语义

就文义解释而言,要确定中国宪法中专政概念的含义,首先应明晰中文中"专政"一词所可能具有的含义。

郑文叙述了"专政"一词在中文中的原始含义,中文中"专政"一词作为"dictatorship"等西文名词的对译以及中文中"专政"与"独裁"两词的分殊。而在其提出的"专政形态三分法"分析框架中,基本上是将"专政"一词作为"dictatorship"等西文名词的对译而使用的,用于指称"一种特定的政权形态或

[9] 参见林来梵:《宪法学讲义》,法律出版社 2015 年版,第 111 页。

政治体制”。[10]

然而,现代中文里“专政”一词的语义却更复杂,并不仅仅相当于西文中的“dictatorship”,而有着多种可能的语义,[11]同一位作者使用的,甚至同一篇文章里出现的多个“专政”语词的含义都有可能不一样。“专政”一词主要的中文语义,大致可归为微观语义、中观语义、宏观语义3类。

(一)“专政”的微观语义

“专政”在中文中有一种极其常用的语义,用于指称对特定对象(一般是政治上的“敌人”)施以强力,进行打击、压迫、镇压。它是一种具体的统治行为,而不是一种制度或模式。这种镇压行为意义上的专政即便表现为制度,也只能是指某种具体的、可以适用于特定人群的制度,如刑罚制度,而不是指适用于一国整体的政治制度、政治模式。这可以称为微观语义上的专政。

如毛泽东在《论人民民主专政》一文中说道,“向着帝国主义的走狗……及其帮凶们实行专政,实行独裁,压迫这些人,只许他们规规矩矩,不许他们乱说乱动”。[12] 这里的“专政”,第一是有明确的对象指向的,第二其具体含义是指实施压迫、镇压的行为。在一些政治用语或日常用语中,“专政”一词也是采此种含义,如“对坏分子必须实行专政”“专他的政”,等等。[13]

一般而言,如果从上下文中可以看出“专政”是指向特定对象的,或者是作为一种“职能”“措施”“行为”而出现的,那么该处的“专政”采取的就是镇压、打击行为的语义。如彭真在《对中华人民共和国宪法修改草案的报告》中说道,“人民民主专政,除了在人民内部实行民主的一面,还有全体人民对于人民的敌人实行专政的一面。……坚持这种专政的职能,是顺利进行社会主义现代化建

---

[10] 郑成良:《专政的源流及其与法治国家的关系》,载《交大法学》2014年第4期。

[11] 有学者认为,专政一词可指:(1)拉丁文中的“*dictature*”;(2)政治统治、政权;(3)执政阶级对敌对阶级等施用的统治方法。参见肖蔚云等:《宪法学概论》,北京大学出版社2005年版,第104页。

[12] 《毛泽东选集》(第4卷),人民出版社1991年版,第1475页。

[13] 参见中南政法学院国家法教研室:《关于民主和专政等问题的讨论》,载《中南政法学院学报》1957年第2期。

设的保障",[14]这里说对敌人"实行专政"、国家"专政的职能",都是从打击、镇压行为的角度去理解专政的。又如,1983年邓小平作出严厉打击刑事犯罪的决策时,曾说过"'严打'就是加强专政力量,这就是专政",[15]更是直接将"专政"指向了打击行为。"专政"一词的这种用法,显然和郑文中的3种专政形态都不同,它从根本上就不是指政治制度或政治模式。

(二)"专政"的中观语义

"专政"的中观语义,乃是用于指称特定政治制度或政治模式,其中又包括有两种情形。

1. 作为"dictatorship"对译的"专政"

"专政"一词用于指称特定的政治制度或政治模式时,其中一种用法是作为"dictatorship"等西文名词的对译,指的是以古罗马的古典专政官制度为起源的,以存在不受法律限制的权力为主要特征的特定政治制度或政治模式。这也是一种在法政学界学理上较通用的语义,如前所述,郑成良教授在这一语义上使用专政一词。与此相似,周林刚博士在论述专政概念时,同样将现代中国的无产阶级专政和人民民主专政视为为古典专政概念的某种发展,认为其"保留了古典专政作为一种特殊政制设计的传统含义"。[16]

2. 作为含义宽泛的贬义词使用的专政

西语中"专政""独裁"是同一个词,即"dictatorship",在20世纪20年代前,该词常作中性词甚至褒义词使用;而在20世纪20年代后,由于法西斯主义、纳粹主义鼓吹专政/独裁体制,而民主政治则越发得到认同,逐渐演变为贬义词。[17] 在此过程中,"dictatorship"的含义基本上并无改变,但该词的感情色彩改变了。

而中文中"专政"一词用作贬义词的情况则较为复杂。一种可能的情形是,

---

[14] 王培英:《中国宪法文献通编》(修订版),中国民主法制出版社2007年版,第60页。

[15] 刘复之:《"严打"就是专政——记小平同志对"严打"的战略决策》,载《检察理论研究》1992年第1期。

[16] 周林刚:《我国宪法上的专政概念与平等原则》,载《中国法律评论》2016年第4期。

[17] 参见郑成良《专政的源流及其与法治国家的关系》,载《交大法学》2014年第4期。

将专政作为“dictatorship”的对译,而根据语境此处的“dictatorship”作贬义,但这种情形下,更多地采用中文中贬义性更强的“独裁”而非“专政”一词。更普遍的情形则是,专政不作为“dictatorship”的对译,而采其在中文中“专权”“独自垄断权力”的原始含义,[18]意指专横独断的、专制的政治制度、政治模式,或指垄断霸占政治权力,而不一定具有“不受法律约束”的含义。

此处可举一例,毛泽东在《新民主主义的宪政》里批判顽固派“实际上要的是法西斯主义的一党专政”“挂宪政的羊头、卖一党专政的狗肉”。[19] 这里说的“一党专政”,结合上下文看,不是指顽固派要实行“以不受法律约束为特征的特定政治制度”,而是指顽固派要一党独占政权。而且从该文将“宪政”定义为“民主的政治”的角度看,作为“宪政”对立面的“一党专政”恐怕还含有“不民主的政治”的含义。

### (三)“专政”的宏观语义

专政的宏观语义,乃是马克思主义语境下标示阶级统治的范畴,意指由某一阶级(或阶级联盟)统治的政权,在该语境下是“统治”(作为名词)或“政权”的同义词。

毛泽东在《新民主主义论》中将世界上多种多样的国家体制按照“政权的阶级性质”划分为“资产阶级专政的共和国”“无产阶级专政的共和国”“几个革命阶级联合专政的共和国”,[20]这里的“资产阶级专政”“无产阶级专政”“革命阶级联合专政”,其含义近似于“资产阶级/无产阶级/革命阶级联合的统治”或“资产阶级/无产阶级/革命阶级联合的政权”。毛泽东在《新民主主义的宪政》一文中也以相同的用法上用过“专政”一词,该文中说“民族资产阶级……想要在中国实行资产阶级的专政”“中国人民不欢迎资产阶级一个阶级来专政”。[21]按照这里的用法,某一个阶级(或阶级联盟)掌握了政权,就称为这个阶级(或阶级联盟)的专政了。

专政的宏观语义和微观语义有着明显的区别。这一点早在20世纪50年代就有学者发现了,当时有观点认为,“专政”有两种含义:作名词时指政权,作

---

〔18〕 参见郑成良《专政的源流及其与法治国家的关系》,载《交大法学》2014年第4期。

〔19〕《毛泽东选集》(第2卷),人民出版社1991年版,第732页、第736页。

〔20〕 同上书,第675页。

〔21〕 同上书,第732页。

动词或动名词时指政治统治。[22] 有学者主张"人民民主专政"本来的含义是国家政权的归属和性质问题,他认为"既包括了对人民的民主方面,又包括了对敌人的专政方面"的提法存在缺陷,会让人把人民民主专政仅理解为一种"方法"。[23] 还有学者从"目的"("国家性质")和"手段"("国家职能")两个范畴去理解人民民主专政。[24] 对人民民主专政的这些不同理解,恰好反映了专政的宏观语义和微观语义的区别。

"专政"的宏观语义也和作为"dictatorship"对译的中观语义有区别。两者同样用于描述一国政权,但后者具有"以不受法律约束为主要特征"的"特定政治制度或政治模式"的核心内涵。而前者却不然,宏观语义下"专政"的政治制度是非特定的,只要某个阶级掌握了政权,无论它实行怎样的政治制度或模式,都可以称为这个阶级的专政,如果有什么特定性,那也是由(作为专政前缀的)阶级性所决定的特定性,而非"专政"本身具有特定政治制度的内涵。

"专政"的宏观语义和作为贬义词的中观语义有一定共性,即两者都指向政权的占有。不仅如此,专政的"专"字还隐含了政权为某一主体所"专有"的含义,即特别地强调政权占有的排他性、强调政权具有限定性,[25] 政治参与只对占有政权的主体开放,不向其他主体开放。但两者也有微妙的差异,宏观语义中占有政权的主体一般是马克思主义语境下的阶级,而且也不再具有贬义的感情色彩。

---

[22] 参见中南政法学院国家法教研室:《关于民主和专政等问题的讨论》,载《中南政法学院学报》1957年第2期。

[23] 参见刘山鹰:《论"人民民主专政"的宪法重现》,载《探索》2013年第3期。

[24] 参见程晨:《全面、准确地理解人民民主专政理论——兼论人民民主专政与依法治国的关系》,载中共中央文献研究室科研管理部编:《中共中央文献研究室个人课题成果集2015年》(下),中央文献出版社2016年版,第1033~1035页。

[25] 有学者曾提出"人民民主专政"中的"专政"主要的指的是"人民对政治权利排他性的占有"。参见林来梵:《宪法学讲义》,法律出版社2015年版,第200~201页。还有学者指出专政中"'专'字原本就是垄断、排斥之意",参见程晨:《全面、准确地理解人民民主专政理论——兼论人民民主专政与依法治国的关系》,载中共中央文献研究室科研管理部编:《中共中央文献研究室个人课题成果集2015年》(下),中央文献出版社2016年版,第1042页。

## 四、我国《宪法》中“专政”的含义

### (一)宪法中“专政”的含义

如前所述,我国现行《宪法》中“专政”一词出现了四处,其中一处带有“无产阶级”的定语,三处带有“人民民主”的定语。“人民”相当于统一战线的构成,[26]在《中国人民政治协商会议共同纲领》中包括“工人阶级、农民阶级、小资产阶级、民族资产阶级,以及从反动阶级觉悟过来的某些爱国民主分子”,在现行《宪法》中则包括“全体社会主义劳动者、社会主义事业的建设者、拥护社会主义的爱国者和拥护祖国统一的爱国者”。从上下文意义脉络的角度看,由于以“无产阶级”这一阶级或“人民”这一阶级联盟作为前缀,宪法中的“专政”一词,最贴近前述的宏观语义,指由某一阶级(或阶级联盟)统治的政权。

而从历史解释的角度看,考察制宪历史,可知制宪者同样也对“专政”一词采取这样的理解。

1954 年《宪法》的序言部分有“建立了人民民主专政的中华人民共和国”的表述,而正文第 1 条却规定“中华人民共和国是工人阶级领导的、以工农联盟为基础的人民民主国家”,采用“人民民主”而非“人民民主专政”用语。针对这一表述差异可能引起的疑惑,制宪者就“专政”一词作出过解释。田家英在宪法草案座谈会上,对“人民民主专政的国家和人民民主国家在概念上是否相同”的问题进行了解答,称两者概念是一致的,而不写专政则有两点原因:“(1)斯大林在论列宁主义一书中说:国家是阶级专政的机关。因此,第一条说人民民主国家,是包含着专政意义的。(2)人民民主国家是通常习惯上的提法,如我们称资本主义国家,就实质上说,是资产阶级专政的国家,但毋须加专政两字。”[27]“‘立法者’的意志只能是已显示之立法者的根本意向以及在立法团体或其委员会的讨论中曾经被提出并且无异议的想法”,[28]田家英作为宪法起草委员会副秘书长,他所作的官方性解答应较能代表制宪者的根本意向。而就目前可见的资料

---

〔26〕 参见杨陈:《论宪法中的人民概念》,载《政法论坛》2013 年第 3 期。

〔27〕 中共浙江省委宣传部宣(54)字第 112 号。转引自韩大元:《1954 年宪法与中国宪政》,武汉大学出版社 2008 年版,第 81 页。

〔28〕 [德]卡尔·拉伦茨:《法学方法论》,陈爱娥译,商务印书馆 2003 年版,第 208 页。

而言,关于“专政”一词的理解,在“五四宪法”制宪期间亦未有与上述观点不同的意见被提出过。与此相同,1954 年前后的宪法学术界对专政问题的一般理解也是“按照马克思主义观点,任何国家都是阶级专政……国家本身就是阶级专政的工具,不专政的国家世界上是不存在的”。[29]

可见,无论是制宪者还是当时的学界,都并不像一些论者那样将“专政”理解为一种具有特殊性的、与“民主”[30]或“法治”或“宪治”[31]等相对立的政治制度或政治模式;不像马列那样将“专政”理解为向社会主义社会过渡的措施;[32]也不像卡尔 · 施密特那样将“专政”理解为脱离法律约束的、以在非常状态下恢复或开创正常状态为目的的国家权力活动。[33] 相反,他们把专政理解为(按照马克思主义的观点)内在于一切国家的本质中的属性、一切国家的共性——国家的阶级性,亦即一个用以标志国家(政权)归属于谁、统治阶级是谁的范畴。

无独有偶,1982 年修改宪法时,修宪者也对“专政”一词作出过同样的解读。在 1982 年 4 月 13 日召开的宪法修改委员会第三次全体会议上,彭真说道:“列宁说无产阶级专政就是无产阶级对政策的领导。[34] 这同工人阶级领导是同一个意思。只取这个意思,其他文章怎么说,就不必去管它了。”[35]彭真采取

---

〔29〕 吴德峰等编著:《中华人民共和国宪法讲话》,人民出版社 1954 年版,第 47 页。转引自韩大元:《1954 年宪法与中国宪政》,武汉大学出版社 2008 年版,第 81 页。

〔30〕 如孟涛副教授认为“民主”与“专政”是“当代世界两大主要政体类型”。参见[美]罗斯托:《宪法专政:现代民主国家中的危机政府》,孟涛译,华夏出版社 2015 年版,第 4 页,译者前言部分。

〔31〕 如萧公权即将“专政”视为与“宪政”对立的概念,参见萧公权:《宪政与民主》,清华大学出版社 2006 年版,第 19 页。

〔32〕 参见郑成良:《专政的源流及其与法治国家的关系》,载《交大法学》2014 年第 4 期。

〔33〕 See Carl Schmitt, Dictatorship: From the Origin of the Modern Concept of Sovereignty to Proletarian Class Struggle, Cambridge: Polity Press, 2014, English ed., p. xxiii.

〔34〕 彭真说“无产阶级专政就是无产阶级对政策的领导”,这一说法见于《列宁全集》(第 41 卷)(编者)前言部分,而列宁《论粮食税》内文的表述是“无产阶级专政就是无产阶级对政治的领导”。参见《列宁全集》(第 41 卷),人民出版社 1986 年版,VIII 页,第 207 页。

〔35〕 许崇德:《中华人民共和国宪法史》(下卷),福建人民出版社 2005 年版,第 423 页。

列宁在《论粮食税》一文中对无产阶级专政的界说,[36]将无产阶级专政理解为工人阶级的领导,质言之,将专政理解为特定阶级对政权的领导和掌控。并且,彭真明确说了“只取这个意思,其他文章怎么说,就不必去管它了”,这就排除了列宁在与立宪民主党人论战、与考茨基论战时对专政所下的“不受任何限制的、绝对不受任何法律或规章约束而直接依靠暴力的政权”之类的定义,现今我们理解宪法中的专政概念,也不应以这类定义为依据。

(二)宪法中“人民民主专政”的含义

在将宪法中的“专政”理解为“政权”后,有必要进一步对现行《宪法》序言及国体条款中的“人民民主专政”进行解释。

“人民民主专政”中的“人民”一词是对政权主体的规定。如前所述,在汉语中“专政”一词带有政权的排他性占有的含义,当“专政”一词进入《宪法》中的国体条款时,就意味着根据这部宪法所建立的政权是一个限定性的政权,该政权并不向所有受宪法管辖者开放,而仅向作为政权主体的这部分人(在现行《宪法》下,即为“人民”)开放。正是因为国体条款中的专政概念带来了政权的限定性,当因社会政治情势改变而需要改变政治参与的范围时,若不在宪法上取消政权的限定性,就只能通过变更宪法上专政主体的范围来进行。从历史经验上看,变更的方式有两种:一种方式,是直接修改专政主体的表述,如 1975 年修宪时将专政主体的表述从“人民”改为“无产阶级”,1982 年修宪时又将专政主体的表述从“无产阶级”改为“人民”;另一种方式,则是在维持专政主体表述不变的情况下,改变该主体的内涵外延,如 2004 年和 2018 年修宪时通过修改序言中爱国统一战线的组成来改变“人民”内涵外延。

至于“人民民主专政”中的“民主”一词,一种可能的解释是用政治话语“人民当家作主”来加以解读。[37] 而所谓“人民当家作主”,就是指人民成为国家的主人、是政权的主体。然而,既然“人民”与“专政”两个语词的结合已经表达出这一重含义,若再对“人民民主专政”这一短语中的“民主”作此种解释,则未免有重复冗余之嫌,这在解释学上是应当避免的。更恰当的理解是,“民主”不是对政权主体的规定,而是对政权主体如何运作政权的规定。它意味着尽管政权

---

〔36〕 参见《列宁全集》(第 41 卷),人民出版社 1986 年版,第 207 页。

〔37〕 参见于浩成:《论社会主义民主》,载张友渔等:《宪法论文集》,群众出版社 1982 年版,第 60 页。

的享有是限定的,但在政权享有者的内部,政治参与却必须对所有人开放,政治运作必须遵循民主主义的原则。民主制度当然是多样的,仅从国体条款中的“民主”一词并无法推导出任何具体的民主制度安排。但它表达出一种最低限度的民主主义要求,而排除实行任何与民主制明显违背的制度:如在政权享有者内部实行一人统治或少数人统治、划分公民等级、设置贵族头衔、职位的世袭,等等。这一最低限度的民主主义要求,位于国体条款中、位于宪法主文最前端,构成“国法秩序的纲领”的一部分,是对《宪法》第2条所规定的政体、第3条所规定的国家机构组织活动原则以及宪法后文及下位法所建构的一切制度所提出的宪制性要求。

综上所述,所谓人民民主专政,就是指为人民所拥有的,且由人民以民主的方式进行统治的国家(政权)。

对国体条款作此种解释,首先,所有的论证材料均源于宪法文本或制宪材料,而非外部单纯的政治性的材料,防止了简单地以政治学说和意识形态解读乃至置换法规范中的概念。其次,专政概念位于国体条款中,而从学说史的角度看,自穗积八束将国体概念引入宪法始,国体条款的主要功能就在于确定主权的归属。[38] 将人民民主专政解释为由人民所拥有和统治的政权,即在国体条款中确定了人民主权原理,这既符合宪法史上国体条款的传统功能定位,从体系解释的角度看也是恰当的。最后,从比较法的角度看,也符合各社会主义阵营国家宪法第1条(或相关条款)的通例,这些条款往往规定本国是“工农社会主义国家”(1936年苏联《宪法》)、“劳动群众的独立国家”(1940年蒙古《宪法》)、“工人和劳动农民的国家”(1949年匈牙利《宪法》)、“城乡劳动人民的国家”(1952年罗马尼亚《宪法》),[39] 都具有确定主权归属的功能。

(三)“专政”与对敌斗争的关系

意指政权归属的“专政”和意指打击镇压行为的“专政”在语义上有别,在功能上却存有联系:后者的一个重要功能,就是保护前者的存在与安全,确保政权主体对政权的排他性占有,排斥“敌人”参与政权。在确定我国现行《宪法》中专政一词意指政权归属后,还有必要讨论,这里的“专政”是否还包含对敌打

---

〔38〕 参见林来梵:《国体概念史:跨国移植与演变》,载《中国社会科学》2013年第3期。

〔39〕 中国政治法律学会编:《宪法分解参考资料》,人民出版社1954年版,第19~22页。

击镇压的统治行为那种含义。

今天的国人,大抵已极为熟悉“专政”一词中敌我斗争的内涵,一提起“人民民主专政”,第一反应往往是“对人民实行民主,对敌人实行专政”。我国当前宪法学通说中,一般将“人民民主专政是新型的民主和新型的专政的结合,即为‘对广大人民实行民主和对极少数敌人实行专政’”作为人民民主专政的“主要内容和特点”之一,[40]在这一表述中,“专政”无疑直接等同于对敌斗争。周林刚博士也认为,专政概念在我国首先是“通过人民和敌人的区分来获得规定的”,无产阶级专政的概念依托于敌人的概念。[41]

需明确的是,从学说史和制度史的角度上看,“区分敌我”“压迫敌人”“指向特定专政对象”的含义,并非一开始就内在于“dictatorship”这一概念本身。英文中的“dictatorship”,指的是一种政治制度或政治模式,“打击敌人”可能作为这种政治制度或模式的目的、功用、取得和维持手段而存在,但却绝不是“dictatorship”这个词本身的含义。“dictatorship”是一种在整个政治共同体里实施的制度,而不是专门对某一部分人实施的制度,更不是什么可以对敌人实施的东西。以古罗马共和国的专政官制度为例,该制度是依法将独断权力授予专政官,由专政官在严重的紧急状态下统治国家,以恢复正常状态和常规政府,一旦目的实现,专政官立即将权力移交给常规的执政官。[42]其制度逻辑是“因目前的危急状态,而在整个罗马共和国里实行专政官制度,其目的是集中力量和敌人作战”。如果把“对人民实行民主,对敌人实行专政”的逻辑套用到古罗马的专政官制度上,就变成了“对所有罗马公民实行平时的执政官制度,而对入侵的外族或叛乱的奴隶实行专政官制度”。这是极其荒谬的,对完全位于共同体外部的敌人,只有进行军事作战的可能,不存在对其实行什么制度的可能。

只有当“敌人”不再是指军事意义上的外敌,而是政治意义上的敌人,且共同体的边界变得模糊,敌人可能部分地存在于政治共同体之内,可能受到政治

〔40〕 参见许崇德主编:《宪法》,中国人民大学出版社2009年版,第106页。更详细的论述,参见张光博:《宪法论》,吉林人民出版社1984年版,第85~87页。

〔41〕 参见周林刚:《我国宪法上的专政概念与平等原则》,载《中国法律评论》2016年第4期。

〔42〕 参见[美]罗斯托:《宪法专政:现代民主国家中的危机政府》,孟涛译,华夏出版社2015年版,第18页。

共同体的管辖时,[43]专门对“敌人”这一部分人实行某种制度才可能变得有意义。革命成功之后的俄国就是如此,所以列宁在《国家与革命》中说无产阶级专政“对无产者和一般穷人是民主的”“对资产阶级是专政的”。[44]

然而,列宁作为政治家而非学者,并不讲究定义的严谨和统一。他对专政概念的界说,很可能随着政治形势和政治论争的需要而变。其多数著述并不强调无产阶级专政是特别对资产阶级实施的,而更多地将其视为一种整体的体制。列宁的学说强调敌我区分和阶级斗争,然而,敌我区分和阶级斗争与“专政”概念之间的关系在其著作中却也时有变化。他在与考茨基的论战中说“专政是直接凭借暴力而不受任何法律约束的政权。无产阶级的革命专政是由无产阶级对资产阶级采用暴力手段来获得和维持的政权,是不受任何法律约束的政权”,[45]这里只是指出“无产阶级的革命专政”(而不是一般意义上的专政)需要通过对敌斗争来取得和维持,专政指的是以“直接凭借暴力”“不受法律约束”为特征,却并未说专政的意思就是对敌斗争。然而,他在《“关于用自由平等口号欺骗人民”出版序言》中又说,“无产阶级专政是……无产阶级进行阶级斗争,来反对……资产阶级”,[46]这就直接把专政等同于阶级斗争了。这也许就是为什么彭真会说“只取这个意思,其他文章怎么说,就不必去管它了”——试图从列宁所有的著作中找出一个对专政前后融贯的定义,以此去定义宪法上的专政,注定是徒劳的。同时,这也正是为何宪法学人解释宪法中的概念时应当回归宪法文本和制宪过程——从政治人物的著作中寻找宪法解释的依据并不可靠。

回到我国《宪法》文本上,首先,由于宪法中的专政是指具有一般性的政权归属,而非完全等同于具有特定制度内涵的“dictatorship”,那么,即便在学说史和制度史上“dictatorship”体制具有区分敌我的内涵,这一点也不适宜用于说明我国宪法上专政概念的特点。其次,应当排除宪法文本中的专政直接等同于对敌打击镇压行为的那种语义,这种语义和上下文的语境不匹配,也不符合国体

[43] 典型的,如我国传统法政学说中“敌人”这一部分人不包含在“人民”内,却仍包含在“公民”内。

[44] 《列宁选集》(第 3 卷),人民出版社 1995 年版,第 140 页。

[45] 《列宁全集》(第 35 卷),人民出版社 1985 年版,第 237 页。

[46] 《列宁全集》(第 36 卷),人民出版社 1986 年版,第 362 页。

条款确定主权归属的功能。如此，即便将宪法中的专政概念与对敌斗争的观念相关联，对敌斗争也只能存在于专政（政权）的目的、功用或维持手段的层面，而不等同于专政概念本身。当然，鉴于中国宪法是在马克思主义思想的主导下制定的，而马克思主义中确实存在将国家、政权视为“镇压阶级敌人反抗的机器”的观念，[47]将对敌斗争的观念从宪法中的专政概念里完全排除出去，在当前是颇为困难的。然而，既然已经将专政概念解释为政权，那么“对敌斗争”就无法在宪法中的专政一词里直接找到依据，也不再是解释宪法文本里专政概念时必不可少的内涵，充其量只是对宪法中专政（政权）的目的、功用或维持手段进行特定的政治理论或意识形态释读后派生的产物。

## 五、专政是否受法律约束——历史与文本分析

由于国体条款将专政理解为一切国家的共性，而不是一种特殊的体制，那么，此处的专政就不是郑成良教授中 3 种专政形态的任何一种，国体条款中的专政概念也并非采列宁式的“直接凭借暴力而不受任何法律约束的”革命专政的理解。那么，专政就不必然与法治相排斥，否则就无“法治国家”可言，换言之，专政和法治并非先天地冲突和排斥的。当然，这也并不意味着专政就内在地包含法治。故国体意义上的专政即政权本身以及可能作为国体意义上专政的目的、功用或维持手段而存在，国家对“敌人”实施的具体统治行为意义上的“专政”，就既可能受法律约束，也可能不受法律约束，这需要结合其他宪法规范进行探讨。

笔者以探究现行宪法上专政与法治的关系为目的，但鉴于 1954 年《宪法》作为新中国制宪权发动的结果，奠定了中国基本的宪治秩序，无论是学界还是 1982 年的修宪者都承认 1982 年《宪法》“继承和发展了 1954 年《宪法》的基本原则”，[48]故对现行《宪法》上“专政”与“法治”问题的探讨，仍有必要回顾 1954

---

〔47〕 吴德峰等编著：《中华人民共和国宪法讲话》，人民出版社 1954 年版，第 47 页。转引自韩大元：《1954 年宪法与中国宪政》，武汉大学出版社 2008 年版，第 81 页。

〔48〕 彭真：《关于中华人民共和国宪法修改草案的报告》，载王培英：《中国宪法文献通编》（修订版），中国民主法制出版社 2007 年版，第 57 页。学界的观点，可参见许崇德主编：《宪法》，中国人民大学出版社 2009 年版，第 96 页。

年《宪法》上的相关规定。至于1975年《宪法》和1978年《宪法》,则基本受到1982年修宪者的否定,[49]对于宪法的释读缺乏参考价值。

(一)对五四宪法的解读

在论及专政时,毛泽东往往将剥夺敌人的权利作为(微观语义上)专政的一个层面,如其在《论人民民主专政》中称"向着帝国主义的走狗……及其帮凶们实行专政,实行独裁,压迫这些人,只许他们规规矩矩,不许他们乱说乱动。如要乱说乱动,立即取缔,予以制裁。对于人民内部,则实行民主制度,人民有言论集会结社等项的自由权。选举权,只给人民,不给反动派";[50]又如其在《关于正确处理人民内部矛盾的问题》中称:"逮捕某些反革命分子并且将他们判罪,在一个时期内不给地主阶级分子和官僚资产阶级分子以选举权,不给他们发表言论的自由权利,都是属于专政的范围。"[51]

然而,即便在政治理论上"敌人"被剥夺了言论自由等权利,但在1954年《宪法》中,至少在规范上并非完全如此。1954年《宪法》第87条规定,"中华人民共和国公民有言论、出版、集会、结社、游行、示威的自由。国家供给必需的物质上的便利,以保证公民享受这些自由"。此处,将"言论、出版、集会、结社、游行、示威的自由"的主体规定为"公民",和今天宪法学通说中的理解一样,"五四宪法"的制宪者也将"公民"理解为"包括一切具有中华人民共和国国籍的人",[52]换言之,"敌人"的部分也被包括在内。1954年《宪法》第29条第2款规定,"国家依照法律在一定时期内剥夺封建地主和官僚资本家的政治权利,同时给以生活出路,使他们在劳动中改造成为自食其力的公民",1975年《宪法》、1978年《宪法》中也有类似的规定。与现行《宪法》第34条在规定选举权与被选举权这一具体基本权利时作出"但是依照法律被剥夺政治权利的人除外"的例外规定不同,前述规定位于《宪法》的总纲部分中。周林刚博士敏锐地指出了

---

[49] 彭真在《关于中华人民共和国宪法修改草案的报告》中称1954年《宪法》"是一部很好的宪法",而称1978年《宪法》在许多方面已经同现实的情况和国家生活的需要不相适应,对1975年《宪法》则只字未提。参见王培英:《中国宪法文献通编》(修订版),中国民主法制出版社2007年版,第54~57页。

[50] 《毛泽东选集》第4卷,人民出版社1991年第2版,第1475页。

[51] 北京大学法律系宪法教研室、资料室编:《宪法资料选编》,1983年版,第160页。

[52] 参见韩大元:《1954年宪法与中国宪政》,武汉大学出版社2008年版,第175页。

该条款与现行《宪法》中剥夺政治权利相关规定的区别,[53]即“敌人事先即被剥夺了政治—法律上存在的权利,而人民当中的‘犯法分子’是事后受到限制”,敌人的辨别是依据其客观存在的、先于法律存在的社会身份,而不是依据其具体行为,通过法律上的程序进行辨别。[54] 然而,在笔者看来,尽管此处敌我的分辨确实是先于法律进行的,但是,“五四宪法”第29条第2款的存在,本身就说明了对“敌人”进行政治权利的剥夺需要经过宪法的明确授权,而不是一种仅仅从“人民民主专政”中的“专政”概念就可直接推论出的原理。并且,剥夺政治权利的对象限于宪法明确规定的两种(而非政治上宽泛的“敌人”),其具体实施方式也须依照法律进行。故难谓此处的剥夺政治权利是一种完全先于法律的、不受法律约束的“专政”措施,亦难谓“敌人”在宪法上完全丧失了权利。

“专政”需要受到法律约束同样也在制宪者的观念中有所反映。1954年《宪法草案》第81条规定:“中华人民共和国公民的人身自由不受侵犯,任何公民非经法院或检察长的许可,不受逮捕。在紧急情况下的拘留,至迟要在3日内得到批准,否则被拘留的人应当得到释放。”宪法起草委员会第四次全体会议对该条款进行讨论时,邓小平说道:“过去我们搞的几次革命运动,一叫土地改革,二叫镇压反革命,三叫‘三反’‘五反’……打倒地主阶级和反革命分子,主要是靠了革命的群众运动。如果在那时,我们规定了这一条,包管革命根本就搞不起来。”[55]这恰好说明,在制宪者的观念中,过去搞得了“革命的群众运动”,是因为当时没有宪法、没有人身自由权的规定、没有相关的宪法法律约束。而一旦有了宪法,有了人身自由权的宪法规定,搞“革命运动”就需要受其约束。人身自由权的宪法规定同样适用于“地主阶级”“反革命分子”等敌人,同样适用于对敌人实施的“革命”“专政”行为。在最终通过的1954年《宪法》文本里,人身自由权条款被放在第89条,内容则被改为“中华人民共和国公民的人身自由不受侵犯。任何公民,非经人民法院决定或者人民检察院批准,不受逮捕”,程

---

〔53〕 周林刚博士论及这一部分时直接指向的是1975年《宪法》、1978年《宪法》中的相关规定,但这种区别可同样适用于1954年《宪法》的规定。

〔54〕 参见周林刚:《我国宪法上的专政概念与平等原则》,载《中国法律评论》2016年第4期。

〔55〕 韩大元:《1954年宪法与中国宪政》,武汉大学出版社2008年版,第189页。

序保障的严密性大为下降。这或许反映了制宪者不希望国家限制公民人身自由受到如此严密的程序制约,但也同时反映了制宪者的一种观念——程序制约一旦规定到宪法条文里,国家政权就必须受其约束,搞“革命运动”也必须受其约束。

综上,尽管在制定“五四宪法”的时代,“法治”并未进入官方话语体系,宪法秩序存在“民主先于法治”的特点,〔56〕且高度强调对敌专政、对敌专政与“敌人”的宪法权利保障之间也存在巨大张力。〔57〕但是,无论从制宪者的观念上看,还是从“五四宪法”的规范体系上看,都难谓其规定的国家政权及国家“专政”职能完全排除了法律约束、完全排斥法治的观念。

(二)对现行宪法的解读

就现行《宪法》国体条款中的专政概念而言,如前所述,人民民主专政意味着人民排他地占有政权,这构成了一项宪法规范。而为了使这一宪法规范具有实效性,在法律上就必须存在相应机制,用以区分人民和非人民,并将非人民排除在政权之外。对此,有学者认为,人民对政治权力的排他性的占有,即不让敌人成为主权者的构成部分,分享国家的政治权力,在法律上的配套技术手段“就是剥夺这部分人的政治权利”。〔58〕而在笔者看来,担保人民民主专政规范实效性的法律机制,与其说“就是剥夺政治权利”,倒不如说“只能是剥夺政治权利”。因为在现行《宪法》上,除了第 34 条规定的、必须依照法律进行的“剥夺政治权利”以外,就再也找不出其他可以将一部分公民排除出政权之外的机制了。一部分公民能否参与政治,不仅是一个公民个体的基本权利享有问题,更是一个关乎主权之所在的根本性宪制问题,理应属宪法保留的范围。对此,如果我们将“本宪法……具有最高的法律效力”和“一切国家机关和武装力量、各政党和各社会团体、各企业事业组织都必须遵守宪法和法律……任何组织或者个人都不得有超越宪法和法律的特权”确实地看作庄严的、有法律效力的承诺,而非

---

〔56〕参见于文豪:《“五四宪法”基本权利的国家建构功能》,载《环球法律评论》2015 年第 2 期。

〔57〕相较于现行《宪法》,“五四宪法”更强调对敌人的打击镇压,如第 19 条第 1 款规定“中华人民共和国保卫人民民主制度,镇压一切叛国的和反革命的活动,惩办一切卖国贼和反革命分子”,刘少奇在一届全国人大一次会议上作《关于中华人民共和国草案的报告》时,对此亦极为强调。

〔58〕林来梵:《宪法学讲义》,法律出版社 2015 年版,第 200 页。

仅仅是宣示性的空话，那就不应该试图从宪法以外去寻找将一部分公民排除在政权之外的依据。

质言之，根据现行《宪法》所建立起来的人民民主专政，在主体范围上确实是限定的、排他的，但确保这种限定性的手段却又是为宪法所限定的。若要界定人民与非人民、排除一部分公民的政治参与，就必须通过为《宪法》所规定的“剥夺政治权利”这一法律程序进行，而不能通过某种在宪法之上或之外的神秘的“政治决断”来进行。进一步地，在具体情形中，剥夺政治权利作为一种限制基本权利的措施，还必须接受宪法和宪法理论上法律保留、比例原则、明确性原则等有关基本权利限制的合宪性检验。〔59〕 这缓和了专政的限定性，而从法治作为专断权力的对立物的角度看，〔60〕也无疑使专政本身具有了法治主义的色彩。

至于具体统治行为意义上的专政又如何呢？现行《宪法》明确规定了国家遵守宪法和法律的义务。《宪法》序言中指出“全国各族人民、一切国家机关和武装力量、各政党和各社会团体、各企业事业组织，都必须以宪法为根本的活动准则，并且负有维护宪法尊严、保证宪法实施的职责”，而正文第 5 条第 4 款、第 5 款则明确规定“一切国家机关和武装力量、各政党和各社会团体、各企业事业组织都必须遵守宪法和法律。一切违反宪法和法律的行为，必须予以追究。任何组织或者个人都不得有超越宪法和法律的特权”。若我们按照传统的学说，将国家机关、武装力量等视为国家实施阶级统治、“镇压阶级敌人反抗”的机器，换言之，即承担对敌（统治行为意义上的）“专政”职能的机器，那么，宪法规定它们必须遵守宪法、法律，就这意味着它们的一切行为，包括实施“专政”职能的行为，都必须受宪法法律的约束，对此，宪法上并无任何例外规定。

还须说明的是，1982 年修宪时加入第 5 条，用意非常明确。这一条款里写各政党必须守法，“实际上主要是指执政党，执政党不以身作则遵守法律，法制就很难健全”，〔61〕目的就是吸取“文化大革命”的教训，要求执政党带头遵守宪法和法律，加强社会主义法制。这就排除了那种根据列宁主义传统将我国宪法

〔59〕 参见张翔：《基本权利的规范建构》（增订版），法律出版社 2017 年版，第 127 ~ 145 页。

〔60〕 See A. V. Dicey, *Introduction to the Study of the Law of the Constitution*, Macmillan and Co., Limited St. Martin's Stkeett London, 1915, 8th ed., p. 184.

〔61〕 肖蔚云：《我国现行宪法的诞生》，北京大学出版社 1986 年版，第 108 页。

上的专政概念释读为"包含了对敌人的镇压和党的领导两个方面"的复合结构,并认为后一个方面也"不受法律约束"[62]的观点。这种观点即便能够在列宁主义的政治理论里得到证立,也绝不符合我国现行《宪法》的规定。

对 1982 年《宪法》的修改也进一步重申和加强了法律对"专政"行为的约束。1999 年修宪时在《宪法》第 5 条第 1 款中增加了"中华人民共和国实行依法治国,建设社会主义法治国家"。而法治的重要含义就是一切权力的行使都必须受法律的约束,包括"专政"的权力。这进一步宣明法治与专政并立,对敌人实行"专政"要依据法律进行。2004 年修宪时则在第 33 条第 3 款增加了"国家尊重和保障人权"的规定。所谓人权,是指人作为人所应享有的最起码的权利,其主体是"人",而不限于政治上的"人民"。国家既然负有尊重和保障人权的义务,则在其"专政"活动中,对"敌人"的基本人权也必须依法予以保障。

质言之,守法义务条款、法治国家条款、人权保障条款对具体统治行为意义上的"专政"构成了一种约束,要求"专政"必须与法治主义相协调一致。不难发现,"八二宪法"继承了"五四宪法"中专政不与法治相排斥的理念,并且基于对"文化大革命"中"无法无天"的状况的反思,在序言和总纲中强化了法律、法治在宪法中的地位。而经过 4 次修宪,法治已经成为现行《宪法》中的一项基本原则,一切国家权力的活动,包括实施"专政"职能的活动,都应受到法律的约束,以符合法治原则的方式进行。

## 六、结　　语

中文里"专政"一词具有多义性,不必然是指学理上不受法律限制的政治制度或模式。我国宪法国体条款中的"专政"主要是指一般意义上的"政权归属",而非等同于西文中的"dictatorship"或者日常用语中的打击镇压行为,其作用在于宣明政权的阶级性、确定主权的归属,并强调政权的排他性占有(限定性),而非强调政权具有不受法律约束的特征。"五四宪法"的规范体系并未完全排斥法治的观念。而现行《宪法》通过将"剥夺政治权利"规定为辨别政权主体的唯一措施,缓和了专政概念中的限定性要素,将其纳入法治轨道;又通过守

[62] 周林刚:《我国宪法上的专政概念与平等原则》,载《中国法律评论》2016 年第 4 期。

法义务条款、法治国家条款、人权保障条款，确立了微观意义上的国家专政活动需受法律约束的原则。

对作为宪法概念的“专政”的解释，应该回归宪法文本和制宪过程，而非诉诸宪法外部的材料。我们不必纠结于传统政治学说上专政与法治的冲突，宪法中“专政”概念与法治之间的紧张关系事实上完全可以通过法解释的技术予以消解。故而强调两者之间的对立性，要求取消专政概念以促进法治，并非必要。探究宪法和法律上哪些制度设计是对国体中专政概念的具体化及其与法治的关系，方为宪法学的任务。

Normative Analysis of the Term "Dictatorship"
in the Current Constitution of China

Chen Chufeng

**Abstract**: The term "zhuanzheng" or "dictatorship" in Chinese language is polysemy. In the form of state provisions of China's constitution, the term "dictatorship" does not similar to the connotation of western classical dictatorship that is "state power free from any legal restrictions", nor is it equivalent to the phrase "zhuanzheng" in Chinese language that refers to political repression. It mainly refers to the exclusive possession of the regime, and is used for determine the ownership of sovereignty and limit the range of the regime's possessors. The 1954 Constitution does not completely exclude the principle of rule of law, and the current Constitution has already established the principle that all state activities, including the state function of "zhuanzheng", must be subject to law. The principle of rule of law in the Constitution has positive interaction with the concept of dictatorship, and alleviates the limitation element in the term "dictatorship". The tension between rule of law and "dictatorship" can be resolved through interpretation of the Constitution with legal dogma. It is not necessary to emphasize the opposition between the two or try to promote the rule of law by abolishing the term "dictatorship" in the Constitution.

**Key words**: Form of state; Dictatorship; People's democratic dictatorship; Rule of law

# 博士论文精华

# 竞选资金是言论吗

## ——从判例变迁、解释论争到政治哲学审视*

敖海静**

**内容摘要：**

1976 年的巴克利诉瓦莱奥案(Buckley v. Valeo,以下简称巴克利案),美国最高法院(以下简称高等法院)以美国宪法第一修正案(以下简称第一修正案)为依据开启了对竞选资金的司法规制进程。司法的介入让竞选资金监管问题变得更扑朔迷离。任何有关竞选资金监管的法律所面临的第一个挑战都必然是合宪性问题,即是否限制了人们以捐赠和开支竞选资金的形式享有第一修正案所保障的言论自由。竞选资金监管问题的"七寸"就在于,以竞选为代表形式的民主代议制与言论自由原则存在交错冲突之处。这个问题也在宪法学界和政治哲学界引起了激烈争论。笔者梳理了这些不同的理论观点,并以米克尔·约翰对两种类型的言论自由的区分为据认为竞选资金应受第一修正案的保障。

**关键词：**

竞选资金　言论自由　巴克利案合伙式民主观　自治

### 一、问题的提出

在美国的政治竞选中,为了让自己的声音盖过其他候选人,候选人需要进行组织化的竞选活动,包括组建竞选班子、进行辩论演说、发布竞选广告等,而

---

* 本文曾提交第六届经略研究院年会暨"法权秩序与中国道路"学术研讨会(2017)讨论,感谢项焱、田雷、陈心想等师友的批评和建议,一如成例,文责自负。

** 中国人民大学法学院博士后研究人员,法学博士。

这一切活动都离不开对竞选资金的使用。这些因素使竞选资金在很大程度上成为决定竞选胜败的关键条件。为了募集更多的竞选资金,很多政治候选人也越来越向大财团和有钱人靠拢,甚至公开出售“接近机会”(access),即以与这些捐赠者见面倾听他们的政策诉求来换取竞选捐赠。然而,在理论上,金钱对政治的影响始终都体现为对政治自由和政治平等两种互存张力的观念之间的调和。一方面,这种张力源自人们认为的金钱政治对选举平等性的腐化,富人仅因更有钱就拥有了更多影响候选人政策的机会,传统的“一人一票”原则由于竞选对金钱越来越严重的依赖而遭到严重威胁;另一方面,从行为特征上看,捐赠人之所以向某政党或候选人进行捐赠,是因为赞同他们的政治理念和政策,这种捐赠是对政治认同的直接表达,因此,必须受到第一修正案言论自由条款的保障。政党和候选人花钱进行政治宣传,发布政治广告更是行使言论自由权的表现。简言之,金钱既能“俘获”政治权力,也能表达人们的政治观点。正是这一内在的矛盾使对竞选资金的监管变得异常复杂。对于不同的监管规则的解释论证来说,竞选捐赠和开支与第一修正案的关系始终都是最核心的问题。世界上很多国家都颁布了规范政治献金的法律,他们所面临的问题大多是法律的实效性问题。然而,在美国任何有关竞选资金规制的法律措施所面临的第一个挑战都必然是合宪性问题——它是否限制了人们以捐赠和开支竞选资金的形式享有第一修正案所保障的言论自由。

在这个意义上,竞选资金监管既是政治问题,更是法律问题;既涉及法律的实效性问题,更涉及法律的合宪性问题。也就是说,竞选资金规制问题的“七寸”就在于,以竞选为代表形式的民主代议制与言论自由原则存在交错冲突之处。在当下美国政治和法律学界,有关竞选资金监管的讨论大多聚焦于 2010 年的联合公民诉联邦竞选委员会案(*Citizen United v. FEC*,以下简称联合公民案),改革方案也多围绕限制公司法人的政治言论自由、强化公开披露制度以及增加选举的公共资助等建议展开。[1] 但正如有学者所指出的,这些改革建议都

---

〔1〕 See Molly J. Walker Wilson, “Too Much of a Good Thing: Campaign Speech After Citizens United”, 31 *Cardozo Law Review* 2365, 2385 – 2389 (2010); Richard Briffault, “Updating Disclosure for the New Era of Independent Spending”, 27 *Journal of Law and Politics* 683, 691 – 713 (2012); Nicholas Bamman, “Campaign Finance: Public Funding After Bennet”, 27 *Journal of Law and Politics* 323, 344 – 352 (2012).

没有触及这一议题的真正核心,即根据竞选资金第一案——巴克利案——无论是竞选资金的捐赠还是开支,都直接涉及政治言论的自由表达这一核心的宪法问题。[2] 笔者正是在这个意义上对竞选资金问题展开理论探讨,而不是对美国竞选资金监管法制的政策得失进行专门比较。当然,从研究的具体内容的角度看,笔者不可避免地涉及某些国会立法是否真的能够实现特定政策目标的问题,但即便如此,笔者关注的核心问题依然是这些政策目标是否容于宪法第一修正案。

## 二、言论自由的审查:最高法院判例规则的变迁

美国对联邦竞选资金的监管已经走过了100多年的历程,在这段漫长的历史进程中,1971年和1976年是两个重大的历史节点。1971年国会制定了《联邦竞选运动法》(Federal Election Campaign Act),首次为竞选资金监管领域建立了全面的法律规则。5年后的1976年,最高法院开始介入竞选资金监管问题,判决了该领域的第一案——巴克利案。这个判例标志着立法和司法相互交错,但司法逐步发挥主导作用的现代监管体系开始形成。

### (一)巴克利案:钱能讲话

1975年1月针对1974年国会修订《联邦竞选运动法》后采纳的极严格的竞选资金捐赠、开支限制措施和资金披露要求,纽约州参议员巴克利和前明尼苏达州参议员麦卡锡等人在哥伦比亚特区的联邦地区法院对参议院议长瓦里奥、根据修订后的《联邦竞选运动法》而新成立的联邦选举委员会及其成员提起了诉讼。原告诉称,这些限制措施严重违反了宪法第一修正案。地区法院随后将该法涉嫌违宪的部分提交至哥伦比亚特区的联邦上诉法院。1976年8月15日,法院作出判决,认为《联邦竞选运动法》中有关竞选资金捐赠、开支和披露的条款全部合宪。1976年9月19日原告向最高法院提起上诉。除了联邦选举委

---

[2] See Erwin Chemerinsky, "Not a Free Speech Court", 53 *Arizona Law Review* 723 (2011); Jessica A. Levinson, "*The Original Sin of Campaign Finance Law: Why Buckley v. Valeo is Wrong*", 47 University of Richmond Law Review 881 (2013); Jim Leach, "Citizens United: Robbing America of Its Democratic Idealism", 142 (2) *Daedalus, The Journal of the American Academy of Arts and Sciences* 95 (2013).

员成员的任命规则争议之外,就最高法院而言,本案涉及的核心问题是竞选资金规制与言论自由的关系。具体而言,《联邦竞选运动法》对竞选资金捐赠和开支的限制以及有关这些信息的强制披露要求是否限制了人们自由表达政治理念的宪法权利。被告辩称《联邦竞选运动法》的相关条款只是对捐赠和开支的行为而不是言论进行规制,根据1968年的美国诉奥布莱恩案(United States v. O'Brien,以下简称奥布莱恩案),〔3〕国会显然有权规制这类行为。对于这种论调,最高法院多数意见予以拒斥,认为系争条款并不能和奥布莱恩案中得到维持的行为限制等量齐观,金钱开支不能简单地与焚烧征兵卡相提并论,通过给付或者花销金钱而得以实现的某些形式的交流即便含有行为的因素,但也会涉及言论。交流对金钱开支的依赖这一事实本身并不必然引入非言论因素(non-speech element),更不会导致放松第一修正案要求的严格审查。〔4〕因为在当今的大众社会,交流思想的任何方式事实上都要求一定数量的金钱开支——"散发最简单的传单都会发生印刷、纸张和发行成本。演说和集会总是要租借礼堂并公开宣传这一事项。选民为获得新闻信息而对广播、电视以及其他大众传媒的日益依赖,使这些昂贵的交流方式成为进行有效政治宣传不可或缺的工具"——如此,限制一个人或者一个团体在竞选中花费在政治交流上的金钱数量,必将限制表达的数量,因为这限制了被讨论的问题的数量、讨论的深度及所

〔3〕 最高法院在该案中首次处理了"表达式行为"(象征性言论)问题。某类行为因为可以视作人类意念表达和自我实现的基本方式,即和言论类似地表达了某种观念而受到宪法第一修正案的保护,这类行为就是"表达式行为"。在决定个人行为是否受到第一修正案言论自由条款的保护时,法院主要考虑行为是否带有"言论成分"以及政府调控是否针对行为的"言论成分"。如果政府对个人行为的调控是针对行为所要表达的内容,那么法院将对行为限制作出和言论限制类似的处理。因此,表达政治观点的行为受到第一修正案保护。但是,政府仍然可以限制"象征性言论"的时间、地点和方式,并且,只要不触及行为所要表达的内容,法院就应当维持为促进重要的公共利益而采取的必要政府调控。相反,如果政府调控行为的目的和言论自由无关,那么法院将"平衡"政府所保护的公共利益和行为调控对言论偶然产生的影响程度。参见张千帆:《西方宪政体系》(上册·美国宪法),中国政法大学出版社2004年版,第491~492页。

〔4〕 *Buckley v. Valeo*,424 U. S. 1(1976),opinion of the court.

能达到观众规模。[5] 同时,针对被告认为系争条款旨在限制富人、公司和组织因大量财富所具有的政治影响力,从而促进了政治平等的辩解,最高法院援引著名的纽约时报诉沙利文案(New York Time v. Sullivan)指出,政府可以通过限制某些言论来强化另一些言论的观念与第一修正案水火不容,第一修正案的原意就是要确保"来源于多样甚至相互敌对源头的信息都尽可能得到最广泛的传播"。因此,最高法院否决了《联邦竞选运动法》第608(a)节、第608(c)节、第608(e)(1)节的开支限制条款[6]的合宪性。

即便如此,联邦最高法院还是对捐赠限制和开支限制之间的差异进行了引人注目的仔细辨析。反观捐赠限制条款,尽管最高法院公开承认它们也不可避免地涉及言论因素,但这些条款对政治表达自由所施加的限制显然要比开支限制小得多。限制一个人捐赠给某个候选人或竞选组织的金钱数目,几乎没有限制他的政治交流,因为这种限制允许通过捐赠以象征性表达支持,但并没有在任何意义上侵犯捐赠人讨论候选人和竞选议题的自由。尽管捐赠——若候选人或者某个组织向选民表达观点时花费了这些捐赠资金——会带来政治表达,从捐赠到政治辩论的转化中涉及的是他人的,而非捐赠者的演说。《联邦竞选运动法》中的最高捐赠限额的总体效果只是要求候选人和政治委员会从更多的人那里筹集资金,并促使那些本会捐赠超过该法定限额的资金的人把这些钱用于直接的政治表达,而不是试图减少能促进政治表达的可能获得的资金总数。另外,捐赠限制条款还发挥了防止投桃报李、"利益交换式"(*a quid pro quo*)的政治腐败,因为大额的竞选资金捐赠往往是为了从现任或未来的官员处"购买"回报,这极大地破坏了代议民主制的诚实性。[7]

总体来看,联邦最高法院并不承认第一修正案的绝对性。捐赠限制不仅只对捐赠人参与自由交流的能力带来了微小的限制,而且与强制披露规则一道,构成了防止因候选人对大额竞选捐赠的依赖而导致的不正当影响的主要武器,实现了政府在反腐败方面的基本利益,而开支限制显然无助于这一目标的实现。因此,"最高法院在巴克利案中的判决部分对立法者的判断表示了尊重,而

---

[5] *Buckley v. Valeo*, 424 U. S. 1(1976), opinion of the court.

[6] 第608(a)节规定了对候选人自有个人资金用于竞选开支的限制,第608(c)节规定了总体竞选开支上限,第608(e)(1)节规定了最高独立开支上限。

[7] *Buckley v. Valeo*, 424 U. S. 1(1976), opinion of the court.

另一部分则表达了不满”,从长远角度看,“此时就已经在竞选资金监管规则体系方面种下了一颗分裂的种子”,[8]这不仅直接体现在本案最终采用法庭总体意见(*per curiam*)[9]的形式进行裁决,更体现在今后一系列的最高法院判例对待“捐赠/开支”二分法和政治平等的暧昧态度中。但是,如果撇开这些当时看来尚属枝枝蔓蔓的问题不谈,巴克利案显然是一个划时代的重大判例——最高法院正如那千军万马之中取敌将首级的勇士,一眼洞穿竞选资金监管领域的核心问题——“钱能讲话吗”,并给出了肯定的回答。从巴克利案开始,“钱能讲话”这一前提就算确立下来了,剩下的只是谁的钱能讲话,哪些钱能讲话的问题了。[10] 但巴克利案也遗留了一些问题,其中之一就是为“软钱”(soft money)铺平了道路。[11] 最高法院的“捐赠/开支”二分法导致了“受到拖累的筹款能力与无拘无束的花钱能力间的监管错位”。[12] 这种矛盾关系刺激了“软钱”的快速增长。当然,这也为后来《跨党派竞选改革法》的出台和最高法院接连扮演关键角色埋下伏笔。

(二)自由与平等的交错:从反腐败到政治平等

巴克利案之后——除了在1976年和1979年对《联邦竞选运动法》进行了修订外——国会基本丧失了作为竞选资金监管体系核心的地位。可以说,这一领域已由联邦最高法院全面接管。“尽管事后我们常会争论巴克利案对立法机关到底是尊重多一些,还是质疑多一些,但毫无疑问的是,后巴克利案时代的最高法院法理学显然是站在了质疑这一边”,几乎造就了一个第一修正案的自由

---

[8] Richard L. Hasen, “The Newer Incoherence: Competition, Social Science, and Balancing in Campaign Finance Law After Randall v. Sorrell”, 68 *Ohio State Law Journal* 849, 856(2007).

[9] 总体意见判决并不由撰写和加入多数意见的法官署名,而是由法院整体法官作出。

[10] 左亦鲁:《钱能讲话?——*Citizens United v. Federal Election Commission* 案》,载强世功主编:《政治与法律评论》2010年卷,法律出版社2011年版,第275页。

[11] 参见吕芳:《“巴克利诉瓦奥案”与竞选开支限制——以2008年美国总统大选为例》,载《环球法律评论》2010年第3期。

[12] Samuel Issacharoff, Pamela Karlan, Richard Pildes, *The Law of Democracy: Legal Structure of the Political Process*, New York: Foundation Press, 2008, p. 338.

放任的时期。但正如哈森所言,分裂的种子已经种下。[13] 在后续的诸多判例中,最高法院并没有表现出严格的连贯性,时不时还会有些许偏离——例如,在联邦竞选委员会诉全美保守派政治行动委员会案(FEC v. National Conservative PAC)中,法院基于对“腐败”定义的限缩,推翻了《总统竞选基金法》中运用刑事制裁手段禁止向任何已接受公共竞选基金资助的总统候选人进行超过1000美元的竞选捐赠的条款,同时还明确表达了对“捐赠/开支”二分的审查路径的可操作性的不满,[14] 甚至似乎在奥斯汀诉密歇根商会案(Austin v. Michigan Chamber of Commerce,以下简称奥斯汀案)中接受了政治平等作为正当化竞选资金监管的理由,并由此引发了大量的学术争论。[15]

此外,在联邦最高法院内部关于巴克利案的解读和态度中也存在严重的多重紧张关系。首先,针对巴克利案的“钱能讲话”这一核心意见,尽管怀特大法官在随后一系列判例的异议中,提出了另一个基本遭到忽视但却更具前提性的问题——谁来判断竞选资金的制度结构威胁到了选举过程?“法院认为监管措施对第一修正案权利构成了潜在侵害,因此必须接受严格审查。反过来,这就要求政府通过证明存在令人信服的公共利益以及这些措施是经过‘精细裁剪(narrowly tailored)’,并与第一修正案的要求恰当契合。而怀特大法官再三质疑的是,法院是否有能力在事后对这两点进行审查。对他来说,从巴克利案开始,一个关键的问题就是法院是否应当对立法机关在这一领域卓越的信息收集能力表示尊重。”[16] 怀特大法官的忧思和忠告并非毫无意义,在后来对竞选资金监管影响深远的麦康奈尔诉联邦竞选委员会(McConnell v. FEC,以下简称麦康奈尔案)中,我们将会发现这一真知灼见结出的可贵的司法果实。另外,如果

---

[13] See Richard L. Hasen, “The Newer Incoherence: Competition, Social Science, and Balancing in Campaign Finance Law After Randall v. Sorrell”, 68 *Ohio State Law Journal*, 2007, pp. 849, 856.

[14] *Federal Election Commission v. National Conservative Political Action Committee*, 1985, 470 U. S. 480, pp. 493 - 497.

[15] See William Eskridge Jr., Philip P. Frickey, Elizabeth Garret, *Legislation: Statutes and the Creation of Public Policy*, Minessota: Thomson-West, 2002, p. 261.

[16] Samuel Issacharoff, Pamela Karlan, Richard Pildes, *The Law of Democracy: Legal Structure of the Political Process*, New York: Foundation Press, 2008, p. 387.

单就推翻巴克利案而言,法院内部已经存在一个明确的多数共识,但这个"多数派"却根本无法就朝哪个方向推翻巴克利案达成一致——以托马斯大法官为代表的一边寻求着推翻巴克利案对竞选捐赠的限制,而以斯蒂文森大法官为代表的另一边则梦想着推翻对自由开支的保护。这些多重的紧张关系最终在 2003 年的麦康奈尔案中完全爆发并破裂,也促使联邦最高法院重新反思自身的制度角色和政治平等的应有价值。

在联邦最高法院的法哲学开始有转向迹象的同时,国会也抓住机会推进竞选资金监管改革。2000 年国会修订了税收法律,而最具深远影响的制定法——《跨党派竞选改革法》——诞生于 2002 年。这是联邦竞选资金法律 30 多年来的首次系统性修订,规制"软钱"和"观点宣传"(issue advocacy)广告是该法最主要的两个目的。当该法刚在国会两院获得通过,反对派就已展开了司法挑战。2003 年年初,麦康奈尔案被送至最高法院,经过将近 1 年的拉锯战,法院在 12 月 10 日判决该法所有禁止筹集和开支软钱的措施合宪,同时还肯定了禁止公司和工会在大选前通过电台和电视台做"观点宣传"广告的做法。[17] 法院不仅指出软钱的出现是《联邦竞选运动法》的一个明显漏洞,并且认为这一责任在于联邦选举委员会所制定的规章允许一个"分配"(allocation)系统,从而使非联邦资金可以用来从事影响联邦竞选活动。[18] 软钱的快速增长,已远远超过了《联邦竞选运动法》所允许的硬钱捐赠的限额。由于软钱不受法律规制,竞选中甚至出现了"双方捐赠人"(double giver)的现象,即捐赠人同时向竞选双方捐赠软钱,且往往是大额捐赠。这些行为"进一步证实许多捐赠人并非根据意识形态和政治观点的异同选择支持的对象,而是希望借此创造接近候选人,乃至未来当选人的机会,并且害怕相对于其他捐赠人会在立法过程中处于不利地位"。继而,法院认为防止腐败的强制性法定目的"并非仅限于消灭'金钱与选票的交易'",而且要扩展到"来自政治家过于顺从大额捐赠人的意愿这一更为广泛的威胁"。在审查标准上,由于软钱条款实际构成捐赠上的限制,因此仅需面对"'更为宽松的要求'(lesser demand)以审查是否密切关联到足够重要的利益"——而不是适用于开支限制的"严格审查"(strict scrutiny)。由此,法院毫

---

〔17〕 See McConnell et al. *v. FEC et al.* ,540 U. S. 93(2003).

〔18〕 参见田雷:《竞选资金规制改革中的里程碑——评 BCRA 系列案》,载浙江大学公法与比较法研究所编:《公法研究》(第 3 辑),商务印书馆 2006 年版,第 322 页。

不犹豫地认定政府在“保护选举的品质、防止腐败”等方面的利益是紧迫的,其所面对的巨额竞选资金是借助公司这一特定组织形式所赚取的。这与大众是否同意该公司的政治理念并无太大关系,但这些钱却会对选举带来“腐蚀和扭曲效应”。[19]

毫无疑问,本案立刻激起美国社会中不同政治派别的回应。粗看起来,自由派显然是欢呼雀跃的。保守派团体的态度也是可想而知的——摧毁第一修正案等老套言词必不可少。然而,这种简单的、意识形态化的赞美和批判并不能完全解释判决背后的政治考量。“法院多数意见曾反复强调尊重政府其他分支的义务”,因为竞选资金规制正是国会非常精通的领域,法院对此种领域内国会平衡相互冲突的宪法利益的能力应当给予必要尊重。更重要的是,《跨党派竞选改革法》获得了两党联合支持,而且布什总统出人意料地签署该法案的事实本身就颇显微妙。在这种背景下,一个本身还受困于自身合法性问题的法院推翻一个两党共同支持的法律本身,就是一个极端轻率和冒险的行为。[20] 而这些“谆谆教诲”不正是怀特大法官曾反复告诫我们的吗?另外,从判例法的内在特质来看,即便麦康奈尔案判决是如此的不同寻常和影响深远——它维持了2002年《跨党派竞选改革法》的合宪性——也不足以将其作为一个孤立的竞选资金判例,它毋宁是由尼克松诉精简密苏里政府政治行动委员会案(Nixon v. Shrink Missouri Government PAC)开启的,继而由科罗拉多共和党联邦委员会诉联邦精选委员会第二案(Colorado Republican Ⅱ)和联邦竞选委员会诉博蒙特案(FEC v. Beaumont)持续推进的最高法院在竞选资金监管问题上基本态度变迁历程——开始从反腐败逻辑迈向政治平等的逻辑——的终点站。在这一系列判例中,法院似乎心照不宣地认可了通过由布雷耶大法官在尼克松诉精简密苏里政府政治行动委员会案中提出的以“参与式自治”的目标来推动竞选资金改革的做法。这种模式强调关注第一修正案与宪法的民主目标之间的关系,其目的在于推动金钱对选举过程影响的民主化,从而重塑公众对选举过程的信

---

〔19〕 黄明涛:《选举资金规制与美国宪法第一修正案的真传统——“联合公民案”再回首》,载许崇德、韩大元主编:《中国宪法年刊》(2013·第9卷),法律出版社2014年版,第199页。

〔20〕 See Cass R. Sunstein, “In Court v. Congress, Justices Concede One”, *The Washington Post*, December 21, 2003.

心,拓宽候选人资金支持的基数,鼓励更多的公共参与。[21]

(三)保守派的司法积极主义:迈向去监管化

麦康奈尔案之后,联邦最高法院似乎放弃了对国会在竞选资金领域所确立的各种监管措施进行越来越细致的审查。如果我们再往前追溯这一趋势的源流,则会感到这个案件似乎也暗示着更多地反对规制竞选资金的保守派,抑或者说老牌共和党人在这一议题上的全面失守。然而,随着最高法院自 2005 年以来的人事变化,法院在包括竞选资金监管在内的诸多领域的司法审查实践中都发生了深刻的变迁。2006 年的威斯康星生命派诉联邦竞选委员会案(Wisconsin Right to Life v. FEC)是 10 年来反对监管的保守派首次压倒自由派,赢得的重要竞选资金诉讼。法院判决在禁止公司和组织将一般账户资金用于“竞选信息”(electioneering communication)广告方面应当允许寻求适用上的例外。[22] 但是,对于反监管的保守派和新加入最高法院的罗伯茨与阿利托两位大法官来说,该案只能算是小试牛刀。

同年,新的罗伯茨法院开审了兰德尔诉索雷尔案(Randall v. Sorrell)。法院不仅一贯地否决佛蒙特州关于开支限制的法律,同时还以破坏选举过程中的竞争性结构为由令人意外地推翻了捐赠限制的州法。[23] 两年后的戴维斯诉联邦

---

〔21〕 [美]斯蒂芬·布雷耶:《积极自由——美国宪法的民主解释论》,田雷译,中国政法大学出版社 2011 年版,第 36 页。

〔22〕 Richard Briffault, “WRTL and Randall: The Roberts Court and the Unsettling of Campaign Finance Law”, 68 *Ohio State Law Journal* 807, 808 (2007).

〔23〕 Richard Briffault, “WRTL and Randall: The Roberts Court and the Unsettling of Campaign Finance Law”, 68 *Ohio State Law Journal* 807, 829 (2007). 对此,哈森似有不同看法。他认为,最高法院在兰德尔案中并没有将竞争性作为分析所有竞选资金法律或者选举法律合宪性的组织原则。他说:“还差得远呢!对竞争性的关注似乎是布雷耶大法官——他反对去监管化的趋势,主张尽可能维持现有原则——和两位新任大法官之间的妥协的结果。”See Richard L. Hasen, “The Newer Incoherence: Competition, Social Science, and Balancing in Campaign Finance Law After Randall v. Sorrell”, 68 *Ohio State Law Journal* 849, 860 (2007). 事实上,布里福在坚持最高法院已经开启了向竞争性原则转向的观点的前提下,也承认本案的多元意见并不符合最新的学术进展,但表明了一些形成竞争性模型的学说方面的困难。See Richard Briffault, “WRTL and Randall: The Roberts Court and the Unsettling of Campaign Finance Law”, 68 *Ohio State Law Journal* 807, 830 (2007).

竞选委员会案(Davis v. FEC),最高法院又推翻了一项著名的《跨党派竞选改革法》的修正案,即所谓的“百万富翁修正案”(Millionaire’s Amendment)。这项条款允许候选人在面对一个依赖自有资金的候选人的竞争和挑战时募集额外的资金。很显然,国会制定这项法律是基于候选人之间的不平等状况,希望减少金钱对选举的影响,创造公平的竞选环境。但阿利托大法官撰写的法庭意见认为,“那种为了‘创造公平的竞选机会’,某类候选人的言论应受限制的论调包含着极为不祥的后果。因为它将允许国会僭越选民的权威去评价候选人的优势……不同的候选人拥有不同的优势。有些富有;有些则拥有愿意给他大额捐赠的富裕的支持者。有些是名人;有些则拥有来自著名家族的好处。拉平竞选机会的论调意味着要进行并执行这样的判断,即应当允许哪些优势影响到选举的结果。应当时刻牢记的是,联邦宪法赋予了选民,而不是国会,选择众议员的权力。国会利用选举法来影响选民的选择是极端危险的”。[24]

2010 年的联合公民案是罗伯茨法院在竞选资金领域推行去监管化和自由化历程中的重要判例。该案不仅宣布禁止工会和公司使用一般资产(general treasury fund)对特定候选人进行捐赠,也禁止以独立开支(independent expenditure)赞助以各种媒体形式明确支持或反对某候选人的活动——其中就包括竞选宣传广告——的《跨党派竞选改革法》第 203 节[25]违宪,而且还推翻

〔24〕 *Davis v. FEC*,554 U. S. 724(2008),opinion of the court.

〔25〕 有学者认为联合公民案的系争条款是《跨党派竞选改革法》第 441(b)节。参见官晓薇:《美国法上对于公司言论自由保障之反思——论美国最高法院 *Citizens United v. F. E. C* 判决》,载《台北大学法学论丛》2015 年第 98 期,第 50 页。但很显然,这是一个误解。在《跨党派竞选改革法》通过之前,1971 年的《联邦竞选运动法》规定在某些特定的联邦选举中,禁止公司和组织在各种形式的媒体上利用期一般资产对候选人进行直接捐赠,或以独立开支形式用于候选人宣传(express advocacy),以后支持或反对某候选人。这一规定后来被编入联邦法典,也就是该学者所称的第 441(b)节,这一条款编号也的确在判决中频繁出现。但联合公民案的系争条款事实上是《跨党派竞选改革法》第 203 节,该条款实际上是对联邦法律第 441(b)节的修正和扩展,因为第 441(b)节仅规制硬钱,并不限制软钱开支,《跨党派竞选改革法》正是试图改变通过开支软钱来规避对硬钱限制的局面。因此,第 203 节实际上比联邦法律第 441(b)节更进一步,对竞选资金的限制更广泛和严格,但两者之间也的确存在一脉相承的渊源关系。

了在言论自由方面对公司法人和自然人的身份加以区别对待的奥斯汀案。多数意见将奥斯汀案推理逻辑归结为 3 点,即反扭曲(anti-distortion)、反腐败(anti-corruption)和保障股东利益(shareholder protection)。针对公司的经济资源优势会扭曲政治市场的观点,多数意见认为,这种理论对中小型公司尤其不公平,而同时在现实的政治活动中,富有的个人和非营利的团体(甚至包括被豁免的新闻媒体公司),都在毫无限制地利用自己从经济市场获取的财富来影响政治选举,公司却因为正面地与大众进行政治交流受到法律制裁,不能不说是赤裸裸的不公平。[26] 一方面,这种言论审查既过滤了最能代表经济世界的声音,也剥夺了选民获取重要知识和信息的机会,从根本上背离了第一修正案的精神。另一方面,根据巴克利案,防止腐败的政府利益只能正当化对竞选捐赠的限制,而就竞选开支而言,巴克利案则定下了防止腐败(包括可能的腐败)并不是一项足以压倒言论自由的政府利益的先例规则。同时,美国的民主传统是鼓励更多的言论,公司以独立开支形式进行的政治表达固然具有一定的影响力,但并没有证据显示选民会因为政治市场中多了一种言论就拒绝参与民主过程,或仅因为该言论来源于公司而不是自然人就必然产生不同的判断。[27] 因此,基于奥斯汀案在推理上的明显缺陷和政治表达对民主过程的极端重要性,保守派大法官认为必须推翻奥斯汀案,确保公司在政治选举中的独立开支的自由。分析到这里,我们似乎发现保守派法官的推理逻辑中存在一个明显的“漏洞”——他们似乎把全面精力都放在了推翻奥斯汀案上面,却忘记了几乎全盘维持《跨党派竞选改革法》的麦康奈尔案——如果公司和组织还是不能开支软钱,那么即便推翻奥斯汀案意义也不大。因为在保守派法官看来,以竞选资金为载体的政治言论仍然受到了极大的限制。但事实上以肯尼迪为代表的保守派大法官之所以在判决中对麦康奈尔案着墨不多,是因为这里存在举重若轻式

---

〔26〕 *Citizens United v. FEC*,558 U.S. 310,349 – 353(2010). 多数意见的这种观点极其类似于斯卡利亚大法官在奥斯汀案中的异议,甚至可以说,就是这一异议的翻版。斯卡利亚大法官在奥斯汀案异议中用一个例子反驳道,一个亿万富翁所拥有的财富同样不能代表公众对他的政治理念的支持,也同样有可能扭曲选举,导致政治腐败,为什么他的竞选开支就是第一修正案所保护的政治言论? See *Austin v. Michigan Chamber of Commerce*,494 U.S. 652(1990),Scalia,J.,dissenting.

〔27〕 *Citizens United v. FEC*,558 U.S. 310,356 – 359(2010).

的法律推理逻辑——推翻奥斯汀案就意味着公司和组织可以为竞选活动使用自己的资金,公司既然有权利花硬钱,当然更有权利花软钱了,因此,《跨党派竞选改革法》第203节和联邦法律第411(b)节同样都被推翻。

联合公民案对美国言论自由和竞选资金法制的影响是巨大的,它将过去长久以来联邦竞选资金法制上将公司的捐赠或费用与自然人相异处理的传统连根拔起。[28] 巴克利案之后,钱能讲话了;联合公民案之后,公司和组织的钱也能讲话了。该案是罗伯茨法院成立以来保守派在竞选资金监管领域推行的自由化和去监管化政策的里程碑式的成果,不仅直接推翻了两个最高法院先例,而且对两党经过艰难的政治妥协达成的合作成果也毫不手软地予以推翻。这不禁让人想起罗伯茨在2005年刚被布什总统提名为首席大法官时作出的要在判决中尽量贯彻司法最低限度主义的承诺——"在一个判决上,大法官们之间达成的共识越是广泛,它所仰赖的理由就越是尽可能地窄"[29]——这或许并不矛盾,尽管联合公民案在美国激起了轩然大波,引起了诸多指责和抨击,[30]但正如某些保守派人士和某些学者所指出的,自1974年国会修正《联邦竞选运动法》以来,候选人既不能自由募集不受限制的资金,公民团体也不能自由表达他们的政治观点,有组织的政治讨论和活动受到媒体和两党的操纵,竞选资金改革

---

〔28〕 参见官晓薇:《美国法上对于公司言论自由保障之反思——论美国最高法院 *Citizens United v. F. E. C* 判决》,载《台北大学法学论丛》2015年第98期,第56页。

〔29〕 [美]杰弗里·图宾:《九人:美国最高法院风云》,何帆译,上海三联书店2010年版,第270页。

〔30〕 在这些指责和批判当中,最具爆炸性的莫过于2010年1月27日(此时距离联合公民案判决作出仅5天)奥巴马总统在国会发表的任内首次国情咨文演讲中对该案的批评。奥巴马在演讲中说道,"现在是时候要求游说集团公布其与政府或国会的所有接触,是时候对游说集团向联邦候选人的捐赠加以严格限制。上周,最高法院推翻了一项维持近一个世纪的法律(指联合公民案——作者注),我相信这无异于为包括外国公司在内的特殊利益集团打开了大门,他们将不受限制地在选举中大把花钱。我以为美国的选举不应当由那些最有权势的利益集团,甚至是外国势力——这种情况更加糟糕——来提供资金,选举应当由美国人民来决定。因此我要求民主共和两党联合起来通过一项法案以纠正这一错误"。See Obama's State of the Union Address:http://usatoday30.usatoday.com/news/washington/2010-01-27-sotu-transcript_N.htm,October 3,2016.

已经使美国政治成为垄断竞争的典型代表,其中民主共和两党的双头垄断受到法律的保护,联合公民案在两党和其他小党之间搭建了一个公正的竞争平台。现在通过类似政党的组织提供独立开支,使双头垄断之外的小额捐赠也可以参与竞选,取消对竞选资金的限制可以通过使选举更公平和缩短过长的选季而在事实上对那些处于弱势地位的挑战者是有利的。[31] 这无疑是说,在保守派看来,自由放任政策才是竞选资金领域的正确选择,才能确保选举的开放和公正。而从行事策略的角度讲,为了在这一领域推行去监管化的自由放任政策,最高法院就不得不践行司法积极主义。对于保守派大法官来说,这不是悖论,更不是背叛,而是一种深刻的辩证法。

然而,将竞选资金领域去监管化趋势推向极致的,是最近的重大竞选资金判例即 2014 年的麦卡琴诉联邦竞选委员会案(McCutcheon v. FEC,以下简称麦卡琴案)。在这个案件中,日渐巩固胜利成果的罗伯茨法院在首席大法官的带领下,直接将炮口对准了自巴克利案以来都予以维持的竞选捐赠限制。在保守派大法官看来,这已经是在竞选资金领域推行自由放任政策的最后一个障碍了。根据 1974 年国会对《联邦竞选运动法》的修订,有关竞选资金捐赠限额的规定大致可以分为两种,即基本限制(base limits)和总额上限(aggregate limits)。狂热的共和党支持者麦卡琴(Shaun McCutcheon)在 2012 年向哥伦比亚特区联邦地区法院起诉状告联邦选举委员会,主张关于个人竞选捐赠总额上限的联邦法律限制了他的言论自由和所能支持的候选人数量,是对第一修正案权利的粗暴侵犯。地区法院根据巴克利案驳回了麦卡琴的诉求,他继而向联邦最高法院上诉。事实上,从罗伯茨和阿利托进入联邦最高法院之后的一系列判例——尤其是联合公民案——来看,稳扎稳打的保守派大法官也似乎正在等待这样一个机会来彻底推翻最具标志性的巴克利案关于竞选捐赠限制合宪的判断。这一点从联邦最高法院调卷令在次年 2 月的顺利签发就不难看出。毫无疑问,麦卡琴案又是一件根据意识形态和党派立场来投票站队的重大判例,以首席大法官罗伯茨为首的保守派再次祭出司法能动的大旗。与之前的麦康奈尔案所不同的是,随着两位坚定的保守派大法官——罗伯茨和阿利托——的加盟,联邦最高法院的阵形已然发生了变化,新的更稳定的右翼集团形成了。最

[31] 参见倪春纳:《"金主政治"是如何形成的——美国竞选资金改革的历史》,载《马克思主义研究》2016 年第 10 期。

终,联邦最高法院以 5∶4 的投票结果支持了麦卡琴的上诉,推翻了联邦法律关于个人竞选资金捐赠总额上限的规定,但并没有将判决扩展至基本限制规定。针对联邦选举委员会和下级法院所主张和认可的防止腐败的政府利益,首席大法官罗伯茨亲自撰写多数意见驳斥道,"政府不能将监管的目标锁定在候选人对支持者或盟友所表示的一般性感激和这种支持所赢得的政治接触上。'讨好和接触并不是腐败。'它们体现了民主的核心特征,即选民们支持那些与他们共享某些理念和利益的候选人,而当选的候选人也被认为能回应选民的期待"。[32] 相反,规定选民个人的捐赠总额不但无助于增进防止腐败的政府利益,反而严重限制了人民对民主过程的参与,更不符合最高法院在涉嫌限制政治表达的案件中所适用的严格审查标准,从以往的竞选资金判例来看,毫无疑问地违反了第一修正案。

从判决产生的实际效果的角度看,麦卡琴案似乎被可以称为联合公民案的 2.0 版。[33] 在直接目的上,这两个判例都是要为施加在竞选资金上的限制措施松绑,只不过一个着眼于独立开支,另一个则进一步松绑了竞选捐赠。但事实上,在很多具体的场合很难具体地区分捐赠和开支。两个判例在效果上是相似的,甚至麦卡琴案将保守派去监管化的趋势更往前推进了一大步。"2010 年的联合公民案使大笔大笔的钱通过超级政治行动委员会和其他的独立组织流入政治选举当中,麦卡琴案更是使数以百万计的美元像洪水一样在各级联邦选举中泛滥开来——而且这一次,金钱直接流向了候选人的竞选账户。"[34] 可以说,麦卡琴案极为显著地改变了美国选举的政治生态,相比总额上限松绑的个人捐赠方式,联合公民案后兴起的超级政治行动委员会这一变通的制度形式可能会失去比较优势,个人直接捐赠方式将回归到竞选舞台的中心。简单来说,以后选举中的个人将几乎可以

---

〔32〕 *McCutcheon v. FEC*, 572 U. S. (2014), opinion of the court.

〔33〕 事实上,的确有研究者在最高法院的判决出炉之前就预言式地将麦卡琴案称作另一个联合公民案。See Alexander Fullman, "McCutcheon v. Federal Election Commission: The Next Citizens United?" *National Constitution Center*, October 7, 2013; Paul Blumenthal, "McCutcheon v. FEC: Everything You Need to Know About the Next Citizens United", *The Huffington Post*, October 8, 2013.

〔34〕 Alexander Fullman, "McCutcheon v. Federal Election Commission: The Next Citizens United?" *National Constitution Center*, October 7, 2013.

不受任何额度限制地向心仪的候选人捐款,由此,这一领域在第一修正案的庇护下获得了最大限度的自由化。

## 三、钱能讲话?——宪法解释论争

从笔者以上论述可以看出,竞选资金在美国政治选举中扮演着至关重要的角色,如何规范竞选资金一直是美国政治中极具争议性的议题。当下美国政治和法律学界,有关竞选资金监管的讨论大多聚焦于 2010 年的联合公民案,改革方案也多围绕限制公司法人的政治言论自由、强化公开披露制度以及增加选举的公共资助等建议展开。然而,正如笔者所指出的,竞选资金监管问题的“七寸”就在于,以竞选为代表形式的民主代议制与言论自由原则存在交错冲突之处。事实上,的确有学者认为以上那些改革建议都没有触及这一议题的真正核心,即根据竞选资金第一案——巴克利案——无论是竞选资金的捐赠还是开支,都直接涉及政治言论的自由表达这一核心的宪法问题。[35] 虽然最高法院从没有明确地直接表示金钱就是言论,或者说钱能讲话,但法院也认为“金钱是言论的必要组成部分”,对金钱的限制难免会导致对言论自由的妨碍,而言论自由的保障,尤其是政治性言论自由更是一个健全的民主政治最核心的要素。因此,对竞选资金的任何限制,当事涉政治言论自由时,联邦最高法院必须予以严格审查。在判决巴克利案时,联邦最高法院开篇就说道:

> 国会规制联邦竞选的权力,这是确定无疑的,本案中的任何一方都未对此提出质疑。因此,这里提出的关键性的宪法问题并不是国会对这一领域立法的基本权力,而是国会通过的特定立法是否侵犯了第一修正案规定的自由或者违背了第五修正案而对非在任候选人有不公歧视。
>
> 该法案的捐赠与开支限制,适用于大部分最基本的第一修正案活动所在的

---

〔35〕 See Erwin Chemerinsky, “Not a Free Speech Court”, 53 *Arizona Law Review* 723 (2011); Jessica A. Levinson, “The Original Sin of Campaign Finance Law: Why Buckley v. Valeo is Wrong”, 47 *University of Richmond Law Review* 881 (2013); Jim Leach, “Citizens United: Robbing America of Its Democratic Idealism”, 142 (2) *Daedalus, The Journal of the American Academy of Arts and Sciences* 95 (2013).

领域。讨论公共问题及对候选人资格的辩论,对我们的宪法建立的政府体系的运作来说,是不可或缺的。第一修正案对这种政治表达提供了最为广泛的保护,以"确保思想自由交流以实现人民所渴望的政治与社会变革"。

……

以该法案中的有关捐赠和开支限制的规定只是对行为而不是言论进行规制为据,而维持这些规定对宪法效力时,上诉法院依据的是奥布莱恩案。

……

我们不能同意认为眼前的这部法案的捐赠和开支限制可以和奥布莱恩案中得到维持的行为限制等量齐观。金钱开支是不能简单地与焚烧征兵卡相提并论的。通过捐赠或者开支金钱而得以实现的某些形式的交流只涉及言论,而有些则主要涉及行为,有些两者都涉及了。本院从未表明交流对金钱开支的依赖本身就会引入非言论因素或者放松第一修正案所要求的严格审查。

……

限制一个人或者一个团体在竞选中花费在政治交流上的金钱数量,必将限制表达的数量,因为这限制了被讨论的问题的数量、讨论的深度,以及所能达到的受众的规模。这是因为在当今的大众社会中,交流思想的任何方式事实上都必然需要花费金钱,连散发最简单的传单都会产生印刷、纸张和发行成本。演讲、集会必然需要租借礼堂或将相关活动的信息广为传播。现如今,选民越来越倚重电视、广播以及其他大众传播来获取新闻和信息,这就使得这些昂贵的沟通方式成为有效的政治言说所不得不倚赖的工具。

……

个人为了表达自己的观点,所花费的金钱是否浪费、过多或不明智,第一修正案认为政府对此无权置喙。在我们联邦宪法所规范下的自由社会,一场政治竞选中公共议题讨论的总量和范围必须由人民——从个人角度说是公民或候选人,从集体角度说是各种社会团体和政治委员会——而不是政府来决定。[36]

总而言之,联邦最高法院认为,法律对竞选资金捐赠和开支的限制牵扯到第一修正案利益,"金钱是言论的必要组成部分",这事实上就是承认了钱能讲话。尽管在巴克利案这个具体案例中,法院认为《联邦竞选运动法》第608(b)

---

〔36〕 *Buckley v. Valeo*, 424 U. S. 1(1976), opinion of the court.

节的 3 个捐赠限制条款与披露规则一道,构成了该法案防止因候选人对大额竞选捐赠的依赖而导致的不正当影响的主要武器,由此,实现了保护选举过程的诚实性的政府利益,[37]但这并不妨碍在基本立场上法院始终坚持捐赠限制同样关涉政治言论的自由表达。从联邦最高法院后来的判例观之,巴克利案的这一最基本、最核心的立场正是最近十余年罗伯茨法院在竞选资金议题上推行去监管化政策的基础,[38]导致这一判例的历史虽已逾 40 年之久,但"钱能讲话"的基本观点始终屹立不倒。

然而,联邦最高法院的这一立场在学界激起了巨大争议,许多学者对此表示了强烈的反对意见,认为将竞选资金视为言论而应受到第一修正案保障等于放开了水闸,让金钱无限制地流入民主选举的运作过程中,金钱政治必将愈演愈烈。对此,罗纳德·德沃金就联邦最高法院的判例在《纽约书评》上撰写了多篇评论,批评道,"金钱已经成为民主过程的最大威胁。通过无休止的政党集会和更多的私人方式,政治家们花在筹款上的时间——不仅是当下选举中,甚至当选之后就得马不停蹄地投入下一次竞选筹款活动——已经越来越耗尽了他们的政治精力……当政治死命地渴望金钱,而金钱又死命地追逐权力,金钱与政治就永远难分难舍了"。[39] 这种反对的声浪长期持续不衰,甚至出现德沃金联名布鲁斯·阿克曼和约翰·罗尔斯等美国思想界的顶尖学者发表公开信,呼吁最高法院推翻巴克利案的盛况。[40]

具体到宪法学理论上,学者斯凯利·莱特(J. Skelly Wright)则给出颇具学理化的驳斥。他指出,联邦最高法院如此强调金钱对政治选举乃至意见交流的重要性,完全是对第一修正案的误解。因为第一修正案的核心要旨在于保障观点和理念的自由沟通,尽管金钱可以测试观点和理念的强度,但第一修正案并没有告诉我们金钱本身就是这些观点和理念。有学者根据著名思想家亚历山

---

〔37〕 *Buckley v. Valeo*,424 U. S. 1(1976),opinion of the court.

〔38〕 See Erwin Chemerinsky,"Not a Free Speech Cour",53 *Arizona Law Review* 723,732(2011).

〔39〕 Ronald Dworkin,"The Curse of American Politics",*New York Review of Books*,October 17,1996.

〔40〕 See Leslie Wayne,"Scholars Ask Court to Backtrack,Shutting Floodgates on Political Spending",*New York Times*,November 10,1996.

大·米克尔约翰(Alexander Meiklejohn)的公共问题应决定于普遍投票这种言论自由的自治理论认为,金钱作为选举中便利意见沟通的极端重要因素,对人民通过了解每一种值得表达的观点而能够作出睿智的投票决定是至关重要的,限制金钱无异于对第一修正案核心价值的威胁。但莱特认为,米克尔约翰的自治理论根本不适用于这里所讨论的情形。的确,谁也无法否认在当下的社会中,金钱能够发挥促进意见交流和沟通的作用,但正如同扩音器也能促进言论的广为传播,我们却并不认为扩音器本身等同于言论一样,不能因为竞选资金存在促进言论表达的可能性,就认定金钱本身就是言论。金钱的作用远不止这些,它同样能促进宪法上其他基本权利的实现,但却并没有人将它等同于其他基本权利。金钱只是财产,捐赠和开支金钱只是处分财产的行为。它应当受到美国《宪法》第5条和第十四修正案的正当程序条款,而不是第一修正案的言论自由条款的保障。在我们所讨论的这种情形下,捐赠和开支竞选资金类似于奥布莱恩案中的焚烧征兵卡的行为,同样属于行为的范畴,国会当然享有对其进行规制的权力。[41]

首先,在这个具体问题上,黛博拉·赫尔曼(Deborah Hellman)教授进行了更详尽的阐述。她认为,人类所有的行为都有一定的意义内涵,但并非都会构成第一修正案所保障的言论。她以与奥布莱恩案类似的另一起涉及表达式行为(或称象征性言论)的判例——得克萨斯诉约翰逊案(Texas v. Johnson),即著名的焚烧国旗案为例指出,问题的关键在于系争行为是否具备足够的“沟通性要素”(communicative elements)以使第一修正案的介入成为必要。因此,法院的工作就是厘清系争行为是否含有表达特定信息的主观意图,且该信息是否存在被人理解的可能性。在司法实务中,得克萨斯诉约翰逊案中的为反对里根政府和共和党的政策而焚烧国旗、廷克诉得梅因独立学区案(Tinker v. Des Moines Independent Community School District)中为反越战而带上黑袖章上学、布朗诉路易斯安那案(Brown v. Louisiana)中黑人为反种族隔离而集体静坐于原本只限白人活动的区域,以及沙赫特诉美国案(Schacht v. United States)中在表演戏剧时故意穿戴反越战的军服等行为都毫无争议地传达出特定信息,然而竞选资金的捐赠却极为不同,它并不带有任何特定的含义,不像前述的焚烧国旗、穿戴反战服饰等行为那样传达出了特定的信息,而且也无法说明“媒介就是信息”

[41] See J. Skelly Wright, “Politics and the Constitution: Is Money Speech?”, 85(8) *The Yale Law Journal* 1001, 1005 - 1019(1976).

(medium is the message)。其次,除了捐赠金钱外,事实上还存在多种其他的替代方式可以表达对特定候选人或政治议题的支持或反对。但焚烧国旗却具有极为特别的象征意义,它意味着对政府政策的不满,其他的替代方式显然无法发挥这种象征性言论如此强烈的观点宣示功能。[42] 简言之,赫尔蔓教授实际上认为,竞选资金的捐赠和开支是否具备充分的表意成分,以至于使第一修正案的介入成为必要尚不十分明确,但即便竞选资金的捐赠与开支包含了表意成分,也应当如同焚烧征兵卡行为那样适用较宽松的司法审查标准。

其实,这种观点的确具有一定的合理性。每当我们谈到第一修正案与表达式行为的关系时,总会举出焚烧国旗案这个经典性判例,但如果从该案涉及的特定物品——国旗——这个角度来看的话,也完全可以说这个判例并不够经典和典型,因为国旗实在是太特殊了。布伦南大法官在判决中讨论国旗的表达要素时实际上就暗示了这样一种观点,"即国旗本身就不同于其他的'言论形式',其与生俱来的象征意味使得国旗已经成为提供'言论内容'的源泉——高举完好无损的国旗即表示赞同国旗的象征意义;而高举残缺肮脏的国旗即表示相反的观点"。[43] 这实际上说国旗天生就是象征性物品,无论具体的立场和观点如何,任何涉及国旗的行为动作必然意味着对某种普通人基本都可理解的理念和情感的表达。但金钱就大为不同了,它并不带有"与生俱来的象征意味",它本身并不指向任何立场和理念,毋宁说它是中立的。假如某人平常站在大街上高举,乃至焚烧金钱,抑或者将钱交到其他人手中,周围的普通人并不能理解他的意图,从这一角度讲就很难将这种行为界定为一种表达。但正如霍姆斯大法官所说的那样,"每一项行为的特征都取决于它在被作出时的具体情形"。[44] 当某人在选举或竞选活动——这几乎可以说是日常政治中最具"政治性"的时刻了——中将金钱投入某个政党或候选人的募捐箱时,任何稍具理性的人都能意识到这背后的政治认同和政治支持,因此,也就很难否认其中所蕴含的表意成分了。

从宪法解释和适用的角度讲,这种争议直接源自对竞选资金在宪法上的性

---

〔42〕 See Deborah Hellman, "Money Talks but It Isn't Speech", 95 *Minnesota Law Review* 953, 963 - 970(2011).

〔43〕 秦前红、黄明涛:《表达自由的理念与限度——香港特别行政区终审法院国旗案与美国最高法院焚烧国旗案比较研究》,载《北方法学》2012 年第 5 期。

〔44〕 *Schenck v. United States*, 249 U. S. 47(1919).

质的不同理解,即它是否属于第一修正案所保障的言论。在美国宪法学界,不同的学者对言论自由概念的理解也是极为不同的。通常来讲,传统的言论自由并不包括捐赠、开支竞选资金的自由。因为这种活动与加入公共论坛、参与交流和讨论的言论表达活动有很大的不同,并不是通常意义上的言论表达形式,不具备言论的交流性,也可能不具有公开性——资金公开是法律的外在要求,并不是竞选资金本身的性质。从成分上来讲,有学者将言论的因素划分为物理因素、人文因素和辅助性因素,并认为竞选资金实际上与扩音器、电脑等事物一样只是言论的辅助性因素,它们只是言论的物质、技术或资本基础,影响了言论的强度和传播速度,但本身并不是言论。[45] 事实上,对言论概念的这一理解并不是孤立的,纯粹的概念解释并不能完全解决实际问题。第一修正案的言论自由条款当然保护言论,但绝不仅仅保护言论。著名的第一修正案学者欧文·费斯主张竞选资金就是言论,因为"人们有时捐钱给候选人或以花钱来代表一种动机,是以此作为一种方式来传播关于他们自己或他们信仰的某些东西"。[46] 与此同时,费斯也注意到了这种有关概念争议的无助性,因此,他紧接着又似乎放弃了说服人们接受竞选资金的捐赠和开支就是一种言论表达的理论企图,从实际效用的角度策略性地说道,"但即使政治开销行为完全是工具性的而缺乏任何表达的成分,它们仍然能诉诸于第一修正案。因为这样的工具——得以使一个发言者的信息发挥效用并将其理念传达给公众的工具——受到第一修正案的保护,尽管对于这种工具的保护不如对言论本身的保护那么强烈。有一个事实必须予以考虑,那就是第一修正案不仅保护书籍的写作,而且也保护将书籍发行至公众所必需的设施和机构"。[47] 正如加州大学洛杉矶分校的尤金·沃洛克(Eugene Volokh)教授所指出的:"退一步来说,金钱与言论之间当然不能直接画等号。但那又能怎么样呢?问题本来就不是金钱是否就是言论,而是第一修正案是否保障人们利用金钱来表达言论的权利。"[48] 根据第一修正案,

---

〔45〕 参见侯健:《表达自由的法理》,上海三联书店2008年版,第115~116页。

〔46〕 [美]欧文·费斯:《言论自由的反讽》,刘擎、殷莹译,新星出版社2005年版,第12页。

〔47〕 同上。

〔48〕 Eugene Volokh, "Why *Buckley v. Valeo* is Basically Right", 34 *Arizona State Law Journal* 1095, 1101 (2003). 原文为斜体字。

人民有权自由地表达自己的观点,这是毫无疑问的。当这一权利需要借助花钱方可实现时,金钱即为言论自由的一个必要组成部分。很难想象宪法一方面保障人民的言论和新闻自由,另一方面却限制人民花钱刊登广告或者举办媒体来宣传自己的观点。

他继续说道,金钱当然不是律师,但第六修正案却保障刑事被告聘请律师的权利;金钱当然不等于避孕或者堕胎,但人们却有权购买安全套或者花钱进行堕胎手术;金钱当然不是教育,但人们却有权将他们的孩子送往私立学校;金钱当然不是言论,但人们却有权花钱购买《纽约时报》;金钱当然不是宗教,但人们却有权给他们的教会捐款。如果一项法律说"你们不得花钱请律师/堕胎/让子女接受教育",这显然是对宪法权利施加了违宪负担。因为它不仅挑选出特定宪法权利施加特殊负担,而且实际上使得这项权利难以实现。那么同样地,如果一项法律说"你们不得花钱进行演说或者结社",这项法律也必然是违宪的。金钱不等于言论,但限制利用金钱表达言论就是对言论本身的限制。[49]

赫尔蔓教授认为,这种观点将极为不当地扩大言论自由原则的适用范围,所有涉及金钱交易的行为都有可能被解读为具备言论价值而受到第一修正案的保障,所有规制经济的法规都存在侵害言论自由的危险,甚至所有便利了言论自由实现的权利都将被第一修正案所覆盖。[50] 如要真正理解这个问题,就必须扩展我们的视野。"与其仅聚焦于金钱与言论之间的关系,不如更广泛地关注金钱与宪法权利之间的内在关联。我们应该问的是,什么时候宪法所保障的基本权利内含了通过捐赠或者开支金钱来实现它们的权利。"[51] 依照沃洛克的

---

〔49〕 Eugene Volokh,"Why *Buckley v. Valeo* is Basically Right",34 *Arizona State Law Journal* 1095,1101(2003).

〔50〕 See Deborah Hellman,"Money Talks but It Isn't Speech",95 *Minnesota Law Review* 953,956(2011).事实上,美利坚大学的法学教授杰米·拉斯金(Jamie Raskin)在参议院司法委员会的一个听证会上作证时表示:"如果金钱是言论,那么取缔卖淫就是违宪的。"See Eric W. Dolan,"Law Professor Tells Senators: If Money is Speech, Outlawing Prostitution is Unconstitutional", June 4, 2014, http://www. rawstory. com/2014/06/law-professor-tells-senators-if-money-is-speech-outlawing-prostitution-is-unconstitutional/,October 6,2016.

〔51〕 Deborah Hellman,"Money Talks but It Isn't Speech",95 *Minnesota Law Review* 953,954(2011).

看法,似乎所有受到宪法保障的权利都内含了通过花钱来实现它们的权利。这种说法既不合理,也不符合基本事实。问题的关键在于宪法上的某种基本权利是否必须通过市场机制才易于实现。如果答案是肯定的,那么这种基本权利就内含了通过金钱花费予以实现的权利;如果某种基本权利无须通过市场机制就可以实现,那么这种基本权利就不包含金钱花费的权利,法律限制与之相关的金钱花费也不违反宪法。举例言之,堕胎手术服务一般只能通过市场交易才能获得,因此,限制人们用于堕胎的费用无异于直接限制了宪法保障的堕胎权。相反,投票权无须花钱或通过市场机制即可享有,因此,投票权的保障范围并不包含买卖选票的权利。因此,与选举有关的金钱花费不应该被认定为第一修正案所保护的言论自由,也无须适用严格的司法审查标准。〔52〕 简言之,赫尔曼认为,从便利了言论自由的实现这一理由尚不足以推论出竞选资金捐赠和开支属于应受第一修正案保障的言论,某项宪法权利是否内含了通过花费金钱予以实现的权利,应视该项宪法权利是否必须通过市场机制实现而定。

## 四、政治哲学之审视:德沃金的合伙式民主观

关于竞选资金问题的论争不仅在宪法学界展开,甚至延伸至政治哲学领域。的确,从某种意义上说,任何有关具体宪法问题的争议实质上都可追溯至背后的道德与政治原则上的根本分歧。用德沃金的话来说就是,“最高法院将第一修正案的原则运用到选举法中的某些裁决,包括主张对竞选开支进行限制构成违宪的著名而非常令人遗憾的裁决,在作出裁决的当时是错误的,现在仍然是错误的。但是我所直接关注的并非宪法而是政治原则”。〔53〕 从基本的政治哲学基础的视角观之,莱特教授认为,联邦最高法院关于巴克利案的判决背后所预设的理论基础是一种多元民主理论,然而这种理论预设在实质上违背了美国建国的民主精神。所谓多元主义民主理论实际上就是承认利益集团政治的多数民主理论,这种理论认为政治过程是动态的,利益集团之间通过游说、宣

〔52〕 See Deborah Hellman, “Money Talks but It Isn’t Speech”, 95 *Minnesota Law Review* 953, 956(2011).

〔53〕 [美]罗纳德·德沃金:《民主是可能的吗?——新型政治辩论的诸原则》,鲁楠、王淇译,北京大学出版社 2012 年版,第 135 页。

传和竞选资金的捐赠与开支进行相互竞争,并由此产生经过多数认可的政府或政策。保障言论自由实际上就是保障这些利益集团之间的公平竞争,而限制竞选资金无疑破坏了言论市场的均衡机制,扭曲了公共决策的过程。[54]

德沃金认为,相对于民粹主义的多数民主论,这种多元主义的民主理论是一种更复杂的民主观,尽管它主张公民应当享有适当的机会了解各种信息并作深入思考,但在本质上仍然是一种多数至上论,同样认为民主的理想在于政治决策符合多数人的意志或意见的多元性。[55] 这种多数主义的民主理论似乎是一种最为人们普遍接受的民主原则。当某个群体因为某项公共事务聚集一堂作出集体决策时,人们往往不假思索地认为每个成员拥有一个投票权,并根据多数票赞成的意见作出决策就是正当合理的程序。但这种假定通常都站不住脚,比如,在一艘因超重而即将沉没的救生艇上决定将谁丢进海里,在战时决定谁去当兵这样的情形下,群体投票实际上就是一种极端败坏的方式,它甚至不如依赖运气的抽签方式更显公平。[56] 因为运气排除了表面上一人一票背后的那些血缘、友谊、敌对以及猜忌等实际影响因素的决定性作用。

---

〔54〕 关于这一理论的详细阐述,可参见 Arthur Fisher Bentley, *The Process of Government: A Study of Social Pressures*, Book Renaissance, 1967, p. 208。

〔55〕 参见[美]罗纳德·德沃金:《至上的美德:平等的理论与实践》,冯克利译,江苏人民出版社2003年版,第413页。

〔56〕 在古代雅典城邦的政治实践中就存在通过抽签选举的方式来选择官员的实践,具体内容可参见崔丽娜:《古代雅典任命官员的一般方法和原则》,载《民族史研究》第7辑,民族出版社2007年版。关于运气与平等、责任等观念的关系及其在罗尔斯和德沃金政治哲学中的地位等问题,也是近些年来国内学界颇具热度的议题。相关重要文献可参见葛四友:《运气均等主义与个人责任》,载《哲学研究》2006年第10期;吴翠丽:《当代西方运气均等主义的理论演进及其问题》,载《伦理学研究》2009年第6期;高景柱:《运气均等主义理论:证成与反对》,载《世界哲学》2010年第4期;李义天:《从道德运气到伦理运气——美德伦理视野中的运气问题研究》,载《伦理学研究》2015年第3期;高景柱:《罗尔斯与运气均等主义的关系》,载《中国人民大学学报》2010年第4期;姚大志:《运气平等主义》,载《世界哲学》2016年第2期;姚大志:《反运气平等主义》,载《求是学刊》2016年第3期;葛四友编:《运气均等主义》,江苏人民出版社2006年版。关于运气对法律责任的影响的讨论,可参见陈坤:《运气与法律》,载《中外法学》2011年第1期;周斯佳:《坏运气与民事责任》,载《南京大学法律评论》(2016春季卷·总第45卷),法律出版社2016年版,第173~183页。

另外,当某个问题实质上进入了深刻的道德领域时,那么集体决策是否根本是必要的本身就会存在争议,此时,人们相信他们应当自我决定,而不是如何取悦多数民众。民主主义民主原则实际上暗含着一个不经质疑的前提,即"它允许每个人对决策施加同样的影响,而该决策对他产生的影响与任何其他人都是一样的"。[57] 然而,问题是公民所享有的这种平等影响公共决策的基本自由可能证明是纯粹流于形式的,当公民间的有效平等可能出现时,社会的和经济的不平等也会产生,那些具有较强责任性和较多财富的人完全可以凭其有利条件控制立法过程。[58] 事实上,德沃金也十分清晰地意识到了这个问题。他指出,"在代议制政府内,人们对政治决策施加的影响出于种种原因是不均等的;相反,它必定是惊人的不平等"。通过这种政府形式,即便投票在名义上是平等的,社会中的极少数最终获得的政治权力也比所有其他人都要强大得多。而那些"种种原因"很可能不过就是更多的财富、更具说服力的讨论,甚或更多的朋友和家族人员。[59] 正是这种不假思索和反思的民主观使我们缺乏对政治言论自由的良好的鉴别能力,使自治的民主事业沦为了一场为骗取选票进行盘算的钓鱼大赛。

然而不幸的是,在巴克利案中,最高法院的裁决鲜明地赞同了这种多数至上的民主理论,而问题的关键正在于案件背后所蕴含的民主观的差异。"在巴克利案上存在深刻而重要的法律和政治分歧,因为不管我们认为它是对还是错,这取决于我们如何理解美国民主制度的性质和《第一修正案》在捍卫和维护这种民主中发挥的作用。我们对一个哲学问题——何为最好的民主观——的回答,不但对于我们是同意还是反对限制竞选经费,而且对于我们同意还是反对控制我们的选举过程的另一些方式,很可能有着决定性的意义。"[60] 正是根

〔57〕[美]罗纳德·德沃金:《民主是可能的吗?——新型政治辩论的诸原则》,鲁楠、王淇译,北京大学出版社 2012 年版,第 126 页。

〔58〕参见[美]约翰·罗尔斯:《政治自由主义》,万俊人译,译林出版社 2000 年版,第 344 页。

〔59〕参见[美]罗纳德·德沃金:《民主是可能的吗?——新型政治辩论的诸原则》,鲁楠、王淇译,北京大学出版社 2012 年版,第 126 ~ 127 页。

〔60〕[美]罗纳德·德沃金:《至上的美德:平等的理论与实践》,冯克利译,江苏人民出版社 2003 年版,第 408 页。

据这种民主观,最高法院才宣称"个人为了表达自己的观点,所花费的金钱是否浪费、过多或不明智,第一修正案认为政府对此无权置喙……政府可以通过限制某些言论来增强另一些言论的观念是第一修正案所不能容忍的"。这正是最高法院对那些将政治平等作为限制竞选资金的逻辑理由的改革派们的直接回应,仿佛在说不得立法削减言论自由,即便是为了维护民主的目的。

这种民主观认为,对政治言论自由的限制很可能伤害民主体制,即使它原本的意图或真或假是要促进民主的。相反,维护民主的最佳原则,就是禁止政府为了维护民主的目的而限制或者控制政治言论自由。这正是德沃金借助汉德法官的说法而概括的"民主赌博"(democratic wager)。[61] 德沃金认为,"民主赌博"及其背后的这种多数至上的民主观没有合理地解释言论自由与民主之间的关系,这就影响了我们对这两种价值作出统一的解释,且理解一方在解释另一方中的作用。在德沃金看来,虽然言论自由与民主之间不是一种工具性的关系,但言论自由所保护的尊严却是得到正确理解的民主之要素。美国宪法建立了一种独特的民主形式,而第一修正案应当有助于促成和规定这种形式。因此,他认为应当有一种比多数至上论更具抱负的民主观,根据这种民主观,就能够采用一种更精细、虽然过于严格但也更有分辨力的标准来判断在什么情况下应当允许政府为了民主的利益而规制政治言论。

为此,德沃金提出了一种合伙式(partnership)的民主观。相比多数至上论,合伙式的民主观不仅承认公民是政治竞赛的裁判,他们在正式选举、全民公决或其他形式的直接立法中作出的判断通常具有决定性意义,而且更进一步地看到了公民本身还是这场竞赛的参与者——他们就是候选人和支持者,他们的行为以不同方式促进民意的形成,决定着其他公民如何投票。[62] 这是因为,在合伙式民主观看来,公民必须作为充分平等的合伙人参与这项自治的集体事业中。虽然合伙式民主观与多数至上论一样要求人民主权,但它同时还特别强调了另外两个维度,即公民平等和民主对话。合伙式的民主观在坚持公民平等选举权的基础上,更主张公民应当享有平等的权利参与政治过程中。每个公民的政治观点不可能拥有同等的影响力,但合伙式民主观认为某些公民团体不应当

〔61〕 参见[美]罗纳德·德沃金:《至上的美德:平等的理论与实践》,冯克利译,江苏人民出版社 2003 年版,第 408 ~409 页。

〔62〕 同上书,第 414 页。

只是由于缺乏资金同富人或强大的捐赠人展开竞争，从而没有机会或只有极少的机会来为他们的政治信念进行呼吁。“当一个人因为付不起昂贵的发言价格而被排挤出政治辩论时，他无法合理地认为自己是一项自治事业的合伙人。”[63] 而民主对话的维度则更关注公民之间平等且实质性的意见交流，政治辩论不应当只是对一些内容空洞的口号和套话的喋喋不休的重复。[64] 德沃金认为，为了提升公共对话的品质，言论自由与合伙式民主的内在关系要求一些可以改变这些状况的间接管制对话的形式。所以，他建议给予那些同意在选举期间不从事通常的竞选商业广告宣传的候选人和政党以公共基金资助，但是接受这种资助的人应当进行具备实质内容的政治宣传，甚至要求在时间上至少持续 3 分钟以上。[65] 德沃金的目的不仅在于减少金钱对政治选举的影响，帮助资金不充裕的候选人获得宣传政治观点的平等机会，而且希望以此消除空洞的政治性商业广告，改进政治辩论的性质和品质。之所以要保障政治选举过程中的言论自由，是希望候选人和选民经过理性的政治交流和论辩最终达成符合公共利益的政策。

然而，如今的竞选策略通常借由在电台和电视正常节目中插播的响亮但是内容空洞的口号式的短广告（sound bite）——例如，奥巴马竞选时的口号“改变”（Change）“我们能”（Yes, we can）——已成为掳获选民支持的主要手段，但事实上这些耗资巨大的电视与广播竞选充斥着浮华、诽谤和对半真半假陈词的无休止重复，业已沦为智力退化型政治之生命线的无意义的仿真叙述。没有候选人敢冒险不参加这一丑陋的舞蹈，因为质疑低档市场就意味着输掉选举。在政治中，金钱不仅是公正的敌人，而且是真正论辩的敌人。[66] 因此，在他看来，最高法院在 Buckley 案中维持了对竞选捐赠的限制是对的，但推翻开支限制则

〔63〕 [美]罗纳德·德沃金：《至上的美德：平等的理论与实践》，冯克利译，江苏人民出版社 2003 年版，第 421 页。

〔64〕 See Ronald Dworkin, “The Curse of American Politics”, *New York Review of Books*, October 17, 1996.

〔65〕 参见[美]罗纳德·德沃金：《至上的美德：平等的理论与实践》，冯克利译，江苏人民出版社 2003 年版，第 411 页。

〔66〕 参见[美]罗纳德·德沃金：《民主是可能的吗？——新型政治辩论的诸原则》，鲁楠、王淇译，北京大学出版社 2012 年版，第 116 页。

显然是误入歧途了。支持最高法院维持捐赠限制的主要理由事实上正是合伙式民主观所内含的公民平等理念,那么基于同样的理由,联邦最高法院将捐赠和开支区别对待的做法肯定是站不住脚的。

长期以来,德沃金都在极力呼吁联邦最高法院推翻巴克利案。所以,当最高法院作出奥斯汀案和麦康奈尔案的判决时,他给予喝彩,因为这两个判例背后的政治哲学更接近他所推崇的合伙式民主观。然而,2010 年联合公民案的出现则让他感到极度气愤和失望,并先后发表了《一项毁灭性的判决》和《危及民主的判决》两篇文章进行了激烈的反驳,直指最高法院的判决完全是一种政治上的妥协,而不是原则性的司法审判,不仅完全背离了先例,也与真正的民主精神背道而驰。〔67〕 然而,联邦最高法院的司法审判终究不是哲学辩论,即便合伙式民主观作为一种学院殿堂里的政治哲学想象具有非凡的理论魅力,但并不必然意味着已经凝聚了实际的改革力量。

在某种意义上,德沃金针对联邦最高法院判例所表现出的喜怒哀乐只是一种聊以自慰的附会和一厢情愿,并没有经验证据可以说明奥斯汀案和麦康奈尔案是联邦最高法院法院对竞选资金背后民主政治的结构性问题的严肃认知和回应。也很难说联合公民案以及后来的麦卡琴案拥抱了哪一种民主理论,毕竟从巴克利案开始,在最高法院内部无论自由派还是保守派都一直选择了拒绝政治平等这一诉求。〔68〕 而进入 2000 年后,无论维持,还是推翻对竞选资金的限制,最高法院在相关重大判决中多次出现了 5:4 的投票比例(如麦康奈尔案、联合公民案和麦卡琴案),已经越来越走向赤裸裸的党派和意识形态斗争。保守派大法官完全可以一面在劳伦斯诉得克萨斯案(Lawrence v. Texas),奥贝格费尔诉霍奇斯案(Obergefell v. Hodges)等案件中指责自由派罔顾分权原则,篡夺立法权力,同时又在竞选资金案件中大行司法积极主义之道,推翻各种限制性立法。反过来,自由派大法官也是如此。在很大程度上,民主理论只是一种修辞,司法克制主义和司法积极主义也都只是策略,唯一紧要和不变的不过是

---

〔67〕 See Ronald Dworkin, "The 'Devastating' Decision", *New York Review of Books*, January 25, 2010; Ronald Dworkin, "The Decision That Threatens Democracy", *New York Review of Books*, May 13, 2010.

〔68〕 See David A. Strauss, "Corruption, Equality, and Campaign Finance Reform", 94(4) *Columbia Law Review* 1369(1994).

党派的利益和立场而已。

## 五、延伸讨论：两种言论自由

从最终的落脚点来看，德沃金的合伙式民主观其实是为了给国家干预言论市场提供合法性论证，因为公民享有受到平等对待的基本权利，任何人都不能因为缺乏资金这样的问题而被“排斥”在民主对话的过程外。如果想要在言论市场实现这种理想状态，国家就不得不通过立法来限制一部分人的言论，以强化另一部分人的言论。当然，从现实来看，为了实现一个秩序安定的社会，没有人会质疑国家可以，甚至应当禁止某些言论。诽谤和侮辱性的言论——无论通过文字的，还是口头的——都应当受到禁止和惩罚。教唆他人犯罪的言论本身则会被作为一种犯罪予以处理。同时，刑法历来对煽动危害国家安全的犯罪都毫不手软地予以打击，却也无碍于宪法的控制和审查。然而，当我们重新将目光聚焦于联邦宪法第一修正案的语词时，却不得不惊讶于它的绝对口吻：“联邦议会不得立法……剥夺言论自由和出版自由……”(Congress shall make no law... abridging the freedom of speech, or of the press)请注意，宪法直接明了地用的是“不得立法”(shall make no law)，从语义和口吻上看是那么肯定和绝对，不留丝毫回旋和打折的余地。用雨果·布莱克大法官的那句名言来说就是“不得立法就是不得立法”(“no law” means no law)，这是何等的显而易见。既然如此，这就成为一个不得不予以认真对待的矛盾现象。难道是因为制宪者疏忽大意没有预见到战争或国家危难时期的实际需求，所以才拟就了如此绝对的言辞？这种解释似乎幼稚到不值一驳。制宪者们都是从独立战争和建国政治中走出来的精英分子，他们谙熟当时的政治理论，饱受《邦联条例》造成的政治涣散之苦，他们深知美国人民的需要。所以，他们为美国人民制定了联邦宪法及其修正案。

第一修正案通过后，当时有人认为，国会之所以未经激烈辩论就认可了这项对立法权的重大限制，是因为存在一种例外，即根据普通法应予惩罚的言论和作品，仍应受到惩罚，国会制定第一修正案时实际上主张的是布莱克斯通的观点，即言论自由只是意味着免遭事前限制。但作为《权利法案》起草人的麦迪逊明确抛弃了这种观点。他强调，所谓言论自由只是免遭事前限制的观点不能被接受为美国关于言论自由的观点，因为施加惩罚的法律和授权实行事前限制的法律在效果上完全相同。既然承认不能制定任何法律阻止言论的发表,那么,之后却可以制定法律对之进行惩罚,岂不咄咄怪事![69]第一修正案制定者的意图正是要禁止对言论的任何限制和惩罚,"不得立法",言简意赅,就是不得立法。如此,第一修正案似乎是一个自相矛盾的悖论,它一方面绝对禁止对言论自由的剥夺和限制,另一方面又准许对言论的剥夺和限制。从广义的政治哲学的角度讲,这种深刻的悖论并不是孤立的。在千百年来的历史长河中,只要人们努力追寻一种更符合自治道德的政治,它就如幽灵一般如影随形。例如,对于苏格拉底之死这个政治哲学的千古难题,我们过往的研究基本上都集中在民主和法治的关系上,而没有洞察到这一事件背后暗含这种悖论的个人与政府之间的复杂关系。

美国著名哲学家米克尔约翰为我们重述了这个故事。在《苏格拉底的申辩》一文中,苏格拉底面临着一场决定他的生死的审判。雅典人指控他在教学中"腐蚀青年",并且"不信神灵"。法官们判他有罪,并警告他如果不停止这种教学活动、不改变自己的观点就要被判处死刑。苏格拉底以坚定的口吻驳斥了对他的有罪判决和警告,宣示了他的不服从的态度。他认为,在雅典这样一个自由城邦,任何官员都无权要求他应当或不应当怎样思考。政府或许有权处置他的生命,但绝无权力干涉他的观点。米克尔约翰甚至想象道,苏格拉底似乎在说"国会不得制定法律削减言论自由"。[70] 但是,在另一篇作品《克力同》中,柏拉图似乎又同样借苏格拉底之口表达了另一种完全不同的观点。此时的苏格拉底已经被判处死刑,他的朋友克力同潜入监狱劝他逃走,但却被他严词拒绝。在苏格拉底看来,他有义务服从国家和政府的法令,正如有必要不服从剥夺他的信仰和言论自由的法律一样。为此,他设想了一场和雅典法律的对话,法律质问他道:

我们生你、养你、教你,凡所能给其他公民的利益,都给你一份。此外,我们

---

[69] See Leonard Levy, "Liberty and the First Amendment: 1790 - 1800", in Kent Middleton, Roy Mersky (eds.), *Freedom of Expression: A Collection of Best Writings*, Williams, Hein and Co., Buffalo, 1981, p. 14.

[70] [美]亚历山大·米克尔约翰:《表达自由的法律限度》,侯健译,贵州人民出版社2003年版,第15页。

还预先声明给雅典人所欲得的权利:成年以后,看清了国家行政和我——法律,对我们不满,可带自己的财物往所欲往之地。国家和我们不合你们的意,你们要走,我们没人拦阻,不会禁止你们带自己的财物到所要去的地方——或去殖民地,或移居外邦。可是我们默认,凡亲见我们如何行政、立法、依然居留的人,事实上就是和我们订下合同,情愿服从我们的法令。

……

苏格拉底,我们掌握着强有力的凭据,证明国家和我们合你的意。……你蔑视我们——法律,要毁坏我们——法律;你想逃,不顾和我们所订甘为守法公民的契约,做最下贱的奴才所做的事。首先答覆这问题:我们说,你言语与行为都和我们订下甘为守法公民的契约,这是否实话?……你此刻做的不是践踏和我们所订的约吗?

……

你如今不想守约了?苏格拉底,你受我们劝,就不至于逃亡而闹一场笑话。[71]

关于苏格拉底之死的隐喻,政治哲学史上作出了各种各样的解读,但在笔者看来,它暗示了民主自治的某种有限性和条件性,即政府应当根据被统治者的同意进行统治。这种同意是一种契约,而根据契约,一方面,公民有义务服从政府的法律和决定,即便根据法律他应当奉献出财产和生命;另一方面,这种契约也划定了政府绝对不可以施加控制的领域。在苏格拉底看来,信仰和言论的自由就是公民保留的领域和权力,因为公民在契约中并没有向政府让渡这一领域和权力。联邦宪法就是这样一份契约。缺少这一契约,美国人民就不能引以为豪地宣称他们践行着自治,而非专制的原则。在自治的社会,统治者和被统治者不是两类性质有别的人群,他们毋宁就是同一群人——他们既是自己的主人,又是自己的仆人。这无疑是说,"一个自由政府必须是它自己的主人。如果我们,人民,是被控制的,那么,我们,人民,必须实施这种控制"。[72] 那么,人民又如何确保他们始终是自治的呢?对此,米克尔约翰指出了包括第一修正案在

〔71〕 [古希腊]柏拉图:《游叙弗伦　苏格拉底的申辩　克力同》,严群译,商务印书馆1983年版,第109~111页。

〔72〕 [美]亚历山大·米克尔约翰:《表达自由的法律限度》,侯健译,贵州人民出版社2003年版,第9页。

内的宪法中的几个关键性条款,并认为这些规定不仅关系密切,而且决定了整部宪法的含义和结构。序言宣示了美国人民结合在一起最基本的共同目的,它是对《五月花号公约》和《独立宣言》中的约定的直接承继。这表明,所有的政治权力都源自作为一个政治共同体成员的"我们美利坚合众国人民",我们人民既是统治者,同时也是被统治者。所谓的政治自由并不是无政府的自由,而是我们人民的自我统治。第十修正案和《宪法》第 1 条第 2 款表明人民在通过宪法创设政府的同时,并没有将所有的统治性权力都让渡出去,后者尤其规定了一种人民决定由自己直接行使的保留性权力,即"联邦众议院由各邦人民每两年选举产生的众议员组成"。根据这一条款,人民并不享有选举的权利(right),而是保留了与立法、行政和司法权力性质相当,但在效力上更高于它们的选举的权力(power)。通过这种投票选举的权力,人民作为选民积极地参与统治作为法律适用对象的自身以及作为法律的制定者、执行者和解释者的各种政治代理机构的活动中。[73]

在米克尔约翰看来,人民的确享有很多很多权利,例如,持枪的权利、人身和住宅不受无理搜查的权利、不得自证其罪的权利以及取得律师帮助的权利等等,这些权利被规定在第二至第九修正案当中,但是这些权利都是属于被统治者享有的私人性或个人性权利(private rights of the governed),这些权利均会受到第五修正案中的正当程序条款的保障。然而,第一修正案的言论自由原则则与此无关,它绝不能受到正当程序条款的保障,它毋宁应该是人们能够享有这些权利的保障。言论自由并不是源于任何私人性的利益或权利,而是源自以普遍性投票的方式实行自治的需要。宪法认为投票是人民进行自我统治的活动,但真实的和有价值的自治内在地仰赖于人民理性和明智的判断,这种判断不仅源自每个人自己对真理的追求,也源自他人对真理的追求,源自所有公民都能够无碍地了解公共生活所面临的问题和他人对这些问题的理解,即便这种理解并不容于多数人的喜好。因此,"第一修正案的革命性目的就是否认一切从属

[73] See Alexander Meiklejohn, "The First Amendment Is an Absolute", *Supreme Court Review*, 1961, pp. 245, 253 - 254. 如今,美国人的直接选举的范围扩大了,但这里面内含的基本原理并没有变。

性机构有权剥夺人民选举权力的自由"。[74] 从这个角度讲,第一修正案所保障的是人民为进行统治而绝对必要的思想和交流活动的自由,与第十修正案和第1条第2款一样旨在保障作为统治者的人民的主权性权力。正如同苏格拉底一面否认雅典官员享有干涉其信仰和思考的权力,一面又认可雅典法律对他的强制,为了共存,人民创设了代议制政府,但为了不被他人统治,人民又从未让渡所有权力。为了让代议制政府的治理更明智,《宪法》第1条第6款赋予国会议员如下特权,即"议员在议会的发言和辩论,在议会外不受盘诘"。由于人民赋予代理人的自由唯一地源自作为选民的人民的更加根本的自由,政府和代理人是我们的创造物,并不代表政治权威的转移,它只意味着人民自己选择了某种方式来统治自己。如此,上述事实就毫无疑义地揭示了第一修正案的意蕴,即"正如我们的代理人在使用所授予的权力(delegated powers)时必须是自由的一样,人民在行使他们所保留的权力(reserved powers)时也必须是自由的"。[75]

但是正如前文所指出的,对于诽谤侮辱和煽动犯罪这样的言论,没有人会质疑政府拥有合理的规制权,甚至可以说这种规制是维护一个自治社会的良好秩序所必需的。一方面,人民拥有不可剥夺和限制的言论自由;另一方面,人民的某些言论又必须受到限制,这似乎是一个悖论。然而,一个恰当的解释是前者是一种政治自由,直接与作为统治者和主权者的人民相连,后者则是一种个人自由,是作为被统治者的人民所享有的个人性权利。根据构成一个自治社会的基本契约,人们享有生命、财产和言论等方面的基本权利,但政府可以出于公共利益的需要在满足法定程序和要件的前提下进行干预和限制。联邦宪法第五修正案极准确地描述了这种约定。"没有正当法律程序,不得剥夺任何人的生命、自由和财产。"在联邦最高法院的历史中,第五修正案里的"自由"一词从一开始就被解释为包括言论自由在内的所有公民自由权利。在大多数场合,我们可以说联邦最高法院的判决是对的,剥夺人民的言论自由必须经过正当法律程序。但是,在另一些不多的场合,联邦最高法院显然错误地以第五修正案的正当法律程序条款取代了第一修正案,而错误的根源就在于联邦最高法院误解了两种言论自由,甚或说两种自由的根本性区别。

---

〔74〕 Alexander Meiklejohn, "The First Amendment Is an Absolute", *Supreme Court Review*, 1961, pp. 245, 254.

〔75〕 Ibid.

第一修正案保障言论自由,这是显而易见的,但是它并不保障所有的言论都免受政府的干预和限制。它划定了一个范围,在此之内的言论正是苏格拉底意义上的绝对自主和自治的领域。这一范围并不是政府表示谦抑和尊重的结果,相反,是因为它在本质上高于政府权威并因此必须予以谦抑和尊重。人民自治的原则在决定第一修正案的言论自由作为人民自我保留的统治性权力的性质的同时,也为这一权力的有效范围规定了界限,即第一修正案仅保障直接或间接涉及那些必须由公民投票决定的问题的言论。也就是说,只有那些关涉自治社会的公共事务的言论才有资格获得第一修正案的保障。[76]

由此可见,某种言论之所以受到第一修正案的保障,并不是因为它本身具备独立的真理性价值,也不是基于言者的天赋权利或人格尊严,而是源自它有助于全体公民对公共事务获得更全面和真切的认知。可以说,言论自由是民主制度的条件和内在要求,它塑造积极公民,提供公共信息,确保选举机制的正常运转,并防止政治垄断。对公民来说,言论自由是政治的而不是伦理的,是公共的而不是个人的,这种政治关切与个人利益需求完全不同。[77] 从这个意义上讲,那些认为言论自由源自某种抽象的自然权利或理性法则的主张或许在前近代社会尚有启蒙和反抗暴政的价值,但在一个自治的社会却有将言论自由降格为一种可以权衡的问题的危险。换言之,第一修正案并不关注言论本身,也无意于言者,关键是每一种有关公共事务的观点都可以不受压制地说出来,因为自治的公民在投票决定公共事务时,占有信息的充分程度是至关重要的因素。他们的讨论越充分,越多了解一种观点——哪怕是批评性、冒犯性的观点——就越有可能就公共事务作出更明智的决定。

正因如此,米克尔约翰才会说道,“第一修正案并不保障‘说话的自由(freedom to speak)’。她保障的是我们‘统治者’有关思想和交流活动的自由”。[78] 从这个角度来说,当人们就公共事务进行发言和讨论时,他们就是在自治的原则下行使作为统治者的权力,甚或说履行一种统治责任,此时根本不

---

〔76〕 参见[美]亚历山大 · 米克尔约翰:《表达自由的法律限度》,侯健译,贵州人民出版社 2003 年版,第 67 页。

〔77〕 参见姜峰:《言论的两种类型及其边界》,载《清华法学》2016 年第 1 期。

〔78〕 Alexander Meiklejohn, “The First Amendment Is an Absolute”, *Supreme Court Review*, 1961, pp. 245, 255.

存在政府应否限制的问题,也不存在霍姆斯大法官所说的根据具体的环境来确定是否应予保障的问题。他们唯一需要遵守的规则就是宽容,“兼听则明、偏听则暗”,即便是让大多数人都感到冒犯的观点,只要是参与有关公共事务的讨论和决定中的言论,都应当获得被倾听的机会。

与此相对,第五修正案则通过正当法律程序保障了除有关公共事务的言论之外的所有其他言论,这些言论与公共事务和公民自治无关,在根本上只关涉公民的私人利益,是一种私人性的言论(private speech)。在性质上,这种言论与生命、财产等个人所有物极类似,是公民的基本权利。正当法律程序的保障也就意味着政府可以施加合理和必要的限制。从类型上看,诽谤侮辱性言论、商业言论、淫秽色情言论以及煽动性言论常常受到较多的政府规制。[79] 这些言论的保障更多地属于公共利益与私人利益或者私人利益之间的平衡问题。我们之所以必须接受这种规制,乃是因为我们在与其他人共同缔结那份基本契约时,已经承诺政治共同体的公共决定必须同等地约束所有公民。服从政府的法律既是每一个人的义务,也是确保公民自治的需要。当人民作为统治者时,人

〔79〕 实际上,这种类型划分是很粗略的,也不见得很准确。想要在有关公共事务的言论和个人性言论之间划出一个精确的界限并不是很容易的事。有一些诽谤言论、仇恨言论以及色情言论往往也带有公共性质,或有助于公民对公共事务的认知。比如,诽谤和讽刺公共官员的言论往往就表达了公民对某个官员的职务行为或政策的不满。同时,某些人还认为色情作品也带有严肃的文学、艺术和科学价值,有助于提高公民素质。米克尔约翰起初对有关公共事务的言论的范围界定地比较窄,但后来又作了扩展。除了第一修正案明确提到的言论、出版、和平集会和请愿活动以及投票自由外,他认为在人类的交流活动中,还有许多思想和表达形式有助于增进投票者的知识、智慧和对于人类价值的关怀,有助于他们作出明智、客观的判断,也应当受第一修正案的保障。这些形式包括教育、哲学和科学、文学和艺术以及有关公共问题的讨论和信息传播活动。See Alexander Meiklejohn, “The First Amendment Is an Absolute”, *Supreme Court Review*, 1961, pp. 245, 256 – 257. 然而事实上,米克尔约翰对第一修正案保障范围的扩展在很大程度上使混乱和争议更加严重。相反,保守派理论家罗伯特·博克始终认为第一修正案只保障一种言论,即清晰且明显的政治言论。从这一点来看,他的主张倒是更类似于米克尔约翰的前期观点。See Robert H. Bork, “Neutral Principles and Some First Amendment Problems”, 47(1) *Indiana Law Journal* 1, 1971, pp. 1 – 35. 总体来看,如何更精确地区分公共性言论和私人性言论仍有待进一步探讨,但两者也并非在任何情形下都无法区分。相关讨论可参见姜峰:《言论的两种类型及其边界》,载《清华法学》2016 年第 1 期。

民同样地服从统治。根据公民自治的原理,我们并不是在接受他人的限制,我们毋宁是在接受自己所制定的法律的限制。正如柏拉图借苏格拉底之口所暗示的,作为公民,我们不能因为自己的个人利益遭到法律的剥夺就撤回对那份基本契约的同意。我们是自我统治的,所以我们必须服从法律。当有人的私人言论,甚至包括煽动暴乱的言论受到压制时,他唯一应当诉诸的救济就是正当法律程序(包括实体性正当法律程序)。如果他超过这个界限主张了更多的东西,那么他就不是在主张自治社会的言论自由,而是要求无政府主义。

就笔者的论题而言,竞选资金是否是传统意义上的"言论"其实并不是特别重要的论题,关键是它是否应受第一修正案的保障。粗看起来,这种说法似乎自相矛盾,第一修正案不就是用来保障言论的吗?的确,第一修正案保障言论自由,但根据米克尔 · 约翰的理论,这种言论必须是公共性言论,但却并不限于传统意义上那种所说所写的"言论"。第一修正案的最终目的是要保障作为统治者的人民通过投票的方式而进行的公民自治。为此,人民在达成基本契约的时候保留了作为统治权力的投票选举的权力。由此,我们可以说,在日常政治中,我们是被统治者。但在选举这种政治性时刻,人民是作为统治者而采取行动。竞选资金的捐赠和开支就是这种行动的一部分,通过它,人民表达和选择了某种政治理念,并继而选择了某种政治生活。候选人既是潜在的政治代理人,也本身就是人民的一部分。作为代理人,他们没有权威限制主权者的政治行动,而作为人民,他们不仅有权力,甚至有责任为公民自治贡献智慧。因此,如果我们向极乐世界里的米克尔 · 约翰问道:竞选资金应受第一修正案的保障吗?我想他应该会答道:"是的,我认为是这样的!"

## Is Campaign Finance Speech
## —From Precedents, Interpretation Debate to Reflection of Political Philosophy

Ao Haijing

**Abstract**: From *Buckley v. Valeo* in 1976, the Supreme Court began to intervene in the issue of campaign finance regulation under the First Amendment. The intervention of the judiciary actually complicated this problem. However, from the legal scholarship perspective, the story of political campaign finance regulation is the story of a regulation that seeks to promote the public interest: rules enacted to prevent corruption or its appearance, or the achievement of political equality. This dissertation will propose an alternative version of the existence and evolution of this regulation. In United States, the first challenge for any new campaign finance law must be whether it has violated the First Amendment of Constitution. This problem has also caused a heated debate in constitutional community and political philosophy. This paper combed these different academic views and believed that the campaign finance should be protected by the First Amendment based on the theory of speech freedom of Alexander Meiklejohn.

**Key words**: Campaign finance; Freedom of speech; Buckley case Partnership democracy; Self-government

# “司法至上”还是“法院主导”
## ——对弱司法审查制度缺乏稳定性的反思*

朱学磊**

**内容摘要：**

为了更好地保障公民权利，自20世纪80年代起，传统上奉行议会主权体制的部分英联邦国家陆续建立起弱司法审查制度。该制度以成文的权利法案为基础，赋予法院有限的司法审查权，同时允许议会通过普通立法程序回应司法判决。在规范层面，议会的立法回应大致包括补救性回应和否定性回应两种类型；在实践层面，议会在大多数案件中作出的是补救性回应，法院在多数案件中成为纠纷的最终裁决者。批评者据此认为弱司法审查制度是不稳定的，正在倒向美国的“司法至上”模式。事实上，立法回应的制度效果更适合被描述为“法院主导”。从过程维度看，议会接受了司法判决结果，并不代表它只在无意识地跟随或盲从，更多时候是审慎考虑的结果；从结果维度看，议会在部分案件中对司法判决秉持选择性接受的态度，并没有照单全收。在弱司法审查制度下，倘若法官能够按照权利法案的规定充分行使权力，议会能够真实地反映多数选民的意志并保持健康的民主审议能力，“法院主导”并不是一个值得忧虑的问题。

**关键词：**

弱司法审查制度　立法回应　稳定性　司法至上　法院主导

---

* 本文是“中国博士后科学基金第64批面上资助项目”（编号2018M641584）的阶段性成果。

** 中国社会科学院法学研究所博士后。

## 一、引　言

如何更好地保障公民权利,是民主国家设计宪法的核心议题。在相当长的时间里,以美国为代表的"司法至上"模式和以英国为代表的"议会至上"模式,是两种最常见的权利保障方案。前者通常由"大法官说了算",后者强调民主的价值。在实践中,两种模式都存在缺陷。"司法至上"模式始终面临"反多数难题"的诘问,"议会至上"模式的权利保障效果则频遭质疑。自 20 世纪 80 年代起,在英联邦国家内部,具体包括加拿大、新西兰和英国,陆续出现了一种新的权利保障模式。它以成文的权利法案为基础,赋予法院有限的司法审查权,同时为议会保留最终决定权,希望在不改变议会主权体制的前提下,提升其权利保障水平。

英联邦国家的实践引起了比较宪法学者的注意。加德鲍姆(Stephen Gardbaum)称其为"宪治主义的新英联邦模式",夸赞它在避免了政治宪治主义和法律宪治主义两种理论之缺陷的同时,吸收了它们各自的优势。[1] 马克·图施耐特(Mark Tushnet)称这种新模式为"弱形式的司法审查"(weak-form judicial review),[2]意为新模式下法官的地位要弱于美国式的"强司法审查","弱司法审查"自此成为对新模式的统一称谓。随着弱司法审查实践的展开,学术界逐渐出现了批评的声音。例如,贺诗尔(Ran Hirschl)认为,从制度的效果来看,英联邦国家正在走向"司法统治"时代。[3] 理查德·贝拉米(Richard Bellamy)更是直言,弱司法审查并不是什么值得追求的东西,它最终只会导致英联邦国家成为美国模式的翻版。[4] 整体来看,学者们批评的焦点在于,现实

〔1〕 See Stephen Gardbaum, *The New Commonwealth Model of Constitutionalism*, Cambridge University Press, 2013, p. 61.

〔2〕 See Mark Tushnet, Forms of Judicial Review as Expressions of Constitutional Patriotism, *Law and Philosophy*, Vol. 22, No. 3, 2003, pp. 353 – 379.

〔3〕 See Ran Hirschl, *Towards Juristocracy: The Origins and Consequences of the New Constitutionalism*, Harvard University Press, 2004, pp. 221 – 223.

〔4〕 参见[英]理查德·贝拉米:《政治宪政主义》,田飞龙译,法律出版社 2014 年版,第 60 ~ 62 页。

中英联邦国家的法院一点也不“弱”,它大有架空议会地位的趋势,最终会倒向美国式的“司法至上”模式。一言以蔽之,弱司法审查制度是不稳定的。批评者们的主要论据是,当前在英联邦国家,法院的司法判决在大多数案件中起决定作用,议会很少会通过行使立法回应权“说最后一句话”,从而推翻司法判决。

然而,仅从结果意义上指责弱司法审查制度缺乏稳定性是不科学的。因为它既不能说明议会究竟在多大程度上接受了司法判决结果,也不能说明议会接受司法判决的具体原因是什么。换言之,从法院作出司法判决到议会给出立法回应,是一个动态的过程,只有直面这一过程的真实样态,才能更客观地评价弱司法审查制度是否真的如批评者所说倒向了美国式的“司法至上”。基于此种考虑,笔者选择以弱司法审查制度的立法回应环节为研究对象。文章的基本框架安排如下:第二部分从规范层面分析英联邦国家关于议会立法回应权的具体规定及其制度意涵;第三部分以三个国家的司法案例为样本,考察议会是如何回应司法判决的,并就观察结果进行分析;结合第三部分的观察结果,第四部分集中讨论当前学术界对弱司法审查制度缺乏稳定性的批评意见并总结其中原因;第五部分对批评意见进行反思,指出弱司法审查制度不需要存在针对议会立法回应的“黄金比例”;结论部分将弱司法审查制度在立法回应环节的效果归纳为“法院主导”,并讨论它在何种程度上区别于美国式的“司法至上”。

## 二、立法回应的形式与制度意涵

所谓立法回应,是指在法院作出判决以后,议会针对该判决采取的具体行动。由于这种回应通常是以立法形式作出的,所以称之为“立法回应”。[5] 在弱司法审查体制下,立法回应是权利保障逻辑链条的最后一环,它以不同的形

〔5〕 类似的称谓还有“立法再思考”(legislative reconsideration)、“立法推翻”(legislative overriding)和“立法接续”(legislative sequel)等。比较而言,“立法推翻”所涵盖的回应形式只有一种,即议会通过立法明确推翻司法判决,表达一种有别于法院的权利观念。但除了推翻司法判决,议会还有可能以其他形式作出回应,因此,其指代范围有限。“立法再思考”和“立法接续”在指代范围上和“立法回应”大致相当,但考虑到中文表达习惯和行文方便,笔者选择“立法回应”这种表达方式,指代议会针对司法判决作出回应的各种可能形式。

式存在于加拿大、英国和新西兰各自的权利法案文本中，是保留议会主权的民主根基、实现国家政治整合的重要制度设计。

(一) 立法回应的形式

1. 加拿大：权利异议与但书条款

成文的权利法案是议会作出立法回应的主要依据。为了更好地保障权利，加拿大在1982年制定了《加拿大人权利与自由宪章》（以下简称《宪章》）。《宪章》第1条规定：加拿大权利与自由宪章保障其所列举的权利与自由，这些权利与自由只受在自由民主社会能被确凿证明是正当的并且由法律规定的合理限制。该条款所陈述的关于限制权利的前提条件，即"自由民主社会""正当的""法律规定的""合理的"均存在不同程度的弹性解释空间。一项有关权利的立法是否满足这些条件，司法判决未必是唯一正确的答案。如果议会不同意法院的判断，可以通过废除、修改旧法或者制定新法的方式阐明立场。一般而言，议会针对《宪章》第1条作出的立法回应，仍然以承认特定权利的有效性为前提。在此条款下，议会和法院争论的不是"要不要特定权利"的问题，而是该"如何理解特定权利"的问题。

相比之下，加拿大议会通过《宪章》第33条所作的回应就显得颇为激烈，甚至极端。该条第1款和第2款规定：议会或者省立法机关可以根据具体情况，在由其制定的法律中明确宣告，尽管本宪章第2条或者第7～15条有某项规定，该法律或者法律中的某一条款仍应予实施；如果一部宣告适用本条规定的法律或者某一法律条款正在施行，那么该法律或条款应当按照被宣告排除的宪章条款不存在的方式运行；按照本条第1款作出的宣告，应当在其生效满5年或者宣告所规定的更短时间之后，停止生效。该条款事实上赋予了中央或者各省议会排除适用部分宪章权利的权力，因此，也被称为"但书条款"或"排除条款"(notwithstanding clause)。一旦议会动用该条款回应司法判决，意味着至少在未来5年之内，议会立法的运转将无需受制于被排除的宪章权利。而且，议会行使该项权力无须接受司法审查，表明议会在与法院的博弈中事实上掌握了最终决定权，起到了"一锤定音"的效果。因此，有学者将《宪章》第33条当作加拿大弱司法审查体制的最大特征。[6]

---

[6] See Lorraine Eisentat Weinrib, Learning to Live with The Override, *McGill Law Journal*, Vol. 35, 1990.

2. 英国:救济性回应与否定性回应

英国议会回应司法判决的方式,以《人权法》第10条为依据,属于救济性回应。根据第10条的规定,立法救济措施适用于两种情形:一是在某一法律条款被法院依据第4条宣告为与公约权利不一致后,所有有上诉权的案件参与者均明确表示不会上诉,或案件本身已过上诉期限,或上诉裁决已经作出或者被撤销。总而言之,系争案件的法律关系应当处于确定状态,不会再发生变化。二是在《人权法》生效以后,女王或者政府部长发现,欧洲人权法院在针对英国的诉讼案件中认为,某一法律条款与英国承担的公约义务不一致,因而有修改的必要。针对上述情形,如果政府部长认为存在紧迫事由,可以采取其认为必要的方式移除法律条款与公约权利的不一致的内容。此外,如果存在争议的是次级立法(subordinate legislation),而只有修改作为其上位法的基本法律(primary legislation)才能消除不一致,政府部长也可以采取其认为必要的方式修改基本法律。整体来看,以《人权法》第10条为基础的立法回应偏重事后救济和事前预防。它存在的目的是尽量避免让议会立法遭遇来自法院的否定性评价,无论这种评价来自英国法院还是欧洲人权法院。正因如此,议会或政府在修改法律过程中向法院提出权利异议的可能性较低。

除《人权法》第10条之外,英国议会还可以通过另外两种方式回应司法判决,它们在性质上均属于否定性回应。其一,根据《人权法》第4条的规定,英国法院有权针对议会立法与权利不一致的情况发布不一致宣告,但是不一致宣告并不影响争议立法的有效性,对诉讼双方当事人也不具有约束力。这意味着,如果议会不同意法院对争议立法与权利法案一致性的判断,它完全可以不理会不一致宣告,让争议立法继续发挥作用。因此,就法院而言,这是一种消极性的、否定性的立法回应。其二,英国议会也可以利用其作为主权承载者所固有的立法权,以普通立法的方式重新通过争议立法,在新法中着重阐明议会关于系争问题的立场。这与加拿大议会针对《宪章》第1条作出回应是相似的。对比《人权法》第10条下的立法回应,上述两种回应方式并不预设"司法判决是正确的"这一立场,而是试图弱化乃至推翻法院对系争法律之合法(权利法案)性的解释,以立法解释取而代之。

3. 新西兰:消极回应与积极回应

在建立弱司法审查制度的过程中,新西兰赋予了法院最小的权力。根据《权利法案法》第4条的规定,任何新西兰法院均不得认为法律的任何条款被默示废止或撤销,或者以任何方式认为其无效,或者因为法律条款与该法案的任一条款不一致而拒绝适用。据此,新西兰法院不仅无权像加拿大法院那样宣告立法因违宪而无效,也无权像英国法院那样发出不一致宣告。就此而言,议会似乎没有回应司法判决的需要。但是,《权利法案法》第5条和第6条又为立法回应创造了条件。该法案法第5条采取了和加拿大《宪章》相似的表述,规定权利与自由只受在自由民主社会能被确凿证明是正当的且由法律规定的合理限制。第6条规定,无论任何时候,如果一部法律可以被解释为与该法案规定的权利和自由相一致,那么该解释应当优于其他解释。一方面,有些时候,法院为了将法律对权利和自由的限制解释为符合该法案法第5条的要求,或者为了尽可能地将法律解释为与权利和自由相一致,不得不采取一些在一定程度上偏离立法者意愿的解释方案。倘若议会认为法院所作的解释偏离了议会的立法初衷,它可以通过修改旧法或者制定新法的方式,进一步明确议会的意图,纠正法院的观点。这是一种积极的立法回应方式。另一方面,新西兰法院在司法实践中并没有完全受前述《权利法案法》第4条和第6条规定的限制,而是通过判例为自己发展出和英国法院类似的"不一致宣告权"。[7] 面对法院发出的不一致宣告,议会既可以像回应法院解释法律时那样,通过修改或废除旧法或制定新法的方式回应司法判决;也可以不为之所动,让争议立法继续发挥效力,这构成了一种消极的立法回应。

4. 立法回应类型化:补救性回应与异议性回应

综上,由于权利法案文本的差异,加拿大、英国和新西兰的议会在回应司法判决时呈现不同形式。但是,从议会和法院关系的视角来看,所有这些立法回应基本可以分为两大类。

第一类立法回应以响应司法判决为导向,其目的是预防或补救被法院宣告为与权利不一致的立法,降低立法遭遇司法诉讼的风险或者弥补由此带来的消

---

〔7〕 在2000年的"穆恩案"中,新西兰上诉法院指出,法官可以在说理的过程中,附带地、暗示性地提及立法与权利法案的不一致。在2015年的"泰勒案"中,新西兰最高法院更进一步提出,法院可以像英国同行那样,针对议会立法直接、明确地发布不一致宣告。法院的理由是,虽然不一致宣告权缺少议会立法的明确授权,但是它内含在新西兰的法治传统中。See Moonen v. Film and Literature Board of Review [2000] 2NZLR 9 (CA); Taylor v. Attorney General [2015] NZHC 1706.

极影响。英国法院根据《人权法》第 10 条作出的立法回应是其中的代表。加拿大《宪章》和新西兰《权利法案法》虽然没有类似规定,但该权力内在于议会作为立法者的身份中,即便没有规范依据,议会仍然可以行使。笔者将其统称为补救性回应。补救性回应可以进一步被分为积极的补救性回应与消极的补救性回应。积极的补救性回应是指法院作出判决或者解释之后,议会以司法判决为指导,采取必要的行动弥补争议立法与司法判决之间的差异。消极的补救性回应是指议会通常什么也不做,接受法院的判决或解释,事实上同样起到救济权利的效果。

第二类立法回应以重申议会立场为目的,它表明议会并不同意法院的解释或判决,要让议会继续主导民众对系争法律条款的理解,笔者称其为异议性回应。以议会的能动程度为标准,异议性回应又可细分为三种。第一种是面对法院的不一致宣告,议会什么也不做,让争议立法继续发挥效力。由于加拿大法院享有无效宣告权,这种情形只存在于英国和新西兰。第二种是议会以废除或修改旧法或制定新法等方式,补充和完善系争法律,提出针对司法判决的权利异议,以替代法院对争议立法的解释。此类情形在上述 3 个国家均有可能出现。第三种情形只存在于加拿大,即议会根据《宪章》第 33 条,明确宣告系争法律排除部分宪章权利的适用,从而使系争法律无须再接受司法审查。这是一种最极端的立法回应。

(二)立法回应的制度意涵

在弱司法审查体制下,立法回应的制度意涵可以归纳为以下三个方面。

首先,激活议会的权利保障功能,弥补法院权利保障能力的不足,促进两者之间就权利保障问题展开对话。一般而言,法院在解决权利纠纷时通常是聚焦于个案的。受制于具体案情,往往难以建立起可以被普遍适用的纠纷解决规则。例如,汤姆金斯(Adam Tomkins)认为,在权利诉讼案件中,法院有机会审查哪些问题是由诉讼双方当事人决定的,这带有很强的偶然性和零散性。更重要的是,在司法审查过程中,法官很可能逐渐剥离掉一些其认为不属于法律范畴的问题,而只讨论那些技术性的法律适用问题。由此导致的结果是,法院无法对一些涉及社会政策的法律问题作出全面裁决。而且,在对抗式诉讼模式下,原被告双方往往互不相让,妥协和退让的可能很小,又会加剧司法裁判的狭隘性。[8] 贝拉米则指出,法院无法裁决社会经济政策问题不仅是因为汤姆金斯所指责的司法技术问题,更是因为法官群体根本就不是解决这些问题的合适选择。法官未必像想象中那样,独立于民众压力而只遵循法律和道德裁判。而且,多元社会的稳定需要共识来维系,允许少数法官说了算会破坏共识,甚至造成“少数人暴政”。[9] 针对上述问题,在司法审查之后设置立法回应环节,让议会有机会从一般性的立场出发再次思考可能被法院忽略掉的问题,以更具普遍性和审议性的方式妥善解决权利分歧,从而和法官形成优势互补。[10]

其次,为弱司法审查制度奠定民主基础。众所周知,“反多数难题”堪称200多年来美国“司法至上”体制遭遇的最强质疑,尽管学者提出了多种旨在回应“反多数难题”的理论学说,但联邦最高法院的九位大法官与数百位民选代表之间的紧张关系却是一直客观存在的。甚至可以说,只要美国式的“司法至上”体制继续在形式上表现为少数法官制衡多数代表,那么“反多数难题”会一直存在。鉴于此,弱司法审查体制避免把法院当作权利保障链条的最后一环,而是将最终决定权交回到议会手中,允许议会通过普通立法的方式推翻司法判决,无须像美国那般需要诉诸修改宪法。如此一来,“大权统于议会,庶政公诸代表”,无论议会选择以积极或者消极的方式回应司法判决,最终形成的纠纷解决方案都可以被认为是得到议会认可的,由此,可以在很大程度上降低对弱司法审查民主性的质疑。

最后,立法回应制度还具有整合国家的作用,这在加拿大体现得最明显。为了保证制宪活动顺利进行,加拿大曾在1980年试图绕过联邦各省,由中央政府进行单边制宪。此举最终被联邦最高法院认定为违反宪法惯例,[11] 因此,中央政府不得不与各省展开协商。在协商过程中,各省的最大担忧在于,一部全国性的宪章有可能限制本省议会的权力,压缩地方自治空间。作为妥协,加拿大在《宪章》中增加了第33条,允许中央和省议会以立法的形式排除部分宪章

---

[8] See Adam Tomkins, *Our Republican Constitution*, Hart Publishing, 2005, pp. 27 – 31.

[9] See Richard Bellamy, *Political Constitutionalism: A Republican Defense of the Constitutionality of Democracy*, Cambridge University Press, 2007, pp. 26 – 48.

[10] See Stephen Gardbaum, *The New Commonwealth Model of Constitutionalism*, Cambridge University Press, 2013, pp. 88 – 89.

[11] See Reference Re Resolution to amend the Constitution [1981] 1 S. C. R. 753.

权利的适用,一部全国性的宪章才最终得以问世。[12] 立法回应制度所具有的整合国家之制度意涵事实上也影响了该制度在加拿大乃至英联邦国家的具体运行效果,对此下文将详细展开。

## 三、实践中的立法回应

英联邦国家的议会存在多种回应方式与它们在实践中如何使用这些回应方式是不同的问题。无论是补救性回应还是异议性回应,对于三个国家的议会来说,都只是可供选择的回应方式,理论上并不存在哪一种回应方式应当被优先适用的问题。于是,出现了下述问题:三个国家的议会在实践中是如何回应司法判决的? 该问题之所以重要,是因为在立法回应过程中,议会居于主动地位,它是否以及如何回应司法判决,既塑造着弱司法审查制度下法院的角色,也从侧面表明其对自身权力的理解和定位,因此,这是观察弱司法审查制度下议会与法官关系的最佳视角。

### (一)观察对象之界定

笔者观察分析的案例主要包括两部分。第一部分是被法院宣告为无效或者不一致的案例。在加拿大,立法被法院宣告为无效之后,如果议会没有回应,那么将产生和美国法院宣告立法违宪同样的效果,即系争法律条款事实上将不再发挥效力。在英国和新西兰,由于不一致宣告并不影响立法的效力,因此,如果议会没有回应,争议立法可以继续发挥效力,这可以被理解为议会以消极回应的方式表达了对司法判决的异议。当然,三个国家的议会都可以作出积极回应。它们既可以作出积极的补救性回应,根据司法判决修改争议立法;也可以作出积极的异议性回应,通过重新制定和修改立法等方式,推翻司法判决结果,重新夺回对系争法律条款的解释。第二部分是法院对议会立法作出能动解释的案例。此处所谓的"能动解释",主要指普遍存在于三个国家的两种法律解释方法即法院对立法的"读入"或"读出"式解读。所谓"读入"(read in)式解读,是指如果保护性立法设定的保障对象范围太小,使一部分人的权利无法得到保护,法院会认定其构成"过少包含"(under-inclusive),并在解释争议条款的时

[12] See Peter Hogg, *Constitutional Law of Canada*, fifth edition, Thomson Carswell, 2007, pp. 165 – 166.

候,将原本被排除在外的群体添加进来。与之相对,“读出”(read down)式解读是指倘若管制性立法赋予政府的权力过于宽泛,法院有时会认定其构成“过多包含”(over-inclusive),将某些受管制的行为从争议条款中解放出来。在这两种解释方法下,法院虽然名义上是在解释立法,但实际上却通常会修改立法的原初含义,以“释法”之名行“修法”之实。针对此类案件,如果议会没有提出异议,那么此后法院的解释方案将主导人们对争议立法的理解,意味着事实上是法院而非议会决定了法律的最终含义。此时,可以认为议会是以消极的方式对司法判决作出补救性回应。

(二)关于立法回应的具体分析

本部分将分别统计三个国家立法回应的具体案例。在此之前,有必要作以说明:从根本上来说,补救性与异议性回应二分法只是笔者为了使讨论更加集中而采用的一种理想类型划分,它们不可能完全反映实践中议会对司法判决的复杂态度。换言之,虽然笔者将各种立法回应分别归入补救性和异议性回应的范畴中,但在部分案例中,难免会出现议会对司法判决“部分接受部分拒绝”的结果。鉴于此,为了尽可能降低结论的武断性,在统计相关案例时,本文会分别列出司法判决结果和议会的具体回应,并给出将其归入补救性或异议性回应类型的理由。

1. 新西兰立法回应详情〔13〕

**表1 新西兰立法回应详情**

| 案例名称 | 法院判决结果 | 议会回应方式 | 回应类型 | 归类理由 |
|---|---|---|---|---|
| 交通部诉诺尔特案〔14〕 | 《权利法案》可以适用于1962年《交通法》关于呼吸测试的规定 | 废除争议条款 | 积极的补救性回应 | 议会在1998年《地面交通法》中完善了有关取证程序的规定 |

〔13〕 本部分案例源自 Stephen Gardbaum, *The New Commonwealth Model of Constitutionalism*, Cambridge University Press, 2013, pp. 144 – 151。笔者在此基础上增加了关于法院能动解释议会立法的相关案例。

〔14〕 See Ministry of Transport v. Noort[1992]3 NZLR 260.

续表

| 案例名称 | 法院判决结果 | 议会回应方式 | 回应类型 | 归类理由 |
|---|---|---|---|---|
| 辛普森诉检察总长案〔15〕 | 警察在明知搜查对象错误的条件下继续搜查的行为无法被法律豁免,应当承担公法上的赔偿责任 | 议会一度想制定新法推翻司法判决,但最终不了了之 | 消极的补救性回应 | 议会制定新法的动议没有变成现实,法院创造的"公法上的救济"被保留下来,成为国家赔偿的类型之一〔16〕 |
| 穆恩诉电影与文学评议会案〔17〕 | 法院有权根据《权利法案》第 5 条审查并暗示立法与权利是否一致 | 议会没有回应 | 消极的补救性回应 | 议会没有回应的结果是,法院为自己创造的暗示不一致宣告权得以存续 |
| 奎尔特诉检察总长案〔18〕 | 1955 年《婚姻法》把婚姻定义为异性的结合,不违反《权利法案》第 19 条规定的平等权,驳回原告的诉讼请求 | 议会在 2004 年制定《公民联合法》,扩大了对两性关系的保护范围 | 积极的补救性回应 | 新法用"公民联合"取代《婚姻法》中的"婚姻",包括同性和异性的结合,享有基本相同的权利和义务 |

〔15〕 See Simpson v. Attorney General[1994]3 NZLR 667(Bagient case).

〔16〕 See Paul Rishworth, Grant Huscroft, Scott Optican & Richard Mahoney, *The New Zealand Bill of Rights*, Oxford University Press, 2003, pp. 814 – 816.

〔17〕 See Moonen v. Film and Literature Board of Review[2000]2NZLR 9(CA).

〔18〕 See Quilter v. Attorney General[1998]1 NZLR 523.

续表

| 案例名称 | 法院判决结果 | 议会回应方式 | 回应类型 | 归类理由 |
| --- | --- | --- | --- | --- |
| 女王诉宝拉案[19] | 1999年《刑事正义法》修正案关于"入室盗窃"犯应被判处13年不可假释刑期的规定,不具有溯及既往的效力 | 议会废除了1999年《刑事正义法》关于最小监禁刑期的规定,并以2002年《裁判法》取而代之 | 积极的补救性回应 | 新法进一步细化了监禁刑的适用条件和计算方法 |
| 女王诉波莫科案[20] | 1999年《刑事正义法》修正案关于"入室盗窃"犯应被判处13年不可假释刑期的规定,不具有溯及既往的效力 | 议会废除了1999年《刑事正义法》关于最小监禁刑期的规定,并以2002年《裁判法》取而代之 | 积极的补救性回应 | 新法进一步细化了监禁刑的适用条件和计算方法 |
| 布鲁克尔诉警察案[21] | 根据《权利法案》对言论自由的保障,1981年《简易犯罪法》关于"混乱行为"的定义应当被限缩 | 议会没有回应 | 消极的补救性回应 | 在议会没有回应的条件下,法院的解释成为最终解释 |

[19] See R v. Pora[2001]2 NZLR 37.

[20] See The Queen v. Poumako[2000]NZCA 69.

[21] See Brooker v. Police[2007]NZSC 30.

续表

| 案例名称 | 法院判决结果 | 议会回应方式 | 回应类型 | 归类理由 |
| --- | --- | --- | --- | --- |
| 女王诉汉森案[22] | 1975年《药品滥用法》第6条第6款关于举证责任倒置的规定与《权利法案》第25条的无罪推定原则不一致 | 议会在后续修法过程中没有吸收法院的判决意见 | 积极的异议性回应 | 议会在本案判决作出不久后修改了《药品滥用法》,但保留了第6条第6款,并没有吸收法院完善立法的相关建议 |
| 莫尔斯诉警察案[23] | 1981年《简易程序治罪法》规定的"攻击性行为"不仅可能扰乱公共秩序,还要引发真实的愤怒、仇恨情绪以至于到了无法容忍的地步 | 议会没有回应 | 消极的补救性回应 | 在议会没有回应的条件下,法院的解释成为最终解释 |

[22] See R v. Hansen[2007]3 NZLR 1.

[23] See Morse v. The Police[2011]NZSC 45.

## 2. 英国立法回应详情[24]

**表2　英国立法回应详情**

| 案例名称 | 法院判决结果 | 议会回应方式 | 回应类型 | 归类理由 |
| --- | --- | --- | --- | --- |
| 女王诉兆伦敦和东伦敦地区精神健康复核审裁处及其他案[25] | 1983年《精神健康法》第72条和第73条与公民自由权及其保障机制不一致 | 根据人权法附表二关于紧急救济命令的规定，发布了救济令 | 积极的补救性回应 | 救济令的目的是消除《精神健康法》与人权法的不一致 |
| 性犯罪嫌疑人的公平庭审权保障案[26] | 在解释1999年《青年司法与刑事证据法》时应当把人权法对公平庭审权的保障融合进来 | 议会没有回应 | 消极的补救性回应 | 由于本案没有出现不一致宣告，法院只是以能动方式解释立法。在议会给出否定回应之前，法院的解释将主导人们对相关条款的理解 |

---

〔24〕 本部分案例源自 *Responding to Human Rights Judgments: Report to the Joint Committee on Human Rights on the Government's Response to Human Rights Judgments* 2016 – 17, Ministry of Justice, December 2017。笔者在此基础上增加了关于法院能动解释议会立法的相关案例。

〔25〕 See R v. Mental Health Review Tribunal for the North and East London Region and another[2001]EWCA Civ. 415.

〔26〕 See R. v. A[2001]UKHL 25.

续表

| 案例名称 | 法院判决结果 | 议会回应方式 | 回应类型 | 归类理由 |
| --- | --- | --- | --- | --- |
| 盖丹诉门多萨案〔27〕 | 1977年《租房法》对配偶承租权的规定中,"配偶"一词包括同性恋群体 | 议会把同性恋群体纳入《租房法》的保护范围 | 积极的补救性回应 | 根据2004年《同性伴侣法》,《租房法》把法定承租权的群体范围扩大到同性恋群体 |
| 女王诉兰伯特案〔28〕 | 1971年《药品滥用法》第28条关于举证责任倒置的规定只是一种事实性而非法律性举证责任 | 议会没有回应 | 消极的补救性回应 | 在议会没有对争议条款的具体含义给出明确解释之前,法院的解释将主导人们对该条款的理解 |
| 企图鸡奸者的隐私权保障案〔29〕 | 适用于北爱尔兰地区的1861年《人身侵害法》第62条,与人权法中对隐私和家庭生活权利的规定不一致 | 议会废除了争议条款 | 积极的补救性回应 | 2003年《性侵害法》废除了争议条款,该法于2004年5月生效 |
| 国际运输罗斯有限公司诉内政部长案〔30〕 | 1999年《移民和难民法》第二部分规定的惩罚措施与公平审判权不一致 | 议会修改了被宣告不一致的条款 | 积极的补救性回应 | 2002年《国籍、移民和难民法》第125条和附表8修改了争议条款,该法于2002年12月生效 |

〔27〕 See Ghaidan v. Mendoza[2004]UKHL 30.

〔28〕 See R. v. Lambert[2001]UKHL 37.

〔29〕 See McR's Application for Judicial Review[2003]N.I 1.

〔30〕 See International Transport Roth GmbH v. Secretary of State for the Home Department [2002]EWCA Civ. 158.

续表

| 案例名称 | 法院判决结果 | 议会回应方式 | 回应类型 | 归类理由 |
|---|---|---|---|---|
| 女王诉内政部长案〔31〕 | 1997年《刑事(量刑)法》第29条与公平庭审权不一致 | 议会废除了争议条款,并以新法取而代之 | 积极的补救性回应 | 2003年《刑事正义法》第303(b)(I)款、第332条以及附表37废除了争议条款,新法第7章和附表21、附表22对相关内容重新作出规定 |
| 女王诉内政部长案〔32〕 | 1983年《精神健康法》第74条与及时获得庭审权不一致 | 议会修改了争议条款 | 积极的补救性回应 | 2003年《刑事正义法》第295条对争议条款作出修改 |
| 布拉德和塔巴克诉卫生部长案〔33〕 | 1990年《人类受精与胚胎法》第28(6)(b)款与公民隐私、家庭生活权以及平等权不一致 | 议会修改了争议条款 | 积极的补救性回应 | 修改后的《人类受精与胚胎法》于2003年12月生效 |
| 柏令哲诉柏令哲案〔34〕 | 1973年《婚姻诉讼法》第11(c)款与隐私、家庭生活以及婚姻权等不一致 | 议会修改了争议立法 | 积极的补救性回应 | 2004年《性别认可法》承认变性人的婚姻权 |

〔31〕 See R. v. Secretary of State for the Home Department[2002]UKHL 46.

〔32〕 See R. v. Secretary of State for the Home Department[2002]EWHC 2805.

〔33〕 See Blood and Tarbuck v. Secretary for Health, unreported, 28 Feb. 2003.

〔34〕 See Bellinger v. Bellinger[2003]UKHL 21.

续表

| 案例名称 | 法院判决结果 | 议会回应方式 | 回应类型 | 归类理由 |
| --- | --- | --- | --- | --- |
| 女王诉卫生部长案〔35〕 | 1983 年《精神健康法》第 26 条和第 29 条与隐私、家庭生活权不一致 | 议会修改了争议立法 | 积极的补救性回应 | 英国政府于 2004 年发布了旨在改革精神健康体制的法案,但在议会遭到否决。随后,政府又提出新的改革法案,最终在 2007 年获得通过,此即 2007 年《精神健康法》,该法第 23~26 条修改了被法院宣告为与权利不一致的条款 |
| 女王诉内地税收委员会案〔36〕 | 1988 年《税收法》关于女性丧偶者补助的规定构成对男性丧偶者的歧视 | 议会修改了争议条款 | 积极的补救性回应 | 1999 年《金融法》第 34(1)款、第 139 条和附表 20 废除了被宣告不一致的条款 |
| 女王诉就业与退休保障部长案〔37〕 | 1992 年《社会保障捐资和福利法》第 36 条、第 37 条与公民平等权、自由和家庭生活权等不一致 | 议会修改了争议条款 | 积极的补救性回应 | 在判决作出当日,争议条款已经被修改,此即 1999 年《福利改革与津贴法》第 54(1)款 |

〔35〕 See R. v. Secretary of State for Health[2003]EWHC 1094.

〔36〕 See R. v. Inland Revenue Commissioners[2003]EWCA Civ. 814.

〔37〕 See R. v. Secretary of State for Work and Pensions[2003]EWCA Civ. 875.

续表

| 案例名称 | 法院判决结果 | 议会回应方式 | 回应类型 | 归类理由 |
|---|---|---|---|---|
| 女王诉威斯敏斯特市政及第一部长案〔38〕 | 1996年《住房法》第185(4)款与平等权不一致 | 议会修改了争议条款 | 积极的补救性回应 | 2008年《住房和重建法》附表15对争议问题重新作出规定 |
| 外国恐怖主义嫌疑人的自由与平等权保障案〔39〕 | 以1998年《人权法》为依据发布的2001特定权利减损命令与《人权法》附表1第15条不一致；2001年《反恐、犯罪与安全法》第23条与自由和平等权不一致 | 议会废除了争议条款 | 积极的补救性回应 | 2005年《预防恐怖主义法》废除了争议条款，并以新的控制令取而代之 |
| 女王诉第一国务大臣案〔40〕 | 1996年《住房法》第185(4)款的规定与平等权条款不一致 | 议会修改了争议条款 | 积极的补救性回应 | 2008年《住房和重建法》附表15修改了旧法中的争议条款 |
| 女王诉内政部长及其他人案〔41〕 | 2004年《移民与难民法》第19(3)款，以及2005年《移民法规》第7条、第8条与婚姻权、平等权条款不一致 | 议会废除了被宣告不一致的条款，并以新法取而代之 | 积极的补救性回应 | 议会发布救济令，废除了对非英籍公民在与英国人结婚时的批准证书程序 |

〔38〕 See R. v. Westminster City Council & First Secretary of State[2004]EWHC 2191.

〔39〕 See A and others v. Secretary of State for the Home Department[2004]UKHL 56.

〔40〕 See R. v. First Secretary of State, unreported, 28 March 2006.

〔41〕 See R. (Baiai and others) v. Secretary of State for the Home Department and another [2006]EWHC 823.

续表

| 案例名称 | 法院判决结果 | 议会回应方式 | 回应类型 | 归类理由 |
|---|---|---|---|---|
| 女诉诉(1)卫生部长(2)教育与技能部长案 | 2000 年《关怀标准法》第 82(4)(b)款与公平庭审权、隐私和家庭生活权条款不一致 | 议会制定新法,将争议行为排除在新法规制范围之外 | 积极的补救性回应 | 2006 年《保护弱势群体法》将在本案中引发争议的行为排除在外 |
| 女王诉内政部长案〔42〕 | 1991 年《刑事正义法》第 46(1)款和第 50(2)款与平等权条款不一致 | 议会修改了被宣告为不一致的条款 | 积极的补救性回应 | 2008 年《刑事正义与移民法》第 27 条对争议问题作出修正 |
| 斯密诉斯科特案〔43〕 | 1983 年《人民代表法》第 3 条不加区分地一律禁止服刑人员行使投票权与选举权条款不一致 | 议会没有回应 | 消极的异议性回应 | 根据人权法第 4 条第 6 款,不一致宣告不影响争议立法的效力。据此,议会没有作出回应,可以被视为希望让争议立法继续发挥效力 |
| 女王诉内政部长案〔44〕 | 2003 年《性侵害法》第 82 条与隐私和家庭生活权条款不一致 | 议会修改了争议条款 | 积极的补救性回应 | 2012 年通过了针对 2003 年《性侵害法》的救济令,为当事人提供申请审查政府决定的机会 |

〔42〕 See R. (Clift et al.) v. Secretary of State for the Home Department[2006]UKHL 54.

〔43〕 See Smith v. Scott[2007]CSIH 9.

〔44〕 See R. v. Secretary of State for the Home Department[2009]EWCA Civ. 792.

续表

| 案例名称 | 法院判决结果 | 议会回应方式 | 回应类型 | 归类理由 |
| --- | --- | --- | --- | --- |
| 女王诉内政部长案〔45〕 | 2006年《保护弱势群体法》第1部分尤其是附表3与隐私和家庭生活权条款不一致 | 议会修改了争议条款 | 积极的补救性回应 | 2012年《自由保护法》第67条第2款和第6款修改了争议条款，赋予当事人陈述权 |
| 女王诉大曼彻斯特警察局长及其他人案〔46〕 | 1997年《警察法》不加区分地一律公开所有犯罪行为和警告与隐私权条款不一致 | 议会修改了争议条款 | 积极的补救性回应 | 在最高法院审理本案之前，议会通过了一部次级立法，对不一致之处作出修改 |
| 女王诉就业与退休保障部长案〔47〕 | 2013年《求职者法》与公平庭审权条款不一致 | 议会没有回应 | 消极的异议性回应 | 作为本案的被告，政府提出上诉，上诉法院维持了不一致宣告，目前政府正在考虑如何回应该判决结果。在政府回应措施问世以前，本案宜被归入异议性回应类型 |

〔45〕 See R. v. Secretary of State for Home Department[2010]EWHC 2761.

〔46〕 See R.(on the application of T, JB and AW) v. Chief Constable of Greater Manchester, Secretary of State for the Home Department and Secretary of State for Justice[2013] EWCA Civ. 25.

〔47〕 See R.(on the application of Reilly(No. 2) and Hewstone) v. Secretary of State for Work and Pensions[2014]EWHC 2182.

续表

| 案例名称 | 法院判决结果 | 议会回应方式 | 回应类型 | 归类理由 |
|---|---|---|---|---|
| 大卫 · 米兰达诉内政部长案〔48〕 | 2000 年《恐怖主义法》附表 7 与表达自由条款不一致 | 议会修改了争议条款 | 积极的补救性回应 | 新的立法把本案原告的行为列入可以中止审查活动的范围 |
| 单身父亲申请养育令案〔49〕 | 2008 年《人工受精与胚胎法》第 54 条与平等权条款不一致 | 议会正在考虑如何回应法院判决 | 消极的异议性回应 | 目前,议会和政府尚未出台回应措施,但事实上已经在考虑以救济令的方式作出回应。在正式回应措施问世之前,宜将其归入异议性回应类型 |
| 女王诉内政部长案〔50〕 | 在英国公民非婚生育的子女犯罪之后将其驱逐出境的做法侵犯了当事人在隐私和家庭生活方面的平等权;而且把当事人应具有"良好品格"作为赋予其公民权条件的做法也与上述权利不一致 | 政府正在考虑如何解决这种不一致 | 消极的异议性回应 | 在正式回应措施问世之前,宜将其归入异议性回应类型 |

〔48〕 See David Miranda v. Secretary of State for the Home Department [2016] EWCA Civ. 6.

〔49〕 See Z. (A Child) (No. 2) [2016] EWHC 1191 (Fam).

〔50〕 See R. v. Secretary of State for the Home Department [2016] UKSC 56.

续表

| 案例名称 | 法院判决结果 | 议会回应方式 | 回应类型 | 归类理由 |
| --- | --- | --- | --- | --- |
| 女王诉内政部长案 | 把应具有"良好品格"作为赋予公民权条件的做法与当事人在隐私和家庭生活方面的平等权不一致 | 政府正在考虑如何解决这种不一致 | 消极的异议性回应 | 在正式回应措施问世之前,宜将其归入异议性回应类型 |

3. 加拿大立法回应详情〔51〕

**表3 加拿大立法回应详情**

| 案例名称 | 法院判决结果 | 议会回应方式 | 回应类型 | 归类理由 |
| --- | --- | --- | --- | --- |
| 魁北克诉魁北克新教学校联盟委员会案〔52〕 | 魁北克省1977年《法语宪章》关于说英语公民之语言教育权的规定与1982年《宪章》关于少数群体语言权的规定不一致并因此无效 | 议会修改了争议条款 | 积极的补救性回应 | 根据最高法院的判决,魁北克省议会增强了对本省说英语居民之语言教育权的保障力度 |
| 亨特诉南海姆有限公司案〔53〕 | 《联合调查法》第10(1)款和第10(3)款违反了《宪章》关于公民不受非法搜查的规定 | 议会于1986年废除了《联合调查》法 | 积极的补救性回应 | 议会制定《竞争法》取代《联合调查法》,完善了对企业关系的调查和调控程序 |

〔51〕 本部分案例源自 Emmett Macfarlane, Dialogue or compliance? Measuring Legislatures' Policy Responses to Court Rulings on Rights, *International Political Science Review*, Vol. 34, No. 1, 2012; Peter W. Hogg, Charter Dialogue Revisited or "Much Ado About Metaphors", *Osgoode Hall Law Journal*, Vol. 45, No. 1, 2007。

〔52〕 See Quebec(A. G.) v. Quebec Assn. of Protestant School Boards [1984]2 S. C. R. 66.

〔53〕 See Hunter v. Southam Inc. [1984]2 S. C. R. 145.

续表

| 案例名称 | 法院判决结果 | 议会回应方式 | 回应类型 | 归类理由 |
|---|---|---|---|---|
| 辛格诉加拿大案[54] | 政府依据1976年《移民法》拒绝赋予六名外国公民难民身份的决策程序与宪章第7条确立的“根本正义原则”不一致 | 议会制定了新的听证程序 | 积极的补救性回应 | 1986年议会对争议立法作出修改,对相关程序作出补充和完善 |
| 不列颠哥伦比亚省机动车法违宪案[55] | 不列颠哥伦比亚省的《机动车法》关于绝对责任制的规定违反了《宪章》第7条 | 省议会废除了争议条款 | 积极的补救性回应 | 除了废除争议条款,该省还在《犯罪法》中规定任何人不得因为绝对责任制而被判监禁 |
| 女王诉药品超市案[56] | 《安息日法》侵犯公民的宗教信仰自由 | 议会没有回应 | 消极的补救性回应 | 据《宪章》第52条,在议会没有作出回应的条件下,法院的判决具有终局效力 |
| 女王诉奥克斯案[57] | 《麻醉药控制法》第8条关于交易目的推定的规定违反了《宪章》第7条 | 议会以新法取代旧法 | 积极的补救性回应 | 议会在1996年颁布《受控制药品与物质法》,取消了举证责任倒置条款 |

[54] See Singh v. Canada (Minister of Employment and Immigration) [1985] 1 S. C. R. 177.

[55] See Reference Re Section 94(2) of the B. C. Motor Vehicle Act [1985] 2 S. C. R. 486.

[56] See R. v. Big M Drug Mart Ltd. [1985] 1 S. C. R. 295.

[57] See R. v. Oakes [1986] 1 S. C. R. 103.

续表

| 案例名称 | 法院判决结果 | 议会回应方式 | 回应类型 | 归类理由 |
| --- | --- | --- | --- | --- |
| 女王诉斯密案[58] | 《麻醉药品控制法》关于最小刑期的规定构成"残酷和异常的刑罚",违反《宪章》规定 | 议会以新法取代旧法 | 积极的补救性回应 | 议会在1996年颁布《受控制药品与物质法》,细化了关于持有受控药品与相应刑期的对应关系 |
| 女王诉塞班案[59] | 《麻醉药品控制法》中的缉私令状制度违反《宪章》第8条 | 议会废除了争议条款 | 积极的补救性回应 | 在本案判决作出以前,议会已经废除了缉私令状制度 |
| 女王诉海米尔案[60] | 《麻醉药品控制法》中的缉私令状制度违反《宪章》第8条 | 议会废除了争议条款 | 积极的补救性回应 | 在本案判决作出以前,议会已经废除了缉私令状制度 |
| 魁北克医疗专业公司诉蒂博案[61] | 《简易程序定罪法》允许检察官重新起诉被宣告无罪者,违反《宪章》规定的禁止双重危险原则 | 议会废除了争议条款 | 积极的补救性回应 | 议会于1990年制定《处罚程序法》取代了《简易程序定罪法》 |

[58] See R. v. Smith[1987]1 S. C. R. 1045.

[59] See R. v. Sieben[1987]1 S. C. R. 295.

[60] See R. v. Hamill[1987]1S. C. R. 301.

[61] See Corporations professionnelle des medicins du Quebec v. Thibault[1988]1 S. C. R. 1033.

续表

| 案例名称 | 法院判决结果 | 议会回应方式 | 回应类型 | 归类理由 |
| --- | --- | --- | --- | --- |
| 福特诉魁北克案[62] | 《法语宪章》禁止商业标识使用法语之外的其他语言,侵犯了公民的表达自由 | 议会以法律修正案的方式推翻了法院判决 | 积极的异议性回应 | 魁北克于 1989 年通过 178 法案,行使《宪章》第 33 条规定的立法推翻权,使争议条款在 5 年之内不受《宪章》权利约束 |
| 女王诉摩根特尔案[63] | 《加拿大刑法典》第 251 条关于堕胎程序的规定违反了"根本正义原则" | 议会没有回应 | 消极的补救性回应 | 法院判决作出后,加拿大于 1988 年和 1989 年两次尝试制定新的堕胎法,但均以失败告终,刑法典中关于堕胎程序的规定事实上已经无效 |
| 女王诉威尔兰科特案[64] | 《加拿大刑法典》第 213 条关于犯罪意图和定罪之关系的规定违反了"根本正义原则" | 议会废除了争议条款 | 积极的补救性回应 | 被废除的争议条款不再发挥效力,事实上迎合了法院的判决结果 |

[62] See Ford v. Quebec(A. G.)[1988]2 S. C. R. 712.

[63] See R. v. Morgentaler[1988]1 S. C. R. 30.

[64] See R. v. Vaillancourt[1987]2 S. C. R. 636.

续表

| 案例名称 | 法院判决结果 | 议会回应方式 | 回应类型 | 归类理由 |
| --- | --- | --- | --- | --- |
| 安德鲁斯诉不列颠哥伦比亚法律协会案〔65〕 | 《出庭律师与事务律师法》对律师从业者之国籍的规定违反了平等原则 | 议会没有回应 | 消极的补救性回应 | 本案的司法判决确立了加拿大平等原则的基本内涵与适用方法 |
| 布莱克诉阿尔伯塔法律协会案〔66〕 | 《阿尔伯塔律师协会法》关于律师从业者之居民身份的要求侵犯了公民的结社和迁徙自由 | 议会废除了争议条款 | 积极的补救性回应 | 争议条款被废除后,公民在阿尔伯塔省从事律师执业的权利得到进一步保障 |
| 埃德蒙顿日报诉阿尔伯塔案〔67〕 | 阿尔伯塔省对涉及婚姻诉讼内容的出版限制、该省司法的部分条款等侵犯了公民的自由权 | 议会废除了争议条款 | 积极的补救性回应 | 为保障被法院所认可的公民自由权,阿尔伯塔省废除了争议条款 |
| 女王诉巴蒂尼奥案〔68〕 | 《刑法典》第213条关于"推定谋杀"的规定违反了《宪章》的"根本正义原则" | 议会没有回应 | 消极的补救性回应 | 在议会没有作出回应的条件下,法院的判决具有终局效力 |

〔65〕 See Andrews v. Law Society of British Columbia[1989]1 S. C. R. 143.

〔66〕 See Black v. Law Society of Alberta[1989]1 S. C. R. 591.

〔67〕 See Edmonton Journal v. Alberta(A. G.)[1989]2 S. C. R. 1326.

〔68〕 See R. v. Martineau[1990]2 S. C. R633.

续表

| 案例名称 | 法院判决结果 | 议会回应方式 | 回应类型 | 归类理由 |
|---|---|---|---|---|
| 女王诉劳甘案〔69〕 | 在本案中,《刑法典》第21(2)款违反了《宪章》的“根本正义原则” | 议会没有回应 | 消极的补救性回应 | 在议会没有作出回应的条件下,法院的判决具有终局效力 |
| 女王诉海斯案;女王诉阮案〔70〕 | 《刑法典》关于强奸罪的部分规定违反了“根本正义原则” | 议会接受了法院判决 | 积极的补救性回应 | 在后续对刑法典的修改过程中,议会以“性袭扰”取代“强奸”并完善了相关规定 |
| 牙科医生广告权益保障案〔71〕 | 《健康训导法》禁止专家参与广告,侵犯了公民的表达自由 | 议会修改了争议条款 | 积极的补救性回应 | 争议条款被修改以后,专家参与广告的权利得到立法保障 |
| 奥斯本诉加拿大案〔72〕 | 《公共服务雇佣法》一律禁止公务员参加政治竞选活动,过分限制了公民自由 | 议会没有回应 | 消极的补救性回应 | 在议会没有作出回应的条件下,法院的判决具有终局效力 |

〔69〕 See R. v. Logan[1990]2 S. C. R. 731.

〔70〕 See R. v. Hess;R. v. Nguyen[1990]2 S. C. R. 906.

〔71〕 See Rocket v. Royal College of Dental Surgeons of Ontario[1990]2 S. C. R. 232.

〔72〕 See Osborne v. Canada(Treasury Board)[1991]2 S. C. R. 69.

续表

| 案例名称 | 法院判决结果 | 议会回应方式 | 回应类型 | 归类理由 |
|---|---|---|---|---|
| 女王诉希特案〔73〕 | 《刑法典》第213(C)款关于定罪量刑的规定违反"根本正义原则" | 议会没有回应 | 消极的补救性回应 | 在议会没有作出回应的条件下,法院的判决具有终局效力 |
| 女王诉曾德尔案〔74〕 | 《刑法典》禁止报道错误信息的规定侵犯了公民的表达自由 | 议会没有回应 | 消极的补救性回应 | 在议会没有作出回应的条件下,法院的判决具有终局效力 |
| 特维尔特—贾杜里诉加拿大案〔75〕 | 《失业保险法》要求在65岁时停止发放失业保险津贴违反了平等原则 | 议会修改了争议条款 | 积极的补救性回应 | 在最高法院作出判决的同时,议会对争议条款作出了修正 |
| 女王诉拜恩案〔76〕 | 《刑法典》关于陪审程序的规定违反了平等原则 | 议会废除了争议条款 | 积极的补救性回应 | 在最高法院作出判决以后,议会废除了被宣告无效的条款 |

〔73〕 See R. v. Sit[1991]3 S. C. R. 124.

〔74〕 See R. v. Zundel[1992]2 S. C. R. 731.

〔75〕 See Tetreault-Gadoury v. Canada(Employment and Immigration Commission)[1991] 2 S. C. R. 22.

〔76〕 See R. v. Bain[1992]1 S. C. R. 91.

续表

| 案例名称 | 法院判决结果 | 议会回应方式 | 回应类型 | 归类理由 |
|---|---|---|---|---|
| 加拿大联邦委员会诉加拿大案〔77〕 | 《政府机场特许运营条例》禁止商业宣传等行为,侵犯了公民的表达自由 | 议会修改了争议条款 | 积极的补救性回应 | 新修改的立法进一步明确了其管制对象,交通部还对其中缘由作出解释 |
| 女王诉吉尼罗案〔78〕 | 加拿大根据《国防法》设立的军事法庭无法保证法官的独立性,侵犯了公民的公平庭审权 | 议会修改了争议立法 | 积极的补救性回应 | 加拿大政府委任退休法官布莱恩·迪克森提出修改建议,这些建议最终被吸收进 1998 年《国防法》 |
| 女王诉多尼案〔79〕 | 《刑法典》关于卖淫罪之举证责任倒置的规定违反了《宪章》第 11 条 | 议会没有回应 | 消极的补救性回应 | 在议会没有作出回应的条件下,法院的判决具有终局效力 |
| 女王诉杜瓦尔特案〔80〕 | 在因醉酒引发的性侵犯案件中,以“莉瑞规则”为基础的归责原则违反《宪章》第 7 条和第 11 条 | 议会推翻了法院判决 | 积极的异议性回应 | 在判决作出后不久,议会修改了争议条款,基本上恢复了“莉瑞规则”的要求 |

〔77〕 See Committee for the Commonwealth of Canada v. Canada[1991]1 S. C. R. 139.

〔78〕 See R. v. Genereux[1992]1 S. C. R. 259.

〔79〕 See R. v. Downey[1992]2 S. C. R. 10.

〔80〕 See R. v. Daviault[1994]3 S. C. R. 63.

续表

| 案例名称 | 法院判决结果 | 议会回应方式 | 回应类型 | 归类理由 |
|---|---|---|---|---|
| 沙克特诉加拿大案[81] | 《失业保险法》在假期问题上对养父母和亲生父母的区别对待,违反了平等原则 | 议会修改了争议条款 | 积极的补救性回应 | 在法院作出判决的同时,议会修改了争议条款,并和法院的判决相一致 |
| 女王诉斯温案[82] | 《刑法典》关于精神病患者之法律义务的规定违反了《宪章》第7条和第9条 | 议会修改了争议条款 | 积极的补救性回应 | 新修改的立法完善了对精神病人的认定和评估程序 |
| 女王诉斯伯耶案;女王诉吉姆案[83] | 《刑法典》禁止使用强奸案被害人性关系历史作为原告辩护理由的规定,违反了"根本正义原则" | 议会修改了争议条款 | 积极的补救性回应 | 议会在1992年修改了所谓的"强奸包庇"条款,要求法院对相关证据的可采性作出评估 |
| 女王诉莫洛雷斯案[84] | 《刑法典》关于保释程序的规定没有为法官提供有意义的指导,侵犯了公民的保释权 | 议会没有回应 | 消极的补救性回应 | 在议会没有作出回应的条件下,法院的判决具有终局效力 |

[81] See Schachter v. Canada[1992]2 S. C. R. 679.

[82] See R. v. Swain[1991]1 S. C. R. 933.

[83] See R. v. Seaboyer; R. v. Gayme[1991]2 S. C. R. 577.

[84] See R. v. Morales[1992]3 S. C. R. 711.

续表

| 案例名称 | 法院判决结果 | 议会回应方式 | 回应类型 | 归类理由 |
| --- | --- | --- | --- | --- |
| 索韦诉加拿大案[85] | 《加拿大选举法》禁止服刑人员投票侵犯了其选举权 | 议会修改了争议条款 | 积极的补救性回应 | 议会把禁止投票权的适用范围限定在两年刑期以上的群体 |
| 女王诉格兰特案;女王诉威利案;女王诉普朗特案[86] | 《麻醉药品控制法》允许无证搜查的条款违反了《宪章》第 8 条 | 议会修改了争议立法 | 积极的补救性回应 | 1996 年《受控制药品和物质法》规定所有的搜查都须获得批准 |
| 拉姆斯丹诉彼得伯勒案[87] | 彼得伯勒市禁止在市政公共财产上张贴海报的规定侵犯了表达自由 | 彼得伯勒市修改了争议立法 | 积极的补救性回应 | 新法规定政府要设置海报栏以便张贴海报,但在其他位置禁止随意张贴 |
| 女王诉海伍德案[88] | 根据《刑法典》的规定,曾犯下特定罪名的人,如果在某些区域徘徊,有可能被认定为犯罪。该规定违反了"根本正义原则" | 议会修改了争议条款 | 积极的补救性回应 | 议会在新法中虽然保留了类似规定,但设置了再审查机制 |
| 女王诉拉巴案[89] | 《刑法典》关于举证责任倒置的规定违反了《宪章》第 11 条 | 议会修改了争议条款 | 积极的补救性回应 | 在后续修订《刑法典》的过程中,该判决被吸收进新的立法 |

[85] See Sauve v. Canada(A. G.)[1993]2 S. C. R. 438.

[86] See R. v. Grant; R. v. Wiley; R. v. Plant[1993]3 S. C. R. 223;263;281.

[87] See Ramsden v. Peterborough(City of)[1993]2 S. C. R. 1084.

[88] See R. v. Heywood[1994]3 S. C. R. 761.

[89] See R. v. Laba[1994]3 S. C. R. 965.

续表

| 案例名称 | 法院判决结果 | 议会回应方式 | 回应类型 | 归类理由 |
| --- | --- | --- | --- | --- |
| 米朗诉图德尔案[90] | 《保险法》在汽车强制险问题上对"配偶"的定义违反平等原则 | 议会修改了争议条款 | 积极的补救性回应 | 安大略省在1990年和1993年先后修改汽车保险法,扩大了对"配偶"关系的认定范围 |
| 拜伦诉加拿大案[91] | 《收入所得税法》关于法官是否有权决定发布搜查令的规定违反了《宪章》第8条 | 议会修改了争议条款 | 积极的补救性回应 | 在1994年的修正案中,议会规定法官"可以"而非"应当"发布搜查令 |
| 科迪塞斯诉税务部长案[92] | 《收入所得税法》关于搜查令的规定违反了《宪章》第8条 | 议会修改了争议条款 | 积极的补救性回应 | 根据法院判决,议会在此后修改了关于搜查令的程序性规定 |
| 麦克唐纳德有限公司诉加拿大案[93] | 《烟草产品控制法》禁止烟草广告的规定侵犯了公民的表达自由 | 议会修改了争议立法 | 积极的补救性回应 | 在1997年《烟草法》中,议会对烟草广告的限制条件作出更加细致的规定 |
| 加拿大诉卢卡斯案[94] | 《刑法典》关于诽谤罪的规定虽然侵犯了表达自由,但可以被《宪章》第1条证成 | 议会没有回应 | 消极的补救性回应 | 在议会没有回应的条件下,法院的判决具有终局效力 |

[90] See Miron v. Trudel[1995]2 S. C. R. 418.

[91] See Baron v. Canada[1993]1 S. C. R. 416.

[92] See Kourtessis v. M. N. R. [1993]2 S. C. R. 53.

[93] See RJR-MacDonald v. Canada(A. G.)[1995]3 S. C. R. 199.

[94] See R. v. Lucas[1998]1 S. C. R. 439.

续表

| 案例名称 | 法院判决结果 | 议会回应方式 | 回应类型 | 归类理由 |
| --- | --- | --- | --- | --- |
| 瓦伦德诉阿尔伯塔案〔95〕 | 学校以性取向为由开除教师违反宪章平等原则 | 议会没有回应 | 消极的补救性回应 | 本案曾引发争议，有人鼓动议会用《宪章》第33条推翻司法判决，但最终未果 |
| 省际法官协会诉曼尼托巴案〔96〕 | 阿尔伯塔、曼尼托巴以及爱德华王子岛等省区关于本省法官的薪酬规定违反了司法独立原则 | 各省完善了本省对司法独立的保障措施 | 积极的补救性回应 | 虽然本案引发争议，但各省仍然按照最高法院意见分别采取了相应补救措施 |
| 食品与商业工作者联合会等诉加拿大卡玛特有限公司案〔97〕 | 不列颠哥伦比亚省的《劳动关系法》禁止工人在私人罢工纠察区域之外的地方散发文件，侵犯了表达自由 | 议会没有回应 | 消极的补救性回应 | 在议会没有回应的条件下，法院的判决具有终局效力 |
| 班纳诉加拿大案〔98〕 | 《国籍法》关于父母一方为非加籍公民的身份认定程序违反平等原则 | 议会没有回应 | 消极的补救性回应 | 在议会没有回应的条件下，法院的判决具有终局效力 |

〔95〕 See Vriend v. Alberta[1998]1 S. C. R. 493.

〔96〕 See Provincial Judges Assn. v. Manitoba(Minister of Justice)[1997]3 S. C. R. 3.

〔97〕 See United Food and Commercial Workers, Local 1518 v. KMart Canada Ltd[1999]2 S. C. R. 1083.

〔98〕 See Benner v. Canada(Secretary of State)[1997]1 S. C. R. 358.

续表

| 案例名称 | 法院判决结果 | 议会回应方式 | 回应类型 | 归类理由 |
| --- | --- | --- | --- | --- |
| 利伯曼诉魁北克案[99] | 魁北克《公决法》禁止第三方负担投票支出的规定侵犯了表达和结社自由 | 魁北克省接受了最高法院的判决 | 积极的补救性回应 | 本判决作出以后,魁北克首席选举官撤销了对20名公民的指控,并修改了相关规定 |
| 小姐妹书籍与艺术商店诉加拿大案[100] | 《关税法》授权海关检查员审查淫秽材料的规定侵犯了表达自由 | 议会没有回应 | 消极的补救性回应 | 在议会没有回应的条件下,法院的判决具有终局效力 |
| 法官薪酬委员会的设立日期咨询案[101] | 阿尔伯塔、曼尼托巴和爱德华王子岛3省区设立法官薪酬委员会的日期可以被延迟 | 议会没有回应 | 消极的补救性回应 | 在议会没有回应的条件下,法院的判决具有终局效力 |
| 麦克金诉新布伦瑞克案;瑞斯诉新不论瑞克案[102] | 新布伦斯瑞克《省级法院法》修正案关于员额制以外法官的待遇之规定,违反了司法独立原则 | 新布伦斯瑞克省修改了争议立法 | 积极的补救性回应 | 根据本判决,议会进一步细化、完善了关于不同法官工作和待遇问题的规定 |

[99] See Libman v. Quebec(Attorney General)[1997]3 S. C. R. 569.

[100] See Little Sisters Book and Art Emporium v. Canada(Minister of Justice)[2000]2 S. C. R. 1120.

[101] See Reference Re Remuneration of Judges(No. 2)[1998]1 S. C. R. 3.

[102] See Mackin v. New Brunswick(Minister of Finance);Rice v. New Brunswick[2002]1 S. C. R. 405.

续表

| 案例名称 | 法院判决结果 | 议会回应方式 | 回应类型 | 归类理由 |
|---|---|---|---|---|
| 女王诉夏普案[103] | 《刑法典》关于儿童色情文学的规定侵犯了思想和表达自由 | 议会没有回应 | 消极的补救性回应 | 尽管本案引发巨大争议,不少人要求议会推翻司法判决,但该动议并未成功 |
| 汤姆森报业公司诉加拿大案[104] | 《选举法》禁止在投票前三天公布民调结果的规定侵犯了表达自由 | 议会以新法取代旧法 | 积极的补救性回应 | 修改后的立法只禁止在投票日当天发布与选举相关的民调结果 |
| 同性夫妻案[105] | 安大略省家庭法将同性夫妻排除在关于"普通法夫妻"的定义之外,违反了平等原则 | 议会修改了争议条款 | 积极的补救性回应 | 安大略省议会把"普通法夫妻"的定义扩大到同性配偶 |
| 考伯瑞诉加拿大案[106] | 《印第安法》关于只有保留地中的"日常居民"才能参与相关投票的规定违反了平等原则 | 议会修改了争议条款 | 积极的补救性回应 | 修改后的立法降低了对投票公民的身份限制 |

[103] See R. v. Sharpe[2001]1 S. C. R. 45.

[104] See Thomson Newspapers Co. v. Canada(Attorney General)[1998]1 S. C. R. 877.

[105] See M. v. H. [1999]2 S. C. R. 3.

[106] See Corbiere v. Canada(Minister of Indian and Northern Affairs)[1999]2 S. C. R. 203.

续表

| 案例名称 | 法院判决结果 | 议会回应方式 | 回应类型 | 归类理由 |
| --- | --- | --- | --- | --- |
| 美国诉伯恩斯案[107] | 将人引渡至可能判处死刑的地区,违反了"根本正义原则" | 议会没有回应 | 消极的补救性回应 | 在议会没有回应的条件下,法院的判决具有终局效力 |
| 女王诉鲁兹柯案[108] | 即使没有面临即刻的身体伤害危险,受害人仍然可以采取必要的防卫措施 | 议会没有回应 | 消极的补救性回应 | 在议会没有回应的条件下,法院的判决具有终局效力 |
| 索韦诉加拿大案[109] | 《加拿大选举法》限制服刑人员投票权的规定侵犯了选举权 | 议会没有回应 | 消极的补救性回应 | 在议会没有回应的条件下,法院的判决具有终局效力 |
| 拉维利等诉加拿大案;怀特等诉加拿大案;女王诉芬克案[110] | 《刑法典》第488.1条关于搜查律师事务所的规定违反了《宪章》第8条 | 议会没有回应 | 消极的补救性回应 | 在议会没有回应的条件下,法院的判决具有终局效力 |

[107] See United States v. Burns[2001]1 S. C. R. 283.

[108] See R. v. Ruzic[2001]1 S. C. R. 687.

[109] See Sauve v. Canada(Chief Electoral Officer)[2002]3 S. C. R. 519.

[110] See Lavallee, Rackel & Heintz v. Canada(Attorney General); White, Ottenheimer & Baker v. Canada(Attorney Gen-eral); R. v. Fink[2002]3 S. C. R. 209.

续表

| 案例名称 | 法院判决结果 | 议会回应方式 | 回应类型 | 归类理由 |
|---|---|---|---|---|
| 鲁比诉加拿大案[111] | 《隐私法》第 51 条部分内容违反了《宪章》第 2 条 | 议会没有回应 | 消极的补救性回应 | 在议会没有回应的条件下,法院的判决具有终局效力 |
| 新斯科舍诉马丁案;新斯科舍诉拉尔斯案[112] | 新斯科舍《工人赔偿法》禁止遭受慢性疼痛的残疾工人享受福利的规定违反了平等原则 | 议会没有回应 | 消极的补救性回应 | 在议会没有回应的条件下,法院的判决具有终局效力 |
| 索尔斯基诉魁北克案[113] | 魁北克《法语宪章》关于儿童接受英语教育的规定可以被解释为符合《宪章》规定 | 议会没有回应 | 消极的补救性回应 | 在议会没有回应的条件下,法院的判决具有终局效力 |
| 杜莫尔诉安大略案[114] | 政府有义务采取必要措施,保障公民行使结社权 | 议会修改了争议立法 | 积极的补救性回应 | 议会在新法中对农业工人的结社权予以保障 |
| 女王诉圭纳德案[115] | 圣亚森特市禁止在工业区以外树立广告标识的规定侵犯了表达自由 | 议会以新法取代旧法 | 积极的补救性回应 | 新法废除了争议条款,完善了对工业区之外广告的管制措施 |

[111] See Ruby v. Canada(Solicitor General)[2002]4 S. C. R. 3.

[112] See Nova Scotia (Workers'Compensation Board) v. Martin; Nova Scotia (Workers'Compensation Board) v. Laseur[2003]2 S. C. R. 504.

[113] See Solski(Tutor of) v. Quebec(Attorney General)[2005]1 S. C. R. 201.

[114] See Dunmore v. Ontario(Attorney General)[2001]3 S. C. R. 1016.

[115] See R. v. Guignard[2002]1 S. C. R. 472.

续表

| 案例名称 | 法院判决结果 | 议会回应方式 | 回应类型 | 归类理由 |
|---|---|---|---|---|
| 女王诉霍尔案[116] | 在是否允许保释问题上,《刑法典》赋予法官的裁量权过于宽泛,但该权力在本案中可以被证成 | 议会没有回应 | 消极的补救性回应 | 在议会没有回应的条件下,法院的判决具有终局效力 |
| 特罗奇可诉不列颠哥伦比亚案[117] | 不列颠哥伦比亚省《生命数据法》授权母亲在新生儿出生证明上标注父亲身份的规定违反了平等原则 | 议会修改了争议条款 | 积极的补救性回应 | 修改后的条款强化了对新生儿父亲权利的保护 |
| 菲戈罗拉诉加拿大案[118] | 《加拿大选举法》关于提名50名以上候选人才能获得注册身份的规定违反了《宪章》第3条 | 议会修改了争议立法 | 积极的补救性回应 | 50名候选人的门槛限制被其他新要求取代 |
| 女王诉戴莫斯案[119] | 《刑法典》关于智力有残疾者接受刑事审判的程序规定违反《宪章》第7条 | 议会修改了争议条款 | 积极的补救性回应 | 修改后的立法完善了关于刑事被告是否有能力接受庭审的检查程序 |

[116] See R. v. Hall [2002] 3 S. C. R. 309.

[117] See Trociuk v. British Columbia [2003] 1 S. C. R. 835.

[118] See Figueroa v. Canada (Attorney General) [2003] 1 S. C. R. 912.

[119] See R. v. Demers [2004] 2 S. C. R. 489.

续表

| 案例名称 | 法院判决结果 | 议会回应方式 | 回应类型 | 归类理由 |
| --- | --- | --- | --- | --- |
| 加拿大诉希斯洛普案〔120〕 | 《加拿大养老金计划》构成对同性伴侣的歧视 | 议会没有回应 | 消极的补救性回应 | 在议会没有回应的条件下,法院的判决具有终局效力 |
| 未成年人司法权益保障案〔121〕 | 《青年刑事正义法》关于"推定犯罪"的规定违反"根本正义原则" | 议会没有回应 | 消极的补救性回应 | 在议会没有回应的条件下,法院的判决具有终局效力 |
| 大温哥华交通管理局诉加拿大学生联合会案〔122〕 | 禁止在公共交通工具上张贴政治广告的规定侵犯公民的表达自由 | 议会没有回应 | 消极的补救性回应 | 在议会没有回应的条件下,法院的判决具有终局效力 |
| 卫生服务与支持设施议价联盟诉不列颠哥伦比亚案〔123〕 | 不列颠哥伦比亚省部分旨在提升医疗卫生体系的措施违宪 | 议会废除了争议条款 | 积极的补救性回应 | 法院在判决中为议会纠正违宪措施预留了 12 个月的缓冲期 |

〔120〕 See Canada(Attorney General) v. Hislop[2007]1 S. C. R. 429.

〔121〕 See R. v. D. B. [2008]2 S. C. R. 3.

〔122〕 See Greater Vancouver Transportation Authority v. Canadian Federation of Students-British Columbia Component 2009 SCC 31[2009]2 S. C. R. 295.

〔123〕 See Health Services and Support-Facilities Subsector Bargaining Assn. v. British Columbia[2007]2 S. C. R. 391.

续表

| 案例名称 | 法院判决结果 | 议会回应方式 | 回应类型 | 归类理由 |
| --- | --- | --- | --- | --- |
| 查克奥诉加拿大案[124] | 《移民与难民保护法》第33条以及第77~85条违反《宪章》第7条、第9条和第10条 | 议会修改了争议立法 | 积极的补救性回应 | 法院在判决中为议会修改违宪条款预留了12个月的缓冲期 |
| 阮诉魁北克案[125] | 《法语宪章》第73条第2段和第3段违宪 | 议会修改了争议条款 | 积极的补救性回应 | 议会调整了保证法语在魁北克省优先性的相关措施 |

## (三)立法回应的实践结果:补救多于异议

**表4 新西兰、英国、加拿大三国立法回应的分类统计**

<table>
<tr><th rowspan="2">国家</th><th rowspan="2">案例总数</th><th rowspan="2">补救性回应数量(比重)</th><th>消极</th><th rowspan="2">异议性回应数量(比重)</th><th>消极</th></tr>
<tr><th>积极</th><th>积极</th></tr>
<tr><td rowspan="2">新西兰</td><td rowspan="2">9</td><td rowspan="2">8(89%)</td><td>4(44.5%)</td><td rowspan="2">1(11%)</td><td>0</td></tr>
<tr><td>4(44.5%)</td><td>1(11%)</td></tr>
<tr><td rowspan="2">英国</td><td rowspan="2">28</td><td rowspan="2">23(82%)</td><td>2(7%)</td><td rowspan="2">5(18%)</td><td>5(18%)</td></tr>
<tr><td>21(75%)</td><td>0</td></tr>
<tr><td rowspan="2">加拿大</td><td rowspan="2">74</td><td rowspan="2">72(97%)</td><td>28(38%)</td><td rowspan="2">2(3%)</td><td>0</td></tr>
<tr><td>44(59%)</td><td>2(3%)</td></tr>
</table>

对于表1至表4所呈现的新西兰、英国和加拿大立法回应详情的实践结

[124] See Charkaoui v. Canada (Citizenship and Immigration) [2007] 1 S. C. R. 350.

[125] See Nguyen v. Quebec (Education, Recreation and Sports) [2009] 3 S. C. R. 208.

果,可以从以下三个方面展开讨论。

第一,就存在立法回应的案例总量而言,新西兰和英国要低于加拿大。三个国家之所以会出现这种差异,除了受本文统计案例渠道的影响,也和它们制定宪章或权利法案并建立弱司法审查制度的时间之早晚以及法院行使司法审查权的能动程度相关。值得注意的是,尽管三个国家在案例总量上存在差别,但它们在立法回应环节呈现相似的发展趋势:议会作出补救性回应的比重均远高于异议性回应。这表明在绝大部分案件中,议会在立法回应环节选择与法院保持一致,法院的判决结果或者法律解释方案事实上成为最终的纠纷解决办法。尤其值得关注的是,议会与法院立场的一致性不只体现在它消极被动地接受司法判决或法律解释方案,而是在一半(新西兰为 44.5%),甚至超过一半(英国和加拿大分别为 75% 和 59%)的案例中采取了积极主动的立场,通过修改或废除旧法或制定新法的方式回应司法裁决。

第二,救济性回应比重的绝对优势表明,权利纠纷一旦进入司法审查领域,法院通常能够为权利受损害一方提供必要保护。从三个国家司法审查触及的具体问题来看,在绝大部分案件中,司法审查的保护对象是移民、难民、老年人、同性恋群体、刑事被告、恐怖主义犯罪嫌疑人等。这对于传统上奉行议会主权体制的英联邦国家具有重要意义。在“议会至上”的传统模式下,英联邦国家保障公民享有的权利是“剩余性的”,[126] 即只有在议会立法没有设定禁区的地方才有可能存在公民权利。对于上述少数群体来说,由于立法过程往往存在“立法盲点”和“立法迟滞”等缺陷,[127] 而且他们缺少足够的代表在议会中发声,因此,其利益通常处于被立法压制的状态,无法真正成为受保护的权利。因此,法院在权利诉讼案件中的判决得到议会认可,为这些少数群体提供了全新的权利(利益)救济渠道。在更大意义上,议会主权体制的权利保障功能也因而得到增强。

第三,虽然三个国家议会作出异议性回应的比重都很低,但它们相互之间

---

〔126〕 See Colm O'Cinneide, Human Rights and the UK Constitution, in Jeffrey Jowell and Dawn Oliver(ed.) *The Changing Constitution*, 8th ed., Oxford University Press, 2015, pp. 70 - 71.

〔127〕 See Rosalind Dixon, Creating Dialogue about Socioeconomic Rights: Strong-form versus Weak-form Judicial Review Revisited, *I · CON*, Vol. (5), No. 3, 2007, pp. 391 - 418.

也存在差别。从形式上看,英国议会作出异议性回应的比重高于新西兰和加拿大,似乎表明英国议会在立法回应环节更积极。但是,进一步观察这些为数不多的案例可以发现,三个国家的议会在立法回应环节的差别更适合被理解为这是它们在权利文化方面差异的表现。具体而言,新西兰唯一的一份异议性回应是议会在"女王诉汉森案"(R. v. Hansen)中不同意法院关于《药品控制法》举证责任倒置规则违反权利法案的主张。换言之,在控制违禁药品的流散问题上,新西兰议会比法院采取了更谨慎和严格的立场,并因此要求药品持有者承担比大多数违法或犯罪行为更重的举证责任。在英国的5份异议性回应中,政府和议会事实上正在考虑如何采取必要的救济措施对其中4个作出回应。只有在关于服刑人员投票权的"斯密诉斯科特案"(Smith v. Scott)件中,议会明确表达了对司法判决的异议。在加拿大的两份异议性回应中,魁北克省在加拿大的特殊地位使"福特诉魁北克案"(Ford v. Quebec)具有较强的特殊性,它是魁北克省谋求政治独立的诉求在法律层面的表达。只有"女王诉杜瓦尔案"(R. v. Daviault)才是加拿大议会和法院权利分歧的真实体现。如此算来,真正体现法院和议会权利分歧的,在三个国家中都只有一个案例,它们分别涉及药品控制、服刑人员投票权以及对醉酒犯罪行为的打击力度等问题。在这些案例中,议会之所以推翻司法判决并对相关行为采取较严格的制裁措施,主要是因为它们分别构成三个国家社会秩序的"痛点",以至于民选议会有足够的驱动力去降低对相关群体的权利保障力度。

## 四、走向"司法至上"?对弱司法审查缺乏稳定性的一种批判

通过上述分析不难发现,虽然弱司法审查为议会保留了"说最后一句话"的权力,但法院事实上在大多数案件中对解决权利纠纷发挥着决定作用。单就实践效果而论,弱司法审查制度与美国式强司法审查制度下的法官之间,似乎不存在太大区别。在美国,面对联邦最高法院的违宪判决,国会要么消极应对,任由被宣告违宪的法律失去效力;要么积极采取措施,消除立法与宪法之间的龃龉,基本逃不掉"大法官说了算"的结局。因此,有学者认为,弱司法审查是不稳定的,它正在走向"司法至上"的强司法审查模式。

### (一)不稳定的弱司法审查制度

加德鲍姆在其早期关于弱司法审查制度的论文中,最早指出缺乏稳定性可

能成为该制度的不足之处。在他看来,在理想状态下,为了充分发挥弱司法审查制度的优势即把坚持议会主权体制和加强权利保障融合起来,议会"说最后一句话"的权力应当被这样行使:一方面,要提高议会行使立法推翻权的政治成本,从而迫使议会认真地考虑处于争议中的权利保障问题,不至于随意地动用该权力;另一方面,议会行使立法推翻权的政治成本也不能太高,以至于它在事实上无法启动该权力,而任由法院决定法律的合宪性。[128] 如果理想状态无法实现,弱司法审查制度有可能朝向两个极端方向发展:一是议会行使立法推翻权的政治成本大幅降低,它可能完全置司法判决于不顾,此时,弱司法审查便重新回到议会主权体制下;二是议会行使立法推翻权的政治成本大幅提升,它面对司法判决无能为力,此时,弱司法审查便倒向了美国式的强司法审查。对此,图施耐特曾精炼地总结道:"当立法机关持续地忽视司法决定,弱司法审查便成了经过伪装的议会至上模式。当立法机关持续地承认司法决定,弱司法审查又成了经过伪装的强司法审查。"[129]

随着时间的推移和制度实践的积累,学术界对于弱司法审查制度可能重回"议会至上"体制的担忧已经不再向最初那样强烈,而是越发关注并质疑它朝向"司法至上"的发展趋势。在2010年重新评价"宪政主义新模式"即弱司法审查体制的论文中,加德鲍姆指出,当前学术界对弱司法审查制度的最大质疑便是其缺乏稳定性,尤其是该制度已经呈现向"司法至上"发展的倾向。[130] 他指出:"(弱司法审查制度)真正的风险在于,在实践中,立法机关行使最终决定权的难度很大,以至于不得不依赖司法判决——无论是宣布无效还是作出司法解释——作为对争议法律的最后决定。"[131] 至少从结果上看,法院确实在绝大多数案件中是权利纠纷的最终裁决者,似乎印证了批判者的观察结论。

---

[128] See Stephen Garbaum, The New Commonwealth Model of Constitutionalism, *The American Journal of Comparative Law*, Vol. 49, No. 4, 2001, p. 757.

[129] Mark Tushnet, *Weak Courts, Strong Rights: Judicial Review and Social Welfare Rights in Comparative Constitutional Law*, Princeton University Press, p. 47.

[130] Stephen Gardbaum, Reassessing the New Commonwealth Model of Constitutionalism, *I · CON*, Vol. 8, No. 2, 2010, p. 175.

[131] Ibid. pp. 199 - 200.

(二)对弱司法审查制度缺乏稳定性的几种解释

批判者并未停留于形式上的质疑,而且还深入弱司法审查制度内部,探讨其缺乏稳定性的成因。在他们眼中,弱司法审查制度缺乏稳定性大致是如下三重原因导致的。

1. 权力结构的限制

图施耐特认为,弱司法审查制度之所以不稳定——目前,主要指它呈现向"司法至上"的走向——是因为在议会回应司法判决的诸多案例中,无法区分"积极同意"和"消极默认"这两种不同的态度。[132] 具体而言,所谓"积极同意",是指议会主动而审慎地对争议问题作出思考和判断后,选择遵从司法判决结果。如果议会以"积极同意"的心态遵从司法判决,说明它是在"认真对待权利",即使最后呈现和"司法至上"类似的结果,也并不能否定弱司法审查制度的优势。所谓"消极默认",是指由于一些结构性因素,导致议会客观上无法作出有效决议,并因此在结果上体现为议会没有回应司法判决,进而被旁观者解读为议会同意司法判决。由"消极默认"导致议会被动服从司法判决的情形,常见于议会议员广泛存在权利分歧的案例中。在这些案件中,代表们对特定权利争议所持有的态度和立场可能是多元的,以至于有些时候,即便议会中有相当数量的代表不同意司法判决结果,但受制于多元的利益诉求,无法形成推翻司法判决所需的基本多数,最终只能暂时搁置该问题,事实上让法院说了算。在前文梳理的诸多案例中,有部分属于此种情形,如新西兰的"辛普森诉检察总长案"(Simpson v. Attorney General)和加拿大的"瓦伦德诉阿尔伯塔案"(Vriend v. Alberta)与"女王诉夏普案"(R. v. Sharpe)等。在这些案件中,议会虽然在结果上作出了补救性回应,但其内部仍然存在不小的反对声音。从根源上说,因"消极默认"而导致议会被动服从司法判决,是因为政党或政治派系力量的分散化。为了谋求执政机会,分散的政治力量固然可以结成同盟,然而,一旦各方出现利益纠葛,政治同盟便很容易瓦解掉,利益受损的一方甚至会利用其在议会表决中的关键地位,形成以少数挟持多数的局面。由于加拿大、英国和新西兰并未建立起像美国那样稳定的两党制,少数派系更容易获得左右议会表决结果的机会,因此,由"消极默认"引起的议会补救性回应,在3个国家均有可能

[132] Mark Tushnet, *Weak Courts, Strong Rights: Judicial Review and Social Welfare Rights in Comparative Constitutional Law*, Princeton University Press, p. 48.

存在。

莫尔顿(F. L. Morton)和康普夫(Rainer Knopff)的研究还指出,除了可能导致议会无法有效回应司法判决,议会中的少数派还存在"不断增长的不妥协"的趋势。换句话说,少数派在表决过程中越来越容易意气用事,为了反对而反对。这种极端化的情绪不仅导致议会很难形成推翻司法判决所需要的多数,也容易感染到处在其对立面的多数代表,从而造成整个民主审议过程的极端化。在此情形下,即使议会成功地动用了立法推翻权,其民主审议的价值也是值得质疑的。[133] 除此之外,就旁观者而言,离开了一手的议会辩论资料或者议员主动披露的信息等资料,很难从外观上判断议会的一项立法回应代表的究竟是"积极同意"还是"消极默认",这增加了判断立法回应效果的难度,为人们质疑立法回应效果提供了理由。

2. 主观意愿的缺乏

莫尔顿和康普夫还认为,议会之所以很少行使立法推翻权回应司法判决,一定程度上是因为它缺少回应的主观意愿。[134] 具体来说,法院通过司法判决所涉及的群体通常为社会中的少数,从民主政治的运作逻辑看,这部分人的利益诉求并不是议会首先关心的对象。即便法院作出了相关判决,只要不会引起多数人的极度反感,那么议会通常不会太在意。换言之,少数群体的利益是否得到了保障,只在极端情况下,如某一特定案件引起社会的广泛关注等,才有可能引起议会注意,进而才存在议会回应司法判决的可能。对此,还可以从反面加以说明:如果某项权利保障问题虽然涉及的是少数群体,但当它对议会和政府管制社会的能力产生重要影响时,它们在作出立法回应时几乎不会遇到太多困难。例如,麻醉药品控制之于新西兰、服刑人员投票权之于英国以及醉酒犯罪之于加拿大,均可以说明,议会对于那些影响本国社会秩序进而影响议会之公众形象的案例,并不缺乏回应司法判决的动力。

3. 加拿大《宪章》第33条的负面示范效应

除了主客观方面的原因,加拿大《宪章》第33条在实践中造成的负面示范

---

[133] See F. L. Morton & Rainer Knopff, *The Charter revolution and the Court Party*, St. Clair Press, 2000, pp. 163 – 165.

[134] See F. L. Morton & Rainer Knopff, *The Charter revolution and the Court Party*, St. Clair Press, 2000, pp. 163 – 165.

效应也被视为导致弱司法审查走向“司法至上”的重要原因。

一方面,这与第33条的立法表述有关。根据该条规定,议会和省立法机关制定的法律“可以在排除宪章第2条和第7～15条适用的条件下运行”。从字面意思上看,这里被排除适用的对象应当是指第2条和第7～15条所指涉的具体权利。也就是说,一旦议会动用了第33条,就意味着有权在争议立法中无视、侵犯乃至剥夺相关的宪章权利,而且至少在5年之内无须接受司法审查。如此一来,议会动用第33条就和否定部分《宪章》权利画上了等号。在权利意识高涨的当代,这无异于给议会背上了沉重的十字架,使其忌惮于动用第33条可能引发的民主问责机制。长此以往,第33条在实践中备受冷落也就不难理解。

另一方面,这也和第33条被适用的历史有关。在加拿大宪章制定9周后,魁北克省议会废除了所有生效的法律,然后又重新表决通过,同时制定了一部旨在将《宪章》第33条适用到所有魁北克省立法的法律,从而使魁北克省所有的立法都可以不受《宪章》第2条和第7～15条的约束。在“福特诉魁北克案”(Ford v. Quebec)一案中,原告认为,魁北克省的立法推翻条款没有充分明确地说明议会究竟希望立法优占哪一项公民权利,这违反了法律的明确性;而且,从正当程序的角度考虑,议会在作出这样一项涉及公民基本权利的立法决策之前,应当公之于众,经过广泛的公众参与之后方可作出最终决策。加拿大最高法院并未采纳原告的上述请求,而是认为适用《宪章》第33条只需要满足形式性要求即可。原告要求魁北克议会说明具体的优占对象,事实上是一种实体性要求,这并非第33条的本意。在法院看来,让立法机关说明优占哪些权利是不合理的,因为议会在立法时,很难预见《宪章》的哪些条款会被法律优占。按照最高法院的解释,议会动用第33条的难度和政治成本将大大降低:它可以像魁北克省议会那样,“一揽子”式地将第33条适用到所有立法中,无须在每一部具体立法中都考虑并向公众解释优占的必要性。虽然最高法院因为其他原因判定魁北克省禁止使用法语之外的其他语言的措施违宪,但该省随后便制定了新的《标识法》,并将推翻条款运用其中。

巧合的是,在本案发生时,加拿大中央政府正在为协调各省签署《米奇湖协议》(Meech Lake Accord)而努力周旋。这份协议的重要性在于,它可以明确魁北克省的宪法地位并促使该省批准1987年《宪法修正案》。围绕福特案,最高法院面对魁北克省适用《宪章》第33条的容忍和退让,以及魁北克省在旧《标识法》被宣告违宪后随即推翻司法判决的做法,让加拿大其他省份认为魁北克省"手伸得太长了"(overreaching),《米奇湖协议》最终以失败告终。加拿大总理一度将失败归咎于《宪章》第33条的制度设计而非魁北克省的作为。此后,其第33条"不再被视作避免民主衰退的方法",而是"逐渐被认为与通过司法保障公民权利的思想不一致"。[135] 保罗·马丁(Paul Martin)甚至在2006年的大选中提出"废除《宪章》第33条"的口号。虽然马丁没有当选,但据称该口号帮他弥补了不少选票劣势。[136] 无论如何,自《宪章》生效以来的这些事实似乎表明,《宪章》第33条在加拿大已经沦为"鸡肋"。就加拿大而言,这些关于《宪章》第33条的适用教训为后来希望动用这一条款的议会投下阴影,旁观者不免据此认为议会是"别有所图"才不惜排除相关权利条款的适用。就其他国家而言,议会动用立法推翻权否定司法判决的行为,也很容易被指责为没有认真对待权利,因此,议会在考虑是否行使该权力时难免犹豫不决。

## 五、对批判意见的反思:弱司法审查无须存在议会回应的"黄金比例"

从批判者的视角来看,就议会与法官的关系而言,当前弱司法审查制度已经"名存实亡":法院事实上成为法律合宪性问题的最终裁决者,议会只能亦步亦趋。由此进一步延伸,似乎可以认为,弱司法审查制度已经不能再像加德鲍姆最初的概括那样,代表了"宪政主义的新模式",也无法再被视为"司法审查的第三条道路"。

然而,批判者对弱司法审查制度稳定性的评价是科学的吗?单纯依据议会回应司法判决的比重,就认为弱司法审查已经和强司法审查趋同是合理的吗?在给出答案之前,有必要思考一个前提性的问题:为什么弱司法审查的稳定性会成为学者们讨论的焦点?或许这与弱司法审查制度产生的背景有关。弱司法审查制度产生于传统上奉行议会主权制的国家,是这些国家应对不断增长的权利保障需求的产物。在许多学者眼中,弱司法审查制度的最大特征在于,它

〔135〕 See Mark Tushnet, *Weak Courts, Strong Rights: Judicial Review and Social Welfare Rights in Comparative Constitutional Law*, Princeton University Press, p. 59.

〔136〕 Ibid.

在保留议会主权体制的同时引入了有限度的司法审查权。按照批判者们的理论,这里的“有限度”应是指法院只在一部分案例中享有对权利纠纷的最终决定权,在其他案例中,仍然应由议会作出最终裁决。换句话说,围绕权利纠纷案件,法院和议会的分工应当存在一个“黄金比例”。议会过分地遵从法院或者法院过分地遵从议会,都会造成弱司法审查制度的“失衡”,该制度的独特性也就不复存在。由此可知,学者们的批判意见主要是在数学意义上展开的。在这些批判意见之下,事实上预设了“弱司法审查制度之下存在议会回应司法判决的‘黄金比例’”这一命题。笔者认为,从保证弱司法审查制度的“纯洁性”和“独特性”的视角来看,这些批判意见固然有其道理,但从制度运行的逻辑分析,它们却是不科学、不合理的。具体理由包括如下4个方面。

(一)“黄金比例”事实上不可能存在

首先,被批判者们所推崇的议会回应之“黄金比例”事实上不可能存在。假设我们接受图施耐特等人理论中所暗含的对议会回应之比例的要求,可以进一步追问,这个所谓的“黄金比例”应该是多少?四成?五成?抑或其他比重?究竟哪一种比例才能证明弱司法审查制度是稳定的?如果真的存在这样一个数字,那么议会是否应当以此为参照,以决定何时回应、何时遵从司法判决?显而易见,以某一特定的数值为指导,向议会提出类似要求是不科学的。议会为满足回应比例而行使立法推翻权也将是机械的、缺乏自主思考能力的。其次,值得关注的是,图施耐特在论证对司法审查的反对意见时曾指出,允许法院介入宪法解释活动有可能导致立法者不负责任、扭曲立法过程以及误导立法者等弊端。[137] 那么,要求议会回应司法判决的案例一定要满足某个数值,极有可能带来相同的效果,这一定不是批判者们所希望看到的。

(二)议会的观点也会发生变化

议会补救性回应的比重远高于异议性回应的比重,固然存在前文提到的主客观等多重原因,但不可忽视的是,议会关于特定权利争议的观点和立场也是会发生变化的。从程序上看,议会向法院提出异议性回应,必然意味着它们在具体权利争议问题上发生了严重分歧乃至对立。需要指出的是,议会很难预见到它和法院究竟容易在哪些问题上发生分歧。更重要的是,议会行使立法推翻

---

[137] 参见[美]马克·图施耐特:《让宪法远离法院》,杨智杰译,法律出版社2009年版,第73~85页。

权只是弱司法审查制度运作的最后一环,在此之前至少还存在“议会立法”和“法院司法”两个阶段。从立法到行使推翻权,议会关于特定权利问题的观点和立场未必是前后一致的。倘若议会对法律的宗旨、目标乃至具体条文含义的理解发生变化,那么可能发生的情形是,法院作出立法违宪的判决恰好迎合了当时议会多数的心理。这个时候出现议会作出补救性回应的结果,也就不足为奇了。

(三)立法回应要受民众制约

在一个民主制度正常运作的社会里,议会很少对司法判决作出异议性回应,从根本上是因为法院的判决能够得到民众支持,这构成议会启动立法回应权的一个根本障碍。无论是议会主观上缺少意愿,还是客观上“关键少数”对多数的挟持,都只不过是这一根本障碍的外在表现。来自加拿大的民意调查结果或许有助于说明该问题。民意调查显示,在抽象意义上,超过 2/3 的受访者更加支持法院而非议会在《宪章》权利问题上行使说最后一句话的权力。转换到具体语境下,如当涉及立法规制商业协会、保障穷人权益等问题时,公民对法院的支持力度会有所下降,但支持率仍然高于 50%。[138] 这表明议会接受司法判决结果进而很少作出异议性回应是存在民意基础的,也间接否定了莫尔顿和康普夫关于民众并不关心少数人权利保障问题的说法。如果为了实现弱司法审查制度的稳定性而要求议会的异议性回应刻板地保持在一定比例,很有可能扭曲民主过程,造成议会与选民之间的分裂。

(四)批判者误会了民主对话的要义

学者对弱司法审查制度缺乏稳定性的担忧,源自于一个思想障碍,即他们希望把“对话理论”作为论证弱司法审查制度正当性的基础。[139] 按照大多数学者的理解,只有当议会在相当数量的案例中提出针对司法判决的异议时,所谓“对话”才有可能展开,如果只剩下法院一家自说自话,便无法发挥法院和议会各自在权利保障问题上的优势。事实上,这种担忧误解了“对话”的含义及其具体展开形式。一方面,把是否存在“异议”作为界定民主对话的标准,本身就是

[138] Quoted from Jeffrey Goldworthy, Judicial Review, Legislative Override and Democracy, *Wake Forest Law Review*, Vol. 38, No. 2, 2003, p. 465.

[139] 关于“对话理论”如何能够成为弱司法审查制度的正当性基础,可参见李蕊佚:《司法审查制度的优化:民主对话理论》,载《法学评论》2013 年第 1 期。

不科学的。这是因为,议会和法院对法律的理解之差异程度到底有多大才能被理解为"异议",是一件很难把握的事情。另一方面,对话并非一定要以法院和议会双方存在异议为前提。即便法院和议会的主张不存在根本分歧,同样可能发生对话。个中缘由在于,法院和议会的对话不是即时性的,议会通常是在法院作出判决之后给出回应。如前所述,在此过程中,议会可能改变了关于系争问题的原初立场并同意法院的判断。此时,议会通过积极地修改或废除旧法或制定新法的方式表示同意司法判决,也不是一种可有可无的行为。其意义在于,它明确地告知其他国家机关乃至普通民众,议会和法院在系争问题上达成了共识,由此可以引导其在更大范围内形成关于系争问题的共识。因此,议会的异议和同意均为对话的形式,真正重要的问题是议会应当以明示的方式传达立场,尽量减少消极的回应方式。根据表4的数据可知,新西兰、英国和加拿大议会作出积极回应(包括积极的补救性回应和积极的否定性回应)的比重分别为55.5%、75%和62%,说明各国议会在大多数案件中是在积极地思考系争问题,而非只留下法院自言自语。就此而言,可以认为,把民主对话作为弱司法审查制度的正当性基础是仍然成立的。

综上,关于弱司法审查制度缺乏稳定性的批评意见忽视了该制度运行的基本逻辑,误解了民主对话的要义。虽然弱司法审查制度在立法回应环节呈现和美国式强司法审查类似的结果,但这并不能被当作该制度已经失败的证据。

## 六、代结语:"法院主导"不等于"司法至上"

综合本文的分析,笔者认为,用"司法至上"来形容当前弱司法审查制度在立法回应阶段的实践效果并不科学,作为一种替代性解释,"法院主导"或许是一种更客观的描述。所谓"法院主导",是指法院在大多数权利纠纷案件中发挥了主要作用并引导了关于系争法律的解释和适用。具体而言,一方面,从过程意义上看,议会接受了司法判决结果,并不代表它只在无意识地跟随或盲从,更多时候则是审慎考虑的结果;另一方面,从结果意义上看,议会在部分案件中对司法判决秉持的是选择性接受的态度,并没有照单全收。同样是描述性概念,且同样是强调法院在立法回应阶段的重要作用,"司法至上"的说法不仅会将法院的地位推至极端,而且忽略了这一阶段法院和议会的互动关系。相比之下,"法院主导"是一个更中性平和的概念,它希望揭示,法院在立法回应阶段的地位和作用并非是大法官们“篡权”的结果,而是议会在经过思考和审议之后作出的选择。事实上,在弱司法审查制度下,倘若法官能够按照《宪章》或《权利法案》的规定充分行使权力,议会能够真实地反映多数选民的意志并保持健康的民主审议能力,“法院主导”并不是一个值得忧虑的问题。

“Judicial Supremacy” or “Leaded by Courts”
—Rethinking the Instability of Weak-form Judicial Review

Zhu Xuelei

**Abstract**: To protect human rights better, from 1980s, some Commonwealth countries have set up weak-form judicial review successively. Written bills of human rights have provided normative bases for these new systems, authorized courts constitutional review power in limited degree and empowered parliaments to override judicial decisions through ordinary legislation processes. On the normative level, parliaments' responses can be divided into corrective parts and negative parts. On the practical level, parliaments have always given corrective responses and so that courts have become final arbitrators. As a consequence, some commenters criticized that weak-form judicial review was unstable and has tended to the “judicial supremacy” of American style. In fact, now the results of legislative responses are better to be described as “leaded by courts”. In terms of processes, accepting judicial decisions cannot be equated to following judges unconsciously and they are always results of cautious thinking. In terms of results, parliaments have not accepted all judicial decisions. Under weak-form judicial review, if judges could fully exercise their power and parliaments could reflect major citizens' will and kept healthy abilities of deliberation, “leaded by courts” was not a worrying phenomenon.

**Key words**: Weak-form judicial review; Legislative response; Stability; Judicial supremacy; Leaded by courts

# 舆情公案中的民粹主义风险及其法治规训

姜永伟*

**内容摘要:**

舆情公案之所以引发全社会的广泛关注,是因为其作为一种特殊个案,对诸多社会问题具有吸附力,使各个阶层都可借以发挥自身作用。舆情公案的民粹主义叙事采用一种非常具有普遍性的文学叙事手法:首先,以己度人产生情绪共振;其次,在情绪的带动下实施对案件的"常识审判";最后,以相对偏激的话语在政治层面"带节奏"。民粹主义塑造阶级对立加剧社会撕裂,崇尚暴力导致社会生活西西里化,依赖道德狂热违背司法伦理,是对法治秩序的损毁。不能让舆情公案去负荷与自身没有直接关联的政治社会问题,应该就问题谈问题,探讨本身则必须接受法治的规训,即倡导理性、尊重法律以及坚持依法裁判。在司法职业主义的框架下,司法必须与民意适当保持距离。冷静、克制、理性以及专业的司法职业主义是当下认识和处理舆情公案的逻辑起点。

**关键词:**

舆情公案　法治规训　民粹主义　身份识别　哄客叙事　伦理审视

事不宜以是非论者,十居七八;

人不可以善恶论者,十居八九。

——刀尔登(《中国好人》)

自由自由,天下古今几多之罪恶,假汝之名以行!

——罗兰夫人

---

* 华东政法大学法理学博士研究生。

近年来,社会转型加速,发生了众多引发关注甚至形成风波的舆情公案,[1] 如"于欢案"(2016)、"雷洋案"(2016)、"昆山龙哥案"(2018)等。一方面,这些舆情公案的出现,极大地唤起了社会各阶层对司法问题的关注,这在扩大民主参与和监督政府依法行政的意义上是非常积极的,在这个过程中,公民意识逐渐增强,尤其是在重大公共设施建设的环境争议和风险批评中,越来越清晰地展现出大众传媒在议程设置过程中的关键作用。[2] 另一方面,舆情公案所引发的网络民粹主义[3]不断抬头,它以真实民意自居、诉求直接民主,反对现有政治秩序,倾向于激情非理性的暴力行动等。

从全球视野来看,群体性事件的频繁发生,都伴随着民粹主义的魅影。例如,我国台湾地区的"太阳花"学运、我国香港特别行政区的"占中"行动,西亚北非地区的"阿拉伯之春",美国的"占领华尔街"运动,欧洲议会选举中极右翼政治势力的异军突起,乃至特朗普当选美国总统,这些事件本身及其汹涌澎湃的舆论,都显示出民粹主义不容小觑的影响力。可以说,民粹主义舆论及其引发的社会抗争运动对当今社会治理构成了严峻挑战。[4] 与此同时,互联网作为一种去中心化和扁平化的完全开放式空间,其信息可能来自这个全新网络社会形态中的任一节点,为扩大政治参与、打破权威门槛、自由表达诉求等开拓了渠

[1] "舆情公案"并非法理学的一个专门概念,而是借以指引发舆论强烈关注并且存在巨大争议的司法案件,如许霆案、药家鑫案和邓玉娇案等。参见马长山:《公共领域兴起与法治变革》,人民出版社2016年版,第133~154页。

[2] 中国社会科学院发布的《2010年社会蓝皮书》指出:2009年各种群体性事件多发,其中与环保原因相关的群体性事件在快速增长。这些群体性事件被媒体建构为环境议程并引发公众讨论,形成环境问题的公众议程,进而影响政策议程。这使有关群体性事件的公共议题不再被简单地视为对党的权威和国家合法性的挑战,其正面的建构作用越来越被重视。参见周晓虹等:《中国体验:全球化、社会转型与中国人社会心态的嬗变》,社会科学文献出版社2017年版,第186页。

[3] 在法学界,民粹主义并非一个已经达成共识的概念。笔者所言之民粹主义,即极端的平民主义,情绪狂热、有暴力倾向,对基于法律、理性所作出的判断抱有极大的怀疑和偏见,强调道德审视甚至是道德审判。

[4] 参见汤景泰:《偏向与隐喻:论民粹主义舆论的原型叙事》,载《国际新闻界》2015年第9期。

道。在技术赋权的时代,人人都可以在“互联网自由”的幻想中发声。[5] 但梦呓岂止流连于美梦,同样也有可能沉沦于噩梦。网络民粹主义中的对立思维、暴力倾向、泛道德化判断不断侵蚀主流价值观的话语空间,无政府主义、历史虚无主义、激进主义在网络上的肆虐,构成了对法治秩序的最严峻的挑战,因此,必须对其保持高度警惕并作出理论回应。

## 一、舆情公案引爆民粹主义

舆情公案之所以引发大量关注和参与,是因为其恰好刺激到了整个社会的敏感神经,从而成为一个引爆点。正如《纽约客》怪才格拉德威尔所言,我们的世界看上去雷打不动、无法改变,只要你找对一个点,轻轻一触,这个世界就会动起来:一位满意而归的顾客能让新开张的餐馆座无虚席,一位涂鸦爱好者能在地铁掀起犯罪浪潮,一位精明小伙传递的信息就能拉开美国独立战争的序幕——这个看起来不起眼的点,却是任何人都不能忽视的引爆点。无论是暇步士的时尚潮,还是病毒的流行潮,都是流行三法则——个别人物法则、附着力因素法则和环境威力法则作用的结果。[6] 而舆情公案对于民粹主义的流行来说,是一个再合适不过的引爆点。依据格拉德威尔所提供的流行三法则进行观照,便会发现舆情公案据以引爆民粹主义的内在机理。

### (一)舆情公案中的“身份叙事”引发民粹主义

舆情公案在特定的政治社会背景中的效果意义会被放大,尤其是在经济社会面临整体性转型的特殊时期,社会矛盾积聚、极端思潮迸发,公众情绪变得脆弱、敏感且易怒。特别是在一个越发“丛林化”的互联网领域中,“当年洋溢在中国互联网上的那种经营的、浪漫的田园牧歌式的氛围一去不复返了。中国互联网已经走出伊甸园,走入蛮荒丛林……商业力量、政治力量,甚至草根网众自己

---

[5] 参见鲁佑文等:《警惕网络空间无政府主义思潮》,载《中国社会科学文摘》2017 年第 3 期。

[6] 参见[美]马尔科姆·格拉德威尔:《引爆点:如何制造流行》,钱清、覃爱冬译,中信出版社 2014 年版,第 1 页、第 17 页、第 177 页、第 121 页、第 244 页。

的力量,'不择手段'常是'达到目的'的效率保障"。[7]

民粹主义舆论的每一次爆发,基本上都源自一个颇具悲情色彩的舆情公案。无论是近两年来的雷洋、于欢、高岩、陶崇园、杨宝德,还是事发多年的唐慧、佘祥林、赵作海、呼格吉勒图,舆情公案中当事人的人生轨迹都充满了悲剧色彩,其结局都让人唏嘘感慨。所有的这些舆情公案在传播过程中实际上都共享一种叙事手法——建构具有强烈反差的身份特征,例如,贫富、官民与师生。

毫无疑问,身份问题在任何案件中都必须得到认真识别和严肃对待,但这也仅仅是司法过程中的程序环节而已,是一个客观事实的认定问题。在刑法学中,尤其是关于身份犯的定罪与量刑,身份具有非常重大的法律意义;而在婚姻家庭继承等民事领域,身份问题也是意义非凡。但是,在公众熟知的舆情公案中,朴实农民、贫困学生、单身母亲等身份实际上并不具有根本性的法律意义。而网民会迅速将事件中的各种身份进行剥离,甚至通过重置、重构情景以识别身份。一方面,需要声情并茂地对受害者的无辜和他们所遭遇的不公进行描绘;另一方面,则对作恶者从道义上的凶恶无情到手段上的卑鄙下流,甚至到相貌上的猥琐丑陋进行无情的揭露,[8]以此形塑出善与恶的典型对照。如此兴师动众地进行身份识别和善恶对照,真正的意图何在呢?究其原因,无非是社会转型过程中,一些改革措施所造成的结果在一定程度上会造成损失较多的群体产生一种"被剥夺感"。在这其中,因为政府官员、专家学者、富豪群体及企业家群体相对于其他人群而言,在事实上是损失较少者,甚至在某些层面上被认为是既得利益者,因此,这些所谓的"优势群体"就极易被贴上腐败、邪恶、堕落的标签而成为一种符号性象征。而作为另一方的"弱势群体",则可以脱离对案件

---

[7] 何威:《欢迎来到五毛时代》,载媒介与传播研究网:http://ohmymedia.com/2008/11/09/909/,2018年10月24日最后访问。

[8] 这种文学式的渲染在舆情公案中并不鲜见,甚至可以说比比皆是。在"滴滴司机刘某华杀人案"中,这种叙事手法就非常明显。刘某华在微博晒出的"吐舌卖萌"照,就被网友斥之为猥琐至极、恶心透顶,其嘴脸之凶恶恰与其作出禽兽不如之事构成因果。

是非曲直的客观、合理地审视，在道义上获得无可辩驳、无须逻辑的同情与怜悯。[9] 在舆情公案中，即使存在官与民、警与匪、富与穷、明星与平民、城管与小贩等身份上的客观不同，但是其强烈的反差和过度的渲染确实是被主观建构的。当作为情景要素的腐败、包庇、殴打、狂妄、强奸、虐待等被夺人眼球式地添加进来，就会瞬间促使公众所有的负面情绪（悲伤、愤怒、绝望等）集中性爆发。[10]

中国互联网信息中心《第41次中国互联网发展状况统计报告》显示，截至2017年12月，我国网民规模达7.72亿，普及率达到55.8%。其中，较低收入者（3000元以下）占1/2还多（57.5%）。在社会转型过程中，较低收入者群体最易产生"被剥夺感"。如此大密度的群体性结构的存在容易将本就积聚的负面情绪进一步扩大，而其所具备的相对"底层"的身份则演化成为一种"抗争的武器"。手持这种武器就可以占据道德制高点，认清"阶级敌人"，共同打击"强者"，安抚弱者，继而陷入一种全面抛弃秩序、权威、法律、理性的集体狂欢中。

基于蔑视、仇恨的需要，官员、富人、学者作为所谓"强者"，实际上是被策略性地单一身份化了。身份本来作为一个中性的概念，可以使群体更富凝聚力和稳定性。然而，基于特定需要而将特定群体的身份贴上标签，进行身份的确认，则意味着与他者之间设定边界——区分朋友和敌人。事实上，这种界分在近些年是非常明显的，就警民关系而言，嫌隙就有加剧的趋势，在过去几年震惊社会的数起强奸（虐杀）妇女而引发的事件中，民间版本"无辜少女+强奸致死+官方掩盖"和官方版本"家人拒绝+不明真相的群众+少数别有用心的

〔9〕 在热点事件中，事件主角易被"标签化"，且常被扩大为某一特定群体。在移动舆论场，通过"贴标签"表达对社会事件及人物的认知和态度，已成为普遍的传播方式。由于网民对标签群体往往具有刻板成见，标签传播常常引发对这些群体的污名和争议。据人民网舆情监测室抽样统计，2016年首发于移动新媒体的热点事件所涉及的置业群体中，官员、教师、警察、医生、学生等成为2016年移动舆论场中的高频词，载人民网：http://yuqing.people.com.cn/n1/2017/0713/c209043-29402618.html，2018年5月15日最后访问。

〔10〕 参见郭小安、雷闪闪：《网络民粹主义三种叙事方式及其反思》，载《理论探索》2015年第5期。

人的煽动”,〔11〕就表现出了彼此间的深刻不信任。更重要的是,这种不同阶层之间“势同水火”的舆论氛围和叙事结构被民粹主义刻意建构并加以固化,〔12〕而千百年来,这都代表着政治冲突可能性的上升,甚至是赤裸裸的暴力。〔13〕

(二)舆情公案中的情感共振加剧民粹主义

舆情公案在产生以后,会基于某种框架(事实上,即某种特定的价值观)进行传播,大量受众在观照此一舆情公案时,就会遵循这一价值观形成一定的认知模式和视野框架。换句话说,大量受众会将其真实生活所认知到的社会图景内在化,成为评判舆情公案的一种认知模式,而这种认知模式又会反过来左右舆情公案在传播过程中的叙事手法。

转型期社会利益分配不公是客观事实,富者愈富、贫者愈贫的“马太效应”没有得到根本扭转,此时往往会唤起社会中下阶层的群体性对抗情绪,从而构成民粹主义的产生和存在所依赖的特定社会土壤和社会气候。可以说,哪里有普遍的怨恨情绪,哪里就会有民粹主义幽灵徘徊。〔14〕 悲情作为叙事核心,使自身成为舆情公案在传播过程中的主导情感基调和风格,使当事人成为悲情表达的符号。〔15〕 首先,将舆情公案的主角定位为一个弱者、受害者,引发受众的悲剧性体验;其次,通过内视角的采用,〔16〕让感情淹没反思,使同情挤压批评,将法律问题的定性进行移转;最后,在挖掘个体悲剧性命运抒写个人化悲情的基础上,

---

〔11〕 胡泳:《网络政治:当代中国社会与传媒的行动选择》,国家行政学院出版社2014年版,第94页。

〔12〕 参见梁刚:《微博公共领域的民粹主义倾向论析》,载《当代世界与社会主义》2014年第3期。

〔13〕 参见杨俊峰:《西方民粹主义与身份认同政治》,载《科学社会主义》2017年第1期。

〔14〕 尼采早就说过,怨恨是“最危险的爆炸材料”。参见梁刚:《微博公共领域的民粹主义倾向论析》,载《当代世界与社会主义》2014年第3期。

〔15〕 参见汤景泰:《偏向与隐喻:论民粹主义舆论的原型叙事》,载《国际新闻界》2015年第9期。

〔16〕 “内视角可以对人物的言行、心理做再现式的细致描摹,叙述者充分尊重对象的主体性,具有较强的感染力,但往往具有一定的主动性、偏见和感情色彩。”参见汤景泰:《偏向与隐喻:论民粹主义舆论的原型叙事》,载《国际新闻界》2015年第9期。

将社会转型期间的不公平现象夸张,甚至虚构成一种极其紧张的社会压迫关系,并且强化一种绝对化和普遍化的认知。最终营造出一种整个平民群体穷其一生都注定在一个悲惨世界中遭受压迫和剥削的凄凉景象。

以雷洋案为例,有名为"鲁小小迅"的网友在凯迪社区发表帖子《雷洋之死,中国法制之殇》,该网友说道:"这次雷洋之死的案件,因为发生在北京的昌平,因为自己也曾经遭受过人身安全的威胁,确切地说不仅是感触深,更是有这一种很深的恐惧、担心、麻木与清醒的思考。作为一名单身人士,孤身飘在帝都,即使平时与朋友们互动,也是线上弱联系,没有人真正深入你的生活,如果遇到这种意外事件,更是蝼蚁之死,悄无声息。为此,颇为惴惴不安,甚至还专门回老家了一趟,与其说我有多孝顺,'常回家看看',不如说我是出于自己内心受到的创伤,回家疗伤。"〔17〕实际上,使用悲情型的情感叙事策略,给予了民粹主义舆论极大的支持。精神分析学派创始人弗洛伊德曾提出"集体无意识"的概念,指人类长期积累的普遍心理经验,它沉淀在每一个人的无意识深处,其内容不是个人的,而是集体的、普遍的,是历史在"种族记忆"中的投影,因而叫集体无意识。〔18〕 而舆情公案的发生,加之事件主角的悲情渲染,瞬间激发了社会群体长期积累的巨大的、负向的心理能量,这种远比个人心理经验强烈、深刻得多的情感渊薮,即是一种集体无意识的展现;一方面,其足以震撼整个群体内心的最深处;另一方面,也可以对公众产生广泛的影响力。

围绕雷洋案所产生和发酵的公众舆论已经非常明显地体现出了某种情感共振——雷洋的悲剧非常容易促发普通群众的激愤情绪,他们在日常生活中或许经常面对,或许偶尔面对(但是印象极其深刻)个别行政机关及其工作人员的飞扬跋扈和暴力执法,也或许根本没有这些事情,仅仅就是心中有种种不痛快,但这种不痛快一定是有社会性根源或体制性因素的,而不会是起因于家庭矛盾抑或情感纠纷等。悲情叙事之所以能够吸引数量众多、阶层广泛的公众参与其中,并成功调动起社会情绪,引发大规模社会群体的共鸣,原因之一正在于它是历史"原型"的回响与再现——反贪官、反恶霸、反压迫、反剥削。这些故事一次

〔17〕 鲁小小讯:《雷洋之死,中国法制之殇》,载凯迪社区网:http://club.kdnet.net/dispbbs.asp? boardid=1&id=11659576,2018年10月24日最后访问。

〔18〕 参见汤景泰:《偏向与隐喻:论民粹主义舆论的原型叙事》,载《国际新闻界》2015年第9期。

次激发了国人鲜活澎湃和难以按捺的集体记忆,催生了社会悲情。关于历史原型,公众对其发展脉络和最终结局早就烂熟于胸。在形式上,公众是依据原型所给定的认知和行动框架进行主动的判断选择。然而事实上,“照瓢画葫芦”早已经阻却了公众的理性选择和价值判断,原型只不过是用以操纵人们的认知、判断与行动的工具,民粹主义由此迅速催生社会共识,同时进行广泛的社会动员,在无知无觉中,推动公众轻松写意,甚至酣畅淋漓地对是非曲直作出判断,继而不断声援他们所认定的弱势群体,反对他们所标示出来的“既得利益集团”。以个体的悲剧性命运为样本,深入反思背后的社会体制和机制问题,本是极具价值和想象力的传播手法,但民粹主义舆论对此手法的应用却显得十分粗糙,它抽离了事件本身中当事人个人所应承担的法律抑或道德责任,迫不及待地、一股脑地归罪于社会、体制。而一个个真实的悲剧性命运,只不过是被用以构筑起一个“想象共同体”——大家在现实中不断酝酿的“弱者的愤怒”,这种情绪不加疏导,久而久之,则会发酵出破坏一切的共同冲动。

(三)互联网作为舆情公案民粹化的温床

20世纪90年代以来,互联网开始迅速崛起。与此相伴的是,民粹主义也进入了一个崭新的历史阶段。互联网拥有交互性、便捷性、隐蔽性、离散性的特质,它通过动态的连接、开放的平台、流动的网络自组织、交融的内容—关系—终端网络以及人工智能、虚拟现实等新兴技术,开拓出一种前所未见的全新社会场景,传统认知中的原子化的个人被这股强大而无形的互联网飓风裹挟进入“场景细分”的时代。这种场景变化,将会对社会中的大量人群在各个方面产生基础性和根本性的影响,如角色定位、行动脚本、交往规则、社交氛围等等。[19]信息技术改变社会场景,同样使大众媒介垄断信息源及发声渠道的局面被打破了。“网络传播即时、多渠道、手段多样的特点,能够多方面整合和迅速发布信息,将传统媒体秉承国家意志而刻意讳言的许多社会矛盾以淋漓尽致甚至是触目惊心的方式呈现在公众面前。”[20]互联网场域下,一个虚拟的民间社会诞生了——开辟了大众直接参与公共事件的第二舆论场。在中国现实社会交流场

〔19〕 参见喻国明、马慧:《互联网时代的新权力范式“关系赋权”——“连接一切”场景下的社会关系的重组与权力格局的变迁》,载《国际新闻界》2016年第10期。

〔20〕 周晓虹等:《中国体验:全球化、社会转型与中国人社会心态的嬗变》,社会科学文献出版社2017年版,第185页。

域相对沉寂的情况下，网络社会造就了广大公众参与公共事件乃至政治生活的特殊发展轨迹。

首先，现实中对身体进行强制的“规训权力”消失了，展示自我、张扬个性可以在互联网中无拘无束地实现。如今如雨后春笋一般出现的“微博达人”、“平台主播”、抖音、快手、众筹等，无不体现出社会生态对个体多样性、能动性的兼容并包。[21] 其次，互联网的跨时空特性，为大众直接发声提供了可能。大众不但是匿名的，而且身体不在场，具有规避政治风险、渗透日常生活、一个自我多个主题等特点，这是具有颠覆性意义的革命。以微博为例，(大V)意见领袖无须亲临广场、街道，仅通过敲击键盘，即可呼风唤雨、号令群雄，率领网络中的千军万马尽情展示强大能量。一时间，民粹主义情绪蜂拥而起，弥漫在整个社会，在任何可能的焦点聚合、迸发。[22] 最后，对于网络媒体尤其是自媒体来说，将获取普通民众的青睐，赢得消费者的眼球作为自身生死攸关的首要问题。主动煽动民粹主义情绪，以人民的符号聚齐尽量多的关注目光，甚至在一定程度上制造虚假新闻，热衷于报道超出公众心理预期的负面新闻，炒作煽情的故事和意外的丑闻，为点燃大众的怨恨情绪推波助澜。[23]

在舆情公案中所展现出的分散的诉求、个体的情绪和具象的仇恨，在互联网传播的过程中获得了能够使其凝聚起来的“连线力”。舆情公案提供了一种象征符号，它促发了类似于舞台剧目演出“表演性聚集”的网络民粹主义的登场。对于参与舞台表演(舆情公案)的诸多演员(当事人和公众)来说，重要的不是场景中客观存在的明确的利益纠纷及其解决，而是在集体性的现场氛围中，通过情绪化展现日常生活中潜在的、分散的、个体化的对于现存制度的失望、不满、挫折感和剥夺感，来点燃一场“正义的狂欢”。网络传播的形式特点决定了其“麻辣烫”式的话语逻辑。吸引公众眼球，提升曝光率，在传播过程中具有绝对的优先性。相较而言，“平实”则在某种意义上是最大的败笔。因此，“语不惊人死不休”实际上刻画了网络传播的基本取向，网络话语的风格也随之趋

---

〔21〕 参见喻国明、马慧：《互联网时代的新权力范式“关系赋权”——“连接一切”场景下的社会关系的重组与权力格局的变迁》，载《国际新闻界》2016年第10期。

〔22〕 参见孙玮：《媒介融合与多元主体、多重叙事的民粹主义》，载《探索与争鸣》2016年第4期。

〔23〕 参见刘小龙：《网络民粹主义的内涵、张力与特征》，载《探索》2016年第5期。

向极端化、偏激化和暴力化,以此来迎合“大众狂欢”“娱乐至死”的网络亚文化需求。

网络媒体降低了人们积聚起来的交易成本,催生了新的社会互动方式,带来了象征性的聚集,使以话语构建起来的“简单地可笑”的集体行动得以产生,从而使种种对政治的不满、对精英的批判以集体的方式爆发出来。[24] 网络时代的新媒体助长了民粹主义的泛滥。网络时代的新媒体具有民间性、私人性、网络化、低成本、极速化等特点,所有这些特点几乎都有助于民粹主义的兴起和扩散。[25] 可以断言,互联网时代的“病毒式”传播将带领民粹主义走进黄金时代,并很快在民间公共领域引发“雪崩效应”。还有一个不能忽略的问题是,互联网在兴起之初,一直倡导扩大讨论场域,促进平等发声,但是如果网络社区缺乏相应的规则制约,也没有妥当公正的日常管理,就会生成芜杂的议程设置过程。而在此过程中,个别网络主体可通过发表惊世骇俗之语吸引眼球,或者通过线下操作寻找帮手或者雇佣水军,形成主导地位。议程设置的角色极易被不具有代表性的活跃分子所承担,他们通过强势的挤压,对注意力的独霸,对议程和话语方式的控制等不平等的方式获得网络话语的独断地位,使作为扩大讨论、平等交流的网络多元话语异化成少数人基于私人目的的话语独白。[26]

## 二、民粹主义是对法治秩序的损毁

作为一种话语和思想的民粹主义从未远离过我们,尤其是在出现贫富悬殊、法治不健全、参与不通畅的情形下,民粹主义思潮很容易死灰复燃。互联网的出现无疑给民粹主义提供了滋生的土壤,网络的隐蔽性、互动性、离散型、碎片化等特点,一方面,拓宽了公众参与渠道;另一方面,也容易将社会矛盾和底层情绪放大,在抵制邪恶、呼唤正义的话语背景下,形成一套二元对立的“以美

---

〔24〕 参见刘小龙:《网络民粹主义的内涵、张力与特征》,载《探索》2016 年第 5 期。

〔25〕 俞可平:《全球化时代的民粹主义》,载《国际政治研究》2017 年第 1 期。

〔26〕 参见胡泳:《网络政治:当代中国社会与传媒的行动选择》,国家行政学院出版社 2014 年版,第 34 页、第 35 页。

化底层、仇视精英"为核心特征的民粹主义话语。[27] 然而,这套极端简单化和常识化的民粹主义,因其敌我对立、暴力至上和道德狂热而潜在消解法治秩序的巨大风险。

(一)民粹主义加剧社会撕裂

民粹主义的核心意涵就是"拜民主义"——极端的平民化——将"全体人民""全体群众"作为一个神圣的招牌。民粹主义最初作为一个政治学中的重要现象和概念,反对政府权力的扩张,认为国家权力永远是腐败的,作为国家权力组成部分的专家和精英则很大程度上是反动的,因此,阶级统治和精英政治都缺乏正当性基础,只有进行广泛的社会动员,力争普遍的群众参与,实现直接民主,才是最具有正当性的政治形式。

民粹主义在将人民做成一个神圣的招牌的同时,还必须找到合适的对立面,甚至在必要场合和必要时期不惜臆造、捏造敌对方,否则这种拜民主义就没有了实践空间。而在网络空间中,民粹主义正是通过"共同敌人"的建构,来区隔广大网民之间的人民与非人民的异质性存在,进而形成一种抗拒性认同和仇恨性团结。"拜民主义"为网络民粹主义提供了一个道德制高点——对弱者的普遍同情,与此相对应的是,人民对立面的"敌人"则通通以丑恶、卑劣和猥琐的形象示人,并在舆情公案中被具象化——在网络民粹主义中成为据以批判现实、发泄愤怒的直接标靶。基于互联网的传播特质,受民粹主义思潮支配的舆论形成过程极易偏向于原型叙事的基本模式。[28] 通过赋予舆情公案中的主角以原型意象,民粹主义舆论把历史引入现实,唤醒集体的创伤性回忆,不断强化并渲染社会悲情,使原型一旦暴露,情感共鸣就可以瞬时形成聚合围拢。就实质上而言,原型叙事的深层次是认识和思维上的二元对立图示。民粹主义舆论把社会压迫绝对化之后,逻辑上必然产生水火不能相生的压迫阶级和受剥削人民。这时,所有的富人、官员与社会精英则很容易成为典型的阶级复仇对象。

〔27〕 参见郭小安、雷闪闪:《网络民粹主义三种叙事方式及其反思》,载《理论探索》2015 年第 5 期。

〔28〕 原型叙事由三种基本类型组成:英雄叙事、悲情叙事和复仇叙事。这三种叙事模式在中国曲艺中有着深厚的传统,民粹主义舆论借用这些传统框架改造新闻事实,使新闻事件更具有原型意义。参见汤景泰:《偏向与隐喻:论民粹主义舆论的原型叙事》,载《国际新闻界》2015 年第 9 期。

民众对精英的极端蔑视与贬低充满了非理性,潜移默化中传播的其实是社会阶层间的敌视和仇恨。

这种负性心理通常会撕裂社会,危害社会团结。不可否认的是,民粹主义之所以兴起,其中一个重要原因就是社会的不平等。然而,由于民粹主义的政策一定是强调对精英阶层的强力打压,甚至有可能是无节制、无底线的“通通消灭”,最终还会产生新的不平等。当代社会是一个多元社会,必须要以某种程度的政治共识为前提,倘若没有一定的政治共识,多元社会就会陷于运作失灵的危险境况。恰恰在民粹主义政治下,精英阶层与平民阶层之间几乎在所有重大问题上都产生极端的分歧,难有社会共识。[29] 以法国大革命为例,在对人、对制度以及对某些事情的仇恨刺激下,大革命时期的人们憎恨的不仅是敌人,还有同伴。正是这种除之而后快的仇恨使人们相互残害,吉伦特派、丹东派、埃贝尔派、罗伯斯庇尔派等无一例外,他们彼此之间毫不容忍,都号称使徒,言必称掌握绝对真理,不允许异见的存在,如果使徒们手握大权,大屠杀就无法避免了。[30] 法国大革命在现实的撕裂中,倒在了大屠杀的屠刀之下,而虚拟网络中的社会撕裂却也时时刻刻被暴力阴影所笼罩着。

(二)民粹主义导致社会“西西里化”

民粹主义崇尚一种激进式的变革,这种激进往往与暴力相联系,而人性则在其中备受扭曲。勒庞就曾说过:“如果社会突然爆发动乱或诸如此类的剧烈变化,平衡将被打破,彻底崩塌的要素将以一种全新形式组成一种新人格,并通过思想、感觉和行为体现出来。我们会发现,个体发生了惊人的变化,完全变了个人。……那些诚实的资产阶级和风度翩翩的政府官员们,竟变成残忍的恶魔。”[31] 民粹主义在“集体无意识”中被革命式的激情和宗教般的狂热所裹挟,所积聚的能量往往能够引起狂风骤雨式的暴力变革。这是由民粹主义中带有极简主义的行动逻辑所决定的:人民是正义之源,具有无可辩驳的正当性;只要是为了人民,采用任何手段和方法都无可指摘。正如俄国民粹派当年的名言:

---

[29] 参见梁刚:《微博公共领域的民粹主义倾向论析》,载《当代世界与社会主义》2014年第3期。

[30] 参见[法]古斯塔夫·勒庞:《乌合之众2》,王媛译,台海出版社2017年版,第20页、第21页。

[31] 同上书,第18页。

“谁不和我们在一起,谁就是反对我们;谁反对我们,谁就是我们的敌人,而对敌人就应该用一切手段加以消灭。”如今在高科技的网络时代,从前残酷的阶级斗争所带来的肉体上直接的你死我活渐渐消失了,而代之通过“人肉搜索”和“贴标签”的方式来展开线上的诋毁、谩骂和约架等,虽然在操作形式上与以往已经是大异其趣,但是就其实质而言,从始至终都充斥着暴戾。舆情公案往往会引发大众对法律平等保护无法实现的不满,继而产生法律是特权阶级的保护伞等一系列偏见。这种偏见一经互联网的烘托和发散,很容易引起一种对暴力的同情,认为暴力甚至犯罪只不过是无可奈何之下的最后反抗,从而使其得以正当化。[32]

更为值得注意的是,网络戾气从虚拟世界向现实蔓延,将导致社会生活“西西里化”。[33] 在涉及公共政策选择的舆情公案中,网络民粹狂热激进的思维方式经过网络发酵为现实行动,通常以非法集会、集体上访、群体性事件,甚至自残自杀等暴力(胁迫)的方式来向政府施压,而在“稳定大局”的考虑下,政府有时只能息事宁人,消除负面影响,这就造成了“大闹大解决、小闹小解决、不闹不解决”的怪象。而当舆情公案涉及官、富、警等敏感身份时,则极易引发“安抚弱者、打击强者”的舆论氛围。此时,事实的对错已经不再重要。重要的是,必须安抚好“善良的同胞”,还要毫不留情地打倒“凶残的敌人”,这容易导致对“底层”的过度补偿,催生出暴力崇拜。[34]

民粹主义对受害和社会压迫的突出与强调,使“从历史经验上看,民粹主义首先是一种仇恨情结”。[35] 这种仇恨情结的存在,便一直会潜藏着召唤复仇的可能和力量。而舆情公案则很有可能被演绎成为一个具有复仇正当性的

[32] 从这个意义上来讲,于欢案、杨佳案、昆山龙哥案中的暴力甚至是犯罪因素都是采用此种方式被大众进行情感消化的。

[33] “西西里化”,即在公认的社会规则严重稀缺和起码社会信任的极度缺乏环境中,受利益的驱使,黑社会组织与地方政府组织互相渗透、互为依靠,而衍生出的一种高度畸形、以赤裸裸的暴力作为维持社会运转主要机制的秩序生态。

[34] 参见郭小安、雷闪闪:《网络民粹主义三种叙事方式及其反思》,载《理论探索》2015 年第 5 期。

[35] 汤景泰:《偏向与隐喻:论民粹主义舆论的原型叙事》,载《国际新闻界》2015 年第 9 期。

故事,从而激发民粹主义舆论。但民粹主义舆论热衷的舆情公案却具有典型的法外复仇倾向,这使本应被纳入法治轨道的复仇冲动有溢出并"返祖"的风险。

(三)民粹主义倾向泛道德化的"民意司法"

在法治社会,对法外复仇的推崇面临的一大难题是复仇合法性的问题。〔36〕舆情公案的解决策略沿循着前述原型叙事的理路,将舆情公案中的矛盾刻画成不可调和的、充斥着阶级对立的绝对压迫。如此,舆情公案则会被简单化为一个恃强凌弱的故事,涉事双方即可被"标签化"和"脸谱化",由法律关系所勾连的双方由此分别被贴上正义与非正义的标签——法律问题被置换为道德问题,"以事实为依据,以法律为准绳"的法治原则则被"弱者即正义"的道德激情下架。这在于欢案的判决中体现得十分明显。2018年5月11日上午,山东于欢案背后吴某占团伙涉黑案宣判。主犯吴某占被以组织、领导黑社会性质组织罪、强制侮辱妇女罪、强迫交易罪、故意毁坏财物罪、非法拘禁罪、故意伤害罪、非法侵入住宅罪,数罪并罚判处有期徒刑25年,并处没收个人全部财产;其他被告人赵某荣、李某、郭某林、郭某刚、吴某磊、林某、吴某艳、杜某岗、吴某志、张某、严某军、程某贺、张某森、么某行被判处2年至20年不等的有期徒刑或罚金。网友在评论这一判决时,类似于"如此祸害为什么不枪毙""既然是黑社会就一起枪毙以除后患""判决太轻、法律不公"获得了极高的点赞率。〔37〕

于欢案中的主题就是"压迫"。舆论报道的导向性也是十分明显:于欢母子是社会的弱势一方,高利贷的要债人是社会的败类,于欢是迫不得已才杀人的。〔38〕正是以这种绝对的强弱压迫作为叙事背景,弱者的复仇占据了道德高

〔36〕 汤景泰:《偏向与隐喻:论民粹主义舆论的原型叙事》,载《国际新闻界》2015年第9期。

〔37〕 参见天天快报:《吴学占黑社会性质组织犯罪案一审公开宣判》,载天天快报网:https://kuaibao. qq. com/s/20180511A0NG1100? refer = kb _ news&coral _ uin = ec7366a628eb4827 eef595a90896f3249e948a14c976603118b08ad679de3736d5,2018年5月11日访问。

〔38〕 参见今日头条网:《于欢案反思:媒体的导向使人们忽略了事件的祸源》,载今日头条:https://www.toutiao.com/i6561222964820312583/,2018年6月15日最后访问。

地,“弱者即正义”的逻辑及其延伸出来的法外复仇合法性才变得顺理成章。不过,由于“只许州官放火,不许百姓点灯”等道德性义愤过分强调伦理价值,使舆情公案本身所赖以存在的法律事实被忽略了(既可能是客观上忽略,又有很大可能是主观上采取无视策略)。致使复仇所带有的部分正义动机被夸大到不切实际的程度,使这种“正义性”掩盖了其不法实质,使道德接管了法律。

另外,对于事实上已经造成了危害结果,对法律事实本身不存在太大争议的舆情公案,民众意志也会随着“不杀不足以平民愤”的道德狂热,枉顾事实,质疑司法权威,不断对司法机关施以舆论压力,对任何理性的声音都会报以敌视,斥之以“白眼狼”“犯罪漂白专家”等。例如,在药家鑫案中,所谓的“激情杀人”就是意图对主观为恶动机的一种抗辩,但是这并不符合已经热情高涨的民众对案件的预期,因此,案件事实必须要被重构——关于“军二代”“大靠山”等谣言四起,所有关于慎杀药家鑫的呼吁很快就在舆论的道德挤压下被打倒了,甚至连对这一观点进行学术探讨的知名学者也遭受到了广泛的攻击和诋毁。然而事实上,药家鑫被执行死刑、药庆卫诉张显侵权案发生之后,药家鑫的家世背景才在道德狂热退潮之后得以澄清,药家鑫案中所展现出的民粹主义(包括舆论审判、民意审判等)亦在学界引发了广泛的反思。[39]

---

〔39〕 药某卫夫妻原本只是普通职工,药家也是普通家庭。此时,基于“阶级对立”的符号性舆论建构顷刻瓦解,人们顿感怅然若失。有评论这样写道,我们被当事人的一面之词所迷惑,被潜伏于我们心底的愤怒、仇恨的情绪所煽动,因而“便在无形之中变成了帮凶:张家失去了女儿,药家失去了儿子,法律失去了独立,公义失去了悲悯,社会失去了一次反省的契机——这场战争,没有一个胜利者可言”。参见马长山:《公共领域兴起与法治变革》,人民出版社 2016 年版,第 169 页。另参见徐阳:《“舆情再审”:司法决策的困境与出路》,载《中国法学》2012 年第 2 期;周永坤:《规则权威与政治道德权衡——药家鑫案量刑评与思》,载《甘肃社会科学》2012 年第 3 期;陈柏峰:《法治热点案件讨论中的传媒角色——以“药家鑫案”为例》,载《法商研究》2011 年第 4 期;王国华、张剑、毕帅辉:《突发事件网络舆情演变中意见领袖研究——以药家鑫事件为例》,载《情报杂志》2011 年第 12 期;罗朋:《“微”力量下的舆论审判——微博舆论对“药家鑫案”审判影响辨析》,载《当代传播》2011 年第 5 期。

## 三、舆情公案必须接受法治规训

通过舆情公案而发酵的民粹主义对当前社会的稳定和发展来说,是一种极大的挑战,甚至是潜在危机。非理性、暴力化和道德狂热基本上刻画了当前舆情公案中民粹主义的三重面向,这也恰恰是舆情公案很多时候游离于法律之外的具体表征。舆情公案之所以引发全社会的广泛关注,是因为其作为一种特殊个案,对诸多社会问题具有吸附力,使各个阶层都可借题发挥。但事实上,如此之多的社会诉求对个案是难以承受之重,非但不能就此解决附带社会问题,连个案本身都会因多方势力的争斗而陷入无法公正的泥潭。最终的结果是,个案本身的正义被牺牲了,而其他问题却陷入更复杂的纠缠之中。因此,不能让舆情公案去负荷与自身没有直接关联的政治社会问题,应该就问题谈问题,探讨本身则必须接受法治的规训,即倡导理性、尊重法律以及坚持依法裁判。

(一)倡导理性反思,反对"哄客叙事"

"哄客叙事"是一种戏谑化的表达手段,对舆情公案起到去敏感化、娱乐化、大众化的效果。这是一种解构和颠覆的力量,将舆情公案导演成一场"大众狂欢"的剧场脚本。正如巴赫金在文艺研究中所发现:它建构了一个脱离了自己常规的生活,某种程度上是一种"颠倒的生活""反面的世界",在这里面构成了人们相互之间自由的狎昵交往方式。然而,这并不是关于平等与自由、一切事物的相互关系、矛盾统一等的抽象思考,而是具体——情感的、以生活本身形式被体验、被表演出来的仪式——游艺性"思考"。[40] 以杨佳案为例,大众面对一个罪大恶极的罪犯,却将他的犯罪行为视为具有浪漫色彩、英勇无畏的侠义行为,把一个血腥故事演绎成一个江湖传说。"有义士杨佳,单刀勇闯上海府,以一敌百,令众衙役胆寒,平地而起,杀至第二十又二重天,力竭被俘。尤豪气冲天,仰天长笑。举国上下无不为之动容者。此等好汉我天朝千年一遇……我天朝义士杨佳,有礼有节,初受众衙役所辱,不亢不卑,据理力争,怎奈官府仗势欺

---

〔40〕 参见[俄]米哈伊尔·巴赫金:《陀思妥耶夫斯基诗学问题》,刘虎译,中央编译出版社 2010 年版,第 135~136 页。

人，油盐不进。”[41]民众将具体生活情境中的现实愤懑集中化约到了一个舆情公案中，借由杀警这一极富视觉冲击力的情景，纾解自己无力改变现实却又心有不甘的内在纠结，因此，在这种无边界、无底线的恶搞与炒作中，哄客顷刻转变成了暴民，罪犯转身便成了英雄。“哄客叙事”作为一种病态文化，是“斗争叙事”的延续。它在展示底层的艰难与不幸时，会无限放大和美化底层淳朴善良的道德品性，而无视法治的作用，由此造就“穷人无罪，富人罪加一等”的现象，使本就尖锐的社会矛盾更激化。[42]

事实上，民众对罪与罚进行价值判断的集体意识已开始有了逐步崩塌的趋势，同时也无法实现对越轨行为的有效制约。[43] 在集体意识被整体重置和编码的过程中，理性之于舆情公案在各种动机的角逐中被有意无意地边缘化了，甚至逐渐被娱乐化所替代。然而，在大是大非面前，有些东西对整个社会来说是消费和娱乐不起的。舆情公案在网络场域中不断的发酵、传播，应该是基于理性而有益于对事件本身的深层次思考以及对事件真相抽丝剥茧地发掘，而不是为了迎合狂欢的需要，重构出一个娱乐化、戏谑化的广场秀。这本身无须真相，某种意义上来讲，越是反真相、反常识、反理性，越是受欢迎、受追捧。当前审丑文化的盛行、“吃瓜群众”的狂欢，无不是这种逻辑的当然结果。当邓玉娇成为烈女、杨佳成为斗士、唐慧成为良母、于欢成为孝子、雷洋成为贤夫时，大众所关注的舆情公案就会极易脱离法律的范畴，据以产生正确判断的理性和反思则会被不断边缘化。

### （二）尊重法律，抵制任何形式的非法暴力

舆情公案的背后无不潜藏着巨大的民意甚或“民愤”的力量，这种力量很容易被戾气所裹挟，展现出与暴力的亲和性。同时，戾气与暴力的非理性极易加

---

〔41〕《刀客杨佳传》，载网易博客：http://shbsnz. blog. 163. com/blog/static/1045692222008112810913688/，2018 年 6 月 18 日最后访问；《史记之杨佳传》，载新浪博客：http://blog. sina. com. cn/s/blog_4457af730100sae5. html，2018 年 6 月 18 日最后访问；《燕京刀客大闹松江府六扇门》，载百度贴吧：http://tieba. baidu. com/p/2281268985，2018 年 6 月 18 日最后访问。

〔42〕参见郭小安、雷闪闪：《网络民粹主义三种叙事方式及其反思》，载《理论探索》2015 年第 5 期。

〔43〕参见季卫东：《大变局下的中国法治》，北京大学出版社 2013 年版，第 220 页。

剧言语表达的情绪化和极端化,从而形成网络讨论的"带节奏"效应,亦即形成"沉默的螺旋"。[44] 这在药家鑫案件中体现的极为明显。有评论指出,"无论从持续时间的长度还是状态激烈的强度,药家鑫故意杀人案引发的'民愤'都堪称'历史之最'"。[45] 民众义愤难平之下,为求药家鑫一死,上演了一场上百万网民发帖要求判处并执行死刑的奇观,甚至包括北大著名教授孔庆东也在媒体上宣称"跑到天涯海角把你满门抄斩才是严肃的法律"。很显然,孔庆东的目的是泄愤,是辱骂罪犯,而不是专业分析。作为一个有影响力的人物,在面向大众的节目中骂人,而且骂得"出彩",这是一个典型的"领骂"角色,而不是专家的角色。[46] "领骂"又引导着盲目的网络"群聚效应"挺起了摧枯拉朽的"民意刺刀",使这起承载着公众焦虑的案件又朝社会举起了"第九刀""第十刀"——一起因暴力产生的案件在充满暴力的环境中最终被暴力终结掉。

另外,在社会剧烈转型的时期,各种矛盾和纠纷存在激化的风险,比较典型的就是医患纠纷、司法纠纷及拆迁纠纷等。恰恰是在这些纠纷中,暴力行为频发,出现了诸如患者持刀杀医、法官遇刺身亡等严重刑事案件。在这些案件中,可以看到某种令人忧虑的阴影在摇曳、在扩大,这就是集体抗争对个人犯罪的包容和吸收。[47] 2012年3月23日哈尔滨医科大学附属第一医院发生了一起患者持刀行凶,致使医护人员一死三伤的惨剧。令人久久不能平静的是,这并非一起典型的医患纠纷事件,当事人之间并不存在任何过节纠葛。然而,不少

---

〔44〕 沉默的螺旋,是一个政治学和大众传播理论。其基本描述了这样一个现象:人们在表达自己想法和观点的时候,如果看到自己赞同的观点受到广泛欢迎,就会积极参与进来,这类观点就会越发大胆地发表和扩散;而发觉某一观点无人或很少有人理会(有时会有群起而攻之的遭遇),即使自己赞同它,也会保持沉默。意见一方的沉默造成另一方意见的增势,如此循环往复,便形成一方的声音越来越强大,另一方越来越沉默下去的螺旋发展过程。该理论是基于这样一个假设:大多数个人会力图避免由于单独持有某些态度和信念而产生的孤立。

〔45〕 《药家鑫案带来的思考　拿什么来平息民愤?》,载猎房网:http://news.letfind.com.cn/news/2011-5/189096.html,2018年6月18日最后访问。

〔46〕 《药家鑫案:李玫瑾挨骂与孔庆东受捧》,载腾讯网:http://view.news.qq.com/zt2011/lmjkqd/index.htm,2018年6月18日最后访问。

〔47〕 参见季卫东:《大变局下的中国法治》,北京大学出版社2013年版,第220页。

人竟然对这种暴力手段采取了纵容支持的态度。事发后，网上就此事进行了民意调查，在参与的6161人中，竟有4018人表示“高兴”。[48] 大众对于“看病难、看病贵”现状的不满和对当前医疗体制的怨言，通过这样的一个纯粹暴力案件不分青红皂白地发泄“灰色情绪”。“公愤”之下，扭曲的是非观诅咒救死扶伤者的灵魂，医生成了被污名化的“弃尸”。也许可以善意地理解，部分人是在不明真相的前提下轻易地作出了失当的判断。他们不清楚事情的原委，“脑补了”这是一起不负责任，甚至不给红包不治病的黑医血案。不过，即便如此，也应该依靠法律来解决。无论如何，暴力都不能成为解决问题的理所当然的工具，这是文明社会不容违背的准则。

（三）坚持依法裁判，司法与民意之间适当保持距离

舆情公案中的激荡情绪，固然离不开案件的基本事实与情节，但其中也存在很多案外的臆想和一厢情愿。而正是这些“乱花渐欲迷人眼”的演义版、强化版，致使原本也许并不复杂的案件酝酿、传播为触动大众敏感神经的舆情公案。民粹主义依靠“身份识别”对舆情公案进行重构，进而将人民及其对立敌人的面貌勾画得更清晰。对于不同的民粹主义个案来说，人民都是其中心概念，是一种信仰，意味着政治合法性的源泉，象征着道德和智慧。[49] 当人民的群体一旦被锚定，在“司法为民”的片面理解和强调下，迁就主流舆论的所谓“司法谦抑”或者“协商司法”就变得不可避免了。这导致了缺乏充足法律支撑和难以起到行为导向引领作用的“有病”裁判频出，加之舆论风向飘忽不定，在受到非常态因素影响，甚至是操控的情境下，同案不同判的问题司法也可能变得司空见惯。[50]

借由“身份识别”出来的人民与非人民，对于舆情公案的理性把握没有任何益处，其所谓伦理很大可能仅充当一种“道义饰品”，甚至将伦理学做成一种“用

---

〔48〕 参见李康宁：《为行刺医生叫好是可怕的“社会病”》，载观点中国网：http://opinion.china.com.cn/opinion_59_38159.html，2018年6月19日最后访问。

〔49〕 参见黄军甫：《当代民粹主义言说：涵义·样态·成因》，载《探索与争鸣》2016年第4期。

〔50〕 参见游伟：《司法活动不应被舆论压力挟持》，载中国警察网大案要案频道：http://daan.cpd.com.cn/n157200/c252119/content.html，2018年6月19日最后访问。

艺妓的华丽衣裳打扮的哲学”。[51] 对舆情公案的伦理审视非但没有发挥其应有的功效,反而使依法裁判在道德的口诛笔伐中被束之高阁。事实上,在药家鑫案、唐慧案中,大众飘忽不定的评判,都证实了情绪化舆论极大的不确定性与潜在风险。从理论上来讲,舆情公案中可以容纳的伦理审视无穷无尽,基于任何一种价值伦理的裁判都会因受到来自其他价值伦理的质疑而无法确证其裁判的正当性。因此,听从民意从实践中来讲根本是无法操作的,更重要的是,在当前网络场域中,对民意进行技术操控并非难事,“被民意”甚至在某一时期已经成了一个网络热词。另外,在传统中国,由于情、理、法并立的多元结构,作为情理的表现形态和评价尺度的舆论总是在不同程度上干预司法过程。有时甚至还会出现“春秋决狱”“以德配天”的观念以及对“人民群众的意见比法律更有力”的颂扬,公众舆论事实上塑造了作为话语形式存在的特殊权力(规范),并通过群众路线,在司法裁判领域流布、弥散。也正因如此,舆论很容易侵入司法,破坏确保规范精密、审判公正的现代法治及其独立性。就某种意义上而言,司法因其相对独立性而产生信任和权威。这不仅需要司法不受政府行政权力的恣意干涉,还需要在司法职业主义的框架下,与民意适当保持距离,甚至在必要的时候直面狂热的民意,才能保证案件裁判获致正当性。换句话说,冷静、克制、理性以及专业的司法职业主义是当下认识和处理舆情公案的逻辑起点。

## 四、结　语

随着网络民主的发展,民粹主义逐渐成为网络媒体的热词,有人甚至称其为“草根阶层”的意识形态。[52] 事实上,在当前网络场域中已经形成了相当规模的民粹主义倾向。这也因此导致了在舆情公案中,“围观就是力量”“以势抗

〔51〕［俄］米哈伊尔 · 巴赫金:《陀思妥耶夫斯基诗学问题》,刘虎译,中央编译出版社 2010 年版,第 147 页。

〔52〕民粹主义被不少人视为“社会主义”的精髓与正统,是底层社会正当的或正义的呼声,是抵制两极分化、贫富不均的有利思想武器,是对公平的呼吁和对弱势群体的人道主义关爱。参见虞崇胜:《中国民粹主义本质是官本主义的伴生物》,载《探索与争鸣》2016 年第 4 期。

争"成了一种常态。[53] 与此相适应的则是,公众对"好人与坏蛋""衙内与素人"之间朴素的二元划分,一提老板就联想到为富不仁,一提官员就联想索拿卡要。实质上,民粹主义不过将错综复杂的问题诉诸公众,无非是想借并无机会知情的大多数的介入,来搅浑知情者的理性表达,从而达到煽动者的个人目的。[54] 不知情的大多数常容易受外部环境影响导致极端情绪化,再加上煽动者的有意误导,这就使舆情公案本身很难被"公正地"对待,同时社会秩序在混乱聒噪中深受潜在暴力的威胁。正如季卫东所言:"在社会正义与司法正义的激烈碰撞中,司法不断丧失权威,舆论逐步成为规范。而舆论有事最容易被猜疑、偏执、欺瞒、恐惧以及仇恨所支配、所毒化的,非但不能促成和谐,反倒可能加剧冲突,增强社会的不确定性。这,就构成了舆论审判的陷阱。"[55] 现代法治秩序,在相当程度上可以理解为这样一种制度安排:用国家强制性暴力来制止社会中本来存在的复仇暴力,同时又必须使正式认可的强制本身受到规范的限制,不至于遭到滥用或者虚置。[56] 借由舆情公案而酝酿乃至爆发的民粹主义恰恰是对法治秩序的消解,民粹主义无益于个案正义的实现,更是诸多社会不安定因素的渊薮。公众在对待舆情公安的过程中奉行的是一种朴素的社会正义观或者是"以牙还牙,以眼还眼"的复仇型法律观。但随着现代化程度的加深,司法裁判应该更注重挖掘正当性依据和说理性,即不受来自外界的各种各样的影响,只根据证据和规范进行精密的分析、推理以及裁量,以确保法律标准在理解和执行上的统合,避免一人一是非、一事一立法的状况。[57] 当然,在中国当下社会日益分化的背景下,反民粹主义也不能成为拒绝深化改革和实现社会公平的遁词。[58] 防止将一些民众正当的利益诉求、正当的权利维护乃至抗争,都视为民

---

〔53〕 参见郭小安、雷闪闪:《网络民粹主义三种叙事方式及其反思》,载《理论探索》2015 年第 5 期。

〔54〕 参见[美]沃尔特·李普曼:《公众舆论》,阎克文、江红译,上海人民出版社 2006 年版,第 284 页。

〔55〕 季卫东:《大变局中的中国法治》,北京大学出版社 2013 年版,第 138 页。

〔56〕 同上书,第 222 页。

〔57〕 同上书,第 137 页。

〔58〕 虞崇胜:《中国民粹主义本质是官本主义的伴生物》,载《探索与争鸣》2016 年第 4 期。

粹主义行为而被民粹主义式地消灭掉。舆情公案在个案的基础上具有更广泛的社会政治意义,但不能因此僭越其应受法治规训的界限,社会在深入广泛地探讨舆情公案时,秉持着理性评论、依法参与的法治精神,才能使舆情公案在真正意义上发挥促进当代中国社会不断发展进步的最大价值。就效果而言,司法不能因为过多考虑如何让"二老"[59]满意,就忽视了对法律效果自身的追求。这里面隐含了一个更大的问题:法律在何种程度上影响社会,法律又在何种程度上受社会影响?这个问题或许需要另文专门讨论,但至少此时我们可以树立一个认识的基点:法律一定存在于社会系统中,特定的社会系统塑造了特定的法律,而该法律则细致地回应和调整社会,但法律与社会之间的关系一定不能是裸露的,而必然有一个可以客观化的、稳定的制度性框架作为调节器,这也恰是法治对民粹主义的规训。

## The Populist Risk in the Cases of Public Concern and Its Legalization

Jiang Yongwei

**Abstract**: The reason why cases of public concern are enormously appealing to the whole society is that they are concentrated expression of the concerns of all classes. In the populist narrative, cases of public concern are first told to be touching; and then, a trial is giving by common sense; in the end, the public are imbued with an extreme political tendency. Populism triggers class-opposition and intensifies social disruption. It praises violence and moral fanaticism, while defies judicial morality and legal order. Cases of public concern are cases the same as the ordinary ones, and should not be connected with political and social issues. All cases, including cases of public concern, should be handled according to law without exception. Faced with cases of public concern, the judiciary should stay calm, restrained and rational, and keep a proper distance from the public.

**Key words**: Cases of public concern; Legalization; Populism; Identification; Jeer narrative; Ethical review

---

[59] 这里的"二老"指的是老干部与老百姓,是政治效果与社会效果的代称。

# 《人大法律评论》稿约

《人大法律评论》是在中国人民大学法学院支持下，由法学院学生自主创办、独立编辑并公开出版发行的学术出版物，现为CSSCI(中文社会科学引文索引)来源集刊。

《人大法律评论》初创于2000年，至2018年12月已出版28辑，现包含“专题研讨”“论文”“评论”等内容，新设有“法哲学专栏”“公法专栏”“博士论文精华”等特色内容。

欢迎海内外专家学者、优秀学子惠赐稿件，来稿原则上在1万字以上，并只接收电子邮箱投稿。来稿请以“作者姓名+文章标题”为邮件名称。收稿邮箱：ruclawrev@gmail.com。

来稿请附中英文标题和摘要(300字之内)、关键词(5个以内)及作者个人简介(包括姓名、单位、职务或职称、地址、联系电话、电子邮箱)。关于引证规范，请具体参见尾页所附之引证体例。

《人大法律评论》实行匿名三审制，编辑委员会收到稿件起3个月内向作者通报审录结果，每稿必复。

《人大法律评论》崇尚学术自由，严守学术规范。一旦发现作者一稿多发、抄袭或者存在其他严重学术不端行为的，本评论将向其所在单位、主管机关、学术团体及新闻媒体通报情况，并保留追究其法律责任的权利。

为了扩大本评论及作者知识信息交流渠道，除非作者在来稿时声明保留，否则视为同意《人大法律评论》拥有以非专有方式向第三人授予已收录作品电子出版权、信息网络传播权和数字化汇编、复制权，以及向《中国社会科学文摘》、《高等学校文科学术文摘》和中国人民大学书报资料中心《复印报刊资料》等文摘类刊物推荐转载已刊作品的权利。

《人大法律评论》编辑部

# 《人大法律评论》注释体例

一、文中注释一律采用脚注,全文连续编号。

二、非直接引用原文的,注释前加“参见”;引用非原始资料时,请注明“转引自”。

三、引用同一文献的,如果两个注释并非相邻,分别列出完整的文献信息;如果两个注释相邻,则采用“同上注,第×页”。

四、注释及参考文献范例

(一)著作、教材类:

[1]《马克思恩格斯选集》(第4卷),人民出版社1972年版,第24页。

[2]龚祥瑞:《比较宪法与行政法》,法律出版社1985年版,第255页。

[3]佟柔主编:《中国民法》,法律出版社1990年版,第67~75页。

(二)论文类:

[1]苏永钦:《私法自治中的国家强制》,载《中外法学》2001年第1期。

[2]王利明:《隐私权的新发展》,载《人大法律评论》2009年第1辑。

(三)文集类:

[1]龚祥瑞:《比较宪法学的研究方法》,载《比较宪法研究论文集》(第一集),南京大学出版社1993年版,第55页。

(四)译作类:

[1][古希腊]亚里士多德:《政治学》,吴寿彭译,商务印书馆1983年版,第54页。

(五)报纸:

[1]张志铭:《现代化与中国律师制度的发展》,载《光明日报》2003年9月23日。

(六)古籍类:

[1](清)沈家本:《沈寄簃先生遗书》甲编,第43卷。

（七）辞书类：

[1]《新英汉法律词典》，法律出版社1998年版，第24页。

（八）网络资料类：

[1]郑成思：《"入世"、知识产权保护与民商法的现代化》，载中国法学网：http://www.iolaw.org.cn/showNews.asp? id=243，2009年6月19日最后访问。

（九）英文类：

[1] L. Fuller, *The Morality of Law*, Robert Gilpin, revised edition, New Haven: Yale University Press, 1969, p. 143.

[2] Joseph Raz, *Legal Principles and The limits of Law*, 81 Yale Law Journal (1972), p. 839.

[3] H. L. A. Hart, *Jhering's Heaven of Concepts and Modern Analytical Jurisprudence*, in Eaasys in Jurisprudence and philosophy, London: Oxofrd University Press, 1983, pp. 269－270.

（十）英文以外的外文文种：依照该文种注释习惯。

**图书在版编目(CIP)数据**

人大法律评论. 2019年卷. 第1辑：总第29辑/《人大法律评论》编辑委员会组编. -- 北京：法律出版社，2019

ISBN 978-7-5197-3815-0

Ⅰ. ①人… Ⅱ. ①人… Ⅲ. ①法律－文集 Ⅳ. ①D9-53

中国版本图书馆CIP数据核字(2019)第202615号

**人大法律评论(2019年卷第1辑·总第29辑)**
**RENDA FALÜ PINGLUN**
**(2019 NIAN JUAN DI 1 JI · ZONG DI 29 JI)**

《人大法律评论》编辑委员会 组编

策划编辑 沈小英
责任编辑 沈小英 单 洁
装帧设计 李 瞻

**出版** 法律出版社
**总发行** 中国法律图书有限公司
**经销** 新华书店
**印刷** 北京虎彩文化传播有限公司
**责任校对** 杨锦华
**责任印制** 吕亚莉

**编辑统筹** 法治与经济出版分社
**开本** 710毫米×1000毫米 1/16
**印张** 30.75
**字数** 503千
**版本** 2019年10月第1版
**印次** 2019年10月第1次印刷

法律出版社/北京市丰台区莲花池西里7号(100073)
网址/www.lawpress.com.cn
投稿邮箱/info@lawpress.com.cn
举报维权邮箱/jbwq@lawpress.com.cn
销售热线/400-660-8393
咨询电话/010-63939796

中国法律图书有限公司/北京市丰台区莲花池西里7号(100073)
全国各地中法图分、子公司销售电话：
统一销售客服/400-660-8393/6393
第一法律书店/010-83938432/8433
西安分公司/029-85330678
重庆分公司/023-67453036
上海分公司/021-62071639/1636
深圳分公司/0755-83072995

**书号**：ISBN 978-7-5197-3815-0
**定价**：128.00元